KB167735

# 경제학의 거장들 ❷

# 경제학의 거장들 ❷

## 마르크스에서 케인스까지

요아힘 슈타르바티 외 지음 | 정진상 외 옮김

한길사

# 경제학의 거장들 ❷
### 마르크스에서 케인스까지

지은이 · 요하임 슈타르바티 외

옮긴이 · 정진상 외

펴낸이 · 김언호

펴낸곳 · (주)도서출판 한길사

등록 · 1976년 12월 24일 제74호

주소 · 413-756 경기도 파주시 교하읍 문발리 520-11
　　　www.hangilsa.co.kr
　　　E-mail: hangilsa@hangilsa.co.kr

전화 · 031-955-2000~3　　　팩스 · 031-955-2005

상무이사 · 박관순 | 영업이사 · 곽명호
편집 · 배경진 서상미 신민희 권혁주 | 전산 · 한향림
마케팅 및 제작 · 이경호 | 저작권 · 문준심
관리 · 이중환 문주상 장비연 김선희

출력 · 지에스테크 | 인쇄 · 현문인쇄 | 제본 · 경일제책

제1판 제1쇄 2007년 8월 30일

값 25,000원
ISBN 978-89-356-5864-0 94320
ISBN 978-89-356-5865-7 (전2권)

「이 도서의 국립중앙도서관 출판시도서목록(CIP)은
e-CIP 홈페이지(http://www.nl.go.kr/cip.php)에서 이용하실 수 있습니다.
(CIP제어번호: CIP2007002413)」

카를 마르크스(Karl Marx, 1818~83)

독일의 사회학자 · 경제학자로서 엥겔스와 함께 '마르크스주의'를 창시했으며,
『자본론』, 『공산당 선언』 등을 집필했다. 특히 마르크스는 그 가운데 『공산당 선언』에 나오는
다음과 같은 문장으로 유명세를 타게 되었다. "하나의 유령이 유럽을 배회하고 있으니
그것은 공산주의라는 유령이다. ……프롤레타리아가 잃을 것은 그들을 얽매고 있는 사슬뿐이다.
그러나 그들이 얻을 것은 전 세계다. 만국의 프롤레타리아여 단결하라!"

앨프레드 마셜(Alfred Marshall, 1842~1924)
영국 신고전학파 경제학 창시자 가운데 한 사람으로,
케임브리지 대학교의 정치경제학과 교수를 지냈으며
'왕립노동위원회' 회원으로도 활동했다. 『경제학 원리』(1890)는
그의 가장 중요한 저서로서 경제사상사에서 하나의 이정표가 되었다.
이 책에서 그는 수요의 탄력성, 소비자잉여, 준지대, 대표적 기업 등의
많은 개념을 도입해 경제학 발전에 큰 계기를 마련했다.

조지프 슘페터(Joseph Schumpeter, 1883~1950)
모라비아 태생 미국의 경제학자 · 사회학자로 자본주의발전이론과
경기변동론의 연구로 잘 알려져 있다. 1919년 오스트리아 정부의
재무장관을 지내기도 한 그는 경제이론 분야에 지대한 영향을 미쳤다.
저서 『자본주의 사회주의 민주주의』(1942)에서 그는, 결국 자본주의가 자본주의
자체의 성공 때문에 붕괴하게 되는데, 특정한 형태의 공적 통제나 사회주의가
이것을 대체하게 될 것이라고 주장했다.

존 메이너드 케인스(John Maynard Keynes, 1883~1946)
영국의 경제학자이자 언론인 · 금융인. 만성실업의 원인에 대한
혁신적인 경제이론으로 잘 알려져 있다. 케인스주의 경제학을 제창한
대표 저서 『고용, 이자와 함께 화폐에 관한 일반이론』(1935~36)에서 그는,
정부가 주도하는 완전고용정책에 기초해 경제침체에 대한 치유책을 주창했다.
1930년 이후의 경제성장과 인구 발전은, 오늘날 케인스를
경제이론의 역사상 명이론가로 남게 했다.

# 경제학의 거장들 ❷

마르크스에서 케인스까지

# 경제학의 거장들 ❷
## 마르크스에서 케인스까지

# 경제학의 거장들 ❶

플라톤에서 J.S.밀까지

# 1 | 마르크스

Karl Marx, 1818~83

"마르크스의 사회주의 사상은 경제학설사의 중요한 한 부분으로 영원히 남을 것이다. 어떻게 그처럼 비논리적이고 따분한 학설이 그토록 강력하고 지속적으로 인간의 정신에 영향을 미쳤으며, 이를 통해 역사의 진행방향에 영향을 주었는가 하는 점에서 말이다."

• Keynes 1926, 26쪽

"경제이론가로서 마르크스는 무엇보다 대단히 박식한 사람이었다."

• Schumpeter 1950, 43쪽

## 성장과정

### 전기적 측면

카를 하인리히 마르크스(Karl Heinrich Marx)는 개신교로 개종한 유대인 변호사 하인리히 마르크스(Heinrich Marx)의 아들로 1818년 5월 5일 트리어에서 태어났다. 1835년부터 1841년까지 마르크스는 본, 베를린과 예나에서 법학, 의학, 그리고 나중에는 무엇보다도 철학을 공부했다. 헤겔 철학을 연구한 결과 탄생한 것이 1841년에 예나에서 나온 그의 박사학위 논문 「데모크리토스 학파와 에피쿠로스 학파의 자연철학의 차이」(Die Differenz der demokritischen und epikureischen Naturphilosophie)였다.

본 대학교에서 잠시 강사직을 맡은 이후에 마르크스는 쾰른에서 『정치, 상업과 영업을 위한 라인신문』(Rheinische Zeitung für Politik, Handel und Gewerbe)에서 처음에는 기자로, 나중에는 편집국장으로 1843년에 폐간될 때까지 일했다. 1843년에 마르크스는 소년시절의 친구였던 베스트팔렌(Jenny von Westfalen)과 결혼했고, 이해에 파리로 망명했다. 여기서 그는 프랑스 사회주의를 접하게 되었으며, 1844년에는 평생의 친구, 즉 "물경지교"(刎頸之交)가 되는 바르멘(Barmen) 출신의 기업가 엥겔스를 알게 되었다.

프랑스에서 추방된 후인 1848년에 브뤼셀에서 마르크스와 엥겔스는 탁월한 정치선전 책자인 『공산당 선언』(Manifest der Kommuni-stischen Partei)을 펴냈는데, 이 선언에서 유명해진 것은 다음과 같은 첫 문장과 마지막의 세 문장이었다. "하나의 유령이 유럽을 배회하고 있으니, 그것은 공산주의라는 유령이다." "프롤레타리아가 잃을 것은 그들을 얽매고 있는 사슬뿐이다. 그러나 그들이 얻을 것은 전 세계이다. 만국의 프롤레타리아여 단결하라!"

추방으로 끝난 쾰른에서의 짧은 생활 이후에, 파리에서도 역시 오래 머물 수 없었던 마르크스는 런던으로 이주했으며, 여기서 생을 마감할 때(1883년 3월 14일)까지 살았다. 그는 저술활동을 통해 생계를 꾸렸으며, 엥겔스에게서 지속적으로 재정적인 도움을 받았다.

마르크스가 필생의 역작을 저술하기 시작한 것은 런던에서였다. 1859년에 그의 『정치경제학 비판』(Kritik der politischen Ökonomie) 제1권이 부분적으로 출판되었고, 1867년에는 이것의 완성판인 『자본론』(Das Kapital)이 나왔다. 『자본론』의 제2권과 제3권은 마르크스의 사후에 엥겔스가 편집한 형태로 1885년과 1894년에 각각 출판된 것으로 알려지고 있다. 1850년대에는 『정치경제학 비판 원론』(*Grundrisse der Kritik der Politischen Ökonomie*)이 "초고"형태로 나온 바 있으며, 1860년대 초반에는 『잉여가치론』(*Theorien über den Mehrwert*)과 다수의 짧은 서한들이 출판되었다. 비교적 일찍 집필되었지만 내용에서 중요한 것으로는 무엇보다도 『임금노동과 자본』(*Lohnarbeit und Kapital*, 1849)을 들 수 있다.

이 같은 학문활동과 저술활동을 제외하면 마르크스는 주로 정치적인 활동을 했는데, 몇 가지 예를 들면 다음과 같다. 1864년에 마르크스는 러시아의 무정부주의자인 바쿠닌(Michail Bakunin) 등과 함께 "국제노동자연합"을 창설했다.

1875년에는 『고타 강령 비판』(*Kritik des Gothaer Programms*)을 발표했는데, 여기서 마르크스는 리프크네히트(Wilhelm Liebknecht)와 베벨(August Bebel)과 라살(Ferdinand Lassalle) 사이에 벌어진 독일 노동자운동의 노선투쟁에 대해 리프크네히크와 베벨을 지지하는 쪽으로 영향력을 행사하려 했다. 대략 1864년부터 1883년에 사망할 때까지 마르크스는 학문적인 필생의 역작 — 이 역시 그는 정치적인 것으로 이해했지만 — 을 완성하기 위해서 모든 조직활동을 포기했다.

### 학자와 지식인으로서의 면모

19세기와 20세기의 정치적, 경제적, 문화적 상황에 대해 마르크스만큼 지속적으로 영향을 미친 인물은 거의 없다. 이러한 영향은 서구의 다수의 사람들이 보기에는 부정적인 것이었으며, 동구권의 지도자들이 선전하는 바로는 긍정적인 것이었다. 1917년에 러시아에서 일어난 정치적 혁명과 그 이후의 경제적 체제전환과, 거의 불가능하다고 여겨진 속도로 서구의 산업적 우위를 따라잡으려는 시도(1950년대 초반부터 시작된 일본의 산업발전만이 이 같은 속도를 추월한 예가 될 것이다) 등은 직접적으로는 레닌과 스탈린의 영향력에 기인하고 있으나, 간접적으로는 두말할 나위 없이 마르크스의 영향력에 기초하고 있다.

카를 마르크스(1818~83)

퀼른의 『라인신문』 편집자와 편집국장에서 시작하여, 1848년 『공산당 선언』의 저술(엥겔스와 함께) 그리고 "국제노동자연합"(제1차 인터내셔널)의 창설에 이르기까지, 마르크스의 활동은 대부분 정치적인 성격을 띠고 있었다. 마찬가지로 그의 학문적인 저술과 연구 역시 정치적활동과 관련되지 않은 적이 없었다(그리고 언제나 타키투스적인 "분노나 열정이 없는 상태"〔sine ira et studio〕와는 거리가 멀었다).

그러나 그의 작품들은 어쨌든 학문적인 저술임에는 틀림없었다. 그것들은 학문의 문외한들에게는 쉽게 이해되지 않는 언어로 씌어진 철학박사의 저술이었지만, 결코 엄격한 사고의 궤적과 명료함의 표본이라고는 볼 수는 없을 만큼 모호한 곳 투성이인데다, 논박, 특히 이른바 "통속적인 경제학자들"(Vulgärökonomen)에 대한 논박으로 가득 찬것들이었다. 무엇보다 그것들은 노동자를 독자로 하여, 그들이 작업장과 작업도구를 떠나 토론과 시위, 그리고 종국적으로는 혁명에 나서도록 이끌 수 있는 그런 종류의 저술은 결코 아니었다. 마르크스의 『자본론』을 한 쪽이라도 읽어 본 사람이면 누구라도 이런 생각에 동의할 것이다.

마르크스의 학문적인 명민함과 박식함을 증명하기 위해서는 두 가지의 완전히 다른 종류의 예를 들 수 있다. 마르크스는 1867년 8월 24일부터 27일 사이에 엥겔스에게 보낸 두 개의 서한에서 로만과 루히티보다 거의 100년 전에 이른바 로만-루히티 효과(Lohmann-Ruchti-Effekt)에 대해 기술한 바 있다.

이 로만-루히티 효과란 다음과 같은 상황에 관한 것이다. 장기간 동안 이용되는 기계와 같은 설비자산의 감가상각(Abschreibung)이란 일정한 회계기간(보통 1년) 동안 발생하는 이 설비자산의 가치의 손실을 파악하는 것이다. 이 가치손실의 합계는 기계가 폐기처분된 후에 축적된 감가상각비로 다시 같은 기계를 마련할 수 있을 정도의 금액을 의미하게 되며, 이 금액은 매 회계기간에 걸쳐 나누어진다(일정 기간의 감가상각=해당 기간의 대체투자 또는 재투자).

만일 감가상각비가 끝까지 축적된 후에 원래의 기계를 구입하는 데 재투자되는 것이 아니라, 기간이 끝난 후마다 즉시 다시 투자될 경우에는 "생산능력 확대효과"(Kapazitätserweiterungseffekt)가 발생한다. 다시 말하면, 아직 사용되지 않은 감가상각비로 기계설비의 용량을 확대시킬 수 있는 것이다(신규투자 또는 순투자). 또 이러한 신규투자분에 대해 발생하는 새로운 감가상각비 역시 마찬가지로 생산능력을 확대하는 방향으로 사용될 수 있다(Lohmann 1949, 140쪽 이하; Ruchti 1953, 112쪽 이하).

마르크스는 엥겔스에게 보낸 편지에서 다음과 같이 썼다. "고정자산은 우선 일정한 시간, 예를 들어 10년 동안에 실물로 대체되어야 하네. 이 동안에 고정자산의 가치는 이것으로 생산된 상품의 판매를 통해 부분적으로 그리고 점차로 회수되고. 이렇게 점차적으로 회수된 가치는 고정자산이 예를 들어 기계라는 물질적인 형태를 잃어버리는 순간에야 이것의 대체를 위해 쓰여지게 되지. 그때까지 자본가는 순차적으로 회수되는 금액을 자신의 손에 보관하고 있는 것이네. 나는 여러 해 전에 자네에게 보낸 편지에서, 자본가는 고정자산을 대체하기 이전에 이미 중간에 회수되는 금액을 사용하기 때문에, 내게는 축적기금이 형성되는 것처럼 보인다고 썼는데, 자네는 여기에 대해 단지 피상적으로만 반대하는 의견을 써보낸 적이 있네. 나는 나중에 매컬럭(McCulloch)이 이 상각기금을 축적기금으로 묘사한 사실을 발견한 적이 있으나, 그가 결코 올바른 생각을 해낼 수 없는 사람이라는 확신이 있었기 때문에 이 일을 덮어두고 말았네. 그의 변명하려는 의도를 통박했던 맬서스주의자들도 그의 발견에 대해서는 인정한 적이 있지. 이제 공장주인 자네는 공장주들이 고정자산이 실물로 대체되기 이전에 회수되는 금액으로 무엇을 하는지 알 것이네. 그리고 자네는 나에게 이 점에 대해 (이론이 아닌, 순수한 실무적인 입장에서) 대답해야 하네(마르크스가 엥겔스에게 보낸 1867년 8월 24일자 서한)." 그후 1867년 8월 27일에 보낸 서한에서 마르크스는 로만-루히티 효과를 더욱 분명히 인식할 수 있도록 서술하고 있다.

마르크스의 박식함에 대해서는 『자본론』의 제1권에서 그 예를 찾을 수 있다. 『자본론』 제4절의 "상대적 잉여가치의 생산" 중 제13장인 "기계생산제와 대규모 공업"에서 마르크스는 기곤(Olof Gigon)의 표현에 따르면 아리스토텔레스를 인용하는 "확실히 유명한 문장"을 기술하고 있다. "고대의 위대한 사상가인 아리스토텔레스는 다음과 같은 상상을 한 적이 있다. '데달루스(Dädalus)의 예술작품이 저절로 움직이는 것처럼, 또는 헤페스토스(Hephästos)의 세 발 달린 도구(Dreifüße)가 스스로의 동력을 가지고 성스러운 일을 시작하듯이, 만일 모든 작업도구가 지시하는 대로 주어진 작업을 온전히 수행할 수 있다면, 만일 이처럼 직조기가 스스로 움직인다면, 장인에게는 도제가 필요 없을 것이고 주인에게는 종이 필요 없을 것이다(아리스토텔레스, 『정치학』, 제1권, b33~1254a1. 마르크스는 비제[F. Biese]의 *Die Philosophie des Aristoteles*, Bd. 2, Berlin 1842, 408쪽 재인용).'"

마르크스는 계속해서 기술한다. "그리고 키케로 시절에 고대 그리스의 시인인 안티파트로스(Antipatros)는 생산적 기계의 가장 초보적 형태인 수력제분기의 발명을 여자노예를 해방시키고 황금시대를 낳은 것으로서 환영했다! '우상숭배자들, 그래, 우상숭배자들이다.' 똑똑한 바스티아(Bastiat)와, 그보다 이전에 더욱 영리했던 매컬럭이 이미 발견했듯이, 그들은 정치경제학과 기독교에 대해서는 아무것도 알지 못했으며, 무엇보다도 기계가 노동시간을 연장시키는 가장 확실한 수단임을 이해하지 못한 것이다. 그들은 예를 들어 한 사람의 노예는 다른 사람의 완벽한 인간적인 발전을 위한 수단이라고 변명한다. 그러나 그들은 소수의 야비하고 교양 없는 벼락부자를 '저명한 방적업자', '해박한 소시지 제조업자' 그리고 '영향력 있는 구두닦이업자'로 만들기 위해서 대중의 노예제도가 필요하다고 설교하고 있는 것이다. 그들에게는 특히 기독교적인 박애정신이 결여되어 있었다."

즉, 마르크스는 기술발전이 일상의 노동시간을 연장시킬 것이라고 가정한 것이다. 그러나 현실은 그 반대로 기술진보를 통한 노동생산성의 증대와 일상 노동시간의 축소가 지속적으로 결합되어 나타남을 보여준다. 이와 관련해서 흥미로운 사실은, 마르크스의 사위인 라파르크(Paul Lafarque)가 아리스토텔레스와 안티파트로스의 관점을 완전히 달리 해석했다는 것이다. "아리스토텔레스의 꿈은 오늘날 현실이 되었다. 우리의 기계들은 불을 내뿜으며, 지칠줄 모르는 팔다리와 놀라우리 만큼 끝없는 생산력으로 주어진 신성한 임무를 저절로 완수하고 있다. 그러나 자본주의의 위대한 철학자들의 정신은 예나 지금이나 최악의 노예제인 임금제도의 장점에 사로잡혀 있다. 그들은 기계가 인간의 해방자이며, '더러운 일들'과 임금노동으로부터의 해방을 통해 여가와 자유를 가져다주는 신이라는 사실을 이해하지 못하고 있다(Benz 1974, 69쪽 인용)."

벤츠(Benz)는 이에 대해 다음과 같이 말하고 있다. "라파르크는 자신이 기계의 발명에 대한 예언으로 이해한 고전문구를 장인의 저서인 『자본론』 제1권의 제1부에서 가져왔다. 그는 자신의 저서에 저 유명한 아리스토텔레스의 인용뿐 아니라, 『자본론』의 156번째 주에 있는 안티파트로스의 인용도 가져왔으나, 이 두 가지에 관해서 마르크스와는 정반대의 해석을 내렸다! 마르크스는 이미 『자본론』의 제1권 제1절 제3장에서 고대 그리스 사회가 '노예노동에 기초하고 있으며, 따라서 인간의 불평등과 그들의 노동력을 기본성격으로 하고 있다'고 비난했으며, 아리스토텔레스와 안티파트로스를 인용하면서, 이 인용문들에 나와 있는 기계노동에 관한 묘사가 노예제를 정당화하고 있는 것으로만 해석했다. 이는 '우상숭배자들, 그래 우상숭배자들이다'라는 문장으로 시작하는, 이 인용에 대한 그의 주에서도 명백히 나타나고 있다."

이와는 달리 라파르크는, 고대의 저자들을 정확히 상반되는 의미로 나태의 권리에 대한 예언자로 해석하고 있다. 마르크스와 그의 이후에 카우츠키는 아리스토텔레스의 말이 "기계의 시대에 대한 예언자적인 전망"이었음을 명백히 부인했으며, 예를 들어 카우츠키는 "언젠가는 방적기가 저절로 옷감을 짤 수도 있다는 것은 아리스토텔레스에게는 전혀 생각할 수도 없는 어떤 것으로 보였다"고 명백히 강조했다. 그러나 라파르크는 자신의 저서 말미에 나태의 권리를 환영하면서 주장하기를, "아리스토텔레스의 꿈은 오늘날 현실이 되었다"고 쓰고 있다. 여기서 라파르크는 기계의 노동을 아리스토텔레스의 표현을 빌어 "성스러운 것"이라고 부르고 있으며, 아리스토텔레스를 "'성스러운 노동'을 통해 노동자들이 나태할 수 있는 권한을 찾도록 도와주는" 기계에 대한 예언자로 부르고 있다(E. Benz 1974, 72쪽).

오랜 기간 동안 공식적인, 정통적인, 또는 부르주아적인 (아니면 이밖에 어떻게 불리던 간에) 경제학이 뵘바베르크의 유명한 예를 제외하면 경제학자로서 마르크스에 대해 별다른 주목을 하지 않았다는 사실은 특이한 일이며 동시에 놀라운 일이다.

나중에 프라이저(Erich Preiser)나 페터(Hans Peter) 같은 독일 경제학자들이 보인 관심은 나치 정권 아래서는 오래 유지될 수 없었다. "이러는 동안 마르크스는 영웅의 반열에 드는 세계사적인 인물이 되었으며, 유럽과 아시아의 농민들에게는 신격화되었고, 신(新)좌파의 총아가 되었으며, 자기를 실현한 독창적인 예언자, 그리고 누구나 정말 그렇다고 믿을 준비만 되어 있다면 소수의 오래된 후기 리카도주의자이자 독학자로까지 인정되었다(볼프[Robert P. Wolff])."

이리하여 경제학자로서 마르크스를 새로이 발견하는 작업은 로빈슨(Joan Robinson)의 저서 『마르크스 다시 읽기』(On re-reading Marx)라는 제목이 말해주는 것처럼 제2차 세계대전 이후로 미루어졌다. 이러한 작업의 선두에는 무엇보다 마르크스의 성장이론이 대상이 되었는데, 이는 1950년대와 1960년대가 후기 케인스 학파와 신고전학파 성장이론의 전성기였음을 감안한다면 놀랄 일은 아니다.

늦어도 스라파(Piero Sraffa)의 『상품수단을 통한 상품생산』(Production of Commodities by Means of Commodities, 1960)이 나온 이후부터는 동일한 기술수준을 가정한 상태에서 사회적 잉여를 배분하는 문제가 논의의 중심이 되었으며, 균형성장 이론 그리고 최근 들어서는 공황론도 새로이 흥미를 끌고 있다.

## 저술

마르크스의 저술은 경제적 체계에 국한되지 않는다. 그것은 철학, 과학사, 사회학, 인류학을 포괄하는 체계이며, 무엇보다도 정치적인 체계이다. 아래에서는 경제적 체계만을 설명하며, 마르크스의 학설 중에서 정치적인 부분에 대한 해석은 시도하지 않을 것이다.

### "부르주아적 학문"의 비판능력에 대해서

마르크스주의자들은 종종 "부르주아" 경제학자가 마르크스의 체계를 제대로 이해하거나 평가하는 것은 불가능하다고 논박하곤 한다. 이들은 부르주아 경제학자들은 자신의 계급에 사로잡혀 있기 때문에 부르주아의 계급이해, 즉 현상유지(Status quo)를 지키려는 이해가 이들의 논거와 판단을 결정한다고 본다. 즉 "부르주아" 경제학자들은 이념적인 의혹에서 벗어날 수 없으므로 마르크시즘은 오직 프롤레타리아트에 속한 사람에게만 정확히 이해될 수 있다고 주장한다.

블로흐(Ernst Bloch)의 말을 예로 들어보자. "프롤레타리아트는 다른 어떤 계급에 해가 될 계급이해를 대표할 것이 없기 때문에 전체 사회를 해방시킬 것이다. 또한 프롤레타리아트는 이 같은 계급해방의 목적을 위해 어떤 계급이념을 만들어낼 수도 없고, 그래서도 안 되기 때문에, 그들의 혁명의식은 마르크시즘과 마찬가지로 최초로 '숨김없는 진실'을 포함한다. 다시 말해, 프롤레타리아트는 오직 사회적 조건관계에 대한 숨김없는 인식을 통해서만이 해방될 수 있기 때문에, 이념에 빠지지 않고 진실을 인식할 수밖에 없는 최초이자 유일한 계급인 것이다."

이 같은 마르크스주의자들이 주장하는 이른바 "계급의 진실"을 토피치(Ernst Topitsch)는 파시스트들이 주장하는 "인종의 진실"에 대응시켰는데, 이와 관련하여 슈미트(Carl Schmitt)의 다음과 같은 문장을 인용한다. "……누구나 원하는 대로, 또는 자신이 객관적이기 위해서 충분히 노력했다는 주관적인 믿음만 가지고서는 객관적이 될 수는 없다. 다른 종류의 인간이 비판적으로 행동하고, 명석하며, 노력할 수도 있겠지만, 결국 그는 다르게 생각하고 이해할 것이다. 왜냐하면 그는 다른 종류의 사람이기 때문에 사고가 진행되는 결정적인 순간에 그 자신의 생존의 조건에 머무르게 되기 때문이다. 이것이 '객관성'의 객관적인 진실이다."

이에 대해 토피치는 다음과 같이 언급하고 있다. "슈미트가 다른 종류의 인간 또는 국외자는 특수한 '독일적인 학문'을 비판할 수 없으며, 민족과 인종이 다른 한 이러한 비판이 원천적으로 불가능하다고 주장할 때, 그는 마르크스주의의 이론가와 동일한 불가침의 전략을 이용하고 있는 것이다. 이런 식의 마르크시즘의 이념론이 슈미트에게 영향을 주었으며, 그가 논박이 불가능한 '프롤레타리아적 진실'이라는 개념을 똑같이 검증이 불가능한 '아리아인의 진실'로 대체했을 가능성이 아주 높다(Helmut Seiffert 1971, 149쪽 인용)."

마르크스주의자들의 주장에 따르면, 오로지 비(非)부르주아, 즉 프롤레타리아만이 마르크스의 체계를 이해하고 평가할 수 있으며 부르주아 경제학자들은 그들의 계급에 결부된 인식의 이해관계 때문에 이것이 불가능하다고 한다. 이에 따르면 마르크스주의자들은 원칙적으로 부르주아에 의한 마르크스 연구에 전혀 신경을 쓸 필요가 없다. 또한 부르주아 경제학자와 비(非)부르주아 경제학자 사이의 토론 역시 아무런 소용도, 의미도 없다. 이렇게 되면 결국 "부르주아" 경제학자들에게는 다음과 같은 절차만이 남아 있게 된다.

마르크스주의자들이 부르주아 경제학자들은 결코 마르크스의 체계를 "정확히" 이해할 수 없다고 주장하더라도, 마르크스의 체계는 연구의 대상이다. 이 대상은 다른 모든 연구대상과 똑같이 다루어진다. 즉, 가능한 가치판단을 배제한 채(여기에는 사회적 출생 등에서 비롯되는 것도 포함된다) 모순이 없으며, 진실과 일치하는가의 여부만을 탐구하는 것이다. 정통 마르크스주의자와의 대화는 유익하기는 하지만, 예의 국외자라는 비난이 가해지지 않을 경우에만이 가능할 것이다.

### 방법론

마르크스가 가지고 있던, 스스로를 고전학파와 구별 짓는 매우 특이한 철학적이고 역사철학적인 토대는 변증법이다. 변증법(그리스어로 dialégesthai＝구분하다)은 명제, 즉 주장과, 반명제, 즉 반대주장으로부터 통합명제, 즉 주장과 반대주장 사이의 타협을 도출하는 학문적인 토론의 방식이다. 헤겔에 의해 변증법은 철학적 추론을 위한 도구로 완성되었는데, 헤겔의 역사변증법에서 세계역사를 움직이는 원리는 세계정신이다. 개인은 겉으로는 스스로의 목적을 추구하는 것처럼 보이지만 "이성의 책략"에 의해 세계역사와 세계정신의 진행을 촉진시키는 대리인 정도에 지나지 않는다는 것이다.

마르크스는 헤겔의 변증법적 방법론을 이어받았으나, 헤겔의 관념주의적인 입장을 변증법적 유물론이나 유물론적 역사인식 등과 같은 유물론적 입장으로 바꾸어 놓았다. 마르크스는 다음과 같이 썼다. "나의 변증법적 방법론은 기본적으로 헤겔의 것과 다를 뿐 아니라, 그것과 정반대이다. 헤겔에게서는, 그가 관념이라는 이름 아래 독립적인 주체로 변화시킨 사고과정이 현실의 창조자이다. ⋯⋯반대로 나에게 관념적인 것이란 인간의 머릿속에서 해석되고 번역된 물질에 지나지 않는다."

헤겔에게서 변증법은 머리에서 존재한다. "우리는 모호한 덮개로 가리워진 속에서 합리적인 핵심을 발견하기 위해서 이 변증법을 뒤집어야 한다." 마르크스에 따르면 역사란 계급투쟁의 역사로서, 최종단계에서는 오직 부르주아지와 프롤레타리아트라는 두 계급만이 남아 있게 된다. 경제사는 법적, 사회적인 질서인 생산관계와 생산력, 즉 인간 사이의 끊임없는 갈등이다.

마르크스의 이론은 의식적으로 자본주의라는 역사적 시기에 맞추어져 있고, 또 자본주의 시기에 한정되어 있다. 즉, 자본주의적 경제사회의 운동과 발전법칙을 인식하는 것이 중요한 것이다. 이때 자본주의는 특정한 경제적 성향(좀바르트[Werner Sombart]), 즉 자본가들의 특정한 목표설정에 의해 정의된다. "가치에 대한 정열적인 추구에서 이 절대적인 치부추구의 인간형, 즉 자본가는 수전노와 동일하다. 그러나 수전노가 단지 미친 자본가에 지나지 않는다면, 자본가는 합리적인 수전노이다. 수전노가 유통단계 이전의 화폐를 찾아서 끊임없이 가치의 증식을 추구한다면, 자본가는 언제나 화폐를 새롭게 유통시킴으로써 가치의 증식을 달성한다(마르크스)." 자본주의적인 경제사회는 자본가와 노동자(프롤레타리아)라는 명확한 계급구분에 의해 특징지어진다. 계급의 구분은 자본의 소유와 무소유, 엄밀한 의미에서의 계급의식에 의해 이루어진다(슈타인[Lorenz v. Stein]).

자본주의 사회에서 자본가들은 노동자들에 대해 계급독점의 위치("준독점의 위치", 프라이저)를 점하고 있는데, 이는 자본가들이 생산적인 생산수단을 소유함으로써 확립된다. 계급독점은 사회적인 관계(자본관계)이다. "흑인은 흑인이다. 특정한 관계 속에서 흑인은 비로소 노예가 된다. 기계는 기계이다. 오직 특정한 관계 속에서 기계는 자본이 된다(마르크스)." 이에 따라 시기마다의 특정한 사회구조가 마르크스의 출발점이 된다.

**학문적 업적**

마르크스가 철학적으로 헤겔에 뿌리를 두고 있는 것처럼, 경제학적으로 그는 국민경제학의 고전학파—이 명칭은 마르크스 자신이 붙인 것이다—의 영향을 받았다. 마르크스 경제학의 중심에 있는 것은 가치와 가격이론이다. 리카도와 마찬가지로, 마르크스 역시 모든 재화가 가지고 있는 공통적인 성질로서, 이것을 통해 서로 다른 재화들 사이에 비교가 가능하게 되고, 이로써 각각의 재화를 측정하는 데 기준이 되는 것을 탐구한다. 이러한 성질은 바로 노동이다.

그러나 마르크스에게서 재화는 시간으로 계산되는 투하노동량에 비례하여 교환된다는 리카도의 상대적 노동가치론은 노동이 즉 가치의 본질이라는 절대적 노동가치론으로 된다. 하나의 사용가치, 즉 재화는 단지 하나의 가치만을 가진다. "왜냐하면 추상적인 인간의 노동이 그 안에 체화 또는 물질화되어 있기 때문이다. 그러면 어떻게 재화의 가치를 측정하는가? 재화 안에 포함되어 있는 '가치를 생성하는 본질', 즉 노동의 양에 의해서이다. 노동의 양 자체는 시간을 기준으로 측정되며, 노동시간은 한 시간, 하루 등의 특정한 길이의 기준을 가지고 있다(마르크스)."

그러나 이 같은 절대적인 형태의 노동가치론은 근거가 박약하다. 모자는 그 안에 노동이 포함되어 있기 때문에 가치를 가지는 것이 아니라, 모자가 가치가 있기 때문에 사람들은 모자를 만들기 위해 노동을 투여하는 것이다(윅스티드(Philip Henry Wicksteed)).

마르크스의 체계에서 보다 근본적으로 중요한 것은 일반적 가치법칙(das allgemeine Wertgesetz)이다. 어떤 상품의 가치는 이 상품을 다시 생산하기 위한 비용을 기준으로 결정된다. 이것은 노동이라는 상품에 대해서도 마찬가지이다. 즉 (실질)임금은 노동자가 자신과 자신의 가족의 생계유지에 필요한 재화의 양과 같은 것이다. 여기서 우리는 경제이론상의 핵심에 도달하는데, 수학적인 도출을 가능한 한 피하기 위해, 이 이론적인 핵심을 이른바 마르크스의 식(Schema)을 중심으로 설명해보기로 한다. 마르크스의 식이란 동시에 유효한 두 개의 방정식으로 이루어진 체계로, 그 자신에 의하여 다음과 같이 기술되고 있다.

$$c_1 + v_1 + m_1 = PM$$
$$c_2 + v_2 + m_2 = KG$$

식 1.0

또는 실제의 수를 대입한 예를 들면 다음과 같다.

$$1{,}000c_1 + 400v_1 + 400m_1 = 1{,}800 \text{ PM}$$
$$800c_2 + 200v_2 + 200m_2 = 1{,}200 \text{ KG}$$

식 2.0

이 방정식들에서 각각의 미지수는 다음의 의미를 가진다.

– c는 기계나 설비와 같은 이른바 불변자본이다. 오늘날의 용어로 국민경제 내의 실물자본, 즉 생산설비라고 말할 수 있다.

– v는 이른바 가변자본으로서 노동력의 투입을 말한다(v에 대해 다른 해석이 가능하다는 사실에 대해서는 뒤에 다시 언급할 것이다).

– m은 이른바 잉여가치(Mehrwert)로서 자본가의 소득이다.

PM은 생산재를, KG는 소비재를 의미한다. 즉 위의 식은 "부문별 규칙"으로서, 첫 번째 줄은 생산재 생산부문 또는 I부문에 대한 것이며 (이에 따라 $c_1$, $v_1$, $m_1$ 등으로 쓰였다), 두 번째 줄은 $c_2$, $v_2$와 $m_2$로 표시하며, 소비재 생산부문 또는 II부문에 관련된 것이다.

이에 따라 식 2.0의 첫 번째 줄은 다음과 같은 의미가 된다. 생산재 생산부문에서 1,000단위의 불변자본 $c_1$은 400단위의 노동(= $v_1$)과 결합하여 400단위의 잉여가치 $m_1$을 발생시키고, 이에 따라 I부문에서는 1,800단위의 생산재가 생산된다. 마찬가지로 두 번째 줄은 다음과 같이 읽힌다. 소비재 생산부문에서 불변자본($c_2$) 800단위는 200단위의 노동 (= $v_2$)과 결합한다. 이를 통해 잉여가치 $m_2$가 200단위 발생함으로써 II부문에서의 생산은 1,200 소비재 단위가 된다.

이 같은 식은 우선 생산의 과정으로 해석될 수 있다. 무엇보다 c, v와 관련되어서는 이렇게 해석될 것이다. 생산이 이루어지기 위해서는 불변자본인 자본과 가변자본인 노동은 같이 작용하며, 또 같이 작용할 수밖에 없다. 불변자본이 한 단위의 가변자본에 투입되는 비율은 기술적으로 결정되는데, 이 관계는 마르크스에 의해 "자본의 유기적 구성"이라고 명명되었다. 이것을 α라고 한다면, 다음과 같은 식이 성립한다.

$$\boxed{\alpha = \frac{c}{v}}$$

$$\alpha_1 = \frac{1{,}000c_1}{400v_1} = 2.5 \ ; \ \alpha_2 = \frac{800c_2}{200v_2} = 4$$

자본의 유기적 구성은 기술적인 여건에 의해 결정된다(현대의 경제학에서는 요소투입의 제한성이라고 부를 것이다). 그러나 두 생산부문에서 각각 다른 수치가 보여주는 것처럼, 이것은 산업부문에 따라 달라진다.

가변자본 v와 잉여가치 m 사이의 관계는 그렇게 간단하지가 않으며 좀더 설명이 필요하다. 한 상품의 사용가치와 교환가치 사이의 구분은 아리스토텔레스에까지 거슬러 올라간다. "사람은 신기 위해서 신발을 사용할 수도 있으나, 교환하기 위해서 사용할 수도 있다. 이 둘은 모두 똑같은 신발을 사용할 수 있는 가능성들이다." 마르크스에 의하면 노동이라는 상품은 사용가치와 교환가치가 서로 차이가 날 수 있는 유일한 상품인데, 노동의 사용가치는 교환가치를 능가한다. 다음 그림의 윗부분에는 한 노동자의 일일 총노동시간이 12시간으로 되어 있는데, 이를 관찰해보자.

**그림1: 일일 총노동시간**

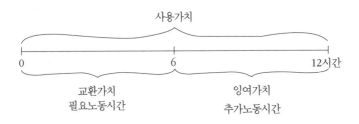

이 일일 총노동시간, 또는 이 시간 동안에 노동자가 (불변자본과 함께) 생산한 상품은 노동자의 사용가치를 구성한다. 노동의 교환가치,

즉 임금(률)은 일반적인 가치법칙에 따라 결정된다. 즉 한 상품의 가치가 그 상품의 재생산비용에 따라 결정되는 것처럼, 노동의 교환가치는 노동의 재생산비용, 즉 노동자 자신과 그의 가족의 생계를 위해 노동자가 필요로 하는 재화의 양에 따른다. 이 재화의 양 또는 이와 등가의 화폐액은 다름이 아닌 최저생계비이다. 즉 마르크스는 고전학파와 마찬가지로 임금의 최저생계비 이론을 주장하고 있는 것이다.

노동자가 필수적인 재화(등가의 화폐액이 최저생계비에 해당하기 때문에 필수적이라 부른다)의 양을 생산하는 데 6시간이 걸린다고 가정해보자. 이 경우 이 6시간은 필요노동시간이며, 노동 v의 교환가치와 같다. 이 부분에서 우리는 놀라지 않을 수 없다. 왜냐하면 우리는 위에서 v가 노동의 투입이라고 설명했는데, 이제 v는 이 이외에도 노동의 교환가치 또는 임금률과도 같다는 말이 되기 때문이다. 그러나 이 모든 것은 맞는 말이다. 왜냐하면 마르크스는 여기서는 노동의 가치를 계산하고 있으며, 이 경우에는 투하되는 노동과 노동의 교환가치가 실제로 일치하기 때문이다.

일일 총노동시간에서 아직 남아 있는 6시간은 추가노동시간이다. 이 시간 동안 노동자는 자본가를 위해 일하는 것이 되며, 자본가는 이 시간 동안 생산된 재화인 잉여가치 m을 이윤으로서 차지하거나, 자신을 위해 시장에서 판매한다. 이에 따라 다음과 같은 관계가 존재한다.

총노동시간＝필요노동시간＋추가노동시간
노동의 사용가치＝노동의 교환가치＋잉여가치

노동의 교환가치에 대한 잉여가치의 비율은 잉여가치율이라고 불리며 m′로 표시한다.

$$m' = \frac{m}{v}$$

$$m_1 = \frac{400m_1}{400v_1} = 1 \text{ ; } m_2 = \frac{200m_2}{200v_2} = 1$$

즉 잉여가치율이란 다름이 아닌 단위 투하노동에 대해 산출되는 이윤의 비율이다.

생산과정에 대한 마르크스의 설명에 대해 몇 가지만 더 구체적으로 이야기하기로 하자. 통상의 경우처럼 자본재가 1년 이상의 수명을 가진다면, 실제로 매년 생산에 사용되는 것은 자본재 전체가 아니라, 매년 발생하는 감가상각 부분만큼이다. 이처럼 감가상각이란 매년 소모되는 자본의 양을 의미하는데, 예를 들어 자본재의 수명이 10년일 경우에는 해마다 구입비용의 10퍼센트가 소모된다. 우리는 나중에는 설명을 보다 간단히 하기 위해 수명이 1년인 자본재를 가정할 것이다. 이 경우에는 자본재 전체가 매년 대체되어야 하며, 감가상각률은 100퍼센트가 된다.

생산물을 산출하기 위해서 자본과 노동, 즉 불변자본과 가변자본은 함께 작용해야 한다. 그러나 잉여가치를 생성하는 원천은 오로지 가변자본, 즉 노동뿐이다. 노동만이 "잉여가치를 낳는 자본"인 것이다. 우리는 나중에 이 문제를 다시 다룰 것이다. 마지막으로 고려해야 하는 것은, 노동은 모두 다 같은 노동이 아니라는 점이다. 즉, 노동의 질은 서로 다르며, 더 느리거나 더 빠른 노동력이 존재한다는 사실이다.

이 문제를 해결하기 위해 마르크스는 어려운 노동을 단순한 노동의 배수로 간주했으며, 단순히 필요한 노동시간이 아니라 사회적으로 필요한 노동시간이라는 개념을 사용하여 요구되는 평균적 노동시간을 나타내려고 했다. 전체적인 논지를 전개하는 데 이런 자세한 부분들은 본질적으로 큰 문제가 되지는 않는다.

이로써 마르크스 식의 기본적인 원리들은 밝혀졌다. 그러나 이 원리들을 바탕으로 한 보다 광범위한 해석과 함의, 그리고 이러한 원리들의 변형은 아직 다루어지지 않았다. 따라서 이제는 마르크스 식(Schema)

의 순환론(국가와 외국과의 교역이 존재하지 않는 정태적인 국민경제의 순환)적인 해석과, 이것이 가지고 있는 가격이론과 분배이론에 대한 함의를 살펴보고, 마지막으로 마르크스의 식을 경제성장 및 경기변동과 연관지어 생각해보도록 한다.

마르크스 식의 순환론적인 해석을 위해서, 이 식의 c와 v, m과 같은 변수들을 이용하되, 이들을 모두 화폐의 흐름으로 파악하기로 하자. 개별적으로는 다음과 같이 될 것이다.

- $c_1$: 생산재 생산부문이 대체기계(재투자재)를 구입하기 위해 자기부문에 지불하는 비용,
- $c_2$: 소비재 생산부문이 대체기계(순투자재)를 구입하기 위해 생산재 생산부문에 지불하는 비용,
- $v_1$: 생산재 생산부문이 노동자에게 지불하는 임금,
- $v_2$: 소비재 생산부문이 노동자에게 지불하는 임금,
- $m_1$: 생산재 생산부문이 자기부문의 자본가에게 지불하는 잉여가치,
- $m_2$: 소비재 생산부문이 자기부문의 자본가에게 지불하는 잉여가치,

국가와 외국과의 교역이 존재하지 않는 정태적인 국민경제에서는 생산재 생산부문과 소비재 생산부문의 노동자들과 자본가들을 모두 합쳐서 노동자 가계와 자본가 가계로 파악하거나, 또는 두 분야에서 각각 노동자 가계와 자본가 가계로서 파악할 수 있는데, 각각의 방법에 따라, 4개의 "극"(Pol) 또는 6개의 극을 가진 순환체계를 구성할 수 있다. 이는 다음 그림2와 같다.

이 그림에 나타난 화폐의 흐름에 대해서는 이미 앞에서 설명이 되어 있으나, 두 가지 예외가 있다. 소비 A의 흐름은 노동자의 소비지출을, 소비 K는 자본가의 소비지출을 나타낸다. 두 계급은 정태적인 경제 아래서 그들이 벌어들인 소득을 모두 소비재 구매에 지출하며, 따라서 저축은 없는 것으로 가정한다. 이 네 가지 흐름($A_1$, $A_2$, $K_1$, $K_2$—옮긴이)은 마르크스의 식에서는 명시적으로 드러나 있지는 않다. 그러나 정태적인 경제 아래서 마르크스의 식에는 다음과 같은 규칙이 통하는 것이

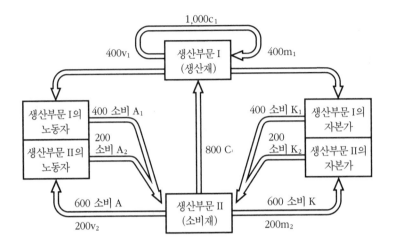

분명하다.

   제1행의 합계＝제1열의 합계,

   또는 생산재 생산부문의 지출＝생산재 생산부문의 수입,

   제2행의 합계＝제2열과 제3열의 합계,

   또는 소비재 생산부문의 지출＝소비재 생산부문의 수입.

   위의 두 가지 관계를 통해 다음과 같은 결과를 얻게 된다.

$$c_2 = v_1 + m_1$$

   소비재 산업의 재투자(감가상각)는 생산재 산업으로부터 지불된 임금 및 이윤과 같아야 한다. 이것은 정태적 순환의 폐쇄성이 지켜지기 위한 조건으로서, 마르크스의 체계에서뿐만이 아니라 일반적으로 통용되는 조건이다.

   마르크스는 엥겔스에게 보낸 1863년 7월 6일자 편지에서 두 개의 순환도를 첨부한 바 있는데, 이 그림들은 여기서 그림3과 4에 재현되어 있다.

**그림3: 재생산 과정의 표**

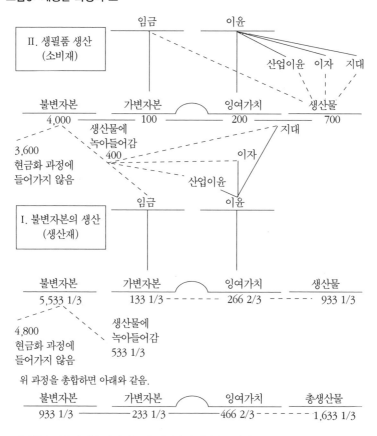

위 과정을 총합하면 아래와 같음.

\* 화폐의 유통은 나타나 있지 않으며, 재생산의 단계가 동일함.


이제 우리는 가능한 한 마르크스의 식에 기초하여 마르크스의 체계가 가지고 있는 가격론과 분배론적인 의미에 눈을 돌려보기로 한다. 마르크스의 식에서는 우리가 이미 알고 있는 다음과 같은 두 개의 관계가 나타난다.

- 자본의 유기적 구성비, 즉 불변자본과 가변자본의 비율:

$$\alpha = \frac{c}{v},$$

**그림4: 전체 재생산 과정의 경제표**

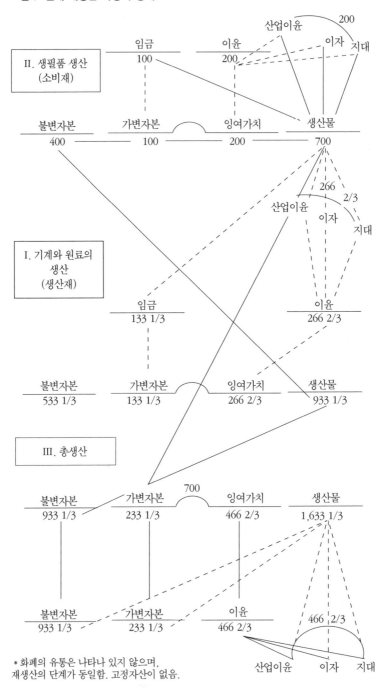

* 화폐의 유통은 나타나 있지 않으며,
재생산의 단계가 동일함. 고정자산이 없음.

– 잉여가치율, 즉 투입된 가변자본에 대한 잉여가치의 비율:

$$m' = \frac{m}{v},$$

즉 이것은 투입된 노동자 1인당 발생하는 이윤을 말하는 것이다.

자본주의적인 이윤계산을 위해서는 또 하나의 변수가 결정적으로 중요한 역할을 하는데, 이것은 이윤율, 또는 투입된 자본에 대한 이자지불이다. 투입된 자본이란 불변자본과 가변자본의 합계임이 명백하며, 이윤 또는 이자이불이란 다름 아닌 잉여가치를 말한다. 따라서 $\pi'$ 로 이윤율을 표시할 경우에 다음과 같은 관계가 성립한다.

$$\pi' = \frac{\text{이윤}}{\text{투입된 자본}} = \frac{\text{잉여가치}}{\text{불변자본과 가변자본의 합계}}$$

$$\boxed{\pi' = \frac{m}{c+v}}$$

세 가지 변수, 즉
– 자본의 유기적 구성비 $\alpha = c/v$,
– 잉여가치율 $m' = m/v$,
– 이윤율 $\pi' = m/(c+v)$,
마르크스의 체계 내에서 이들 사이에는 핵심적인 관계가 존재하고 있다. 이윤율의 분자와 분모를 가변자본으로 나누면 다음과 같은 관계가 성립한다.

$$\pi' = \frac{m}{c+v} = \frac{\dfrac{m}{v}}{\dfrac{c}{v}+1} = \frac{m'}{\alpha+1}$$

$$\boxed{\pi' = \frac{m'}{1+\alpha}}$$

즉, 이윤율은 잉여가치율을 자본의 유기적 구성비에 1을 더한 크기로 나눈 것과 같게 된다.

이윤율은 자본주의적인 이윤계산에서 결정적인 중요성을 갖는다. 자본가는 자본에 대한 이자율이 가장 높은 곳에 자신의 돈을 투자할 것이다. 즉 자본가는 가장 높은 이윤율을 지향하는 것이다. 논의를 간단히 하기 위해, 한 국민경제에 단지 두 종류의 부문만이 존재하며, 한 부문은 40퍼센트, 다른 부문은 20퍼센트의 이윤율이 기대되는 상황을 가정해보자. 그러면 자본가들은 더 높은 이윤율을 향유하기 위해 가능하면 빨리 두 번째 부문에서 떠나 첫 번째 부문으로 옮겨가려 할 것이 당연하다.

이 결과 첫 번째 부문에 자본이 급격히 유입되며, 이에 따라 이 부문의 이윤율이 하락하고, 두 번째 부문에서는 자본가들이 빠져나간 결과 이윤율이 상승하게 될 것이다. 이 같은 과정은 두 부문의 이윤율이 같아질 때까지 지속될 것이므로, 이를 통해 자본주의적인 경제체제는 이윤율이 균형을 이루는 경향을 가지게 된다. 즉, 모든 부문에서는 투여된 한 단위의 자본에 대한 이윤의 크기가 같아질 것이다. 어떤 부문이 다른 부문들보다 높은 이윤율을 유지하는 예외적인 경우는 독점화된 부문을 가정할 때만 가능한데, 이런 경우는 여기서 논의하지 않기로 한다.

이제 마르크스는 다음과 같은 문제에 직면하게 된다. 상품이 생산되고, 유통되며, 가치가 형성되는 과정을 반영하고 있는 그의 식에서는, 잉여가치율이 균일하다는 가정 아래서 두 생산부문 사이의 서로 상이한 자본의 유기적 구성으로부터 서로 상이한 자본의 이자율, 즉 상이한 이윤율이 발생한다. 우리의 수식체계를 이용해서 살펴보면 표 1과 같은 관계를 얻을 수 있다.

**표1: 두 생산부문에서의 잉여가치, 자본의 유기적 구성과 이윤율**

| 생산분야 ＼ 크기 | I부문-생산재 생산부문 | II부문-소비재 생산부문 |
|---|---|---|
| 이윤율 $m'_i = m_i / v_i$ | $m'_1 = 1$ (0.88)* | $m'_2 = 1$ (1.28)* |
| 자본의 유기적 구성 $\alpha_i = c_i / v_i$ | $\alpha_1 = 2.5$ (2.35)* | $\alpha_2 = 4.0$ (3.76)* |
| 이윤율 $\pi'_i = m_i / (1 + \alpha_i)$ | $\pi'_1 = 1/(1+2.5) = 29\%$ (26%)* | $\pi'_2 = 1/(1+4) = 20\%$ (26%)* |

* 괄호 안의 값에 대해서는 뒤에서 설명한다.

표에서 볼 수 있는 것처럼, 마르크스의 가치이론을 나타내는 식과 자본가들이 최대의 이윤을 추구함으로써 이윤율이 균등해지는 현실 사이에는 모순이 발생하게 된다. 다시 되풀이하거니와, 이 모순은 다음과 같이 생겨나는 것이다.

– 마르크스의 식, 즉 마르크스의 가치계산에서는 자본의 유기적 구성의 구체적인 모습에 따라 개별 생산분야 사이에 상이한 이윤율이 발생한다.

– 그러나 현실은 (독점화된 분야가 없을 경우) 개별 생산분야들 사이에 이윤율이 균등화되는 것을 보여준다.

마르크스는 이 문제를 가치계산(『자본론』 제1권)에서 가격계산(『자본론』 제3권)으로의 이행을 통해 해결하려 했다. 즉 경쟁의 게임을 통해 국민경제 전체의 잉여가치 총액은 개별 생산부문들이 균등한 이윤율을 가지도록 배분되는데, 이는 일부 상품은 가치보다 높은 가격에, 일부 상품은 가치보다 낮은 가격에 팔리는 것을 의미하는 것으로서, 이때 발생하는 가치와 가격의 차이를 모두 더 하면 영(0)이 된다는 것이다. 여기서 마르크스가 행한 가격계산을 그대로 묘사하지는 않겠다. 다만 두 생산부문이 균등한 이윤율을 가지도록 잉여가치의 총액을 다음과 같이 배분한, 변형된 마르크스의 식을 보여주는 것으로 족할 것이다.

$$1{,}000c_1 + 400v_1 + 350\pi_1 = 1{,}750 \text{ PM}$$
$$800c_2 + 200v_2 + 250\pi_2 = 1{,}250 \text{ KG}$$

식 2.1

($\pi_1$, $\pi_2$ = 잉여가치 = 균등한 이윤율 아래서의 이윤)

위 식에서는 두 생산부문의 이윤율은 25퍼센트로 균일하게 되었다. 그러나 이제 국민경제의 순환은 더 이상 균형상태에 있지 않다. 생산재 생산부문의 지출 1,750은 원래 1,800으로 가정된 것보다 작아졌으며, 소비재 생산부문에서는 반대로 원래 1,200으로 가정한 것이 1,250으로 커졌다.

마르크스가 가치계산에서 가격계산으로 넘어가는 『자본론』의 제1권과 제3권 사이에서 발생하는 이러한 모순은 러시아의 통계학자인 보르트키비츠(Ladislaus von Bortkiewicz, 1907)에 의해 처음 발견되었다. 또한 보르트키비츠는 이러한 모순의 올바른 해법도 제시한 사람이다. 그는 균등한 이윤율이 발생하도록 잉여가치의 총액을 배분하는 것만으로는 부족하며, 마르크스의 식에 포함되어 있는 모든 변수의 크기가 가치에서 가격으로의 전환과정에 포함됨으로써 이 과정에서 모순이 발생하지 않으면서도 순환의 폐쇄성이 유지되어야 한다고 했다. 여기서는 수학적인 추론과정을 생략하고 우리의 수식이 가지고 있는 이른바 전환의 문제에 대한 답을 직접 제시한다.

$$940c_1 + 400v_1 + 352\pi_1 = 1{,}692 \text{ PM}$$
$$752c_2 + 200v_2 + 248\pi_2 = 1{,}200 \text{ KG}$$

식 2.2

여기서 두 생산부문의 균등한 이윤율은 26퍼센트이다. 생산재의 가격은 소비재의 가격에 대해 0.94 : 1의 비율을 가지고 있다. 다시 말해서, 원래의 식에서 모든 c, 또는 모든 PM과 관련된 크기에 0.94를 곱하고 v, 또는 KG에 대한 크기는 그대로 유지하면 되며, 이렇게 하면 이윤은 나머지 값으로 구해지는 것이다(물론 c 또는 PM과 관련된 크기를 불변으로 한 채, v 또는 KG와 관련된 크기를 1.06배로 확대해도 된다).

이 경우 가치계산에서 가격계산으로의 이행은 상대가격을 정하는 문제, 즉 II부문 모델(Zwei-Sektoren-Modell)에서 소비재 가격에 비례하여 생산재 가격을 결정하는 문제가 되며(0.94: 1 또는 1: 1.06), 임금은 소비재 가격으로 나타나게 된다. 이 같은 상대가격의 결정은 두 부문에서의 이윤율이 같아야 한다는 조건을 충족시키기 위해서 행해지는 것이다.

문헌에서 이미 충분히 논의된 바 있는 전환의 문제에서 어떠한 결론을 이끌어낼 수 있을까? 우선 균등한 이윤율을 유지하면서 마르크스의 가치의 식(Wertschema)을 가격의 식(Preisschema)으로 모순 없이 전환하는 것은 가능하다. 그러나 이렇게 할 경우 가치의 식과 이 이면에 감추어진 분배이론은 완전히 의미를 상실하게 된다. "대수(代數)의 미로를 빠져나온 후 무엇이 일어났는지를 이해하게 된다면, 사람들은 전환의 계산이 정확히 다음과 같은 내용을 의미한다는 것을 발견할 것이다. 두 개의 선택적인, 그러나 서로 모순되는 체계를 생각하고, 그 중 하나를 써넣는다. 전환을 위해서는 지우개를 들고 방금 써넣은 것을 지워버린다. 그러고는 대신에 다른 것을 써넣는다! 자! 이렇게 해서 전환계산은 끝났다(Paul A. Samuelson 1974, 239쪽)."

지금까지 가치를 가격으로 환산하는 문제에 대해서 자세히 다루었으므로, 이제 마르크스의 분배이론에 관해 두 가지 비평을 덧붙이는 일이 남았다. 앞에서 도출한 것과 같이, 이윤율이 자본의 유기적 구성에 1을 더한 값으로 잉여가치율을 나눈 값이라는 관계, 즉 $\pi' = m' = /(1+\alpha)$ 에 따르면, 두 생산부문에서 잉여가치율이 같고 자본의 유기적 구성이 서로 다를 경우에는 이윤율이 서로 다를 수밖에 없다.

가격계산으로 넘어가면서 이윤율을 "인공적으로" 균등하게 만들기 위해서는 잉여가치율이, 또는 이와 동시에 자본의 유기적 구성도 변경되어야 한다. 앞의 가격식(식 2.2를 말함—옮긴이)에 의해 표1의 괄호 안에 있는 값을 얻게 되는데(0.88과 1.28. 그러나 원저에 나와 있는 1.28은 1.24을 잘못 표기한 것으로 보임—옮긴이), 이때 두 생산부문에서 상이한 잉여가치율의 근거가 무엇인가 하는 의문이 제기된다. 만일 애초의 가치계산에서 두 생산부문에 대해 동일한 노동의 질을 가정했고, 이에 따라 동일한 잉여가치율을 가정했다면, 어째서 나중에는, 즉 가치를 가격으로 변환한 이후에는, 두 부문에서 잉여가치율이 서로 다르게 되는지를 설명할 근거가 없는 것이다.

두 번째 비평은, 앞서 언급한 바와 같이 불변자본과 가변자본 사이의 투입비율, 즉 자본의 유기적 구성 또는 자본집약도가 기술적인 조건에 따라 결정된다는 사실과 관련이 있다. 이렇게 노동과 자본 사이에 일정한 투입비율이 존재하는 한, 총 산출물을 노동 또는 자본의 탓으로 돌리는 것은 둘 다 완전히 자의적이다. 즉 A와 B가 함께 작용하여 C라는 결과를 낳는 반면, B가 없는 A, 또는 A가 없는 B는 C를 낳을 수 없다면, C의 생산은 A나 B 단독의 탓이 아니라, A와 B에 함께 돌릴 수밖에 없는 것이다.

이제 우리는 마르크스의 경제성장론을 다루어보기로 한다. 마르크스는『자본론』제2권에서 교란이 없는 경제성장을 위한 조건들을 최초로 도출해낸 바 있다. 이러한 분석과 관련해서 무엇보다 특기할 만한 점은 마르크스가 처음부터 현대의 경제성장론에서도 고급이론에 속하는 II부문 모델을 가정하고 있다는 점이다.

경제성장을 고찰하기 위해서 우리는 다시 한 번 아래와 같이 변형된 마르크스의 수식을 사용하기로 한다.

$$\text{기간 1a} \quad 1{,}000c_1 + 500v_1 + 500m_1 = 2{,}000 \text{ PM}$$
$$818c_2 + 300v_2 + 300m_2 = 1{,}418 \text{ KG}$$

위의 식에서는 정태적 국민경제의 조건인 $c_2 = v_1 + m_1$이 더 이상 충족되지 않으며, 대신에 2,000단위인 생산재 생산은 $1{,}000\ c_1 + 818\ c_2$인

재투자를 182만큼 초과하고 있다.

마르크스에게서 저축의 원천은 오직 잉여가치뿐이다. 왜냐하면 노동자는 그들의 소득을 생존을 위한 소비에 모두 사용하기 때문이다. I부문의 잉여가치에서는 150단위가 저축되는 것으로 한다. 즉 이 부문의 자본가는 350단위를 소비하는 셈이다. II부문에서는 112가 저축되고 188이 소비된다. 각 부문에서 저축 S(=투자 I)는 자본의 유기적 구성을 변화시키지 않도록 불변자본과 가변자본에 나누어지는데, 이로써 다음과 같은 관계가 성립된다.

$$\Delta c_1 = 100, \quad \Delta v_1 = 50, \quad S_1 = I_1 = 150$$
$$\Delta c_2 = 82, \quad \Delta v_2 = 30, \quad S_2 = I_2 = 112.$$

마르크스는 이러한 과정을 "생산구조의 재조정"이라고 불렀는데, 이것은 다음과 같은 결과를 낳는다.

기간 1b     $1{,}100c_1 + 550v_1 + 350m_1^{\blacklozenge} = 2{,}000$ PM
            $900c_2 + 330v_2 + 188m_2^{\blacklozenge} = 1{,}418$ KG

위의 수식에서 ◆표가 붙은 잉여가치는 자본가들의 소비를 위해 남게 되는 잉여가치를 의미한다. 따라서 위의 수식은 소득의 지출을 보여주고 있으며, 처음에 나왔던 수식은 소득의 발생과 분배를 설명하고 있다. 이제 생산구조의 재조정으로 인해 경제성장의 과정이 시작되는데, 이는 아래의 세 수식과 같이 진행된다.

기간 2a     $1{,}100c_1 + 550v_1 + 550m_1 = 2{,}200$ PM
            $900c_2 + 330v_2 + 330m_2 = 1{,}560$ KG

생산구조는 다음과 같이 재조정된다.

기간 2b      $1{,}210c_1 + 605v_1 + 385m_1^{\blacklozenge} = 2{,}200$ PM

                   $990c_2 + 363v_2 + 207m_2^{\blacklozenge} = 1{,}560$ KG

다음 기간에는 다음과 같은 경제성장이 발생한다.

기간 3a      $1{,}210c_1 + 605v_1 + 605m_1 = 2{,}420$ PM

                   $990c_2 + 363v_2 + 363m_2 = 1{,}716$ KG

그림5는 위와 같은 경제성장 과정에서 나타나는 경제순환의 관계를 보여주고 있다.

**그림5: 성장하는 국민경제의 순환**

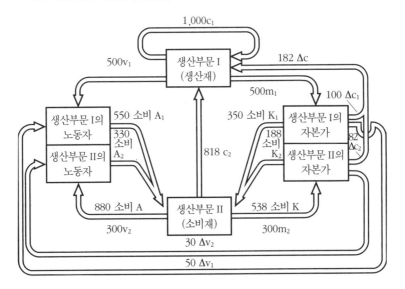

우리에게 낯선 개념은 무엇보다 가변자본에 대한 투자, 즉 자본가들로부터 노동자들에게 유입되는 50과 30의 금액이다. 즉, 마르크스의 수식에서는 생산능력의 확장을 위해서 불변자본 c의 증가뿐 아니라, "새로운 노동력을 구입할 돈", 즉 가변자본의 증가가 필요한 것이다. 이 밖

에 순환도식 상의 다른 변수들은 문제가 없으므로 별도의 설명은 필요 없을 것이다.

(현대적인) 수식을 적용하여 경제성장률을 도출하는 것으로 이 부분을 마치기로 하자. 우리는 순생산 중에서 저축되는 부분의 비율을 저축률이라고 부르며, 순생산과 총자본($c+v$)과의 비율을 자본계수라 부른다. 그렇다면 다음과 같은 관계가 성립하게 된다.

$$경제성장률 = \frac{저축률}{자본계수} = \frac{0.16}{1.6} = 10퍼센트$$

이에 따라 마르크스의 수식에서 모든 변수는 10퍼센트의 일정한 비율로 성장하게 될 것이다.

우리가 마지막으로 관찰하고자 하는 경제이론적인 문제는 마르크스의 공황론이다. 마르크스에 의하면 기술의 발전은 자본주의 경제를 움직이는 원천적인 동력인 동시에 경기변동을 유발하는 요인이다. 기술의 발전은 우선 가변자본에 비해 불변자본이 지속적으로 더 투입되는, 즉 자본의 유기적 구성이 지속적으로 상승하게 되는 결과를 낳는다. 이것은 현대적인 개념으로 말하면 자본집약도가 높아지는 것을 뜻한다.

이제 $\pi' = m'/(1+\alpha)$의 관계에 따라, 자본의 유기적 구성이 상승하면 (그리고 잉여가치율이 일정하면) 이윤율은 낮아지게 된다. 이것이 곧 이윤율 하락의 법칙인데, 더 정확히 말하면 이윤율의 경향적 하락의 법칙이다. 경향적(tendenziell)이란 이윤율이 일시적으로 상승함으로써 하락하는 과정이 잠시 중단될 수도 있음을 의미하는바, 이러한 이윤율의 상승은 잉여가치율의 상승에 기인하게 된다. 잉여가치율의 상승에는 두 가지 원인이 있을 수 있다.

우선 필요노동시간이 일정한 경우, 일일노동시간을 연장시킴으로써 잉여노동시간이 늘어나고, 이를 통해 잉여가치율이 상승할 수 있다(절대적 잉여가치의 생산). 그러나 현실에서는 일일노동시간이 연장되기보다는 축소되는 것이 일반적이므로, 이 원인은 고려의 대상에서 제외되어야 할 것이다. 두 번째 원인은 기술의 발전과 관계가 있다. 기술의 발전은 노동의 생산성을 향상시키는데, 이는 필요노동시간이 축소된다는 것을 의미한다. 이에 따라 잉여노동시간은 늘어나고 잉여가치율은 상승할 것이다(상대적 잉여가치의 생산).

노동생산성의 향상이 단지 자본의 유기적 구성의 상승을 통해서만 발생한다면, 이윤율이 꼭 하락해야 할 이유를 찾기가 어렵다. 이윤율이 불변인 채로 남아 있기 위한 조건은 다음과 같다.

$$\frac{dm'}{m'} = \frac{d\alpha}{1+\alpha}$$

위의 식에 따르면 (이윤율이 하락하기 위해서는—옮긴이) 잉여가치율의 상승폭이 항상 자본의 유기적 구성의 상승폭보다 작아야 한다는 조건이 충족되어야 한다.

이윤율의 경향적 하락의 법칙이 마르크스의 공황론의 토대가 된다는데에는 일반적으로 의견이 일치되어 있는 반면, 공황론의 내용 자체에 대해서는 거의 의견일치가 이루어지지 않고 있다. 우리는 상당한 기간 동안 프라이저가 그의 첫 번째 논문인 「마르크스 공황론의 본질」(Das Wesen der Marxschen Krisentheorie, 1924)에서 행한 해석을 따르고 있었다. 하락하는 이윤율로 인해 손실을 본 자본가들은 이를 총자본 또는 자본의 성장을 통해 만회하기 위해 생산을 최대한 확대할 것이다. 총자본의 성장이 이윤율의 하락과 같은 비율로 진행된다면 총이윤의 크기는 변하지 않게 된다.

이를 방정식으로 나타내면 다음과 같다.

$$\frac{d\pi'}{\pi'} = \frac{d(c+v)}{c+v}$$

즉, 자본가들은 생산을 확대하는 과정에서 총자본의 확대속도를 이윤율의 하락속도보다 더 빠르게 하려고 노력하게 된다. 이런 식의 생산확대는 두 가지 결과를 낳게 된다. 하나는 생산부문에서 자본의 이용가능성이 줄어든다는 것이다. 여기서 자본의 이용이란 다름이 아니라 "이윤 창출을 위해 자본을 사용"한다는 의미이다. 즉 이윤율의 하락이 일어나면 동일한 양의 총자본이 창출해내는 총이윤의 크기가 줄어든다는 것이다. 두 번째 결과는 유통부문에서 잉여가치를 현금화할 수 있는 가능성이 줄어든다는 것으로서, 이는 노동자가 잉여노동시간에 생산한 재화의 판매가 어려워지거나, 또는 전혀 불가능해진다는 것을 의미한다.

이런 상황이 되면 이제 자본가들 중에서 누가 손실을 봐야 하는가, 누구의 자본이 가치를 상실하는가를 결정하는 "적대적인 경쟁전"이 도래하게 된다. "어느 정도의 이윤율 아래서도 노동도구와 생활용품이 노동자를 착취하기 위한 도구가 될 수 있기 위해서, 이것들을 과다하게 생산하는 사태가 주기적으로 발생하게 된다. 자본주의적 생산에 의해 결정되는 분배의 조건과 소비의 관계보다 낮은 수준에서 상품에 포함된 가치와 잉여가치를 현금화하고, 이를 새로운 자본에 재투자할 수 있도록, 다시 말하면 이 과정이 끊임없이 재발하는 폭발 없이 진행되도록 과도한 상품생산이 일어나게 된다(마르크스)."

자본의 이용과 이윤의 현금화가 불가능해지므로 생산이 중단될 것이다. 국민경제 내의 총자본 중에서 일정 부분이 가치를 상실하게 되면, 이윤율은 일시적으로 상승한다. 이제 자본축적과 생산에 대한 매력이 다시 강화되고, 게임은 다시 시작된다.

이와 관련해서는 산업예비군에 대해, 그리고 마르크스가 주장한 산업예비군의 증가에 대해 언급해야 할 것이다. 귀스텐(Rolf Güsten, 1956)이 확실히 보여준 것처럼, 산업예비군의 증가에 대한 증명은 결국 이윤율의 경향적 하락에 대한 증명과 같은 것이다. 이를 이해하는 데 핵심적인 사항은 기술의 발전이 자본의 가치구성, 즉 자본계수의 증가를 낳는다는 사실이다. 마르크스는 기술발전 아래서도 자본계수가 일정한 경우——우리는 오늘날 이를 해러드-중립적(Harrod-neutral) 기술발전이라고 부른다——를 "악의적인 전제"로 치부하고 논외로 했다. 그러나 바로 이 경우에야말로 자본주의 체제에서 점증하는 모순은 발생하지 않게 되며, 따라서 마르크스의 공황론은 근거를 상실하게 되는 것이다.

종합해서 요약해보면, 마르크스의 공황론은 다음과 같은 발전과정을 묘사하고 있다. 기술발전은 자본의 유기적 구성, 또는 다른 말로 자본의 가치구성을 상승시킴으로써 이윤율의 하락을 낳는다. 이는 필연적으로 산업예비군의 증가(그리고 프롤레타리아트의 빈곤화)를 초래한다. 이윤율이 하락함에 따라 자본가들은 생산의 확대와 이를 가능케 하는 총자본의 확대를 추구하지 않을 수 없다. 이러한 과정은 생산부문에서 자본의 이용가능성과 유통부문에서 잉여가치의 현금화 가능성이 충분히 하락할 때까지 진행되며, 이를 통해 자본의 일부가 가치를 상실하게 되면 이윤율은 일시적으로 오르게 된다. 이윤율의 상승은 상대적 잉여가치의 생산(=필요노동시간의 축소)에 의해서도 일어난다.

우리는 마르크스의 체계 내에서 기술발전이 부분적으로 생소한 방식으로 작용한다는 것을 알 수 있다. 새로운 생산물 또는 생산방법은 체제발전에 대한 원동력이 아니라, 기술발전이 이윤율에 미치는 부정적인 영향력으로 작용하는 것이다. 마르크스의 기술발전에 관한 이론은 생소할 뿐 아니라 일관성이 결여되어 있다. 왜냐하면 기술발전에 의한 이윤율의 감소는 실질임금의 상승을 전제로 하기 때문이다.

로빈슨(Joan Robinson 1966, 42쪽)은 이에 대해서 다음과 같이 논평했다. "마르크스는 실질임금이 불변이라는 그의 주장을 포기할 경우에만 이윤이 하락하는 경향을 입증할 수 있을 것이다. 마르크스는 이처럼 명백한 비일관성을 간과한 것처럼 보이는데, 왜냐하면 그가 이윤이 하락하는 경향에 대해 논할 때, 이에 수반하는 실질임금의 상승경향에 대해서는 전혀 언급하지 않고 있기 때문이다." 마지막으로 우리는 마르크스에게서 기술발전은 순환하는 원칙이 아니며, 그 주기성이 설명될 수 없다는 사실을 확인할 수 있다.

다음과 같은 개별적인 이론들이 마르크스의 공황론과 연결되어 있다.

1. 이윤율의 경향적 하락의 법칙
2. 산업예비군 증가의 법칙
3. 노동계급 빈곤화의 법칙
4. 자본집중의 법칙
5. 붕괴론

이윤율의 경향적 하락의 법칙은 위에서 이미 설명되었다. 산업예비군의 증가는 마르크스에 의하면 근본적으로 기술발전의 결과로서, 기술의 발전은 전체 생산과정을 점차 기술화, 기계화시킨다. 즉 c는 v보다 항상 빠르게 성장하고, 기술발전의 결과로 발생하는 노동자의 해고는 충원되지 않는다.

이런 이론에 따르면 19세기 초반에 경기변동이 시작된 이후 최근에 이르기까지 엄청난 수의 산업예비군이 누적적으로 축적되었어야 하지만, 경제사 연구의 결과는 이와는 명백히 다른 현실을 보여준다. 모든 기술발전이 생산인력의 해고를 낳게 마련이라는 것은 기술발전의 본질상 당연한 것이지만, 해고를 보상할 수 있는 요인이 존재한다는 것 또한 엄연한 사실인 것이다. 이러한 요인에 의해 19세기나 20세기에서도 누적적인 실업의 증가라는 암울한 상황이 현실화되지 않은 것이다.

마르크스에 따르면 산업예비군의 존재는 임금수준을 압박하고, 이를 통해 노동계급의 빈곤화가 도래한다(빈곤화론). 이 이론은 절대적인 의미와 상대적인 의미에서 해석할 수 있다. 절대적 빈곤화로 해석한다면, 이 이론은 실질임금의 하락을 의미한다. 상대적 빈곤화로서 이해할 경우, 이 이론은 실질임금이 이윤보다 느리게 상승한다는 것을 의미한다.

이 경우 이윤율이 비교기준이 될 수는 없는데, 왜냐하면 이윤율은 하락하기로 되어 있기 때문이다. 다시 말해서 상대적 빈곤화란 임금총액이 이윤총액보다 느리게 증가하고, 임금의 비중이 하락하는 대신 이윤의 비중이 증가하는 것을 의미한다. 우리는 경제사를 통해 알 수 있는 현실에 비추어 노동계급의 절대적인 빈곤화를 비현실적인 것으로 제외시킬 수 있다.

마르크스 역시 그의 저서 『임금노동과 자본』에서 상대적 빈곤화 쪽으로 기울고 있다. "집이란 클 수도 작을 수도 있다. 작은 집이라도 주변의 집들이 모두 비슷한 규모로 작다면 주거에 대한 모든 사회적인 요구를 충족시킨다. 그러나 작은 집 옆에 궁궐이 솟아 있다면 이 집은 초라한 오두막이 되어버리고, 이 집주인의 욕구수준이 아주 낮거나 전혀 없다는 증거가 되어버린다. 세상이 문명화되면서 이 집을 더 높이 지을 수도 있겠으나, 옆에 있는 궁전이 똑같이, 또는 더 빠르게 높아진다면, 상대적으로 작은 이 집의 주인은 자기집에서 더욱더 불편하고 불만족스러우며, 압박을 느끼게 될 것이다(Marx 1849/1964 III, 776쪽)."

물론 이때 질문할 수 있는 것은, 여기서 가능한 것으로 묘사되어 있는 실질임금의 상승이 최저생계비론과 어떻게 조화를 이룰 수 있는가 하는 점이다. 이에 대한 대답은 간단하다. 그 둘은 조화될 수 없다.

마르크스에게 자본집중의 개념(자본집중론)은 두 가지 의미가 있다. 우선 마르크스는 이 개념을 기업집중이 증대하는 것으로 보는데, 이는 절대적 그리고 상대적인 의미를 다 포함한다. 즉 기업의 수가 일정한 가운데 개별 기업들 간의 매출규모가 불균등하게 되는 것을 의미할 뿐 아니라, 기업의 수가 줄어드는 가운데 절대적으로 적은 수의 기업들에게 특징이 되는 수치, 즉 매출액이 집중되는 것을 의미한다. 더 나아가서 자본가들 사이에는 자산의 집중이 발생하게 된다. 이 경우에도 다시 상대적 그리고 절대적 의미의 집중을 논할 수 있을 것이다. 이 두 가지 의미의 자본집중론을 통해 마르크스는 자본주의적 국민경제가 가지는 핵심적인 약점을 명백히 드러내고 있다.

마지막으로 마르크스의 붕괴론은 지속적으로 격렬해지는 경기변동으로 인해 결국 자본주의 체제가 붕괴에 이르게 된다고 말한다. 그러나 이와는 달리 제1차 세계대전 이전의 경제사는 경기변동이 오히려 완화되는 현상을 보여주었으며, 양대 세계대전 사이의 기간 동안에는 주기적인 경기순환을 거의 인식할 수 없을 정도였다. 세계대공황은 어떤 경제학자도 가능하다고 여기지 않았던 정도의 경제적인 재앙이었다.

자본주의 국가들은 모두 세계대공황을 극복했는데, 독일의 경우에는 이 과정에서 독재정권으로의 길이 열렸다. 제2차 세계대전 이후에는 우선 이른바 성장순환이라고 불리는 비교적 약한 경기변동이 관측되었다. 1970년대에 들어서면서 경기순환은 극심해졌으며, 동시에 불규칙해졌다. 오랜 시간이 지난 이후에 드디어 사라진 줄 알았던 대규모 실업이 다시 등장했는데, 이것은 구조적으로 강화되었고 케인스적인 방법으로도 거의 퇴치되지 않고 있다. 그러나 이러한 현상이 자본주의 체제를 붕괴로 이끌 것이라는 생각은 자본주의의 생명력과 역동성 그리고 저항력을 명백히 과소평가하는 것이다.


## 영향

마르크스의 경제학 체계를 설명하는 데 마지막으로 남은 일은 이에 대한 가치판단을 내리는 것이다. 마르크스는 경제이론에 어떤 (지속적인) 공헌을 했는가? 무엇이 옳거나, 또는 대부분 옳고, 오랫동안 유효할 것인가? 그리고 무엇이 틀리거나, 대부분 틀리고, 종래에는 잊혀질 것인가?

마르크스의 체계 중에서 정치적으로 가장 큰 영향력을 미친 부분은 이론적으로는 가장 취약한 부분이다. 그것은 한편으로는 가격이론과 분배이론이며, 다른 한편으로는 공황론이다(마르크스의 공황론의 일부분인 자본집중론의 경우는 이런 평가에서 분명히 제외된다). 이와는 반대로 마르크스의 경제순환론과 경제성장론은 이론적으로 가장 잘 짜여 있으나, 정치적으로는 거의 의미가 없었다.

마지막으로 마르크스의 경제정책적인 구상에 대해 질문해보자. 이에 관한 마르크스의 아주 적은 수의 논술은 자본주의 체제가 붕괴한 이후의 시기에 관련된 것이다. 노동계급, 즉 프롤레타리아트는 정치적 권력을 장악하고 자본가의 재산을 몰수한다. 생산수단에 대한 사유제가 폐지됨으로써 생산수단의 소유자는 경제적, 정치적 힘을 상실하게 된다. "자본주의적 소유의 시대는 종언을 고하고, 착취자는 착취당한다."

그러나 프롤레타리아트 독재는 사회주의의 과도기에만 성립한다. 최종단계는 계급이 존재하지 않는 사회인 공산주의의 단계이다. 이 사회에서는 인간의 본래적인 자유가 다시 복구된다. 엥겔스의 말을 빌리자면 "인간에 대한 지배 대신에 물질에 대한 관리와 생산과정에 대한 지도의 시기가 도래한다." 이러한 개인의 자유로운 연합체에서는 국가가 기능을 잃게 된다. "국가로서의 국가"는 사멸하게 되는 것이다.

이렇게 묘사되는 마르크스와 엥겔스의 경제정책적 구상은 너무나 일반적인 내용을 담고 있기 때문에 아주 제한된 범위(자본가에 대한 무상몰수)에서만 사회주의 또는 공산주의 정부의 행동지침으로 채택될 수 있다. 그러므로 레닌의 영도 아래 탄생한 최초의 공산주의 정권이 (그리고 그 이후에 탄생한 공산주의 정권들 역시) 구체적인 경제정책의 원칙을 개발하는 데 엄청난 어려움을 겪었다는 사실은 놀랄 일이 아니다. 그들은 중앙계획경제 체제의 건설을 고집했는데(지금도 고집하고 있다), 이 체제의 능력은 러시아의 신속한 산업화를 비롯한 다른 성공들(군비, 우주비행)에도 불구하고 여전히 결함을 보이고 있다.

| 알프레트 E. 오트 · 정여천 옮김 |

# 2 | 러스킨

John Ruskin, 1819~1900

## 성장과정

모든 경제학 이론가들과 경제개혁가들 중에서 러스킨은 어쩌면 가장 특이한 삶을 영위한 사람일 것이다. 그는 유명한 제도화가였으며 수채화가였다. 또한 예술비평가였으며 미학자였다. 셰익스피어가 시의 세계에서 큰 의미를 가지고 있는 것처럼 그는 영국의 산문발전을 위해 결정적인 역할을 한 사람이었다.

러스킨은 지질학과 기상학을 자신의 주요 연구분야로 삼았던 경험론자였으며 두려워하는 사회비평가였고 사회개혁가였다. 그는 2,000여명의 청중이 홀을 꽉 채우는 노련한 연설가였고 빅토리아 여왕시대에 영국에서 분노하는 위대한 현인 가운데 한 사람이었다. 그리고 그는 이러한 모든 경험을 통해서 영향력 있는 국가경제학의 실무자였으며 교육가였다.

러스킨은 1819년 런던에서 태어나 1900년에 레이크 지역에서 사망했다. 그의 생존기간은 당시 여왕의 이름에 따라 이름 지어진 시대인 영국의 빅토리아 여왕의 통치시대(1819~1900)의 기간과 일치한다.

그는 서민적인 부모, 즉 백포도주의 일종인 셰리 주(酒) 유통업자인 부친 존 제임스(John James, 1785~1864)와 모친 마거릿 러스킨(Margaret Ruskin, 1781~1871)의 외아들로 태어났다. 그는 모친이 타계할 때까지 부모의 집에서 함께 살았다.

러스킨이 결혼해서 독립적인 삶을 살았던 기간은 짧았으며 그의 결혼 생활은 아주 행복한 것만은 아니었다. 새로운 가정을 꾸려보려는 두 번째 시도마저 또다시 실패로 돌아갔고 이로 인하여 관련 당사자들을 평생동안 힘들게 만들었다. 그러나 러스킨을 버릇없는 외아들로 보거나 주로 방에 칩거한 은둔자나 무능한 사람으로 보는 것은 잘못된 것이다.

영국이나 런던, 부모의 별장은 그에게는 단지 고향의 항구와 같은 근본바탕을 이루는 곳이었다. 그러한 곳에서 그는 삶의 배를 무수히 대륙 방향으로 돌리거나 대륙에 오랫동안 머문 후에, 꽉 채워진 스케치북들과 방대한 원고 그리고 자연과학 분야와 예능분야에서 획득한, 상자에 가득한 습득물을 가지고 다시 돌아왔다.

러스킨은 열광적인 여행가였으며 프랑스, 이탈리아, 알프스 산이 그가 선호하던 목적지였다. 그가 여행안내 책자라고 할 수 있는 책자를 발간하여 유명해졌을 때 그는 거대한 산업국가인 영국을 알게 되었다. 산업노동자나 교육가들은 디자인이나 노동단체, 사회개혁에 대한 정보를 얻기 위해 러스킨을 신흥도시로 불러들였다. 그의 아버지가 상업인으로 영국 전역을 누비고 있었을 때 아들인 러스킨은 순회강연을 다녔다. 훗날 유명해진 동시대의 위인이며 대영박물관의 도서관의 방문객이었던 마르크스처럼 공장감독관들의 딱딱한 이론서를 통해서가 아니라 러스킨은 자신의 시각에서 당시 영국의 현실을 직접 경험했다. 이와 같이 지속적으로 무언가를 추구한 그의 삶을 소개한다는 것은 쉽지 않은 일이다.

러스킨은 1842년 옥스퍼드 대학교를 졸업했고 같은 해에 성공적이지는 않았으나 그의 가장 유명한 책이었던 『근대 화가론』(*Modern Painters*)을 저술하기 시작했으며, 이 책은 1843년부터 1860년까지 다섯 권의 책으로 발간되었다. 그 책에는 현재와 과거의 그림들이 소개되었고, 그림과 자연과의 관계가 언급되어 있다. 또한 『많은 것들에 대해』 (On many things, 제3권의 제목)라는 책은 미학 서적이며 예술비평서로서 특히 자연을 묘사하는 책이다. 그의 언어접근 방법은 특별한 반향을 불러일으켰다. 자연에 대해서 그렇게 정확히는 그 어떠한 사람도 아직까지 알려고 하지 않았다. "나는 지금까지 눈이 멀었던 것 같다. 이 작품은 나에게 새로운 눈을 빌려준 것 같았다"고 조지 엘리엇(George Eliot)은 말했다.

『근대 화가론』이 완성되기 전, 러스킨은 이미 다른 기념비적 작품인 『베네치아의 돌』(The Stones of Venice, 1851~53, 3권으로 발간)을 쓰기 시작했다. 그 책은 중세 베니스의 건축역사에 관한 서적이었다. 이는 실제로 관찰한 기록서적이었으며 수천 건의 건축사진이나 측량결과와 상세한 분석결과를 보여주고 있다. 그 책은 실증주의의 선구자적 업적이었음에도 비판적이라고 간주되었다. 그리고 동시대인들에 의해서는 소책자로 읽혔으며(중요한 내용들은 노동자들 사이에서 특별히 인쇄되어 유통되었다), 건축물들의 올바른 유형에 대한, 특히 노동력을 조직하는 올바른 유형에 대한 토론을 유발하는 책으로 읽혔다.

『베네치아의 돌』을 통해서 러스킨은 베니스에서 사회비평가가 되었고 그는 어느 날인가 "인간의 노동에 대한 위대한 에세이"를 쓰기로 결심했다. 그는 『근대 화가론』을 완성한 후인 1860년에 국가경제학 저서인 『이 최후의 사람에게』(Unto This Last)를 저술함으로써 그의 결심을 현실화시켰다. 이 책은 우선 잡지에 시리즈로 발표되었으나 나중에 독자들의 강한 항의로 중단되었으며, 1862년에 책으로 출판되었다. 이러한 종류의 그의 두 번째 책자인 『무네라 풀베리스』(Munera Pulveris)도 역시 다르지 않았다. 즉 이번에도 역시 잡지에 실린 그의 논문은 중단되었고, 이는 1863년에 책으로 발간되었다. 그의 세 번째 주요 저서의 주제는 『세월과 조류』(Time and Tide)였고 1867년에 발행되었다.

1860년대 이후 발표된 글의 내용을 볼 때 러스킨은 경제학자 또는

존 러스킨(1819~1900)

사회개혁가라고 할 수 있다. 그후 대략 1870년부터 그는 무엇보다도 두 가지 분야에 몰두했다. 러스킨은 옥스퍼드 재단의 예술이론 분야 교수가 되었고 예술사와 예술교육 분야 강의를 위해서 영국 사회의 상황에 대해 선동적인 자신의 입장표명을 보류해야만 했다. 그는 자신의 무거운 의무감을 덜기 위해서 『포르스 클라비게라』(Fors Clavigera)라는 이름의 월간잡지를 창립했는데, 그 잡지사는 한 명의 저자와 광범위한 주제, 즉 "러스킨에 의한 세계의 상황"이라는 주제를 가지고 있었다.

잡지에서 러스킨은 현실적으로 중요한 주제에 관심을 보일 수 있었고 일상에서 자신이 가진 본연의 감정변화를 쉽게 포기할 수 있었다. 사회비판적이고 정치경제학적인 토론이 이 잡지에서 단편적으로 현실감 있게 계속되었다. 하나의 학설을 완성한다는 것은 어려웠다. 러스킨은 1871년부터 1884년까지 "대영제국의 노동자들"을 대상으로 한 시대에 어울리는 잡지를 계속해서 발간했다(1878년부터 1880년까지는 병으로 중단됨). 잡지는 1,900쪽 분량이었으며 이것은 그에게 종종 활력뿐 아니라 부담과 책임감을 매우 느끼게 했다.

러스킨은 결코 어떠한 화해의 시기를 갖지 못했다. 그가 살아가는 동안 자연과 사회 그리고 한 시대가 마지막으로 치닫고 있다고 느꼈던 그의 느낌에 대해 많은 증거들이 뒷받침해주고 있었다. 그는 19세기의 발전을 가져왔던, 그리고 수십 년 동안 지켜보았던 파괴는 돌이킬 수 없는 것으로 여겼다. 예견자이기를 원했고 순수하게 자연 그대로의 현실과 인간에 의해 창조된 현실을 관찰하고자 한 그는 선각자가 되었고 세상을 어둡게 보았다.

산업단지로 인한 환경파괴를 감지하여 진지하게 문제의식을 제시했던 선각자의 한 사람으로서 생을 마칠 무렵에, 그 시대에 어둠이 드리워졌음을 증명할 수 있었다. 업무로 인한 중압감과 개인적인 좌절, 부담, 권태, 이러한 시대에 대한 괴로움은 점점 더 자주 나타나 그의 신체적, 정신적 파산으로 이어졌다.

1889년에 정신착란은 만성병이 되어버렸다. 이때부터 1900년까지 그의 긴긴 죽음의 과정은 지속되었다. 이 시기는 동시에 그가 유럽에서 유명해진 시기였다. 『이 최후의 사람에게』와 같은 책이 대량으로 출판되었고, 톨스토이, 프루스트, 간디, 쇼와 같은 다양한 젊은이들이 러스킨에게 영향을 받았다. 쇼는 1919년 그의 기념연설에서 다음과 같이 언급하고 있다. "나는 나의 삶에서 일련의 극단적인 혁명적 인격체를 알게 되었습니다. 내가 사람들에게 '누가 당신들을 혁명가로 만들었소? 마르크스요?' 하고 물으면 그들은 대부분 '아니오, 그 사람은 러스킨이라오' 하고 대답했지요(Shaw 1921, 8쪽)."

1906년 영국 노동당이 창설되었을 때 노동당의 초대의원들 사이에 설문지가 유포되었다. 설문지를 통해 나타난 사실은 대부분 사람들에게 영향을 준 책은 러스킨의 『이 최후의 사람에게』였다는 것이다.

그의 저술활동에 나타난 관심사항과 그의 성향을 전체적으로 살펴볼 때 어떠한 결론을 도출해낼 수 있다. 러스킨은 그의 젊은 시절에 옛 영국을, "지금은 더 이상 되돌아 갈 수 없는" 영국을, 즉 주요 경제활동이 경작과 수공업, 상업이었으며 사회적으로 이상적인 것을 상류사회의 생활양식이나 경제활동 양식에서 찾았던 그러한 영국을 체험했다. 그렇기 때문에 그는 풍경화에 대한 논문을 쓰고자 하는 강한 욕구를 가지고 있었다. 농촌에 집중적인 관심을 보이던 시기는 1846년이었는데 이 시기는 농업분야의 이익을 대변하던 의회가 곡물법을 폐지시켰던 때이고, 1815년 곡식에 대해 도입한 보호관세를 폐지한 시기였다.

국가가 새로운 자각으로부터 굳은 의지를 가지고 진보와 산업발전, 자유무역을 추진하고자 한 시기를 정한다면 우리는 1851년을 선택할 것이다. 1851년에 최초의 세계박람회가 개최되었으며 영국이 "세계의 작업장"으로 그 위상을 견고히 하면서 사회평화와 위대한 미래 계획의 시대를 열었던 시기이다. 당시 영국에서는 인류의 근대사에서 최초로 농촌지역보다 도시지역에서 더 많은 인구가 살았다. 또한 그 당시는 러스킨이 새롭게 자신을 정립했으며, 건축의 역사에 대한 관심 속에서 인간노동의 역사가 새롭게 관심거리로 등장한 시기였다. 분명히 그 당시 그에게는 그가 명칭을 부여한 것처럼 단지 "예술의 정치경제학"이 중요한 문제였고 훌륭한 예술과 훌륭한 예술산업이 탄생하는 사회적 조건이 문제였다. 바로 그러한 문제가 당시 영국 박람회에서 던져진 주제가 아니었을까?

영국은 중공업과 설비건설에서 그들의 우위를 멋지게 과시할 수 있었다. 그러나 상품의 미적 감각을 통해 사치품의 판매와 대량생산을 견고히 하려는 문제가 대두될 경우에 이 경제대국인 영국도 한낱 난쟁이에 불과하다는 사실이 드러날 것 같았다. 거대한 기계들이 그 누구도 소비하지 않으려는 재화를 생산하는 위험도 도사리고 있었다. 경제적인 도전에 그렇게 신속하게 반응하는 것은 흔한 일은 아니다.

당시 박람회 수익은 디자이너를 양성할 유일한 목적을 가진 국립예술학교 제도의 창설에 투자되었다. 그 당시에 또한 국가는 러스킨이 필요했다. 당시 1850년대는 러스킨이 예술교육가로서 보낸 10여 년의 기간이었다. 그는 노동자들을 위한 야간학교에서 미술교사로서 일했고 미술책을 저술했으며 디자인 학교와 평생교육기관에서 수많은 강연을 했다. 그는 이러한 내용을 모아서 『예술의 정치경제』(*Politische Ökonomie der Künste*)라는 책자로 출판했다.

중단이 없었던 낙관주의의 새로운 국면은 매우 거대하게 시작했던 10년을 제대로 채우질 못했다. 자주 약속되던 실질소득의 증가라든지 농업생산품 가격의 상승이라든지 수출규모가 증가하는 상황은 첫 번째 세계경제 위기와 함께 잠정적인 종말을 맞이했다.

엥겔스가 "거대"하며 "유명"하다고 했던 경제적 붕괴가 1857년부터 1859년까지 유럽과 미국에서 발생했다. 경제적 붕괴는 동시대인들에게 재산과 일자리를 잃게 했을 뿐만 아니라 그러한 피해를 입지 않은 사람들에게도 사회적 경제활동과 개인적 경제활동의 의미와 목적에 대해 깊은 의구심을 갖게 했다.

러스킨 자신은 어쨌든 자본주의의 비평가로서 확인되었고 새로운 활동을 요구받았다. 그러나 1860년대의 정치경제 분야 저술은 어떤 면에서는 반(反)경기적인 양상을 띠었는데, 왜냐하면 경제적으로는 다시 경기가 회복되는 방향으로 나아갔기 때문이다. 여기서도 역시 우리는 확실한 결과를 보게 된다.

1850년 이래 영국에서는 커다란 자본규모가 장기적으로 투자되기 시작했다. 이로 인해서 장래 계획모델에 대한 수요와 경제예측을 위한 모형이론과 이론적 모형의 필요성이 대두되었다. 『계간지』(Quarterlies)라는 선도적인 전문잡지에 이와 관련된 수필들이 많이 실렸다. 그 당시에는 사회의 중요한 문제들이 책으로 발간되기보다는 정기간행물로 관심 있는 사람들에게 전달되었다. 러스킨은 예외적으로 이러한 관행을 받아들이고 국가경제학에 대한 자신의 비판을 간행물에 발표했으나 이미 알려졌다시피 실패했다. 요약하면 1857/59년의 경기불황은 하나의 단기적인 현상이었던 같다. 위기의 리듬으로서 점점 더 많이 그 모습을 드러낸 전체적인 것이 문제가 된다는 것이 러스킨과 다른 사람들에게 분명해졌다.

『포르스 클라비게라』에 실린 경제현상에 대한 지속적인 논평은 영국 경제사의 요소들과 직접적인 연관성을 가지고 병행되었다. 러스킨의 침체시기는 또한 영국의 "긴긴 불황"의 시기였다. 1876년부터 1896년까지 "영국은 '세계의 작업장'이라는 위상을 잃었고 단지 3개의 산업국가 중 하나였으며 중요한 부분에서는 가장 취약했다(Hobsbawm 1969, 187쪽)."

영국은 기술적인 우위를 잃었고 대륙국가들의 경쟁력 강화로 경쟁력의 우위를 상실했다. 그리고 또한 내부적으로도 착취를 예전처럼 시행할 수 없었기 때문에 경제력을 잃었다. 1870년 초에는 영국의 수출량은 256만 파운드였고 실업률이 1퍼센트였으나 1879년에는 192만 파운드와 실업률이 12퍼센트가 되었다.

이러한 상황에서 러스킨이 필요했다. 노동자들이 정당이나 모임을 조직했고 영국의 대학 졸업생들은 체제에 대한 반항을 하기 시작했으며,

개혁의 시도가 나타났다. 러스킨이 훗날 유명해진 것은 경제현실이 그의 이론을 점점 더 많이 실증해주었기 때문이다. 바로 이러한 점이 그당시나 오늘날에 마르크스 외에 스미스, 리카도, 밀 등의 영국 국가경제의 고전적인 제도에 대한 러스킨의 비판이 의미를 갖는 또 하나의 이유이다. 그때에 부분적으로 그를 더 능가했던 사람들이 앞서나아갔다. 즉 사람들은 콜리지(Coleridge)나 칼라일(Carlyle)만을 상기한다. 칼라일은 『의상(衣裳)철학』(*Sartor Resartus*)에서 자유방임주의 이론과 경제이기주의 이론으로써 완벽한 계산을 제시했다. 러스킨은 그에 비해 늦게 나타났으나 시기상으로는 적기였다. 그렇지만 이렇게 시대적으로 늦은 출발이 항상 긍정적으로만 보일 수 없다.

러스킨이 국가경제의 연구에 몰두했을 때는 실증적인 분석을 하는 시기였으며 실제분석이라는 엄청난 분량의 작업이 이미 그 뒤에 놓여 있었다. 그는 베네치아를 그리고 알프스를 "한 계단 한 계단" 받아들였다. 그러나 그가 경제학에 대해서 세 권의 책을 집필했을 때, 그는 지금까지 그가 지켜왔던 원칙들과는 반대로 몇몇 고전서의 입장에 섰다.

『포르스 클라비게라』에서 고전학파의 교과서에 나타난 부족함을 새로운 경제현실을 통해서 해결하려고 시도했지만 주요 작품들은 단지 비판적인 수필수준에 머물렀다. 좀더 부언하면 러스킨이 가장 시사적이고 현실을 내포하고 있는 글들만 많이 썼지만 러스킨이 아니라 마르크스가 정치경제학의 『근대 화가론』과 『베네치아의 돌』을 쓴 셈이다.

러스킨은 공장들과 노동자와 생산물들이 어떠한 상태에 있는지 알고 있었다. 하지만 그는 자본주의의 운동법칙과 구조법칙을 논증하기 위해서 이러한 지식을 "시각의 과학" 출간동기로 받아들이지 않았다. 그는 "미친 제도"나 "아류 학문"에 대해 성서에서의 분노하는 예언자처럼 가장 적절하게 대답할 수 있다고 생각했다. 러스킨이 방법론 논쟁에서 반대파들인 고전경제학자들에게 추상적이고 선험적인 사고를 한다고 비판한다면 이는 곧 그가 자기자신에 대한 비판을 쓰는 것과 같은 것이다.

## 저서

1860년 여름 『이 최후의 사람에게』의 집필을 마치자마자 러스킨은 수년 전 자신의 첫 번째 저서, 즉 『근대 화가론』의 초판을 출간했던 샤모니(Chamonix)에 머무르게 되었다. 이러한 새 출발은 그에게는 "삶과 죽음의 새로운 기로"였고 부분적으로는 스스로를 파괴하는 자조로써 지금까지 관심을 가졌던 역사와 예술을 반대하는 입장이었다. 그러나 새로운 시대는 그 기초를 과거에 두고 있다는 것을 잊고 있었다. 그가 현재 정치경제의 체계화된 학설에 반대해서 무엇을 해야 하는지, 물량이 아닌 품질만이, 분해가 아닌 통합만이 가치가 있다는 것과 품질이 통합의 기능이라는 것을 현재로부터 요구해야 하는지를 그는 예술사에서 배웠다.

고딕과 르네상스 그리고 19세기의 건축을 비교하면서 그는 이러한 자각을 얻게 되었다. "건축에 대해서 이야기할 때 우리가 꼭 해야만 하는 올바른 질문은 다음과 같은 것이다. 건축물이 즐거움을 통해 이루어졌는가? 조각가는 그 일을 하면서 행복했는가? 건축물을 성취하기 위해서는 아주 고통스러운 노동이 대가로 지불되었다. ……이때 만약 행운이 따르지 않으면 삶을 잃게 되었다(1903~12, Bd. 8, 190쪽; 모든 인용은 저자가 번역)." "물건, 생산물 등이라고 사람들이 확실하게 정할 수 있는 어느 물건의 가치는 활력의 정도에 따라서 정해진다. 활력의 정도에 따라 그들은 기뻐하며 활력의 정도는 그들이 작품을 만들도록 하고 그들은 그 흔적을 여전히 간직한다(같은 책, 218쪽)."

작품의 질은 노동자의 노동환경에 좌우된다. 또한 일을 수행하는 노동자의 허락된 자유의 정도에 따라 영향을 받는다. 노동자가 일하는 작업환경에서 "노동자가 어떻게 대접받는지는 건물의 어느 한 부분이 곧바로 부서지느냐 그렇지 않느냐로 판단할 수 있다."

러스킨은 독자, 일을 청탁하는 사람, 생산자 그리고 소비자에게 직접적으로 말한다. "생각해보라. 분명한 판단이 다음 상황에서 생길 것이다. 당신들은 하나의 생산수단이나 인간 중에서 하나를 피조물로부터 만들 수 있다. 이 두 가지를 다 가질 수는 없다. 생산기계의 정확성으로 일을 하고 모든 분야에서 꼼꼼하고 완벽하게 처리해야 하는 것이 인간들에게는 미리 정해져 있지 않았다. 만약 당신들이 그들에게 이러한 세세함을 요구하고 그들의 손가락을 바퀴들처럼 생각하며 그의 팔을 그렇게 움직이려 한다면 당신들은 그들을 비인간적으로 만드는 것이다. 그의 모든 주의력과 힘을 손가락 끝에 집중시키고 영혼의 힘은 그들을 이끄는 뇌신경에 쏟아붓게 된다. 하루에 10시간 동안 이러한 손가락들은 세세함을 이끌지 못하고 영혼과 시력은 망가지고 그들과 함께 인간 그 전체로서의 하나의 보따리가 마지막에는 남아 있을 뿐이다. 사회의 기본이 오늘날처럼 흔들린 적은 없었다. 그것에 대한 책임은 대중들에게 빵이 적다는 것이 아니라 노동자들이 빵을 벌어들이게 하는 일에 기쁨을 갖지 못한다는 사실이다(1903~1912, Bd. 10, 192쪽)."

이것은 러스킨의 첫 번째 공식이며 거대한 산업시대에서의 노동자의 인권에 대한 최고의 해석이었다. 그는 언론의 자유와 자유무역 또는 성차별 금지 등을 전혀 주장하지 않았다. 그는 이러한 목표들이 부분적으로는 해악이긴 하지만 어쩔 수 없는 것이라고 여겼다. 그는 우선적으로 노동자들에게 인간적인 작업환경을 만들어주는 것에 대해 고심했고 그들이 노동을 통해서 행복해지기를 원했다.

다시 반복하게 되지만 노동자들에게는 가능한 한 주어진 범위 내에서 넓은 자유공간이 보장되어야 한다. 육체노동이 가지는 차별성은 인정받아야 될 뿐 아니라 자연적이고 인간의 생산물에 내재된 생산수단으로 고양되어야 한다. 순수하게 모방하는 일과 기계로 작업하는 일에는 무엇보다도 빈틈이 없는 빡빡함이 절대적으로 적용된다. 왜냐하면 기계화가 노동자들을 공작인(工作人, Homo faber)으로 이끌게 되며 "인생의 한 획에 대한 멋지고 생소한 활동을 위한" 노동자들의 수용을 둔하게 만들기 때문이다.

모든 작업은 우수한 것이며 순수라는 재료와 형태로 이루어져야 한다. 이용된 재료의 상태나 투자된 시간의 양과 우수함에 대해 어떠한 잘못된 인상을 심어주어서는 안 된다. 모든 일은 건강하고 좋은 조건에서 일어나야 한다. 러스킨은 작업환경에 대해 언급한 첫 번째 사람이다. 그는 공장건축의 단순함과 자연환경의 파괴, 모든 관계와 사물들의 얄팍함에 대해 언급했다. "아름다움은 그것을 주변에 간직하여 바라볼 수 있는 안목이 있는 사람들에 의해서만 만들어질 수 있다(1903~12, Bd. 16, 338쪽)." 러스킨은 생산물을 예술작품이라는 관점에서 바라보았고 이러한 관점을 쉽게 일반적인 생산환경으로 확대하여 해석했다.

러스킨의 제자 모리스(William Morris)는 스승의 생각을 직접 실천에 옮겼다. 카페트, 직물, 가구와 책들을 생산하던 그의 공장들을 농촌으로 이주시켰다. 러스킨도 런던에서 떨어진 작은 마을에 그의 책만을 출판하여 판매하는 출판사를 세웠다. 그러나 이것은 이론가에게는 일관성이 없었다. 한 시대, 한 사회의 전체적인 분위기는 노동의 질적 향상을 위한 긍정적인 환경을 만들어주어야 한다. 왜냐하면 구체적인 개별 사안과 특수한 능력의 교육은 숙련공을 조금밖에 양성하지 못하기 때문이다.

"우리를 디자이너로 만들어 보시오!"라는 그에게 주어진 요구에 러스킨은 한 강연에서 "당신이 영국의 장래를 어떻게 상상하고 있는지를, 그리고 어떠한 미래 속에서 우리 모두가 일하고 있는지를 우선 말해보시오. 그리고 난 다음에야 우리는 디자이너를 위한 삶의 조건이 갖추어져 있는지를 분석할 수 있습니다"라는 말로 답했다.

"그때 사건은 다음과 같을 것이다. 우리 영국은 200명을 고용하고 있는 하나의 공장 옆에 400명이 일하게 되는 두 번째의 공장을 세우기 위해 전력을 다할 것이다. 간단하면서도 아주 쉽게 이해할 수 있는 것은 단지 그로부터 무엇을 얻느냐는 사실이다. 얼마나 많은 공장들을 우리는 원하는가? 아니면 셀 수 없을 정도로 많은 공장들을 우리가 원하는 것일까? ……얼마나 많은 영국의 땅들이 앞으로 50년 동안 탄광, 벽돌공장 또는 채석장이 될 것인가? 나는 분명하게 다음과 같이 내다본다. 여러분의 성공은 전체적인 것이 될 것이고 해변가의 섬들은 모두 리버풀의 항구에 있는 마스텐(Masten)처럼 점령될 것이다. 그곳에는 잔디도 없을 것이고 들에는 나무 한 그루도 없을 것이며 정원도 없이 오로지 약간의 곡식들이 지붕 위에서 자라나고 빠르게 성장하고 수확될 것이다. 길을 만들 만한 장소는 없을 것이며 땅 속의 터널로 통행이 가능할 것이다. 매연이 햇빛을 가로막고 인공적인 조명에서만 일할 수 있다. 기계가 없는 땅은 1헥타르도 없을 것이다. 위험 없이 달릴 수 있는 땅은 조금도 없을 것이며 그 다음 순간에는 공기마저도 없어질 것이다. 이러한 상황이 바로 영국의 장래라고 한다면 어떠한 디자인도 예술작품의 발전도 없을 것이다(1903~12, Bd. 16, 335쪽 이하)."

이미 러스킨은 현재 국가재산인 창의력에 심각한 손실이 발생함을 보았다. "영국의 산업에 눌리어 단조로운 관계에서 살면서 그에 의존하고 있는 사람들은 더 이상 창조를 위한 힘을 갖지 못한다. ……디자인은 수집된 경험과 편안한 삶이라는 환경에서 산출된다. 관찰과 경험이 없이 디자인은 존재할 수 없으며 평화와 만족스러운 고용이 없이는 디자인은 존재하지 못한다. 모든 강의와 강연 그리고 세계의 경쟁은 그의 노동자들이 행복한 환경에 처해 있지 않고 아름다운 것들에 둘러싸여 있지 않은 한 무의미하다. 자연이 지니고 있는 오염되지 않은 사랑스러운 색채를 보지 않고서는 색채에 대한 정확한 생각을 발전시킬 수 없다. 만약 생명력과 아름다움을 일상생활에서 찾지 못한다면 당신들은 당신의 작품에 생명력과 아름다움을 부여하지 못할 것이다(같은 책, 340쪽)."

이것이 바로 러스킨의 통합적인 사고의 유형을, 즉 사회적인 효용에 대한 추구와 전체 사회의 비용을 계산하는 면을 보여주는 대표적인 예이다. 가장 체계적이지 못한 사고를 하는 러스킨이 그 당시에 체제에 대해서 생각한 유일한 사람이라는 것은 근본적으로는 하나의 모순이다. 생산환경이나 노동자 협회의 상대적인 자유나 이러한 분위기는 고전경제학에서는 단지 쉽게 계산될 수 없는 하나의 한계가치가 있을 경우에만 문제가 된다(전혀 중요한 문제가 아니다). 언젠가는 노동자의 능력이 자본가들에게 더 이상 이익을 줄 수 없을 때가 올 것이다. 이윤의 관점에서(노동자의 관점이 아닌) 짐이 되는 요소와 이익을 주는 요소 간의 조정이 이루어져야 할 것이다. 삶의 질에 대한, 그리고 생산물의 품질에 대한 환경의 영향력을 러스킨은 전혀 고려하지 않았다.

이러한 논쟁의 배경은 18, 19세기에 있었던 정치경제학의 전통적인 사고방식이다. "가설적인 최소화" 또는 "임금의 철의 법칙" 등으로 알려진 러스킨은 경제학자들이 편협한 비용편익 분석으로 계산하려는 방식에 대해 비판했다. "우리 한번 상상해보자. 한 가게의 주인이 점원들에게 그들의 임금에 상응하는 정도의 노동을 요구한다고 하자. 그는 게으름을 조금도 참지 못하여 점원들을 함부로 대하며, 오로지 어떻게든 자기마음에 들도록 다룬다면, 모든 경우에 가게주인은 점원들이 떠나기를 강요하지 않으며 그들이 넘어설 수 없는 점까지 할 것을 요구하게 된다(1903~12, Bd. 17, 211쪽)." 여기에서 한계가치를 넘어섰을 때 노동자는 일자리를 떠난다.

정치경제학은 계속해서 이미 정치적으로, 그리고 본질적으로 이러한 문제들을 제기했다. 리카도는 1817년에 "노동의 자연가격은 인구가 늘지도 줄지도 않으면서 노동자들이 생존하고 그들 종족을 재생산할 가격이다(1951, 93쪽)"라고 주장했다. 러스킨의 이에 대한 반대입장은 위에서 언급한 논거들로 상상할 수 있을 것이다. 삶의 "안전"과 "확대"를 국가경제의 과제라고 말하는 그에게 경제학은 가장 작은 균형을 이루게 하는 예술이 아니다. 그의 반대자들은 최저생계비 수준에 대해서 대부분 찬성했고 오히려 더 줄이려고 했다.

리카도의 생존 이래 영국과 웨일즈의 인구가 1,200만 명에서 2,000만 명으로 늘어났으며, 젊은 밀이 산아제한이라는 운동을 전개한 반면에 러스킨은 이에 대해 다음과 같은 사실을 인식하도록 요구했다. 즉 "풍요는 현명한 시각과 가능한 한 많은 출산에서 비롯된다. 우리가 현재 가진 풍요는 내가 생각한 것과는 아주 다르다. 대부분의 경제학자들은 인구의 증가가 풍요를 증진시키는 데 도움이 안 된다고, 즉 단지 백성들이 어려운 상태에 있는 데 도움이 된다고 주장한다(Ruskin 1903~12, Bd. 17, 55쪽 이하)."

러스킨에게 삶의 보장이란 첫 번째로 배분의 불공정성을 없애는 것이었다. "우리의 도시들이 방적기계들로 하나의 숲을 이루고 있음에도 …… 우리에겐 옷이 없다. 숲의 모든 나뭇잎들이 석탄가루를 뒤집어쓰고 있음에도 우리는 추위에 얼어 죽고 있다. 우리 상선 대부분들이 항구에 즐비해 있지만 사람들은 배고픔으로 죽어가고 있다(1903~1912, Bd. 18, 502쪽)."

고전경제학이 학문이 아닌 하나의 정치적인 강령과 교설이기 때문에 생산성이 인구보다 실제로 더 빨리 증가했다는 것을 그것에 대한 다수의 긍정적 결론도 없이 고전경제학은 인정하고 싶지도 않았으며 할 수도 없었다. 지배자들에게 맬서스는 축적하고 있는, 그리고 비생산적인 부유층들의 여전한 방패였다. 그러나 러스킨은 공정한 분배에 대한 요구를 지속적으로 하지 않았다. 19세기 초의 고전경제학이 대다수에게는 결핍을, 그리고 소수에게는 하나의 추상적인 부유함을 원했음에도 러스킨은 풍요사회의 비전을 개발했다. 하지만 이는 단지 사막에서의 외로운 외침에 불과했다.

근본적으로는 개인적인 문제가 그의 동기를 유발시켰다. 그는 영국의 청교도적인 도덕관으로 절약, 욕망의 절제 그리고 생산적인 활동과 비생산적인 활동의 구분을 가지고 그의 삶의 시각을 희석시켰던 추세를 반박하고자 했다. 경제인(Homo oeconomicus)에 대한 밀의 정의는 아주 유명한 종족에 대한 표현처럼 러스킨에게는 생각되었다. 그 정의는 경제인이란 "삶에서 필수적이고 실제적인 사치품들을 가장 적은 노동비용을 가지고 만드는 상식적인 존재라는 것이다(Mill 1844, 144쪽. 러스킨의 이러한 정의는 1836년에 잡지 『웨스트민스터 리뷰』〔Westminster Review〕의 「정치경제학의 개념정의에 관하여」〔On the Definition of Political Economy〕라는 시론에서 처음으로 공개되었다).” 러스킨은 저축의 부차적인 의미, 그리고 한계나 최소가치에서 경제학을 자유롭게 하고 싶었다. 그에게 경제학은 가정경제적, 국가경제적 척도에서 “노동의 현명한 투입”과 “하나의 우수한 방법을 사용하는 것, 많은 것들을 사용하는 것 그리고 모든 것을 고상한 방법으로 사용하는 것들을 의미한다. 이는 원지재나 서비스일 수 있으며 또는 일을 통해 고급화된 원자재가 될 수 있다(1903~12, Bd. 17, 102쪽).”

빅토리아 시대 계급상승 욕구의 신조인 저축은 “현재에 사는 것”(life now, Leben jetzt)이라는 러스킨의 커다란 목표를 방해했다. 저축은 적은 소비를 유발했으며 이러한 저소비는 다시금 국민경제의 위기상황을 초래했다. 물론 이러한 복음은 훗날에야, 즉 19세기 후반에야 귀 기울여졌다. “국민 한 사람의 노동이 올바르게 투입될 경우에 모든 국민들에게 건강한 영양과 편안한 주거를 공급해줄 수 있다. 그러나 이는 좋은 교육과 사치품목만을 의미하는 것은 아니다(1903~12, Bd. 16, 21쪽).”

“미래에 사치가 가능하다는 것은 의심할 여지가 없다. 더욱이 빚을 지지 않는, 비교할 수 없는 사치는 모든 이들을 위해서, 그리고 모든 이들의 도움으로 가능하다(같은 책, 114쪽)!”“현재 우리에게 멀리 있다고 생각하지 않는 한 시대가 올 것이라고 나는 생각한다. 아침구름이 하늘 위로 넓게 퍼져나가 듯이 세계의 부에 대한 황금빛 그물이 넓게 퍼질 것이다. 마치 호출이 명예롭고 평화스러운 고생을 부르듯이 황금빛 그물은 빛의 기쁨과 아침의 정기를 끌어안고 퍼질 것이다.

“부유함은 없지만 삶은 있으며”“단지 삶만이 재산”이라는 유명한 논제를 피력한 어느 이론가에게서는 물론 자본주의적인 경제제도의 활기차고 생명력 있는, 또는 삶을 잡아매는 관점이 맨 앞에 놓여 있다. 그러나 러스킨은 이미 “영국 정치제도”의 장기적인 결과를 감지했다. 그는 “우리의 학문은 단순히 부자가 되기 위한 기술이다”라고 반대파들에게 말했다. “부유함에서 추구되는 것은 근본적으로 인간에 대한 권력이다.” 부자가 되는 기술은 사람들이 우리보다 더 적게 갖는 기술을 작동시키는 것을 의미한다. 정확하게 표현하면 우리를 위해서 최고의 불공평을 만드는 기술이라고 했다(1903~12, Bd. 17, 46쪽).

이러한 확대되고 실질적인 개념으로부터 러스킨은 곧바로 부(富)가 동일하게 나눠지고 사회화되어야 한다고는 주장하지 않았다. 보수적이고 가부장적인 그는 단지 부가 제대로 쓰이기를 원했다. 그러나 경제적인 불평등이 건전한 국민경제의 근본이라고는 생각하지 않았다. "쉽고 우스운 가정, 즉 불평등이 절대적으로 긍정적이라는 가정은 경제학자들의 해묵은 오류이다. 영원한 불변의 법칙에서 그것의 정당성은 그를 획득하는 방법에서, 그리고 둘째로 이용되는 목적에 의해서 결정된다(같은 책, 46쪽)."

러스킨은 수많은 개인들의 개별적 이윤추구로부터 번성하는 한 국민경제의 합계를 집계하는 학문에 국민경제라는 칭호를 붙이고 싶어 하지 않았다. 여기에서 그는 허용될 수 없는 일반화를 보았으며 이를 상업경제라 칭했다. 이는 "현대 상업적 실행에서 일어나는 몇몇 현상들의 투자 외에는 아무것도 없는(같은 책, 147쪽 이하)" 그리고 전체와 전체의 복잡성을 고려하지 않는 처방학문이다.

정통파의 대표인 시니어(Nassau Senior)에 따르면 "정치경제학은 다음과 같은 질문들을 필연적으로 무시했다. 이 질문들은 부가 그의 소유자에게나 전체 사회에 좋은 것인지, 어떠한 분배제도가 의미를 갖는지, 그리고 어떻게 이를 달성할 수 있을지에 대한 것들이다(Fain 1956, 54쪽 인용)." 페인(John T. Fain)이 지적한 대로 러스킨의 전체적인 경제학설은 시니어의 예외법칙에 들어간다.

『이 최후의 사람에게』에서 러스킨은 "한 국가의 번영은 생활필수품을 얻고 또 사용하고자 하는 노동량의 정확한 분배에 있다. 내가 획득과 사용이라고 하는 것에 주목하라. 나는 현명한 생산만을 의미하지 않고 현명한 분배와 현명한 소비를 함께 말하고 있다. 경제학자들은 마치 소비 그 자체에 아무것도 좋은 것이 없다고 보통 생각한다. 그로부터 벗어나서 더욱더 최종적인 목적은 필연적으로 소비이다. 생산의 완성과 왕관은 소비다. 똑똑한 소비가 현명한 생산보다 더 어려운 기술이다(1903~21, Bd. 17, 98쪽)!"

러스킨은 이 분야에서 소비론자 그리고 사용가치론자의 한 사람으로서 아마도 가장 큰 성공을 이루었을 것이다. 그러나 그는 고전경제학의 주장에 강요당하여 논쟁적 반대입장이 된 것이 아니다. 물론 이러한 생각은 오래전부터 준비되었다. 다시금 우리는 베네치아의 학업시절로 되돌아가야 한다.

노동자의 자유를 인정하기 위한 조건에 러스킨은 "관찰자의 인정"을 포함시켰다. 누군가를 위한 생산이며 전달가능성을 가진 생산을 통해 좋은 생산은 표현된다. "모든 위대한 예술작품은 살아 있는 존재 전부의 투자를, 즉 신체와 영혼의, 특히 영혼의 투입을 요구한다. 그러나 그것은 하나의 전체로서 생명체로 생산될 뿐만 아니라 전체 생명체들에게 전해진다(1903~21, Bd. 10, 244쪽)."

생산과 수용은 서로 하나인 경향이 있다. 수용 또한 생산이어야 한다. 작품에서 그리고 작품으로서 투자된 것은 관찰자들에게서 완성된다. "한 예술작품의 가장 올바른 전개는 예술작품이 관찰자에게 마치 예술가가 그에게 요구하는 것처럼 똑같이 그러한 방법으로 완성된다. 그러나 이러한 완성의 수고를 절약하고 싶지는 않다. 아이디어가 완전히 표현되었다면 예술가는 작업을 그만두어야 할 것이다. 관찰자의 상상을 가지고 설명할 수 있는 모든 붓칠은 그 작품의 가치를 떨어뜨리는 것이다(1903~12, Bd. 11, 214쪽)." 생산과 소비가 폐쇄적으로 순환된다면 교환을 촉진하는 세 가지 결과가 나타난다. "사람은 그의 일에서 행복하다." 이러한 노동의 결과는 수용자와 소비자의 "정신적인 건강과 힘 그리고 기쁨"을 가져오며 그것은 그의 물질적 목적을 충족시킨다.

생산과 수용의 상호관계는 인간의 모든 작품에 생명력을 불어넣는다. 만약 생산에 "사람의 본질적 특징이 각기 참여했다면" 그것은 물론 "관찰자의 본질적 특징을 다시금 움직이게 할 수 있다." 1850년대에 러스킨은 이러한 생각을 물품의 생산과 순환에서 넓은 범위까지 적용시켰다. 그의 관객들은 그러나 소비분야의 질적인 시각에서도, 러스킨의 생산분야에 대한 재평가에서도 관심이 적었다.

상품의 질적인 문제는 경제학자의 신념과는 반대로 존재해왔으며 또 존재한다. 다시금 그에게는 관계의 문제가 근본적인 문제가 아닌 것으로 이야기된다. 상품의 질은 그것이 단지 판매자에게만, 그리고 이윤과 단순히 주어진 생산능력의 이용에만 적용된다면 전혀 차이가 없다. "생산물이 다른 이들에게 도움이 되는지 아닌지는 그의 교환에서만 알 수 있다"고 마르크스는 『자본론』(Marx 1969, Bd. 1, 20쪽)에서 언급했다.

그것은 약간 적은 것이긴 하지만 이와 관련된 주제를 밀로부터 읽을 수 있는 것보다 매우 많은 것은 아니다. 즉 그는 교환가치의 의미에서 항상 가치를 생각하고 또는 "사용가치가 교환가치를 위한 절대적 한계가치를 나타낸다(Mill 1844, 516쪽)." 고전학파의 의미에서는 제품이 팔릴 때 제품은 좋은 것이다. 그것은 오래 못 가는 싼 물건일 수 있다. 그것은 정교한 세공으로 처리한 보다 작은 생산물일 수 있다. 그것은 그들의 미적인 사용가치가 물질적 가치에 가려 숨겨져 있는 유행하는 상품일 수 있다. 이는 질적으로 보다 큰 가치를 가진 상품일 수 있다. 그것은 그들을 위해 많은 돈을 지불해야만 하는 질적으로 매우 높은 가치를 가진 상품일 수 있다. 상품의 품질은 웃돈의 문제이다. 여기서 계산문제와 시장 심리학적인 과제들이 경제학자에게 주어지는 것이다.

이른바 '나는 어떻게 상품의 질을 결정하지?'라는 실제적인 문제의 첫 50퍼센트를 그들은 "상품의 사용가치는 독립적인 학과인 상품학의 자료를 만들어낸다"는 문장을 가지고 처리한다. 그것은 이 주제에 대한 『자본론』의 공헌이다. 다음 문제는 어떠한 상품의 질이 그 사회에 의미가 있는가이다. 이는 그들이 그의 체제로는 도대체 해결할 수 없다. 즉 러스킨과 같은 외부인을 불러서 문제를 풀고 특별한 경험을 표현하는 것이 도움이 될 것이다.

대규모 산업체들의 출발에 따른 소규모의 생산과 배분체계의 종말은

19세기 사람들에게 하나의 현상에 직면하게 했다. 이는 예전에는 위기 상황에서만 가능했거나 개별적인 경우에는 엄청난 결과를 초래할 수 있는, 즉 생산물의 위조를 일컫는다. "영국은 식료품의 위조와 모든 다른 원료들의 위조를 찾아낼 능력이 없다(Emerson 1904, 84쪽)." 영국을 방문한 에머슨(Ralph Waldo Emerson)이 쓴 것을 러스킨은 다음과 같이 인용하여 말했다. "우유는 더 이상 영양분이 없고, 설탕은 더 이상 달지 않으며, 빵도 더 이상 배부르지 않고, 아교는 접착력이 없다. 실제로 영국에서는 모든 것들이 엉터리이고 잘못 만들어졌다(Ruskin 1903~12, Bd. 27, 376쪽 인용)."

음식의 부패와 식료품의 비위생은 세기적인 현상에서 가장 최악의 상태였고, 이는 대체재료와 새로운 재료의 발명을 유도했다. 대부분의 변화는 나무를 철로 대체하는 것처럼 새로운 기술개발에 그 이유를 갖고 있다. 많은 것들이 새로워졌다. 그 이유는 이것들이 학문의 발달에 빚을 지고 있기 때문이다.

사람들은 색채화학의 전체적인 몰락을 생각한다. 첫 번째 세계전시회에서 사람들이 감탄할 수 있었던 구타페르차*와 마분지로 꾸민 가구들과 같이 많은 것들이 분위기나 실험에서 생겨난다. 여기에 더하여 우리가 오래전에 유명했던 생산물이나 재료 등을 기계화를 통해서 조직이나 균일함 그리고 마무리와 관련하여 완전히 새로운 품질을 갖게 하는 것을, 그리고 양식과 유행의 급속한 변화는 상품묶음들을 항상 새로운 형태로 강요한다는 것을 새로움으로 추가한다면, 인간이 만든 세계는 1850년대 사람들에게 50년 전과는 완전히 다른 기호와 감지에 대한 가치, 그리고 시각과 후각을 생기게 했다는 주장을 우리는 할 수 있다.

이는 러스킨이 제품의 보다 나은 품질을 위해 평생동안의 싸움에서 가졌던 배경이다. 그가 그의 청중들에게 1850년대에 주장한 내용은 다음과 같다. "디자인은 둘째이다. 제품의 질이 첫째이다. 우리는 많이 생산하는 것보다 견고한 것을 더 원한다. 디자인에서도 화려함보다 정제된 것이 더 중요하다. 우선적으로 우리는 진실한 영국 제품을 생산하는 것을 배워야 하고 그러고 나서 장식하는 것을 배워야 한다(1903~12, Bd. 20, 29쪽)." 대규모 산업들의 가시적인 생산성은 외적인 생산만으로 측정되어서는 안 된다. 품질이 수량보다 우선시되어야 한다. 러스킨이 비꼬아서 하나의 현상이라고 불렀으며(1903~1912, Bd. 16, 40쪽) 오늘날에는 계획된 소모라고 부르는 "유용한 손실"보다 견고함은 우선시되어야 한다.

이른바 시기상조인 미학적 타락으로부터 생산물을 보호하고자 한다면 우선 넓은 시각에서 보면 조형이 중요하다. 또한 그 당시, 그리고 오늘날 경제의 다른 커다란 우상과는 반대로 러스킨은 믿음을 가지고 "새로운 욕망의 발견"만이 경제성장을 지속적으로 안전하게 할 수 있음을 나타냈다. "기존의 욕구"들이 아직 채워지지 않는 한, 즉 "가난한 사람들이 아직도 편안하게 거주하지 못하고 있고 옷을 입지 못하는 한" 사람들은 새로운 제품들을 생산하는 것을 "유용한 것들로부터 빼앗긴 노동"으로 지불하게 된다. (이러한 논의는 러스킨의 풍요사회의 이상과 모순되지 않는다. 생산을 위한 생산은 사회의 부를 위한 기초가 되지 못한다.)

그의 이상을 실현시키는 데 러스킨은 세 개의 아주 다양한 기구들의 원조를 희망했다. 그의 가부장적인 생각에 상응하며 그는 "산업의 우두머리들"에 희망을 가졌다. 그는 산업의 우두머리들에게 교육자의 역할을 수여했으며 그들의 제품들을 "교육적인 도구"로 불렀다. 교육적 도구들의 "영향력은 음지에서 모든 도덕교육을 제공할 수 있을 것이다."

1859년 브래드퍼드에서 그는 다음과 같이 말했다. "생산자로서 당신들의 과제는 시장의 조달뿐만 아니라 시장의 형성이라는 사실을 당신들은 항상 염두에 두어야 한다. 만일 당신들이 근시안적이고 배려가 없이 이윤추구만을 위해서 대중의 순간적인 모든 욕구를 포기하거나 다른 생산자들과 이웃 산업국가들과의 경쟁에서 새로운 것과 기발한 착상으로 주목을 받고자 한다면 또는 디자인이 광고를 위해 품위를 떨어뜨린다면…… 당신들은 절대로 좋은 형태를 만들 수도 없고 인식할 수도 없을 것이다. ……당신들 삶의 노동은 일반의 취향을 부패시키고 공공의 낭비를 조장하는 일에 있을 것이다. ……당신들이 섬세하지만 엄청난 형성력을 갖는 지도자와 위원회 임원 그리고 조정자일 수 있는 그 나라의 부유한 상인이라는 점에 당신들 중 얼마나 많은 사람들이 만족하고 있는가(1903~12, Bd. 16, 344쪽).”

차선책으로 러스킨은 국가의 도움을 생각했다. 제안은 오늘날에는 하품을 나오게 하는 것에 불과하지만 당시에는 달랐다. 특히 맨체스터에서 사람들이 그를 찬양하고 원래 반국가적인 계획의 소문을 연설자에게 가져다주었다는 것은 더더욱 그렇다. 자유방임 사상의 본거지인 맨체스터에서 러스킨은 아버지 국가(가부장적인 정부)를 외쳤다. 가부장적 정부는 범행을 막고 벌을 줄 뿐만 아니라 다음과 같은 행위들을 증진시키며 보답해준다. “행위들은 우리의 고용을 주선하고 우리를 우리의 짐에서 보호하며 우리를 우리의 어려움과 가난에서 벗어나게 한다. 오늘날 절도범을 추적하듯이 부당함에 대해 벌을 주는 정부는 대중들의 체계화된 협력이 평화에 어떻게 활용될 수 있도록 만들 것인가와 그 외 전쟁에서는 어떻게 일어나는지를 우리에게 보여준다(같은 책, 226쪽).”

예술의 정치경제학을 위한 국가의 개입은 젊은 천재를 위한 “식물학교”나 커다란 설비 프로그램 그리고 표본공장들 형태의 국가적 주문을 가져온다. 국가를 고용주의 모델로서, 그리고 모범기업의 경영자로서 의무감을 갖게 하는 것은 새롭고 자극적이었으나 전혀 이상적이지는 않았다. 그것은 당시 영국의 제도에 곧바로 도입될 수 있었던 하나의 계획이었다.

많은 노동능력을 소진하면서 노동시장과 생산시장에 영향을 준 프랑스의 국가공장과는 달리 모범적인 공장은 자본주의 생산자들의 사업을 국가보조로 인하며 망하게 해서는 안 된다. 모범적인 공장은 경쟁자 중의 경쟁자로서, 시장의 결정적인 기구를 인정하면서, 소비자의 통찰력과 책임감을 호소하면서 한 가지 더 좋은 것을 가르쳐야 한다. 모범적인 공장은 이것으로 러스킨의 가장 중요한 수혜자였다.

"산업의 우두머리"와 "국가지도자들"의 협력에 모든 희망을 가지고 러스킨은 결국 그의 입장을 다른 쪽과 관련시켰다. 그곳은 그가 전에 예술론적으로 그 이유를 준비했던 수용자와 소비자의 측면이다. 화폐와 자본, 노동에 대해서 논한 셀 수 없이 많은 경제학자들 중에서 러스킨은 최초의 소비자 경제학자이다. 이는 러스킨이 "소비자의 소비"에 대한 이론가임을 말하는 것으로 특히 영국에서나 생산수단 산업국가에서는 드문 경우이다. 이미 그는 『베네치아의 돌』에서 산업혁명의 "폐해"는 "단지 건강하고 세련된 노동의 생산품에 대한 현명한 소비"를 통해서만 예방될 수 있을 것이라고 언급했다.

다음과 같은 세 가지 단순한 규칙이 주목된다. 즉 "어떠한 독창성도 없는 제품들의 생산을 보조하지 마시오. 자체의 가치만을 가진 완성품을 요구하지 말고 실제적이거나 좋은 목표를 가진 제품을 요구하시오. 더 큰 작품의 재생산에 이용되기 위한 것을 제외하고는 모방한 제품을 사지 마시오(1903~12, Bd. 10, 196쪽 이하)."

이러한 신호를 우리는 하나의 요구와 연계시킬 수 있다. 원본만을 사시오! 여기에다 1850년대 후반에 또 다른 요구, 즉 '견고한 제품만을 사시오!'라는 것이 있었다. 이러한 요구들을 이행하는 것은 소비자만을 만족시키기보다는 노동자에게도 만족을 가져다줄 것이다. 여기서 경제학적인 것들에서 러스킨의 기관이고 통합적인 원칙을 알 수 있다. 생산자와 소비자는 끊임없이 대화한다. 왜냐하면 하나의 작품에 대해서 규정하는 모든 관계들 속에는 "다른 사람의 영혼이 작품 속에 전달되었다는" 것이 적용되기 때문이다.

마르크스와 달리 러스킨은 생산과 소비 사이에서 나타나는 제품이 어떠한 자율성과 자력을 얻을 수 있는지에 대해서, 그리고 이러한 제3의 힘이 생산과 소비의 생생하고 활발한 교환에 얼마나 파괴적으로 영향을 미치는지를 파악하지 못했다. 그는 구매를 하나의 상품을 구매하는 것으로 해석하지 않고 노동시간을 구매한다고 해석함으로써 1850년대 후반에 노동자와 소비자 사이의 완전한 직접적인 관계를 구성했다. "항상 돈을 지불할 때마다 우리는 사람들을 일에 투입시킨다. ……즉 우리는 그들의 남자주인과 여자주인이 된다. 그리고 우리는 그들이 일정한 시간에 일정한 물건을 만들도록 강요한다(1903~12, Bd. 16, 48쪽)."

우리는 이러한 방법으로 "유용하고 오래가며 전체적으로 이용될 수 있는 상품이 생산되는지 아니면 쓸모없이 사라져버리는 단지 우리의 이기적인 욕심만을 만족시키는 제품들이 생산되는지를 결정한다. 그리고 소비자인 우리에게 중요한 것은 우리의 노동자들이 건강하고 좋은 일을 하는가이다."

1860년대 글에서 러스킨은 이렇게 한쪽은 사회교육적이고 다른 한쪽은 경제이론적인 사고를 그의 유명한 가치론에서 체계화시켰다. 러스킨은 여기에서 경제의 방향을 설정하는 기준개념으로서 사용가치를 그의 고유의 권한으로 사용하고 싶어 했다.

가치에 대한 러스킨의 진정한 개념은 다음과 같다. "valor라는 단어는 valere(좋거나 강하다)에서 유래되었다. 이는 사람으로 보면 삶에서 열심히 살거나 어딘가에 쓸모가 있는 사람이다. 이는 물건으로 보면 삶을 위해서 아주 중요하거나 큰 가치를 가진 물건이다. 진정으로 가치가 있거나 유용한 것은 혼신의 힘을 다해서 삶으로 이어가는 것이다. 이러한 것이 삶으로 더 적게 이어질수록 또는 삶의 힘을 더 많이 꺾어버릴수록 상황에 따라서는 더욱더 그것의 가치가 적어질 것이다(1903~12, Bd. 17, 84쪽)."

제품가치를 "삶의 가치"(vital value, vital use)로 설정한 러스킨으로부터 그의 국민경제적 이론구조의 전체적인 재구상이 이해될 수 있다. 유용성, 비용, 자본, 노동과 임금 그리고 노동조건에 대한 그의 이론, 금과 화폐에 대한 이론, 그의 소비와 수요에 대한 이론 등 부분적으로는 혁명적이고 부분적으로는 어떤 문외한의 순수한 반응인 이 모든 것들은 그의 기초와 근본을 질적인 분석에서 찾을 수 있다. 모든 경제의 사회적인 비용과 유용성에 대한 질문에서, 바로 이것이 "러스킨의 더 높은 효용"이라는 만족스러운 표현으로 홉슨(Hobson)이 명명하고 있는 것이다(1898, 84쪽).

러스킨은 이미 인용된 "valor"의 어원적 파생에서 언급하기를 "삶의 가치"란 생각과 수량에서 독립되어 있는 것이 아니고, 여기에는 시장상황과 주관적인 가치평가와는 독립적으로 모든 사물을 위해 확정되어 있는 내적이고 객관적인 가치가 중요한 것이라고 한다. "당신이 무엇을 원하는지 생각할 수 있고 당신이 원하는 만큼 얻을 수 있다. 하지만 가치 그 자체는 그것을 통해 더 커지거나 작아지지 않는다(1903~12, Bd. 17, 85쪽)."

이러한 입장에서 러스킨은 국민경제의 이론과 아주 커다란 간격을 두었고 또한 유물론적이거나 독일 역사학파나 한계효용 학파이건 간에 고전적 또는 반(反)고전적인 학파와도 거리를 두었다. 우선 효용가치를 객관적이고 확고한 것으로, "즉 모든 사물들의 창조자가 그에게 주었던 힘으로" 한번 관찰하는 것은 시간의 요구였다. 왜냐하면 거의 모든 것이 동요하고 있었기 때문이다.

적어도 어떤 사람들은 고정된 주화와 화폐를 간직하고자 한다. "유형"과 "어구들"로서 그들의 힘을 경제학자가 되찾고자 한다. 그러나 러스킨은 물론 그의 원래 입장과 모순에서 이러한 도그마적인 형태에 맞서 있다. 왜냐하면 "삶의 가치"는 변할 수 있는 결정이기 때문이다. 그는 가치를 환영하는 자와 즐기는 자를 요구했다. 그리하여 러스킨은 단편성을 다시금 없애야만 했고 가치개념을 두 배로 만들어내야만 했다. 즉 "본능적인 가치"와 "효용적인 가치"이다.

"가치 자체가 실현될 수 있기 위해서는 수용자 내에서 일정한 상태가 요구된다. 음식과 공기, 꽃들(이러한 예들을 가지고 러스킨은 과거에 작업을 했다)의 품질이 그들의 완전한 효용가치를 성취할 수 있기 위해서는 인간수용자의 소화기관, 호흡기관과 지각기관 등 각 기관들이 완벽하게 기능할 수 있어야 한다. 실질적인 가치의 생산은 두 가지를 요구한다. 하나는 근본적으로 유용한 제품의 생산이요, 둘째는 그것을 사용할 수 있는 능력의 생산이다. 가치 자체와 받아들이는 능력이 함께 만나는 곳에서 실질적인 가치, 즉 부가 실현된다. 우리가 말을 탈 수 없다면 말은 우리에게 어떠한 가치도 없다. 우리가 볼 수 없다면 그림은 가치가 없다. 고귀한 사람을 만나지 못하면 어떤 고귀한 것도 무가치하다(1903~12, Bd. 17, 154쪽)." 간단하게 말하자면 "가치 있는 것이 가치 있게 만들 수 있는 사람의 손에 있을 때 이것이 바로 '부유함'인 것이다(같은 책, 88쪽)."

"수용력"이라는 개념을 제대로 이해하고 곧바로 동시에 형성된 주관적인 가치이론에 잘못된 접근을 하지 않는 사람은 러스킨의 작품에 대한 열쇠를 손에 쥐게 될 것이다. 본문은 수용자의 욕구에 대해서는 언급하지 않고 가치를 실현시킬 수 있는 능력에 대해서만 언급하고 있다. 사람의 생명기능과 국민경제의 공동이익에 유용한 것과 무관하게 욕구는 이용당하기 쉽고 인공적으로 생산될 수 있다.

러스킨은 영국 제품들의 광고효과가 그의 이용가치를 넘어서기 시작했다는 것과 물건의 "삶의 가치"가 위조를 통해서 극단적으로 줄어들었다는 것을 언급한 최초의 사람 가운데 한 사람이었다. 러스킨의 경제윤리는 주관적인 가치론과 상대이론, 즉 주관적인 요소와는 공통점이 많지 않다.

러스킨이 "수용력"이라는 개념으로 소비와 소비자를 평가한 것은 옳다. "생산은 단지 그의 소비의 방법과 종류, 그리고 목적에 의해서 올바르게 판단될 수 있다. 생산은 단지 어렵게 생겨난 물건으로 구성되는 것이 아니라 유용하게 소비될 수 있는 것으로 구성된다. 국가를 위해서는 국가가 몇몇의 일자리를 조성하느냐 보다는 얼마나 더 많은 삶을 생산했느냐가 중요하다. 소비가 모든 생산활동의 최종목표인 것처럼 삶은 다시금 소비의 최종목표이기 때문이다(같은 책, 104쪽)."

생산(중요한 것은 굴뚝에서 연기가 나는 것이다)과 소비(중요한 것은 창고가 비워지는 것이다)의 추상적이고 양적인 관찰이 그에게 불가능하다. 제품의 품질은 소비자의 본질적인 특성과 능력에 맞아떨어지고 이것이 발전되도록 도와야만 한다. 러스킨은 물건을 사용할 수 있는 것을 "능력의 생산"이라고 말했으며 이를 가지고 마르크스의 1850년대 입장과 연결시켰다. 이것은 교환의 대화적이고 능동적인 형태를 추구하고 있다. 이러한 형식은 러스킨이 자연과 예술, 사회의 증가하고 있는 소외현상에 반대하여 조직적인 원칙을 세우는 데 도움을 준다. 이 원칙은 사람들을 수신자로 머무르게 하는 것과 사람들이 계속해서 자연물과 가공품에 대해서 생각하는 것을 보증하고 있다.

미국 경제사학자 셰번(James Clark Sherburne)은 가치론과 "수용력"의 범주에서 출발하여 러스킨의 전체적이고 조직적인 경제원칙을 짧게 요약하고자 했다.

"러스킨이 가치개념을 살아 있는 인간에게 관련시켰기 때문에 생산, 생산품 그리고 소비 등 세 개의 경제적 분자를 하나의 분모 위에 가져다 놓는 것이 그에게는 가능해졌다. 가치와 효용은 제품보다도 훨씬 더 사람에게 의존하므로 러스킨은 생산물 자체의 효용만큼 소비와 생산의 효용에 대해 말할 수 있었다. '수용력'과 '우수한 사람들'의 발달은 유용한 생산에 좌우된다. 왜냐하면 생산과정의 질이 한편으로는 생산물의 가치를 결정하고 다른 한편으로는 노동자의 삶의 질과 소비활동 그리고 노동자가 원하는 생산물의 질을, 간단히 말해서 노동자의 '수용력'을 결정하기 때문이다. 러스킨은 질이 낮은 노동이 소비의 수준을 낮춘다는 하나의 예로서 영국 노동자의 높은 소비를 언급하고 있다. 유용한 소비가 유용한 생산에 근거한다면 그 반대도 또한 옳을 것이다. 왜냐하면 소비의 질이 수요가 요구되는 제품의 질을 결정하고 또한 소비자의 삶의 질을 결정하며, 결국 노동자로서 그의 '우수한 힘'을 결정하기 때문이다. 생산과 생산물 그리고 소비는 러스킨의 역동적인 경제학에서는 하나의 상호의존적인 삼각관계를 이룬다. 사람은 구조의 중심을 이루고 있으며 구조는 삶을 회생시키는 힘을 가지고 유용성과 가치를 채운다(Sherburne 1972, 129쪽)."

러스킨은 경제학의 규범에서 기둥들을 뽑아내는 것으로 만족할 수 없었다. 그에게는 학문적인 논쟁이 아니라 실제적인 개혁의 기초를 세우는 것이 필요했다. 러스킨은 자신의 잡지인 『포르스 클라비게라』와 그의 재산의 중요한 부분을 하나의 이상적인 사회, 즉 "성 조지 길드"에서 하나의 새로운 영국의 핵심세포를 이루기 위하여, 그리고 완전히 보편적인 "국가상점"을, 즉 여러 곳에서 "인간경제의 기초적인 원칙(인간경제학)"들을 실현시켜야 하는 하나의 국가기금을 구축하기 위하여 투자했다.

"우리는 영국의 작은 부분을 아름답고 평화로우며 결실을 맺는 곳으로 만들기 위해 시도할 것이다. 우리는 이 땅에서 어떠한 증기기계도, 어떠한 증기기관차도 허용하지 않을 것이다. 우리는 이곳에 그 누구도 걱정하지 않을 생물들을 갖게 될 것이다. 단지 환자들만이 불행할 것이며, 오로지 죽은 자들만이 한가할 것이다. 그곳에서 우리는 자유도 갖지 못할 것이며, 그 대신에 명확한 법들과 특정한 사람들에게 복종하게 될 것이다. 우리는 그곳에서 동등함을 알지 못할 것이며 그보다는 우수함을 인정하고 누군가에게서 우리가 발견하는 그릇됨을 없앨 것이다. 만약 우리가 어디론가 가고 싶다면 우리는 조용히 그리고 확실하게 행할 것이며 우리 삶을 위험하게 하는 시간당 40마일의 속도로 달리지는 않을 것이다. 만약 우리가 어떤 것을 옮기고자 한다면 우리는 짐승들 또는 자신의 등이나 마차, 보트로 옮길 것이다. 우리는 우리 정원에 충분한 꽃들과 채소들을, 그리고 우리의 들판에 충분한 옥수수와 초원을 가질 것이지만 염소를 가두기 위한 벽은 적게 갖게 될 것이다. 우리는 음악과 시를 알게 될 것이고, 어린이들은 춤과 노래를 배울 것이며, 물론 노인들도 아마 그럴 것이다(1903~12, Bd. 27, 96쪽)."

러스킨에 의해서 계속적으로 재정지원을 받았던 "성 조지 길드(오늘날까지 존속하고 있다)"는 옥스퍼드 대학교의 제도학교와 런던에 있는 찻집, 거리의 환경미화 등과 셰필드(Sheffield)의 노동자를 위한 박물관, 길드 회원을 위한 수공업 도서관 등과 같은 다양한 사업을 하고 있다. 성 조지 길드는 랭데일(Langdale)에 있는 마직공업과 맨 섬(Isle of

Man)의 수직업을 재수용하도록 촉구했다. 그들은 주택, 땅, 숲을 영국 도처에 소유했으며 농업공동체를 결성했다. 하지만 러스킨의 정원사에 의한 간섭은 언제나 필요했지만 토지계획을 번창하도록 할 수는 없었다. 러스킨이 몇 년을 열광적으로 건축한 지역산업과 박물관의 부흥을 제외하고는 길드의 계획들은 실패한 것으로 간주되어야만 했다.

여기에는 세 가지의 이유들이 혼재되어 있다. 러스킨은 영국 사법부가 사회를 위한 하나의 법의 형태를 만들어낼 때까지 7년 동안이나 우스꽝스러운 투쟁을 벌였다. 법은 경제를 원했지만 이윤이 없는 경제를 원했다. 마침내 허가가 되었을 때 러스킨은 실망에 빠진 하나의 병든 남자가 되어 있었다. 그는 혼자의 힘으로 집안을 꾸려나가야만 했다. 그는 돈을 기부하거나 충고하는 수밖에 없었으며 자신의 손과 투쟁정신으로 결정적인 계획에 참여하지 못했다. 두 가지 이유들이 세 번째 이유의 원인이 되었다. 이른바 적은 사람들이 모금에 수없이 초청되었으며 적극적으로 동참을 고려했다.

그 외 자신의 문제에서는 상인의 아들은 매우 성공적이었다. 그가 설립하여 그의 작품만을 출판하던 출판사는 건전한 환경에서의 생산, 질적으로 우수한 재료의 사용, 기계생산 대신 수작업, 할인이 전혀 없는 유통 등 러스킨의 원칙에 따라 경영했기 때문에 이윤을 가져다주는 사업이었다. 경쟁보다는 협동, 농촌으로의 귀향과 유연한 산업으로의 귀향 등 길드 계획의 커다란 핵심은 사람들이 알고 있듯이 그의 매력을 절대로 잃어버리지 않았다.


## 영향

국민경제적 학설과 개혁안건에 대한 러스킨의 영향력은 예술작가와 비평가로서의 그의 영향력과 크게 구별이 되었다. 러스킨이 미학에서는 빅토리아 시대의 영국에서 주도적인 인물이었고 아주 평범한 예술애호가들이나 여행자들처럼 동료들조차도 그의 곁을 지나칠 수 없었던 작가였지만 최소한 그를 예술사학자나 예술비평가로 평가하는 그룹에 서조차 영국 사회제도의 비평가로서의 평을 거의 듣지 못했다. 새로운 작품에서 출발하여 전체를 보도록 하는 강요는 분단, 분리 및 단절의 시대의 동시대인에 의해서 용기로 간주되었다. 예술친구들은 러스킨을 훌륭한 국가경제학자라고 여겼으며, 국가경제학자들은 그를 미술비평 가로 간주했던 습관을 본못(Whistlers Bonmot)은 아주 잘 알아맞혔 다. 이러한 습관이 러스킨의 영향력을 때때로 무력화시켰다.

첫 번째 반응들이 히스테리하게 나타나는 동안에 출판은 중지되었다. "어느 정신 나간 여자 가정교사가 장례식에서 설교하는 것보다 정치경 제 이론가들이 더 좋은 대우를 받고 있으며, 또는 러스킨과 같은 천재 만이 전혀 희망이 없는 어리석음을 초래할 수 있다(Kemp 1983, 253쪽 인용)"고 비평가들은 비판했다. 물론 첫 번째 반응은 거절되었는가 하 면 장기적인 영향력은 점점 더 긍정적으로 발전되었다.

그가 옳다는 것을 더욱더 많은 사실들이 입증하면 할수록 사람들은 점점 더 그의 생각을 공유재산으로 받아들이고 그 생각들을 작가로부 터 분리시킬 준비가 되어 있었다. 근본이 붕괴되는 모든 이론은 세 단 계 수용과정을 거치는지를 학문이론은 알아내고자 한다. "이러한 엉터 리 같은 것을 나는 전혀 다루지 않겠다. 그것은 이미 내가 항상 말하던 것이다."

바로 이것이 그의 "긴 죽음"의 시간에, 그리고 그가 세상을 떠난 후 1914년까지 젊은 세대의 사회정치가들이 의식적으로 러스킨을, 특히 『이 최후의 사람에게』를 언급한 이유이다. 그러나 사람들이 그의 작품 들을 어떻게 다루느냐에 따라 한편으로는 그를 가부장적이라고 하고 다른 한편으로는 그를 멸시한다. 멸시하는 사람들은 경제학자를 산상 설교와 같은 것으로 비난한다.

전공학문 분야에서는 러스킨을 그가 살아 있는 동안 전혀 진지하게 받아들이지 않았다. 그렇지만 케언스(John Elliott Cairnes)와 그의 책 『정치경제학의 성격과 논리적 방법』(*The Character and Logical*

*Method of Political Economy*, 1857), 정통이론가의 비판과 호브슨(J. A. Hobson)의 책 『존 러스킨. 사회개혁가』(*John Ruskin. Social Reformer*, 1898)와 같은 "경제이단자"의 비평에서는 예외적인 것들이 있었다. 러스킨의 학설은 금세기의 이론적인 흐름을 간접적으로 더 많이 전달했다.

경제의 도덕적이고 전체적인 시각의 최종통합은 대략 제1차 세계대전 전에 독일의 경제학에서 진행되고 있었던 것과 같다. 이에 대해서는 동시대인의 시각에서 헤르크너(Herkner)가 이러한 과정에서 좋은 통찰력을 제공한다(1912, 515쪽 이하). 경제의 최종통합은 소비경제와의 관계에서 국가적 경제조정 과정의 새로운 평가이며 이것이 바로 러스킨의 핵심주제이다. 핵심주제는 자주 이식을 통해 "받아들여졌다". 또한 러스킨은 환경적으로 조직된 경제형태의 선구자로서 확실히 인정을 받아야 한다.

그의 "불가능한" 요구 중에서 도대체 어떠한 것이 사회적으로 실현되었는지 묻는다면 다음과 같이 감히 대답할 수 있을 것이다. 러스킨은 마르크스 이외에 19세기의 국가경제학에서 가장 성공적인 기획가였다. 하지만 20세기에서도 그가 성공적인 기획가라고 말하는 것은 조심스럽다.

고정된 임금률, 실업자 보조, 실업자 재교육, 노후보장, 국가적 질평가, 고용창출 수단, 국가적 학교교육, 공기업, 국영공장과 좋은 질의 상품을 위한 가게, 이자와 가격통제, 모든 도로, 운하, 항구 및 철도의 국영화, 하나의 유럽 경제공동체 등에 대한 그의 요구는, 즉 그의 작품에서 틈틈이 나타나는 이러한 모든 요구들은 20세기에 실현되었다. 이 모든 것들이 우리에게는 사회적인 성취에서는 자연스러운 것이라고 할 수 있다. 그러나 부분적으로는 퇴색되었다.

그런데도 러스킨을 예언자로서, 그리고 단지 방향을 제시하는 사람으로 어설프게 생각하는 것은 곤란하다. 이에 앞서 우리는 마르크스에게도 마찬가지로 적용될 수 있는 하나의 지혜를 가져야 한다. 두 사람은 상이한 장소와 각기 다른 제도 아래서 하나의 방법이 옳다고 시인했다. 그 방법은 그들이 자신의 시대를 모든 분야에서 예견하도록 하지는 못했다. 많은 것들은 중심사상으로 고려되지도 않은 채 내세워졌다. 러스킨의 경우에는 사회적이고 경제적인 비용편익 분석과 질적이고 조직적인 경제, "삶의 가치", "삶의 확장"(extension of life), "직접 관련이 있는 삶"(immediate life) 그리고 자신과 외부 자원과의 조심스러운 교류 등이었다. 이러한 모든 것들은 아직 해결되지 않은 요구로 여전히 남아 있다.

| 볼프강 켐프 · 이방식/정진상 옮김 |

# 3 | 발라

Léon Walras, 1834~1910

"그렇지만 나는 순수이론 분야에서 발라가 모든 경제학자들 가운데 가장 위대하다고 생각한다. '혁명적인' 창의력을 고전적 종합의 특성과 결합시킨 그의 경제균형 체계는 일찍이 한 경제학자가 만들어낸 업적들 가운데 유일하게 이론물리학의 성과와 견줄 만하다. (……)발라의 업적은 경제학의 여정에서 흔들리지 않는 근거를 갖고 정확성을 기하는 학문으로 발전시킨 우뚝 솟은 하나의 이정표를 세웠다는 것이다. 그것이 오늘날 시대에 뒤처진 것이라 할지라도, 우리 시대 최고의 이론적 성과물들의 상당수는 그것을 기초로 삼고 있다."

• Schumpeter 1954

"오늘날 거의 모든 경제학은 발라적인 경제학이다."

• Blaug 1968

(『순수경제학 요론』)

"제5장, 제6장(저축-투자, 화폐)과 제2장, 제3장, 제4장(교환-균형, 생산)과의 관계는 기초를 이루는 구조물 가운데 하나이다. 나는 그것(기초)이 위대하다고 판단한다. 왜냐하면 그것 위에 세워진 구조물이 위대하기 때문이다."

• Michio Morishima 1977

## 전기와 의미

발라처럼 그의 동시대인들과 광범위한 교류를 한 경제학자는 드물다. 자페(William Jaffé)가 1965년에 세 권으로 발간한 『레옹 발라의 서신 교류와 관련서류들』(*Correspondence of Léon Walras and Related Papers*)에는 발라가 1857년부터 1910년까지 주고받았던 1,900여 개의 편지들이 담겨 있다.

이 기록들은 발라가 이론적으로 고민하고 개인적으로 추구하던 것들과 그 동기들을 알게 하는 광범위한 자료들을 담고 있다. 그러나 이 모든 것들은 아직 그다지 연구되어 있지 못하다. 이 자료들에서, 그리고 발라의 역작 『순수경제학 요론』(*Elémentes d'économie politique pure*, 1874)이 처음으로 발간된 지 80년 후 자페가 번역하고 발간한 영어 초판(『순수경제학 요론』[*Elements of Pure Economics*], 자페 번역, 1954)에서도, 자페는 발라의 개인적 교류관계와 학문적 성과를 박식하게 논평하고 있다.

발라의 저서는 수십 년 동안 거의 주목받지 못하다, 1930년대에 가서야 많은 경제학자들에 의해 주목받게 되었다. 그들을 열거해본다면, 힉스(Hicks 1934), 자페(1935), 칼도어(N. Kaldor 1934), 프리드먼(M. Friedman 1955), 해러드(R.F. Harrod 1956), 쿠에네(R.E. Kuenne 1956) 등이다. 경제이론의 책들은 발라의 이름을 내세우지 않고서도 써질 수 있을지 모른다. 그러나 그것들의 대부분은 발라류의 균형체계의 가정에 기반을 두고 있거나 그것과 논쟁을 벌이지 않을 수 없다.

밀과 케인스처럼 발라도 경제학자의 아들이었으며 서민층 출신이었다. 1834년 태어난 그는 19세였던 그 당시 자연과학 분야에서 유명한 프랑스의 대학교 에콜 폴리테크니크에 입학하고자 했다. 오늘날과 마찬가지로 지원자들은 1~2년의 준비기간을 거친 후 지원했고, 이 가운데 소수만이 입학할 수 있었다. 발라는 이 학교의 입학에 성공하지 못했으며, 부족한 수학 지식 때문에 두 번이나 실패했다. 시험 준비기간 동안 그는 아버지의 충고에 따라 쿠르노(Augustin Cournot)의 명저 『부의 이론의 수학적 원리에 관한 연구』(*Recherches sur les principes mathématiques de la théorie des richesses*, 1838)를 이미 자세히 공부했다.

그는 에콜 폴리테크니크에는 미치지 못하지만 그래도 촉망받는 대학교인 에콜 데 민느(Ecole des Mines)에 입학허가를 받았다. 그러나 마음속에 심어진 실패에 대한 실망이 너무나 커서, 그는 자신이 두 번째로 하고 싶었던 일에 그의 지적 에너지를 잠시 쏟아 부었다. 그는 소설을 썼다. 그의 유명한 소설인 『프랑시스 소뵈르』(*Francis Sauveur*)는 분명히 그의 자서전으로 기록될 만한 것이다. 그는 이 소설 속에 서민들의 관습에 대항하는 한 젊은 청년의 고뇌를 그렸다.

그의 문학적이고 사회개혁적인 관심은 때늦은 사춘기의 표출일 수도 있지만, 어떤 의심의 여지도 없이 그의 개인적인 관심사의 중요한 일부를 나타낸 것이기도 하다. 그의 재능이 추상적이고 수학적인 분야보다 직관적인 영역에서 더 많다고 말하더라도, 그의 명성은 결코 줄어들지 않는다.

그는 먼저 몽상가였다. 그는 경제적 관계, 즉 모델을 수학적으로 정식화하기 훨씬 전에 그의 직관적 능력을 바탕으로 이미 그것을 묘사했다. 그의 역저인 『순수경제학 요론』(이하 『요론』)을 읽으면, 그가 무엇보다도 수학적 어려움을 겪었다는 인상을 받게 된다. 그는 자신의 능력을 철저히 현실적으로 평가하고 그 속에서 어떤 단점도 발견하지 않으려는 것처럼 보였다.

그는 한 편지(1890)에서 제번스와 같이 수학적 지식이 모자라는 경제학자들이 뛰어난 이론을 개발한 반면에 적지 않은 수학자들은 그다지 의미 없는 것을 만들어냈다는 사실에 항상 깊은 인상을 받는다는 듯

레옹 발라(1834~1910)

이 썼다. 그는 무엇보다 에지워스(Francis Ysidro Edgeworth)를 그 한 예로 들었다. 발라는 그 당시의 경제학 수준에 따라 그의 재능을 놀라운 방식으로 활용하여, 오늘날까지 우리의 학문에 결정적인 영향을 미친 지침서를 그의 일반균형 모델을 통해 정립했다. 그렇지만 그는 동시대의 수학자들에 의해서 진지하게 받아들여지지 않았다. 이것이 그를 특히 실망시켰다. 왜냐하면 그는 자신의 삶의 많은 시간을 경제학의 정식화에 투입했기 때문이다. 이뿐만 아니라 그는 실제로 위대한 경제학자였음에도 동시대에는 그것을 인정받지도 못했다.

힘들고 종종 적대적이기까지 한 이러한 주변 상황은 지금 와서 보면 발라로 하여금 자신의 이론들을 통해 어떤 거대한 발걸음을 앞으로 내딛게 한 것처럼 보인다. 이 당시의 정치경제학에서 보편적인 축약수준에 대한 무지 때문에 또는 동시대 경제학자들의 수학적 경제학적 지식에 대한 무지 때문에, 발라의 업적은 오늘날 종종 과소평가되었다. 그의 체계에서 해(解, Lösung)의 존재가 정식으로 증명되지 못했다는 이유로, 또는 안정성이 단지 허구의 "경매인"을 통해서만 설명될 수 있다는 이유 때문에 그는 과소평가받았다.

발라는 그가 말했듯이 그의 모델의 "결정성"(決定性)을 방정식들과 변수들의 청산을 통해 보여주었다. 그러나 그는 균형체계에서 하나의 해의 존재에 대한 어떤 정확한 증명도 그의 모델을 통해 주어지지 않았음을 분명히 했다.

비선형 방정식이 다수의 해를 가질 수 있다는 것은 그에게서나 다른 경제학자들이나 수학자들에게 널리 알려져 있다. 그러나 최고로 정확해야 한다는 비판은 엄청난 수학적 문제를 요구하기 때문에 그다지 크지 않았다. 힉스조차 1939년 그의 유명한 책인 『가치와 자본』(*Value and Capital*)에서 존재의 증명을 위해, 특히 『정치경제학 저널』(*Journal of Political Economy*)의 서평에서 모르겐슈테른(Oskar Morgenstern)에 의해 신랄하게 비판받은 청산조건을 도입했다는 것은 이해할 만하다.

발라는 또한 가격형성과 안정성의 설명을 위해서 경매인이라는 천재적인 방법을 찾아냈다. 이것이 결코 발라 체계의 약점은 아니다. 발라는 불균형 가격에서의 거래가 시장에서의 합리화로 이끌 것이 분명하지만 여기에는 그에게 간과하기 어려운 수학적 어려움이 발생할 것임을 인식했다. 그래서 그는 균형가격 달성 후에야 비로소 거래를 허용하도록 했다. 이것이 바로 경매인의 기능이었다.

정식화와 이론적인 경제학에 치우친 발라의 아버지 오귀스트 발라(Auguste Walras)는 발라가 경제이론, 특히 쿠르노의 글들에 몰두하도록 했다. 더 나아가 그는 그의 아들의 학문적 발전에 강한 영향을 미친 것처럼 보인다. 이러한 사실은 발라가 그의 아버지가 내린 정의(定義)와 이론을 신봉한다는 편지들에서뿐만 아니라 아버지가 출판한 일련의 글들, 즉 『부의 성질로부터』(De la nature de la richesse, 1831), 『사회적 부에 관한 이론』(Théorie de la richesse sociale, 1849)으로부터 알 수 있다. 자본, 소득 그리고 생산요소의 정의는 그의 아버지에게서 나온다. 아버지와 아들의 생산이론이 비슷하다는 것도 유의해서 볼 만하다.

그렇지만 아버지는 아들에게 힘든 삶의 길을 걷도록 재촉했다. 공부를 마친 후 발라는 1870년, 즉 그의 나이 36세 때까지 정식화에 치우친 그의 경제적 관심사와는 거의 또는 전혀 상관이 없는 다양한 직업에 전념했다. 특히 그는 철도회사와 은행에서 그와 그의 가족의 생계를 보태기 위하여 일했다. 편지에서 알 수 있듯이, 그는 이 시기에도 수리(數理)경제의 체계에 대해 깊이 생각했다. 그렇지만 이에 대해 글로 남긴 것은 그다지 없는 듯하다.

그는 프랑스 대학교의 교수직을 얻고 싶었지만, 이에 대해서는 생각할 수도 없었다. 왜냐하면 이 당시 프랑스에서 교수직은 나이가 지긋해서야 얻을 수 있는 것이었으며 전문적인 기준에 의해서만 초빙되는 것이 결코 아니었기 때문이다. 그가 프랑스에서 그의 연구에 관해 거절당한 것에서 알 수 있듯이, 그의 고향에서는 수리경제의 연구로 교수직을 얻을 가망성은 전혀 없었다. 다행히도 그에게 행운이 찾아왔다.

1860년 로잔에서 조세에 관한 국제회의가 개최되었는데 발라는 여기에 참여했다. 그는 이때 엄청난 인상을 남겼음에 분명하다. 왜냐하면 10년 뒤 1870년에 그는 로잔 대학교 정치경제학 교수직에 초빙되었는데, 그 사이 이 대학교와 그와는 어떤 접촉도 없었기 때문이다. 그는 일 년 간의 수습기간을 거친 후 이 교수직을 1892년까지 유지했다. 그는 건강상의 이유로 교수직을 그만두었으며, 그 자리는 그의 후임자인 파레토에게 넘겨졌다.

그는 교수직에 초빙된 직후부터 수리경제를 발전시키는 데 집중했다. 쿠르노는 그의 아버지 다음으로 그에게 가장 강한 영향을 미쳤다. 그의 첫 번째 발견은 한계효용의 개념과 다름이 없는 것이었다. 그는 이에 대해 매우 자랑스러워했으며 즉시 이 개념을 수리경제 전체 모델에 적용했다. 그가 이것을 최초로 발견한 것이 아니란 것을 알았을 때 그의 실망은 아주 컸다. 제번스와 멩거가 그보다 앞섰다.

한계이론의 발전에서 발라, 제번스, 마셜 그리고 멩거 사이의 냉혹한 경쟁은 애덤슨(Adamson) 교수가 고센(Gossen)의 책을 발견했을 때에야 비로소 수그러졌다. 이 책에서 보면 고센이 적어도 개념의 창안에서 이 개념을 이미 누구보다 앞서 도입했음이 분명해진다. 1874년 발라의 『요론』 초판이 출판되었다. 그 책은 여러 차례 수정되었으며 제4판에 이르기까지 보완되었다.

1876년 발라의 아내는 병이 들었고 3년 간의 투병 끝에 1879년에 죽었다. 그녀의 병을 치료하기 위하여 너무 많은 돈을 써서, 발라는 재정적 어려움을 겪게 되었다. 돈을 더 벌기 위하여 그는 개인적 시간을 뇌샤텔에서의 객원강의와 『가제트 드 로잔』(Gazette de Lausanne)에서 폴이라는 익명으로 출판되는 문학적인 글들을 위해 바쳤다. 이 모든 것들로 그의 건강은 아주 나빠졌다. 해가 갈수록 그의 상태가 안 좋아졌기 때문에, 그는 1892년 건강을 회복할 것이라는 희망 속에 1년간 휴식을 취했다. 그는 강의를 지속할 수 있을 정도의 기력을 더 이상 회복할 수 없음을 깨닫자 즉시 은퇴했다.

1892년에서 그가 죽은 1910년까지의 시간은 왕성한 출판 활동기로 알려졌다. 발라는 그 당시 유명하던 거의 모든 경제학자들 예를 들어 마셜, 피셔, 뵘바베르크, 에지워스, 멩거 등과 자주 편지교환을 했고 그 속에서 그의『요론』에 나오는 여러 가정과 가설에 대해 토론했다. 이 외에도 그는『요론』의 중요한 내용을 개선하고 보완하기 위하여, 그리고 추가적인 두 편의 책을 발간하기 위하여 연구를 지속했다.『사회경제 연구』(Etudes d'économie sociale, 1896)에서 그는 공산주의, 개인주의, 사유재산, 농지의 국유화 등에서 제기되는 질문들을 통해 사회윤리에 관한 문제에 몰두했다.

그의 3부작의 세 번째 책인『응용 정치경제 연구』(Etudes d'économie politique appliquée, 1898)에서 그는 복본위제(複本位制) 대 단본위제(單本位制), 독점, 경쟁, 자유무역, 화폐와 신용 그리고 주식시장과 관련된 문제들을 다루었다. 거기에는『요론』을 보완하는 몇몇 내용들도 포함되어 있다.

발라의 독창성은 그의 두 번째, 세 번째 책에서는 전혀 또는 거의 발휘되지 못했다. 그가 만약 이 두 책만 썼다면, 그는 아마 거의 알려지지 않았을 것이다. 발라의 일대를 평가하는 데서 이 두 책들은 자세히 언급되지 않는다. 내용이 알찬 그의 동료들과의 교류들도 그의 역저인『순수경제학 요론』과『응용 정치경제 연구』에 담긴 내용을 약간 보완한 것일 뿐이다.


## 발라류의 일반균형

아래에서는 여러 교과서에 실려 있는 것과 같은 단순한 수학적인 형태로 발라류의 체계를 설명하지 않는다. 여기에서는 오히려 발라류의 가정들을 논하고 그가 근본적으로 품었거나 보완한 그의 생각들에 대해 설명할 것이다. 이를 통해 발라류의 체계가 독자들에게 수식적 도구를 통하지 않고서도 이해될 것이다.

발라류의 균형체계는 완전경쟁이라는 가정 하에서 모든 경제변수들, 즉 가계와 기업이 사고파는 모든 제품과 생산요소의 가격과 양의 균형값을 도출하고자 한다. 이를 통해 거시경제에서 일반적으로 다루어지는 문제들 즉, 국민소득, 요소소득, 임금과 이자율의 수준과 결정, 실업문제들을 밝히고 있다. 따라서 일반균형 개념과 거시경제 분석 사이에 어떤 모순도 있어서는 안 된다. 수십 년에 걸친 일반균형 이론과 케인스류의 거시경제와의 논쟁은 무엇보다 균형이론이 단지 균형가격 체계를 다루었기 때문에 실업을 설명할 수 없다는 데 있다. 케인스류의 모델은 발라의 모델과는 달리 할당과 양의 조정 그리고 무엇보다 가격경직에서 시작한다.

균형이론이 불균형 가격의 가능성을 고려하지 않은 만큼, 경제정책 이론을 위해서는 이 이론이 해결하지 못한 아주 중요한 간극을 메워야 했다. 그런데 이 틈새는 적어도 10년 전부터 양쪽에서 메워지기 시작했다. 수학적 어려움에도 양적 할당에 의한 일시적 균형의 연구에 대한 관심이 일반균형 이론에서 크게 증가했다. 베나시(Benassy)의 연구(1982)는 이를 위한 증거가 될 수 있다. 다른 쪽에서는 거시경제 이론에 "미시적 바탕"이 일반화되었다. 이에 따라 거시경제 모델에서 각종 변수들의 함수는 대표가계와 기업의 개인적 최대화 계산으로부터 유도된다.

그렇다고 해서 이것이 미시경제 개념 또는 일반균형 모델은 전혀 아니다. 왜냐하면 총합과 관련된 모든 문제들이 여전히 남아 있기 때문이다. 그렇지만 이것은 케인스류에 의해 영감을 받아 여기에 맞게 행위함수들을 가정한 초기의 모델들보다 균형모델에 훨씬 더 가깝다. 거시경제와 일반균형 이론 사이의 간극은 점차 줄어들고 있다.

발라는 가격은 일시적으로 균형가격에서 한 방향으로 벗어날 수 있지만, 실제의 가격은 훨씬 균형가격의 중심에서 "진동할" 것이라고 생각했다. 균형모델의 이러한 해석은 오랫동안 지속되는 실업을 설명할 수 없다. 이것은 가격이 균형가격에서 장시간 벗어날 수 있을 때에만 가능하다. 일반균형 모델의 이러한 시각은 케인스류의 거시모델과는 반대에 놓여 있다고 충분히 말할 수 있다. 이것이 고전학파 이론과 케인스 학파 이론 사이에 널리 알려진 논쟁의 핵심내용이다. 그러나 일반균형 이론에 가격경직을 고려한 것은 일반균형 이론을 다시 기본적인 모델도구로 만들었고 케인스류의 이론이 특별한 경우로 받아들여지게 했다.

발라는 그가 정의한 시장들이 어떻게 서로 영향을 미치는지를 아주 세심하게 설명했다. 시장체계의 완전한 정의를 통해서 그는 경제의 일반수학적 체계를 그리고자 한 그의 목표를 비로소 달성할 수 있었다. 그는 시장을 네 개로 축약하여 구분했다. 재화시장, 생산요소 시장, 자본시장, 화폐시장이 그것들이다. 이 시장들 각각에서 재화가격, 서비스 및 생산요소 가격, 자본재 가격, 화폐를 위한 "가격"이 형성된다.

발라는 또한 다음과 같은 두 가지 문제를 처음으로 분명히 구분함으로써 선구자적 연구를 수행했다. 첫째 균형해의 존재에 관한 의문, 둘째 주어진 가정들 특히 완전경쟁 아래 시장기능은 이러한 해를 항상 가져다준다는 증명. 이 두 문제 각각에 대해 광범위한 논쟁이 일어났다. 한쪽에서는 존재증명의 논쟁이, 다른 한쪽에서는 안정성 증명의 논쟁이 일어났다.

균형에서 이탈했을 때 모델은 변수들의 값이 그것들의 균형값으로 되돌아오는 성질을 갖고 있어야 하기 때문에, 안정성 문제는 중요한 것이다. 『요론』의 제2장은 「두 가지 상품 간의 교환에 관한 연구」(Théorie de l'échange de deux marchandises entre elles)를 담고 있다. 그의 기초적인 교환이론은 오늘날 우리에게는 당연한 것으로 보이고 장황하지 않고 압축된 형태로 거의 모든 미시경제 교과서에 실려 있다. 그렇지만 그의 이론은 분석적 날카로움이나 학문적 성취에서 혁명적이다. 다섯 번째 강의부터 발라는 경제논리의 기초라고 말할 수 있는 것, 즉 교환에 내재해 있는 기본적인 상호관계를 서술했다.

여기에서 그는 기초가 되는 많은 개념들——경쟁, 가격관계, 부족성 (rareté), 가치, 수요와 공급, 수요함수와 공급함수, 시장균형, 양(陽)의 그리고 음(陰)의 초과수요에 의한 가격변동, 효용함수와 효용극대, 한계효용, 효용극대에서 한계효용의 균등——을 정의하기도 하고 유추하기도 했다. 개인 또는 가계의 극대화 행위로부터 행위균등화가 존재하고, 이것은 전체 모델의 구성을 위해 적용된다.

『요론』의 제3장인 「여러 가지 상품 간의 교환에 관한 연구」(Théorie de l'échange de plusieurs marchandises entre elles)는 제2장의 내용을 임의의 다수의 재화로 확장했다. 11번째 강의부터 일반교환 균형, 계산자 역할을 하는 재화의 정의와 의미, 오늘날 "발라 법칙"으로 알려진 상호관계의 정식화(모든 초과수요의 합은 0과 같다), 임의의 수의 재화들에서 가격변동과 안정성, 수요함수와 공급함수, 스미스와 세의 가치론의 설명과 비판들이 다루어졌다.

n명의 사람들 각각은 주어진 효용을 가정한 상태에서 초기 어떤 특정 수량을 지닌 m개의 재화들을 갖고 있다. 이때 어떤 재화의 수량도 음(陰)이지 않아야 하며 적어도 하나는 양(陽)이어야 한다. 만약 모든 사람들이 효용을 극대화한다고 가정하고 일반적인 연속성과 미분가능성의 가정을 설정하면, 그리고 더 나아가 각자의 재화 각각에 대한 m개의 한계효용 함수들이 이 재화만의 함수이며 한계효용 체감의 특성을 보인다고 하면, 다음과 같은 결과를 얻게 된다.

우리는 n명의 사람들 모두에 대해 특정의 상대가격 체계 아래 얼마만한 재화와 용역의 양이 수요 되고 공급되는지를 보여주는 n(m-1)개의 행위방정식을 갖게 된다. 또한 방정식 체계는 n명의 예산제약의 내용을 담고 있는데, 이들 예산제약은 각자에게 가격으로 평가한 모든 공급량의 합과 수요량과의 일치를 요구한다. 판매된 수량을 양(陽)으로 그리고 구매된 수량을 음(陰)으로 규정하면, 균형에서 그것들의 합은 항상 0이어야 한다.

결국 각 시장에서 공급량과 수요량의 일치를 요구하는 m개의 균형

조건들이 존재하게 된다. 따라서 전체적으로 m(n+1)개의 조건들 또는 방정식이 있게 된다. 이들 방정식들 중 하나는 다른 방정식에 종속되기 때문에, 그 하나를 제외할 수 있다. 따라서 독립적인 방정식은 m(n+1)-1개가 된다. 발라에 의하면 이들로부터 가계에 의해 거래되는 (m-1)개의 균형가격들과 (m×n)개의 재화의 수량들의 변수값이 구해진다. 단지 (m-1)개의 가격들이 결정되는 것은 계산자 역할로 선택된 재화의 가격이 정의상 1이기 때문이다.

이러한 결과들은 가계의 행위방정식들과 예산제약들이 가격에서 0차 동차적이기 때문에 즉, 절대가격이 아니라 단지 상대가격이 결정될 수 있기 때문에 얻어진다. 따라서 독립적인 방정식들의 수와 변수들의 수는 같아지기 때문에, 발라에 의하면 그 체계는 결정적이라고 말할 수 있다.

위에서 이미 언급했듯이, 발라가 이것으로 해의 존재를 증명한 것으로 믿었다고 주장하는 것은 잘못된 듯하다. 의심의 여지없이 그의 수학적 능력에는 한계가 있었다. 그러나 그는 "결정성"에도 불구하고 다수의 해가 존재할 수 있든지 아니면 전혀 어떤 해도 존재하지 않을 수 있음을 분명히 알고 있었다. 그는 단지 다음과 같이 주장했을 뿐이다. 정상적인 해(解)들이 존재하며 재화의 수가 매우 많다면 일반적으로 단지 하나의 유일한 해가 존재할지 모른다(1874/1926, 15번째 강의, 163쪽).

월드(Abraham Wald 1936)와 드브뢰(Gérard Debreu 1959)의 증명을 통해 가정들을 수정하면, 또는 동일한 가정들을 보다 엄격히 규정한다면 하나의 해의 존재가 증명될 수 있음을 뒤늦게 알게 되었다. 그렇다고 해서 이러한 연구들이 발라의 분석결과를 흔든 것은 아니다. 일반균형 모델의 뒤늦은 많은 확장들은 새로운 발견들을 부분적으로 추가하는 것에 불과하지 발라의 체계를 결코 근본적으로 흔들 수는 없었다.

『요론』의 제3장에서는 안정성 문제도 중요하게 다루었다. 위에서 이미 언급했듯이, 발라는 처음으로 균형의 존재와 균형의 안정성을 분명히 구분했다. 그는 무엇보다 실제 존재하는 시장의 참여자들이 어떻게 그들의 행위를 통해 이론가들이 증명해 보이는 균형체계의 해에 정확히 도달하는지를 보여주고자 했다. 이론적인 것과는 달리 이러한 경험적인 의문은 안정성 문제와 동일한 의미를 지닌다. 왜냐하면 그 의문은 시장기능이 어떻게 시장의 체계를 균형으로 이끌고 어떻게 거기에서 머물도록 하는지를 규명하는 것이기 때문이다. 균형상태에 놓여 있는 시장은 말할 것도 없이 아주 추상적인 개념이고 현실에서는 거의 찾아볼 수 없기 때문에, 안정성을 설명하기 위한 발라의 축약은 오히려 현실적이라 할 만하다.

발라의 착상은 경매인인 어떤 누군가가 먼저 특정가격을 부르고 이 가격에서 주어지는 한 재화의 수요량과 공급량을 합한다는 데 있다. 경매인이 수요가 공급보다 크다는 것을 알면 가격을 올리고, 그 반대의 경우에는 가격을 내린다. 거래는 모든 시장에서 수요량과 공급량이 같아질 때 비로소 허용된다. 따라서 거래는 균형가격 체계에서만 이루어지게 된다.

고전학파의 이론과 발라의 확신에 따르면, 가격이 그것의 균형값에서 벗어나는 것은 일시적으로 가능하다. 그러나 케인스류의 이론을 통해 장기간에 걸친 가격경직의 가능성이 매우 광범위하게 밝혀졌기 때문에, 발라의 시대에서의 '균형가격 체계에서만의 거래'라는 가정은 분명히 오늘날에서 보면 훨씬 덜 추상적이라고 할 수 있다.

여기에서도 발라는 천재적인 방식으로 충분하지 못한 수학적 수단을 사용하여 올바른 해를 찾아냈다. 한 개의 시장을 제외한 n-1개의 시장들이 균형에 놓이게 되면, 이 마지막 시장에서의 경매인 역할이 다른 시장을 동시에 다시 균형 밖으로 벗어나게 한다. 그 결과 어쩌면 모든 시장의 어떤 곳에서도 균형이 존재하지 않을지 모르며 경매인의 활동은 결코 멈추지 않을 것이다. 그러나 발라는 새로운 상태는 직전의 상태보다 아마도 더 일반균형에 가까이 있어야만 한다고 기대했다. 왜냐하면 해당 가격의 변화가 그 시장에 미치는 영향은, 이 가격변화의 영향이 단지 간접적일 수밖에 없는 다른 시장들에서보다 직접적이고 따라서 더 강할 것이 분명하기 때문이다.

경매인을 가정한 상태에서의 안정성 문제에 관한 광범위한 수학적 연구들로부터, 특히 새뮤얼슨과 메츨러(Metzler)가 각각 1940년대와 1950년대에 수행한 바 있는 연구에서 발라가 그리고 있는 경우가 정확히 "동태적 안정성"으로 증명될 수 있는 경우들 가운데 하나임이 입증됐다. 거기에다 그것이 경제적인 측면에서 가장 있을 법한 경우인 것으로 밝혀졌다(P.A. Samuelson 1947, 257쪽 이하 참조).

『요론』의 제4장은 발라의 "생산이론"(Théorie de la production)을 담고 있다. 여기에서는 천연자원, 노동 그리고 생산된 생산요소들의 모든 종류의 "서비스"의 배분이 어떤 종류와 방식으로 이루어지는지를 설명하고 있다. 따라서 이 이론은 어떤 기업이 어떤 생산품을 얼마만큼 생산하며 이를 위해 어떤 생산요소들을 필요로 하는지를 동시에 보여준다.

필요한 생산요소의 양은 해당 기간 동안 주어지며, 한 생산요소의 부존량은 단지 그 일부만 사용된다. 생산요소의 소유자들은 이것을 자신을 위해서도 사용할 수 있기 때문에, 모델은 자신이 사용하는 부분과 생산요소 시장에 공급되는 부분도 결정해야 한다. 따라서 전자는 가계 또는 효용함수와 연결되어 있으며, 후자는 생산된 재화에 대한 가계의 수요를 통해 나타난다.

발라는 그의 균형모델의 생산부문을 가계부문과 대칭적으로 구축하고자 애썼으며 m개 재화들과의 교환의 경우를 위해 이미 만들었던 이론들을 여기에도 적용하고자 했다. 이를 위해 "기업가"(entrepreneur), 즉 생산요소의 서비스를 사고 자신의 생산물을 파는 기업인을 도입했다. 기업인은 생산요소의 소유자가 아니다. 따라서 그의 소득은 정의에 따라 없다. 그 자신의 "기업 서비스"만이 다른 생산요소들과 마찬가지로 시장에서 평가받고 대가를 받을 뿐이다. 여기까지 그의 가정들은 예리하고 목적지향적이다. 그는 정식화를 위해서 어쩔 수 없이 다음과 같은 몇몇 추가적인 가정들을 도입했다. 불변의 생산계수, 한 산업의 모든 기업들 또는 모든 회사들은 동일한 제품을 동일한 양만큼 생산한다. 어떤 "시차"도 고려하지 않는다.

그런데 그는 이들 가정들 없이도 스스로 정식화할 수 있었을지 모른다. 생산으로 확대된 연립방정식 체계에서도 발라가 하나의 해를 찾아내는 데 성공했더라면, 그는 완전경쟁 아래 시장경제의 수학적인 기본모델을 구축하고자 하는 그의 목표를 분명히 달성했을 것이다. 하나의 해(解)의 존재와 관련하여 이 체계에서도 가계부문과 생산부문의 대칭으로 인해 가계부문만의 방정식 체계에서와 같은 결과를 보여줄 수 있음은 자세한 검토 없이도 쉽게 알 수 있다. 방정식의 수와 변수의 수는 여기에서도 일치함을 실제로 세어보면 알 수 있다.

이미 언급했듯이, 발라는 그가 이것으로 분명한 하나의 해의 존재를 입증한 것은 아니란 사실을 충분히 알고 있었다. 이 질문에 대한 답은 그의 수학적 능력을 벗어났다. 그러나 그가 중요한 실수를 피했다는 것은 언급할 만하다. 또한 단순한 존재질문에 답하는 것을 지나치게 높게 평가해서도 안 된다. 모델은 경제적 관점에서 그 내용이 어떠한가에 따라 평가되어야 한다. 이러한 평가의 관점에서 보면, 시장경제의 이론적 뼈대로 기여하기에 더 적합한 다른 모델을 누구도 찾지 못할 것이다.

가계의 효용에 관한 가정과 자원이 주어지면, 내생적으로 가격체계가 결정되고 이에 의해 저축과 투자, 노동공급, 화폐수요, 각 기업이 투입한 생산요소의 양과 이로부터 산출된 생산물의 양이 결정된다. 이와 함께 모든 가계들과 모든 기업들의 계획이 동시에 일치한다. 이 얼마나 거대한 구상인가?

개별 수요와 공급으로부터 전체 수요와 전체 공급이 유도된다. 개별 요소소득으로부터 경제 전체의 기능적 소득분배가 결정된다. 소득분배에 대한 그의 설명 때문에, 발라의 모델은 종종 비판받는다. 무엇보다 사람들은 공동체 내의 힘의 관계뿐만 아니라 유산으로 받은 생산요소의 양이 고려되지 않았고, 완전경쟁은 존재하지 않으며, 현실체계는 항상 불균형 상태에 놓여 있다는 점을 비난했다.

이러한 모든 비판들의 공통적인 것은 위에서 설명한 발라의 형식으로 발라 스스로가 수행하던 것보다 좀더 현실적 내용을 발라류의 모델에 추가하는 것뿐이라는 점이다. 예를 들어 공동체 내의 힘의 관계가 완전경쟁을 방해한다면, 이것은 더 이상 발라의 원(原)모델이 아니다. 그러나 이러한 시장의 권력화를 모델로 만들 수 있으며, 노동시장의 수요독점 모델이 그 한 예다. 생산요소의 유산(遺産)이 고려되지 않았다면, 모델은 이 방향으로 확장될 수 있다.

이것은 그동안 몇몇 연구에서 추진되었다. 시장가격은 현실에서 끊임없이 변화한다는 비판 역시 발라 체계에 반하는 논쟁이 결코 아니다. 공급과 수요는 항상 점진적으로 다시 균형화하고 가격은 적어도 긴 기간에서는 충분히 유연하여 할당을 배제할 수 있다는 것을 확신한다면, 실제의 가격은 균형가격을 중심으로 하여 "진동한다"는 발라의 가설을 충분히 받아들일 수 있다.

발라는 그의 모델을 통해 경제와 관련된 모든 문제에 답할 수 없었을 뿐만 아니라 답하려 하지도 않았다. 그는 수학적인 기본모델을 만들고자 했을 뿐이며, 기본모델의 확장을 통해 변덕스러운 질문제기에 대응할 수 있다고 생각했다. 발라의 모델은 거대한 연구사업을 정식화한 것이며 "경제학자들의 대헌장"이라 불려도 당연하다(Schumpeter 1954).

『요론』의 제5장은 발라의 「자본축적과 신용에 관한 이론」(Théorie de la capitalisation et du crédit)을 제23~제28강의 속에 담고 있다. 발라의 자본이론은 그의 후임자인 파레토에 의해서 부당하게, 그리고 그후의 해석자들 예를 들어 빅셀에 의해서는 『요론』의 제2~제4장보다 그다지 영감을 주지 못하는 것으로 평가받았다. 『요론』의 제2~제4장의 일반균형 모델에서는 생산된 자본재의 양이 주어지고 그것은 생산과정에서 감소되지 않는 것으로 가정된다.

발라는 제5장에서 생산시의 자본소모를 계산에 넣고 있다. 감가상각의 고려에 따라 자본에서 나오는 소득이 "순수입"으로 남게 된다. 발라는 이러한 "순수입"이 항상 양(陽)인 것으로 가정했다. 이러한 가정으로부터 그는 이 재화의 가격을 결정하는 자본재 시장을 구성한다. 이 시장에서 새로운 자본재에 대한 수요자는 기업가가 아니라 가계의 일부인 "자본가"이다. 자본재는 이것을 생산하는 기업가에 의해 이 시장에 공급된다.

자본재의 수요량 또는 생산량은 감가상각을 통해 야기되는 자본량의 감소보다 클 수도 있고 같을 수도 있으며 작을 수도 있다. 클 경우에만 양(陽)의 저축이 된다. 모든 평가는 계산자의 단위로 처리된다. 저축과 투자가 항상 같아야 하는 것은 자명하며, 저축은 특정 재화인 자본재에 대한 가계의 수요와 다를 바 없다. 따라서 발라에 의하면 한 기간의 저축과 투자의 균형이 요구하는 균형조건은 없다. 그것은 주어진 기간의 총저축과 자본재를 생산하는 기업의 비용과의 균형과 관련해서만 존재한다.

가계는 자본재와 관련된 소득, 즉 "순수입"을 추구하기 위하여 자본재를 필요로 한다. 그리고 이 자본재는, 또는 그것의 서비스는 요소시장을 거쳐 기업가나 가계에 팔린다. 가계를 통한 자본재의 사용도 정식화에서 제외되지 않는다. 자본시장에서의 수요는 따라서 "순수입"에 대한 수요이다. 한 기간에 사용되는 자본재 양의 가치와 이로부터 거두어들이는 소득흐름(항상(恒常) 순수입)과의 관계는 "순수입률"(taux de revenue net)로 표현된다. 이 비율은 모든 자본재에 대해서 동일하며, 비교적 큰 차이는 재정거래(裁定去來, Arbitrage) 때문에 긴 기간에서는 항상 나타나지 않는다. 발라에 의하면 이 관계의 비율은 이자율에 해당한다.

이처럼 간단하지만 천재적인 자본시장의 구성이 항상 이해된 것은 아니다. 빅셀은 발라의 자본시장의 구성은 "정태적 상태"에서는 적용될 수 없기 때문에, 일반화시킬 수 없다고 논평했다. 왜냐하면 순투자가 더 이상 이루어지지 않는 "정태적 상태"에서 이자율은 0으로 떨어져야 하든지 아니면 이자율이 더 이상 정의되지 못할 것이기 때문이다. 힉스

(1934)는 이러한 논평을 받아들여 이 문제를 감가상각의 도입을 통해 제거할 것을 제안했다.

대체투자는 발라에서처럼 "기술적으로 주어진 것으로" 처리되지 말아야 하며, "신규투자"처럼 언제든지 수익률이 가장 높이 기대되는 곳에 투입되어야 한다. 발라의 글(1874/1926, 242쪽 이하)을 자세히 읽으면, 적어도 발라의 의도가 힉스에 의해 그리고 자신의 고유한 이론을 보여주고자 하던 빅셀에 의해서도 올바르게 해석되지 못했다는 인상을 지울 수 없다. 발라가 이러한 착상으로 그것을 아마도 정확히 생각했다는 것은 『요론』의 한 구절(같은 책, 243쪽)에서 알 수 있다. 그것에 따르면, "순수입률"은 감모상각액(減耗償却額, Amortisationsprämie)을 고려하면 모든 자본에 대해서 동일해진다. 이것은 발라가 대체투자를 자본시장에 도입하고자 했으나 수학적인 기술의 지나친 단순화로 인해 그의 독자들을 모호하게 했음을 의미한다.

『요론』의 제6장에서 발라는 화폐시장을 그의 모델에 도입한다. 그의 모델의 이 부분에 대해서도 오랜 기간 동안 지지자가 거의 없었다. 힉스(1934, 347쪽)는 발라의 화폐이론을 다음과 같이 한 문장으로 폄하한다. "발라의 화폐이론 업적과 그의 응용경제학에 대한 그다지 재미없는 글들 때문에 우리는 여기에 머물 수 없다."

이러한 평가절하의 이유는 발라가 자신의 화폐이론을 『요론』의 여러 판에서 꾸준히 수정한 데에서 부분적으로 설명될 수 있다. 그가 이전에 화폐량으로 규정한, 그리고 경제주체들이 보유하고자 하는 "현금수요"가 일반균형 체계에 아직 통합되지 못했다. "최종판"에서야 비로소 발라는 화폐시장을 그의 모델에 구축했다.

위에서 설명했듯이 자본재 시장은 이미 소비재 시장과 생산요소의 서비스 시장에 통합되었다. 여기에다 발라는 그가 "순환자본"이라고 명명한 또 다른 시장 하나를 추가한다. 그는 이를 자본재나 소비재의 재고로 이해한다. 이 재고는 발라가 "조달 서비스"(services d'approvisionnement)라고 부르는 고유한 서비스를 제공한다. 이 서비스를 위해, 또는 이러한 재고의 가치를 위해 또 다른 독자적인 시장에서 해당 가격이 결정된다. 이러한 재고의 가격과 그것에 속하는 서비스의 가격과의 관계는 자본재의 가격과 그것이 제공하는 서비스의 가격과의 관계와 동일하다.

발라에 의하면, 화폐보유는 그것의 목적이 "조달 서비스"에 있는 여타 다른 재고보유와 동일하다. 이 서비스는 다른 것과 마찬가지로 최적 화폐보유에서 한계효용에 해당하는 가격을 가진다. 화폐보유를 위한 이 가격은 발라가 "자본시장"(marché du capital)이라고 명명한 시장에서 형성된다. 그는 이것을 위에서 정의한 자본시장에 해당하는 "자본재들의 시장"(marché des capitaux)과 엄격히 구분하고 있다. "자본시장"은 생산적 서비스를 위한 특별한 시장과 다름없다. 화폐의 도입과 보유로 모든 거래는 더 이상 상품 대 상품이 아니라 화폐 대 상품으로 이루어질 수 있다. "조달 서비스"에 대한 수요 또는 "현금수요"의 수준이 보유화폐량과 동일하고 화폐가 계산자로 정의된다면, "자본시장"에서의 균형가격은 이자율에 해당한다.

화폐보유가 단지 특별한 형태의 재고보유로 정의되기 때문에, 화폐의 고려는 균형체계의 형식적 구조에 어떤 변화도 주지 않는다. 해의 존재 유무는 이것 때문에 어떤 영향도 받지 않는다. 화폐를 전체 체계에 연계시키는 방식이 간단하면서도 매우 세련된 것이 아주 인상적이다.

이자율 또는 화폐가격의 변화는 자본재와 재고보유의 가치에 영향을 미치고 이를 통해 노동을 포함한 모든 생산요소 서비스의 가격과 생산된 재화의 가격이 영향을 받는다. 이로부터 매매되는 모든 양(量)의 최초의 이자율 변화에 대한 적응도 일어나게 된다. 이때 중요한 것은, 화폐가격이 또 다른 어떤 계산자의 가격에 단순히 비례적이지 않다는 점이다. 일반균형에서의 그것은 체계의 모든 조건들에 의해 결정되는 균형가격이다.

발라는 이 모델의 세련됨에서 그것의 명성 일부를 얻었지만, 아마도 주류학파에 양보를 해야만 한다고 믿었던 것 같다. 그는 이자율의 화폐보유에 대한 영향은 미미하고 간접적이라고 일반적으로 받아들여졌던 견해에 동의했기 때문에, 『응용 정치경제 연구』에서 이자율과 화폐보유 간의 어떤 상관관계도 가정하지 않았다. 이러한 가정에서만, 일반균형 모델 속에서 화폐의 고려가 그 뒤에 놓여 있는 실질체계에는 어떤 영향도 미치지 않는 "베일"로 나타날 수 있었을 것이다.

## 발라 연구의 종합평가와 전망

발라의 업적에 대한 우리의 지금까지의 기술과 평가에서, 우리는 슘페터와 자페에서 시작되었고 그동안 수많은 경제학자들에 의해 받아들여지던 관점, 즉 발라의 결정적인 역할은 무엇보다 『요론』의 제2~제4장에 담겨 있다는 관점에 따랐다. 슘페터와 자페는 제5장(저축, 투자)과 제6장(화폐)을 논평했고 이 점에서 그것들이 제2~제4장과 비슷하게 취급된 것처럼 보인다. 그러나 많은 발라 해석자들은 이 부분의 이론에 대해 끊임없는 비판을 제기했고 다양한 개선책을 내놓았다.

위에서 이미 부분적으로 언급했듯이, 파레토, 빅셀, 힉스 그리고 파틴킨(Patinkin)과 같은 위대한 이름들이 이들 비판가들에 속한다. 다른 많은 사람들을 대표해서 블로크(Blaug 1973)가 "발라의 실질적인 경제학에 대한 기여는 단지 소비자 행위이론에 한정될 뿐이다"라고 쓸 수 있는 것도 그렇게 설명될 수 있다.

제5장, 제6장 그리고 제7장을 무시당했기 때문에 발라는 단지 정식화로, 즉 수학적으로만 아주 우수한 이론을 내놓았다는 인상을 주었음에 분명하다. 그러나 그 이론도 그것이 함축하는 경제적인 실체에서 그 당시에는 그다지 명성을 얻지 못했다. 발라에게는 자신의 이론이 중요할지 모르지만, 그 이론은 경제성장 문제뿐만 아니라 화폐의 실질모델에서의 통합문제에는 적합하지 않다는 인상이 생길 수 있었다. 이러한 인상이 잘못됐다는 것은 위에서 이미 기술했다.

발라 업적의 평가에 관한 최근 동향은 『요론』의 제5~제7장을 제2~

제4장과 비슷하게 경제학설사의 발전에 탁월한 기여를 한 것으로 평가하는 쪽으로 나가고 있다. 이러한 경향의 초기에, 재해석된 모리시마의 글을 인용한 것은 이것을 똑똑히 보여준다. 그는 그의 책 『발라 경제학—자본과 화폐의 순수이론』(*Walras' Economics—A Pure Theory of Capital and Money*, 1977)에서 제2~제4장(교환균형, 생산균형)이 매우 의미 있는 성과를 거둔 것은 그것들이 제5~제7장(성장, 화폐)에 담겨 있는 고유한 경제적 진술을 정식화하는 데 기초가 되어주었기 때문이라고 했다.

발라의 이론이 정식화에는 아주 우수했지만 내용은 빈약하다는 일반적인 관점도 이 장들은 거부한다. 모리시마의 발라 재해석이 확산될 수 있을지도 모른다. 그렇지만 모든 장들이 일반적으로 받아들일 수 있는 새로운 발라 관점으로 이끌 수 있을지는 회의적이다. 왜냐하면 이러한 발라 해석의 일부는 객관적으로 증명되기에는 어려운 입장과 연결되어 있기 때문이다.

발라가 거의 모든 고전파 경제학자들과 같이 이윤율의 점진적 감소 법칙의 신봉자였다는 사실은 발라를 리카도류로 묘사해야 한다는 논쟁을 야기한다. 발라가 친구에게 보낸 편지에서 자신을 종종 "학문적 사회주의자"로 표현했고 무엇보다 자연독점의 국유화를 요구했다는 정황 때문에, 마르크스와 발라를 리카도의 위대한 두 제자, 또는 비판가로 보는 것은 합당치 않다. 케인스와 동일선 상에 놓는 것도 지나친 것으로 보인다.

그렇지만 모리시마의 원본은 발라적 이론의 재미있는 많은 측면을 다루고 있다. 그것은 최근의 다른 연구들과 더불어 수십 년에 걸쳐 존재하던 발라에 대한 다음과 같은 평가가 잘못된 것이라는 하나의 관점을 만들어낸 것이 분명하다. 발라는 자본주의의 "정당함을 밝히는 이론"(Rechtfertigun-gstheorie)을 만들어내고자 하는 의도를 가졌고 그로 인해 그것이 자본주의 이데올로기를 더욱 강화했지만 그의 이론은 정식화로 가득 차 있지 내용은 텅 비어 있다는 것이다. 이러한 혹평이 어떤 확실한 근거를 갖고 나온 것은 아니다.

발라 업적의 의미와 해석에 대한 토론은 끝나지 않았다. 오스트리아와 영국에서 그 당시의 지배적인 학파는 발라를 무시했으며 그들에 의해 주도된 그의 업적에 대한 소극적인 평가와 거부는 오늘날까지 영향을 미치고 있다. 힉스는 1934년에도 마셜적이고 영국적인 전통에서 원래 발라의 의미를 부각시키고자 하던 한 논문(1934, 347쪽)에서 다음과 같이 기술했다. "그는 …… 그것들(그의 결과들)이 가지는 실제가치보다 그것들에 대해 더 많은 것을 요구하는 경향이 있는 듯 했다." 따라서 동시대의 평가가 오늘날과 이토록 크게 차이가 나는 위대한 또 다른 경제학자는 없을 것이다.

발라는 그가 그다지 인정받지 못하고 있다는 것을 알았지만, 그가 기여한 "이론구축물"이 옳으며 필요한 곳에서 이론의 정식화가 오랫동안 수행될 것이라는 것에 전혀 의심하지 않았다. 그의 친구 레너드(Georges Renard)에게 보낸 편지에서 발라는 다음과 같이 썼다(저자가 번역한 것으로 Antonelli 1939, 8쪽 인용). "사람들은 자신이 무엇을 하고 있는지를 알아야 한다. 짧은 기간 안에 수확하고자 한다면, 당근과 샐러드를 심어야 한다. 그러나 떡갈나무를 키우려는 욕심을 가지고 있다면, 다음과 같이 말할 수 있을 정도로 현명해야 한다. '나의 자손들이 내가 이 그늘을 준 것에 대해 고마워할 것이다.'"

| 베른하르트 펠더러 · 배진영 옮김 |

# 4 | 제번스
William Stanley Jevons, 1835~82

## 생애

### 전기

영국 신고전학파 경제학의 선구자로 유명한 제번스는 일반적으로 멩거, 발라와 더불어 "한계분석 혁명"의 창시자로 간주된다. 그는 1835년 9월 1일 리버풀에서 태어났으며 그의 아버지 토머스 제번스(Thomas Jevons)는 철물상이었다. 그의 어머니 메리 앤 로스코(Marry Ann Roscoe)는 윌리엄 로스코(Willam Roscoe)의 딸이다.

윌리엄 로스코는 당시에 유행을 선도하는 리버풀 시민이었으며, 성공적인 변호사와 은행가로서뿐만 아니라 역사가이자 이탈리아와 플랑드르의 그림전문가와 수집가로서 명성이 높았다. 따라서 제번스 가문은 부유하고 교양이 있는 중산층이었지만 제번스의 유년기와 청소년기는 그리 밝지 않았다. 그의 어머니는 1845년에 사망했으며, 2년 후에는 그가 가장 사랑하는 남동생이 불치의 정신병에 걸렸다. 1848년 가족이 운영하는 회사가 부도가 나자 그의 아버지는 상당한 재정난에 허덕였고 제번스의 직업경력 또한 함께 타격을 받게 되었다.

제번스는 처음에 사립학교를 다녔으나, 그후 리버풀에 있는 기계고등학교를 다니다가 1851년 런던의 유니버시티 칼리지(University College)*로 옮겨서 주로 화학과 수학을 공부했다. 런던의 유니버시티 칼리지는 영국에서 실제로 유명한 몇 개 안 되는 교육기관 가운데 하나였지만, 제번스는 그 시대에 입학할 수 있었다. 그 당시 옥스퍼드와 캠브리지 대학교 지원생들 모두가 신앙적으로 영국교회와 일치한다는 동의서를 반드시 증명해야만 입학할 수 있었지만 그는 유일신 교도 출신이었음에도 런던의 유니버시티 칼리지에 입학할 수 있었다.

제번스는 그 당시 1~2년 동안만 대학에 다닐 계획을 한 것으로 보인다. 그후에 그가 바랐듯이 리버풀에서 사업가로 생활을 시작하기 이전에만 학문적이고 문학적인 연구에 계속 전념하고자 했다. 하지만 상황은 다르게 전개되었다. 1853년 그레이엄(Thomas Graham) 화학 교수가 그에게 시드니에 새로 신축한 왕실 화폐시험관의 대표자로 호주에 갈 수 있는 기회를 제공한 것이다. 처음 이 제안을 받았을 때 그는 "꽤 놀랐으며", "이민을 간다는 것은 나에게 최악의 선택이었다"고 했다(*Journal*, 1월 29일자, 1854/1972 I, 96쪽).

화폐시험관의 임무는 젊은 청년 제번스에게 벅찬 책임감을 주었지만 월급과 직업적 전망은 그에 걸맞게 좋았다. 아버지의의 재정상태가 1848년 가족사업의 부도 이후로 전혀 회복되지 않았기 때문에 부친은 아들에게 이 기회를 단지 몇 년 간만이라도 누릴 것을 권유했다. 그리하여 제번스는 런던과 파리에서 화폐검사관 임무수행을 위한 교습을 마친 후에, 1854년 여름 영국을 떠나 호주로 갔다.

뉴사우스 웨일즈 지역에 도착한 후, 새 화폐검사국이 설립될 당시 그에게 개인적으로, 그리고 기술적으로도 적지 않은 어려움이 생겼다. 하지만 이러한 장애물은 결국에는 극복되었으며 화폐검사관으로서의 간단하면서도 반복되는 작업을 하면서 제번스는 자신의 연구를 계속 추진할 수 있었다. 또한 주변을 연구하기에도 충분한 시간을 갖게 되었다. 얼마동안 그는 이 두 가지 영역을 식물학적, 지질학적, 특히 기상학과 호주의 기후에 관계된 연구와 연결시켜 작업했다.

하지만 1857년 4월에 그는 여동생 헨리에타(Henrietta)에게 보낸 편지에 다음과 같이 썼다. "최근에 나는 새로운 자료, 정치경제학에 골몰하고 있다. 이것은 나의 정확한 사고방식을 최대로 만족시키는 것 같다 (1857년 4월 4일자 편지/1973 II, 280쪽)." 그러고는 일 년 후에 그는 다음과 같이 말할 수 있었다. "내 관심을 정치경제학 쪽으로 바꾸는 것이 내가 해야 할 과제가 아닐까 생각한다. 그래서 정치경제학을 연구하고 싶은 마음이 생겼다. ……자연과학에 전념하는 사람들은 많이 있으며 응용학문과 예술분야까지도 제쳐둘 수 있지만, 우리 사회의 토대를 이해하는 것이 나에게는 가장 필요한 과제로 보이는구나(1858년 2월 28일자 편지/같은 책, 322쪽)."

이러한 확신을 가진 제번스의 신념은 점차적으로 확고해졌다. 그가 이런 사명감을 달성하기 위해서는 시드니의 좋은 직장과 편안한 생활을 포기해야 하고 본인이 선택한 과제에 필요한 교육을 통해 자신을 철저히 준비시키기 위해서 영국으로 돌아가야만 했다. 그가 직장에 사표를 제출했을 때 직장에서는 그의 결정을 이해하거나 수용하기가 어려웠다. 하지만 그는 자신의 결정에 대해 현재의 소비를 포기하는 것은 미래의 수익을 뜻한다며 암시적인 표현으로 정당화했다. 그의 이러한 생각은 뒤에 그가 세운 자본이론의 기초가 되었다.

1859년 4월 제번스는 자신의 생각을 곧 실행에 옮겼다. 그해 가을에 다시 런던의 유니버시티 칼리지에 학생으로 등록하기 위해서 그는 고향을 향해 긴 여행을 떠났다. 학사학위 취득을 위한 마지막 시험을 치르고 나서, 1853년부터 그는 석사과정에서는 논리학, 철학, 정치경제학, 수학, 역사 그리고 고전어문학과 같은 다양한 전공수업에 전념했다. 그리하여 1862년 그는 석사학위 수여식에서 금메달을 받게 되었다.

사회학자로서 미래를 위해 필수적인 기초로 여긴 교육 프로그램을 이수하는 동안에, 이미 그는 이 영역에서 논문발표를 통해 등단했다. 1863년 그는 경제이론, 경제정치학 그리고 형식논리학에 관한 의미 있

윌리엄 스탠리 제번스(1835~82)

는 논문들을 출판했다. 그러나 그 당시에는 이러한 지적인 업적들은 거의 인정받을 수가 없었기 때문에 물질적인 이득을 그에게 안겨주지 못했다. 런던에서 제번스는 우선 저널리스트와 자유문필가로 정착할 생각을 했으나 그가 진정으로 애착을 가지고 있었던 것은 연구와 학문적인 저술작업에 있었다.

당시 영국 대학교의 학문적 공동체는 규모가 작았기 때문에 사회학자에겐 채용자리가 그리 많지 않았으며, 더욱이 제번스와 같이 종교적 순응자가 아닌 사람에게는 상황이 더 어려웠다. 그리하여 제번스는 1863년 맨체스터의 오언 칼리지(Owen College)에서 시간강사로 채용됐을 때 정말 기뻐했다. 그는 "그 당시 이 대학에서 가르치는 모든 학문영역에 걸쳐서 학생들을 도왔다." 일에 대한 부담은 막중했으며 보수도 나빴지만 그는 그렇게 하여 학문적 생활의 길로 들어설 수 있게 되었다. 1865년 오언 칼리지 당국은 제번스를 정치경제학과 전임강사로 임명했다. 마침내 1866년 제번스는 논리학과 정치경제학 교수 자리에 앉게 되었으며, 이 자리를 1876년까지 유지했다.

맨체스터에서 보낸 이 수년 간이 제번스에게 가장 큰 성과를 가져온 성공적인 시기였다. 1865년 그의 저서 『석탄문제』(*The Coal Question*)는 그를 영국 전역에서 유명하게 만들었고, 1871년에 그의 『정치경제학 이론』(*Theory of Political Economy*)과 1874년에 『과학의 원리』(*Principles of Science*)로 그는 국제적으로 인정받게 되었다. 그렇게 해서 직업적인 미래가 보장되었을 때 그는 1867년 신문 『맨체스터 가디안』(*Manchester Guardian*) 사장의 딸인 테일러(Harriet Ann Taylor)와 결혼했으며, 슬하에 아들 하나와 딸 둘을 두었다.

결혼 후 가정생활은 행복했으나 상당한 자신의 개인 집필업무와 광범위한 강의 프로그램과 대학교수로서의 의무 때문에 분량이 엄청난 두 권의 저서 『과학의 원리』를 완성하기도 전에 그는 과로로 쓰러지고 말았다. 안식년을 통하여 충분한 휴식을 취한 그는 1874년 다시 그의 직무를 수행할 수 있었다. 하지만 그는 그 자신의 저서활동을 계속할 수 있으며, 강의부담이 없는 더 편한 강의과목을 맡을 수 있는 자리를 알아보고 있었다.

결국 그는 1876년 맨체스터에서 런던으로 이사를 갔으며 그곳에서 25년 전 자신이 학업을 시작한 바 있던 유니버시티 칼리지의 정치경제학 교수가 되었다. 비록 그가 런던의 교수직위를 "거의 명예직'"이라고 표현했지만 그는 1880년 이 자리를 자신을 위해서 스스로 포기해야 할 것 같은 느낌을 가졌다. "강의하는 것이 나 자신의 건강과 정신에 얼마나 많은 부담이 되는지를 그들은 아마도 거의 이해하지 못할 것이다"라고 그는 한 동료에게 고백했으며 계속해서 "저술작업의 압박은 내게 다른 어떠한 것에도 전념할 수 있는 에너지를 남겨주지 않는다고 생각한다(할리[Robert Harley]에게 보낸 1880년 11월 15일자 편지/1977 V, 116쪽)"고 했다.

제번스가 강의와 회계사 일의 부담에서 벗어났을 때, 그는 비록 다시는 완전하게 힘을 얻지는 못했음에도 연구와 출판활동에 정력적으로 임했다. 그는 1882년 8월 헤이스팅스 부근에서 가족들과 휴가를 보내면서 수영을 하다가 심장마비로 익사했다.

### 정치적, 사회적 환경의 영향

내부적 환경과 외부적 환경은 여러 가지 합성과 결합들의 형태로 국민경제학자들의 질문과 과제설정 그리고 경제적 사고를 만들어낸다고 허치슨(T.W. Hutchison)은 말했다(1981, 23쪽). 이는 제번스에게도 어느 정도 들어맞는 말인 것 같다. 왜냐하면 금가치의 변동에 대한 초기 연구에서 그는 "외부적" 사건으로 일어나는 질문을 다루었기 때문이다. 그러나 인용된 구절에서와 같이 허치슨은 "몇몇 단계에서는 연구대상에서도 나타나는 의문들이 있었는데, 국민경제학자들은 마치 신고전주의 기간이 시작될 무렵 미시경제학을 위한 테두리 사고를 응용할 때에 그랬던 것처럼, 특별한 개념과 아이디어 구조의 발전을 목적으로 이 문제를 집중연구했다"고 계속 주장했다.

제번스는 이 과정에서 지도적인 위치에 있었던 학자 가운데 한 명이었으며, 이론과 관련된 그의 저서에서 그는 가장 먼저 "이 연구대상으로도 나타났던 문제들"에 집중했다. 그 결과 그의 핵심적인 이론서에 미친 정치적 주위 환경의 영향력은 더 오래된 영국 국민경제학자들의 작업환경이 미쳤던 것보다는 크지 않았다. 이런 맥락에서 주목할 것은 제번스가 초기의 영국 학자들 가운데 한 명으로 "정치경제학이란 명칭을 경제학이라는 명칭으로 대체하는 것을" 지지했다는 사실이다(1879/1970, 48쪽). 이러한 용어변경의 의미는 이 영역 원래의 명칭에서 단순히 "정치적"이라는 형용사를 생략했다기보다는, 경제학, 물리학, 수학과 같은 다른 학문영역과 유사성을 강조한 그의 단호함에 있다.

이런 면에서 제번스가 경제학적 사고의 발전에 기여한 논문을 작성하기 위해서는, 정치적 환경의 영향보다는 오히려 그의 사회적, 특히 학업환경의 영향이 더 중요했다. 그는 확고한 위치를 가진 국민경제학자 밀과 케언스와는 정신적으로 전혀 다른 환경을 가졌다(Black 1973, 103쪽 이하). 그는 그의 첫 번째 교육을 순수 자연과학과 응용 자연과학, 특히 수학과 화학에서 경험했다. 그는 그의 사촌인 로스코(Henry Enfield Roscoe)에게서 많은 영향을 받았다.

그의 사촌은 하이델베르크의 분젠(F.v. Bunsen) 밑에서 공부를 하고 화학자로 대단한 경력을 쌓은 인물이었으며 1857년에서 1885년까지 맨체스터에 있는 오언 칼리지에서 화학 교수직을 역임했다. 제번스는 우선 자신의 화학지식을 이용할 수 있는 직무에서 직업적으로 경력을 쌓고자 했다. 따라서 그가 사회적 문제와 경제적인 문제에 관심을 갖기 시작했을 때, 그는 정치적, 도덕철학적 시각에서보다는 오히려 자연과학과 특히 수량적으로 선도하는 자연과학자의 시각으로 이 문제를 관찰했다. 이러한 관점은 경제학 이론에 대한 제번스의 뛰어난 업적 대부분의 특징이 되었다.

따라서 제번스가 정치적이거나 도덕철학적으로 순수한 사고를 갖고 있지 않았으며, 또한 이러한 사고의 영향 없이 경제학적 문제에 접근했으리라는 결론을 내지 말아야 할 것이다. 그의 정치적 견해는 19세기 중반에 영국 북부 지방 중산층의 교양 있는 사람들에게서 기대할 수 있는 정도의 것이었다. 이 견해에 대해 1866년 쓴 편지에서 제번스 스스로도 명확하게 요약하기를, "밀이 자유에 관한 짧지만 위대한 에세이에서 자유주의를 정확히 요약하여 기술했듯이, 나도 영국에서 자유주의가 보호되고 육성되는 것을 보고 싶다(1977 III, 132쪽)."

벤담의 공리주의가 그의 경제학과 경제정치학 사고의 철학적 토대를 이루고 있었다. 제번스의 특이한 학문적 방법은 벤담의 "자연은 고통과 환희라는 두 가지의 막강한 절대력의 지배 아래 인간을 만들었다"는 명제와 연관되어 이루어졌으며 그의 고전주의적 선구자와는 두드러지게 구별되는 경제학적 분석형태를 만들어냈다. 여기서 강조되어야 할 점은 비평가 한 사람이 최근에 설명했듯이, "이 분석은 이데올로기적이나 정치적으로 전통이론을 더 수용해야 하는 것을 시도한 것이 아니라 인정한 대로 이론적으로 부적당한 체계를 대신하는 시도로 간주되어야 한다는 것이다(Backhouse 1985, 76쪽)."

## 저서

### 학문적 업적

케인스는 제번스를 "국민경제학자들이 반드시 갖추어야 할 필수품인 다양성에 대한 주목을 받을 만한 표본으로 간주한다(1936/72, 139쪽)." 단지 20년 간의 학문경력을 쌓는 동안에 제번스는 경제학의 여러 분야에서뿐만 아니라, 논리학의 영역에서도 중요한 기여를 했다. 논리학에 관한 제번스의 저서는 이 에세이[1]의 범주에서 벗어나지만 학문이론과 방법론에 대한 그의 견해는 일반적으로 논리학에 대한 그의 연구에서 유추해볼 수 있듯이, 그의 경제학적 사고에 대한 시작도 규정하고 있다.

제번스의 시대에는 경제학의 적절한 형태와 방법에 관한 문제가 많이 토론되었다. 특히 독일의 적지 않은 권위자들은, 정통적 연역법을 귀납적이고 역사적인 연구로 완전히 대체하기를 권고했다. 제번스는 "귀납법은 실제로 연역적 과정의 전향이다. 나눗셈 과정이 사전지식으로 곱셈을 필요로 하는 것과 마찬가지로 귀납법도 연역법이라는 사전지식을 요구한다"는 견해를 지지했다(1874/1958, 12쪽).

그는 "연역법이 귀납법의 필수적인 요소"라고 주장했기 때문에, 경제학적 학문연구에서 연역법에서 탈피하려는 사람들의 의견에 당연히 동의할 수 없었다. 그는 자신이 가르치던 것을 연역적이고 귀납적인 논문들의 조합을 통해 아주 노련하게 자신의 이론에 실행했다. 여기서 그는 다량의 자료를 소화해내는 그의 뛰어난 능력을 이 자료의 해석에 대한 독자적인 가설을 공식화하는 능력과 함께 보여주고 있다. 동시에 제번스는 "우리 학문을 역사적으로 관찰하는 태도를 잘못되거나 필요 없는 것으로 보지 않고, 그와 반대로 나는 이런 태도가 절대적으로 필요하다고 본다"고 설명했다(1876/1905, 195쪽). 따라서 그가 만들어낸 역사적 이론은 그의 발언이 공연한 입놀림이 아니었음을 보여준다.

제번스는 "지금과 같이 경제학이 혼란스러운 상태에 있는 것은 여러 가지 지식의 가지를 한곳에 혼합한 것에서 비롯된다"고 주장했다. 그는 경제학이 여러 하위 분과로 편성되어 각 분과마다 특별한 방법이 응용되리라는 것을 예측했으며 이러한 선견지명을 증명해냈다. "그러나 모든 자연과학들이 기초토대를 다소 눈에 띄게 역학의 일반원칙에 두고 있듯이, 경제학에도 경제학의 모든 부분과 분과에 특정한 일반원칙이 들어 있어야 한다"고 그는 주장했다(1879/1970, 49쪽 이하).

제번스의 가장 유명한 저서 『정치경제학 이론』(1871)은 이러한 원칙의 검증에, 즉 "사욕과 이윤의 역할을 부각시키는 데"에 제한되므로(같은 책, 50쪽), 우리가 이 분야의 다른 영역에 기여한 그의 업적들을 살펴보기 이전에 먼저 이 저서를 다루는 것이 더 적당할 수 있겠다.

밀이나 마셜은 그들의 원리를 집필했을 때 하나의 과제를 해결하려 했다. 그러나 제번스는 『정치경제학 이론』을 저술했을 때, 어떠한 하나의 과제만을 다루려고 하지는 않았다. 단지 그는 자신이 경제학의 핵심 문제로 보는 것이 무엇인지에 대한 대답만을 다음과 같이 제시하려 했다. "주어진 것들은 정해진 토지와 다른 천연자원 원천을 소유하고 있는 아주 상이한 욕구와 생산력을 가진 특정 인구이며, 찾고자 하는 것은 이 생산의 이윤을 최대화시키는 노동의 투입방법이다(같은 책, 254쪽)." 고전적인 영국 학파의 시작단계에 비해 이것은 경제학 문제에 대한 새로운 견해였으며 이 책은 이 문제를 신종의 방법으로 접근했다. 이 방법에는 공리주의 철학이 수학적 기술로 연관되어 있다.

제번스는 과감하게도, "나의 경제학 이론은 순수수학적 성격을 가지고 있다. 내가 보기엔 우리 학문은 수량을 다루는 바로 그 이유 때문에 반드시 수학적이어야 한다. 우리가 취급하는 사물이 더 크거나 더 작을 수 있는 곳에서는 법칙과 관계가 언제나 이 사물의 본질에 맞추어서 수학적이어야 한다(같은 책, 78쪽, 원본 강조)"고 서술한다.

그렇게 취급된 "사물"은 마치 이것이 더 크거나 작을 수 있다는 듯이, 제번스가 많이 인용하는 벤담의 『도덕과 입법 원리 입문』(*Introduction to the Principles of Morals and Legislation*, 1789)에 의하면, 맨 먼저 기쁨과 고통이다. 기쁨과 고통은 "대수학의 플러스와 마이너스 집합처럼 취급되어" 각 개개인의 목적은 "기쁨의 방향에서 산출되는 합계의 극대화"로 정의된다는 아이디어에서 출발해서, 제번스는 그의 효용이론을 고안했다. 이 이론의 가장 중요한 특징들은 그가 직접 칭한 "효용 변화의 법칙"과 총효용과 한계효용의 구별이며, 이 구별은 기능 x의 미분지수 u로 정의된다(같은 책, 110쪽).

이러한 효용분석은 반드시 교환이론을 유도하게 되는데, 왜냐하면 효용을 가져다주는 상품과 용역이 대부분 원하는 시간에 원하는 수량으로 교환되어 조달되기 때문이다. 따라서 이 이론이 발전될 장은 이 책의 핵심부분으로 간주될 수 있다. 여기에는 두 개의 거래조직체가 그들의 효용을 극대화시키는 조건을 기술한다. 균형상태에서 이 효용의 마지막 부분단위는 각 상품의 가격에 비례해야 한다는 것을 보여준다.

제번스가 만든 (전공)용어는 오늘날의 독자에게는 익숙하지 않을 것이다. 그는 "마지막 효용의 크기"라는 표현을 그후의 학자들이 "한계효용"이라고 언급하는 자리에 사용한다. "거래조직체"라는 표현은 전적으로 성공하지 못한 시도의 경우 개인과 집단 둘 다 통틀어서 파악해야 한다. 이 행위는 "교환원칙의 시장이 얼마나 넓게 또는 좁게 보이든 간에 본질상으로는 동일하다"는 것을 보이기 위해서 일어난다(같은 책, 135쪽).[2] 처음에는 거래조직체가 그들의 사업을 두 상품의 고정비축을 가지고 시작하지만 상품의 비축들은 변경될 수 있다고 가정되었다. 그와 반대로 생산은 노동을 포함하고 있어서, 다음 단계에서는 노동이론이 수립되어야 한다.

상품소비에서 생기는 기쁨과 효용처럼, "애쓰는 노력"이나 노동의 고통한계가 생산 속에 들어가 자리 잡게 된다. 그러므로 제번스가 그의 교환이론에 이어서 도입한 노동이론이 효용이론의 짝으로 입증되는 것이다. "욕구와 노동 간의 균형"을 취급함으로써 제번스는 실제수입과 여유 간의 선택에 대하여 더욱 새로워진 논의를 대부분 마무리한다. 하지만 그는 이 장에서도 그의 교환설에 통합할 수 있는 생산비용설을 고통한계의 척도에 따라 준비했다. 이는 하나의 균형을 이룰 때 가격은 생산비용뿐만 아니라 한계효용에도 비례적일 것이라고 제시하기 위해서이다(같은 책, 203쪽 이하).

자본이론과 연금이론에 대한 다음 두 장에서는 마치 이 이론들이 노동이론과 공통적으로 가격요소를 임금, 연금, 이자, 이 세 가지 관점에서 전형적인 신고전주의적으로 취급한 것처럼 자주 해석된다. 그러나 실제로 이 두 장은 앞 장들과는 같은 기반을 가지고 있지 않다. 이전의 장들에서는 인간이 존재함으로써 느낄 수 있는 기쁨과 고통의 미분계산을 가지고 경제이론을 발전시킨다. 그러나 욕구를 만족시키기 위해서 상품생산과 서비스 활동을 할 때에는 비인간적인 요소들도 역할을 하게 된다. 따라서 토지와 자본의 역할에 대한 별도의 토론이 필요하다.

그런데도 제번스가 토지이론이 아니라 연금이론을 정립한 것은 주목할 만하다. 연금이론은 미분계산의 응용을 기초로 한, 근본적으로는 리카도 분석의 개량작업이다. 이 이론이 증명해야 할 것은 오로지 노동과 토지만을 투입하게 될 때 노동의 대가에 대한 "필수적 보상" 외에 이윤이 어떻게 생길 수 있는지에 대해서이다. 왜냐하면 이 필수적 보상은 효율적인 노동의 한계생산에 의해 규정되기 때문이다(같은 책, 222쪽 이하).

그런데도 자본이론이 형식적인 면에서 그의 나머지 업적들과 분리되는 이유는 제번스 본인 스스로 "자본투입과 교환과정 간의 연결은 밀접하거나 필수적이지 않다"고 보았기 때문이다. 예를 들어 자본의 이용은 고립된 인간에게 유용할 수 있다. 그렇기 때문에 자본과 교환은 순효용의 전체 크기를 높일 수 있는 서로 상이한 수단으로 보인다.

자본은 실제수익을 가져와 이윤을 높이고 투자금액은 2차원적인 수량으로 정의된다. 즉 자본량과 자본이 투자되어 머무는 시간이다. 그렇다면 이자는 투자의 초과소득에서 나오는 생산의 초과소득이다. 제번스가 꼭 이런 식으로 표현하지는 않았지만 이자는 우회생산의 방법에서 나온 한계생산을 통해서 설명된다.

제번스가 기술한 『정치경제학 이론』은 리카도와 밀의 이론들과 비교해볼 때 전적으로 다르다. 그의 이론이 새로운 이론이라는 것을 강조하기 위해서 여러 번에 걸쳐 제번스는 그의 아이디어와 그의 정통선구자들의 아이디어 사이에 있는 차이를 과장했다. 이 책의 첫 쪽에서 그는 "가치는 완전히 이윤에 의존한다"고 확신했지만 후에 "노동은 가치의 원인이 절대로 아니지만, 여러 경우에서 가치를 결정짓는 상황은 된다"고 고백했다.

그는 이 관계를 그의 유명한 효과의 연쇄로 설명한다. 즉 "생산비용은 공급을 결정하고, 공급은 한계이윤을 규정하고, 이 한계이윤은 가치를 결정한다(같은 책, 77쪽과 187쪽)." 하지만 제번스의 이론은 마셜, 발라와 그들의 후계자들의 저서에 내재해 있는 후기 신고전주의적 미시경제학과도 구별된다. 제번스가 신고전주의적 가치와 분배분석과 관련된 많은 주요 개념을 위해서 선구자적 작업을 했기 때문에, 사람들이 그의 『정치경제학 이론』을 가장 성숙하고 완벽한 형태로 이루어진 분석의 관점에서 판단하려는 경향을 갖기 시작했다.

이런 관점에서 이 책은 실제로 많은 결함과 혼란스러운 특징을 보이고 있다. 예를 들어 한계생산성 이론을 일반공식으로 만드는 것을 소홀히 했으며, 효용곡선과는 대조적으로 공급곡선과 수요곡선도 없으며, 기업가에 대한 언급을 넘어서는 주장이나 경영과 관련된 모든 이론이 결여되어 있다. 이러한 모든 것들에 대한 이유는 만약 우리가 이 책을 작가가 관찰하던 방법, 즉 "경제학을 기쁨과 고통의 미분계산으로" 간주하는 시도대로만 보면 명백해진다. 따라서 우리는 개념들의 진정한 의미에서 이 책을 고전주의도 신고전주의도 아닌 그 둘 사이에 있는 과도기적 저서로 파악할 수 있다.

『정치경제학 이론』은 제번스에게 가치이론가로서 경제학적 사고의 역사에 길이 남을 위치를 확보해주었다. 이 책은 기본적인 것에 불과하지만 경제학에 기여한 그의 여러 업적 중에서 단지 일부분만을 기술하고 있다. 반면에 그의 다른 저서에서는 순수경제학 이론의 기초보다는 응용경제학의 상부구조를 더 많이 취급하고 있다. 제번스는 모든 종류의 통계학적 자료에 매혹되었으며, 시계열(Zeitreihen)은 그에게 아주 특별한 관심을 일깨워 주었다.

자연과학 연구를 통해 그는 이런 시계열에서 무늬와 리듬을 발견하게 되었는데, 그를 늘 다시 매료시키는 시계열의 특징은 바로 주기성이었다. 실제로 그가 호주에서 귀국한 후 집필한 첫 번째 경제학 논문의 제목은 「상업적 동요의 주기에 관한 연구」(On the Study of Periodic Commercial Fluctuations)였다. 제번스는 이 점에서 지적하기를, "모든 종류의 주기적인 변동은 반드시 발견되어 기술되어야 하며, 연구대상 자체로서뿐만 아니라, 불규칙적이거나 비주기적인 것을 정확히 기술할 수 있기 이전에 우리가 그런 주기적인 변화를 반드시 확정하여 작동을 멈추게 해야 하기 때문이다(1862/84d, 4쪽)"라고 했다.

이어지는 제번스의 많은 경제학 저서들은 이러한 아이디어들이 발전해가는 상태로 간주될 수 있으며, 이 아이디어들은 그가 "통계학적 도해서"를 만들기 위해 이미 1860년 시작한 시도에서 나온 것으로 보인다. 가격이동을 설명하기 위해서 그가 계획하여 주도면밀하게 작업한 도표들 가운데 몇 개는 그에게 1849년 호주와 캘리포니아에서 대량으로 발견하여 산출한 금의 가치상실 본성을 명백하게 해주었다.

이 연구결과는 73쪽의 간단한 소책자에 수록되었으며, 다른 사람이 아닌 바로 케인스가 이 책자에 대해 경의를 표하며 다음과 같이 말했다. "이 책은 끊임없는 수확성과 정신적으로 풍부한 독창성—독창성은 자료를 확실히 파악하고 오류 없이 통제하면서 무수한 통계학을 지배했다—을 가지고 이것과 같은 것을 세간에 존재하는 책들 속에서 찾고 있었다. 그 이유는 특히 제번스가 누구의 도움도 받지 않고 혼자서 자료를 통해 찾아내야 했기 때문이었다. 이때 그는 그의 수고를 덜어줄 수 있는 선례뿐 아니라 그의 노동시간을 단축시킬 수 있는 보조수단에도 의지할 수가 없었다(1936/72, 121쪽)."

젊은 비평가 한 사람이 말한 것(Laidler 1982, 334쪽)처럼 실제로 제번스는 "근본적으로는 가격지수의 개념을 새로 만들어냈을" 뿐 아니라 가격수준을 장기간 유보시키는 시점도 분명하고 정확하게 다루었다. 금 가치가 1845/50년 9퍼센트에서 1860/62년까지는 15퍼센트까지 하락했다는 그의 궁극적인 평가는 이전에 전통적인 선험적 방법으로 케언스(1873, 1~165쪽)가 도출한 결과와 다를 바 없다. 이 평가는 한 가지 문제를 근본적으로 명백히 설명해주었으며, 이 문제에 대해서 그때까지 부족하던 정보를 기반으로 많은 토론이 이루어졌다.

다른 한편으로, 화폐제도를 지배하던 정통이론 고수에 대한 그의 연구결과는 그가 이 영역과 관련된 거의 모든 후기 작업에서 그랬던 것처럼 지원이 요구되었다. 제번스의 견해에 따르면 튼튼한 금융체계를 위해 필요한 토대는 금으로 태환될 수 있으며 국가로부터 통제되는 통화이다. 순수이론적으로 변환될 수 없는 지폐본위는 조정이 쉽게 될 수 있지만, 어떤 국가가 자기판단대로 거래할 수 있는지의 여부에 대해서는 위험부담을 갖는다고 그는 예견했다. 그래서 단순한 금 태환성이 이중화폐나 은-단(單)본위제로 대체된다고 그 국가에 이득이 되는 것으로 보이지는 않는다.

금 가치의 변경성에 대한 그의 연구는 금융정책에서 실제로 유일한 개혁을, 즉 장기간의 계약 시, 금 대신 도표기준을 인수하는 것을 이끌어낸 것 같다(1875/84c, 297~302쪽). 또한 그는 금 기준을 도입한 국가들이 그들의 주화단위를 위해 같은 무게를 도입하는 간단한 기술적 가능성 때문에 국제적으로 인수할 수 있는 금이 만들어질 수 있다고 강조한다.

비교적 정통이론을 고수하는 이러한 금융정책에 대한 견해는 화폐와 가격의 이동에 대한 제번스의 연구에서 발전되었으며 금융이론에 대한 그의 입장표명에 반영되었다. 이것은 가치설에 대한 그의 입장을 표시해주는 극단주의를 다소 제시하고 있다. 대부분의 그의 동시대인과 후세 그리고 케인스처럼 제번스도 세의 이론의 일반적 유효성을 의심하거나, 불완전 소비이론에 대한 일반적인 해석 가운데 어느 하나를 심각하게 검토할 이유가 없었다. 오히려 그는 금융의 수량설을 채용했다. 그런데도 그는 계속해서 화폐문제에 전념했으며, 이 영역에서 작업한 그의 작업 가운데 몇 개는 그가 여기서 자신의 특별한 재능을 귀납법과 연역법의 연결에 어떻게 성공적으로 투입했는지를 보여준다.

『급격한 폭락』(A Serious Fall) 제1장에서 제번스는 지속적인 가격요동과 가끔 일어나는 일시적인 가격요동을 상이하게 취급하던 문제에 대해서 "약 10년 내에 일어나는 큰 요동이 이 거래의 발전을 심하게 변화시키는 것은 상업적 용무에 익숙한 모든 사람들에게 통용되는 사실이다"라고 했다. 덧붙여서 그는 "이런 상업적인 조수(潮水)의 미미한 원인은 아직도 정확히 조사되지 않았다." 이것은 "지속적이고 미래 지향적인 투자로 규정된 자본과 곧바로 재생산하기 위하여 일시적으로만 투자되는 자본과는 유동적인 관계"에 있는 것이 그 원인이라고 추측했다(1884a, 27쪽 이하, 강조는 원문). 그러한 상업적 조수에 대한 주기적인 원인제공문제는 제번스를 매료시키기 시작했으나, 약 12년 후에야 비로소 그는 세부적인 연구를 맡았다. 이 연구에서 그는 1863년 잠시 언급한 바 있는 중요한 인식을 계속해서 추구하지는 못했다.

그가 왜 이것을 하지 않았는지에 대해서는 억측의 여지가 남아 있으나, 두 가지 중요한 참조사항이 있다. 첫째, 그의 선구자로서 동시대 사람인 쥐글라르(Clément Juglar)와 같은 소수의 예외도 있지만 제번스는 대다수 사람들보다 더 강력하게 주기적인 종합경제적 요동현상을 의식하고 있었다. 둘째, 그는 세의 이론과 수량설을 고수하고 있었기 때문에 이 현상을 내생적인 요인으로 설명하는 가설을 찾으려 하는 데에서 이들보다 더 발전된 학설을 제시할 수 없었다.

그러므로 제번스가 "상업적인 조수(潮水)"에서 인지한 바 있는 10년 간의 리듬을 외생적인 요인으로 보려고 시도한 것은 이해가 된다. 그의 『과학의 원리』는 "주기적 변화"에 대한 장(章)을 포함하고 있다. 여기에서 그는 동시대 천문학자 허셜(John Herschel) 경의 다음과 같은 원칙과 연관시켰다. "주기적 요인의 효과는 주기적이며, 이 요인에서 발견될 수 있는 간격과 같은 간격으로 이 효과가 나타나게 된다." 후에 그는 "주기적 변화와 관련된 귀납법에 인용될 수 있는 광범위하면서도 가장 좋은 예는 많은 기상학적 그리고 천문학적 현상들에서 11년 주기의 발견이다"라고 했다.

여기서 그는 태양의 흑점사이클과 북극광간의 귀환 사이에서 일어날 수 있는 연관성에 이것을 연관시켰다(1874/1958, 451쪽 이하). 따라서 제번스에겐 그의 자연과학적 관심과 연구를 통한 진전을 가지고 그 가설을, 말하자면 10년간의 경제순환의 정기적인 내생적 요인이 태양흑점 순환의 주기적인 효과가 될 수 있는지 여부를 시험하는 것이 아주 당연한 것이었다.

제번스가 해결해야 할 문제는 주기적 요인인 태양흑점 작동의 변화를 주기적 효과인 경제학적 작용의 변화와 연관시키는 방법론을 도입하는 것이었다. 1875년 영국 협회에 제출한 논문에서 그는 우선 농업의 예를 통해 하나의 간단한 직접적인 연관성을 보여주었다. "수확은 확실히 그 해의 특히 여름과 가을 동안의 날씨에 의존한다. 만약 날씨가 어느 정도 태양흑점 주기에 의존하고 있다면 여기서 귀결될 수 있는 것은, 곡물수확과 곡물가격도 마찬가지로 다소 이 주기에 의존하여 태양흑점의 요동에 상응하는 시간간격으로 주기적 요동의 지배를 받고 있을 것이라는 것이다(1875/84b, 194쪽 이하)."

이것을 조사하기 위해서 제번스는 로저(Thorold Roger)의 『농업과 가격의 역사』(History of Agriculture and Price)에서 인용한 곡물가격의 통계를 11년의 태양흑점 주기에 연계시키려고 시도했다. 하지만 그는 평균요동이 오로지 태양력의 변화에만 의존하고 있다고 감히 주장하지 못했다. 그러나 이후에 같은 자료를 다른 변화주기도 마찬가지로 설명할 수 있다고 확정했을 때, 그는 이 논문을 출판하기도 전에 포기했다. 하지만 그는 "이러한 대상이 그 이외의 시험을 받을 가치가 있다고 늘 확신했다(같은 책, 203쪽)."

이렇게 이어지는 조사를 통해 그는 1878년 다시금 농업과 관련된 간접적인 가설을 세우게 되었다. 10년, 11년의 주기가 아닌 10년, 45년 주기로 태양흑점 순환이 회귀한다는 새로운 사건이 다음의 증거와 함께 동시에 제출되었다. "인도에서는 결핍과 과잉의 주기들이 10년이라는 경향을 보여준다." 그리하여 제번스는 "영국에서 인도로 수출하는 것은 인도 내 식량가격이 얼마나 싸고 비싼지에 전적으로 의존하고 있기 때문에" 인도의 높은 가격수준은 영국 상품의 수출급감을 유도할 것이라고 생각했다.

그는 "서유럽의 무역위기와 델리의 높은 곡물가격의 일치가능성이 거의 완벽하다는 것을" 증명할 수 있다고 생각했다. 그의 해석 그리고 이 자료에 대한 많은 비판에도 불구하고 제번스는 사망 직전까지도 "비록 지금은 이러한 모든 난관을 극복할 수 없을지 몰라도 이 이론의 진실에 대해서는 충분히 확신한다(폴그레이브[R.H. Inglis Palgrave]에게 보낸 1882년 6월 13일자 편지/1977 V, 194쪽)"고 했다.

태양흑점과 경제순환 간의 주기성의 일치로 많은 통계학자들은 비록 제번스 본인이 이에 대한 명백한 설명을 제공할 수는 없었지만 이 관계에 대한 중요한 질문을 제기했다고 확신했다. 그후 비평가들의 일반적인 판단은 이 예로써 그의 통계자료 취급과 조사를 위한 올바른 본능이 이번에는 그를 잘못 유도하는 결과를 초래했다고 보았다.[3] 그런데도 잊지 말아야 할 것은 경기에 대한 이러한 연구가 제번스의 시대에는 초보단계에 있었다는 점이다.

경제학적 시계열에서 주기적 순환의 존재를 인지한다는 것은 그 자체가 하나의 업적이었다. 그리고 그가 이러한 설명을 통해 세운 가설은 그후에 잇따른 다른 많은 가설들과 마찬가지로 점검을 받을 만한 가치가 있었다. 최근에 한 비평가가 지적하기를, 제번스의 이론이 비록 미완성이지만 "거리가 먼 것들로부터 빌려온 몇 가지의 상관성을 증명하는 것만은 아니다"라는 점을 사람들이 잊어서는 안 되며, 오히려 제번스의 이론은 투자와 신용의 역할에 대한 세부적인 연구도 포함하고 있을 뿐 아니라 이 연구는 외부적 방해요소에 관해서 보다도 영국에서의 경제활동과 가격에서 10년의 리듬을 증명해준다고 했다(Laidler 1982, 345쪽).

제번스는 주로 경제학의 핵심문제를 가정 아래서의 극대화 문제로 취급했기 때문에, 경제이론의 주안점은 더 이상 고전주의 학파의 원래 관심사였던 경제성장 문제에 있지 않았다. 그런데도 그는 이런 문제들에 대해 그의 작품에서 세부적으로 다루었다. 물론 고전주의 선구자들과는 전혀 다른 문맥과 방법론을 그는 사용했다. 제번스의 시대에는 인구가 자연적인 존재토대를 넘어서 성장한다는 맬서스적 협박이 배후에 깔려 있었다. 산업확장과 자유무역의 연관성은 적어도 영국에 있는 사람들에게는 풍부하고도 값싼 식량수단을 보장하는 것으로 보였다. 하지만 이 나라의 산업발달은 두말할 나위 없이 풍족한 자국의 석탄공급에서 기인했다.

석탄생산이 고갈되자 사람들은 이 나라가 지니고 있던 산업패권이 협박받게 될 가능성을 이미 예감했다. 1860년도 하원이 영국-프랑스 무역협정에 관해 논쟁을 벌였을 때에는 영국의 석탄수요와 공급에 대해서 믿을 만한 예견이 아직 만들어지지 못했다. 따라서 1864년도에 제번스는, 이것이 바로 "다가올 문제"이며 "이 대상에 대한 좋은 책을 출판하는 것은 상당한 관심을 유발시킬 것이다"라고 말했다(그의 동생 허버트 제번스에게 보낸 1864년 2월 18일자 편지/1977 III, 52쪽).

이 주제는 제번스의 재능을 이미 입증시킨 통계조사 분야와 잘 어울렸다. 따라서 마음대로 사용가능한 자료를 가지고 그는 작품에 집중하여 상당히 짧은 시간에 그를 인정받게 해준 책들 가운데 첫 번째 책인 『석탄문제』를 완성했다. 이 책에서 그가 세운 주요 논거는 영국의 석탄비축이 곧 고갈되리라는 것이 아니라, 19세기의 인구와 산업의 급속한 성장은 1년에 약 3.5퍼센트의 석탄소비 증가를 초래한다는 것이다. 이 비율이 오랫동안 지속될 경우에 더욱 나쁜 상태로 탄광을 확장시키거나 더욱 깊은 갱도로 들어가게 되어 석탄비용을 아주 크게 상승시키게 된다는 것이다. 영국의 산업발전이 저렴한 석탄에 기반을 두고 있는 만큼 이것은 앞으로 50년 안에 심각할 정도로 반드시 영국에 타격을 입히게 될 것이다.

제번스는 이런 암울한 미래예측에 어떻게 대처해야 할 수 있을지에 대해서는 전혀 해결책을 마련하지 못했다. 오늘날의 독자는 다가오는 미래의 인식에 대한 불로소득을 즐기며, 제번스가 석탄을 다른 에너지자원, 말하자면 그 당시 사람들이 이미 알고 있었던 석유와 천연가스 같은 것으로의 대체가능성을 과소평가했다는 사실도 알고 있다. 비용하락은 오로지 산업확장만을 자극시켜서 결국에는 석탄수요 증가를 유도하게 되므로 석탄을 경제적으로 투입하는 것만으로는 어떤 해결책도 가져오지 못한다는 것을 제번스는 증명했다.

그가 할 수 있었던 유일한 긍정적인 제안은 "현재와 같은 우리들의 낭비적인 석탄소모로 인하여 우리는 후세에 보상해야 할 것이다"라는 점에 불과했다. 그 때문에 국가부채는 감축되어야 하고 심지어는 지불되어야 할 것이다. 그러한 정책은 "이 나라의 생산자본을 상승시킬 것이며" 현재의 급속한 진보를 억제하여 다가오는 미래의 난관을 감소시킬 것이라고 그는 주장한다.

제번스가 제시한 논거는 밀의 칭찬뿐 아니라, 그 당시 영국 재무수상인 글래드스턴(William Ewart Gladstone)의 박수도 받았다. 1866년도 예산에 반영된 국가부채 축소에 대한 글래드스턴의 계획은 무엇보다도 석탄이 예견할 수 있는 시간에 고갈될 수 있으리라는 예상에 기반을 두고 있다. 석탄문제는 오랫동안 신문의 지면을 가득 채우고 있었으며 왕립 석탄위원회를 발족시켰다. 위원회의 보고서는 1871년에야 비로소 출판되었지만 이것은 제번스가 제기한 문제들을 실제로 다룬 것이 아니라, 석탄비축에 대해 여론의 불안을 무마시킬 정도의 안심할 만한 숫자만을 보도하는 데 그쳤다.

오늘날 우리가 에너지 문제와 화석연료 비축문제에 전념하게 된 것은 제번스의 『석탄문제』취급에 대한 새로운 관심을 일깨워주었다. 사람들은 거의 그를 고갈가능한 자원에 대한 자원경제학의 선구자로 간주하려 했다. 그렇지만 세계의 에너지 저장의 고갈문제나 영국의 에너지 비축문제는 그에게 관심 밖의 일이었다. 제번스의 관심은 우선 영국의 경제성장과 그 국제적 경제능력을 위해서 현재의 값싼 석탄의 급격한 소비상승이 가져오는 그 결과에 있었다. 그런데도 그는 몇 가지 문제들, 즉 어떻게 이 문제들이 천연자원의 채굴에서 일어나는지를 제기하고, 이것이 초기 산업화 국가에서 야기할 수 있는 난점들을 보여준 첫 국민경제학자들 가운데 한 사람이었다.

### 동시대인에게 미치는 제번스의 영향력

『정치경제학 이론』에서 제번스는 관례적인 고전주의의 가치이론을 공격했다. 그 결과로 그는 자신과 그의 고전주의 선구자들을 일반적인 경계선으로, 그리고 리카도와 밀을 특별한 경계선으로 구분하는 것을 지나칠 정도로 강조했다. 아마도 그렇게 해야만 확실하게 일련의 핵심적인 경제문제를 해결하려는 그의 출발과, 리카도가 만들고 밀이 확장한 길의 출발 사이에 놓여 있는 확실한 기본적인 차이에 그가 관심을 돌릴 수 있었던 것 같다. 이미 앞 단락에서 보였듯이 제번스의 저서와 고전주의 학파의 저서 간에 이어지는 연속성에 포함되어 있는 본질적인 요소들은, 특히 연금이론과 실제로 생산비용과 가치 간의 관계에서 증명될 수 있다.

제번스도 그의 이론과 "리카도-밀 학파"이론의 차이를 크게 강조한다고 했지만, 반면에 그는 그의 다른 선구자의 작업의미를, 특히 맬서스와 시니어의 이론을 인정하려 애썼다. 그의 생각을 처음으로 작성했을 때 제번스는 거의 전적으로 다른 작가들과 무관하게 일한 것처럼 보였다. 비록 그가 라드너(Lardner, 철도경제)와 효용이론에 대해서 작업했던 제닝스(Richard Jennings)처럼 별로 유명하지 않은 몇 명의 학자들에게 감사의 말을 표명했지만 말이다(1871, 17쪽 이하; Bostaph/Shieh 1986, 49~64쪽 참조).

1871년도 『정치경제학 이론』 출판과 1879년도 제2판이 출판되는 사이에 제번스는 그가 "수리적 경제학적"이라 부르는 많은 작업들에 점점 더 중요성을 인식하게 되었으며, 그의 모국에서와 마찬가지로 이들은 이미 프랑스, 이탈리아와 독일에서 출판되었다. 그리고 그는 많은 에너지를 이 작업들의 전기적 기록에 이용했다. 1878년에 제번스가 고센의 저서를 통해 유명하게 되었을 때, 그는 주저 없이 "고센은 경제학 이론의 일반적 원칙들과 방법에 관해서 나를 완전히 앞질렀다(1879/1970, 61쪽)"고 자인했다.

제번스는 자신을 그의 동시대인에 비해서 자신의 조국에서는 별로 인정받지 못한 예언자로 생각했다. 그를 실망시킨 것은 그가 1862년 최초로 공개한 이론에 대한 사람들의 무관심 때문이었다. 이 이론을 1871년도 그의 책에서 다시 수정하여 기술한 후에 받았던 인정은 그에겐 너무 미미한 것으로 보였다. 실제로 이 이론을 영국에서는 단지 소수의 확고한 위치를 가진 국민경제학자들만 호의적으로 받아들였다. 케인스는 이 이론에 대한 이해심이 없었고, 레슬리(Cliffe Leslie)는 역사적 방법에 대한 그의 선호 때문에 이 이론을 거부했다.

그의 작품은 단지 공학자인 젱킨(Fleeming Jenkin)과 수학자이며 유명한 자연과학자의 둘째 아들인 다윈(George Darwin)에게만 상당한 이해심을 받게 되었다. 하지만 제번스는 그가 새롭게 시작한 작품에 대한 나이 먹은 동시대인의 반박을 그가 "권위자의 부패한 영향력"으로 칭했듯이 아마도 과장한 것 같았다(de Marchi 1973, 170~189쪽, Schabas 1985, 337~354쪽 참조).

제번스는 그의 저서가 유럽 대륙에서 더 잘 수용된다고 생각했다. 그는 그곳의 발라와 주요 협력관계를 맺고 있었으며, 수학적 교환설의 확산을 위해 노력했다는 점에서도 연결되어 있었다. 또한 그는 네덜란드인 피어슨(N.G. Pierson)과 부라이의 돌리스(Johan d'Aulnis)와 이탈리아인 보디오(Luigi Bodio) 그리고 코사(Luigi Cossa)에게도 인정받았다고 생각했다. 분명히 그는 부족한 어학 실력 때문에 독일이나 오스트리아와는 전혀 접촉을 할 수 없었던 것 같았으며 멩거의 작품에 대해서 알지 못하고 죽었던 것 같다.

그들의 주요 작품에 관한 자료들을 평가한 후에 사람들은 마셜이 제번스의 제자로 보인다고 가정할 수 있을지 모른다. 하지만 실제로 마셜은 제번스에게 자극받은 것에 대해 감사의 빚을 지고 있지 않다고 생각했다. 이에 대한 부분적인 이유는 그가 제번스보다 훨씬 뛰어난 수학자였으며, 또 다른 이유는 그는 제번스가 감히 비판하려 하던 리카도를 경외했기 때문이다. 제번스의 『정치경제학 이론』에 대한 마셜의 논평은 케인스가 말했듯이 미온적이었고 질투심으로 가득했다.

시간이 지난 뒤 마셜이 제번스를 개인적으로 알게 되었을 때, 그는 본인의 의견을 수정하고 결국은 제번스를 가장 위대한 국민경제학자로 경외하게 되었다고 자신이 직접 밝혔다(Pigou 1925, 99쪽). 제번스의 학생은 많았지만 제자는 적었다. 이 점은 그가 가르쳤던 대학의 정치경제학적 특수성 때문에 발생한 것이다. 즉 그의 시대에서 정치경제학 자리는 맨체스터와 런던에서 학위취득을 위해 수강해야 했던 일반전공의 일부분만을 차지하고 있었기 때문에, 대부분의 학생들은 오로지 한 개의 강좌만 참석했다.

그의 제자인 폭스웰(H.S. Foxwell, 1848~1936)과 에지워스는 형식적으로 단 한 번도 그의 학생이 아니었지만, 개인적인 친분과 대화 덕택에 그의 학설을 전용하게 되었다. 폭스웰은 경제학적 사고의 역사와 제번스의 애서가로서의 열정에 대한 관심을 공유했다. 에지워스는 공리주의 수학에 대한 사고 면에서 제번스를 추종했다. 윅스티드는 아마도 제번스를 가장 높이 평가하고 이해한 제번스 추종자들 가운데 한 사람이었을 것이지만 개인적으로 제번스를 전혀 몰랐다. 윅스티드에 의해 발전된 한계분석의 형태는 어느 누구보다 더 완벽했고 안정적이었다.

## 저서의 의미

### 정치적 사회적 측면

경제정책에 관한 저서를 통해서 제번스가 정치적이고 사회적인 사건에서 받아들인 그의 영향력은 다음과 같은 두 가지 관점에서 관찰되어야 한다. 그 관점들은, 그의 작품의 특별한 부분이 정치시사 문제와 그날의 주요 사건에 미치는 영향력 그리고 그의 작품이 정치적이고 사회적인 여론형성에 미치는 일반적인 효력에 있었다. 1862~70년에 제번스는 화폐문제와 석탄산출 문제에 대한 그의 출판물을 통해, 인정을 받는 권위자의 위치를 얻게 되었다. 그는 이 명성을 그의 경제학 동료들 사이에서뿐만 아니라 명망 있는 런던의 저널리스트들과 주도적인 자유주의 의원들 사이에서도 누렸다.

저널리스트인 배젓(Walter Bagehot)은 그에게 이 출판물을 잡지 『이코노미스트』(The Economist)에 기고하기를 청하며 다음과 같이 크게 칭찬했다. "금 발견에 대한 당신의 책으로 인하여 이 문제에 대한 토론을 활발히 진행하게 되었습니다. 책이 출판된 이래로 금과 관련된 주요 테마에 관한 여론이 현저하게 변화되었습니다(III에 게재, 86~114쪽)."

그 시대 가장 주도적이고 자유주의 정치가이던 글래드스턴은 제번스에게 그의 저서의 성공을 축하하기 위해서 여러 번 서한을 보냈을 뿐만 아니라 1866년 5월에 국가채무 인하계획에 관한 개인적 면담에 그도 초대했다. 1868년 12월 글래드스턴이 수상이 되었을 때, 그는 로(Robert Lowe)를 재무장관에 임명했다. 1869년 로는 제번스에게 어떤 인구집단이 가장 많은 세금을 지불해야 하는지에 대한 입장표명을 부탁했다. 제번스는 세금압박이 빈곤층에서 가장 크다는 보고서를 제출했다. 압박을 줄이기 위해서 그는 1846년 곡물법이 폐지된 이래로 유지해오고 있는 곡물납세를 폐지해줄 것을 권고했다. 이 제안은 채택되어 곡물납세는 폐지되었다.

1860년대에 각료는 자문위원들로 국민경제학자들이 참여하지는 않았지만 "제번스가 이 일로 인해 로의 가장 중요한 비공식적 고문이었다는 것"은 분명하다(Higgs 1905, XV). 하지만 제번스의 1차적인 관심은 정치적 관여가 아니라 연구에 있었다. 그는 한 번도 정치계에서 그의 영향력으로 재산을 축적하려고 하지 않았다. 그리하여 그가 맨체스터에서 런던으로 이사 갔을 때 그의 근무지가 장관과 공무원들 사무실 옆이 아닌 도서실과 학술단체에 근접해 있다는 것이 그에게 인상 깊은 호감으로 남겨졌다.

제번스의 경제적, 사회정치적 저서의 여론에 대한 영향력을 평가하기 위해서 우리는 제번스가 살았던 시대의 정신적 경향에 대해서 가르침을 받아야만 한다. 19세기 후반기 영국에서는 역사가들이 개인주의적 사고와 집단주의적 사고의 영향력과 그 상대적 세력에 대해 많은 논쟁들을 벌였다. 지난 1840년대에 많은 연구가들은 고전주의 국민경제학자들이 자유방임주의 학설을 일반적으로 지지하지 않았으며, 빅토리아 시대의 정치가들도 사람들이 이전에 가정했던 만큼의 영향력을 이 학설에서 계승받지 않았다는 점을 증명하려 했다.

그런데도 사람들이 대체적으로 말할 수 있는 것은 약 1870년까지 자유방임주의가 "국가경제 정책의 형식과 내용을 결정하는 최강의 자극이었다"는 것이다(Taylor 1972, 64쪽).[4] 하지만 사회적, 경제적 개혁에 관한 새로운 아이디어의 출현으로 이 학설의 영향력은 점차적으로 감소했다. 왜냐하면 금세기 말경에 국가의 간섭과 집단주의에 유리한 분위기가 발전하고 있었기 때문이다.

이러한 과정은 경제정책과 사회정책의 문제에 대한 제번스의 사고발전과 나란히 일어났으며, 이 문제들이 사건의 진행에 영향력이 없는 것은 아니었다. 제번스의 정치적 견해가 본질적으로 밀과 글래드스턴의 노선에 있는 "정통자유주의"라는 것은 이미 우리가 제시했다. 이러한 확신 위에는 그의 정치적, 이론적 모든 사고를 지배하던 벤담의 철학이 군림하고 있었다.

국민경제학자로서 그가 활동하던 초기에 경제정책에 대한 견해는 발전되었으며, 이것은 대체적으로 고전주의적 자유방임주의 이론의 연속으로 간주될 수 있다. 하지만 한 번은 그가 자유방임주의의 "진실하고 진정한" 원칙이라고 불렀던 것들과는 달리 적용시키고자 했던 예외의 수는 나이가 들면서 더욱 늘어나는 것 같았다. 공리주의자로서 제번스는 전적으로 개인주의에도 그리고 집단주의에도 자신을 고정시키지 않았다. 모든 개별적인 정치적 행동은 행동 그 자체의 가치에 근거해서 평가되어야 한다. "하나의 조치가 행운의 총계를 확대시켜줄 것인가가 제번스가 궁극적으로 중요하다고 인정한 유일한 질문이었다(Wicksteed 1892 II, 474~478쪽)."

만약 교의가 자체의 논리적 한계에 이르기까지 심사숙고되었다면, 이것은 개인의 자유에 대한 간섭——이 침해는 자유가 자신이 지켜야 하는 가치가 되는 철학가에겐 거슬리는 것이지만——을 정당화시킬 수 있었다(Freeden 1978, 53쪽 참조). 제번스의 마지막 저서인 『노동과의 관계 속에서의 국가』(*The State in Relation to Labour*)의 한 구절에서,

사람들은 그에겐 자유의 정당화가 순수 공리주의적 성격을 띠고 있다는 것을 확실히 추론할 수 있다. "개개인의 자유는 단지 목적의 수단일 뿐이지, 그 자체가 목적이 아니다. 따라서 자유는 만약 이것이 바라는 목적을 달성하지 않으면, 철회되어 다른 수단이 투입될 수 있다." 그리고 또한 "입법기관의 개입은 거의 한계가 없다"고 했다.

그런데도 제번스는 그가 노동자 보호를 위해 공장입법을 토론하던 맥락에서 "그러한 개입을 할 때, 즉 이 경우엔 육체적인 온전함을 오로지 확신하는 경우가 해당되는데, 사람들은 이성적인 관점에서 자유제한에 대해서 이야기할 수 있다고 생각하지 않는다(1882, 13~15쪽)"고 했다.

작센에서 실시된 사회정책에서 사람들은 추상적인 철학적 원칙보다는 오히려 실천적 이성의 충고를 들어야 했다. 그러므로 통용될 수 있는 것은 결국 "우리는 국가기능이 모든 것을, 말하자면 군인 그리고 공무원들과 같이 완전복종하는 것처럼 많은 것을 최대화시켜서도 안 되며, 국가의 기능을 진정으로 최고철학가의 이론에 일치하도록 최소화시켜서도 안 된다(1882, 171쪽)"는 것이다.[5]

따라서 만약 제번스를 완고한 개인주의자이며 권력기관들의 옹호자라고 간주하는 것이 잘못이라면, 그를 양심의 가책도 없이 과격한 사회변동을 진행시키려 하는 완고한 집단주의자로 보는 것 또한 잘못일 것이다. "감히 어둠 속에서 큰 도약을 하려 들지 않는다면, 우리는 우리가 도착하게 될 자리가 어떻게 이루어질 것인가에 관해서 반드시 알아야 한다. 우리는 특정한 변화가 행운을 확대시킬 수 있을지를 어떠한 수단과 방법으로, 귀납적으로든 연역적으로든 증명할 수 있을까? 어떠한 특별하면서도 의미 있는 변경의 경우에는 직접적인 경험이 부족한 것이 틀림없다. 따라서 이전에 작은 영역에서 시험되거나 시험될 수 없는 사회적 전환을 옹호하려는 사람은 이를 증명해야만 하는 큰 부담을 갖게 된다(1882, 12쪽)."

제한된 시간이나 제한된 영역에서 제번스가 "실험적 입법"이라고 불렸던 법규를 가지고 사회개혁을 시험하는 것은 사회개혁의 결과를 증명하려고 하는 그가 좋아하는 제안 가운데 하나였다(예를 들어 1880, 177~192쪽 참조; 1883, 253~276쪽에 다시 게재). 오히려 제번스는 점차적으로 과격한 변화를 지지한 것 같다. 하지만 페트렐라(Frank Petrella 1977, 232쪽)는 사회입법에서 단계적인 변화의 방법이 보수적인 성격을 띠고 있다고 다음과 같이 강조했다. "증식주의(단계적 변화의 방법)는 문제를 해결할 때 국가의 신뢰를 강화시킬 뿐만 아니라 지지한다."

만약 경제정책에서 국가의 역할에 대한 제번스의 견해가 하나의 극단으로부터 다른 하나의 상반된 극단으로 바뀌게 된다면, 국가의 간섭에 대해서 애착을 별로 가지지 않는 입장에서 국가의 간섭을 더욱 강력하게 지지하는 입장으로 바뀌는 과도기 과정이 그에게 일어날 것이다. 이러한 과도기 과정은 제번스가 점점 더 분명해지는 인식, 즉 각 개인의 관심과 다수의 가장 큰 행운 사이에는 필수적인 동일성이나 자연스런 조화가 존재하지 않는다는 인식을 갖기 때문이다. 이러한 과도기는 후기 빅토리아 시대에 영국의 여론변화에서 유사하게 나타났다. 제번스 본인도 이 변화에 기여했을까?

여기에 대한 올바른 대답은, 이 변화에 대한 그의 영향력은 두드러지지 못했지만 여론조성에는 중요한 기여를 한 것으로 보인다고 할 수 있겠다. 허치슨에게 "제번스는 혁명가로서 이론의 핵심적인 사람이었던 것으로 또는 필시 그 자신이 혁명가이기를 주장했던 것으로 보였다(1978, 96쪽; 1982, 366~378쪽)"고 했다. 하지만 정치적 측면에서 그는 계속 이어오는 학설에 예리한 구분을 하지 않았다. 물론 그의 막중한 영향력과 자유방임 원칙의 보편성에 대해서 갖게 된 의혹은 사회적, 경제적 문제해결에서 중앙정부와 지방정부의 적극적인 역할을 옹호하는 편에 그를 서게 했다.

### 경제학적 사고에 대한 제번스의 영향력

제번스가 국민경제학자로서 활동하던 시기는 과도기였다. 즉 이론적으로는 고전주의에서 신고전주의로, 정치에서는 자유방임 정책에서 복지국가로 넘어가는 시기였다. 따라서 제번스 자신은 본질적으로 과도기의 인물이었다. 경제학 이론에서 그는 고전주의 형태를 뛰어넘은 가장 위대한 개혁자 중 한 사람이었지만, 이 형태를 대체할 수 있는 다른 모델에 대해 오로지 윤곽만을 세웠을 뿐이었다. 정치에서 그는 개인주의자였으며 잠정적으로 과격했지만 실제로는 완만한 변화를 대변하는 개혁자였다.

그에 대해서 궁극적인 판단을 하기 위해서는 1860~82년에는 경제학적 사고의 변화가 매우 컸으며 이 변화에 대한 제번스의 기여도는 근본적인 것이었다는 점을 반드시 고려해야 한다는 것이다. 1884년 마셜은 "사람들이 제번스의 광대한 작품에서 예측컨대 지난 백 년간 작성된 리카도를 제외한 다른 사람들의 모든 저서에서보다 더 구조적인 힘을 발견하게 될 것이다"고 확정지었다(폭스웰에게서 인용; 제번스의 1884a, XLIII「서문」). 그 이후로 지난 백 년간 그 누구도 마셜의 이러한 평가를 반박하지 못했다.

| 콜리슨 블랙 · 정진상 옮김 |

# 5 | 슈몰러
Gustav von Schmoller, 1838~1917

## 성장과정

### 생애와 사상적 특색

슈몰러는 1838년 6월 24일 하일브론(Heilbronn)에서 태어났고, 형제는 여럿이었다. 아버지는 1833년부터 뷔르템베르크 주정부의 재무관리였다. 어린 슈몰러는 아버지의 직업을 통하여 일찍부터 경제문제와 행정관리 문제에 친숙하게 되었다.

그는 어릴 적에 주정부 농산물을 보관하던 관청사의 지하실과 창고를 도시장사꾼들에게 임대하는 모습을 자주 보게 되었는데, 성장한 후에도 이것을 기억하곤 했다. 당시 관청사 지하실과 창고를 임대하던 이유가 있었다. 상공업의 발달로 인하여 "농산물 저장이 점차 줄어들었고, 따라서 국가가 농산물을 저장하고 이를 관리하기 위해서는 큰 지하실이나 창고가 더 이상 필요하지 않았기 때문이다(1918, 53쪽)." 아버지 쪽 조상은 아이제나흐와 바이마르 출신이었다. 그의 선조 가운데 한 분으로 요한네스 슈몰러(Johannes Schmoller)라는 사람이 있었는데, 그는 1651년 뷔르템베르크의 공무원이었다. 그때부터 슈몰러 집안은 공무원으로 그리고 학자집안으로 성장하여 뷔르템베르크 지방의 중요하고도 오래된 상업 도시이자 공업 도시인 칼브(Calw)의 귀족이 되었다. 어머니 쪽 조상은 유명한 마구상 회사의 지분을 가지고 있었다.

그녀의 집안에는 의사와 자연과학자도 있었는데, 슈투트가르트와 상트페테르부르크 궁정에까지 명성을 떨칠 정도로 집안식구들의 재능이 탁월했다. 어린 슈몰러에게 막중한 영향을 미쳤던 인물은 그의 외조부였다. 그는 식물학자로서 학자의 모범이었다. 슈몰러의 모범적인 학자적 풍모도 그의 외조부에게 물려받은 것이었다. 이미 어릴 때부터 슈몰러는 그러한 가족적인 "부담"을 짊어지고 있었다고 볼 수 있다. 그의 조상들 대부분이 어떤 면으로든 경제, 학문과 관련을 맺고 있었던 것도 슈몰러의 장래진로에 중요한 영향을 미쳤다.

그러나 불행하게도 두 형제의 죽음(1841)과 어머니의 죽음(1846)으로 슈몰러의 어린 시절은 침울했다. 그 자신도 잔병치레가 많았고, 폐결핵을 앓지나 않을까 하는 염려에서 여러 차례 요양원에도 가 있었다. 그러나 흔히 오래 사는 사람이 겉보기에는 연약한 체구를 가진 사람이듯이, 연약해 보였던 슈몰러도 79세나 살았다. 어린 슈몰러는 당시 상류층이 하던 방식대로 정규교육을 받았다. 초등학교를 졸업하고 난 뒤 김나지움에 입학했고, 1856년에 졸업했는데 졸업성적이 주 전체에서 3등이었다. 그는 김나지움을 다니던 시절을 잊을 수 없다고 말하고 있는데, 그 이유는 많은 은사의 덕분이 아니라, 오로지 두 은사 때문이다.

학창시절에 대한 그의 평가는 이렇게 냉혹할 정도로 인색했다. 슈몰러는 김나지움을 마쳤지만 곧바로 대학에 입학하지 못했다. 건강이 좋지 않았기 때문이다. 아버지는 자신의 사무실에서 그를 1년간 쉬게 했다. 쉬는 동안 그는 재정법과 행정법을 실제로 적용하는 방법을 알게 되었다. 그가 나중에 과학의 경험적 요소를 강조한 것도 바로 아버지의 사무실에서 겪은 이러한 체험 때문이다. 게다가 그 시기는 슈몰러가 아버지가 바라는 바대로, 뷔르템베르크에서 가정의 전통을 지속시킬 수 있는 공무원의 경력을 쌓기 위한 준비기간이기도 했다.

그후 1857년 겨울학기에 슈몰러는 튀빙겐 대학교에서 관방학(官房學) 공부를 시작했다. 이 대학교를 선택한 것에는 이유가 있었다. 이 대학교가 뷔르템베르크의 공무원이 되기 위한 출발점이었기 때문이다. 게다가 장학금을 받을 수 있었고 항상 나약했던 그가 정기적으로 의사의 진료를 받을 수 있었기 때문이다. 학기 중에도 아버지, 고향인 하일브론과 꾸준히 접촉할 수 있었다. 당시 하일브론은 경제적으로 번영해 가고 있었다. 슈몰러는 이런 번영을 그가 이제 막 시작한 경제학 연구의 "생생한 사례"로 여겼다. 튀빙겐 대학교의 경제학자 쉬츠(Carl von Schüz)와 헬퍼리히(J.A.R. von Helferich)는 이 젊은 학생에게 어떠한 인상도 주지 못했다. 그는 재정법, 국가법, 행정법에 관한 많은 강의들을 빼먹었지만, 그래도 아버지의 사무실에서 배운 광범위한 예비지식 때문에 문제가 안 되었다.

슈몰러는 "마시고 두들기며 노는 데 정신팔린" 동료학생들을 멀리했다. 그는 자신의 노력의 목표를 "될 수 있는 대로 광범위한 일반적인 교육을 받는 것"이라고 생각했는데, 이것이야말로 오늘날 거의 망각되고 있는 대학교의 과제이다. 그는 자연과학 강의, 특히 철학 강의와 역사 강의를 들었다. 바로 이 시기에 확실히 과학에 대한 그의 기본적인 자세가 결정적으로 형성되었다. 특히 그는 나중에 "나는 거의 역사가가 되었다(1918, 60쪽)"고 말할 정도로 당시의 역사학자인 둔커(Max Duncker)로부터 막대한 영향을 받았다.

역사와 경제학을 서로 연결시키려는 그의 노력은 이미 그의 첫 번째 문헌에서 나타나 있다. 그는 『종교개혁 시기의 경제관에 관한 연구』(*Untersuchung der volkswirtschaftlichen Anschauungen zur Reformationszeit*)로 처음으로 상을 받았고, 박사학위를 취득했다. 이 논문은 저널 『국가학 논총』(*Zeitschrift für die ges. Staatswissenschaft*, Bd. 16[1860])에 게재되었다. 이 논문을 쓰게 된 동기는 당시 경제학자 쉬츠가 제기한 가격의 과제를 해결하기 위해서였다.

1861년 국가고시에 합격한 후에 그 젊은 재무 연수생은 연수기간의

구스타프 폰 슈몰러(1838~1917)

반을 하일브론에 있는 아버지의 관방청에서 보냈다. 그는 이 실습을 하지 않아도 재무에 관하여 이미 알고 있었기 때문에 실습대신에 기획을 위한 예비작업에 종사했다. 그 기획을 성공적으로 수행하지는 못했지만 이것은 나중에 그의 거의 모든 연구활동에 영향을 미쳤다.

"1750년에서 1850년까지의 철학 체계에서 경제학이 어떻게 생성되었는가에 관한 근원적인 저서"를 쓰겠다는 그의 원대한 계획은 바로 그러한 연수활동에 기인한 것이다. 역시 이러한 의도에서도, 이미 그의 박사학위 논문에서처럼 역사적 발전에 대한 관심이 분명히 드러나고 있다. 이러한 관심은 그의 모든 학문적인 여정에 충실하게 반영되고 있다.

슈몰러의 연수기간의 나머지 절반은 자신의 희망에 따라 뷔르템베르크의 통계청에서 보냈다. 당시 통계청장은 그의 친척이자 아버지의 친구이며 조언자이던 뤼멜린(Gustav Rümelin)이었다. 뤼멜린은 문화부 장관직을 사임한 후에 통계청장직을 맡고 있었다. 슈몰러에게 배당된 과제는 1861년 뷔르템베르크 지방의 자영업에 관한 통계작성이었는데, 이 작업은 그에게 두 가지 관점에서 중요한 것이었다. 첫째로 그것은 경제학도 경험적인 자료들에 의존하는 것이 필요하다는 생각을 강화시켜주었다. 둘째로 통계작성의 결과를 『뷔르템베르크 연감』(*Württembergischen Jahrbüchern*, 1863, 161쪽 이하)에 게재함으로써 이것이 1864년 그가 할레 대학교의 비정규직 교수로 임명될 수 있는 중요한 계기가 되었다.

1862년 초에 슈몰러는 익명으로 『프랑스의 통상협약과 그 반대자들』(*Der französische Handelsvertrag und seine Gegner. Ein Wort der Verständigung von einem Süddeutschen*, Frankfurt 1862)이라는 책자를 발간했다. 그는 이 책자에서 독일 관세동맹에 오스트리아의 가입을 반대하던 프로이센-프랑스 사이에 체결된 통상협약에 대해 우호적인 입장을 취했다. 이것은 오스트리아에 대하여 동정적인 자세를 취하고 있던 모든 남부독일 국가들의 견해와 정면대립되는 입장이었다.

남부 독일인으로서 자신이 오스트리아의 가입을 반대하고 있다는 것을 강조하기 위해 이 책자에 '어느 한 독일인의 한 마디'라는 부제를 붙였다. 그의 이러한 입장은 뷔르템베르크의 출신이었지만 프로이센 정책의 추종자였던 뤼멜린의 영향을 받은 것이 확실하다. 그러나 슈몰러는 나중에 남부독일의 자세에 대한 그의 비판적 평가는 "내적인 신념"에서 나온 것이라고 털어놓고 있다.

익명으로 글을 쓰기는 했지만 자신의 이름이 드러남으로써 뷔르템베르크에서 공무원 경력을 쌓겠다는 모든 희망이 좌절되고 말았다. 그러나 그는 당시 프로이센 통상장관이었던 델브뤼크(Rudolf von Delbrück)에게 칭찬을 받았고, 그후에도 이 장관은 계속 슈몰러의 후원자가 되었다.

슈몰러는 당시 유명한 『튀빙겐 논총』(*Tübinger Zeitschrift*, 1863, 1쪽 이하)에 기고문을 발표했다. 이 기고문에서 그는 고전적인 소득이론과 조세이론을 비판하고 있는데, 사적 영역의 필요성을 강조하는 노선과 강력한 국가에 대한 필요성을 강조하는 노선 사이에서 슈몰러가 장차 취하게 될 중간노선이 이 기고문에 이미 암시되고 있었다. 그는 이 두 가지 국면을 병행하는 것에는 어떠한 모순이나 갈등도 없다고 생각했다.

다음 2년은 국내외 여행으로 채워졌다. 슈몰러는 1864년 봄 베를린의 할레 대학교로부터 초청을 받았다. 이곳에서 그는 일 년 뒤에는 아이젤렌(Johann Friedrich Gottfried Eiselen, 1785~1865)의 후임자로서 정교수가 되었다. 앞에서 언급한 그의 "익명"의 소책자가 그가 프로이센으로 가는 길을 편안하게 만들어주었던 것처럼, 이제 그는 뷔르템베르크에서 연수기간 동안 수행하던 것과 똑같이 프로이센의 행정과 경제를 집중적으로 다루었다.

이 시기에 그는 노동자 문제에 관한 논문을 썼다. 이 노동자 문제는 마인츠의 추기경이었던 케텔러(Freiherr von Ketteler)의 논문이 발간된 후에 관심의 초점이 되고 있었다. 슈몰러는 『프로이센 연감』(*Preußischen Jahrbüchern*)에 그 논문을 발표했다(1864, 393쪽 이하, 523쪽 이하; 1865, 32쪽 이하). 그의 마음속에는 두 가지 노선에 반대하기 위한 투쟁심이 분명하게 있었다. 슈몰러는 그후 몇 년 동안 새로운 사회정책적인 방향을 대변하는 사람으로서 그 투쟁을 이끌어갔다. 그의 입장은 첫째로 맨체스터 자유주의자들에 대한 반대였다. 그는 이들과 맞서서 정치적 윤리적 요구로서 사회적인 문제는 국가에 의해 해결되어야 한다고 주장했다. 둘째로 그는 라살이나 마르크스와 같은 사람들의 사회주의에 대항해서도 싸웠다. 그는 이들의 혁명적인 봉기는 노동자의 지위를 개선하는 데 적합하지 않다고 보았다. 이로써 처음으로 사회정책을 위한 주도적인 사상이 분명해졌고, 이 사상을 나중에 "사회정책학회"에서 강력하게 주창했다.

할레 대학교에서 슈몰러는 전보다 더 강하게 삶에 관심을 쏟았다. 예를 들면 그는 특히 실제적인 경험들을 수집하기 위하여 도시행정청의 자리를 떠맡았다. 그동안 바이마르의 추밀원이었던 라트겐(Rathgen)의 딸 루시(Lucie)도 알게 되었다. 니부어(Niebuhr)의 손녀였던 그녀와의 행복한 생활을 영위하면서 아들 하나와 딸 하나를 두게 되었다. 이제부터는 슈몰러에게 집과 가정은 만족의 보금자리이자 동시에 안식처였다. 그는 안식처에서 힘을 얻었고, 또 그 안식처에서 조화를 찾을 수 있었다. 조용한 학자의 서재를 높이 평가할 줄 아는 사람에게는 가정의 행복과 안락함은 학문활동을 위한 중요한 전제조건이다.

1860년대 후반에 슈몰러는 프로이센 국가의 헌법, 행정 그리고 경제의 연구에 몰두했다. 그는 빌헬름 1세가 집권하던 당시에 그것들에 각별한 관심이 있었다. 할레 대학교 재직시절의 주요 저서는 『19세기 독일 소상공업의 역사』(*Geschichte der deutschen Kleingewerbe im 19. Jahrhundert*, 1870)인데, 이 저서는 매우 현실적인 배경에서 쓴 책이었다.

1860년대에 남부독일 국가들에서 동업조합의 마지막 장벽들이 철폐되었고 1869년에는 영업의 자유가 북부독일의 상공업 조례에 반영되었다. 슈몰러는 역사적 연구를 통해 이 자유주의 정책에 대해 비판적 입장을 세웠다. 그리고 그는 공공복지를 촉진하기 위해서는 경제정책적, 사회정책적으로 국가가 간섭해야 할 분야를 알게 되었다.

그는 무제한적인 영업의 자유가 내포하고 있는 약점을 지적했고, 이로써 당시 맨체스터 자유주의자들과 스미스 추종자들이 함께 설립한 "경제인 회의"와 정면대립하게 되었다. 이 자유주의자들과 스미스 추종자들은 사회주의자들의 사상에 반대하기 위한 투쟁을 벌였다. 이 투쟁을 본 오펜하임(Heinrich Bernhard Oppenheim)은 슈몰러, 그리고 영국노동자연맹에 관하여 연구한 브렌타노(Lujo Brentano)와 같은 조심스러운 비판적인 작가들을 반(反)자유주의적 국가간섭주의의 대표자로 낙인찍기 위하여, 이들을 일컫는 강단사회주의자라는 개념을 만들었다(Oppenheim 1871).

자유주의가 내포하고 있는 어두운 부분이 자유무역이 지금 막 발전하기 시작한 국내산업에 미치는 효과이든, 또는 그것이 점점 더 열띤 논쟁의 대상이 되고 있는 사회적 문제이든, 자유주의자들은 그 부분에 대한 비판을 통틀어서 "사회주의"라고 평가했다. 그 비판이 사회주의 진영에서 나온 것이 아니라, 기본적으로는 자유주의에 대한 반대파가 아니었던 국민경제학자의 진영에서 나왔다고 하더라도, 그 비판을 사회주의라고 평가한 것이다.

슈몰러의 비판은 맨체스터 자유주의의 노선과는 반대로 사회적 문제의 위험성을 인식하고 사회정책적으로 의식적인 국가행동에 의해서만 그 해결이 가능하다고 생각하던 사람들의 목소리와 일치했다. 슈몰러의 적극적인 활약에 의해 1872년 아이제나흐에서 "사회정책학회"가 창설되었다. 이 창설을 위해서 그는 자기 집에서 미리 바그너(Adolph Wagner), 힐데브란트(Hildebrand)와 콘라트(Conrad)를 만나 사전협의를 했다.

어쨌든 그 학회의 창설은 바로 슈몰러의 그러한 정치적 태도의 결과라고 볼 수 있다. 이로써 당시 자유무역학파의 자유주의적 영향을 받고 있던 "경제인 회의"에 못지않게 성공적인 포럼이 생겨나게 되었다. 슈몰러는 1872년 10월 6일, 이 포럼의 개회사에서 경제적인 문제들을 개혁을 통해 해결하겠다는, 확증된 것을 지키겠다는, 그리고 모든 교조적인 것들을 약화시키겠다는 경제학자들의 젊은 세대의 결의를 천명했다.

많은 이상주의는 달성되어야 할 목표들을 말하고 있었지만 이 목표들은 결코 분명하지 못했고 명확한 방향을 제공하지 못했다. 이러한 분위기 속에서 같은 해에 슈몰러는 새로이 설립된 슈트라스부르크 대학교에 교수로 초빙되었다. 이곳에서 그는 똑같은 생각을 가진 동료교수들, 즉 크나프(Georg Friedrich Knapp, 독일의 경제학자로 화폐이론의 창시자—옮긴이) 교수와 렉시스(Wilhelm Lexis) 교수를 만났다. 국가학에 관한 공동세미나에서 사회과학 연구업적이 축적되었다. 이 연구업적들은 사회정책학회의 학회지와 함께 장차 경제학이 나아갈 방향과 연구방법을 결정하는 중요한 문헌이 되었다. 무엇보다도 먼저 경제사적인 문헌목록을 국민경제학의 새로운 인식을 위한 기초로 편찬해야 했다.

슈몰러 자신도 1879년 『슈트라스부르크의 면직물 조합』(*Die Straßburger Tucher- und Weberzunft*)이라는 저서를 발간했다. 이 문헌은 그가 할레 대학교에서 연구하던 것의 연속물이었고, 또한 이를 심화시킨 것이었다. 그 책은 중세의 도시경제 정책과 상공업 정책을 개별 사례에 역점을 두어 설명한 대표적인 것이다. 그것은 슈몰러에게 국민경제학을 역사적 차원에서 설명하기 위한 대표적인 책이었다.

슈몰러는 국가, 행정 그리고 경제에서 프로이센에 경탄해 마지않았고, 또 프로이센과의 관계를 끊을 수가 없었다. 그는 슈트라스부르크에서 멀리 떨어져 있는 베를린에 와서 매년 여름방학의 대부분을 이곳에 있는 프로이센 자료보관소에서 보냈고, 또한 『프로이센 연감』의 정규 편집자가 되었다. 논문과 강연을 통하여 그 "강단사회주의자"는 사회적 정의를 열렬히 옹호했다. 그리고 역사적인 식견을 통하여 그는 이 사회적 정의는 프로이센에서 국가와 왕에 의해 실현될 수 있으리라는 기대를 갖고 있었다.

예컨대 1874년 봄에 그가 행한 강연인 『사회적 문제와 프로이센 국가』(Die soziale Frage und der Preußische Staat)는 많은 주목을 받았는데, 이 강연문에서 그는 다음과 같이 말하고 있다. "어떻게 해서든 장래의 사회적인 위험성을 제거할 수 있는 주체는 오로지 상층부뿐이다. 왕과 관료, 국가사상의 이 천부적인 대변자들은 사회적인 계급투쟁에서 유일한 중립적 요소들로서 왕과 관료가 자유주의 국가사상과 화합하고, 또 그들이 의회주의의 최선의 요소들로 보완되어 단호히 그리고 확실하게 거대한 사회적 개혁입법의 주도권을 쥘 수 있으며, 이로써 한 세대 또는 두 세대를 이러한 사상에 단호히 묶어 놓을 수 있다 (Schmoller 1874, 323쪽 이하)."

그의 이와 같은 사회정책적인 요구를 부인하는 사람도 있었고, 또 인정하는 사람도 있었다. 예를 들면 트라이치케(Heinrich von Treitschke 1875)는 그를 지나친 사회적 유토피아의 성격을 가진 "사회주의의 옹호자"라고 평가했다. 비스마르크는 1875년 슈트라스부르크 대학교를 방문했을 때, 그 자신도 역시 "강단사회주의자"라고 슈몰러에게 확인시켜주었다.

슈몰러는 비판자들에게는 당시의 관습에 따라 회신을 보냈다 (Sendschreiben 1874/75, 255쪽 이하). 그는 사회주의적 혁명이 없이도 하층계급의 문화를 향상시키는 것이 가능하다고, 사회적 진보와 사회적으로 정의로운 분배가 달성될 수 있다고 믿었다. 윤리적 도덕적 기초에서 그는 어느 누구도 그의 주장을 확고하게 이론적으로 정당화하지 못한다고 말했다. 그는 이에 성공을 거두었다.

맨체스터 자유주의자들과 사회주의자들 사이에 수십 년 동안 대립적인 논쟁이 지속되었는데, 이러한 논쟁 때문에 이론적으로 분석하는 버릇이 소멸되는 결과가 초래되었다. 이로써 윤리적 역사적 철학적 기초에서 새로이 생각하는 것이 전적으로 충분한 것처럼 보였다. 그리고 고전적인 국민경제학과 경제사회적 현실 사이의 균열이 입증되면 입증될 수록 더욱더 그렇게 보였다.

국가는 질서를 잡고, 사회정책을 추진해야 한다는 그의 요구는 경제학자들과 정치가들에게 점점 더 많은 지지를 받았다. 그가 자신에게 유리한 상황을 맞이하게 된 것은 1881년의 일이었다. 이 해에는 **황제의 사명**으로서 사회정책을 실시하겠다는 발표가 있었다. 그것은 "강단사회주의자들"의 관심에 부응하는 것이었다.

그리고 특히 처음에는 국법학자 홀첸도르프(Franz von Holtzendorff)가, 나중에는 브렌타노가 편집한 『독일 제국의 입법, 행정 및 경제연감』(*Jahrbücher für Gesetzgebung, Verwaltung und Volkswirtschaft im Deutschen Reich*)을 슈몰러가 책임편집을 맡기 시작한 해가 바로 1881년이었다. 그런데 이 연감은 슈몰러의 이름을 붙여 『슈몰러 연감』으로 발간되었다. 이것은 수십 년 동안 독일 국민경제학의 중추적인 발행기관이 되었다.

이와 같이 여론이 바뀌었고, 또 사회개혁자들의 요구에 부응하여 국가정책을 실시하게 됨으로써 슈몰러는 1882년 베를린 대학교로부터 초청을 받았다. 1870년과 1879년에 베를린 대학교에 가려고 했지만, 문부성의 반대로 실패했다. 그러나 결국 베를린으로 가는 데 성공하고야 만다.

사회적 문제에서는 슈몰러와 일치했지만 경제학 연구방법에서는 전혀 관련이 없었던 "국가사회주의자"였던 바그너가 슈몰러를 열렬히 지원해주었기 때문에 "강단사회주의자들"이 베를린 대학교를 압도하게 되었는데, 베를린 사람들은 이러한 압도적인 지배를 우려했다. 강단사회주의자들의 생각이 서로 분분했고, 이 때문에 국가가 특정의 정책방향을 정하지 못했기에 당연히 그들을 불신하는 풍조가 생겨났기 때문이다. 슈몰러는 슈트라스부르크를, 그리고 그곳의 세미나와 동료교수들의 곁을 마지못해서 떠났다. 이들 중에 특히 크나프 교수와 가장 절친했다. 그렇지만 결국 그는 프로이센의 부름, 그가 찬미하고 위대한 것을 기대한 프로이센 국가의 부름을 저버리고 싶지도 않았고, 저버릴 수도 없었다.

슈몰러는 베를린의 프로이센 장서각에서 자신의 수년 동안의 연구들을 정리하는 데 집중했다. 그리고 그 결과로서 중상주의 시대의 브란덴부르크와 프로이센의 경제정책에 관한 일련의 예를 들어서 중상주의의 간섭정책은 자유주의 정책보다도 훨씬 더 많이 사회적 조화에 기여할 수 있다는 것을 보여주려고 했다. 이렇게 노력하는 가운데 그는 언제나 경제현상의 흐름을 알 수 있게 해주는 자료들을 이해하는 것, 또 이들을 정리하는 것이 아주 불완전하다고 생각했다. 1887년 과학아카데미에 채용됨으로써 그는 『악타 보루시카』(Acta Borussica)를 편집하면서 프로이센의 국가행정과 경제행정에 관한 방대한 자료들을 수집하고 이들을 정리하려는 그의 계획을 실현할 수 있었다.

이와 함께 그는 수많은 역사학회와 연구단체에서 활동할 수 있는 기회를 얻을 수 있었다. 이때부터 그는 국민경제학의 기본원리에 관한 연구를 시작했다. 이 연구는 그에게 새로운 작업이었다. 이러한 새로운 작업에 손을 대게 된 이유는 "문헌목록을 작성하는 일에 지쳐 있었기 때문이었고 또한 우리의 학문의 일반적인 문제를 다루고 싶은 소망 때문이었다(1900, 「서문」)."

그는 "1860~80년 독일에서 그러한 계획을 시도하던 대부분의 경제학자들처럼 수년 동안 집중적으로 연구한 후에나" 비로소 그러한 작품이 가능하다고 말했지만 경쟁적으로 서로 출판하겠다는 출판사와 그의 제자들의 의도 때문에 어쩔 수 없이 다급하게 그와 같은 광범위한 작업에 착수하지 않으면 안 되었다. 1900년대에 『국민경제학의 기초』(Grundriß der Volkswirschaftslehre) 제1권이 발행되자마자 이어서 여러 번 재판이 나왔다.

1904년 제2권이 발간되었는데, 서문에서 슈몰러는 다음과 같이 쓰고 있다. "나는 정확한 역사학적, 통계학적 경제학 연구에 의해서 잘못된 추상화로부터 국민경제학을 해방시키면서도, 일반적인 국가이론가이자 경제이론가로서의 지위에서 벗어나지 않으려고 했다. 나는 오늘날 그렇게 할 수 있는 확고한 기반을 가지고 있다고 믿는다. 그러한 기반이 없는 경우에는 현실에 맞지 않아 모래 위의 누각처럼 곧바로 무너지게 될 경박한 이론을 구성하기보다는 차라리 단순히 사실들만을 기술하여 발전추세를 암시하려고 했다(1904, 「서문」)."

1884년에 슈몰러는 프로이센 국가위원회의 구성원이었다. 그는 1897/98년에는 베를린 대학교 총장이 되었다. 그리고 그후 1899년에는 프로이센 귀족원에서 베를린 대학교의 대표자가 되었다. 같은 해에는 프로이센 훈장인 "공훈훈장"(Pour le Mérite)을 수여하는 평화위원회의 구성원이 되었다. 그는 명예박사 학위(1896년 브레슬라우 대학교 법학부, 1903년 하이델베르크 대학교 철학부)와 훈장(1908년 바이에른에서 막시밀리안 과학훈장), 외국의 수많은 아카데미와 학회의 회원으로 임명되었는데, 이 모든 것은 그의 인격과 국내외에서의 그의 학문적 업적이 높이 평가받고 있다는 것, 또한 그에 대한 존중심을 입증하는 것이라고 볼 수 있다.

이러한 명성에도 불구하고 그는 결코 "쓸데없이 나서는 사람"이 아니었다. 그는 대중에 빈번히 얼굴을 내밀어 자신을 선전하는 사람도 아니었고, 또한 장기간의 여행을 하는 사람도 아니었다. 오히려 그는 조용한 학자였다. 그리고 조용히 생각하는 연구자였다. 그렇다고 해서 이것이 그가 이와 결부된 고매하고 건실한 인격과 학문적인 업적으로 인하여 높이 존경받고 있었다고 하는 사실, 그리고 지속적인 영향력을 행사했다는 사실과 모순된 것은 아니다. 그는 노령에 이를 때까지 이러한 학자적 삶을 완전히 영위할 수 있었다. 그는 1917년 6월 27일 여행 중에 하르츠부르크에서 세상을 떠났다.

### 정치적, 사회적인 배경

젊은 슈몰러의 인격형성에 영향을 미친 중요한 인물은 그의 아버지와 친척이었다. 아버지의 사무실에서 그는 행정업무를 구석구석까지 배웠다. 그리고 그의 친척 뤼멜린은, 슈몰러 스스로도 그의 영향이 없었다면 현재의 자신이 되지 못했을 것이라고 말할 정도로, 그에게 막대한 영향을 미쳤다. 그의 두 번의 연수는 실천적인 행정업무의 의미를 강화시켰고, 또한 그런 업무에 대한 이해를 촉진시켜주었다.

뷔르템베르크 지방의 상공업 통계를 작성한 경험 때문에 그는 경제의 발전과정을 판단하기 위한 양적인 자료의 중요성을 인식할 수 있었다. 프로이센의 행정역사에 관한 연구는 슈몰러가 그후 수행하던 연구에 역점을 두는 데 기여했다. 그리고 이러한 역사연구의 경험으로 인하여 그가 1900년 초에 발간한 『국민경제학의 기초』를 쓸 때에 숫자를 다루고 양적으로 증거를 대는 데 매우 큰 도움이 될 수 있었다.

학창시절에는 둔커의 강의에서 강한 인상을 받았다. 튀빙겐 대학생으로서 슈몰러는 둔커 교수의 집을 자주 출입하기도 했다. 둔커 교수는 나중에는 빌헬름 황제의 내각수장이 되었는데, 슈몰러가 할레 대학교에 초빙되는 데에 결정적인 역할을 한 사람도 바로 둔커 교수였다. 튀빙겐 대학교의 사무국장으로서 명망이 높았던 뤼멜린과의 관계는 고무적으로 그리고 행운으로 작용했다.

이 관계로 인하여 슈몰러는 수많은 튀빙겐 대학교 교수들을 알게 되었고, 이로써 그는 역사학 강좌나 철학 강좌에서 광범위한 학문적 훈련을 받을 수 있었다. 젊었을 때 정치적으로 프로이센에 우호적인 입장을 갖게 된 것도——이것은 튀빙겐 대학교의 분위기로 볼 때 흔한 일은 아닌데——뤼멜린의 영향 때문이었다. 뤼멜린은 슈몰러의 아버지보다도 훨씬 더 정치적으로 적극적이었다. 그러나 슈몰러가 어떤 이유로 "강단사회주의적" 성향을 갖게 되었는지를 분명하게 말하는 것은 쉽지 않다.

그가 아버지의 사무실에서 그리고 하일브론 공업 도시의 상황에서 서민들과 그들의 빈곤에 대해 직접적으로 경험한 것은 확실하다. 경험적인 내용을 검증할 필요 없이 그리고 일상적인 문제를 도외시한 채, 사회는 스스로 치유된다는 자유주의적 이론을 쉽사리 믿는 수많은 경제학자들보다 그는 훨씬 더 잘 현실을 알 수 있었다. 슈몰러는 할레 대학교에 초빙된 후, 시의회 의원으로서 도시경제 정책과 행정을 알려고 노력했다.

이러한 노력을 통하여 그는 학문의 상아탑에서 살고 싶지 않다는 확신을 갖게 되었다. 그는 지방정책과 국가정책은 실시가능하고, 이를 변동시킬 수 있으며, 또한 이 정책은 필요하다는 사실을 인식했다. "그는 현실에서 배우려고 했을 뿐만 아니라 이 현실에 실천적으로 영향을 미치고 싶어 했다(Hintze 1928, 278쪽)." 과학에 대한 그의 태도는, 습득된 인식과 확신은 현실을 개혁하는 데 도움을 주어야 한다는 것이었다.

1860년대 초 이후에는, 케텔러 추기경의 『노동자 문제』(*Die Arbeiter-frage*, 1863)를 비롯하여 사회적 문제에 관한 문헌들의 발행이 점차 증가했다. 이것은 슈몰러와 역사에서의 도덕적 발전에 관한 그의 확신에 영향을 미치던 것이다. 국가공무원들과 봉사활동에 가담하는 기업가들은 사회정책학회 구성원들이었는데, 그와 똑같은 생각을 가지고 있었다. 1871년 프로이센의 주도 아래 새로이 독일 제국이 생성되었고, 이 독일 제국은 새로운 생각과 새로운 목적을 가지고 사회개혁을 실시할 수 있는 적합한 파트너처럼 보였다.

방법론적, 이론적으로 강력한 영향을 미친 인물은 크니스(Karl Knies)였다. 슈몰러는 크니스의 저서 『역사적 관점에서 본 정치경제학』(*Politische Ökonomie vom geschichtlichen Standpunkte*, 1853)을 30년이 지난 현재에도 "그 이후 경제학의 새로운 시대를 열어놓은 독일 경제학 학파의 공동의 신념"이라고 말했다. 자신의 학위논문에서 왜 인간행동을 미리 정하기란 화학적 과정의 결과보다도 더 어려운가를 설명할 때, 이미 그는 크니스를 인용했다. "인간은 정신이자 동시에 물질이다." 따라서 간단한 자연법칙으로 접근하는 것은 가능하지 않다. 그렇기 때문에 순전히 "이성의 원리에서 도출된 진리의 합으로 이해되는 이론을 가지고 인간과 인간의 행동을 설명하는 것은 합당하지 않다"고 말한다.

이어서 그는 미래의 방향을 제시해주는 내용을 다음과 같이 쓰고 있다. "그러니까 우리는 국민경제학을 일련의 사회과학으로 분류해야 한다. 사회과학은 시간과 공간 그리고 민족성이라는 이 세 가지 조건에서 분리해낼 수 없다. 우리는 이 조건들의 타당성을 주로 역사에서 찾아야 할 것이다(학위논문의 서문)." 이로써 과학자로서의 길이 무엇인가를 밝히고 있다. 그렇다고 해서 그를 이론의 적이라고 말할 수는 없다. 다만 이론에 관한 그의 생각은 고전파가 생각하던 것과는 근본적으로 다를 뿐이었다.

## 저서

### 연구업적

슈몰러가 대변하고 있는 과학적 방법은 역사적 실재적이었고, 심리적 윤리적이었다. 슈몰러라는 인물 자체와 이러한 방법이 미친 영향은 1870년대에 최고절정을 맞이한다. 그를 따르는 학생들과 추종자들의 수는 독일 대학교의 경제학에 미친 영향만큼 매우 컸다. 그의 충고와 그의 논평은 과학의 방향을 규정해주었다. 베버(Max Weber)가 슈몰러의 70회 생일에 "그는 대학의 영향을 공공의 삶으로 …… 한 단계 더 높이, 다시 말하면 1837년과 1848년 이래 결코 달성하지 못하던 수준으로 올려놓았다"는 점을 강조했는데, 역사학파의 대표자로서 독일에서 경제학 연구의 방법과 목적에 미친 그의 영향도 이와 마찬가지이다.

과학자로서의 슈몰러의 저작들을 전부 평가하는 것은 어려운 일이다. 왜냐하면 그는 이론가로도, 경제정책 전문가로도 분류될 수 없기 때문이다. 그의 저작은 결코 통일성을 갖고 있지 않다. 사회정책가나 경제정책가들이 슈몰러를 자신들의 조상으로 분류하는 것처럼, 경제사가들과 사회사가들은 그를 자신들의 조상으로 분류하기도 한다. 우리가 슈몰러를 적합하게 분류하려면 개별 분야들에 따라 구분해야 한다.

경제이론적 시각에서 슈몰러가 형식적으로는 아주 우아하게 보이는 영국적인 자유주의 경제이론은 직접 독일적 상황에 전용될 수 없다고 말한 것은 의심의 여지가 없이 옳다. 물론 이러한 인식은 독일에서 새로운 것도 아니고 또한 슈몰러가 처음 말한 것도 아니다. 낭만주의 학파와 리스트가 독일은 영국과는 다른 상황을 가지고 있다는 것을 충분히 지적했고, 이로써 모든 추상적인 이론의 보편적 타당성에 대해 처음으로 의심을 표명했다. 그렇기 때문에 슈몰러가 모든 이론의 반대자였는지는 불확실하다.

물론 그가 모든 이론의 결과를 현실을 전부 배제한 "추상적인 공식"이라고 생각했다고는 하더라도 또는 수백 번 간추리고 또 간추린 것이 결국 낡은 교조주의를 벗어버리지 못한다고 말했다고 하더라도(1888, 279쪽), 그가 모든 이론의 적이었는지에 관해서는 논쟁의 여지가 있다. 물론 베커라트(Beckerath)가 주장하는 것처럼, 슈몰러는 이론의 적이 아니라, 그를 매혹시킨 역사적 관찰방법에 사로잡혀 있었기 때문에, 공식적인 자기완료적 이론을 개발할 수 없었을 뿐이라고 주장할 수도 있다(1961, 1146쪽 이하). 실제로 슈몰러는 "과거의 추상적인 국민경제학이" 위대한 것을 창출했다는 것을 인정해주었다(1900, 93쪽).

슈몰러는『국민경제학의 기초』에서 방법론을 기술하고 있다. 이때 그는 귀납적으로 기술하는 방법과 나란히 추상적 연역적 이론을 타당하다고 말하고 있지만, 전자의 방법이 보다 큰 역량을 가지고 있다는 생각을 분명히 피력하고 있다. 그러나 다음과 같은 문장은 아마도 이론을 싫어 하는 슈몰러를 적절히 말해주고 있는 것 같다. "공허한 이론이 관찰과 실용적인 필요에서 멀리 떨어져 있을수록, 그리고 추상적인 개념과 어설픈 지식으로 그러한 이론이 구성되면 구성될수록, 이론의 결과는 그만큼 더 가치가 없다(1900, 93쪽 이하)."

그는 이어서 다음과 같이 말하고 있다. "경험에 기초를 두는 사람은 연역적인 결론을 결코 믿지 않는다." 따라서 그는 자신의 과제를 "이론을 항상 모든 종류의 정확한 사실탐구로 뒷받침하는 것"으로 보고 있다. 이것은 다시 이론을 인정하고 있다는 것을 말해 준다(1900, 110쪽). 슈몰러는 몇 안 되는 독일 고전파 가운데 한 사람인 헤르만(Hermann)을

"우리 과학의 낡은 독일적 신봉자들 가운데 가장 위대한 인물"이라고 평가했다. 그리고 항상 스미스를 강조하여 칭찬했는데, 이런 것을 보면 그는 자신이 거부한 이론을 만든 사람들의 후손과 분명히 거리를 두려고 한 것 같다. 이에 속하는 것은 추상적인 이론뿐만 아니라, 독일의 자유무역 학파의 단순성이다. 이 학파는 슈몰러가 시인할 수 없었던 요구를 이론적으로 정당화하려고 했다.

슈몰러는 이론 대신에 언제나 경제사적으로 기술하는 통계학적인 이론체계를 세우려고 했다. 이를 위해 수많은 문헌목록에서 우선 자료들을 수집하여 정리하고, 이 자료들 상호 간의 관련성을 작성하려고 했다. 도시역사와 길드 역사에 관한 그의 독자적인 연구는 모범적인 시작이었다. 슈몰러는 국민경제적인 삶의 개별적인 중요한 일련의 발전을 심리학적으로 법제사적 경제사적으로 설명하고, 이것을 사회정책적으로 평가하여, 미래의 발전추세를 증명하고자 하는 생각에 이끌렸다 (1904, 665쪽).

그는 힐데브란트의 경제발전 단계론을 구체적인 사례를 통해 보완했다. 이때 주요한 역할을 한 것은 과거와 장래의 경제발전을 결정하는 요인으로서 관습, 도덕, 법률이었다. 바로 이러한 요인들은 정확한 경제이론에 의해서는 파악될 수 없고, 파악할 수 있다고 하더라도 불충분하게 파악될 수밖에 없는 요인들이다. 그러나 그는 이 요인들을 경제이론이 항상 겨우 현실의 일부만을 설명할 수밖에 없는 이유로 생각했다.

그는 고립시켜 추출, 연구하는 지적 실험을 통해 얻은 "진리"가 인식기초로 이용될 수 있다는 것을 강력히 부인했다. 인간은 "이론에 적합하게" 행동하지 않고 오히려 그의 행동에 수많은 동기가 바탕에 있다는 것이다. "독단론자들"에 속하는 라우(Rau)와 헤르만 등이 국민경제학의 보다 훌륭한 심리학적 기초를 찾으려고 노력했지만 지금까지 실패했다는 것이다. 실패한 이유는 "학문적인 분업을 고수하여 과학적인 심리학에 몰두하려고 하지 않았기 때문이다(1888, 282쪽)."

자신의 동시대 사람이자 국민경제학의 위대한 이론가였던 멩거에 대하여 슈몰러는 "경제현상의 모든 본질적인 원인들을 검증할 것을" 요구했다. "그리고 우리가 이들을 찾아냈다고 믿을 경우에만이 우리는 그때부터 다시 연역적으로 결론을 도출해야 한다"고 주장했다(같은 책, 284쪽).

경제학의 정확한 이론을 추구하는 사람들에 대해 슈몰러가 그렇게 핵심적으로 비판한 것은 현대적인 비판으로도 간주될 수 있다. 오늘날 아직도(또는 또다시) 경제학자는 예컨대 "여타의 것이 일정하다면"이라는 가정을 가지고 이론을 전개할 경우 불만을 갖는다. 현실은 여타의 것을 일정 불변하다고 해놓고 소수의 행동 파라미터로 축소시킬 수 없는 것이다. 추상적이고 연역적인 사고에 대해 슈몰러는 "우리 과학의 커다란 발전"이라는 것을 인정하고 있다.

그러나 그는 "수박 겉핥기 식의 탁상공론적인 순진성의 위험", "꿈과 같은 로빈슨 세계"로의 도피도 잘 알고 있었다(1900, 90쪽 이하). 그러므로 그 위험이나 그 도피가 그에게 적당한 것으로나 또는 잘못된 것으로 보이게 하는 것은 이론의 종류가 아니라, 이론을 다루는 방법이다. 즉, 불충분한 인식에서 출발하면 불가피하게 보다 더 불충분한 결론이 야기된다는 것이다. 그는 이론이 "이론을 위한 이론"으로 왜곡되고, 또 이론이 진공 속에서 다루어지고, 이로써 경제정책의 요구조건들과 실제와의 적합성을 잃게 될 위험을 보았던 것이다. 수학적인 조합 속에 빠져 있는 경제이론의 많은 부분들은 오늘날에도 역시 슈몰러의 우려를 정당화시켜주고 있다.

슈몰러는 심리학적 기초를 강조했을 뿐만 아니라, 동시에 그는 베버나 좀바르트의 새로운 "이해사회학" 개척자 가운데 한 사람이 되었다. 슈몰러에게 중요한 것은 개념이 아니라 직관이었다. 즉, 전형적인 사회적 행위는 자연과학의 방법과 유사하게 외부로부터 "파악되어서는" 안 되고 내부로부터 "이해되어야" 한다는 것이다(Hintze 1928, 131쪽). 그에게 심리학과 철학은 과학적 관찰의 중요한 요소였다. 모든 국민경제학적 체계는 1750년에서 1850년까지의 철학적 사상에서 성장되었다는 것을 입증하기 위해, 그는 어떤 저서를 쓰려고 했지만 결코 완성을 보지 못했는데, 어쨌든 이러한 노력은 심리학과 철학의 중요성을 입증하고 있다.

지배적이었던 자유주의 학설에 대한 슈몰러의 비판이 갖는 정당성을 부인할 수 없었다고 해도, 그가 반대한 것은 아직도 교정되지 않은 채 미완으로 남아 있고 그것이 확산될 수 있는 힘도 아직 별로 크지 못하다. 그는 스미스와 리카도의 후계자들이 지나칠 정도로 공식화하여 단순화시켰다고 이들을 비판하던 것처럼, 그도 역시 이와 반대되는 측면으로 자신의 연구방식을 과장한 것이다.

역사형성 과정의 모든 심리학적인 힘과 원인들을 찾아낸 후에야 비로소 이론이 가능하다는 생각 때문에 전부 찾아볼 수 없는 다양한 개별 사실들을 수집하고 가공하기는 했지만, 그는 경제과정에 완성된 설명을 제공하지 못했다. 이 "최고의 목표는 오늘날에도 아직 달성할 수 없다"고 『국민경제학의 기초』 제2권(665쪽)에서 요약하고 있다. 조심스럽고 신중한 성격 때문에 그는 "이론을 구성하려는 이러한 시도를 기술하려고 할 때에도 구성적인 형태보다는 이야기를 하는 형태를 이용했다(1898, 「서문」 IX 이하)." 이론형성으로의 단계, 추상화로의 단계로 그는 감히 나아가지 못한 것이다.

그후에도 이론적 구상이 없었기 때문에, 1923년 인플레의 문제가 생겨났을 때 잘린(Edgar Salin)은 슈몰러는 "새로운 자료더미를 가지고 경제를 바라보려는 과제를 해결하지 못한 채, 오히려 이 과제의 해결을 어렵게 만들었다(1924, 311쪽)"고 비판했다. 그의 제자들과 역사학파의 추종자들로부터의 비판은 20세기 초까지도 역력히 남아 있었다.

많은 사람들에게 "자료수집으로 타락된 역사주의"는 고전적인 추상적 이론만큼이나 쓸모없이 보였다. 그러나 베버에 의하면 슈몰러와 그의 제자들은 "인식과 통찰, 심리학적 분석과 철학적 구조"를 기초로 한 막강한 건물을 세웠다는 것이다. 물론 슈몰러의 『국민경제학의 기초』가 알려주는 바와 같이 이 건물에다 질서와 체계를 세워놓지는 못했다

(Winkel 1977, 117쪽).

되돌아볼 때, 그 영향에서 국민경제학자를 능가한 인물은 역사가로서의 슈몰러였다는 것은 의심의 여지가 없다. 그가 세심하고 정확하게 문헌연구를 통하여 중세시대의 도시경제와 길드의 역할을 다룬 논문들, 그리고 중상주의 시대의 프로이센의 행정과 국가경제에 관한 논문들은 모범적인 것들이다. 부지런했고, 연구결과는 풍부한 자료들로 가득 찼다. 작성된 사료들에서 통일적인 총괄을 얻으려는 노력은 물론 완전히 실패하고야 말았다.

"일률적이지도 못하고 균형성을 잃어버린 채 단순히 자료들을 나열하는 식(Salin 1967, 140쪽)"이라는 비판에서부터 "인상주의적 그림"에 지나지 않는다고 평가절하하는 브렌타노에 이르기까지(같은 책, 같은 곳) 비판가들의 비평은 대단히 많다. 슈몰러의 원래의 역사적인 관심을 높이 평가하는 사람들도 이러한 종류의 역사주의에 대해서는 의구심을 가지고 있었다. 수년에 걸쳐 경제사는 슈몰러를 모범으로 하여 기술적인 연구로 충분하다고 믿었다. 마침내 불만을 느끼기 시작했지만, 그러나 경제사는 경제학에서보다도 훨씬 더 늦게 그러한 불만을 갖기 시작했다.

만약 우리가 슈몰러의 정치적인, 더 정확히 말한다면, 사회정책적인 참여를 평가하지 않는다면 그가 미친 영향에 관한 평가는 불완전할 것이다. 그는 이미 젊었을 때부터 사회는 스스로 치유된다는 맨체스터 자유주의 이론에 대해 의구심을 가지고 있었다. 그는 이러한 의구심 때문에 마르크스적인 불가피한 계급투쟁을 피할 수 있는 해결책을 찾으려고 했다. 그는 필요하다고 인정되는 사회개혁을 실현할 수 있는 길을 찾아 나섰고, 마침내 질서를 잡으면서, 그리고 사회적 정의의 원칙에 따라 행동하면서 경제현상의 불만족스러운 흐름을 간섭하는 프로이센 국가에서 그 길을 찾았던 것이다.

약자를 도와주고 강자의 난폭한 이기주의를 다스리는 것이 "사회적 왕국"의 과제였다. "사회적인 왕국"의 실현은 슈몰러에 의하면 호엔촐레른 왕가에게 예정되어 있다는 것이다. 오직 군주제만이 독립적인 권력지위를 통하여 정의로운 형평을 실현할 수 있다는 것이다. 반면에 의회민주주의는 필연적으로 개별 그룹의 이해관계를 둘러싼 투쟁으로 끝난다는 것이다. 바이마르 공화국에서 일어난 사실들은 슈몰러의 그러한 우려감이 거짓이 아니었다는 것을 보여주고 있다.

사회정책학회에서의 그의 활동을 기술하여 과학자로서의 슈몰러의 특징을 설명하는 것을 끝내고자 한다. 사회정책가로서의 슈몰러는 자신의 영향을 결코 정치적으로 생각하지 않았다. "우리는 직접 실천적으로 행동하면서 앞장설 수는 없다(Lindenlaub 1967, 27쪽)"고 그는 빈에서 1894년 개최된 사회정책학회 개회사에서 말한 바 있다. 그는 항상 정당정책적인 참여를 "과학적 활동이 끝난 활동"이라고 평가하고 있는데, 이는 과학적 활동은 정당을 초월해야 한다는 뜻이다(같은 책, 24쪽).

이로써 슈몰러가 취한 목표는 일차적으로 정치적으로 영향을 미치려는 데 있는 것이 아니라 윤리적 도덕적인 영향을 미치려는 데 있었다(Winkel 1986, 128쪽). 과학성, 그리고 냉정한 판단은 사회정책적 논의에서도 유지되어야 할 태도였다. 슈몰러는 처음부터 당당한 아이디어를 개발하고 학자적 양심을 키우고 정치적 의사결정으로 전환시킬 과제를 가지고 있는 사람들에게 자신의 사상을 확신시켜주는 일에 전력을 다했다(같은 책, 129쪽).

### 슈몰러와 당시의 논쟁자들

슈몰러의 윤리적 도덕적 기본태도, 사회정의는 실현가능하다는 그의 확신, 그리고 규범은 순수한 경제적인 것에 우선한다는 그의 확신은 국민경제학의 새로운 역사적 윤리적 방향의 기초를 형성한다. 많은 학생들은 이 방향을 추종했다. 게다가 동료교수들과 같은 생각을 가진 그 밖의 사람들도 슈몰러의 그러한 기본태도와 확신에 동의했고, 또 슈몰러는 이들과 밀접하게 접촉할 수 있었다. 그러나 다른 한편 슈몰러의 생각과 모순된 생각을 가지고 있었던, 따라서 이와 논쟁을 벌인 사람들도 있었다.

이들은 사회정책학회에서 논쟁을 벌인 사람들이다. 베를린 대학교의 역사학자인 트라이치케는 사회정책과 관련하여 슈몰러와 논쟁했음에도, 그의 절친한 친구에 속했다. 둔커, 드로이젠(Johann Gustav Droysen), 랑케, 슈트라스부르크에 머물러 있을 때 사귀었던 크나프, 그리고 렉시스 등도 그의 친구들이다. 객관적 정치적 대립이 있을 때에도 슈몰러는 많은 동료교수들과, "국가사회주의자"였던 바그너에서 사회적 자유주의자 브렌타노에 이르기까지 많은 동료교수들과 우정을 돈독히 했다. 물론 나중에는 교수자리에 적합한 인물을 채용할 경우에 국민경제학의 "지배적인 학설"의 대부격인 슈몰러가 "신중하게 생각한" 흔적을 엿볼 수 있었다.

1895년 1월 9일 제국의회의 논쟁에서 강단사회주의자들의 반대자였던 슈툼(Freiherr von Stumm)이 베를린에는 "완전한 대학사회주의"가 형성되었다고, 그리고 "사회주의적인 나팔을 불지 않는 모든 학자는 거부당하고, …… 박해당하고 있으며 …… 비과학적인 인물이라는 오명을 받고 있다(Lindenlaub 1967, 58쪽)"고 설명했을 때, 이것은 슈몰러의 영향을 지적한 것으로 볼 수 있다.

마찬가지로 학문적인 경력을 쌓으려는 데 실패한 많은 사례들, 예컨대 교수자리를 얻으려고 했지만 수포로 돌아갔던 셰플레(A. Schäffle)도 좋은 사례로 간주될 수 있다. 집요하게 정치적인 영향을 미치려 한다는 의미에서의 "학자의 정책"을 상세히 입증한다는 것은 어려운 일이기는 하지만, 그의 영향은 교수채용 정책에서 훨씬 극명하게 알아볼 수 있다. 슈몰러의 인격과 그 영향은 독일 경제학의 세대 전체에게 각별하게 작용했다.

오스트리아의 한계효용 학파의 대표자인 멩거와 슈몰러 간에 1880년대에 방법론 논쟁이 벌어진 후에도 과학에 관한 논쟁이 계속되었다. 이 두 진영은 애초부터 어느 한 방법에 절대적인 보편성이 있다고 주장하지는 않았다고 하더라도, 이론과 역사의 "거대한 모순"이라는 인식론적 문제는 20세기 중엽까지 항상 반복적으로 논쟁의 중심된 주제가 되었다. 슘페터, 특히 슈몰러는 이론에 의해 "주어져 있다"고 가정되는 자료들을 문제의 대상으로 채용하고자 했고, 이로써 한편으로는 이론을 확장시켰고, 다른 한편 이론의 무시간적, 무제한적 인식가치를 상대화시켰다고 말하고 있다(1926, 337쪽 이하).

상대적으로 큰 인기를 끌었고, 수년간 지속되었던 학문적 논쟁은 베버로부터 시작된 가치판단 논쟁을 불러일으켰다. 모든 가치평가와 경제정책적 요구를 "비과학적"이라고 조롱하는 것에 놀란 슈몰러는 이 논쟁에서는 별로 큰 저항을 하지 못했다. 1920년대에 사람들은 슈몰러의 이런 미온적인 저항을 "역사적 윤리적 학파의 종말"이라고 표현했다(Wilbrandt 1926, 243쪽).

과학자로서, 그리고 강단사회주의자들의 대표자로서 슈몰러의 권위가 아무리 주목받을 만하다고 하더라도, 정치적 영향은 슈몰러와 사회정책학회의 동조자들의 목표가 비스마르크의 사회정책적 구상과 일치되었던 시기, 특히 1870년대에 실제보다도 부풀려 평가받았다. 슈몰러 자신도 나중에 다음과 같이 말하고 있다. "우리는 어쨌든 1880년에서 1890년까지(이 시기는 국가의 사회정책이 실현되던 시기이다)의 기간에는 1872년에서 1878년까지의 기간에 미쳤던 영향보다 더 큰 영향을 미치지는 못했다(Lindenlaub 1967, 184쪽)."

물론 슈몰러가 당시 재상이었던 미구엘(Miguel), 통상장관 베를레프슈(Berlepsch), 후작이었던 뷜로브(Bülow)등과 같은 수많은 정치인들, 또는 틸(Thiel), 알토프(Althoff) 같은 고위직 공무원 등과 접촉한 것은 확실하다. 바그너가 자신이 비스마르크의 사회보장 정책의 주도적 인물이었다는 것을 단호히 부인하는 것과 똑같이(같은 책, 143쪽), 슈몰러도 역시 비스마르크에 대해 역사적 관찰자의 역할만을 수행했다.

그후 1884년 프로이센 국가위원회에서 그가 수행하던 활동으로부터 얻은 그의 주요 인상을 흔히 사람들은 이렇게 표현하고 있다. 즉 "그나

이스트(Rudolf von Gneist)와 그 밖의 다른 사람들이 일반적인 이론에 기초하여 비스마르크에게 제아무리 훌륭한 말을 한다고 해도 그들의 말은 반향이 없이 전적으로 효과가 없었다(같은 책, 142쪽)"는 것이다. 그런데도 그는 비스마르크의 경제사회적인 각종 프로젝트 전체에 대해서 감격했다. "델브뤼크-캄프하우젠(Camphausen)-브라운(Braun)-밤베르크(Bamberg)가 세운 소인 같은 프로젝트에 비한다면 1879년 프로젝트는 그에게 거인의 프로젝트"같이 보였다. 비스마르크의 사회정책이 슈몰러 자신과 그의 지지자들이 1872년에 구상하던 것과는 다른 형태였다고 하더라도, 예를 들면 그들이 생각한 강제보험제도는 비스마르크의 계획보다 더 포괄적이었는데, 그래도 비스마르크에 대한 감격은 변하지 않았다.

사회정책은 후기 역사학파의 추진력으로 간주될 수 있다. 어쨌든 잘린은 슈몰러가 "역사학파의 최종목적은 사회정책이다"라고 말해도 이에 대해 전혀 이의를 제기하지 않았을 것이라고 추측하고 있다(Salin 1924, 141쪽). 슈몰러가 국민경제학을 윤리학으로 이해하고 있다는 점은 그가 사회정책학회에 영향을 미친 중요한 단서였다. 국민경제학에 대한 이와 같은 그의 이해는 사회적 문제와 같은 긴급하고도 중요한 문제에 대하여 입장을 밝히고 해결책을 제시하는 것이 학자의 의무라는 것을 의미한다.

슈몰러는 1890년 회장에 취임할 정도로 사회정책학회에서 핵심위치를 차지하게 되었는데, 그 이유는 개혁사상을 아주 날카롭게 지지했기 때문이 아니라, 이와는 반대로 실현가능성에 입각하여 중도적인 입장에서 사회개혁을 요구했기 때문이다. 서로 다른 의견들과 소망들을 공공이익에 입각하여 항상 통합하려는 그의 통합능력은 모든 입장에서 지지를 받았다.

비스마르크 제국에서 실제적인 정책에 슈몰러와 사회정책학회가 얼마나 큰 영향을 미쳤는가는 항상 논쟁의 대상이었다(Schüller 1895, 99쪽 이하). 구체적인 증거가 없기 때문에—당시에는 "평가교수단"도 없었고, "청문회"도 없었다——우리는 때때로 언급되는 말에 의존하는 수밖에 없다. 아직 사회정책 분야에서 정책적인 결정이 내려지지 않았던 1874년에, 비스마르크는 사회정책학회에서는 "수많은 교수들이 우유부단한 입장으로 말하고 있다"는 보고를 받았다(같은 책, 101쪽). 이것은 학자들의 의견을 받아들일 각오가 없었음을 보여주는 것이다.

여러 가지 사례를 볼 때, 비스마르크와 강단사회주의자들이 "함께 공동으로 사회정책적인 구상을 개발한 것이 아니라 나란히 독립적으로 개발한 것이다(Lindenlaub 1967, 143쪽)." 학자들의 직접적인 정치적 영향은 보잘것없었다고 말할 수 있다고 하더라도, 정부의 정책결정에 간접적이나마 영향을 미치기에는 충분할 정도로 막강했다. 독일 제국의 사회정책에 대해 슈몰러와 그의 추종자들이 갖는 중요성은 쾨니히스베르크 대학교의 크라우스(Johann Jacob Kraus) 교수가 1806년 이후 프로이센 자유주의 개혁정책에 미친 영향과 유사하다.


## 영향

### 이념사적, 이론사적 영향

세월이 지남에 따라 슈몰러만큼 위에서 말한 바와 같이 서로 다른 평가를 받는 인물도 그리 많지 않다. 당시의 비판가들도 "교육자로서의 그의 노력은 매우 위대했고, 또한 꾸준했다"는 점을 인정하고 있다. 또한 그들은 "계획대로 열심히 연구하는 수많은 제자를 길러내는 데 성공했다"는 점도 인정하고 있다(Stamper 1901, 309쪽).

이들 모두는 슈몰러를 모범으로 하여 역사적, 정치적 조건들 속에 있는 경제를 상세한 연구를 통하여 세심하게 밝혀내야 한다는 것, "나라, 주민들 그리고 기술을 심리적, 법적, 도덕적 기초에서 관찰해야 한다"는 것에 대하여 일치된 견해를 가지고 있었다. 슈몰러에 의하면 오로지 이러한 사전작업을 통해서만이 전체를 볼 수 있는 기초, 말하자면 이론적인 작업을 위한 기초가 마련될 수 있다는 것이다. 『국민경제학의 기초』에서 제1단계를 수행하려고 한 그의 독자적인 시도는, 확실히 조심스럽게 행한 시도였기는 하지만, 그가 놀라울 정도로 부지런한 학자였다는 것을 입증해주고 있다.

이론에서는 그의 학자적 부지런함의 증가는 없다. 독일에서는 과거 수년 동안 고전파 경제학의 이론적 발전은 정체되어 있었다. 정치적 경제적 조건이 특수했기 때문에 영국적인 이론에 대한 불만이 증가되어 독일에서 이 이론의 발전이 더욱더 정체되었던 것이다. 이러한 틈새에서 슈몰러와 같은 박식한 인물이 "주도권을 빼앗은 것은 그리 어려운 일이 아니었다(Salin 1924, 308쪽)." 수많은 그의 제자들과 그리고 이들의 역사적 서술적 연구결과는 일종의 "연구문헌의 시대"라고 말할 정도로 무수히 많았다.

후기 역사학파는 역사적 방법을 직접 이용하여 그리고 서술적인 작업을 통하여, 이론적인 생각을 시작하기 전에 우선 자료들을 정리하고 이들을 처리하는 학파인데, 슈몰러는 이러한 학파를 창시한 것이다. 개척자적인 학자로서 그리고 후기 역사학파의 창시자로서 슈몰러의 일생동안 빛나는 모습은 20세기에 들어와서 신속히 소멸되었다.

1937년 브링크만(Carl Brinkmann)은 "슈몰러라는 인물을 오늘날 아직도 논쟁의 대상이 될 만한 인물이라고 말하는 것은 옳지 못하다. 그 인물은 이제 그늘 속에 깊숙이 가려져 있고, 그의 말은 도전하기에 충분하리 만큼 악의적이지도 않고, 날카롭지도 않다"고 단정적으로 주장했다(1937, 7쪽). 그러나 자신의 연구방법을 가지고 국민경제학의 새로운 시대를 열었다고 스스로 믿었던 사람에게 어떻게 그런 단언을 할 수 있단 말인가?

파레토는 1906년에 이미 방법론에 관한 논쟁은 순수한 시간낭비라고 말했다(『경제학 제요』, Mailand 1906, 24쪽). 만약 우리가 슈몰러와 멩거를 더 자세히 읽는다면 논쟁 속에서는 어느 한 연구방향이 배타적이라고 주장하는 것처럼 들리기는 하지만 아무도 그런 "배타성"을 절대적이라고 여기지 않았다는 것은 그 호의적인 관찰자에게는 극명하게 드러난다.

제번스와 같은 이론가는 "경제형태와 경제관계의 발전에 관한 학문"이 필요하다는 것을 역설했다(『정치경제학 이론』, 1879, 제2판 「서문」). 따라서 그는 슈몰러의 접근법을 입증하고 있다. 슈몰러는 그런 이론이 필요하다고 믿었고, 그런 이론은 스미스의 추종자들이 따랐던 방법과는 다른 방법으로 찾아야 한다고 생각했다. 그는 스미스의 저작을 1879년 총장취임 강연에서 "우리의 학문에서 1860~70년에 이루어진 발전 중에서 최대의 발전"이라고 평가했다.

슈몰러와 그리고 그에 의해 주창된 후기 역사학파는 "고전파"와 필적할 만한 새로운 독자적인 "역사이론"을 개발하려고 노력했다. 과거에 대한 연구가 먼저 필요한데, 이 연구를 거쳐 앞으로 더 가야 할 길은 다만 훨씬 더 먼 길일 뿐이었다. 그리고 추구하고자 하는 종착지도 장차 어떤 지점이 될 것인지 막연했다. 바로 여기에서 그후의 모든 비판의 실마리를 찾은 것이다. 제1차 세계대전에 뒤이어 발생한 인플레 문제, 불황과 실업의 문제를 해결할 수 있는 해결책을 제시하는 것은 고사하고, 그러한 문제를 올바르게 진단할 수 없는 역사학파의 무능(Zimmermann 1938, 733쪽)은 이 학파가 무너지게 된 중요한 이유를 말해준다.

그런데도 1933년 후에도 "독일적인" 경제학을 구성하려는 노력이 시도되었지만 빈번히 낭만주의 사상과 역사학파의 사상에 의지한 채, 고전이론에 대한 적대감과 고전이론을 발전시키려는 데 대한 인색함이 지속되었다. 그러므로 베커라트가 다음과 같이 말하는 것은 결코 놀라운 일이 아니다. 즉, 슈몰러는 순전히 머릿속에서 이론을 구성하려는 것에 대해 멀리하는 태도를 가지고 있었는데, 이로 말미암아 "그가 독일에서 경제학을 심하게 손상시켰던 사람으로서 이론적 사고의 파멸자라는 비난을 불러왔다"는 것이 베커라트가 확인한 것이다(Beckerath 1961, 1147쪽). 경제학을 장래의 변동에 대해서는 전혀 어떠한 명제도 제공하지도 못하고 단순히 역사적인 사실을 기술하는 학문으로 "유인했다"는 것이다.

비록 이러한 주장이 과장된 주장이라고 할지라도, 이것은 시계추가 얼마나 열렬히 다른 방향으로 쏠려가는가를 극명하게 보여주고 있다. 슈몰러의 역사적인 관찰방식이 일방적이라면 현대적인 이론경제학은 거꾸로 순수한 모델세계에서 헤매고 있다고 확인하고 현실은 간단한 공식으로 표현하는 것보다는 훨씬 더 복잡하다는 것을 확인한다면, 이런 인식은 자연스런 일이다. 더 많이 학제적으로 연구해야 한다는 현실적인 요구는 바로 이러한 인식과정의 결과였다. 아마도 그러한 요구는 슈몰러 자신에 의해서도 제기될 수 있었을 것이다. 그렇기 때문에 그는 자신의 시대에서 이미 한 발 앞서 있었던 것이다.

역사적인 발전과정, 인간들의 심성, 관행, 법, 감정 그리고 전통을 되돌아 생각해보는 것, 우리의 일상생활의 현실을 결정하는 그런 모든 요소들을 되돌아보는 것, 이런 것은 추상적 이론적 인식과 함께 점점 더 중요한 것처럼 보인다. 물론 두 가지 방법 사이에는 서로에 대한 인정이 점차 더 커졌고, 이들의 일방적인 절대성 주장은 점차 감소되었다.

올바른 방법이 무엇인가를 둘러싸고 슈몰러와 멩거 사이에 벌어진, 그러나 독일 경제학을 파멸시킨 논쟁으로 인하여 오스트리아의 한계효용 학파와 역사지향적인 독일학파 사이에 분열이 생겨났다. 슈몰러의 영향 때문에 다른 이론이 독일에서 수용되지 못했고, 또한 발전되지도 못할 정도로 강력했다. 따라서 많은 독일 경제학자들은 제2차 세계대전 후에도 영미 지역의 경제학을 이론적으로 발전시키는 길을 찾는 것이 매우 어려웠다. 왜냐하면 추상화해야 하고, 계량화해야 할 뿐만 아니라 수학을 이용해야 하기 때문이다. 분배이론 또는 성장이론, 그리고 그동안 특수과목으로서 독립된 경제사도 마찬가지로 계량화하는 이론적인 버릇에 따른 것이었다.

질적인 가치를 새로이 되짚어볼 경우, 잘린의 예언이 생각난다. 그는 "금세기 마지막 25년에는 어쩔 수 없이 이론과 연결된 역사주의로 되돌아가야 할지도 모른다"고 말했다(Salin 1967, 144쪽). 이로써 비록 슈몰러가 경제학을, 독일에 국한되어 있기는 할지라도 잘못된 길로 인도했다고 하더라도, 그의 접근법은 어떤 면에서는 정당했다. 오류를 제거시키는 것은 특정의 학파와 방향의 특권이 아니다. 추상적 이론적으로 연역하는 방법도 궁지에 빠질 수 있을 것이다. 그리고 역사적으로 성장된 현실에 대해 되돌아보아야만 비로소 극복될 수 있는 결함이 밝혀질 수 있다.

## 정치적, 사회적 의미

새로운 역사적 직관적 이론에 비추어볼 때 슈몰러의 사상이 그 역량에서 제한되어 있었다면, 그의 활동은 사회적 정치적 측면에서 분명히 그렇지 않다. 그는 프린스-스미스(John Prince-Smith)의 의미에서의 자유주의적 맨체스터 사상이 독일에서 주도권을 잡고 있었던 시기에 독일의 학문계에 사회정책적 사상이 제자리를 차지할 수 있는 역량을 가진 사상으로 만들었던 소수의 학자 가운데 한 사람이다. 국가와 특히 비스마르크가 슈몰러와 사회정책학회의 도움이 없이 사회정책을 개발한 것은 확실하다. 그러나 학자들의 측면에서 이 정책을 엄호해준 것은 이들의 공로가 아닐 수 없다.

사회정책적인 요구에서 슈몰러와 같이 중용을 지키면서 조심스럽게 논리를 전개하는 사람을 배후에 두고 있음으로써, 국가와 과학의 동맹관계가 굳건해졌다. 더구나 슈몰러는 호엔촐레른 왕가를 뒷받침해주었고, 또한 그는 이 왕가가 사회계층들 간의 이해관계를 절충할 소명을 가지고 있다는 것을 입증해주었기 때문에 그러한 관계는 더욱더 강화되었다.

군주제는 슈몰러에게 이러한 이유 때문에 계급투쟁을 억제하기 위한, 그리고 사회적 진보를 영속시키기 위한 권력정치의 필연이었다. 슈몰러는 의심의 여지없이 독일 제국에서 독일적인 학자의 표준형이었다. 권위적이고 굽힐 줄 모르는, 언쟁에서는 품위를 지키는 그런 학자였다. 교육에도 열심이었고, 정치적인 마당에서는 온건했으며, 전혀 투쟁적 성격이 아니었다. 오히려 멩거나 베버와의 논쟁에서 보여주고 있듯이, 설득시키지 못하면 단념해버리는 성격이었다. 다른 한편 논리전개에서는 고집이 대단했다. 특히 그에게 독특한 점은, 대학 내에서는 물론 특히 사회정책학회에서 조직력과 지도력이 대단히 컸다는 점이다.

슈몰러가 그토록 성공적으로 활동할 수 있었던 세계와 그가 지지하던 질서는 1918년 붕괴되었다. 그 자신은 이를 더 이상 체험하지는 못했다. 그러나 그가 연구와 사고에 미친 충격은 계속적으로 작용했다. 후기 역사학파와 이 학파의 연구방법의 위상과 가치를 둘러싼 열띤 과학적 논쟁이 20세기 중반까지도 계속되었는데, 이 논쟁은 그러한 충격이 계속적으로 작용하고 있음을 보여주고 있다.

그와 함께 시작된 이론과 역사의 "거대한 모순(오이켄)", 이론과 역사 사이의 관계를 둘러싼 논쟁은 전체 세대의 쟁점을 규정해주었고, 또한 이를 풍부하게 만들어주었다. 국민경제학의 역사는 오늘날 슈몰러를 간과하고 있다고 하더라도, 경제학 전체를 생각해볼 때, 그리고 포괄적인 사회과학 속에 경제학을 정착시키는 일을 생각할 때, 그를 중요한 인물로 여기지 않을 수 없다.

| 하랄트 빙켈 · 민경국 옮김 |

# 6 | 멩거
Carl Menger, 1840~1921

멩거는 다양한 모습을 지닌 인물이다. 그의 주장들은 매우 분명하다고 하지만 그의 경제학적 논점들이 내포하고 있는 기본적인 사상 속에서 서로 다른 시기에 따라, 그리고 서로 다른 학문적 조류에 따라 매우 다양한 모습이 발견되었다. 교수가 되기 위한 학위논문인 『국민경제학원리』(*Grundsätze der Volkswirthschaftslehre*, 1871)는 자신이 창설한 빈 또는 오스트리아 학파에 과학적 연구를 위한 수많은 자극을 주었다.

이 학파는 꼭 3/4세기에 걸쳐서 지극히 은밀하게 꽃을 피우기 시작했는데, 그 학파의 독특성은 멩거가 이를 창설한 때부터 생겨난 것이다. 그러나 멩거는 제번스, 발라와 나란히 신고전파적 또는 한계주의적 혁명이라고 부르는 경제학의 혁명을 일으킨, 그리고 서로 유사한 생각을 가지고 있었던 세 사람 가운데 하나이기는 하다. 그러나 그가 스스로 증언하는 것을 보면 그는 자신의 저서를 "거의 예외없이 부지런한 독일 학자들이 창안한 …… 사전작업들을 기초로 하여 …… 우리 과학의 최고원리들을 개혁"하기 위한 책이라고 말하고 있다(Menger 1871, X, 강조는 필자)."

이와 같이 본다면, 그는 지금까지 잊혀졌던 독일 경제학의 선구자가 아니라 오히려 후손이자 완성자이다. 그러나 그를 수많은 신고전파 경제학자들 중 하나라고 말한다면, 이것은 특히 미국에서 "오스트리아 출신 경제학자들"이 만든 새로운 학파의 의미와 배치된다. 이 학파는 신고전파의 기계론과는 달리 멩거에게 순수하게 주관주의적인 경제학자의 전형을 찾고 있기 때문이다. 이 경제학자는 순수한 경제 "주체"에게 언제나 존재하는 자율적인 행동반경 때문에 그 경제주체의 행동을 구체적으로 상세히 예측할 수 없고, 오로지 "행동패턴을 예측하는 것"만으로, 오로지 발전추세를 부추기는 추진력만을 규명하는 것만으로 만족한다.

## 생애

멩거는 1840년 2월 23일 갈리치아의 네오산덱에서 변호사 안톤 멩거 (Anton Menger) 박사의 아들로 태어났다. 볼펜스그륀이라는 귀족칭호를 받았지만 귀족칭호는 적당하지 않았다(Boss 1986, 3쪽 이하). 따라서 카를과 그의 형제들은 귀족칭호를 붙이지 않았다. 그의 어머니 게르차베크(Karoline Gerzabek)는 갈리치아 국가소유 토지를 획득하여 지주가 된 남부독일의 어느 한 상인의 딸이었다. 멩거는 1921년 2월 26일 빈에서 사망했다.

멩거는 빈 대학교(1859~60)와 프라하 대학교(1860~63)에서 법학을 전공했고, 1867년 크라카우 대학교에서 박사학위를 받았다. 그는 처음에는 신문기자였으나 나중에는 빈의 각료회의 의장실 공무원이 되었다. 이곳에서 그는 『빈 신문』(Wiener Zeitung)에 게재할 보도기사를 정리하면서 신문에 보도된 경제지표들과 경제관련 기사들을 수집했다. 이것은 빈의 "개혁시기" 동안 가격구조가 갑자기 변동하는 것을 관찰할 계기가 되었고, 이러한 변동을 목격하여 과학적으로 탐구해보고 싶은 호기심이 그에게 생겨났다. 그는 1871년 처녀작으로서 세기적인

『국민경제학 원리』를 발간했고, 이 저서를 가지고 빈 대학교에서 1872
년 경제학 교수가 되기 위한 자격을 획득했다.

　1873년 그는 같은 대학에서 비정규직 교수가 되었다. 1763년에 설치
된 교수자리였는데 당시 존넨펠스(Sonnenfels) 교수가 그 자리에 있다
가 셰플레 교수가 그 자리를 계승했다. 그러나 그 자리는 1871년 이후
공석으로 남아 있었다. 셰플레 교수가 통상장관으로 임명되어 그 자리
를 떠났기 때문이다. 그리고 당시의 지위개념으로 볼 때 교수라는 직책
은 서열상으로 볼 때 장관직책보다 낮은 서열이었기 때문에 단기간의
장관직을 끝낸 후에 그가 그런 낮은 서열의 자리로 되돌아올 이유도 없
었다. 그래서 비정규직 교수로서 멩거가 이 자리를 채웠다.

　1876년 멩거는 황태자 루돌프(Rudolf)의 정치경제학 교사로서 활약
했다. 아마도 그는 황태자를 교육하는 교사들 가운데 자유주의를 교육
하는 가장 영향력 있는 교육자였던 것 같다. 그는 나중에 이 황태자와
함께 공동으로 글을 발표하기도 했다. 그리고 황태자가 1877/78년 영
국과 프랑스, 독일 그리고 스위스를 여행하는 데 그를 수행했다. 여행
에서 돌아온 멩거는 1879년 정치경제학 정규직 교수가 되어 주로 대학
교육에 몰두했다. 그는 추밀원 의원이 되었고 1900년에는 오스트리아
국회 귀족원의 종신의원이 되었다.

　1880년 중반에 그는 베를린의 새로운 역사학파의 대표적인 슈몰러와
방법론 논쟁을 벌였다(Menger 1883, Menger 1884). 1890년대에는
특히 오스트리아의 통화정책, 주로 1892년 금본위로의 이행을 준비하
고 통화이론을 개발하는 데 몰두했다(연구결과로서 들 수 있는 것은 광
범위한 논문 「화폐」(Geld)이다. 1892년 『국가학 사전』 첫 판과 그후의
제2, 제3판에 수록되어 있다). 1903년 그는 하예크(Friedrich v.
Hayek)가 조심스럽게 말하고 있듯이 "전적으로 그의 학문적 과제에
몰두하기 위하여 교수직을 떠났다(1961, 301쪽)." 그러나 실제로 교수
직을 떠난 이유는 사생아를 두었기 때문이다. 이 아들의 이름이 카를
멩거(Karl Menger)였는데 그는 나중에 유명한 수학자로서 1985년 세

상을 떠났다.

『국민경제학 원리』(이하 『원리』) 제3판은 멩거의 노년에 작성했는데, 그가 사망한 후에 비로소 그의 아들이 편집하여 발간했다. 따라서 제2판은 믿을 수 없는 책이 되었다. 멩거의 후계자는 1903년 비저였다. 그는 뵘바베르크와 나란히 멩거의 두 번째로 친숙한 제자였다. 뵘바베르크는 1903년 또다시 오스트리아 정부의 재무성 장관이 되었지만 이미 1904년에 그의 처남이었던 비저(Friedrich von Wieser)의 후계자가 되었다.

## 경제학사적 맥락

멩거가 함께 이룩한 과거의 신고전파 또는 한계혁명의 기본적인 사상은 무엇인가? 그의 역할을 이해하기 위해서 우리는 경제학의 발전과정의 국면들을 간단히 논의할 필요가 있다.

후기 중상주의의 주목할 만한 인물은 캉티용(Richard Cantillon, 1690~1734)과 특히 스튜어트 경(Sir James Steuart, 1712~90)이다. 이들은 수요-공급의 상호작용에 기초를 둔 정교한 가격이론을 가지고 있었고, 이때 수요측을 결코 무시하지 않았다. 그러나 스미스(1723~90)와 함께 그후의 기간, 이른바 고전파는 거의 전적으로 공급요인에 치중했다. 이것은 그들이 주로 설명하고자 한 대상들을 생각할 때 전적으로 적합했다. 고전파는 장기적인 성장이론으로서 특히 공급에 좌우되는 한 나라의 번영의 원인에 집중한 것이다. 그러나 이때의 가격이론은 문제가 없지 않은 편향성이라는 결함을 피할 수가 없었다.

특히 리카도(1772~1823) 이후 모든 가격들은 재화의 생산비용으로 설명되었다(비용가치론). 결과적으로 재화의 생산을 위해 투입된 노동에 의해 설명한 것이다(노동가치설). 밀(John Steuart Mill, 1806~73)에 이르기까지 겉으로는 아주 당연한 것처럼 보이는 이 간단한 가격형성 규칙의 "예외들"이 무수히 많이 생겨났다. 따라서 리카도와 밀에게

카를 멩거(1840~1921)

서 약 10가지 서로 다른 가격이론을 발견할 수 있다. 재생산이 가능하지 않은 재화, 즉 이른바 희소한 재화의 가격이론은 재생산이 가능한 재화의 가격이론과 다르고, 국내재화의 그것은 수출입재화의 그것과 다르고, 경쟁적인 재화들의 가격이론은 독점재화의 그것과 다르다. 비용체감의 경우와 상이한 분배가격의 경우도 예외이다.

흔히 가치이론이라고도 말하는 고전파의 이론은 고전파에게는 중심대상은 아니었지만 고전파 학자들은 매우 교조적으로 이를 논의했다. 고전파의 가격이론의 위와 같은 약점은 신고전파적 또는 한계주의 혁명의 실마리였다. 그리고 이 혁명이 바로 가격이론을 경제학의 관심의 중심적 대상으로 만들었다. 갑자기 가격이론에 거의 전적으로 몰두한 사실은 이 혁명의 주창자들이 당연한 듯이 수행하던, 그러나 이들 가운데 어느 누구도 설명하지 않았던, 말하자면 쿤(Thomas Kuhn)의 의미의 "패러다임의 교체"였다(Kuhn 1962/70). 모든 것이 갑작스럽게 뒤바뀌었다. 예를 들면 고전파에서는 개개인들의 행동에 미치는 사회적인 강제를 강조하는데 반하여, 이제는 개개인들의 최적화가 강조되고 있다.

고전파에게는 오로지 장기적인 가격결정이 적절한 연구대상이었는데, 이제는 갑자기 단기적인 가격결정이 연구대상이 되었다. 고전파는 거시경제학적인 총합개념으로 생각했는데, 이제는 개별 재화의 가격을 미시적으로 연구했다. 고전파는 공급요소들을 강조하거나 심지어 이들을 지나치게 강조했는데, 이제는 거의 전적으로 재화의 수요에서 가격을 도출했다. 그 밖에도 고전파에서는 생산이 분석의 핵심이었는데, 이제는 스미스 이래 거의 분석의 대상이 되지 못하던 소비가 분석의 핵심이 되었다.

가격형성의 전체를 이해하기 위한 열쇠는 소비자들에게 주는 재화의 효용이다. 효용은 새로운 가격이론을 설명하기 위한 단서를 제공하고, 또한 이 가격이론의 최고목표는 멩거의 말대로 이제는 "사물의 성격에 부합되는, 모든 가격현상들을 …… 통일된 관점으로 한데 묶는 가격이론"이다(Menger 1871, X, 강조는 필자).

　제번스, 멩거, 발라로 구성된 삼총사 중에서 멩거가 완전히 그 목적을 달성했다. 제번스는 스스로를 혁명가로 생각하고 있는데, 영국을 지배하고 있었던 밀이 정리한 고전파의 비용가치 이론에 비춰본다면, 제번스의 그러한 생각은 옳다. 발라도 역시 스스로 알고 있는 바대로 혁명가이다. 비록 그가 항상 주목받기는 했지만, 이제야 비로소 지난 50년간 쌓은 연구결과의 중요성이 발견되었다. 멩거는 이들과는 전적으로 다르다. 즉 그만이 스스로를 이론의 혁명가라고 부르지 않고 이론의 개혁자이자 완성자로 보고 있다. 이것은 그가 살았던 문화권에서는 옳다.

## 멩거의 저서

### 요점

　멩거의 문화권은 고도로 발전되어 있었지만 이론사에서 갖는 그 중요성이 전적으로 무시당한 1850년에서 1875년 사이의 독일 경제학이다. 멩거는 이 경제학에 매우 큰 신세를 지고 있다고 생각했다. 그는 "거의 예외없이 부지런한 독일학자들이 창출한 예비작업들"을 발전시키고자 했다(Menger 1871, X). 자신의 핵심적인 관심의 대상이 되고 있는 가치이론을 새로이 파악하는 것과 관련하여 그는 다음과 같이 말하고 있다. "사용가치의 문제를 보다 심층적으로 다룬 것은 바로 독일 학자들이다(같은 책, 108쪽)."

　멩거는 『원리』에서 23번이나 "독일", "독일인", "독일적인"이라는 말을 사용하고 있다. 그리고 이 저서에 빈번히 언급되고 있는 인물은 열 명인데 이들 중 다섯 명이 독일 사람이다. 즉 로셔(Wihelm Roscher, 1817~84)를 12번이나 언급하고 있는데, 사실 그는 멩거가 자신의 책을 봉정했던 인물이다. 헤르만(1795~1868)은 12번, 셰플레(1831~1905)는 10번, 크니스(1821~98)는 9번, 그리고 라우(1792~1870)는 7번 언급하고 있다(멩거는 스미스를 12번 인용하고 있다. 그 밖에도 빈번히 인용된 인물은 아리스토텔레스와 세 명의 프랑스인, 즉 콩디야크, 세, 튀르고이다).

사실상 독일에서는 멩거 이전의 수많은 학자들에 의해서 주관주의적인 국민경제학이 확립되었다. 예를 들면 라우는 제8판까지 발간할 정도로 최고의 성공을 거둔 자신의 교과서 『국민경제학 원리』(첫 판은 1826년 발간)에서 주관주의적 국민경제학을 구성했다. 또한 이 주관주의는 헤르만(Wilhelm von Hermann)의 저서 『국민경제 연구』(*Staatswirthschaftliche Untersuchungen*, 1832)에 의해 더욱 강하게 보강되었다.

그리고 이 주관주의적 경제학은 로셔의 매우 성공적인 교과서 『국민경제 체계』(*System der Volkswirthschaft*)의 제1권인 『국민경제학의 기초』(*Grundlagen der Nationalökonomie*)——이 책은 1854년 발간, 그후 26판이 발간되었다——를 통해서 완전히 정리되었다. 이 독일 경제학으로부터 멩거가 이용했던 모든 개념들이 생겨났다. 멩거의 1871년 『원리』는 먼저 재화의 개념과 재화의 본질을 다루고, 이어서 욕구와 그 다음 경제, 마지막으로 가격을 다루고 있는데, 이러한 구성은 라우와 특히 헤르만을 따른 것이다.

라우는 이미 멩거보다 수십 년 전에 판이 거듭될 때마다 점차 더 개인주의적, 주관주의적으로 묘사된 첫 문장에서 재화를 다음과 같이 정의하고 있다. "인간을 둘러싸고 있는 의미의 세계를 구성하는 많은 구성요소들, 특히 물질들은 인간의 목적을 위한 도구로 이용되고, 그렇기 때문에 재화로, 다시 말하면 인간의 욕망이 지향하거나 인간의 의도에 부합하는 대상들로 분류된다(Rau, 제6판, 1855)." 로셔는 보다 짤막하게 재화를 "진정한 인간의 욕망을 충족시키기 위해 필요하다고 인정되는 모든 것"이라고 말하고 있다(Roscher 1864, 1쪽; Menger 1871, 2쪽 인용). 이러한 재화의 개념은 헤르만(1832) 이래 당연히 재화뿐만 아니라 용역까지도 포함하고 있다. 그러나 라우의 개념과는 다르다. 그는 용역은 포함하지 않았다.

이로써 신고전파 쪽으로 나아갈 수 있는 결정적인 계단이 만들어졌고, (아마도 실물자본에 집중했기 때문에 그런지는 몰라도) 실물재화의 개념을 고수했던 고전파에서는 한 단계 더 멀어졌다. 헤르만은 용역을 분명히 고려했고 심지어는 이른바 "권리관계"까지도 재화로서 취급했다. 그는 스미스 이전의 경제학, 특히 스튜어트 경이 이미 이와 같은 재화개념을 파악했다고 말하고 있다.

이 점에서 멩거는 그를 추종하고 있다(Menger 1871, 5쪽). 주관주의를 기반으로 하는 독일 경제학들 중에서 헤르만은 가장 급진적인 주관주의 학자였는데, 욕구에 대한 오스트리아 학파의 표준적인 정의가 헤르만에서 유래되었다. 이에 따르면 욕구란 "제거시키려는 노력을 지닌 결핍감"이다(Hermann 1870, 5쪽). 마찬가지로 시간이 지남에 따라 점점 더 강하게 주관주의를 표현하는 문장에서 라우는 이미 "경제"를 "어느 한 인간이 물적 재화를 마련하기 위해 정해진 모든 제도들"이라고 정의하고 있다(Rau 1855, 2쪽).

이러한 주관주의적 개념과 나란히 둘째로 멩거는 19세기 중엽 독일 경제학의 가격이론을 이어받고 있다. 이 가격이론은 두 가지 특징을 가지고 있다. 첫째로 가격에 대한 설명으로서 수요와 공급을 똑같이 취급하고 있다는 점인데, 이것은 나중에 마셜이 그렇게 했다(그렇기 때문에 마셜이 취한 인용은 그가 얼마나 강하게 독일 경제학으로부터 영향을 받았는지를 말해준다). 보다 더 정확히 말해 수요는 항상 먼저 가격을 결정하는 요소로 다루어졌고, 가치결정의 원인을 효용 또는 당시 대부분 말하던 것처럼 사용가치로 생각했다(멩거는 오로지 수요만을 강조함으로써 그러한 시각을 급진전시켰다).

가격이론적 시각의 기원을 독일 학자들은 다시 스미스 이전의 이론, 즉 스튜어트 경에 두고 있다. 로셔는 이 스튜어트 경에 관하여 다음과 같이 말하고 있다. 즉 그는 "가격에 관한 이론을 세우는 데 …… 큰 공로를 세웠다"는 것이다(Roscher 1864, 191쪽). 둘째로 가격이론은 라우 이래 이미 보편적인 것으로 기술되었다는 점이다. 가격이론은 똑같은 방식으로 재화는 물론 모든 분배가격, 특히 노임에도 적용될 수 있다는 것이다. 바로 이것이 멩거가 가장 큰 관심을 기울인 시각 가운데 하나이다. 그리고 이 시각이 한계주의 혁명의 핵심적인 관심이기도 하다.

이 가격이론은 아주 명료하게 로셔가 다음과 같이 정식화하고 있다. "따라서 원칙적으로 두 재화의 가격관계는 우선 수요와 **공급의 관계**(갖고자 하는 희망과 얻는 데 생겨나는 어려움)를 통하여 정해진다. 우리는 따라서 수요와 공급이 심층에 깔려 있는 어떤 상황에 의해 좌우되는가를 연구한다(Roscher 1864, 191쪽)." 수요는 효용이나 또는 헤르만 이래 효용과 유사한 개념으로 사용되는데, 가치를 그 원인으로 한다는 것이다. "어느 한 대상이 욕망을 충족시키는 능력을 그 대상의 가치, 효용가치, 사용가치, 유용성이라고도 부른다(Hermann 1870, 103쪽)."

고전파에서처럼 사용될 노동량이 아니라, 바로 그 효용이 모든 재화 계산의 통일된 잣대로서 이용된다는 것이다. "따라서 가치로 모든 재화들이 비교가 가능하다. ……가치는 인간의 경제적 산정에서 경제재가 가지고 있는 중요도이다(Schäffle 1867, 51쪽 이하)."

노동가치론은 독일 경제학에서 멩거에 앞서 이미 오래전에 소멸되었고, 그것은 영국적인 변이체라고 비판받았다. 로셔는 "가격의 균형이 모든 재화들은 희생된 노동만큼의 가치를 가지고 있다는 사실에 기인하는 것처럼 다루는 의도는 정말로 영국적이고 순전히 민족적이다(1864, 200쪽 이하)"라고 쓰고 있다. 심지어 위로 볼록한 효용함수에 관한 생각이나 욕구가 충족됨에 따라 체감하는 한계효용에 관한 생각도 독일 경제학에서는 결코 새로운 것이 아니다. 그리고 그런 생각은 주목받지 못하다가 비로소 1880년대에 주목받기 시작한 고센에서만 등장하는 것이 아니다.

"유용한 대상의 수량이 증가하면 증가할수록, 욕구가 변동되지 않을 때에는 단위마다의 효용가치는 점차 감소한다(Hildebrand 1848, 318쪽)." 멩거는 이 문장이 유래한 글을 일러 "여러 번 언급한 장소", 그리고 "비교할 수 없는 연구의 자극"이라고 말하고 있다(Menger 1871,

108쪽 이하). 만골트(Mangoldt 1863, 107쪽)는 위험을 싫어 하는 기업가의 위로 볼록한 효용함수에서 이윤을 부담한 위험에 대한 필수적인 보험적 상여금이라고 설명하고 있다. 소득의 한계효용이 체감한다는 생각을 이미 라우는 알고 있었다.

멩거에게 그 밖에도 수많은 사상을 찾을 수 있는데 이것도 역시 독일의 선구자에 기인한 것이다.[1] 예컨대 기회비용에 관한 사상, 가격설정의 전형으로서 고립된 교환에 관한 생각, 그리고 특히 교환당사자들에 대해 교환이 가져다주는 편익을 강조하는 것(등가교환에 관한 고전파적 사상을 거부하는 것) 등은 모두 라우에게서 발견할 수 있다.

신고전파에게 중요한 개념인 자유재의 개념은 헤르만에서 유래한다. 오스트리아 학파가 항상 애써 밝히려고 했던 개념인 긍정적인 외부효과(물론 마셜과 피구라는 이름이 등장하지 않는다), 심지어 비용은 가격에 의해 좌우된다는 생각마저도 멩거 이전의 독일 경제학에서 유래한 것이다. 우리는 로셔에게서 독점가격을 발견할 수 있는데, 멩거는 이 독점가격에 각별한 관심을 가지고 있었다.

또한 로셔에게 우리는 "가격투쟁"의 협상개념, "가격은 문화의 상승에 따라 규칙적"이기 때문에(Roscher 1864, 212쪽) 수많은 거래를 가진 시장에서의 경쟁은 경제발전의 종착점이라는 생각도 발견할 수 있었는데, 이것은 로셔의 지침과 특히 크니스의 지침을 반영한 것이다. 따라서 멩거가 독일 경제학에 뿌리를 깊이 박고 있었기 때문에 두 가지 주장은 엄격히 거부되어야 마땅하다.

첫째로 멩거는 그의 독일의 동료교수들에 의해 곡해되었고 무시당했다거나 또는 거부당했다고 하는 주장은 틀린 주장이다. 이와는 정반대로 로셔는 7번이나 그를 호의적으로 인용했다(Roscher 1875). 로셔는 멩거를 가장 강하게 주관주의 지향적인, 그러나 독일 경제학에서 인정된 방향을 가진 학자로 분류하고 있다(Roscher 1874, 1039쪽). 이 방향이 "헤르만이 취하던 길을 지속시키는 독일 경제학자들"에 의해 구체화되었다는 것이다. 멩거가 독일에서 긍정적으로 인정받았다는 사실은 짧은 역사 때문에 우리의 기억에서 사라졌다. 비로소 10년 뒤에 베를린의 슈몰러와의 열띤 논쟁이 있은 후 멩거는 전적으로 달라진, 슈몰러를 추종하던 독일 경제학자들에게 거부당하는 사태에 직면하게 되었다.

둘째로 오스트리아 학파의 주관적인 가치이론은 마르크스에 대한 반동으로서, 마르크스의 이론에 대한 반혁명으로서 생성되었다는 주장은 독일 경제학의 전통을 볼 때 잘못된 주장이다.

주관주의 가치이론은 독일에서 마르크스의 첫 작품이 발행되기 이전에 이미 생성되었고, 『자본론』 제1권이 발행되기 35년 전에 이미 완전히 확립되어 있었다. 따라서 정확히 말한다면 그 주장과는 반대이다. 즉 마르크스는, 특히 독일어권에서는 그가 영국에서 영향을 받은 경제학자로서 독일인들에게는 이미 낡은 것으로 보이는 가치이론을 재등장시켰기 때문에, 독일 학자들에게서 거부당했다. 그도 그럴 것이 로셔는 다음과 같이 말하고 있다. "정말로 마르크스의 사상체계는 증명하려는 노력도 없이 수용된 리카도 학파의 오류에 기초하고 있다(Roscher 1875, 99쪽)."

### 결과와 수확

독일 경제학의 "개혁가"로서 멩거가 새로이 개발한 것은 효용가치 지향적인 주관주의 가치이론도 아니고, 통일된 가격이론도 아니다. 그후 이른바 고센의 제1법칙이라고 불리던, 한계효용이 체감한다는 생각 그 자체도 아니다. 새로운 것은 오히려 멩거가 이러한 생각들을 적용했다는 점이다.

멩거의 사상이 로셔에게 새로운 것은 멩거가 "긴급한 욕구들이 이미 충족되면 덜 긴급한 욕구의 충족수단이 긴급한 욕구를 지나치게 충족시키기 위한 수단보다 선호된다는 관점에서 다양한 재화들의 사용가치를 비교하려고 했다"는 점이다(Roscher 1875, 216쪽). 따라서 새로운 것은 상이한 재화들의 효용함수들의 상호작용이다. 이 상호작용이 멩거가 작성한 이른바 고센의 제2법칙이다.

1900년대의 낡은 언어를 사용한다면, 우리는 다음과 같이 표현할 수 있다. 즉, 극대의 효용을 달성하려면 모든 욕구가 한계효용 수준이 동일할 때까지 충족되어야 한다는 것이다(한계효용 균등의 법칙). 그리고 최적상태에서 두 재화의 한계효용 비율이 가격비율과 동일해진다. 그러나 시장에서는 구매자들이 한계효용을 추정하여 상대가격이 결정된다. 예컨대 힐데브란트는 이러한 생각을 갖지 못했다. 이에 반하여 신고전파 혁명가들 세 사람(제번스, 멩거, 발라)은 이런 생각을 가지고 있었다.

멩거 자신도 최적화 계산의 필연적 결과를 다음과 같이 서술하고 있다. "우리는 인간들이 자신의 욕구를 완전히, 이것이 가능하지 않으면, 될 수 있는 대로 완전히, 충족시키려고 노력한다는 것을 보았다. 재화의 수량이 욕망과 대립되어 있고, 그 욕망의 충족이 사람들에게 상이한 의미를 가지고 있다면, 그들은 자신들에게 최고의 의미를 가지고 있는 욕망의 충족에 만족하거나 또는 그러한 욕망을 충족하려고 한다. 재화가 남으면, 그들은 중요성의 정도에서 그 다음 중요성을 가진 욕망의 충족을 위해 재화를 사용한다(Menger 1871, 97쪽 이하)."

멩거는 일반적인 숫자를 사용하여 다양한 욕망의 충족정도를 설명하고 있다. 따라서 독자들에게는 모든 욕구는 (가능한 한) 동일한 "수치"에 도달할 때까지 충족된다는 것이 분명하다(같은 책, 93쪽). 멩거는 두 교환당사자들의 고립된 교환에 대해서만 시장가격의 결과를 도출하고 있다. 이러한 교환은 다음과 같은 상황이 이루어질 때까지 계속된다. 즉, "두 파트너 가운데 어느 한 사람이 다른 파트너가 갖는 다른 재화의 수량보다 더 많이 가짐으로써 더 적은 가치를 부여할 때까지" 그 교환은 지속된다(같은 책, 168쪽).

멩거가 이러한 자신의 새로운 국면을 강조하지 않는 한, 그는 세 명의 "혁명가들" 중에서 물론 "돌출된 인물"이다(Blaug 1962/85, 306쪽). 그러나 이 국면은 멩거에게는 황태자 루돌프에게 설명할 만큼 그렇게 중요하게 보이지 않았다.[2] 멩거는 자신의 저서에서 오히려 이 국면을 여러 가지 방법으로 약화시키고 있다. 그는 자신의 가격이론을 고립된 교환으로부터 서술하고 있다. 이러한 교환에서는 분할할 수 없는 재화의 경우에는 한계효용이 완전히 균등화될 수 없는 것이 원칙이다. 상호 경쟁에서 완전한 균등이 이루어진다는 것은 그에게 극단적인 하나의 예일 뿐이다. 그는 협상의 여지, 가격깎기, "가격투쟁(Menger 1871, 177쪽)"은 물론 정보의 결함(같은 책, 169쪽) 그리고 교환의 거래비용 (같은 책, 170쪽) 등을 강조하고 있다.

이 모든 것들을 감안하면, 그는 정말로 현대적인 이론가이다. 이와 같이 그는 지난 20년간 집중적으로 다루었던 문제들을 제기했다. 멩거는 경제과정의 배후에 있는 힘을 기술하고, 의사결정 가능성의 넓은 범위를 정하는 데에 관심을 갖고 있었다. 그는 그러나 결코 정태적인 균형에는 관심이 없었다. 전략적 게임이론은 그를 통해 중요한 자극을 받았다. 이 이론은 그의 아들의 세미나에서 발표한 헝가리 수학자 노이만 (John Von Neumann)과 오스트리아 학파의 구성원이자 교수자격을 받은 모르겐슈테른으로부터 생겨난 이론이다(Neumann/Morgenstern 1944). 멩거가 약화되었고 제한적이었다고 하더라도, 그는 헤르만 이후 서술된 독일 교과서들의 접근법을 부활시켰던 것이다.

멩거에게 훨씬 더 새로운 것, 그가 역시 강조하던 것, 그리고 신고전파의 핵심적 사상으로 간주해야 할 것은 요소들의 생산적인 기여를 효용가치로 평가하여 그들의 비용가치들을 결정하는 것이었다. 여기에서 제번스는 예외적 인물이다. 그는 이러한 사상을 알지 못했기 때문이다. 멩거는 이 사상을 세 사람 중에서 가장 일반적으로 표현했고, 반면에 발라는 가장 상세하게 그러나 특수한 사례로 이 사상을 표현했다.

19세기 중엽 독일 경제학은 통일된 가격이론을 가지고 있었다. 충분히 음미된 수요-공급 패러다임이 그것이다. 공급측에서는 가격들이 비용에 의해 결정된다. 그러나 비용의 비용을 결정하는 것은 무엇인가 하는 식으로 무한적으로 역행하면 우리는 결국 더 이상 경제학으로는 설명할 수 없는, 말하자면 선험적인 최종적인 것에 직면하게 된다. 멩거는 이 통일적인 가격이론에 반대하여 보다 더 통일적인 이론을 제시했다. 즉, 모든 비용은 효용가치의 평가를 거쳐, 말하자면 간접적인 효용으로서 결국 자신의 가격을 갖게 된다는 것이다.

멩거는 소비재를 제1차 재화, 이 재화를 생산하기 위해 사용되는 재화를 보다 높은 차원의 재화라고 부른다. 소비와 멀리 떨어진 재화일수록 재화의 차원은 그만큼 더 높아진다. 그는 "일반원리"를 다음과 같이 정식화하고 있다. 즉 "보다 높은 차원의 재화의 경제적 성격은 이 재화를 이용하여 생산되는 낮은 차원의 재화의 그것을 통해 결정된다"는 것이다 (Menger 1871, 68쪽). 가격을 단기적으로 고찰할 때 비용은 항상 과거와 관련성이 없는 국면이다(같은 책, 120쪽).

엄격한 효용가치론을 순수하게 설명하기 위해 멩거는 자신이 서 있는 독일의 교과서 전통에 부응하여 어떠한 공급이론도 제공하지 않고 있다. 따라서 그는 암묵적으로 공급을 주어져 있는 것으로 가정하고 있다. 그러나 공급은 기껏해야 단기적으로만 주어져 있을 뿐이다. 그렇기 때문에 멩거는, 정확히 말해서 우리에게 오로지 단기적인 가격이론만을 제시할 뿐이다.

이에 반하여 멩거는 경제변동은 필연적으로 요소가격 변동을 야기한다는 핵심적인 사상을 개발했다. 이것은 한계주의 혁명의 삼총사 가운데 다른 사람이 하지 못한 것이다. 그는 이 핵심적 사상을 "높은 차원의 재화의 구체적인 질의 가치를 결정하는 일반법칙"으로서 모든 요소에도 타당하도록 정식화했다. "그 재화의 질의 가치는 이 재화의 가치인 욕구충족의 중요도와 우리가 사용할 수 있는 재화 전체를 사용할 때 갖게 될 욕구충족의 중요도의 차이와 같다(같은 책, 142쪽)." 이러한 기본원리 이외에도 그는 또 하나의 원리를 추가시키고 있는데, 그 원리는 "높은 차원의 재화의 가치는 이 재화에 의해서 생산되는 생산물의 예상가치가 크면 클수록 그만큼 더 크다(같은 책)."

이로써 멩거는 삼총사 중에서 유일하게 일반적으로 생산요소의 한계생산력을 효용으로 평가하고 있다. 즉, 생산요소의 가치는 이 요소의 최종단위가 생산 또는 생산물의 효용에 기여하는 정도에 의해 결정된다. 멩거는 삼총사 중 유일하게 역시 기회비용 원리를 공식화하고 있다. 즉, 모든 것은 다른 것을 하지 못해서 잃게 되는 효용에 해당하는 것만큼의 비용이 든다는 것이다. 이러한 생각을 가지고 멩거는 당시 독일 경제학이 중간 정도의 주관주의로 뒷받침하던 가격결정을 완전한 주관주의로 전환시켰다.

우리는 오늘날 비(非)대체성론(Nichtsubstitutionstheorem)에 입각하여[3] 비용가치 이론은 타당성이 있다는 것을 알고 있지만, 그것은 멩거가 부인하고 있는, 그리고 19세기 중반에는 비역사적이었던 조건에서만 타당할 뿐이다. 그 조건이란 어느 한 제1차적 요소(예를 들면 동질적인 노동)만 존재하고 있거나 많은 그러한 요소들이 고정된 가격관계로 존재할 경우이다.

모든 요소가격은 한계효용에 의해 간접적으로 결정된다는 멩거의 사상은 아주 근본적인 것이고, 20세기로 전환하던 당시 독일 경제학의 배후에서 볼 때에도 놀라운 것이었다. 따라서 로셔는 그의 사상을 즉시 인용하지 않았다. 그러나 오스트리아 학파는 이를 반복하여 인용했다. 특히 비저는 그 사상을 별로 심화시키지 않고, 그 대신 이것이 이론사의 시각에서 보면 바로 멩거에서 유래한 것이라는 것을 보여주려고 했다.

다른 한편 한계효용 그 자체는, 비록 비저가 나중에 그 학파를 "한계효용 학파"라고 불렀다고 할지라도, 각별히 중요한 것은 아니다. 비저가 무의식적으로 자화자찬에 빠져 그렇게 불렀는데, 그도 그럴 것이 멩거가 사용하지 않았던 "한계효용" 개념을 그 자신이 비로소 창안했기 때문이다.[4]

1890년대부터 모든 신고전파 경제학에서는 경제현상을 한계효용과 한계생산력으로 관찰하려고 했다. 그러나 오스트리아 학파에서 특징적인 것은 멩거가 강조하고 있는 두 가지이다. 이들은 독일 경제학의 배후에서 볼 때 새로운 것이었고, 특히 오스트리아 식의 고유한 요소이다. 그가 강조한 것들은 멩거가 표현한 "주관주의적 가치이론"으로 가장 잘 요약될 수 있다. 이 이론은 "성격상 전적으로 주관적인 재화가치에 관한"이론이다(Menger 1871, 96쪽). 이것은 새로운 그리고 오스트리아의 고유한 주관성의 변형이다.

인간들이 서로 다르고 그들의 목표도 서로 다르기 때문에 모든 경제현상들은 서로 다르다. 이러한 인식 때문에 멩거는 구조사상이라고 말할 수 있는 것을, 그리고 그를 쫓아 오스트리아 학파라고 표현할 수 있는 것을 창안했다(Streissler 1969). 멩거는 한없이 모든 것들을 펼쳐냈다. 소비와 자본이 있는 것이 아니라 제1차적 그리고 보다 높은 차원의 무한한 재화 스펙트럼이 있고 재화의 질적 차이가 강조되고 있다.

시장형태와 관련해서 그는 두 교환파트너들의 고립된 교환으로부터 독점을 거쳐(교환의 한 측면에는 한 사람, 다른 측면에서는 다수인 시장, 예컨대 공급측은 한 사람, 수요측은 다수), 시장의 양측에 교환파트너들의 수가 점점 증가할 경우에 생성되는 경우에 이르기까지, 상황은 연속적이라는 생각을 전개했다. 끝으로 판매가능성이 가장 큰 재화인 화폐에 이르기까지 크거나 적은 "판매가능성"이 있는 재화가 있는데(Menger 1871, 253쪽), 오늘날 우리는 이를 이렇게 표현한다. 즉, 화폐는 유동성이 가장 큰 재화라고. 판매가능성 자체도 다시 다양한 결정요인들에 그 원인이 있다.

우리는 다음과 같이 요약할 수 있다. 멩거는 총합에 대해서는 전혀 관심이 없었던 대신 구조에 관심이 있었다. 따라서 그를 추종하는 오스트리아 경제학자들은 케인스주의를 거부하고 있는데, 그 이유는 케인스주의는 총합개념을 사용하고 있기 때문이다. 가장 극명하게 이를 비판한 사람은 하예크였다. 그는 멩거에게서 강한 영향을 받은 오스트리아 학파의 최근 세대에 가장 영향력을 지닌 사상가이다.

오스트리아 경제학자들이 총합개념을 사용하고 있는 경우는 자본과 이자이다. 이것은 뵘바베르크에 그 연원이 있다. 그러나 멩거는 총합으로 생각하는 방식을 채택하고 있는 뵘바베르크를 거부하고, 이러한 사고방식을 논박했다.[5] 멩거에게는 원칙적으로 자본이란 존재하지 않고 오로지 다양한 고차적 재화들만 존재할 뿐이다. 통일적인 이자란 존재하지 않고, 자본재의 다양한 시간 간의(intertemporal) 가격구조만 존재할 뿐이다.

멩거의 구조사상은 그가 자신의 학파에 영향을 미친 이론적인 특징이다. 반면에 "시간-오류"(Zeit-Irrthum)에 관한 그의 이론은 특징 그 이상의 의미를 가지고 있다(같은 책, 21쪽). 시간-오류에 관한 그의 논술은 사회적 현실에 관한 중심명제이다. 이 명제는 오늘날 미국에서 "오스트리아 경제학"으로서 오스트리아 학파를 새로이 이해할 때 각별한 중요성을 가지고 있다(O'Driscoll/Rizzo 1985). 첫째로 멩거의 경제사상은 특히 정보이론적인 특성을 가지고 있다. 그의 저서 『국민경제학 원리』의 첫머리에서 재화의 질의 전제조건은 "인간들의 (욕구충족과 함께) 인과맥락에 관한 지식"이라고 말하고 있다(Menger 1871, 3쪽).

멩거는 경제발전의 특징도 다음과 같이 말하고 있다. "인간들이 사용할 수 있는 (생산물)의 수량도 사물의 인과적 맥락에 대한 그들의 인식의 한계와 이 사물들을 지배할 수 있는 그들의 역량의 한계 때문에 제한되어 있다. 사물들과 인간들의 후생 간의 인과적 맥락에 관한 인식의 발전과 보다 멀리에 있는 (사물들의) 조건들을 지배할 수 있는 역량의 발전으로 인하여 인간들은 척박하고 빈곤한 상태에서 현재 수준의 문명과 후생으로 탈출할 수 있었다(같은 책, 29쪽)." 따라서 발전은 특히 인식이다. 이것은 비저의 창의력 신화와 연결되어 있고, 슘페터에게는 경제발전론으로, "혁신"이론으로 성숙했던 싹인 것 같다.[6]

그러나 멩거에게 이러한 인간인식은 동시에 기껏해야 오류가능하다는 것이다. 경제적인 의사결정에서 오류의 중요한 원천은 생산과정의 시간이다. 이러한 멩거의 사상은 당시에는 전적으로 새로운 것이었고, 100년 동안 오스트리아적인 것으로 여겨진 사상이었다.[7]

멩거는 그의 1871년 저서의 목차 가운데 어느 한 목차의 제목으로 시간과 오류를 붙이고 있다. 이러한 사상은 게임이론으로 귀결되기는 하지만, 서로 다른 의사결정자들의 장래의 의사결정을 조정하는 문제에서든(Morgenstern 1934), 자본이론에서든 오스트리아 학파 전체를 매혹시켰다. 멩거의 사상에 따라 오스트리아 경제학자들에게는 자본이론은 생산의 시간구조에 관한 이론이 되었다. 그리고 뵘바베르크는 심지어 자본을 시간으로, 다시 말하면 자본을 생산수단을 투입하여 생산이 완료될 때까지의 평균시간으로 측정하려고도 했다.

마찬가지로 인간들이 잘못 계산할 확률은 오스트리아 경제학자들의 경기변동론을 위한 실마리를 제공하고 있다. 경기변동론을 다룬다는 것은 1900년 이후 그리고 1924년 이전에 경제학에서는 상궤를 벗어나는 일이었고, 전형적으로 오스트리아적인 특수성인 것처럼 보였다. 여기에서도 물론 오스트리아 경제학자들은 1850년경에 확립된 독일 경제학의 전통을 지속시켰다.

이 전통에 특징적인 것은 예컨대 로셔의 "무역통상 위기"이다. 그는 자신의 저서 가운데 '무역통상 위기'라는 장에서 경기변동을 상세히 기술하고 있다.[8] 나중에 신용팽창에 따른 과잉투자를 핵심으로 하는 이른바 "오스트리아적" 경기변동론은 로셔(1861), 셰플레(1867, 214~219쪽), 멩거의 선배였던 동료교수 슈타인(Lorenz von Stein 1878, 431쪽 이하)에 의해 이미 형성되었던 것이다.

화폐이론에 대한 멩거의 관심도 역시 당시의 영미 경제학과는 전적으로 다르고, 19세기 중엽의 독일 경제학과 일치된다. 화폐이론도 역시 그는 불확실성 이론으로 다루고 있다. "지불할 때 언제나 사용되는 통화량은 어느 한 국민이 필요로 하는 현금수단의 일부일 뿐이다. 다른 부분은 불확실한, 실제로는 이루어지지 않은 지불을 확보하기 위해서 다양한 종류의 준비금 형태로 보유되어야 한다(Menger 1892a, 754쪽)." 멩거는 따라서 화폐를 주로 저장수단으로 간주하고 있다. 그리고 화폐의 유통속도의 안정성을 분명히 부인하고 있다. 그에 따르면 시간에 따라 변하는 예비적 동기는 화폐수요의 주요 원천이다. 따라서 그는 효과에 관한 예측가능성을 전제로 하는 화폐정책을 부인하고 있다.

## 멩거 사상의 영향

이로써 이제 우리는 오스트리아 학파의 경제정책에 대한 성향은 어떠한가에 관한 문제에 당도했다. 오스트리아 학파의 일치된 입장은 경제적 자유주의이다. 사회주의자들은 결코 오스트리아 학파의 구성원으로 간주되지 않았다. 사회정책가였던 필립스베르크(Eugen Philippovich von Philippsberg)는 멩거의 사상을 대중화시키는 데 매우 큰 기여를 했고, 또한 슈타인의 후계자로서 멩거의 후배 동료교수였다고 하더라도, 이 사람과 같은 사회정책가들도 결코 오스트리아 학파의 구성원으로 간주되지 않았다.

오스트리아 학파의 자유주의는 또다시 멩거로부터 출발한다. 이 자유주의는 이론적으로 시간-오류라는 공식으로 구현되는 멩거의 주관주의에서 유래된 것이다. 그도 그럴 것이 인간이 미래에 대한 자신의 예측에서 방황한다면 경제정책가도 마찬가지이기 때문이다. 경제정책적인 간섭의 결과는 예측할 수 없다. 따라서 그러한 간섭은 중단해야 한다. 이러한 논조는 특히 스미스의 논조와 매우 밀접한 관계를 가지고 있다.[9]

멩거의 문헌으로부터 우리는 물론 그의 경제정책적인 원리에 관해서 별로 많은 것을 알 수는 없다. 1892년 통화개혁에 관한 광범위한 논문들은 기술적인 성격을 가지고 있고, 기껏해야 올바른 구매력을 확인해야 한다는 것, 멩거가 말하고 있듯이, "정의로운 화폐"를 창출해야 한다는 것 정도뿐이다(1892b/1970 IV, 307쪽). 그는 1891년 「고전파 경제학의 사회이론과 현대 경제정책」(Die Social-Theorien der classischen National-Oekonomie und die moderne Wirtschaftpolitik)이라는 신문기고문에서 단 한 번 경제정책의 원칙적인 문제에 대한 자신의 입장을 표명했다.

이 기고문에서 그는 "스미스와 고전파의 경제정책에 대한 독일적 비판은 오해에서, 심지어 무지에서 비롯된 것"이라는 점을 강조하고 있다. 멩거는 계속해서 "스미스는 이해관계의 갈등이 생기는 경우에는 항상 강자와 약자 중에서 예외없이 후자의 편에 서 있었다"고 말하고 있다. 스미스는 "가난한 자나 또는 약자를 억압하는 입법이나 법집행을 제거시키는 문제에서는" 언제나 국가개입을 주장했다(Menger 1891/1970 III, 223쪽). "스미스가 자유방임주의의 교조주의자라거나 또는 오로지 개인적인 이익을 위한 완전히 자유로운 게임으로부터 경제적인 번영을 기대했다고 말하는 것은 옳지도 않고, 또한 역사의 날조이다(같은 책, 230쪽)."

끝으로 멩거는 "고전주의의 마지막 형성자로서" 밀을 들고 있다(같은 책, 232쪽). 우리가 밀의 강력한 사회개혁적 태도를 염두에 둔다면 멩거 자신은 매우 온건한 간섭주의적인 자유주의자, 즉 사회적 자유주의자라는 인상을 받을 것이다.

그러나 우리가 멩거의 강의를 기록한, 그러나 발간되지 않은 황태자 루돌프의 노트를 본다면, 전적으로 다른 멩거의 모습을 볼 수 있을 것이다.[10] 이제 우리는 위에서 인용된 문구——이 문구는 입법과 법적용에만 관계되고, 제한적으로 "교조주의자"라고 말하며 "오로지"라는 말을 강조하고 있는데——로부터 다른 목소리를 들을 수 있다. 그는 황태자에게 매우 제한적인 국가개입 가능성을 말해주었다. 그 밖에도 국가개입은 사적인 주도권인 "자주성"을 억제한다. 그렇기 때문에 사회주의와 공산주의는 거부되어야 한다는 것이다.

국가시민의 개인적인 특수성과 개성이 다양하기 때문에 부득이한 경우 통일된 국가배급이 필요하다고 하더라도 그 국가배급은 필요에 따른 배급이어서는 안 된다. 정부의 과제는 절약과 근면을 북돋아주고, 스스로 좋은 본보기가 되는 일이다. 멩거(또는 그 제자인 18세의 황태자)는 국가개입의 "유일한 이유"를 외부효과에서 찾고 있다. 오로지 "비정상적인 경우만이 …… 국가의 개입을 허용하고, 경제적 삶의 정상적인 상황에서 우리는 그와 같은 국가개입은 항상 해로운 것이라고 생각해야 한다." 이 "비정상적인" 경우는 오늘날의 용어로 표현한다면 언제나 외부효과이다. 만약 다른 경우에 "국가가 개입한다면 그 개입은 …… 시민들 자신의 이해관계에 대한 간섭이자 이 이해관계의 방해물이다."

그러므로 국가는 가축전염병을 없애기 위한 조치, 포도 혹벌레나 나무를 좀먹는 벌레의 만연을 막기 위한 조치를 취해야 한다. 그런 피해는 소유를 넘어서 확산되기 때문이다. 국가는 통상협정을 체결해야 한다. 왜냐하면 이것은 개개인들의 능력을 가지고는 할 수 없기 때문이다. 국가가 개개인의 수단을 능가하는 (긍정적인 외부효과) 시설을 설치한다면, 그 이상의 국가의 개입은 불필요하다. 도로, 철도, 운하 그리고 학교의 건설, 특히 농업 학교와 상공업 학교는 실용교육의 긍정적인 외부효과 때문에 국가로부터 지원받아야 한다.

마지막으로 타인들에 대한 부정적인 개개인들의 개입을 막아야 한다. 예컨대 노동보호법, 노동시간 규제(예컨대 매일 15시간 노동금지), 그리고 아동노동의 제한 등이 그것이다. "번영하는 국민경제의 방해물을 제거하기 위한 의무적인 방책과 나란히 이것이 국가개입의 전부이다." 황태자 루돌프의 노트에서 우리는 멩거가 매우 엄격한 자유주의 입장을 취하고 있다는 것을 알 수 있다. 사회적인 의료 및 연금보험에 관해서는 전혀 언급하지 않고 있다!

우리가 머스그레이브(R. Musgrave)의 개념을 빌려 말한다면, 멩거는 국가에게 오직 배분적 과제만을 허용하고 있다. 즉 외부효과에 기인한 자원배분을 개선할 과제만을 허용하고 있다. 분배적 과제나 당시 독일 전통에서 신중히 여겼던[11] 국가의 경제안정 과제, 그 어느 것도 멩거에게는 존재하지 않는다. 그는 이러한 시각을 그의 학파의 대부분에게 유산으로 남겨주었다.

멩거는 이론적으로 어떤 의미에서는 1825년과 1875년 사이에 꽃을 피웠던 독일 경제학의 최후의 추종자인 것처럼 역시 1848년 세대의 자유주의자들 가운데 최후의 지각생이기도 하다. 아마도 우리는 후기 역사학파의 최후의 독일 경제학자, 그 학자가 오스트리아 학파에서 독일 경제학의 새로운 꽃을 피우게 한 인물이라고 말할 수 있을 것이다. 독일의 자유주의는 비스마르크를 통해 소멸되었다. 오스트리아의 자유주의는 멩거가 교수가 된 직후 1879년 타페(Taaffe) 정부가 들어서자 정치적으로 끝났다. 그러나 영국에서 역시 자유주의는 19세기 말에 시들어갔고, 20세기 초에는 소멸되었다.

오스트리아 학파는 멩거를 거쳐 경제적 자유주의의 그릇이 되었다. 이 학파는 "당시의 잃어버린 대의"(즉 자유주의—옮긴이)를 보살피고, 자유주의가 밀려나던 시기, 특히 제1, 제2차 세계대전 사이의 시기에 자유주의를 돌보았다. 따라서 오늘날 영국과 미국에서 벌어지고 있는 고전적 자유주의의 탈규제 운동이 이들 나라의 독자적인 수백 년이나 되는 전통에 의존하지 않고, 그 대신 그들의 지적인 기초로서 "오스트리아 경제학"에, 최종중심지로서 그리고 자유주의의 이론적 기반으로서 오스트리아 학파에 의존하고 있다는 사실은 역사의 아이러니가 아닐 수 없다.

| 에리히 슈트라이슬러 · 민경국 옮김 |

# 7 | 마셜
Alfred Marshall, 1842~1924

"간략하고 단순한 모든 도그마는 거짓이다."

• 마셜

## 현대적 거장 또는 현대의 거장?

한 연구자의 "경쟁력"이 인용된 빈도수나 그에 관해 서술된 횟수로 평가될 경우, 마셜은 분명히 훌륭한 학자이다. 경제학 분야의 인용사례를 다룬 스티글러(George J. Stigler)와 프리들랜드(C. Friedland)의 연구에 의하면(1979, 10쪽 이하), 케임브리지 출신의 이 학자는 1886년과 1925년 사이에 가장 자주 인용된 경제학자의 리스트에서 5위를 차지하고 있다. 그는 1925년부터 1969년까지 가장 자주 인용된 학자 50인 가운데 주요 저작이 1900년 이전에 발간된 유일한 저자였으며 순위는 8위였다.

이러한 사실은 오늘날에도 변함이 없다. 그리고 사람들도 다음과 같이 마셜에 대하여 이에 상응하는 경의를 표한다. 그는 시대를 통틀어 가장 많이 인용되는 경제학자에 속한다. 아직도 이러한 점이 마셜의 중요성에 대한 진정한 증거가 아니라고 보는 사람들—아마도 그들은 활동적이며 세심한 사람의 실증주의를 신뢰하지 않기 때문일 것이다—은 다른 방법으로 납득시켜야 할 것이다.

마셜과의 학문적 논쟁은 결코 끝나지 않았다. 오히려 그의 사후에 그에 관한 저작물이 더 많이 출판되었다.[1] 우리는 1970년대 이래 여타 경제사상의 거장들에게서 찾아볼 수 없는 마셜-르네상스를 경험하고 있다. 마셜의 유고들은 더욱 근원적으로 고찰되고 있는데, 특히 초기와 후기의 저서들이 더 많이 연구되었으며, 그의 생애는 더욱 세심하게 추적되었다.

또한 저작의 여러 판은 무비판적으로 비교되었으며, 그의 사고의 근저에 더욱 깊이 다가갔고, 각종 서신들도 비평되었을 뿐만 아니라, 널리 퍼져 있는 참고문헌들까지도 수집되었다. 어떤 사람들은 만약 경제학이 마셜의 생존 당시에 노벨상을 수여할 가치가 있는 학문으로 인정받았다면, 마셜은 어떤 이유로 그리고 얼마나 빨리 이 상을 받았을 것인가를 생각하기도 한다.[2]

슘페터가 이미 50년대 직전에 그의 저서 대부분이 국민경제학의 박물관에 가장 잘 보관되어 있다고 할 때까지만 하더라도 마셜의 저서가 갖는 영속적인 현실성은 예상되지 못했다. "어떤 견지에서 보면 마셜이라는 경제학자는 이미 과거 속으로 사라졌다. 경제의 흐름에 대한 그의 생각, 방법론 그리고 결론들은 이제 더 이상 우리 시대의 것이 아니다(Schumpeter 1941/54, 285쪽)."

그는 "최고의 경제사학자"였지만, 학문의 "이론적 골격"은 기본적으로 쿠르노, 튀넨, 제번스, 그리고 "궁극적으로는 가장 위대한 이론가인 발라에 두고 있다(같은 책, 288쪽 이하)." 그러나 이 완고한 오스트리아 인과 동시대의 많은 학자들은 그와 완전히 다른 견해를 갖고 있었다. 예를 들어 케인스는(Keynes 1924a, 15쪽) 마셜을 그의 학문영역에서 "백 년 동안 세계에서 가장 위대한 인물"로 평가했다. 그는 훌륭한 경제학자를 특징짓는 이상적인 다양성을 갖고 있었기 때문이다. "그는 탁월한 역사가이며 수학자였으며, 동시에 특별하고도 일반적이며 세속적이고도 영원한 상인이기도 했다." 그리고 마셜의 『경제학 원리』(*Principles of Economics*, 1890)는 경제사상의 새로운 시대, 즉 마셜의 시대를 열었다(Jha 1973).

마셜의 획기적인 업적이 구체적으로 어떤 것인지 설명하기는 더욱 어렵다. 그의 저작을 불멸의 존재로 만든 것은 케네의 『경제표』와 같은 천재적인 발상도 케인스의 『일반이론』(*General Theory*)처럼 혁명적인 급습도 아니었다. 오히려 크고 작은 저술들이 동시에 흘러들어가 이루어낸 정숙하고도 다양한 사고의 강(江)이 이를 가능케 했다. 사람들은 마셜을 부분들의 합계 이상의 것을 의미하는 하나의 전체로 느낀다. 따라서 그를 다양한 양식들이 정신적으로 조화를 이룬 것으로 이해된 장대한 학문의 전당을 만든 건축가로 볼 수 있다. 이것은 오래된 초석 위에 지어진 안락한 신(新)건축물이다.

놀랍게도 상반된 견해를 갖는 국민경제학의 학파들은 이 속에서는 다같이 안락함을 느낄 수 있다. 마셜의 저작에서는 상호모순적인 것들이 극복된 것처럼 보인다. 환언하면 그는 고전학파의 전통을 유지하면서 신고전학파적 정통학설의 길도 열었으며, 비주류 학설에게는 지적 도움을 주기도 했다. 이제 이러한 측면들을 차례로 간략하게 살펴보기로 하자.

19세기 후반까지 전승되어온 가격형성과 소득분배를 생산비용을 기준으로 분석한 후기 고전학파의 모델이 한계효용 이론가들에게 신랄한 비판을 받아 신예 정치경제학자들이 극심한 방향성의 위기에 처했을 때, 마셜은 이들에게 새로운 발판을 제공했다. 그는 상호대립하는 진영 사이를 연결하는 다리를 놓은 것이다. 그런데 이것은 새로운 것과 과거의 것을 한 지붕 아래에 모으려는 단순한 시도 이상의 의미를 갖는다.

그는 경제학적 사고에 "연속성(마셜이 가장 좋아했던 용어)"을 부여하기 위해 새로운 것을 과거의 것으로부터 재구축하는 것을 의미하는 화해의 주역이었던 것이다. 이것은 분명히 경제학을 독자적인 학문을

앨프레드 마셜(1842~1924)

확립하려는 노력을 더욱 자극했으며, 여전히 미숙한 사회학에만 집착하려는 사람들에게는 성가신 일이었다(Kirzner 1960, 16쪽 참조).

마셜의 학문적 체계가 갖는 가치에 대해서는 여러 상반된 견해들이 존재한다. 일부에서는 그가 그 당시의 이론들을 이용하여 "제번스의 새로운 경제학 수립에 대한 약속을 이행했다"고 평가한다(Blaug 1968/ 75, 28쪽). 다른 한편에서는 그의 창작물들이 "현대 산업사회의 첨예한 문제들을 피해가고 있기 때문에 오늘날에는 진부한 것"으로 본다(Seligman 1962/67, 212쪽 이하; J. Robinson 1960, 240쪽). 그러나 그의 학문체계의 구조적인 요소들은 언제나 긍정적으로 평가되고 있다.

마셜은 경제학자의 사고의 틀을 확장, 향상시켰다. 많은 사람들은 그의 분석수단, 즉 공급 및 수요함수, 탄력성, 부분균형 분석, 여건불변(Ceteris-Paribus)의 조건 등을 경제적 문제의 해결을 위하여 이론과 체계와 관계없이 항상 어디서나 이용될 수 있는 보편적인 도구로 간주한다. 방법론적으로 볼 때, 이러한 입장은 모든 경제학적 분석도구는 경제의 구조와 흐름에 관한 특정 견해와 불가분의 관계에 놓여 있다는 견지에서 비난받을 수도 있다.

그러나 마셜이 "학파를 형성했다"는 주장에는 이론(異論)이 없다. 마셜은 그에 의해 창설되어 경제학에 중요한 역할을 한 신고전학파의 "형상화된 전통"을 스스로 세운 것이다(Seligman 1962/67). "현대의 경제사상이라는 건축물의 대부분은 마셜의 교시 및 발제와 연관되어 있다(같은 책, 191쪽)." 이러한 견해는 새뮤얼슨의 저명한 저서인 『경제학』(Economics)의 최신판에 수록된 "경제학 계보"에 잘 나타나 있다(Paul Samuelson 1985, 950쪽 이하).

여기에서 마셜은 발라를 비롯하여 자신의 영향을 받은 케인스와 함께 "현대 주류경제학"은 물론이거니와 비주류로 인식되는 "시카고 자유주의"(Chicago Libertarianism), "합리적 기대 거시경제학"(Rational Expectations Macroeconomics) 등 새로운 신고전학파적 사조의 아버지로서의 역할을 맡고 있다. 이러한 전통주의와 마셜의 전통의식과의 결합은 고전주의 시대부터 마셜의 시대를 거쳐 현재에 이르기까지 경제학의 지속적이며 누적적인 진보를 가져다주었다.

"원래 모든 것은 이미 마셜의 가치체계 내에 존재하고 있다(Corry 1968, 25쪽; Fry 1976, 293쪽)"는 다소 격의 없는 표현은 신고전주의자들에게는 "올바른" 길을 가고 있다는 안도감을 줄 뿐만 아니라, 마셜에게 무엇인가를 캐내려고 하는 그의 반대자들을 자극시키기도 한다. 로빈슨은 반대자들이 항상 무엇인가를 발굴해야 한다면서 다음과 같이 언급했다. "마셜이 실제로 표현한 어떠한 견해도 그에 상반되는 견해와 항상 대립할 수 있다(Robinson 1960, 23쪽)."

그러나 마셜의 지지자들은 그의 사고가 깔끔한 인용의 선택이라는 기술에만 근거하고 있는 것은 결코 아니라는 점을 부언해야 한다. 특히 최근의 연구는 지금까지 발견되지 않았던 출처를 밝혀내고, 경제학에 대한 마셜의 공헌을 그의 전 생애와 영향력과의 관계 속에서 다양한 방법으로 진단하려고 노력했다. 이와 같이 때때로 신뢰성이 떨어지는 다른 마셜의 이미지도 점차 생겨났다. 하지만 마셜의 생애부터 먼저 보기로 하자.[3]

## 빅토리아 시대의 학자생활

마셜은 1842년 7월 26일 런던의 피혁산업 중심지인 버몬시(Bermondsey)에서 "피혁공장의 자극적인 냄새(Coase 1984, 520쪽 이하)"와 함께 검소한 환경에서 태어났다. 그는 그다지 행복한 소년기와 청년기를 보내지 못했다. 런던의 은행출납 담당 공무원이었던 아버지는 엄격하게 가정을 다스리는 집안의 냉정한 독재자였다. 그는 은퇴 후 스스로 터득한 고어체 영어로 시를 썼으며 윤리적 내용의 글들을 편찬했는데, 그 중 하나는 제목이 「남자의 권리와 여자의 의무」(Man's Rights and Woman's Duties)였다(Keynes 1924a, 7쪽).

아버지는 어린 앨프리드를 성직자로 키우기로 했다. 그래서 앨프리드에게 학교 밖에서도 라틴어, 그리스어, 히브리어 등을 배우도록 강요했으며, 그가 가장 좋아하던 연극과 수학을 금지시켰다. 왜소하며 창백한 얼굴을 가진 이 연약한 소년은 학생으로서의 즐거움을 가질 수 없었다. 19세가 되자 그는 아버지의 뜻을 거역하고 케임브리지의 세인트 존스 칼리지(St. John's College)에서 수학을 공부하기 시작했다.

여기에 소요되는 경비는 삼촌에게 빌릴 수 있었다. 1865년 대학을 우수한 성적으로 졸업한 그는 대학의 연구원이 되었다. 연구원으로서의 수입과 수학 강의의 부수입으로 재정적 안정을 찾게 되자 그는 세계관을 정립하고 탐구할 학문적인 영역을 개관할 수 있는 시간적 여유를 갖게 되었다.

그는 칸트와 헤겔을 공부했고 다윈과 스펜서를 읽었으며 윤리학과 심리학에도 특별한 관심을 가졌다. 1867년 영향력 있는 사람들로 구성된 작은 토론모임인 케임브리지 그로트 클럽(Cambridger Grote Club)에 가입한 후부터 내성적이며 사람을 기피하는 이 젊은 학자의 학문에 대한 애착은 더욱 공고해졌다. 특히 그곳에서 철학자이자 경제학자인 시지윅(Henry Sidgwick)에게 감화를 받았는데, 이후 그를 존경하는 마음으로 "나의 정신적 아버지이며 어머니"라고 회고했다(같은 책, 11쪽).

빅토리아 시대의 정신에 고무된 이 지식인들은 그들의 동포가 겪는 사회적인 문제들을 진심으로 가슴에 담게 되었다. 마셜도 역시 이 문제들을 스스로의 관점에서 잘 파악하고 있었다. 그래서 어린 시절의 기억은 제쳐두고 휴가기간 동안 대도시의 빈민가를 집중적으로 돌아다녔다. 그리고 빈곤의 원인을 더 잘 파악하고 사회적 폐해를 극복하는 데 도움을 얻고자 정치경제학을 더욱 철저하게 공부하기 시작했다.

스미스와 리카도의 학문을 신뢰했고, 이를 충실하게 해석한 밀의 저서인 『정치경제학의 원리』(*Principles of Political Economy*)를 가능한 한 수학적인 관점에서 재해석했다. 그는 반(反)고전주의적 입장의 역사주의의 중심도 현장에서 직접 목격했는데, 1860년대 말과 1870년대 초 두 차례 독일을 방문하여 역사학파의 대표적 학자들과 조우했다.

마셜이 본격적으로 경제학에 발을 내딛게 된 시기는 그가 케임브리지에서 도덕과학 과목을 담당한 1868년이었다. 그는 9년 동안 논리학, 윤리학 그리고 정치경제학을 강의하여 큰 반향을 불러일으켰다. 그 밖에도 "현실의 사업과 노동자 계급의 생활에 더욱 근접하기 위해" 노력했다 (Whitaker 1975 I, 12쪽). 이를 위해 그는 1875년 미국을 여행하기도 했다. 그는 중요한 산업단지를 방문했으며 보호주의 무역의 실상도 파악했다.

마셜은 이미 그 시기에 20년 후에야 책으로 간행된 그의 역작『경제학 원리』를 구상하기 시작했다. 후일 그는 "영어가 아니라 수학으로 표현된 자신의 학문체계의 전체적 골격이" 제번스의『정치경제학 이론』이 발간된 1871년도에 이미 마련되었다는 사실에 큰 가치를 부여했다 (Marshall 1908/09, 221쪽). 따라서 마셜은 그의 학문에서 한계효용과 관련된 것은 자국인인 제번스가 아니라 오히려 쿠르노와 튀넨을 인용했다(Whitaker 1975 I, 37쪽 이하; II, 240쪽 이하). 하지만 이로 인하여 그가 학설사적 신화를 창조했는지의 여부는 여전히 미지수로 남아있다(Howey 1960, Chap. X 참조).

케임브리지에서의 초기에 마셜은 저작을 별로 간행하지 않았다. 해외무역이론에 관한 책의 저술작업도 완성하지 못했다. 그런데 이 저작초안의 일부를 본 동료학자들은 무엇보다도 그의 일관된 그래프를 이용한 방법론에 감화되었다. 마셜은 재화가치의 형성과 국제 간 재화의 교환을 공급과 수요곡선을 이용하여 단계적으로 분석했다. 이와 같은 대칭적 방법은 이미 당시 그에게 일목요연한 학문을 위한 보조수단뿐만 아니라, 다양하게 이용될 수 있는 연구수단으로서도 도움이 되었다(Whitaker 1975 I, 41쪽 이하 참조).

아버지의 친구인 시지윅은 이 업적으로 마셜이 대우를 받아야 한다는 생각으로 1879년 초고에 있는 몇 개의 장을 선별하여『국제무역의 순수이론』(The Pure Theory of Foreign Trade)과『국내가치의 순수이론』(The Pure Theory of Domestic Values)이라는 제목의 책을 개인적으로 인쇄하여[4] 배포했다. 이 저술들은 큰 반향을 불러일으켰으며, 이는 마셜 자신에게도 1877년 이래 독보적인 경제학자로 군림했던 케임브리지 지역의 외부까지 명성을 높이는 계기가 되었다. 그리고 시지윅의 주선으로 1868년에는 여성들을 위한 특별강의의 기회도 주어졌다.

마셜은 정치경제학의 강사로서도 성공을 거두었다. 1874년 졸업시험에 통과한 첫 번째 여학생인 팰리(Mary Paley)는 3년 후 그의 부인이 되었다. 그 당시(1881년까지) 케임브리지와 옥스퍼드 대학교 소속학자들은 성직자와 마찬가지로 독신으로 살아야 했기 때문에 마셜은 대학의 자리를 포기하고 다른 일자리를 찾아야 했다.

1877년 그는 새로 설립된 브리스톨 소재의 유니버시티 칼리지에서 교수직을 제의받았으며 동시에 학장으로 선임되었다. 이 시기에 그의 부인은 케임브리지 대학교에서 사용될 작은 교과서를 준비하고 있었다. 마셜도 이 작업에 동참하여 이를 점차 자신의 고유한 저작으로 만들어 갔는데, 이것은 1879년 『산업경제학』(*The Economics of Industry*)이라는 제목으로 두 사람의 공저로 출판되었다. 이 저작의 중심내용은 1881년 제2판의 서문에 언급된 바와 같이 근본적인 법칙, 즉 공급과 수요의 법칙에 의해 개발된 가격 및 분배이론이다. 이 책은 교과서로서 성공을 거두었고 많은 찬사를 받았다.

에지워스는 여기에서 "수학적 추론의 새로운 힘"을 발견했고(Edgeworth 1925, 66쪽), 타우시그도 이 책을 "획기적"인 것으로 평가했다(Taussig 1924, 1쪽). 이와 달리 마셜은 시간이 갈수록 이 공동저작을 좋아하지 않았는데, "5실링 은화의 절반가격으로 진실을 말하라고 요구할 수 없다(M.P. Marshall 1947, 22쪽)"는 말을 남기고 『경제학 원리』의 간행과 함께 잔여발행분을 폐기처분했다.

1880년대 초 신장질환으로 마셜의 건강상태는 매우 심각하게 악화되었다. 그는 교수직을 포기하고 대륙에서 긴 요양휴가를 보냈다. 1882년 8월 다시 영국으로 돌아왔을 때, 그의 짐 속에는 새로운 저작이 있었는데 그것은 다름 아닌 『경제학 원리』의 초안이었다. 1883년 마셜은 가족과 함께 브리스톨을 떠났다. 그는 베일리얼 칼리지(Balliol College)에서 그 해에 사망한 토인비(Arnold Toynbee)가 맡았던 정치경제학 강의를 담당해 달라는 옥스퍼드 대학교의 제안을 수락했다(Kadish 1986 참조). 하지만 그는 포셋(Henry Fawcett)의 정치경제학 강좌를 승계하기 위해 1885년 케임브리지 대학교로 돌아와야 했기 때문에 그곳에서는 1년만 머물렀다. 그는 이 케임브리지에서의 교수직을 1908년 정년 때까지 유지했다.

두 번째로 맞는 케임브리지 시절에 그는 두 가지의 큰 과제를 구상했다. 먼저 대표저작을 마침내 완성하고자 했고, 그 다음 경제학을 독자적인 학문의 영역으로 확립하고자 했다. 그는 이를 위해 우선 정치경제학을 도덕과학 학부에서 독립시켜 독자적인 졸업학위가 인정되는 고유한 경제학 과정을 개설하는 것이 필요하다고 생각했다.

그가 이 두 가지 과제를 얼마나 밀접한 연관 속에서 보았는지는 『타임스』(The Times)가 소상하게 보도한 바 있으며 강력한 주목을 받은 부임강의인 「경제학의 현 위치」(The Present Position of Economics, 1885a)에 잘 나타나 있다. 여기서 그는 경제학이 고전학파, 역사학파 그리고 사회주의적 관점과 구분되는 어떠한 입장을 취해야 하는지를 분명히 제시했다.

그는 새로운 입장이란 다른 연구방법에 의한 것이 아니라, 산업사회의 관습적, 제도적 변화에서 발생하는 경제적 문제들의 변천에 의해 결정된다고 주장했다. 가장 중요한 문제는 "빈곤층의 빈곤"이었다. 그러나 현대 경제학자들의 입장을 특징짓는 것은 상황의 변화, 즉 "노동계급 여건의 거대한 발전가능성"에 대한 신뢰라고 볼 수 있다(Marshall 1885a, 155쪽). 이를 위해서는 경제에 대한 심도 있는 연구가 요구된다. 이러한 기본적 입장의 공식적 표명은 그 당시 마셜의 학문적 업적을 총 망라한 것이라고 할 수 있는 『경제학 원리』에 이미 나타나 있었다.

같은 해인 1885년 그는 수요탄력성 개념을 처음으로 강의했다. 그런데도 1887과 1888년에는 금은위원회의 활동에 전념했기 때문에 『경제학 원리』의 완결은 지연되었다. 이 기구는 영국 통화의 국제가치 변동을 연구하기 위해 마련된 것이었다. 마셜은 회의에 제출된 「비망록」(Memoranda, 1887)에서 화폐경제학의 본질적인 요소들(구매력 상등 이론 등)을 개발했는데, 그 내용은 1923년에 간행된 통화관련 저서인 『통화신용과 상업』(Money Credit and Commerce)에서 체계적으로 정리되었다. 그후 보고서 작성과 강연준비로 인한 긴장으로 그의 건강은 크게 악화되었는데, 이때부터 건강이 완전하게 회복될 수 없었다고 스스로도 밝히고 있다.

모두 2권으로 구성된 『경제학 원리』의 제1부가 1890년 7월 먼저 시판되었다. 이 책은 특히 영국에서 오랫동안 기다렸던 경제학의 현대적 개론으로 환영받았으며, 1848년 이래 이 분야를 지배해온 밀의 『정치경제학 원리』를 능가하는 것으로 평가되었다. 『경제학 원리』는 다음과 같이 또 다른 측면에서도 영국 서적시장에서 선도적 위치를 차지했다.

우선 맥밀런 출판사는 이 책의 저자로 인하여 막대한 이익을 남길 수 있었다(Grether 1934; Macmillan 1942; Guillebaud 1965). 이러한 센세이션은 본질적으로는 책의 출간에 국한된 것이지 책의 내용에서 비롯된 것은 아니다.[5] 책의 내용은 이미 마셜의 강의를 수강해온 수많은 학생들에게 알려졌고 전파되었기 때문이다. 그러나 이러한 가르침이 활자화되었다는 사실은 또 다른 의미가 있다.

750쪽 분량인 책의 내용은 마셜이 경제학의 과제를 무엇으로 보고 있는지, 어떠한 방법으로 해결해야 하는지, 또한 이 과제가 어느 정도 인식되고 있는지를 나타내고 있는데, 여전히 "빈곤문제"가 연구의 중심과제이다. "빈곤의 원인에 대한 연구"는, "모든 사람들이 빈곤의 누적과 단순히 기계적인 노동의 영향으로부터 벗어나 문화적인 생활을 영위하는 것이 진정 불가능한가"라는 물음에 답하기 위하여 여러 사실들을 제공하고 이들의 인과관계를 해명해야 한다(Marshall 1905, 2쪽 이하)."

여기에서 마셜은 "본질적으로 국민경제학적 방법론이라고 지칭할 만한 연구방법론은 없다"는 점을 확인했다(같은 책, 76쪽). 나아가 경제학과 같은 응용지향적 학문에서는 연구자로 하여금 경제생활의 실제상황을 외면하도록 유도하지 않는 한 어떤 방법론도 옳은 것이다. 처음부터 통일된 단초는 이미 정립되어 있었는데, "분배와 교환이라는 핵심과제의 다양한 부분들로 수립된 기본적 사고로서의 수요와 공급의 일반균형이론"이 바로 그것이다(같은 책, IX).

마셜의 주요 저작의 명확한 원칙들은 까다로운 학문적 깊이를 담고 있다. 문장은 다양한 색채를 띠고 있으나 빛나지는 않는다. 문장은 때때로 지루한 느낌을 주는데, 이는 저자가 가능하면 전체를 명확하게 전달하고자 노력했기 때문이다. 게다가 구성은 매우 난해하여, 비록 목차가 세분화되어 있다고 하더라도 전체를 개관하기가 어렵다. 독자들은 특별한 경우들, 특별한 문제들, 수많은 실제의 범례들 그리고 부정확한 정의와 도덕적 가르침의 함정에 쉽게 빠져버릴 우려가 있다. 또한 독서의 흐름이 장문의 주와 13개의 부록에 의해 다소 지장을 받기도 한다. 그런데 마셜은 이 속에 수학적 기교와 함께 원숙한 이론을 "감추고" 있다.

이러한 표현방법은 그의 추종자들을 지속적으로 분열시키는 뜻밖의 결과를 초래했다. 한편은 그의 "형식주의"를 불필요한 부산물로 여긴 반면, 다른 한편은 작은 글씨체로 인쇄된 것에는 보존가치가 있는 교훈적인 이론의 정수가 담겨 있기 때문에 오히려 본문이 필요하지 않다고 믿고 있었다. 마셜은 이 두 가지 모두를 독자적으로 유지하려고 노력하기도 했지만, 그 자신은 두 가지 모두를 한 동전의 양면으로 간주했다. 왜냐하면 그의 저작을 학자들뿐만 아니라 사업가들도 읽고 이해하길 원했기 때문이다.

그런데 『경제학 원리』는 스미스의 『국부론』과 마찬가지로 매우 난해하여 그다지 대중적이지 못했다. 하지만 이 저작은 학계에서는 점차 지속적인 성공을 거두었다. 마셜의 생전에 이미 제8판이 출간되었으며, 그후에도 계속 인쇄되어 현재까지도 베스트셀러로 남아 있다.[6] 『경제학 원리』는 차세대 교과서의 표본이 되고 있는데, 오늘날 거의 모든 미시경제학 교과서는 마셜에 의해 제시된 방향을 따르고 있다.

결국『경제학 원리』는 마셜이 케임브리지에서의 생활을 새로 시작하면서 설정한 두 번째의 주요 과제와 깊은 연관을 맺고 있다고 볼 수 있다. 그는 손상된 영국의 경제학을 부흥시키기 위하여(Haney 1949, 862쪽 이하) 학문의 전문화를 꾀했다(Maloney, 1985).『경제학 원리』라는 제목의 선정에서부터 이미 이러한 징후가 나타났다. 마셜은 그의 첫 번째 저작부터 정치경제(Political Economy)라는 개념을 의도적으로 회피하고 대신 경제학(Economics)이란 용어를 사용했는데, 이는 경제학을 수학, 물리학, 윤리학 등과 같은 유명 학문과 어깨를 나란히 하기 위한 의도적 작명이었다. 마셜의 저작으로 경제학이라는 새로운 학문의 명칭이 일반적으로 수용되었다(Cannan 1929/64, 43쪽 이하).

마셜은 이와 같은 방향의 다음 단계로서 1890년 10월 동료학자들의 동의 아래「영국경제협회 설립안」(Proposal to Form an English Economic Association)을 작성했다. 같은 해 그는 자신의 경제학 관련 조직인『이코노믹 저널』(Economic Journal)과 함께 왕립경제학회의 설립을 주도했다.

마셜의 친척이자 동료인 에지워스가 이 기구의 초대 편집인을 맡았다. 마침내 그는 오랫동안 추구해왔던 목표인 경제학 공부에 대한 근본적인 개혁을 단행했는데, 1902년 케임브리지 대학교의 평의원회에「경제학과 이와 관련된 정치과학 분야의 교과과정 마련을 위한 청원」(A Plea for the Creation of a Curriculum in Economics and Associated Branches of Political Science)을 제출했다(Marshall 1902).

잘 다듬어진 개념과 높아진 마셜의 권위는 역사적 사회학적으로 편향된 학자들의 거센 저항에도 불구하고 1903년에 이미 독자적인 경제학 과정의 도입을 성사시킬 수 있었다. "따라서 마셜은 케임브리지 학파의 공식적 창시자였다(Keynes 1924a, 48쪽; Fry 1976, Wright 1986)." 이렇게 하여 마침내 경제학은 대학의 전통적인 학문들에 필적하는 학문으로서 사회적 인정을 받게 되었다.

『경제학 원리』의 발간부터 대학을 그만 둔 시기인 1890년부터 1908 년까지 마셜의 영향력은 그가 공적인 생활에서 맡았던 직책을 통하여 폭넓게 발휘되었다. 케임브리지 대학교의 존경받는 교수이자 영국 국 민경제학의 거장인 마셜은 매우 인기가 많은 사람이었으며, 정부관료 들도 그에게 자문을 구했다. 그래서 그는 정부의 수많은 위원회에서 현 실의 사회정책, 금융정책, 재정정책 문제에 자문을 해주었다. 또한 빈 민구제, 실업, 노동조합 그리고 최저임금과 같은 절박한 주제들에 관심 을 가졌으며, 특히 왕립노동위원회에 적극적으로 참여했다.

마셜은 훗날 1891년과 1895년 사이의 이 직무에 대하여 크게 감사하 는 마음으로 다음과 같이 회고했다. "나는 노동자들과 여타의 사람들 그리고 위원회의 구성원들에게서 나의 일생에 있어서 가장 값진 교육 을 받았다(Marshall 1920, VII)." 마셜이 임금개혁 캠페인과 대영제국 의 조세제도와 관련된 논쟁에 참여한 것은 이론적으로나 실제적으로 특별한 의미가 있었다(Wood 1980 참조). 그는 1903년 재무장관의 요 청에 따라 1908년 증보되어 발간된 『비망록』(*Memorandum*)을 저술 했다(Keynes 1926, 365쪽 이하). 국제경제 이론에 새로운 자극을 부 여하여 각광받은 이 평론에서 그는 관세변동의 경제적 효과를 규명하 기 위해 "자신의" 탄력성 개념을 국제무역에 적용했다.

그의 부인과 친구들도 밝혔듯이 마셜은 『경제학 원리』의 지속적인 수 정작업에 너무나 많은 노력을 기울였다. 이미 1891년에 제2판이 출간 되었고, 비교적 짧은 간격으로 증보판이 이어졌다. 완벽을 추구하는 그 의 성향과 비판에 대한 민감성은 이 저작을 완벽하게 만들기 위한 지칠 줄 모르는 작업을 그에게 강요했다(Marshall/Guillebaud 1961; Taussig 1924, 6쪽 이하 참조). 그래서 이 저작의 분량은 곧 900쪽으로 늘어났다.

그런데 『경제학 원리』가 꾸준한 작업을 통하여 본질적인 부분까지 변 화되었는지의 여부에 대해서는 논란의 여지가 있다.[7] 마셜은 동시에 『경제학 원리』에서 400쪽이 넘는 초보자를 위한 교재를 만들어 내기도 했다. 『산업경제학의 제반요소』(*Elements of Economics of Industry*, 1892/1913)라는 제목의 이 책도 역시 성공적이었다.

그리고 그는 이 당시의 많은 서한들과 토론자료들을 모아 『구세대 경제학자와 신세대 경제학자』(*The Old Generation of Economists and the New*, 1897)라는 제목으로 케임브리지 경제클럽의 창립연설을 했다. 그는 젊은 경제학도들에게 지식과 복지의 수준이 향상되는 현대사회에서 학자로서의 특별한 책임의식을 갖도록 분명하게 요구했다. 그들은 가능한 한 많은 사람들이 "품위 있는 생활의 기회(같은 책, 311쪽)"를 즐길 수 있는 경제적 조건을 연구할 수 있어야 한다고 했다. 이를 위해서는 19세기의 질적인 경제이론이 양적인 분석으로 보강되어야 할 뿐만 아니라, "우리는 무엇에서 무엇이 이루어지는가를 그리고 존재에서 발전을 배워야 한다(같은 책, 300쪽)."

마셜은 수제자인 피구에게 1908년 케임브리지 대학의 교수직을 승계시키고 교직을 떠났다(Coase 1972; Coats 1972; Jones 1978 참조). 경제학이 제시된 "새로운" 방향으로 인도될 수 있는 충분한 시간과 능력이 갖추어졌다는 확신을 갖고 은퇴생활로 들어갔던 것이다. 그는 『경제학 원리』의 제1권에서 자유경쟁 국민경제의 균형상태에 대한 (정태적) 이론을 개발한 후, 오래전부터 예고되었던 제2권에서는 경제적 적응과 발전과정의 (동태적) 이론체계를 마련하고자 했다. 그러나 충분하게 수집된 자료들에 제1권의 추상적인 내용이 포함되면서 경제생활의 실제변화를 평가하는 데 적합한 하나의 이론으로 묶는다는 것은 매우 어려운 작업이었다.

수라니 웅거는 마셜이 스스로 설정한 일련의 과제들을 다음과 같이 기술했다. "저술작업을 계속하려는 마셜의 정신적인 투쟁은 괴테가 『파우스트』(*Faust*)의 제2부를 만들기 위해 투쟁한 것과 비교될 수 있다(Surànyi-Unger 1927, 214쪽)." 이러한 비교는 양대 투쟁의 결과를 고려할 경우에는 적절하지 않다. 괴테는 그의 고전작품을 무대공연이 가능하도록 완성시킬 수 있었던 반면, 마셜은 『경제학 원리』의 제6판

(1910)부터 부록 제1권을 생략할 것을 스스로 출판사에 제의해야만 했다.

제2권, 그리고 아마도 그 이상의 것을 예정대로 집필하려는 계획도 결국 그의 건강문제로 무산되고 말았다. 그러나 그는 체력이 소진되었음에도 1919년 저술의 한 부분을 다른 저작으로 완성시켰는데, 이 역시 대중적 성공을 거둔 『산업과 교역』(*Industry and Trade*, 1920)이었다. 이 저작의 주제는 "산업의 기술진보와 이의 인간생활과 노동조건에 대한 영향"이었다(같은 책, V). 이 책은 『경제학 원리』와 비교할 때 상대적으로 내부적인 짜임새가 부족했으며, "여러 논문을 모아 놓은 형태"를 띠고 있었다(Guillebaud 1961b, 184쪽). 제1부는 19세기 후반 영국, 프랑스, 독일과 미국의 선도적인 산업적 입지를 설명하고 있으며, 제2부는 같은 시기 경제의 조직적인 발전을 다루었고, 제3부는 독점화 경향과 이것의 일반복지에 대한 영향을 서술했다.

이 팔순의 노인은 미완성으로 남아 있던 『경제학 원리』를 최소한 주제별로 마무리하기 위한 노력의 일환으로 마지막 저서인 『통화신용과 상업』을 출간했다. 이 책은 그가 50년 동안 갖고 있던 화폐, 신용, 국제경제와 경기이론 분야에 관한 견해들을 모은 것인데, 이미 오래전에 전파되었고 전공분야에서도 소화된 것들이었지만, 부분적으로는 처음으로 발표된 내용도 포함하고 있었다. 마셜은 이 책의 서문에서 그의 저서, 논제, 일관된 목표설정 등 그의 업적이 갖는 연속성을 확인시켜 주었다. 아마도 그는 이 세 가지로 학문영역을 충분히 섭렵했다고 믿었던 것 같다.

그러나 비평가들은 그의 말년의 저작들이 더 이상 높은 수준의 이론적 내용을 담고 있지 않았기 때문에, 유일한 "진본"인 『경제학 원리』와 비교하기 어렵다고 한다. 특히 로빈슨은 그의 화폐관련 저작을 "그가 원래 의도했던 『경제학 원리』 제3권의 어슴푸레한 유령"으로 평가했다(Robinson 1960, 15쪽). 『진보: 그것의 경제적 조건』(*Progress: its Economic Conditions*)이라는 주제의 저서와 『경제학 원리』 제4권에서 경제적 사건들에 대한 설명을 통하여 마침내 "존재로부터 발전"으로 한 걸음 내딛고자 한 그의 꿈은 완전히 무산되고 말았다. 그는 1924년 7월 13일 케임브리지에서 사망했다.

## 마셜의 경제학과 그 영향

마셜의 경제학은 1935년 데이번포트(Davenport)에서 1986년 라이스만(Reisman)에 이르기까지 권위 있는 논문뿐만 아니라, 모든 종류의 학설사 분야의 전공서적에 반복되어 소개되고 설명되었다.[8] 그러나 어느 누구도 그의 저작들을 자유롭게 공부하여 마셜의 경제학을 터득할 수 있다고 장담해서는 안 된다. 그의 학문은 수많은 아이디어와 단초들이 종종 변화된 형태로 중첩되어 학문적 보편성을 갖게 되었기 때문이다.

진실로 확고한 마셜의 형상에 대한 희망은 앞으로도 하나의 환상으로 남을 수밖에 없을 것이다. 그런데 마셜의 경제학은 다음의 세 가지 측면으로는 여전히 구분될 수 있다. 신고전학파의 전통적 측면, 신고전학파의 반대입장 그리고 "현대의" 추종자들. 여기에서는 이것을 개관하는 것으로 만족하기로 한다.

### 신고전학파의 마셜주의

시간이 지날수록 점차 다듬어진 하나의 획일화된 마셜의 형상은 존재한다. 그의 경제학과 관련하여 주목해야 할 점으로 폐쇄경제의 한계분석적 균형이론의 구상, 즉 최적의 시장조건에 관한 실증적(가치중립적)이며 "순수한(추상적 연역적)" 경제학에의 기여를 들 수 있는데, 여기에서는 합리적으로 행동하는 경제주체들이 개인의 물질적 후생의 극대화를 추구한다. 이러한 신고전학파적 마셜주의는 거의 대부분 『경제학 원리』에서 여과되었다.

"완전한 마셜"은 『경제학 원리』 제5권의 종결부분에 수록된 바와 같은 미시경제학, 즉 "효용과 수요" 그리고 "비용과 공급"에 국한되고 있다(Blaug 1985, Chap. 9와 10). 타우시그는 이로부터 이미 마셜이 전달하고자 한 것의 핵심을 다음과 같이 간파했다. "경제학의 구조에 내포되어 있는 일련의 추론과 본질적인 결론의 결정체(Taussig 1924, 6쪽)."

이것은 바로 마셜이 개별 시장에서 공급과 수요의 상호작용이라는 "보편적 관계"를 보여주고자 했던 기본적인 경제모델을 겨냥하고 있다. 이러한 추론은 그가 국민경제에서 상호연관성이 높은 사항들의 전체를 부분으로 나누어 이해하려고 시도했다는 점에서는 새로운 것이다(발라의 종합분석에 대응하는 부분분석). 그러나 공급과 수요에 대한 사고는 이전에 이미 널리 유포되었다. 모든 사람들이 알고 있는 바와 같이 영국의 무역은 번성했고, 이에 따라 시장도 크게 확대되었다. "공급과 수요법칙은 열 명의 야전사령관도 갖지 못하던 권위를 가졌다(Condliffe 1951, 359쪽)."

그리고 공급과 수요의 그래프 역시 마셜이 "발명한" 것이 아니라, 쿠르노, 만골트, 젱킨과 여타의 학자들이 이미 그와 같은 곡선을 그렸다. 그런데도 이러한 그래프의 작성기법을 학문적으로 성사시킨 사람은 마셜이다. 그 이유는 바로 그가 개념, 재화의 수량 그리고 재화의 가격을 기능적으로 연결시키고 이를 다시 효용산정과 결합시키는 데 성공했기 때문이다(Blaug 1985, 350쪽; Schefold 1981, 71쪽). 그리하여 한 경제주체가 어떠한 수요와 공급가격으로 구매량과 판매량을 결정할 것인가를 동시에 고려할 수 있게 되었다.

케인스는 이에 관해 후일 다음과 같이 높이 평가했다. "가치가 수요와 공급의 균형점에서 결정된다는 가정을 기초로 하는 일반적 사고는 코페르니쿠스 체계의 발견과 같은 것으로 확대해석될 수 있는데, 여기에서는 경제적 우주의 모든 요소들이 상호균형과 상호작용을 통해 제자리를 지키게 된다(Keynes 1924a, 37쪽)." 상호교차하는 공급과 수요곡선의 그래프(Marshall's Cross)는 경제학도들의 뇌리에 뚜렷하게 각인되었으며 이후 구구단처럼 인식되고 있다. 블로크는 "우리가 경제

체계의 작용에 대하여 알고 있는 거의 모든 것은 공급과 수요의 교차라는 기초 위에서 연구될 수 있다고 주장하는 것은 결코 과장이 아니다"는 말로 이를 경탄해 마지않았다(Blaug 1968/75, 105쪽; Bharadwaj 1978 참조).

그러나 마셜은 이러한 보편성을 이유로 "그의" 방법론을 결코 과신하지는 않았다. 그는 경제학도들이 상반되게 인식하고 있는 상황의 어려움을 지속적으로 경고했다. 그리고 마셜은 하나의 단조로운 곡선이 복잡한 가치와 가격형성의 과정과 이와 연계된 분배과정을 어떻게 제대로 표현할 수 있을 것인지 심사숙고해야 하며(Marshall 1920/49, 306쪽), 궁극적으로 복잡한 교환경제적 체계 속의 모든 요소들은 "물통 속에서 떠다니는 공처럼" 각기 다른 모든 요소의 상태에 따라 상이하게 규정된다는 점도 지적했다(같은 책, 269쪽).

이러한 경제변수의 일반적 상호연관성과 관련하여 마셜이 즐겨 사용한 표현의 하나가 그의 저서 『산업과 교역』에 다음과 같이 기술되어 있다. "하나 속의 다수, 다수 속의 하나." 그에게 이것은 단순한 말의 유희가 아니었다. 이러한 은유의 더욱 심오한(총체적) 의미는 그에게 생각보다 훨씬 강한 감명을 주었다. 한눈에 복합한 경제체계를 파악할 수는 없기 때문에, 그 속에 숨어 있는 "많은 것"을 잃지 않고 "한 가지"를 정확하게 관찰할 수 있는 아주 특수한 확대경이 필요하다(Hornung 1971, 247쪽 이하 참조).

마셜은 초기에는 정태적 함수를 이용한 부분균형 분석을 적절한 도구로 인식했다. 부분균형 분석은 그 속에서 모든 경제변수들의 영향을 분석할 수 있는 하나의 종합적 그림으로 인도하는데, 이것이 바로 가격이다. 이는 모든 "나머지 변수들의 영향은 일정불변하다"는 가정 아래 다루어져야 한다. 이러한 분리적 분석방법은 신중하게 다루어져야 하는데, 특히 연구자는 많은 영향요인들을 사전에 내생적 변수와 외생적 변수로 구분하여야 한다. 연구자는 오류를 범해서는 안 된다. 모든 연구영역에서 특히 영향력이 큰 변수를 "여건불변(Ceteris-Paribus)의 울타리 속에" 가둬서는 안 된다(Marshall 1920/49, 304쪽).

마셜은 중요한 요소를 파악하고 그것의 의미를 평가하기 위한 주도면밀하고 세심한 연구를 요구했다. 이는 가능한 한 수량적 방법으로 이루어져야 한다. 여기에서 마셜은 그가 다듬은 탄력성 분석에 큰 기대를 했는데, 이는 임의의 함수관계의 상대적 강도에 대한 척도를 계산하는 것이다. 서로 연관된 변수들이 그와 같은 방법으로 "현실에 가깝게" 설명된 후에야 비로소 단순한 모형으로 시작된 분석이 순차적으로 일반적인 설명으로 근접할 수 있는데, 여기에서는 지금까지 도출된 모든 결과들이 예외없이 고려된다.

마셜은 이와 같은 체계적인 방법으로 시장현상을 우선적으로 연구했다. 여기에서 그의 단기적 목표, 즉 정태적 경제에서 어떠한 조건 아래에 시장균형의 경향이 존재하는가에 대한 설명이 가능하게 되었다. 그는 "관찰된 경제적 여건들이 제약 없이 그들의 기능을 완전하게 발휘할 만한 시간을 가질 경우" 얻어진 공급과 수요의 균형치를 "정상적"(normal)이라고 했다(Marshall 1905, VIII; 1920/49, VI).

어떤 변수가 정상적 또는 비정상적인지의 여부는 결국 선택된 시간의 범주에 달려 있다. 분석에서의 기한은 엄격히 본다면 달력상 시간의 문제가 아니라, 방법론적 시간(operational time)을 의미한다. 즉, 어떠한 적응과정이 시장의 양측에 그리고 그들 사이에 허용되고 배제되는가에 달려 있는 것이다. 이 원칙에 따라 마셜은 주어진 생산능력의 범위 내에서 가변비용과 준(quasi-)고정비용이 존재하는 단기적 생산과정과 생산능력을 변경할 수 없어 모든 비용이 가변적인 장기적 생산과정을 구분했다. 그리고 그는 모든 "산업"의 공급측면을 동일하게 하나로 축소하여 "대표기업"으로 표현했다.

한 "산업"이 생산과정에서 불변비용이 상승 또는 하락하는가의 가정에 따라, 공급된 물량이 장기적으로 가격변화에 순응 또는 역행하는가 아니면 전혀 반응하지 않는가를 시장곡선을 이용하여 유도해낼 수 있다. 수요측면에서도 마셜의 경제모델에서 경제주체들, 개인 또는 집단은 "일반적인 수요법칙"에 순종하게 되는데(Marshall 1905, 144쪽), 이에 따르면 다른 여건이 불변일 경우 가격과 수요량 간에는 역의 관계가 존재한다. 또한 그는 자신의 경제적 "욕구"를 최대한으로 충족시키고자 하는 합리적 소비자를 설정하고 있는데, 여기에서 "잘 알려진 인간본성의 근본적인 경향"을 염두에 두었다. 즉 "욕구충족 능력의 법칙 또는 한계효용 체감의 법칙"이 바로 그것이다(같은 책, 138쪽).

여기에는 마셜을 불멸의 존재로 만든 가장 훌륭한 신고전학파적 업적들인 임금과 이자의 형성, 노동과 자본의 공급, 투자행위, 소득분배, 국제무역 또는 화폐가치의 변동 등이 담겨져 있다. 그러나 그의 "신고전학파적 원칙" 가운데 많은 것들이 "불명확하게 표현되었으며 지나치게 단순화"되었다. 따라서 이러한 "결함"을 개선하기 위해 그의 분석에 대한 확충과 정밀화가 요구된다.

바이너(Jacob Viner)가 그의 저명한 논문에서 언급했던 "질서는 마셜의 비용 및 공급곡선 아래 창출된다"라는 말(1932/65, 195쪽 이하)은 이러한 "표준학문의 연구"를 위한 수십 년간 지속된 힘든 작업을 함축적으로 표현하고 있다. 쿤은 이를 대가의 학문적 방을 "청소"하는 것이며 남겨진 "수수께끼를 푸는 것"이라고 했다. 이 "퍼즐 게임"은 많은 성과를 가져다주었다.[9]

미시경제 이론뿐만 아니라 경험적 경제연구가 활성화되었고, 불완전경쟁이론과 후생경제학 그리고 외부효과에 관한 이론으로 새로운 연구영역이 창출되었다. 그러나 케임브리지 학파의 사고와 로잔 학파(발라, 파레토) 이론의 결합을 통한 단일화된 신고전학파 시장균형 이론으로의 지향은, 마셜의 현실에 근접한 시장분석을 하나의 가상적 시장의 분명한 "수요공급 역학"(Demand and Supply Mechanics)으로 변환시켰다(Davenport 1935, Chap. III).

정지, 운동 그리고 힘의 고전적 역학적 범주가 직접적으로 교환행위에 적용되었다(Waffenschmidt 1915, 456쪽 이하와 797쪽; Frisch 1950). 그리고 헨더슨은 마셜주의을 최종적으로 다듬었다고 볼 수 있는 저작인 『케임브리지 경제학 편람』(*Cambridge Economic Handbooks*) 제1권에서 엄정성 및 일반성과 관련하여 물리학에서의 "중량법칙" 또는 역학적 "운동법칙"과 비교될 수 있는 설명이 왜 제시되지 않고 있는가라는 의문을 제기했다(Henderson 1935, 16쪽 이하). 여기에서 마셜의 학문은 특히 젊은 신고전학파 학자들을 혼란스럽게 만들었던 그의 윤리적 색채를 완전히 잃어버렸다. "그것의 훌륭한 탈선과 기초적인 교화는 …… 현대적 취향에 맞지 않기 때문이다(Shove 1942, 316쪽)."

## 반(反)마셜-형상

마셜 경제학의 신고전학파적 형상화는 세련되게 구축되었지만, 이와는 학문적으로 반대의 입장에 서 있는 역사학파, 제도학파 그리고 사회주의자 진영에서는 그의 경제학을 단지 하나의 거친 나무토막에 불과하다고 혹평했다. 마셜의 케임브리지 대학교 동료이자 저명한 경제사학자인 커닝엄(William Cunningham)은 독자적인 학문을 통하여 그를 집요하게 비판하여 화나게 했다. 그리고 그는 『경제학 원리』와 같은 저작을 『경제사의 도착』(*Perversion of Economic History*, 1892)같이 불량한 저서로 간주하면서 다음과 같이 세 가지를 지적했다.

인간의 거래동기가 불변적이라는 비현실적 가정, 경제적 법칙을 갖고 모든 시기의 모든 장소에서 원인을 구명하려는 요구, 이러한 일반적인 근거로 거리낌없이 보잘것없는 모든 경제사적 요인들을 포용하려는 오만불손함 등. 마셜은 이러한 비판을 항상 잘 소화시키지 못하고 당혹스럽게 반응했으며 근본적인 오해로 간주했다(Marshall 1892).

미국의 제도학파에게 마셜은 자본주의가 자율적으로 조절되는 경쟁 메커니즘에 의해 안정과 균형으로 수렴시키는 효율적이며 정당한 체제라는 잘못된 인식을 퍼뜨리는 "형식적인 시장경제 이론의" 선지자 가운데 하나로 인식되었다(Gruchy 1972, 8쪽 이하, 28쪽 이하, 52쪽, 229쪽 참조). 베블런(Thorstein Veblen)은 이러한 이론의 배후에 도사리고 있는 위험한 『경제과학의 편견』(*Preconceptions of Economic Science*, 1899/1900)을 예측했는데, 이것은 (마셜도 마찬가지로) 경제생활의 "전체"—전체적 움직임, 제도적 변화, 복잡하며 본능과 행위 그리고 관습에 의해 특징지어진 인간본성 등—에 대한 시야를 차단하고 있다고 보았다.

실제로 마셜의 학문에 대한 결정적인 반대자와 적대자들이 나타났다. 마르크스주의 경제학자들은 그를 신랄하게 비난했다. 이들은 마셜의 "사회주의에 대한 혐오" 때문에 이미 그를 크게 불신하고 있었으며, 마셜의 "비속한" 학문을 어휘의 이중적 의미 속에서의 "무가치적인 것"으로 평가하면서(Behrens 1981, 49쪽) 이에 대한 더욱 상세한 연구는 필요하지 않으며 마셜의 학문도 "전망이 없는 시민계급의 경제학"이라고 했다(Meißner 1976).

그런데 "시민계급 경제학"의 유럽 대륙 중심지에서도 마셜의 저작에 대한 견해가 나누어져 있었다. 이탈리아에서는 특히 판탈레오니에 의해 오래전부터 공감하는 처방이 신속하게 알려졌고 이에 대한 평가기준이 마련된 반면(Pantaleoni 1889), 독일어 권역에서는 대부분 이의 수용이 유보되었다. 또한 오스트리아의 "한계효용 학자들도" 이로부터 거리를 두고 있었다. 그들에게 마셜은 공통된 자유주의적 사상에의 귀착에도 불구하고 전반적으로 지나치게 수학적이며, 가치와 가격형성의 (심리학적) 토대구축에서는 지나치게 피상적이었다(Craver 1986, 11쪽 이하).

같은 시기에 독일의 역사학파는 이러한 새로운 "섬 나라의 도그마"를 원칙적으로 거부했다(Katzenstein 1893, 254쪽). 정통 역사학파의 거두인 슈몰러는 역사학파 이외에는 오직 "서서히 사라지거나 쇠락한 방향과 방법론만이 존재할 뿐"이라는 사실을 "확고한 진리"라고 의기양양하게 공표했다(Schmoller 1897, 27쪽). 이 말은 마셜의 학문을 겨냥한 것이기도 하다. 카첸슈타인은 마셜이 『경제학 원리』를 저술한 이유를, 리카도를 비롯한 "구(舊)영국의 학파"를 이와 같은 부적절한 수단들을 사용하여 "현재의 성상 파괴주의에서 구하기 위해서"라고 보았다 (Katzenstein 1893, 254쪽).

"모든 사람들이 상이하게 이해하는 개념정의, 공급과 수요의 수학적 등식 그리고 인간의 도덕적 품성을 무시한 이론으로 채워진 마셜의 경제학은 (국민경제의) 기원, 발전 그리고 윤리적 본성을 잘못 파악하고 있다. 우리의 시대와 학문은 그런 무의미한 것들로 소중한 시간을 낭비하기에는 너무나 존엄하다. 그러한 이론으로는 인간의 복리와 고통을 다루어야 하는 문제의 본질적인 핵심에 근접할 수 없다. 경제적 행위와 사고에 관해 이야기하고 여기에서 국가와 그의 권리를 설명하는 데 주저한다면, 이는 작은 것으로 인해 중요한 것을 망각하게 되는 하나의 나쁜 습관의 징후이다(같은 책, 264쪽)."

『경제학 원리』가 1905년부터 독일어로 번역되어 읽혀진 이후에도 그러한 자만심은 변하지 않았다. 브렌타노가 저서의 서문에서 몇 가지 강조한 내용은 주목할 만하다. 이 뮌헨 출신의 강단사회주의자는 "외국의 저작"인 『경제학 원리』를 추천했는데, 끊임없이 "새로운 것을 가져오는" 독일의 경제학자가 어쩔 수 없이 무시해야 할 것이 바로 "옛날의 것"이라는 사실을 이 책을 통해 알 수 있었기 때문이다.

나아가서 이 대담한 영국의 경제학자는 "외국의 경제학자들 특히 독일의 경제학자들이 지난 수십 년 간 경제학적 지식을 확충할 수 있도록 배려했다는 이유로" 감사와 칭송을 받기도 한다. 비록 역사학파가 제1차 세계대전 이후 독일에서의 선도적인 위치를 상실했다고 하더라도 마셜의 경제학은 여전히 무시되거나 단지 피상적으로만 수용된 경우가 대부분이었다. 이러한 사실은 1920년대와 1930년대의 독일어 전공서적의 목록을 잠시만 살펴보아도 확인할 수 있다.

### "다른 마셜"

1952년에 있었던 케임브리지의 "마셜 강의"에서 피구에게 다음과 같은 수사학적 질문이 던져졌다. "만약 마셜이 살아 있다면 현재 진행되고 있는 우리의 일을 어떻게 생각할 것인가(Pigou 1953, 4쪽)?" 그는 이 질문에 대하여 적어도 그 당시에는 대체적으로 자신의 동료들이 만족하는 답변을 했다. "당신들의 작업은 아마도 그 거장의 축복을 받을 것입니다." 하지만 마셜을 "완전히 다르게" 보는 사람들에게 이것은 단지 의례적인 말투일 뿐이다. 그들은 학문적 덕성의 길에서 이미 오래전에 벗어났기 때문에 옛 대가는 속세의 사람들을 질타할 수 있는 충분한 근거를 가질 수 있다.

정태적 균형의 사고방식, 대담한 추상화, 수학적 모델, 역학적 유추, 가치판단의 단호한 배제, "경제적 인간" 그리고 정체적 세계관 등의 개념에 대해서 마셜은 오래전부터 거리를 두고 반대입장에 섰다. 오히려 그는 경제학을 도덕적 학문으로 이해하고, 이것을 동태적으로 접근하며 현실을 겨냥했다. 그가 전념한 것은 "가상적인 경제의 가상적인 문제가 아니라, 자본주의의 현실적 경제문제들"이었다. "그가 관심을 가진 것은 변화하는 구체적인 조건에서 현재의 시장경제가 어떻게 작용하는가"라는 문제였다(Sering 1937, 522쪽 이하). 마셜의 초기 저작들을 살펴보면 이러한 평가는 그의 근본적 의도에 매우 근접한다고 볼 수 있다. 이러한 마셜에 대한 새로운 해석에는 위태커의 저작들이 큰 역할을 했다(Whitaker 1972, 1974, 1975, 1977).

마셜의 경제학이 『경제학 원리』, 그 중에서도 특히 "경제적 기계"가 정태적 조건에서 어떻게 작용하는가를 설명한 장의 내용을 넘어서는 그 이상의 의미를 갖는다는 사실은 의문의 여지가 없다. 『경제학 원리』는 실제로 제6판의 부제에서도 나타나 있듯이 "오직" 하나의 입문서에 지나지 않는다.

진보된 경제학은 마셜이 항상 강조했듯이(Jenner 1964/65) 경제적 과정을 스스로 설명해야 한다. 이는 완전경쟁 상태에서 이익이 발생하지 않는 시장균형 상태와는 거리가 먼 동태적인 적응 및 불균형 상태를 의미한다. 따라서 그의 핵심적 관심사는 정태적 경쟁문제가 아니라, (특히 소비부문에서의) 수익현상과 생산부문의 규모의 경제(economies of scale)였다.

그는 "경쟁"이라는 용어의 사용을 꺼려 했는데, 그 이유로 한편으로는 경쟁이 갖는 "타인의 복리에 반하는 이기심과 무관심이라는 일반적인 이미지(Marshall 1905, 5쪽)"와, 다른 한편으로 이 개념이 "현대 경제생활의 특성을 설명하는 데 적절하지 않다는 점"을 들고 있다. 이는 오히려 "신중한 결정에서 더 많은 자주성과 심사숙고 그리고 자유로움"이라는 특성을 갖는다(같은 책, 6쪽). 이런 의미에서 경쟁을 다른 용어로 표현하면 "영업 및 기업활동의 자유" 또는 더욱 축약하여 "경제적 자유"이다.

그러나 이것은 자유방임이라는 예전의 자유주의의 어조와는 다른 의미의 자유이다. 마셜은 (특히 1907년의 저작에서) 무제한적 이윤추구를 하지 않고 경제적 경쟁에서 점차 "기사도적인 덕성"을 갖고 마침내 공정하고 사려 깊게 행동하여 협동정신을 창출해내는 기업가를 지향했다(Birch 1985 참조). 여기에서 진정한 "기업의 자유"가 실현된다. 이와 관련하여 그는 협력적 경제형태를 확실히 선호했다. 이를 통하여 노동자의 참여권을 보장하기 위해 노동조합의 이익대표성도 강조했다(Petridis 1973).

그는 분배문제에서도 사회주의자들의 목적에는 공감했지만, 그들이 갖는 자본주의에 대한 단호한 적대감과 급진적인 처방에는 동의하지 않았다(McWilliams-Tullberg 1975). 사적인 기업경제는 국가의 모든 경제적 관료주의를 압도해야 한다는 점은 분명하다. "정부는 셰익스피어의 작품을 모양새 좋게 발간할 수는 있지만 그것을 저술할 수는 없다(Marshall 1907, 339쪽)."

마셜은 이 모든 것들을 하나의 복잡한 경제인류학으로 포함시킬 수 있다. 비록 그 자신이 이러한 사상적 전통 속에서 성장했음에도 그는 경제적 인간을 하나의 공리주의적 윤리와 쾌락주의적 심리학의 범주 내에 한정시켜 보지는 않았다. 그는 매우 이성적인 경제인(Homo oeconomicus)을 한계주의의 보편적인 설명론만큼 신뢰하지 않았다.

시지윅과 마찬가지로 한계효용의 개념을 반기고 사용했지만, 제번스의 경우처럼 이로부터 도그마를 창출해내지는 않았다. 이러한 점은 이미 그의 온건한 가위-비유에서 알 수 있는데(Marshall 1920/49, 290쪽), 이에 따르면 한계효용과 생산비용은 가위의 양날과 같이 작용하면서 재화의 가치를 결정하며 이는 비(非)한계효용적 단초, 즉 그의 가격 및 기업이론에서 총비용법칙 및 대표기업의 개념으로 입증될 수 있다(Hirsch 1965, 제4장; Levine 1983 참조).

마셜은 경제적 행위가 사회적, 도덕적, 기술적 환경 그리고 이기적이고 비이성적인 수많은 동기들이 함께 작용하여 나타나는 것으로 보았다. 경제학을 전혀 고려하지 않은 상태에서 미국의 사회학자 파슨스(Talcott Parsons)는 이미 마셜의 경제적 분석에서 욕구(Wants)와 행위(Activities)가 어떤 결정적 역할을 하는지 설명했다(1931/32a와 b). 파슨스의 견해는 최근에 와서야 다시 주목을 받았고 비판적으로 발전했다(Whitaker 1977; Chasse 1984).

마셜에 의하면 자유로운 인간이 갖는 경제적 행위의 원동력은 "의무 이행"과, "확증에 대한 요구", 문명과 문화에 기인한 "변화욕구"와 "자주성"이다. 인간욕구의 조색판은 다채롭게 그리고 더욱 중요하게는 "낮은" 순위와 "높은" 순위에 따라 다양하게 나타난다. 아마도 이것의 배경은 헤겔이 언급한(Hegel 1833/1981, 226쪽 이하) "시민사회"에서 인간욕구의 "다양성"과 "섬세성"의 체계일 것이다(Chasse 1984, 384쪽 이하).

아무튼 마셜의 경제적 진보에 대한 비전은 이상주의적 정신을 표방하고 있다. 경제적 진보는 개인의 요구수준이 높아지고 이로 인해 사회의 요구구조도 개선될 경우 보장될 수 있다. 이는 인간성의 진보, 즉 생활의 경제적 여건과 상호연관 속에 있는 "윤리적 성장"을 요구한다(Marshall 1875, 375쪽). 여기에서 그는 "산업 및 기업자유"의 체계가 질적 성장을 위해 필요한 인적 자원을 스스로 창출해내는가라는 문제를 다루었다.

학자로서 경제학도는 이러한 전개과정의 조건들만 연구하는 것이 아니라, 가능하면 스스로 교육자의 역할을 담당해야 한다. "사람들로 하여금 스스로 교육하여 수준이 더욱 향상될 뿐만 아니라, 더 효율적인 생산자와 더 현명한 소비자가 되도록 도와주는 것(Marshall 1885a, 173쪽)"과 마찬가지로 국가도 이를 위한 적절한 경제 및 사회정책을 시행해야 한다(Fry 1976; Hutchison 1978, 105쪽 이하 참조).

마셜은 그와 같은 "인간에 대한 투자", 즉 어느 정도 도덕적인 인적자본을 형성하는 것을 가장 가치 있는 투자로 인식했다.[10] 단지 이러한 방법을 통해서만 사회적 소외계층이 그들에게 필요한 물질적 보장을 넘어 미래에도 "영국 신사의 문화적이며 고상한" 삶을 영위할 수 있는 진정한 기회를 갖게 될 것이다. 바로 이것이 박애주의자와 사회개혁가로서 마셜이 가졌던 신조였다. 그러나 그는 경제학도로서도 이미 오래전에 「노동계급의 미래」(The Future of the Working Classes, 1873)라는 강연에서 이러한 (규범적인) 생활수준의 개념을 공언했고, 그후 이를 평생동안 옹호했다.

마셜의 사회철학적, 사회심리학적 견해는 그의 경제학적 사고와 분리된 것이 아니며 그의 학문에 대한 일부 신고전학파적 해석이 암시하는 것처럼 단순히 장식적인 부차적 작품도 결코 아니라는 것은 분명한 사실이다(Viner 1941). 그것은 오히려 마셜의 경제학을 일관되게 형성시킨 분리될 수 없는 일체성을 형성하고 있다. 예를 들어 그는 복지와 성장을 "국민분배분(그는 국민소득을 이렇게 지칭했다)"의 수치적 가치로만 측정하지 않았으며, 그의 결핍이론에 따라 생산된 재화의 종류와 분배 나아가서 재화가 도덕적으로 평등하게 관리되었는지의 여부에도 관심을 가졌다. 이러한 경제의 질적인 측면은 신고전학파적 시각을 탈피하면 마셜의 미시경제학에서도 발견된다.

마셜은 국민경제학자들이 그들의 이론에서 인간을 "있는 그대로, 즉 추상적이거나 '경제적'인 인간이 아니라 살점과 피로 형성된 인간으로 다루어야 한다(Marshall 1905, 74쪽)"고 주장했다. 인간의 노동을 모형에 따라 여타의 것과 마찬가지로 하나의 교환가능한 "생산능력"으로 국한시키는 것은, "자유로운 인간의 존재를 기계나 말 또는 노예를 부리는 것과 동일한 원칙으로 다루어서는 안 된다는 사실과 배치된다(같은 책, 487쪽)."

결론적으로 마셜은 생산요소 이론에서 "노동의 특성"을 강조했으며 (Blaug 1985, 416쪽 이하 참조) 단기적, 장기적 노동공급을 인류학적, 문화적 그리고 경제적 경향과의 관계 속에서 세심하게 분석했다(Walker 1974와 1974/75). 마찬가지로 개별 가계를 동질적인 경제단위로 보는 것에 반대했다. 그의 가계이론은 가족의 경제적 행위에 초점을 두고 있는데, 여기에서 그는 자본주의 경제에서 여성의 역할에 특히 주목했다 (Pujol 1984).

이러한 논지에 입각하여 마셜은 방법론적 원칙을 개발했다(Marshall 1885a; 1920/49, Book I과 부록 C; 1920, 부록 A). 정치경제학이 하나의 학문으로서의 정착되기 위해서는 정밀한 자연과학의 범례에 따라 "경제적 사실들을" 합리적인 연구방법으로 구명하여야 한다. 그러나 경제적 지식은 물리학과는 달리 "일련의 연역적 결론들을" 통해 얻어질 수 없을 뿐만 아니라(Marshall 1905, 77쪽), "일반적 법칙"의 형태로 고착시킬 수도 없다.

마셜은 "모든 시기 모든 국가는 고유의 문제를 갖고 있으며, 사회적 관계의 모든 변화는 아마도 새로운 경제적 지식의 수립을 요구할 것이라는 사실"도 강조했다(같은 책, 90쪽; Marshall 1892 참조). 그리고 수학자이기도 한 그는 경제학도들이 수학적 기법을 지나치게 많이 사용하는 것에 대하여 다음과 같이 강력하게 경고했다. 수학은 단지 하나의 제한된 인식수단에 불과하여 지나치면 유희에 빠지게 되며, 경우에 따라 본질적인 경제적 문제에서 벗어날 수도 있다.[11]

그보다도 진자(振子), 팽이, 자전거 등과 같은 기술적 동의어들이 오히려 더 유용할 수 있다. 하지만 이것은 『경제학 원리』의 미시적 정태적 분석의 부분에서 강조된 것처럼 기초적인 경제학에만 해당된다. 그 이유는 "정태적 균형이론은 더 높은 수준의 영속적인 경제적 변화에 집중해야 하는 경제학적 연구의 도입부에 불과하기 때문이다(Marshall 1905, 463쪽; Gordon 1973)." 그리고 경제학은 역학적 동태적 형상만은 아닌 또 다른 하나의 어떤 것을 지향해야 한다. "경제학자의 메카(Mecca)는 경제적 동학에 있는 것이 아니라, 경제적 생물학에 있다(Marshall 1920/49, XII; 1898, 318쪽)." 마셜은 이 두 학문이 복잡하고 불가역적이며 시간이 소요되면서 개방적인 체계들과 연관성이 크다는 사실을 인지했다.

따라서 생물학은 일련의 적절한 동의어들을 제공한다. 예를 들면 "사회적 유기체"로서의 경제학(Marshall 1905, 72쪽), "유기적 성장(같은 책, 436쪽; 1898, 317쪽)", "상승하는 기능적 분배(Marshall 1905, 269쪽 이하)"로서의 "분업", "생명력과 분해력(Marshall 1898, 318쪽)" 사이의 조화로서의 "균형" 등이 바로 그것이다.

초기에는 이러한 생물학적 사고가 단지 예외적인 것이거나(Vito 1934) 가벼운 지적에 불과한 것으로 여겨졌으나, 1955년 글라스버너(Glassburner)의 논문(1955) 발표를 계기로 마셜의 유기체적 사고가 그의 저작에 깊은 영향을 미쳤다는 견해가 점차 대두되었다(O'Brien 1981 참조). 이러한 점은 그의 "대표기업"의 생애에 관한 가설 또는 "조직"이라는 요소를 특히 강조한 그의 생산이론에 잘 나타나 있다. DNA의 시대에 와서는 마셜의 경제적 진화론이 다윈과 스펜서의 변이법칙과 진화법칙 또는 라마르크의 후천적 본성의 유전이론에서 영향을 받았는지의 여부가 흥미로운 문제로 대두되었다(Foa 1982, Gowdy 1983).

### 결론

마셜 경제학의 주축은 (정태적) 가치 및 가격이론이 아니었다. 처음부터 그의 목적은 산업자본주의의 성장 및 발전이론을 설명하려는 것이었다.[12] 그는 이 목적을 위해 매우 많은 것을 투여했지만, 단지 윤곽을 마련하는 것에 불과했다. 그의 논리는 역사주의와 제도학파에 많이 근접해 있다. 전체적으로 볼 때 마셜의 저작은 지난 세기에야 비로소 전반적으로 "역동적 발전"을 이룬 현대 문명의 명작이다(Münch 1986). 사회학자 뮌흐(Richard Münch)가 밝혔듯이 "변화의 편재(偏在)"는 본질적으로 "현대"이다(같은 책, I, 13쪽).

그의 문화적 전형은 다음의 네 가지의 요소들로 이루어져 있다(같은 책, 24쪽 이하). "모든 행위는 유효한 학문적 가설로 귀결되어야 한다"는 의미에서의 합리주의, "모든 인간은 동등한 권리와 의무를 가지며 모든 개인은 그의 사고와 행동을 자유롭게 할 수 있는 권리를 갖는다"는 사고방식, 그와 동시에 "개인의 자유는 다른 사람들의 자유와 조화를 이루어야 한다"는 의무, 그리고 마지막으로 "문명적 사고에 따라 현존하는 세계를 능동적으로 변화시키려는 성향."

마셜이 가졌던 성숙된 경제학에 대한 비전은 이와 같은 요소들을 정확히 내포하고 있다. 어떤 경제학자들은 그의 이러한 사고가 모순성을 갖기 때문에 실현될 수 없다고 보기도 하며, 또 다른 사람들은 그것을 근본적으로 부정하기도 한다. 그러나 어떤 이들에게는 마셜의 유산이 특히 오늘날에서 휴머니즘과 윤리성을 특별히 강조하는 새로운 경제학에 대한 희망의 근거가 되고 있다. 따라서 마셜은 경제사상가들 가운데에서도 현대 사회의 영향력 있는 거장이라는 이유뿐만 아니라, 많은 부분에서 여전히 오랫동안 현대적 존재로 머무를 것이 확실한 거장이기 때문에 진정한 위인인 것이다.

| 하인츠 리터 · 김용원 옮김 |

# 8 | 파레토
Vilfredo Pareto, 1848~1923

## 전기

파레토의 학문적 업적 전체와 그 중에서도 특별히 그의 경제학의 업적은 독일에서는 여전히 그가 실제로 성취했던 것에 비해 덜 평가되고 있다. 그러나 그는 신비로움을 더하면서 살아 있을 때 이미 대가로, 즉 "셀리니의 현자"로 명성을 떨쳤다. 그의 명성은 그가 자유로운 이민자로 더 이상 떠나지 않았던 스위스와 그의 조국을 넘어서 오늘에 이르기까지 베버의 명성과 비슷하게 거의 전 지구적인 반향을 일으켰다. 그의 원래 이름은 프리츠 빌프리트 파레토(Fritz Wilfried Pareto)인데, 왜 독일식 이름을 지었는지는 알려져 있지 않다.

그는 혁명의 해인 1848년 7월 15일 파리에서 한때 제노바 공화국의 『황금의 책』(*Libro d'Oro*)에 올려졌던 제노바의 무역 부르주아 가문의 자손으로 태어났다. 그의 어머니는 프랑스 인이었으며, 그의 할아버지는 치살피노 공화국을 위해 싸운 공로로 나폴레옹의 총애를 받아 프랑스 후작의 지위에 올랐다.[1] 그의 할아버지는 철저한 자유주의자였으며 자유-민족적인 통합움직임의 지지자였다. 그의 할아버지는 그 통합이 깨지자 프랑스로 도망가야 했다. 그의 손자인 파레토가 뒤에 스위스에서 그가 기꺼이 불려지고 싶은 것이 후작인지 교수인지를 질문받았을 때, 그는 늘 다음과 같이 말했다. 그는 "단지 우연에 의해" 교수가 된 것 같기 때문에, 가장 듣고 싶은 것은 "선생님"(monsieur)이라고. 그러나 명함을 제시해야 할 때면, 그는 백작 관(冠)이 그려진 명함을 제시하는 것을 주저하지 않았다.

파레토의 어린 시절에 대해서 알려진 것은 아무것도 없다. 그가 11살이 되었을 때 비로소 그의 아버지가 대사면을 받자 그의 부모와 두 누이와 함께 파리를 떠났다. 고등학교 졸업 후, 그는 그의 아버지의 기술직을 택했고 튀린(Turin)에 있는 폴리테크니쿰에서 공부했다. 그는 거기서 21살에 공학박사 학위를 취득했다. 그의 학위 논문인 『고체탄력성에 관한 이론의 기본원칙』(*Pincipî fondamentali della teoria della elasticità de' corpi solidi*)은 전문가가 그의 이론적 글들을 취합할 때 그것을 포함시켰을 만큼(1952, 593쪽 이하) 중요한 경제이론으로 받아들여졌다.

그는 16세 때 이미 보쉬에(Bossuet)의 글을 읽었으며, 그것은 그를 불쾌하게 했다고 그 스스로 우리에게 말했다. 바스티아의 작품은 그의 개인적인 독립심을 최고로 충족시킨 반면, 버클(Buckle)의 글은 그에게 "극(極)에 무(無)를 더하는 것"으로 비쳐졌던 것 같다. 그는 거기에 영감을 받아 "거의 완전한 학문"으로서의 자유주의 경제학에 경도되었다. 국민주권과 자유는 그에게 그의 아버지와 할아버지가 한때 그랬던 것처럼 오랜 시간 동안 최고의 가치였으며 그것들은 동시에 모든 사회적 문제를 치유할 수 있는 만병통치약으로 여겨졌다.

거의 20년 동안 파레토는 그의 기술직을 성공적으로 수행했다. 그러면서 그는 최소한 그것과 동일한 에너지와 시간을 그 당시 그의 모습이었던 비타협적인 자유주의자로서 그의 이상을 실현시키기 위하여 바쳤다. 그가 이끌었던 지도자적 활동들은 그를 매일의 경제적, 정치적 사안의 문제와 논쟁에 얽히도록 했다. 그가 자신만이 처한 특수한 경우를 바라보는 데 만족하지 않고 관련 전문서적을 동원하여 경제적, 공동체적, 정치적 삶의 종합적인 모습을 만들어내고자 애쓴 것은 그다운 기질이었다. 점차 그는 자신의 글들에 대해 비판적이었다. 그는 결국 그가 학문을 추구했어야 하는 곳에서 단지 "문학"을 찾아냈을 뿐이라고 훗날 간결하게 말했다.

그의 아버지가 죽은 후, 파레토는 어머니와 누이들과 함께 1874년 피렌체에 자리를 잡았다. 영국, 프랑스, 오스트리아 그리고 독일로의 사업여행과 피렌체 시장의 집에서 페루지(Peruzzi)와 그의 아내와 가지게 된 친분관계는 그의 정신적인 세계를 발전시키는 데 기여했다. 무엇보다 그는 26살이 채 되지 않은 1874년, 1753년에 창립되어 이탈리아에서 가장 오래된 그리고 처음부터 비(非)전문가도 받아들였던, '피렌체의 제오르고필리 농경제학회'(R. Accademia Economico-Agraria dei Georgofili di Firenze)의 명예로운 정식회원으로 선출되었다. 이 단체에서 그는 1877년에서 1887년까지 4번에 걸쳐 경제학을 강의했으며 다른 강의의 토론에 몇 번 참여했다.

이 시기에 이탈리아에서는 "우파"가 붕괴하고 "좌파"가 득세했다. 파레토는 1882년 피스토이아–프라토(Pistoia-Prato) 선거구역에 그 당시의 용어로 말하면 급진적인 "자유무역 지지자"로서, 또는 오늘날의 용어를 빌리면 시장 경제론자로서 출마했으나 실패했다.

이 결과는 그에게 쓰라린 경험이었다. 뒤에 파레토의 친한 친구가 된, 그 당시 이탈리아 최고의 경제학자인 판탈레오니(Maffeo Pantaleoni)는 수년 뒤 그에게 다시 선거에 나서도록 종용했다. 그러나 판탈레오니는 이 제안이 자신에게 어울리지 않기 때문에 그냥 웃고 말았다는 그의 답신을 받았다. 그의 말에 의하면 그 실패는 베버가 뒤에 직업으로서의 정치와 학문에 관한 그의 유명한 연구에서 그것을 설명한 것처럼 정치가와 학자의 특성들은 서로 분리되어야 한다는 점을 분명히 보여주었다. 여기에다 직업에 대해서도 물질적으로가 아니라 이념적으로도 환멸이 왔다.

학자로서의 존재를 둘러싸고 있는 내적 테두리는 더욱더 기술자이면서 경제지도자인 자신의 위치를 대비시켰다. 그래서 그는 이탈리아 제철공장에서의 자신의 직책을 포기하고 완전히 학자의 길을 걷고자 했다. 이 시기에 41살의 그는 29살의 바코우니네(Alessandra〔Dina〕Bakounine)와 결혼한다.[2] 그는 동시에 일련의 글들을 이탈리아 경제지인『경제 저널』(Giornale degli Economisti)에 발표한다.

1890년 8월 파레토는 그 신문에 판탈레오니에 관한 기사를 신게 되며, 그것이 그로 하여금 "존경하는 교수님"에게 해석을 의뢰하도록 한 계기가 된다. 이로 인해 서로가 오랜 우정으로 지내게 되는 관계가 형성된다. 결정적인 것은 판탈레오니가 그를 발라에게 추천하고 그의 추천서를 통해 파레토가 발라의 후계자로서 로잔 대학교의 교수직에 부름을 받도록 영향을 미쳤다는 점이다.

파레토는 1893년 5월 12일, 그의 생애 첫 강의를 하게 된다. 발라를 포함해서 사람들은 그 강의에 대해 가능한 한 수학과는 거리가 먼 것을 준비하도록 그에게 충고했다. 그러나 파레토는 발라가 바트란트(Waadtland) 당국에 주었던 추천서가 그와의 관계에 도움이 되기보다는 더 나쁘게 작용한 것을 곧 깨닫게 된다. 왜냐하면 훌륭하다는 발라의 강의에는 단지 6명만의 학생들이 수강했으나, 파레토의 강의에는 즉시 21명의 학생들이 수강했고 곧 46명의 학생들이 수강에 참석했기 때문이다.

성공적인 강의였다. 그 성공으로 그는 평생동안 신뢰를 받았다. 공식적으로 그의 강의활동은 이런 식으로 즉각 성공을 거두었다. 강의활동의 가장 멋진 수확은 2권의『경제학 강의』(Cours d'économie politique, 1896/97, 이하『강의』)를 남긴 것이다. 이 책들은 신고전파 학풍의 빛나는 묘사로서 분석력이 뛰어나고 가르칠 만한 내용을 풍부히 담고 있다. 그러나 이 책들은 발라와의 개인적 관계를 피할 수 없는 지경의 파국으로 즉각 치닫게 한다.[3] 그렇지만 최후에는 그가 학계에서 대단한 자유주의자로 부각된다. 그후 그는 오로지 "논리적 경험적"인 진실만을

빌프레도 파레토(1848~1923)

추구하는 학자로 남는다.

풍요로운 유산으로 누구에게도 의존적일 필요가 없게 된 그는 교수직을 맡은 지 5년만에 강의의무에서 벗어나 오로지 학문에만 헌신할 수 있게 되었다. 그는 명백히 경제적인 내용을 담은 책 2권을 더 집필한다. 『경제학 제요』(*Manuale di economia politica*, 1906, 이하『제요』)와 그에 의해 프랑스어로 번역되면서 약간 수정된 『정치경제 교본』(*Manuel d'économie politique*, 1909)이 그것들이다. 그는 독자들의 이해를 돕기 위하여 항상 인용되는 그의 주저(主著)에 관한 2개의 요약본도 기본적으로 집필했다.

사회학에서 그의 주저인 방대한 『일반 사회학 개론』(*Trattato di sociologia generale*, 1916)도 국민경제에 관한 중요한 식견과 이론을 담고 있다. 그가 처음부터 경제관련 글들에서 그의 사회학적인 견해와 이론을 그때그때 표출했다면, 대체로 이 책을 간과했을지 모른다. 파레토는 국민경제학과 사회학은 사회경제적인 실제를 설명하기 위해서는 반드시 함께 분석되어야 하는 사회과학이라는 견해를 죽을 때까지 굳게 신뢰했다. 그래서 그가 죽기 전에 그에 의해 기획된 그의 가장 중요한 업적의 모음집[4]도 경제학적이면서 사회학적인 논문들로 구성되어 있다(*Fatti e teorie*, 1920).

그의 첫 번째 부인이 그의 곁을 떠난 후, 그는 제네바 호숫가의 셀리니에 있는 자신의 "빌라 앙고라"(Villa Angora)로 돌아왔다. 20세기에 들어선 직후, 거의 40살이나 어린 젊은 프랑스 여인인 레기스(Jeanne [Jane] Régis)가 거기로 그를 따라왔다고 한다. 개인적인 복잡함에도 불구하고 그의 학문적인 집필은 전혀 영향을 받지 않았다. 1901/02년 그의 저서 『사회주의 체계』(*Les systèmes socialistes*) 2권이 출판되었다. 그 저서는 탁월하면서 깊은 지식으로 무장된 사회주의 이론에 관한 논쟁을 담고 있을 뿐만 아니라[5] 이미 경제적인 분석과 사회적인 분석의 통합을 선도한 책으로 기록되어 있다.[6]

그 다음 해 판탈레오니는 한 번 더 파레토가 경제계를 위해 일을 하게 하도록 애썼지만 보람 없이 끝났다. 1917년 파레토는 회고하면서 그의 입장을 밝혔다. "나는 『강의』에서 이 길을 걷기 시작했다. 그 길 위에서 그것은 나를 『제요』에 계속 정진케 했고 『사회학』에 발을 들여놓게 했다. 경제학만으로는 어떤 방법으로도 해결할 수 없는 몇몇 경제문제들이 나를 괴롭혔다. 또한 나는 이 연구에서 경험적 연구의 결과가 아니었기 때문에 뿌리가 굳건히 내려 있지 않은 사회학 원리들을 많이 사용했음을 알게 되었다."

그런데도 그는 주목받은 논문들에서 무엇보다 순수경제 문제를 계속 논했다. 한 일화에 따르면 파레토는 한 학술대회에서—그는 좀처럼 이러한 대회에 참석하지 않았다—그가 『일반 사회학 개론』의 집필 때 수년간 입었다는 누추한 옷을 입고서 추밀고문관인 슈몰러 교수가 눈치채지 않게 그에게 다가갔다고 한다.

슈몰러가 경제학에는 어떤 법칙도 없다는 것을 지루하게 연설하자, 파레토는 그가 공짜로 식사할 수 있는 음식점을 자신에게 알려줄 수 있는지를 그에게 물어보았다고 한다. 슈몰러는 "젊은이, 당신이 공짜로 식사할 수 있는 곳은 없습니다. 그러나 당신이 매우 값싸게 먹을 수 있는 곳은 있습니다"라고 대답했다. 이에 대해 파레토는 "보세요, 슈몰러 교수님, 그래도 국민경제에는 법칙이 있다고요!" 하고 웃으면서 그를 외면했다.

1917년 파레토의 대학 장기근속 기념일은 국내외 동료들이 함께한 축제였다. 이 자리에서 행한 그의 감사연설은 그의 정신적 발전의 길을 또렷이 잘 보여주었다. 전쟁 직후 이탈리아에서 권력을 잡은 파시즘에 저항한 그의 처신은 그를 "논리적, 경험적", 즉 멀리서 객관적으로 바라보고자 하는 한 관찰자로 흔들림 없이 남게 했다. 그는 누구에게도 얽매이지 않는 학자가 되기 위하여 정부와 어떤 특별한 관계도 맺지 않은 것으로 널리 알려져 있다.

학문적인 연구, 훌륭한 강의와 이따금 행한 장기시합이 그의 심장병을 악화시켜 그는 점차 어려움을 겪게 되지만, 이것들 말고는 그는 어떤 즐거움도 몰랐다. 그는 1923년 8월 19일 셀리니에서 죽었다. 그곳에 있는 그의 무덤은 그의 유언에 따라 어떤 장식도 없으며, 비문에는 태어나고 죽은 해와 빌프레도 파레토만이 새겨져 있다.

## 학문적 업적

파레토에게 아주 중요한 것은 무엇보다 그가 경험대상에 접근하는 방법, 즉 "논리적 경험적 방법"을 취했다는 점이다. 다시 말해 그는 경험과 관찰을 통하여 입증된, 아마도 그 경과과정 속에 있을지도 모르는, 해당 사실의 확신에서 "동일한 형태화", 즉 규칙 또는 "법칙"[7]을 유도하고자 하는 방법을 취했다. 그것의 관련성은 오직 경험과 관찰에 의해서만 입증된다. 따라서 그것의 유효함에 손상을 끼치지 않고서, 수학에도 존재한다고 알려져 있는 이른바 "예외"도 충분히 있을 수 있음을 입증할 수 있다. 왜냐하면 "동일한 형태화"는 오직 새로운 사실들 또는 그것들의 잦은 빈도에 의해서만 수정되고 반박될 수 있기 때문이다.

이 방법이 그에게 얼마나 중요했느냐 하면, 그는 이 방법을 그에 의해서 출판된 경제사 관련 주요 논문집의 서문에서조차 아주 핵심적인 것으로 강조했다. "사실들을 관찰하고 그것들 속에 내재해 있는 동일한 형태화를 발견하는 것이 모든 학문의, 따라서 정치경제학과 사회학의 목표이다(1903, 마지막 문장)."

이것은 그가 나중에 "순수경제 이론"의 관점에서 어떻게 설명했는지를 의미한다. "순수 법이 어떤 가설에서 결론을 유도하는 것과 같은 방법으로, 순수경제 이론 역시 어떤 가설에서 결과를 이끌어낸다. 따라서 두 학문이 구체적인 현상에 대해 유효한 것은 만들어진 가설이 이 현상에서 우월할 때만이다(1916, §2011)."

이러한 이유로 그는 사이비 심리학 개념인 "한계효용"과 같은 심리학이 오늘날에도 여전히 어떻게 활개칠 수 있는지를 비난했다. 한계효용 개념은 감정의 크기를 측정할 수 있는 이론으로 신고전학파[8]와 함께 등장한 개념이며 파레토 역시 처음에는 이 학파에 속했다.

## 선택행위 이론

이와 함께 파레토는 무엇이 "현대 가치이론의 기초로서 공정한 방법으로 관찰되어야 하는지(슘페터)"를 실질적으로 체계화했다. 파레토는 한 개인에게 두 재화의 다양한 비율들이 동일하게 평가되는 수학적인 곡선인 "무차별곡선"을 유도하기 위하여 측정가능한 효용의 존재를 당연히 가정했던 에지워스의 개념을 받아들였다. 그러나 "논리적 경험적" 유일한 실체로서 인간행위에 대한 파레토의 고찰은 이 개념을 발전시켰다. 그는 무차별곡선을 동일한 가치로 관찰되는 개인적인 선택행위의 표현, 즉 무차별 선택곡선(curve di scelte eguali)으로 파악했다. 따라서 그는 사이비 심리학적인 부담에서 벗어나서 고유의 경제적인 가치이론을 위한 건물의 기초를 놓았다.[9]

파레토의 독창성은, 마르크스의 말을 빌리면, 그가 에지워스의 개념을 이른바 "머리에서 발끝까지" 정립하여 그것의 기술을 그에 의해 오랫동안 성숙된 선택행위 이론의 세련되고 엄격한 표현을 위한 수단으로 인식했다는 데 있다. 그것으로부터 그는 "완벽한 (경제)균형 이론을 위해 필요한 모든 것"을 유도할 수 있었다(1906, III, §54, A).

그에 의해 입증된 길 위에서 슬러츠키(Slutsky), 앨런(Allen) 그리고 힉스는 파레토의 핵심관점을 늘 유의해야 할 필요가 없는 현대 가치이론으로 더욱 확립해나갔다. 그러나 그들의 이러한 작업은 파레토가 이미 이를 위한 또 다른 조건을 충족시켰고 대체재, 보완재 그리고 독립재의 범주를 구분지었기 때문에 훨씬 쉬운 일이었다(같은 책, IV, §§6 이하).

물론 그는 현대 가치이론에 내재해 있는 그것의 유용성 위기라고 부를 수 있는 어떤 것의 단초도 제공했다. 즉, 사람들이 파레토로부터 "효용"의 비(非)측정성을 (동시에 그것의 다의성[多義性]을) 한 번이라도 확인했다면, 사람들은 거기에 내재해 있는 문제들이 얼마나 깊고 넓은 지를 곧 알게 되었을 것이다.

사람들은 항상 어떤 사전적 "가정(가설)"에 의하지 않고서는 특정 재화에 대한 소비자의 선호를 알 수 있는 어떤 방법도 존재하지 않는다는 것을 점차 알게 되었다. 그것은 소비자의 특정 재화의 수요에서 표명되는 실질적인 선택행위를 통해서, 즉 소비자의 시장행태를 통해서 나타날 뿐이다. 사람들이 (무차별곡선에 의해 묘사되는) 소비자의 선호체계에서 이러한 시장행태를 유도하고자 한다면, 이것은 그들이 순환논증에 빠져들 위험에 처하게 되는 결과를 낳는다.

### 일반 경제균형 이론

파레토의 선택행위 이론은 의문의 여지없이 그의 또 다른 괄목할 만한 업적인 일반 경제균형 이론의 출발점에 불과했다. 그것이 올바르게 평가받을 수 있기 위해서는 이 분야에서 그보다 앞선 사람들의 결과와 비교해보아야 한다. 사실 경제균형 개념은, 파레토가 분명히 했듯이, 완전경쟁 체계에서 가격과 비용의 일치를 통해 안정적인 균형을 도출한 고전파 학자들의 이론에서 이미 밝혀져 있다. 균형이 깨지면, 그것을 다시 복원시키려는 힘이 발동한다. 이 힘은 생산자의 손실 또는 이익과 다름없다.

이러한 방식으로 고전파의 한계효용 재발견자들은, 현대적인 관점에서 한계분석의 잘못으로 보아야 하는, 고전학파의 가장 큰 약점에서 벗어나려고 애썼다. 효용개념에 의한 한계이론과 고전파 이론과의 첫 번째 종합적 분석은 마셜의 유명한 두 저서인 『산업경제학』과 『경제학 원리』에서 시도되었다. 그렇지만 마셜이 기초를 닦은 균형이론은 항상 부분균형 이론에 불과했다.

여기에서는 한 재화의 가격은 해당 재화의 수요와 이 재화의 생산비용에 의해서만 결정되었다. 또한 마셜의 이론 안에서 소비자의 특정 재화에 대한 수요곡선을 만들어내려면, 이 소비자의 화폐가 갖고 있는 "한계효용"을 기본적으로 알고 있어야 한다는 것이 이제 더 이상 말할 필요 없이 분명해졌다. 화폐의 "한계효용"을 통해 해당 재화의 수요와 그 외의 다른 모든 재화의 수요와의 연결이 형성된다. 더 나아가 한 단위재화의 생산비용은 생산요소의 가격을 해당 국민경제의 모든 생산들과의 관계를 구성하는 생산계수를 곱한 것이어야 한다. 그러나 마셜의 저서에서 이들 각각의 연결들은 아직 거의 완전한 어둠 속에 있었다.

파레토가 출현할 때까지 동시대의 어느 누구도 거의 접근하지 않은 일반 경제균형 이론의 관점에서, 마셜의 개념은 항상 발라의 균형정리와 비교된다. 발라는 그의 『순수경제학 요론』(1874/77)에서 이미 균형정리를 정립했다. 발라는 여기에서 제번스와 멩거와 비슷한 개념을 실질적으로 사용했다. 이 때문에 그는 단숨에 현대 경제이론의 창시자로서 늘 불리게 되었다. 그렇지만 그는 훨씬 일반적인 성질들의 해(解)를 구하고자 정진했다. 이런 방식으로 그는 국민경제의 관련 경제변수들의 모든 관계를 수학적으로 결정되는 일반균형의 해로서 묘사하는 데 성공했다.

발라는 "말로서는 충분하게 표현하지 못했던 생각들에 수학적인 형태만으로 즉시 옷을 입혔다." 이 사실을 통해 그가 생 시몽적인 개념을 갖고 자유로운 경쟁에 의한 "효용극대화"의 증명을 이미 발견했다고 믿는다면, 그것이 "거의 비극적인"지는 확실치 않다(Wicksell 1913, 127쪽; Fossati 1957, 44쪽; Demaria 1952, 656쪽 이하; Wald 1936 참조).

보다 중요한 것은 의심의 여지없이 발라의 이론분석이 이론발전의 한 단계에서 어떤 특정의 가정과 가설에서만 성립하는 상태를 그리고 있다는 점이다. 파레토의 일반균형 이론을 발라의 그것과 어떤 점에서 구분되는지 보다 잘 인식할 수 있기 위해서는, 우리는 어떤 경우에도 이러한 배경에서 파레토의 일반균형 이론을 보아야 한다. 이 때문에 우리는 그것의 발전단계도 보다 유심히 관찰해야 한다.

더욱 일반화된 파레토의 일반균형 정리의 개념은 앞에서 암시했듯이 발라의 해석을 이미 뛰어넘은 그의 선택행위 이론과 밀접한 관련을 맺고 있다. 그는 이 방식으로 국민경제의, 동시에 이것의 확장된 결과인 경제체제의, 일반균형 정리를 "만족"(gusti)과 "장애물"(ostacoli)의 개념만으로 구축하는 데 성공했다. "만족"은 선택행위의 기초가 되는 취향, "필요" 그리고 "추구"와 다를 바 없다. 이때 주의해야 할 것은 "한 경제주체에서" 그와 관련된 다른 사람의 욕망은 (이 욕망의 충족 때문에, 『경제 저널』*) 여러 장애물 중의 하나라는 점이다(1906, III, §25). 인간의 선택행위는 그의 행동에서 자유롭지 않을 뿐만 아니라 파레토가 두 종류로 구분한 특정의 "장애물"로부터도 영향을 받는다.

첫 번째 종류의 장애물은 자명한 반면, 두 번째 것은 덜 분명하다(같은 책, III, §68). 첫 번째 장애물에는 다음과 같은 것들이 속한다. a) 이미 언급한 관련 있는 다른 사람의 "만족", b) 다른 사람과 나누어야 하는 재화량의 한계(부족성), c) 원하는 한 재화의 생산을 위해 다른 재화가 필요하다는 사실, d) 수요가 많은 재화는 사람들이 원한다고 해서 언제든지 어느 곳에서든지 구해질 수 있는 것이 아니라는 사실, e) 공동체의 질서에 내재해 있는 장애물. 마지막 장애물인 공동체 질서에서 우리는 파레토가 『사회주의 체계』 분석에서 직접 도출한 결과를 이론적으로 충분히 이용하는 법을 알았다는 것을 알 수 있다.

직관적으로 이해되지 않는 두 번째 종류의 장애물은 개별 교환행위 동안의, 또는 바로 그 직전의 가격변화를 명백히 제한한다. 가격변동의 가설은 발라와 대비되는 것으로서 의심의 여지없이 효용측정 문제의 해결 다음으로 그의 가장 재미있는 발견이다.

국민경제의 일반균형은 "만족"과 "장애물"의 균형상태로 묘사된다. 균형상태가 결정될 수 있기 위해서는 다음과 같은 조건이 성립되어야 한다. 전체 체계 안에서 균형상태가 형성되는 순간 "장애물"에 의해 촉발된 행동이 인간의 욕망, 필요 그리고 추구에 의해 상쇄되든지, 또는 반대로 욕망, 필요, 추구에 의해 촉발된 잠재적인 행동들이 "장애물"에 의해 상쇄되어야 한다. 이런 상태를 국민경제의 균형으로 정의할 수 있다(1906, III, §27).

파레토는 후에 여러 개인의 효용은 비교될 수 없을 뿐만 아니라 수없이 많은 균형상태가 존재한다는 점을 다시 한 번 확인하고 강조했다. 케인스와 그를 추종하는 자들은 무수히 많은 균형상태의 존재를 그들만의 고유한 위대한 발견이라고 축배를 들었다. 파레토의 설명(1916, §2127)에 의하면, "각각의 효용은 이질적인 양(量)이며 이 수량들의 합은 어떤 의미도 갖지 않는다. 그것은 존재하지도 않는다. 사람들은 그것을 분석의 대상으로 삼을 수 없다. 사람들이 여러 사람들의 효용을 관련시켜 합을 가지려면, 사람들은 먼저 어떻게 하면 이 효용들을 동질적인 수량으로 표현하고 더할 것인가 하는 방법을 찾아내야 한다." 그런데도 사람들이 효용극대화를 가정한다면, "앞에서 말한 개인의 최대 효용조건과 일치하는 무수한 균형상태가 존재할 수 있다(같은 책, §2132; §2128 참조).

이때 수요와 공급은 일반적으로 각 경제균형의 모든 상황에 의존한다. 그리고 가격 또는 "교환가치"는 인간의 욕망과 장애물의 상반된 힘에 의해 달성되는 균형과 동시에 결정된다(1906, III, §§187, 225). 균형정리 해를 이처럼 놀라울 정도로 단순화했다는 것은 정말로, 아주 조심스럽게 말하더라도, "경제이론 연구의 정점들 중의 하나"라고 말할 수 있다(E. Schneider 1956, 249쪽).

파레토의 이러한 형태에 의한 정리(定理, Theorem) 전체는 이미 그의 논문「새로운 순수경제학 논집의 몇 장의 요약」(Sunto di alcuni capitoli di un nuovo trattato di economia pura, 1900)에서 개발되었고 그리고 나서『제요』(1906)에 담겨졌다. 그것은 더 나아가 슘페터의 관심을 끌었던『제요』의 증보(增補)부록 속에 있는『제요』(1909)와 『수리경제학』(Economie mathématique, 1911)에서 더 발전되었다.

『수리경제학』은 그의 생애에 유일하게 독일어로 출판된『국민경제의 수리적 접근』(Anwendungen der Mathematik auf Nationalökonomie, 1902)을 이해하기에 힘들 정도로 확장한 신판(新版)이다. 그러면서 그는 그 정리를 더욱더 일반적이고 완전하게 표현해나갔다. 그러나 수학은, 그가 반복해서 강조했듯이, 다양하게 주어진 조건들 간의 상관관계를 말로써는 적절하게 표현하기 어려운 것을 좀더 쉽게 묘사할 수 있도록 도와주는 데 불과했다. 가장 중요한 진전은 가격변동을 상호관련된 변수들의 전체 체계 안에 명시적으로 고려했다는 점이다. 이것은, 뒤늦게 사회학에서처럼, 인과분석을 능가하는 것이 분명하다. 이를 통해 개별 가격은 즉시 "마지막 요소"의 역할을 부여받았다.

생산과 순환의 두 영역은 먼저 두 개의 부분체계로 분리하여 관찰된 후, 균형상태에서만 유효한 방정식을 통해 이 둘을 상위체계로 서로 연결시킬 수 있다(1906, 부록 §§31~42). 파레토가 강조했듯이, "재미있는 것"은 구하고자 하는 방정식의 수가 구하고자 하는 미지수의 수보다 적다는 점이다. "체계는 움직이면서 자신의 균형체계를 찾을 수 있다." 그러나 균형상태 자체의 증명은 파레토를 만족시키지 못했다.

그는 그 상태가 안정적인지 불안정한지를 몇 번이고 검토했다. 이를 통해 그는 발라의 개념을 확장시켰다. 발라의 글들은 슘페터의 말을 빌리면 "속물적인 급진주의의 철학"으로 표현될 수 있는 "지나친 형이상학적인 부분" 때문에 그를 불쾌하게 했다.

파레토는 발라가 자신의 글들에 대해 매듭조차 짓지 않았다는 식으로 불쾌함을 나타냈다. 그가 거래자들이 어느 한 점에서 출발하여 항상 균형상태로 수렴해야 한다는 발라를 비난한 것은 어떤 경우에도 옳았다. "균형이 불안정하면, 그것들은 오히려 그것으로부터 멀어진다(『수리경제학』, §54 A.)."

아쉬운 것은 그의 희망에도 불구하고 그가 그의 체계를 완전히 동태화시키지 못했다는 점이다. 그가 주고받은 편지 속에 되풀이해서 말하고 있는 그의 역저 『동태경제학 개론』(*Trattato di economia dinamica*)이 이러한 관점에서 얼마나 그와 우리의 요구에 부응했는지를 우리는 알지 못한다. 그러나 그의 경제학적, 사회학적 저서들의 인식론적인 통일을 이해한 사람이라면 누구나 경제 외적인 현상의 뿌리가 그의 동태적 균형방정식에 체계적으로 삽입될 수 있었을 것이라는 생각을 반드

시 갖게 될 것이다.[10]

우리는 또한 그가, 하고자 했더라면, 그의 균형이론을 발라의 이론과는 전혀 다른 방식으로 나타내 보일 수 있었을 것이라고 믿는다. 왜냐하면 피셔가 채택한 것과 동일한 방정식에 완전히 다른 형태로 옷을 입힐 수 있을 것이기 때문이다. 그러나 파레토는 그것을 명예롭지 않다고 생각했다. 왜냐하면 그가 자신보다 앞선 자들에게 빚을 지고 있다는 것을 깨닫는 것은 명예가 될 것이라고 믿었기 때문이다.

그의 균형정리를 발라의 그것과 비교할 때마다, 파레토는 항상 수많은 경우들을 제시하면서 그것을 넘어 더 많은 것을 설명했다. 그는 자신의 이론을 가능한 한 "사실들", 즉 현실과 더욱 밀접하게 유지하고자 했다. 그리고 그는 어떤 사회철학적인 주의(主義)와도 연결되지 않고자 했다. 파레토의 이론적 성취는 의심의 여지없이 그의 다양한 균형상태에 관한 것이며 이것이 그를 유명하게 만들어주었다.

"한 공동체(collettività)의 모든 구성원들이 더 이득을 보거나 더 손해를 보지 않고서는 어떤 만족(효용, 『경제 저널』)극대화의 한 상태를 조금이라도 옮기는 것이 불가능할 때, 우리는 공동체의 구성원들이 어떤 특정의 만족극대화 상태에 놓여 있다고 말할 수 있다. 이 상태에서 조금이라도 옮기려는 어떤 경우도 공동체 구성원들 중의 일부에게 이득이 되지만 반드시 다른 일부에게는 손해를 입히게 된다(1906, VI, §33)." 이어서 이것은 수학적으로 설명된다(같은 책, §35).

수학적으로 설명가능한 이 상태를 사람들은 "파레토-최적(Optimun)"이라고 부른다. 이 개념은 경제이론뿐만 아니라 경제정책으로도 현대 "후생 경제학"에 큰 영향을 미쳤다. 데헴(Roger Dehem)은 심지어 이 이론을 "불멸의 발견"이라 부를 만하다고 말했다.[11] 그렇지만 파레토는 일반균형 정리가 현실에 적용될 때 많은 "제약들"이 있음을 알았다. 왜냐하면 완전경쟁 외에도 독점적 제약들을 시장기능 속에 고려해 넣어야 하는 여러 형태의 시장들이 점차 많이 나타났기 때문이다. 이것은 특히 노동시장에서 그러한데, 노동조합의 등장과 활동 그리고 강경함으로 인해 전체 생산비용에서 차지하는 높은 임금비율은 이런 제약의 하나이다. 이러한 측면에서 완전히 새로운 기능 메커니즘이 "순수한" 시장현상에 도입된다(1906 II, §50; VI, §63; IX, §§4, 6, 10~18, 25~26, 31).

경제체제는 그것의 기능에서 "사회체계"의 광범위하게 주어진 것들에 의해 조건지어진다. 그래서 경제생활은 부분적으로 "비논리적이고 경험적인" 것에 의해, 다시 말해 ("순수" 경제이론의 의미에서) 비합리적인 행위에 의해, 결정된다는 것을 고려해야 한다(1916, §§37, 50, 110, 144, 1415, 1592, 1731, 1732, 1786, 2208, 2214). 따라서 "순수" 경제이론은 그것의 응용에서 한계가 있음을 알아야 한다(같은 책, §§61, 263, 824, 825, 2107, 2207, 2208).

이것을 보지 못했다는 것은 고전파 경제학자들의 근본적인 실수였다(같은 책, §2016). 어쨌든 파레토는 "순수" 경제이론은 기본적으로 경쟁적으로 공급되는 재화에 대해서만 쓸모 있으며 복점, 카르텔, 트러스트의 등장에서는 보다 더 "사실들"에 적합하고 따라서 "순수"이론을 넘어 발전시키는 가설들을 고려해야 한다는 생각을 갖고 있었다(1906, 부록 §§75~76). 이러한 근본적인 인식을 경멸하는 것은 정말 불운한 결과로 이어져야 한다.

끝으로 파레토에 의해 제시된 진실은, 사람들은 비록 그것의 현실성을 판단하지만, "현대" 복점(複占)이론과 독점이론의 발전 속에서 인증받았다. 물론 그 스스로도 완전한 시장과 불완전한 또는 "독점적인" 시장의 구분을 현대적 분위기가 나는 방식으로 정의하고 있다(같은 책, III, §§40~48, 160~164; V, §§8~9, 71; 부록 §67). 따라서 파레토는 이미 우리가 오늘날 "생산차별화"라고 부르는 데 익숙한 그러한 분명한 개념을 갖고 있었으며 그것을 그의 일반균형 분석에 도입했다는 사실은 그다지 놀라운 일이 아니다(같은 책, 부록 §76).[12] 이 때문에 경제이론의 문헌에서 "독점적 경쟁이론들의 실질적 내용은 이미 파레토류의 분석에 존재하고 있다는 사실"에 관한 어떤 암시도 발견하지 못하는

것은 우리를 어색하게 함에 틀림이 없다(Triffin 1956, 53쪽 이하).[13]

물론 그는 자신이 이러한 방식으로 첫 발걸음을 내딛었다는 것을 알았다. 그래서 그는 "여기에 해야 할 일이 아직 너무도 많이 놓여 있다"고 말했다(같은 책, 부록 §130). 그는 또한 독점자들을 국민경제에서 고립시켰던 마셜과는 반대로 독점이론을 일반이론에 용해시켰다(같은 책, §141).

### 파레토의 균일화

파레토의 업적에 관하여 이야기할 때, 무엇보다 그의 "소득분배 곡선"과 같은 소득 피라미드 법칙(1896)[14]을 강조하는 것을 잊지 말아야 한다. 그의 설명에 의하면, 소득은 첫째 인간의 자질에 의해, 둘째 공동체의 경제질서에 의해, 즉 사람들이 생활하는 그들의 체계에 의해, 셋째 우리가 알지 못하는 "우연"이라고 이름 지을 수 있는 일련의 요인들에 의해 좌우된다. 그가 항상 되돌아보고 확장을 모색했던 광범위한 통계분석을 바탕으로, 즉 오늘날 사회학에서 "2차 분석"이라고 일컫는 것을 바탕으로, 파레토는 다음과 같은 결론에 도달한다. 소득분배는 항상 특정 곡선의 의미 또는 피라미드 형태라는 법칙에 따른다.

파레토는 소득분배 곡선의 형태 또는 소득분배의 논리적이고 경험적인 균일화("법칙화")는 단순히 우연이나 경제적인 그리고 일반적인 공동체의 다양한 관계들, 즉 매우 조심스러운 규정이 필요한 개별 공동체 질서에 의존하는 것은 아니라고 분명히 말하고 있다(1896/97, II, §960). 그것의 가장 주된 이유는 인간 스스로의 자질에서 찾아져야 한다. 이 때문에 오늘날까지 이 이론은 항상 격렬한 비판에 휩싸이고 있으며 많은 사람들이 그것을 반박하기 위해 애쓰는 것은 아주 당연하다.

파레토는 자신이 발견한 것에 대해 규칙화라는 표현 대신에 "균일화"라는 이름을 붙였다. 그것은 이처럼 광범위한 경험자료 위에서 구축한 경제법칙은 두 번 다시 없을 것이라고 생각했기 때문이다. X는 소득을, N은 X보다 더 높은 소득을 버는 사람들의 수를 나타내고 A와 $\alpha$를 각각 경우에 따라 결정되는 파라미터라고 하면, 파레토류의 균일화는 log N = log A - α log X로 정식화할 수 있다.

이때 어느 정도의 개별 수정을 고려하고 있는 파레토는 그에 의해 고정된 상수에서 다음과 같은 결론을 얻는다. 총소득의 규모가 인구보다 더 빨리 성장하면 이 둘의 관계와는 별개로 또는 서로 연결되어 최저소득의 상승 또는 소득분배 불균등의 감소가 일반적으로 달성될 수 있다. 파레토에 의하면 "아주 가난한 사람들의 수가 공동체 구성원 전체의 수에 비해 감소할" 경우에만 소득불균형이 감소했다고 말할 수 있다 (1896/97, II, §964).

이 법칙은 경험에 뿌리를 두고 있으며 그것은 단지 경험을 통해서만 반박될 수 있을 뿐 개별적인 하나의 "예외"에 의해서 반박될 수 없다. 이 법칙에 의해 촉발된 학문적 비판을 여기서 모두 다룰 수는 없다.[15] 여러 곳에서 사람들은, 이러한 경우 늘 그러하듯이, 그의 발견의 독창성을 빼앗으려고 애썼다(Hagstroem 1925, 65~88쪽 참조).

여기서 보다 중요하게 지적해야 할 것은 사회과학 인식대상의 근본적인 통합을 항상 염두에 두고 있는 파레토는, 사회주의 교리에 관한 그의 분석의 서문(1901/02 「서문」)에서 이미 밝히고 있듯이, 이러한 현상의 근원에 대해 생각한다는 점이다. 그는 여기에서 사회 피라미드의 일반적인 "법칙"의 다음과 같은 특수한 경우만을 주목하고 있다. 예를 들어 학생들의 피라미드가 그들의 시험성적에 따라 형성되듯이, 인간들은 그들의 서열을 매기는 어떤 특성에 따라 늘 하나의 피라미드를 형성했다(1906, VII, §14).[16]

피라미드의 형태는 아마 인간의 육체적이고 심리적인 특성의 배분에 의존할 것이라고 그는 생각한다. 사람들이 어떤 특성을 갖고 있느냐에 따라 어떤 종류의 사람들은 항상 해당 피라미드의 정상에 위치한다는 사실은 끝없는 설명을 필요로 했다. 그 자신도 감히 이것을 공론화하려고 하지 않았다. 그러나 그의 절친한 친구는, 만약 인간을 논리적으로 생각하고 행동할 수 있는 능력에 따라 순서를 매길 수 있다면, 이러한 분류가 있을 수 있다고 했으며 파레토는 이를 신뢰했다.

물론 파레토도 인간을 정치적인 영향과 공동체 힘의 정도에 따라 구분한다면 그 사람들은 많은 경우 소득분배 피라미드의 정상에 있는 사람들과 동일한 사람들일 것이라는 사실을 주저하지 않고 시인했다. 그는 미래를 위한 국민경제의 진전은 어떤 경우에도 경험과 통계에 바탕을 둔 "균일화"와 같은 연구에 달려 있다고 보았다. 그 균일화는 기존의 이론적 법칙과 일치하거나 새로운 발견을 유도하는 것이어야 한다.

"이러한 법칙화의 추구와 이의 해석은 완전히 새로운 종류의 이론을 위한 기초(슘페터)"를 놓았기 때문에, 우리는 파레토를 비록 관련연구자들이 이를 거의 인식하지 못하고 있을지라도 계량경제학의 창시자라고 당연히 말할 수 있다. 그는 이에 만족하지 않았으며 더 나아가 그의 이름을 경제학의 역사에 독창적인 선구자로 올려놓았다. 파레토는 생산요소의 공동체화 또는 사회주의적 경제공동체(société socialiste, capital collectif)의 경우를 경제이론 분석에 관련지었다.

그는 사회주의 공동체도 자본주의 공동체와 마찬가지로 그것의 과제를 이론적으로 잘 해결할 수 있을 것이라는 것을 동일한 수리방정식을 통해 증명했다(1896/97, II, §§714~724). 사회주의 경제공동체에 대한 그의 반대는 경제 분야에서가 아니라 공동체 자체에 대한 것이었다. 비저가 그의 저서 『자연가치』(Der natürliche Wert, 1889)에서 이에 관해 그보다 앞섰는데, 파레토는 이를 거의 알지 못했던 것 같다.

바로네(Enrico Barone, 1859~1924)는 이 기초 위에서 더 발전시킬 수 있었다(1908. 여러 종류의 번역 참조). 랑게(Oskar Lange)와 러너(A.P. Lerner)와 같은 "현대" 사회주의 이론도 여전히 이 문제를 아주 심각하게 다루고 있는 마르크스류의 경제이론 말고는 여기에서 나온 것이다. 파레토는 사회주의 경제질서를 판단하기 위해서는 경제요소들과는 아주 다른 것을 고려해야 한다고 강조한다. 이것은 다시금 파레토가 그들의 이론에 비해 "더 현대적"이지 않은가 하는 느낌을 준다. 이를 무시하더라도 "그 누구보다도 그를 사회주의 경제의 현대적인 순수

236

이론의 창시자로 보아야 한다(Schumpeter 1954, 987쪽)." 그 외의 다른 업적들은 물론 언급할 만한 가치는 있지만 그다지 눈에 띄지 않는다.

러시아의 콘드라티예프(N.D. Kondratieff)는 그의 동명(同名) 책 (1928)에서 경제이론적인 논쟁을 불러일으켰던 경기의 "장기파"(長期波)를 재발견했다. 이와 관련하여 사람들은 최근에 파레토가 이에 관해서도 그보다 앞서 서술했음을 기억한다(1896/97, II, §§925~949; 1906, IX, §§1 이하; 1916, §§1558~1563; §1723 참조). 여기에서 아주 중요하게 지적해야 할 점은 파레토가 경제현상의 동태적 과정을 "다른 사회현상"과 함께 관련지어 올바르게 보았다는 것이다.

슘페터는 다른 사람에게 "대가(大家)에는 이르지 못한다는" 비판을 즐겨 했다. 그런데 그는 그의 책 『경기순환론』(*Konjunkturzyklen*, 1939; 독일어판, 2 Bde, 1961)에서 그 스스로 이러한 자세를 취했다. 파레토에게 무척이나 감사하는 곳에서 그는 비록 그가 파레토를 정당하지 못하게 공격하는 다른 저자들에 대항하여 그를 방어하는 차원에서 나온 것일지라도, 파레토를 세 번이나 언급하면서 파레토가 경기파동의 "주기곡선"(Verfolgungskurve)을 이야기했다고 말한다.[17]

또한 파레토는 케인스와 그의 학파에게 저축이 이자율과는 무관함을 오랫동안 강조했다. 게다가 그는 "조합본능"의 감정구조나 "총합의 경직"에 의해 다양하게 지배를 받는 두 종류의 사회학적 개념도 구축했다. 이 개념은 경기이론에서도 큰 의미를 갖는다(1906, VIII, §§9~21; VII, §10; 1916, §§2187, 2228, 2232, 2234, 2254, 2306~2319 참조). 이러한 연관 속에서 수량이론에 대한 그의 예리한 비판도 언급되어야 한다(1896/97, I, §§290~332).


## 파레토의 평가

파레토의 업적을 일람(一覽)하면, 그의 업적을 저지하려는 또는 아예 무시하려는 모든 노력에도 불구하고 그는 조용하지만 거침없이 사회과학의 고전적인 인물로 되었다. 그는 겉으로는 점차 황제이며 철학자인 아우렐리우스를 닮아갔다. 또한 아우렐리우스의 "인내, 무욕(無慾)과 자제, 번잡함을 삼가고 비방을 멀리하라(*Med.* I, 5쪽)"를 그의 삶의 경구로 삼았다. 이러한 스토아적인 처신은 파레토를 독립적으로 만들었다. 그는 이러한 처신을 연구에 바친 그의 엄청난 근면함과 강도 높은 일 속에서 구현했다. 그의 인격과 개성을 비교하게 하는 어떤 형상을 찾아내기 위해서는 경제학과 사회학의 은밀한 신전(神殿) 속을 오래 관찰해야만 한다.

대체로 간과되고 있는 파레토의 재정학, 지대론 또는 시장형태론에 관한 많은 연구들은 여기에서 단지 짤막하게 언급될 뿐이다 (Eisermann 1961과 1987 참조). 그의 추종자와 문하생에 누가 있는지에 대한 질문은 쉽게 대답될 수 없다.[18] 이탈리아에서 가장 뛰어난 경제학자인 아모로소(Luigi Amoroso), 토넬리(Alfonso de Pietri Tonelli), 모르타라(Giorgio Mortara), 바로네, 센시니(Guido Sensini), 데마리아(Giovanni Demaria), 팔롬바(Giorgio Palomba)는 직간접적으로 이 "문하생"에 속한다고 조금도 주저함 없이 말할 수 있다.

피로우(Gaetan Pirou), 노벨상 수상자인 알레(Maurice Allais)와 그의 제자인 보이퇴스(Boiteux), 노벨상 수상자인 드브뢰, 말린보드(Malinvaud), 르즈르너(Lesourne), 나타프(Nataf), 베르홀스트(Verhulst)와 같은 일련의 프랑스 경제학자와 벨기에의 토미선(Tommissen)을 여기에 포함시켜야 한다. 영어권에서는 호텔링(Hotelling), 랑게, 러너, 노벨상 수상자인 새뮤얼슨, 코프만스(T. Koopmans), 도르프만(Dorfman)과 "그 외 경제학자들"도 분명히 파레토의 영향 아래 있다. 힉스와 틴베르헨(Jan Tinbergen)을 제외하고 "영어를 구사하는 어떤 경제학자도, 파레토를 그의 스승으로 인정하지 않았을지라도", "그의 작품을 통해 영향을 받았다"는 것을 확인하기 위해서는 『사회과학의 국제사전』(*International Encyclopaedia of the*

*Social Sciences*, Vol. XI, 1968, 407쪽; Chipman 참조)과 같이 객관성을 유지하려는 기구를 참조하면 족하다.[19]

독일어권에서는 무엇보다 잊을 수 없는 경제학자인 바인베르거(Otto Weinberger)와 슈나이더(Erich Schneider) 그리고 최근에 바크하우스(Jürgen Backhaus)를 언급할 수 있을 것이다. 또한 타라치오(Vincent Tarascio), 일본인 마쓰시마(Atushige, Matsushima) 그리고 그의 동향인 하야가와(Miyoji, Hayakawa)를 거명하는 것도 주저하지 말아야 한다. 언급되지 않은 이런저런 경제학자들의 업적을 축소하지 않더라도, 특히 독일에서 파레토가 아직 그다지 알려져 있지 않으며 그의 통찰력과 예리함이 여전히 높이 평가받지 못하고 있음을 강조해야 한다.

| 고트프리트 아이저만 · 배진영 옮김 |

# 9 | 뵘바베르크

Eugen von Böhm-Bawerk, 1851~1914

## 자본, 이자와 사회적 문제

19세기 후반기는 가속적인 변화의 시기였다. 산업화를 통하여 노동 조건이 변동되었고 악화되었다. 산업화를 통해서 생산이 증대되었지만, 소득은 흔히 정의롭지 못하게 분배되었다. 19세기 중반에 이미 튀넨은 "정의로운" 임금이라는 문제를 제기했다(Thünen 1850). 사회주의자들만이 기업가 이윤과 자본소득의 높이와 이들의 수정에 대한 문제를 제기한 것은 아니다(v. Mangoldt 1855).

전승된 고전이론은 그와 같은 물음에 대해 만족스러운 해답을 찾기 위한 기초를 제공하지 못했다. 이것이 19세기 후반 새로운 이론을 개발하기 위한 계기가 되었다. 단기간 내에 고전이론과 대립되는, 그런데도 나중에 "신고전파"라고 부르는 이론이 국민경제학의 압도적인 이론적 패러다임이 되었다. 이것은 특히 멩거에 의해 창시된 오스트리아 학파이다.

뵘바베르크의 이름은 특별한 이론적 개발, 즉 이른바 오스트리아적 자본론과 밀접하게 결부되어 있다. 이 이론은 이름이 나타내주는 것보다 훨씬 더 많은 것을 내포하고 있다. 뵘바베르크는 노임의 결정, 기업 이윤과 자본수익의 결정을 자본재의 사용이 중요한 역할을 하는 통일적인 이론으로 설명하려고 했다. 그 이론은 천재적인 작업이었지만, 일반적으로 수용된 신고전파 이론의 핵심이 되지 못하고 다만 열띤 논쟁거리였을 뿐이다. 그런데도 이 이론이 기초로 하고 있는 경제현상을 바라보는 시각은 오늘날에는 일반적으로 인정받고 있는 이자 및 자본이론의 기초가 되었다.

그 이전의 대부분의 경제학자들보다 예리했던 뵘바베르크는 경제행동에서, 그리고 이로부터 생겨나는 노임의 높이와 자본재를 사용하는 생산과 자본이득 사이의 맥락에서 시간이 중요하다는 것을 인식했고, 따라서 그는 시간의 중요성을 자신의 분석의 중심으로 삼았다. 그의 이런 이론은 당시에도 쟁점이 되었고, 오늘날에도 쟁점의 대상이다. 어쨌든 이런 쟁점은 그의 이론 그 자체의 중요성을 말해준다.

## 생애

뵘바베르크는 1848년 혁명적인 혼란으로 인하여 사회가 거의 붕괴되던 시기와 제1차 세계대전으로 인하여 사회가 파괴되던 시기 사이에서 합스부르크 제국이 마지막 꽃을 피우던 때에 살았다. 그는 오스트리아 재무상으로서 그의 생애의 전성기를 위협적인 재앙을 막으려는 노력에 쏟았다. 그의 학문적인 업적은 과학과 예술이 비상하게 꽃을 피우던 그 전성기의 일부를 구성한다.

이 당시는 빈의 유겐트슈틸(Jugendstil)*, 프로이트 심리분석, 마흐(Ernst Mach)의 실증주의, 오스트리아 마르크스주의 그리고 무엇보다도 국민경제학의 빈 학파가 탄생되었던 시기였다. 뵘바베르크는 오래 전부터 합스부르크 제국의 수많은 공무원과 학자들을 배출했고 자유주의 "질서를 중시했던" 독일어권 오스트리아 인의 계층에 속했다. 그는 출생과 교육을 통해서 이런 계층에 소속될 수 있었다. 그래서 이 계층에 대한 그의 애착과 의무감, 결속감도 매우 컸으며, 일생동안 이런 감정을 갖고 살았다. 이 계층의 품성은 그와 그의 학문에도 대단히 큰 영향을 미쳤다.

뵘바베르크[1]는 1851년 2월 12일 오늘날에는 브르노(Brno)라고 부르는 브륀(Brünn)에서 태어났다.[2] 그의 많은 조상들처럼 그의 아버지 요한 카를 뵘(Johann Carl Böhm, 1798~1857)도 공무원이었다. 그는 말단 공무원에서 시작하여 오스트리아 중앙행정에서 일하다가 메렌 지역의 총독부 부총독이면서 동시에 추밀원 의원이 되었다. 그는 혁명기에 유능하고 활동적이고 국가에 대한 헌신이 강했다는 공로로 1854년에 기사신분으로 승진했다. 그가 일찍 사망하자 그의 부인은 빈으로 이사했는데, 아이들에게 보다 좋은 교육을 시키기 위해서였다. 오이겐은 세 아들 가운데 막내였다.

이곳에서 뵘바베르크는 유명한 스코틀랜드 식 김나지움을 다녔고, 유복한 중산층의 자유주의적 정신과 질서의식을 교육받았다. 그와 가까운 친구들 중에는 비저가 있었다. 그는 뵘바베르크의 아버지인 요한 카를 뵘처럼 혁명기의 공로 때문에 귀족이 된 고위공무원의 아들이었다.

뵘바베르크는 이론물리학을 공부하고 싶었지만 재정적인 이유 때문에 포기했다. 그래서 그는 비저와 함께 빈 대학교에서 법학과 국가학을 공부했다. 공무원이 되려면 이런 것을 공부하는 것이 상례였다. 두 사람은 그후 오스트리아의 재정공무원이 되었다. 이 직책은 매년 우수한 성적으로 졸업한 학생에게 제공되는 직책이었다. 1875년 뵘바베르크와 비저는 박사학위에 필요한 시험을 치렀고, 그 직후에는 오스트리아 대학의 국내후계자를 양성하기 위해 정부가 새로이 창설한 바 있는 외국유학을 위한 장학재단의 장학금을 신청했다. 아마도 셰플레 교수의 강의에 고무되어 정치경제학을 연구하기로 결심했던 것 같다.

셰플레 교수는 당시 빈 대학교에서 1868년에서 1872년까지 가르쳤는데 새로운 아이디어로 가득 찬 탁월한 젊은 학자였다. 셰플레 교수의 후계자였던 멩거의 추천으로 그들은 장학금을 받아 일 년 동안 하이델베르크의 크니스 교수 밑에서 연구를 하고, 그후 한 학기는 라이프치히, 또 한 학기는 예나 대학교에서 연구를 했다.

뵘바베르크는 다시 빈으로 돌아와 지방의 재무공무원을 하다가 1878년 중앙의 재무부로 이동했다. 사람들은 그가 빠르게 출세하리라고 예측했지만, 그는 1880년 초에 빈 대학교에서 교수가 되기 위한 자격을 얻었다. 조금 뒤에는 인스부르크 대학교에 공석으로 있었던 경제학 교수자리를 얻자마자 즉시 재무성을 떠났다.

인스부르크의 조그마한 지방대학에서 그는 경제학 전 분야를 강의해야 했는데, 이때를 자신의 일생 중 학문적으로 가장 큰 소득을 얻은 기간이었다고 술회하곤 했다. 1881년에는 교수자격 획득을 위해 썼던 논문을 수정하여 발간했다(이 논문은 1876년에 쓴 『국민경제학적 재화이론의 관점에서 본 법과 사회적 관계』[*Rechte und Verhältnisse vom Standpunkt der volkswirtschaftlichen Güterlehre*]이다). 1884년에는 그의 주 저서의 제1권 『자본과 자본이자』(*Kapital und Kapitalzins*)를, 1886년에는 『경제적 재화의 가치에 관한 이론의 기초』(*Grundzüge der Theorie des wirthschaftlichen Güterwertes*)에 관한 연구서적을, 1889년에는 그의 주 저서의 제2권을 발간했다.

이 연구물들은 이 젊은 학자를 제1급 이론가로, 그리고 당시 학계에서 주목을 받았던 멩거를 중심으로 한 그룹의 가장 탁월한 대표자들 가운데 한 사람으로 만들어주었다. 1883년에서 1884년 사이에 멩거는 슈몰러와의 주목받았던 방법론 논쟁을 종결시켰다. 그리고 거의 동시에 비저와 셰플레 교수의 제자 가운데 한 사람인 작스(Emil Sax, 1845~1927)의 첫 저서들이 발간되었다. 이 책들은 주목을 받았다. 왜냐하면 멩거의 『국민경제학 원리』는 대량 출판되지 않았고, 또 스스로도 재판을 찍지 못하게 했기 때문이다.

뵘바베르크는 1881년 비정규직 교수로 일하다 1884년 프라하 대학교에 초빙되어 정교수가 되었다. 사람들은 1889년에는 그가 브렌타노의 후계자로서, 따라서 멩거의 동료교수로서 빈 대학교에 초빙받을 것

오이겐 폰 뵘바베르크(1851~1914)

이 확실하다고 말했다. 그러나 이번에도 다시 그의 경력에 놀랄 만한 전환이 이루어졌다. 당시의 재무상이었던 두나예프스키(Julian Dunajewski)는 당시 영향력이 가장 큰 정치가이자 경제학자였는데(그는 크라카우 대학교에서 경제학을 가르쳤다), 뵘바베르크를 재무부로 다시 불러들여 직접세 제도의 개혁을 맡겼다. 뵘바베르크는 이 과제를 아주 탁월하게 완수했기 때문에 1891년에 국장으로 승진했고, 그 다음 해에는 정부위원회의 부의장으로 정부위원회 업무를 맡았다.

이 위원회에서 그는 오스트리아가 금본위제로 전환하기 위한 준비작업을 수행하다가, 1893년에는 과도내각에서 재무상직에 올라갔다. 그리고 그는 오스트리아 행정재판소의 세 부서 가운데 한 부서의 비밀고문관이자 의장으로 임명되었다. 1896~97년에는 다시 내각의 재무상을 지내다가 그후 다시 행정재판소로 되돌아왔다.

1900년 이른바 "비정치적인" 내각이 형성되자, 그는 다시 한 번 재무상 직을 떠맡았다. 이번에는 재직기간이 4년이었다. 이 내각은 지금까지 경시되어 온 제국의 각 지역에 막대한 투자계획을 통하여 오스트리아-헝가리 군주국에서 점차 확산되어가는 민족적 갈등을 극복하려 했다. 그 내각에서 그는 빠르게 주도적인 인물이 되었다. 정적(政敵)마저도 그의 경제정책적인 성공을 존중했다. 그가 의회에서 연설할 때는 흔히 있어왔던 시끄러운 의사진행 방해도 없었다.

그러나 그도 역시 스스로 언젠가 말했던 것처럼 "재정을 정치의 속죄양으로" 만드는 것을 막을 수는 없었다(Schumpeter 1925, 79쪽). 의회가 그의 자문에 반하여 군사지출을 증가시켰을 때, 그는 정부재정의 안정성이 위태롭게 되는 것을 보고 사퇴했고, 이로써 내각 전체가 깨져버렸다.

그의 사퇴는 자신의 경력에서 새로운 전기를 마련했다. 그에게 오스트리아 국가가 주어야 할 매우 호화로운 직책들 가운데 몇 가지 제안을 받았음에도 그는 모두 뿌리치고 대학으로 돌아왔다. 대학을 떠난 지 15년만이었다. 이미 1891년부터 그는 빈 대학교의 명예교수였다. 이제는

그를 위해 교수자리가 마련되었다. 멩거는 1902년 은퇴하였다. 그의 후
계자는 비저였는데, 1880년 뵘바베르크는 비저의 여동생인 파울라 폰
비저(Paula von Wieser)와 결혼했고, 이로써 비저는 뵘바베르크의 처
남이 되었다.

슈타인의 교수자리는 필리포비치(Eugen von Philippovich, 1858~
1917)가 승계했다. 필리포비치는 멩거의 제자이자 당시 대부분 이용했
던 독일어로 씌어진 국민경제학 『정치경제학의 기초』(Grundriß der
Politischen Ökonomie, 1893~99)의 저자이다. 이 학계에서도 뵘바베
르크는 곧 주도적인 역할을 했다. 그의 세미나에는 젊은 세대의 가장
훌륭한 경제학도들이 참가했다. 예를 들면 슘페터, 미제스(Ludwig von
Mises, 1881~1973), 레더러(Emil Lederer, 1882~1939), 슈트리글
(Richard von Strigl, 1891~1944)은 힐퍼딩(Rudolf Hilferding,
1877~1943)과 바우어(Otto Bauer, 1881~1938)과 마찬가지로 그의
세미나에서 배출된 인물들이다.

공적인 활동을 하던 때에도 뵘바베르크는 학문적인 연구를 포기하지
않았지만, 시간이 얼마 없었다. 마찬가지로 연구를 계속해 나갔지만 시
간이 별로 없었다. 그는 이제 많은 의무를 지닌 '노(老)정객'이 되었기
때문이다. 1899년 오스트리아 의회의 귀족원 의원이 된 이래 그에게 언
제나 공적 과제가 맡겨졌다. 학문분야에서도 그는 또한 곧 '원로'가 되
었다. 1902년 오스트리아 과학아카데미 회원이 된 이래 그는 1907년
부회장이 되었고, 1911년에는 회장이 되었다. 이렇게 그는 1904년 후
에도 공직의 부담을 피할 수가 없었다(Wieser in Böhm-Bawerk
1921, III, V.).

뵘바베르크는 자신의 과학적 연구에서 그가 이미 인스부르크에서, 그
리고 공적인 활동을 하던 시기에 다루었던 것을 이어나갔다. 『자본과
자본이자』의 첫판은 매우 빨리 쓸 수 있었다. 수정 없이 제2판이 1900
년과 1902년에 발간되었다. 제3판(1909~14)은 그가 "부제"를 통해
증보한 것이다.[3] 그러나 비판적 이의를 극복하고 이론의 새로운 견해

를 기대했던 사람은 실망했다. 뵘바베르크는 그러한 시도를 하는 데 필요한 힘을 더 이상 가지고 있지 않았다고 한다. 사람들은 그가 실제 나이보다도 더 늙었다고 생각했다. 어쨌든 그는 새로운 접근법을 찾을 만큼 힘이 없었다. 그가 죽던 해에도 시장에서 "권력과 경제법칙"이 수행하는 역할과 관련된 논문이 발간되었다.[4]

따라서 뵘바베르크는 새로운 무엇을 파악할 필요성보다는 있는 것을 더욱 분명하게 해명할 필요성을 보았다고 말하는 것이 옳은 것 같다. 그렇기 때문에 그는 "문헌을 둘러싼 싸움꾼"이라는 별명을 갖게 되었고, 또한 이것이 그의 품성과 일치했다. 그는 모든 이의를 검증하는 것을, 그리고 모든 비판가에게 분명하지만 점잖은 말로 어떤 비판이 잘못되어 있는지를 증명하는 것을 의무로 여겼다. 독일 학계를 지배하고 있었던 역사학파 학자들이 이론적 명제란 자의적인 것이라고 여전히 강조하면 강조할수록 그는 과학의 공공성과 직업성에 대한 의무감을 느꼈다.

그 밖에도 뵘바베르크는 법학적 사고범주에 사로잡혀 있었다. 인과적으로 생각하지 않고, 달리 생각하는 것은 매우 어렵다고 믿었다. 상호 간 연관되어 있다는, 상호예속되어 있다는 식의 생각을 그는 의심했다. 어느 것이 이것도 되고 저것도 된다는 식의 분류란 있을 수 없는 것처럼 말이다. 그는 빈번히 궤도를 벗어날 정도로 너무 비판적이었다. 이로 인하여 결코 완전하지 못한 자신의 연구결과도 극단적으로 비판적 평가를 받았다.

뵘바베르크는 1914년 8월 27일 스위스에서 개최하는 국제회의에 가던 중에 티롤 지방의 어느 작은 마을인 라텐베르크-크람자흐(Rattenberg-Kramsach)에서 사망했다. 자기나라의 대표자로서 참가하지 않으면 안 되는 국제회의였다.

# 저서

## 문제의식

뵘바베르크의 이론적인 노력의 핵심은 오스트리아 가치이론에 기초하여, 소득분배의 문제와 사회주의자들의 주장, 즉 이른바 사회적 문제를 이론적으로 다룰 수 있는 이론적 틀을 개발하는 것이었다. 자본소득을 논의할 때 그는 이론적인 이자문제와 사회정책적인 이자문제를 구분했다.

"이론적인 이자문제는 왜 자본이자가 존재하는가를 묻는 반면에, 사회정책적인 이자문제는 자본이자가 왜 존재해야 하는가를 묻는다. 그 것이 정의로운가, 공평한가, 유용한가, 그리고 왜 자본이자를 있는 그 대로 내버려두어 유지해야 하는가, 왜 변동시키거나 인상시켜야 하는 가를 묻는다. 이론적 문제는 오로지 자본이자의 원인에만 관심을 갖는 반면에 사회정책적인 문제는 주로 이자의 효과에 대해 관심을 갖는다. 이론적인 문제는 오로지 진실에 관심을 갖는 데 비하여, 사회정책적인 문제는 특히 합목적성과 관련되어 있다(1921 I, 2쪽)."

이러한 연구 프로그램을 가지고 뵘바베르크는 셰플레의 생각을 수용했다. 후자는 항상 사회주의적인 주장을 이론적으로 논의할 필요성을 지적했던 것이다. 그러므로 뵘바베르크는 그의 스승인 셰플레(1870)와 크니스(1873~79)를 제외한다면 라살과 마르크스의 경제적 사고의 세계를 분석한 최초의 직업적인 경제학자 가운데 한 사람이다.[5] 어느 누구도 뵘바베르크만큼 그렇게 자기완료적인 이론을 가지고 그들과 맞서 보려고 하지 않았다. 그렇기 때문에 우리는 (Schumpeter 1954, 846쪽과 함께) 뵘바베르크를 "부르주아 마르크스"라고 말할 수도 있다. 물론 이러한 평가가 그의 저작의 모든 국면에 적합하지는 않다고 하더라도 말이다.

이러한 출발점에서 뵘바베르크는 자본수익을 설명하는 데 몰두했다. 그리고 그는 이러한 설명은 통일된 가치이론을 기초로 하여 이루어져야 한다고 주장했다. 이로써 그는 어려운 과제를 짊어진 것이다. 즉, 한 편으로 자본수입은 분명히 생산에서 자본재가 이용된다는 사실과 관련되어 있다. 다른 한편 자본수익은, 자본재이든 소비재이든, 내구재를 빌려줌으로써 생겨난다. 마지막으로 자본수익은 생산이나 내구재와 관계없는 대출에서 생겨난다.

### 서로 다른 두 시점 간의 소비자 행동

기본원리에 따라서 뵘바베르크는 자본수익은 세 가지 모든 사례에서 상이한 시점에서 사용가능한 재화들을 고려한 평가에 기인한다고 말하고 있다. 그의 저서 『국민경제학적 재화이론의 관점에서 본 법과 사회적 관계』(1881)에서 이미 그는 내구재는 시간이 지남에 따라 생겨나는, 경우에 따라서는 생겨날 확률로 수정된 효용의 현재가치로 평가된다는 것을 보여주었다.

그는 자신의 저서 『자본과 자본이자』에서 이러한 생각을 상세히 설명하고 있다. 비로소 장래에 사용가능한 재화는, 이 장래가 멀면 멀수록, 그만큼 더 적은 가치를 부여받는다는 것이다. 현재에 사용가능한 재화와 장래에 사용가능한 재화를 서로 다르게 평가하기 때문에 자본수익 또는 자본수익률이나 아니면 이자율이 근거하고 있는 "프리미엄"이 생겨난다.

원칙적으로 자본이자는 양의 값을 가지고 있기 때문에 뵘바베르크는 현재에 사용가능한 재화는 비로소 장래에 사용가능한 재화보다도 원칙적으로 더 높이 평가된다는 것을 보여주어야 했다. 그는 다양한 예를 들어 이에 대한 두 가지 이유가 있다는 것을 증명함으로써 위의 사실을 보여주려고 했다.

그 첫 번째 이유를 뵘바베르크는 "욕구와 욕구충족 간의 관계가 상이한 시간에서 상이하다"는 사실에서 찾고 있다. 특히 "첫째로 현재의 긴급성과 궁핍을 특징으로 하는 모든 경우에, 둘째로 확실히 경제적으로 삶의 개선이 이루어지리라고 믿는 사람들의 경우"에서 그 관계는 상이하다는 것이다(1921 II, 328쪽). 이것이 의미하는 바는 현재의 욕망은, 당장 경제적으로 곤란하기 때문에 또는 장차 더 큰 소득을 얻으리라는 기대에서 장래의 욕망보다 더 긴급하다는 것이다.

두 번째 이유를 그는 다음과 같이 말하고 있다. "즉 우리는 체계적으로 우리의 장래의 욕망과 이를 충족시키기 위한 수단을 체계적으로 과소평가한다(같은 책, II, 332쪽)." 첫 번째 원인은 합리적 행동을 기술하는 행동의 혼합을 설명하고 있다. 그 근거로서 뵘바베르크에 의하면 장래욕구에 대한 생각이 완전한 경우는 드물다는 것, 많은 사람들은 의지가 약하고 "우리의 삶이 짧고 불확실하다는 사실에 대한 고려(1921 II, 334쪽)"가 중요한 역할을 한다는 것이다.

이 두 가지 이유의 차이는 전자의 이유는 소득을 강조하고 있는데 반하여, 두 번째 이유는 욕망을, 따라서 재화의 주관적인 가치평가를 결정하는 두 가지 요인 중 다른 하나를 강조하고 있는 것인데, 이 욕망은 멩거가 개발했고 뵘바베르크가 전용한 오스트리아의 가치이론(마찬가지로 현대적인 미시이론)의 중심된 분석대상이다. 이 두 가지 이유들이 상호작용한다면, 결국 어느 한 재화의 장차 사용가능성이 멀면 멀수록, 그 재화의 가치는 점점 낮게 평가되는 것이다. 뵘바베르크가 인정하고 있듯이 물론 예외도 있다. 따라서 위에 설명된 두 가지 이유는 경험적 명제이다. 그는 이 명제와 관련하여, 이것은 항상 옳은 것은 아니지만 원칙적으로 들어맞는다고 주장한다.

그 밖에도 이 명제는 두 사람 이상이 존재하는 (교환)경제에서 모든 교환파트너들에게 타당한 것이 아니라는 것을 보여줄 수 있다. 대부분의 사람들, 그리고 특히 높은 소득을 가진 사람들은 뵘바베르크가 가정하는 것처럼 행동한다는 것으로 충분하다.

그러나 그와 같은 예외를 지적하여 그의 이론을 반증했다고 믿었던 비판자들은 항상 이것을 보지 못했다. 그도 그럴 것이 뵘바베르크의 경험적 가정이 맞는다면, 그리고 이들이 맞지 않는다고 하더라도, 그 이론은 이자율의 양(陽)의 값을 갖는다는 것을 보여주기 위해서만 필요할 뿐이다. 이 가정이 등장하지 않으면 양의 이자율은 존재하지 않는다. 물론 재화와 그리고 특히 화폐를 저장할 가능성은 이자율이 결코 부(不)의 값을 갖지 않도록 배려하는 것이다. 이것은 저장비용을 도외시하더라도 옳다.

### 서로 다른 두 시점 간의 생산자 행동

자본수익률 또는 이자율의 존재와 그 높이에 관한 이러한 설명은 오로지 교환경제, 즉 소비자들(최종사용자들)이 재화를 평가하고 서로 교환하는 교환경제에만 적용된다. 그도 그럴 것이 뵘바베르크가 대변하고 있는 멩거의 가치이론에 따르면, 소비자만이 직접 재화를 평가할 수 있기 때문이다. 이에 반하여 생산자는 간접적으로 자본재를 평가한다.

그의 이론의 이러한 어려움을 뵘바베르크는 다음과 같이 기술하고 있다. "나는 이자율의 최종근원은 현재재와 장래재를 서로 다르게 평가하는 데 있다는 것은 …… 완전히 옳은 생각이라고 본다. 나는 또한 이런 상이한 평가에는 …… 순전히 심리학적 성격의 이유들이 …… 중요한 역할을 하고 있다는 것도 완전히 옳다고 본다. ……그러나 이런 이유들은 실제의 이자율 현상을 전부 완전히 설명하지 못한다는 것은 의심의 여지가 없다고 본다. ……경험적 사실을 볼 때, 이자율의 변동과 그 수준은 우리의 수명과 향유능력이 불확실하다는 사실과 현재의 보다 더 큰 유혹에 대한 순전히 심리학적인 고려 때문만은 아니다. 생산기술도 이자율의 변동과 그 수준에 영향을 미친다. ……알려진 이론적 방향을 독자적인 '자본의 생산력'이라는 생각으로 이끌었던 것은 바로 그러한 생산기술과 경험이었다. 또 어려운 점 하나가 있다. 이것은 내가 믿기에는 이자율 문제 전체의 가장 중요하면서도 가장 매력적인 어려운 점이다. 이질적인 원인들은 부분적으로는 객관적으로 기술적인 원인과 부분적으로는 지극히 주관적인 심리적 원인으로 구성되어 있는데, 이 어려운 점은 이 이질적인 원인들이 어떤 방식으로 그리고 어떤 연결변수로 상호작용하여 결과적으로 경험상 통일적인 자본이자가 생겨나는

지를 설명하는 일이다(1921 I, 301쪽 이하)."

뵘바베르크는 따라서 생산자들이 자본의 (논쟁의 여지가 없는) 생산성 때문에, 소비자들이 위에서 논의한 두 가지 "이유" 때문에 행동하는 것과 똑같이 행동하도록 도와주는 또 다른 "이유"를 필요로 했다. 그런데 우리가 주목해야 할 것은 자본의 생산성, 또는 뵘바베르크가 말하는 것처럼, "시간이 걸리는 우회생산의 보다 큰 기술적인 수익성"이 아니라 이에 기초한 생산자에 의한 재화의 평가라고 하는 점이다. 즉, "시간이 걸리는 우회생산의 보다 큰 기술적인 수익성"이 아니라 이에 기초한 생산자에 의한 재화의 평가라고 하는 점이다.

"내가 시간이 걸리는 생산의 우회가 가져오는 보다 큰 기술적인 수익성의 관점에서 도입한 생산기술 그 자체는 그러한 수익성이 있는, 그러면서 시간이 걸리는 우회의 길을 가능하게 하는 현재 재화는 장래 재화보다 더 높이 평가된다는 사실에 대한 부분적인 이유를 제공한다는 것을 설명하려고 노력한다. 이러한 견해에 따르면 생산기술적인 사실과 심리학적인 사실은 상호작용하여 이들이 현재의 재화는 장래의 재화보다 더 높이 평가된다는 공동의 결과로 통합되어 처음부터 조정된다는 것이다. 그 다음에는 이 결과가 중간고리의 설명변수로서 이 결과 자체를 야기하는 부분원인들과 이 결과로부터 또 다른 결과로서 생겨나는 자본이자 사이에 놓여 있다(1921 I, 302쪽)." 따라서 자본생산성은 간접적인 이유일 뿐이다. 원래의 이유는 뵘바베르크에게는 생산자의 행동이다.

따라서 그는 생산자 행동이론을 작성하고 있다. 이때 그는 생산에서 시간이 걸리는, 그리고 자본재를 통하여 가능한 생산과정을 보았던 고전파의 생각을 끄집어내고 있다. 케네는 농업생산을 위해서는 "선불"이 필요하다는 것—이것이 시간을 요하는 생산의 전형인데—을 지적했다.

동일한 생각을 스미스와 리카도에게서도 찾을 수 있다. 리카도의 경우 오로지 생산요소로서 노동만을 기초로 두고 있는 가치이론을 변형시키는 것이 특징적이다. 롱필드와 레이는 이러한 사상을 발전시켰지만(Longfield 1834; John Rae 1834), 그들의 문헌은 주목받지 못했다.[6] 시니어와 끝으로 제번스가 이러한 사상을 당시 매우 큰 주목을 받았던 자신들의 문헌에서 논의하고 있다(Senior 1836; Jevons 1871).

그러므로 뵘바베르크가 생산이론으로서 제시했던 것은 결코 새로운 것이 아니었지만, 그는 이를 매우 엄밀하게 작성했다. 우선 뵘바베르크는 이러한 시각에서 모든 자본재는 중간재라는 것을 보여주었다. 자본재는 자신을 위하여 생산된 것이 아니라, 오로지 소비재의 생산을 용이하게 하거나 비로소 이를 가능하게 하기 위해 생산될 뿐이다. 자본재는 한편으로는 본원적인 생산요소인 노동과 토지의 서비스가 체화된 생산물이고, 다른 한편 "미완성된" 소비재이다. 미완성인 이유는 자본재가 장차 소비재를 생산하는 것을 도와주기 때문이다. 자본재는 그러한 한 생산의 우회도의 지표이다.

어느 한 시기에 사용가능한 자원의 일부는 직접 소비재 생산을 위해 사용되지 않고 자본재의 형태로 이용된다. 왜냐하면 이러한 방식으로 생산과정의 수익성이 증대될 수 있기 때문이다. 그와 같은 "우회생산은 필연적으로 시간을 요한다. 롱필드, 레이, 시니어와 제번스는 생산과정의 생산성은, 자본재가 많이 사용되면 사용될수록, 그만큼 더 증가한다"고 주장했다.

뵘바베르크는 이러한 생각을 정밀화하고 있다. 그는 이러한 생각을 "현명하게 선택된(오늘날의 용어를 사용하면 '효율적인')" 생산과정에 국한시키고, 기간마다의 생산결과와 생산요소 단위는, "생산기간"이 길면 길수록, 그만큼 더 커진다(수확체감이 있다고 하더라도)는 생산함수의 형태로 작성했다. 생산기간은 그에게 생산의 전체 경제적인 자본집약도의 척도이다.

생산기간을 정의할 때, 그에게 물론 어려움이 있었다. 자본재가 그 나름대로 자본재의 도움으로 생산된다면, 오늘 소비재를 생산하는 생산과정의 맨 처음은 상당한 사전시간으로 거슬러 올라가고, 따라서 생산기간은 항상 무한정으로 크다. 따라서 그는 평균 생산기간을 정의하려고 했다. 이때 물론 그는 노동서비스와 토지서비스는 서로 다른 시점에서 필요하다는 사실을 통해 구분되는 생산과정은 동일한 평균 생산기간을 가질 수 있다는 것을 무시했다. 그리고 그의 정의에 따라 계산된 평균 생산기간의 순위는 생산요소 가격으로 평가하는 것이 필요하다면, 심지어 바뀔 수 있다.

이러한 어려움은 끝없는 논쟁의 원천이다. 여기에서는 이 어려움을 제쳐두고, 우리가 생산기간에 대한 분명한 정의를 발견할 수 있다고 가정하자. 이때 분명한 정의란 뵘바베르크가 상상하던 것처럼 생산기간이 길면 기간마다의 소비재와 생산요소 단위를 더 많이 생산할 수 있다는 생산함수의 작성을 가능하게 하는 정의이다. 이러한 가정 아래 전체 경제적으로 그러한 생산체제가 존재하고 있다는 사실은 개별 생산자에게는 비로소 장래에 사용가능한 소비재는 오늘 사용가능한 소비재보다 낮게, 다시 말하면 사용가능성이 늦으면 늦을수록 그만큼 더 낮게 평가할 이유가 된다.

따라서 왜 생산자들이 소비자처럼 행동하는가 하는 기술적인 이유가 존재한다. 물론 "세 번째" 이유는 첫 두 가지 이유처럼 경험적 가정이 아니라, 생산이론으로부터 도출된 생산자 행동에 대한 결론이다. 그러나 생산기간의 정의에 대한 반론은 그후 벌어진 논의에서도 결코 제거되지 못했고, 따라서 그 반론은 진지하게 받아들여야 할 것이다. 물론 그 반론은 뵘바베르크가 취한 길은 항상 써먹을 수 없다는 것만을 말해 줄 뿐이지, 그 길이 전혀 쓸모가 없다는 것을 말하는 것은 아니다.

따라서 우리는 뵘바베르크와 함께 생산자는 상이한 시점에서 이용가능한 재화를 평가할 때 소비자와 똑같이 행동한다고 가정할 수 있다. 그 명제는 소비자들이 상호적으로 행동하고 그들이 소비자들과 함께 행동하는 교환경제에도 오직 소비자들만이 함께 행동하는 순수한 교환경제에서만큼 똑같이 적용될 수 있다.

세 가지 모든 이유는 시간을 요하는 생산방법을 가지고 생산하는 경제에서는 필연적으로 자본이자가 존재해야 한다는 결론을 가능하게 만든다. 그렇다면 이자율 결정요인들은 한편으로는, 소비자들의 시간 간의 선호 내지는 "시간선호"이고, 또한 다른 한편으로는, 시간 간의 생산구조이다. 따라서 뵘바베르크는 흔히 제안되었던 것처럼 자본이자를 어떠한 생산요소이든, 그 생산요소의 가격으로 보지 않는다.

그는 자본재 사용의 가격이든, 자본재의 존재를 가능하게 하는 저축을 통한 가능한 소비의 억제에 대한 가격이든, 또는 아직 생산되지 않았거나 아직 "성숙되지 않은" 소비재를 기다리기 위한 가격이든, 그러한 가격으로 이자율을 생각하지 않았다. 뵘바베르크에게 이자율은 상이한 시점에서 특정 재화의 특정 수량의 가격의 차이 이외에는 아무것도 아니다. 이 차이는 현재와 장래가 서로 다르게 평가되고, 생산이 시간을 요할 경우에는 언제나 생겨난다.

이러한 생각의 틀 속에 내구재에서 생겨나는 자본수익에 관한 논의가 쉽사리 융화되었다. 내구재를 구매한다는 것은 이 재화가 시간이 흐름에 따라 그때그때 제공할 수 있는 효용을 구매하는 것을 의미한다. 내구재의 가격은 따라서 이 효용의 현재가치이고, 이 효용은 장래에 멀리 떨어져 있으면 있을수록 그만큼 더 적게 평가된다. 그와 같이 재화를 빌려주는 사람은 현재 획득가능한 효용을 장래 획득가능한 효용과의 비율로 평가하는데, 빌려주는 사람은 그러한 평가의 상이성에 기초한 자본수확을 얻을 수 있다. 그렇기 때문에 뵘바베르크가 모든 경우에 자본수익은 "현재 가치가 장래 가치보다도 높이 평가된다(1921 I, 302쪽)"는 사실에 바탕을 두고 있다고 주장하는 것은 지극히 옳다.

**결과**

뵘바베르크가 이러한 논거에서 이끌어낸 결론은 분명하다. 즉, 자본수익은 착취가 아니라 현재와 미래에 대한 상이한 평가의 필연적인 결과이다. "모든 토지와 자본에 대한 사적 소유가 지양되어 있고, 모든 생산수단이 전체의 손에 들어가 있으며, 모든 인민들이 노동자로서 전체를 위해 활동하며, 국민생산이 실적에 따라 모든 사람들에게 분배되는 (1921 II, 431쪽)" 어떤 공동체에서도 자본수익은 "전체"에 의해 "모든"이들의 "착취"로서 생겨나기 마련이다. 따라서 뵘바베르크에게 자본수익은 "바로 우리의 개인주의적 자본주의적 사회에 나타나고 우연한 '역사적 법적인' 범주가 아니다."

그것은 오히려 기본적인 경제적 원인에서 생겨나는, 따라서 사회조직과 질서의 차이에 관계없이 "현재와 미래가 상이하게 평가되는" 곳이면 어디든지 등장하는 경제적 범주로서 발생한다(같은 책, 347쪽). 이러한 시각에서 뵘바베르크는 매우 인상적으로 마르크스의 경제이론을 비판했고(Böhm-Bawerk 1896), 매우 큰 영향력을 행사했던 어느 한 문헌에서 그의 견해에 따르면 항상 단기적으로만 작용하는 경제적 권력현상에 대한 경제법칙의 지배를 주장했던 것이다(Böhm-Bawerk 1914).

## 영향

뵘바베르크는 그 당시의 거대한 문제에 대한 이론적인 답변만을 제공한 것이 아니다. 역시 그는 경제현상의 전체 맥락을 고려하고, 경제행동에 대하여 현재와 미래가 갖는 중요성을 강조하는 이론도 개발했다.

뵘바베르크가 당대의 인물들에게 미친 영향은 막대하다. 오스트리아 학파의 가치이론에 대한 그의 설명은 신고전파 이론의 생성을 도와주었다. 한계효용과 한계비용의 관계와 재화가격에서 요소가격을 도출한 것에 대한 그의 설명은 신고전파 이론의 오스트리아적 해석을 확고히 하는 근본요소로 되었다. 어느 누구도 뵘바베르크의 마르크스 비판을 능가하지 못했고, 오늘날에도 능가하지 못하고 있다. 그의 자본이론과 이자이론은 항상 비판적 분석의 단서가 되었다. 멩거처럼 겨우 소수만이 뵘바베르크의 이론을 "일찍이 범했던 가장 큰 오류 가운데 하나"로 생각했고(Schumpeter 1954, 847쪽), 또 작스처럼(1916) 소수만이 그의 이론을 반박하기 위한 책을 썼다.

그러나 많은 사람들——이들 중에는 그의 긴밀한 동료교수인 비저와 슘페터가 있는데——은 유보적인 태도를 취했다. 물론 그들은 항상 이론의 개별적인 부분만을 비판했을 뿐, 전체 구상을 비판하는 경우는 매우 드물다. 이와 같이 시간 간의 가치이론으로서 자본과 이자이론에 대한 뵘바베르크의 시각은 신고전파 이론의 요소로 인정되었던 것이지, 그의 이론의 개별 부분이 그러한 요소로 되었던 것은 아니다.[7)]

뵘바베르크는 자신의 이론에서 세 개의 모델을 결합시키고 있는데, 교환모델, 생산모델, 그리고 이용모델이 그것이다. 교환모델은 소비자의 시간 간의 행동으로부터 자본수확의 존재와 높이를 어떻게 도출하는가를 보여주고 있다. 생산모델은 생산자의 시간 간의 행동이 소비자의 그것과 유사하다는 것을 보여주고 있다. 이용모델은 내구재의 시간 간의 이용이 역시 자본수익을 가져다준다는 것을 보여주고 있다. 교환모델은 시간 간의 행동을 고찰함으로써 멩거의 가치이론을 확대, 발전시키고 있다. 마찬가지로 이용모델은 전형적인 신고전파의 방식으로 개인적 행동에 초점을 맞추고 있다. 이에 반하여 생산모델은 개인적 행동이라기보다는 전체 경제적인 관계에 중점을 두고 있는 고전파적 생각에 기초하고 있다.

이용모델은 거의 논의되지 않았지만 주로 교환모델을 놓고 논쟁이 벌어졌다. 그러나 그의 기본원리는 인정을 받았다. 뵘바베르크가 열거한 세 가지 이유 가운데, 두 가지 이유는 항상 비판의 대상이 되었지만, (생산이 없는 세계에서) 자본수익을 소비자들의 시간 간의 행동에 기인한 것으로 보는 생각은 그렇지 않았다.

막강한 영향력을 가진 그의 이자이론에서 피셔는 소비자 행동과 생산자 행동의 구분을 비판하면서 뵘바베르크의 세 번째 이유(그리고 그의 생산모델)를 그가 입증하려고 했던 것을 가정하고 있는 주어진 "투자기회"라는 특색 없는 개념으로 대체시켰다(Fischer 1907, 1930). 피셔는 첫 두 가지 이유들을 수용하여 물론 이들을 효용함수와 연관시켰던 반면에, 뵘바베르크는 이들을 수요함수, 공급함수와 연결시켰다. 이러한 형태로 그의 사상은 신고전파와 신신(新新)고전파 이론의 확고한 요소가 되어버린 시간 간의 선택행위 이론의 기초가 되었다.

생산모델은 뵘바베르크의 저작 중에서 가장 강력한 비판을 받았던 부분이었다. 논의의 중심이 되었던 것은 그의 자본개념, 평균 생산기간 개념 그리고 자본수익률이 자본의 한계생산력과 어떤 관계를 갖고 있는가 하는 문제이다. 그는 자본들이 이질적이라는 것을, 그리고 이 때문에 자본재들을 어느 한 물리적 규모("자본스톡")로 합하는 것이 불가능하다는 것을 강조했다. 그는 역시 가격구조의 변동이 자본재에 대한 평가의 변동을 야기한다는 것을 분명히 알고 있었다. 바로 이 점을 특히 클라크가 비판의 대상으로 삼았던 것이다(J.B. Clark 1899).

클라크는 많은 신고전파 이론가들처럼 "자본"을 화폐의 합으로 여겼다. 뵘바베르크는 바로 그와 같은 개념에 대하여 우려를 표명했다. 그러한 우려는 관철되지 못했고, 나중에 하예크도 이러한 개념을 "자본의 신화"라고 말했지만(Hayek 1936) 이 주장도 역시 관철되지 못했다. 최근에야 비로소 이질적인 자본재를 가격이 변동할 때 변동되지 않는 어떤 수치로 통합하는 것은 예외적으로나 가능하다는 견해(Harcourt 1972)가 관철되기 시작했다. 이로써 뵘바베르크의 시각이 관철되었던 것이다. 그러나 뵘바베르크와 같은 신고전파 학자가 이러한 입장을 대변했다는 사실은 잊혀진 채 말이다(예를 들면 Garegnani 1960 참조).

뵘바베르크가 전체 경제적인 자본스톡의 물리적 개념을 거부했기 때문에, 그는 어쩔 수 없이 평균 생산기간 개념을 생산의 자본집약도를 위한 척도로 사용하지 않을 수 없었다. 이 개념에 대한 그의 정의가 불충분하다는 것은 이미 언급했다. 뵘바베르크는 이를 개선하려고 했지만(1921 III) 성공하지 못했다. 다른 사람들도 그를 따라 개선하려고 했다(예를 들면 Eucken 1934; Strigl 1934; Hicks 1939). 이로 인하여 1930년대에는 그 논의가 다시 확산되었다(Kaldor 1937; Reetz 1971).

이러한 논의에서 확인되었던 것은 평균 생산기간은 정태적인 경제에서 의미있게 정의될 수 있지만, 변화하는 경제에서는 그것이 가능하지 않다는 것이다. 이것은 뵘바베르크의 이론의 설명능력을 급진적으로 제한하고 있으며, 또한 이것은 그 이론이 일반적으로 수용된 신고전파 이론의 표준으로도 수용되지 못한 주요 이유 가운데 하나이다.

마지막으로 뵘바베르크의 모델에서 자본수익이 자본의 한계생산과 어떠한 관계에 있는가 하는 문제를 특히 빅셀이 다루었다(Wicksell 1893, 1913). 빅셀은 뵘바베르크의 생각을 상세히 설명했는데, 이 설명에서 그는 뵘바베르크와는 다른 자본개념을 사용했다. 빅셀의 해석은 뵘바베르크의 이론의 설명으로서 널리 확산되었다. 그렇지만 그 이론 자체를 거부하는 데에는 변동이 없었다.

더구나 빅셀의 해석은 그 이론을 제번스의 생각(Jevons 1871)과 고전파적 임금이론에 가깝게 만들었던 것이다. 이로써 오히려 뵘바베르크의 혁신적인 업적을 은닉시키고 말았다. 그 이론이 30년대의 단기적인 문제에 대한 논의를 위해 유용하게 되도록 이를 작성하려고 애썼던 하예크의 노력에도 불구하고(Hayek 1931, 1941), 계속 거부당했다. 이러한 거부는 생산기간 개념을 바탕으로 구성된 고전적인 자본이론의 종말을 의미할 뿐만 아니라, 경제의 생산구조를 이론적으로 파악하려는 모든 노력의 (일시적) 종말을 의미한다.

신고전파적(그리고 신신고전파적) 생산이론은 무(無)시간적이다. 생산지연 현상이 등장한다면 이것은 기술적으로 주어진 것이지 경제적 선택행위의 결과가 아니다. 아주 최근에야 비로소 경제의 시간적 구조를 다시 문제시하려고 했다. 바이체커(Weizsäcker 1971)와 파버(Faber 1979)의 논문들은 뵘바베르크의 이론을 현대 자본론의 틀로 해석하는 것 이상의 의미를 가지고 있지 않지만, 그들은 그러한 생각을 확대하기 위한 실마리들을 제공하고 있다.

이와 비교한다면 힉스는 뵘바베르크에게 중요한 아이디어들 가운데 몇 가지를, 특히 경제적 의사결정의 결과로서 시간 간의 생산구조에 대한 그의 분석을 현대 이론의 수단을 가지고 새로이 작성하려고 각별히 혁신적인 노력을 하여, 결국 성공을 거두고 있다(Hicks 1973). 이 접근법은 아직도 완전히 논의되지 않고 있지만, 그것은 뵘바베르크의 생각이 오늘날까지도 꾸준히 영향을 미치고 있다는 것을 입증해주는 증거이다.

## 평가

뵘바베르크의 탁월한 업적은 문제를 작성하여 해결책을 제시했다는 점이다. 그는 자본수익을 경제하는 인간들의 행동과 그리고 동시에 기술적인 생산조건으로 환원시키고, 이때 자본수익은 그 나름대로 생산방법의 선택에서 중요한 역할을 한다는 것을 염두에 두어야 할 필요성을 자신의 선배 경제학자들 대부분보다도 훨씬 더 분명하게 보았다. 그의 저서 『자본과 자본이자』는 경제이론의 문제로서 경제사상의 바로 이 분야(자본과 이자의 분야—옮긴이)를 구성한 책인데, 이 책은 가치이론의 범위 내에서 해결책이 제시될 수 있음을 보여주었다.

뵘바베르크의 독자적인 해결노력은 고전이론의 요소들을, 그가 열렬히 대변했고 확산시켰던 신고전파 이론의 요소들과 연결시키는 것이다. 이러한 연결은 오랫동안의 논의——사실 이러한 논의가 경제이론의 발전을 가져오는데——를 통하여 비로소 밝혀졌듯이 약점을 가지고 있었다.

뵘바베르크 이론의 신고전파적 요소들은 특히 경제사상의 확고한 부분이 되었다. 이에 속하는 것으로서 세 가지만 예로 든다면, 시간선호 개념, 자본수익은 생산이 없는 경제에서는 상이한 시간선호에 기인한다는 것에 대한 입증 그리고 자본수익은 어떠한 특수한 서비스에 대한 대가가 아니라 시간 간의 평가차이의 결과라는 인식이다. 그의 이론이 오히려 고전적인 요소를 내포하고 있다는 것은 중요한 쟁점이었다(또한 오늘날에도 쟁점이다).

최근에야 비로소 자본개념은 일반적으로 인정받게 되었다. 그 개념은 물리적인 자본재의 이질성과 장래의 효용에 근거한 가치평가를 그 중심으로 하는 개념이다. 뵘바베르크가 그러한 개념을 대변했다는 사실은 지금까지 전혀 알려져 있지 않았다. 이 개념을 시초로 하여 뵘바베르크가 구성한 생산이론은 그가 제안한 형태로는 어떠한 인정도 받을 수 없었다. 생산의 시간 간의 구조를 중점에 두고 있는 기본사상에 관하여 물론 최종적인 반대발언은 아직 없다.

이와 같이 뵘바베르크의 시각뿐만 아니라, 그의 아이디어의 중요한 부분은 계속해서 영향을 미치고 있다. 그의 동시대 사람들은 그를 리카도와 마르크스의 수준으로 올려놓았다. 그러나 그것은 아마도 그를 약간 과도하게 평가한 것처럼 보인다. 그러나 그가 현대 경제이론의 얼굴을 부각시켰던 위대한 경제학자에 속하는 것은 분명하다. 그가 불러일으켰던, 그리고 그가 결말을 맺은 논쟁에도 불구하고, 또는 아마도 그런 논쟁 때문에 더욱더 그럴 것이다.

| 클라우스 힌리히 헨닝스 · 민경국 옮김 |

# 10 | 빅셀
Johan Gustav Knut Wicksell, 1851~1926

## 생애

**전기적 자료, 특별한 사건[1]**

빅셀은 1851년 12월 20일 스톡홀름에서 식료품상의 아들로 태어났다. 1869년 대학입학 자격시험인 아비투어까지 마리엔 초등학교와 스톡홀름 김나지움을 졸업했다. 이후 웁살라 대학교에서 학문적 경력을 쌓기 시작했다. 이곳에서 수학을 주 전공으로 하고 라틴어, 그리스어 그리고 물리학을 부전공으로 공부했다.

국민경제학에 대한 연구의지는 한참 후에야 갖게 되었는데, 한편으로는 "경제적, 사회적으로 억압받는 사람들에 대한 따뜻한 마음을 가진 그의 선한 심성(Sommarin 1931, 222쪽)," 다른 한편으로는 1880년 반(反)알코올중독자들과 이후 많은 청중들 앞에서 행한 강연이 그가 경제학을 공부하게 된 계기가 되었다. 여기서 그는 과잉인구가 음주욕구의 원인이므로 산아제한과 두 자녀 부부를 제안했다. 이 강연은 스캔들을 일으켰으며, 국민경제학의 역사 특히 맬서스를 충분히 이해하지 못했다는 비난을 받기도 했다.

19세기 스웨덴에서는 국민경제학이 독립적인 학문이 아니었기 때문에, 빅셀은 1884년 수학 공부를 석사학위 시험으로 마치고 향후 5년간 영국, 프랑스, 독일, 오스트리아 등지에서 경제학을 공부했다. 이 시기에 특히 한계효용 학파와 뵘바베르크의 자본이론(1884, 1889)에 매료되었다. 그 밖에 맬서스, 밀, 리카도, 제번스, 멩거 그리고 발라와 같은 학자들도 그의 사상에 큰 영향을 미쳤다.

빅셀은 1889년 파리에서 부게(Anna Bugge, 1862~1928)와 결혼했는데, 그녀는 후일 여성해방 운동에서 주도적 역할을 했으며 국제연맹의 의원이며 국제연맹 전문위원회의 유일한 여성위원을 역임(1921)하기도 했다. 그녀는 두 명의 아들을 두었는데, 그 가운데 한 명은 학자가 되어 룬드 대학교의 수학 교수를 역임했다.[2]

빅셀의 초기 경제학 관련저작으로 다음과 같은 것들이 출간되었다. 『과잉생산 또는 과잉인구?』(*Überproduktion—oder Überbevölkerung?*, 1890), 『자본이자와 임금』(*Kapitalzins und Arbeitslohn*, 1892), 『가치, 자본 그리고 지대』(*Über Wert, Kapital und Rente*, 1893). 비록 스티글러가 빅셀을 한계효용 학파의 창시자로 간주하고(Stigler 1941, 261쪽 이하), 이후 뵘바베르크, 비저, 클라크 그리고 윅스티드와 함께 인용하기도 했지만(Stigler 1965, 105쪽 이하), 특히 마지막에 언급된 저서에 대한 반응은 냉담했다. 박사학위 논문으로 제출된 『가치, 자본 그리고 지대』는 통과되지 못했는데, 그 당시 스웨덴에서는 법학 시험이 국민경제학 학위논문 통과의 전제조건이었다.

하지만 그는 철학과에서 시험을 치를 수 있는 특별허가를 받아 1895년 『가치, 자본 그리고 지대』의 이론적 도구를 과세효과의 문제에 적용시킨 『조세부과의 이론』(*Zur Lehre von der Steuerinzidenz*)라는 저술로 박사학위를 취득했다. 그리고 국민경제학의 교수직을 얻기 위해 (그것도 45세에!) 1899년 양(兩)법학 박사 후보시험의 과정을 끝으로 법학 공부를 마쳐야 했다. 그후 그는 이 대학에서 경제학과 재정법 강사직에 임명되었다.

이후의 인생역정도 지금까지의 양상과 별 다른 점이 없었다. 1900년에는 룬드 대학교의 법학부에서 국민경제학과 재정법을 담당하는 특별 정교수로 선임되었다. 이 과정에서 그는 카셀(Gustav Cassel)과 경합했는데, 카셀이 법학 시험을 치르지 않았기 때문에 빅셀에게 유리한 결정이 내려진 것이다.

1904년 특별 정교수직에서 정규 정교수직으로 전환되었으며 1916년 은퇴할 때까지 법학부에서 국민경제학을 담당하면서 정교수로 활동했다. 그는 수많은 전공관련 저작을 발표하는 것 이외에도 인구정책과 종교비판에 관한 강연도 했는데, 어떤 강연——위에서 언급된 1880년의 강연——은 스캔들이 되어 신성모독죄로 2개월 감옥형을 받기도 했다.[3]

1916년 은퇴한 후 빅셀은 정든 고향 스톡홀름으로 돌아왔다. 10년 후인 1926년 5월 3일 높이 추앙받는 학자로 생을 마쳤는데,『경제학술지』(*Ekonomisk Tidskrift*) 제12권(1921)이 그에게 헌정되기도 했다. 같은 해에 에지워스와 비저도 유명을 달리했다. 그는 오슬로 대학교의 명예박사였으며, 1923년에는 미국경제연합의 명예회원으로 추대되었다. 그러나 그는 정치적으로는 "좌익" 그리고 "철없는 애송이"로 인식되었다.

### 정치적, 사회적 환경에서 받은 영향

빅셀의 생존시기 스웨덴의 정치적 발전의 특징은 다음과 같은 세 가지의 큰 흐름으로 나타난다(Andersson 1950, 357쪽 이하). 1809년의 헌법제정과 1810년 베르나도트(Bernadotte) 왕가의 집권 이래 스웨덴은 입헌왕국이었으며, 이후 점진적으로 현대적 민주주의로 발전했다. 전반적인 정치의 모습은 자유주의적이었으며 1880년경부터는 (독일과 마찬가지로 그리고 독일의 선례에 따라) 점차 사회개혁적 성격을 갖게 되었다. 오스카르(Oskar) 2세(즉위기간은 1872~1907)의 집권 후부터 1910년까지는 대체로 독일과 매우 친화적인 분위기였으며 문화적 영역에서도 독일의 영향을 많이 받았다. 따라서 빅셀은 자신의 저작들을 매우 신속하게 그리고 어떤 것은 오직 독일어로만 출판했다.

경제사적 측면에서 헤크셰르(E.F. Heckscher)는 1815년부터 1914년까지의 시기를 "대변환"(great transformation)이라고 표현했으며 (Heckscher 1954, 209쪽), 빅셀도 다음과 같이 술회했다. "지난 55년 간 스웨덴은 대부분의 유럽 국가들과 다수의 비유럽 국가들과 마찬가지로 경제적 발전을 이룩했는데, 이들 국가 중에는 이미 앞서가고 있었던 국가들뿐만 아니라, 예전에는 오랫동안 음지에 머물러 있던 국가도 있다(Wicksell 1896, 247쪽)."

스웨덴은 산업국가로의 이행을 대체로 매우 양호한 여건에서 실현했다. 스웨덴은 산업화되어 가는 유럽의 원료공급지였으며, 적합한 금융 상황 아래 1873년에는 금본위제를 채택했고 1875년에는 덴마크와 통화연합을 구축했는데 (스웨덴과 1814년부터 1905년까지 인적 동맹으로도 결속되어 있던) 노르웨이도 1875년에 가입했다. 이러한 스칸디나비아 통화연합은 1914년까지 존속되었다(Heckscher 1954, 253쪽).

그러나 산업화는 당연히 부정적인 측면도 갖고 있었는데, 무엇보다도 산업화에 수반된 국민들의 무산계급화, 당시 관찰된 알코올중독 현상 (Andersson 1950, 385쪽) 그리고 급격한 인구증가(Heckscher 1954, 254쪽)를 들 수 있다. 급속한 경제성장에도 불구하고 이러한 상황에서 많은 사람들에게는 압박감과 허무감의 분위기가 팽배했는데, 이는 사회적 문제의 발생을 주제로 한 저술들이 등장하는 데 기여했다 (Andersson 1950, 421쪽).

이러한 징후를 잘 설명한 책으로는 스트린드베리(A. Strindberg)에 의해 1879년에 발간된 소설 『붉은 방』(Das Rote Zimmer)을 들 수 있다. 이 소설의 분위기와 빅셀의 정치적 성향은 상당한 연관성이 있을 것으로 짐작된다. 스트린드베리는 이후 『사회민주주의자』(Social-Demokraten)라는 잡지의 편집책임자이며 사회민주주의 정부의 첫 번째 수상이었던 브란팅(H. Branting)과 함께 "젊은 급진파 계열"에 속했는데, 이런 저술에 매우 큰 관심을 가졌던 빅셀은 웁살라 대학교의

욘 구스타브 크누트 빅셀(1851~1926)

수학 전공학생으로서 이미 이에 동조하고 있었다(Sommarin 1931, 222쪽).

## 저서

빅셀의 경제학 저술의 목록은 매우 포괄적이다.[4] 아문센에 의해 거의 완벽하게 작성된 목록(Amundsen 1954, 169쪽 이하)에서 크누트존과 헤드룬드 니스트룀에 의해 작성된 800개(!) 이상의 빅셀과 관련하여 등재된 항목을 발견할 수 있다(Knudtzon/Hedlund-Nyström 1976).

우어는 빅셀의 더욱 중요한 저술들을 자신의 논문 개정증보판의 색인에서 제시하고 있다(Uhr 1960, 538쪽 이하). 주요저서로는 다음과 같은 것들을 들 수 있다. 『가치, 자본 그리고 지대』(1893), 『재정이론 연구』(*Finanztheoretische Untersuchungen*, 1896), 『이자와 물가』(*Geldzins und Güterpreise*, 1898), 『국민경제학 강의 1』(1913), 『국민경제학 강의 2』(1922).

『국민경제학 강의』(이하 『강의』) 1과 2는 1901년과 1906년에 스웨덴어로 먼저 출간되었다. 그 밖에도 매우 다양한 저서와 논문들도 있지만, 이론적 측면에서 가장 중요한 사항은 주로 『강의』와 『재정이론연구』에 수록되어 있다. 우어는 빅셀의 연구계획을 세 부분으로 분류했다(같은 책, 29쪽 이하). 이 계획은 기초로서 이론적 분석, 이를 바탕으로 구축되어 기존의 제도들도 수용한 응용분석 그리고 다시 이를 바탕으로 한 제도적 개혁에 관한 제안들을 포함하고 있다. 그러나 그는 유감스럽게도 이 계획의 첫 번째 부분만 체계적으로 완성하는 데 그쳤다.

빅셀의 가장 중요한 공적을 밝혀내려면 그의 탁월한 능력이 발휘된 학문적 영역에 따른 분류가 요구된다. 따라서 앞으로는 가치, 가격 및 분배이론, 자본 및 이자이론, 화폐 및 경기이론 그리고 재정학의 분야로 구분하여 그의 학문적 업적을 설명하고자 한다.

## 가치이론, 가격이론과 분배이론에의 기여

현재의 거의 모든 국민경제학자들과 마찬가지로, 생산자는 재화의 생산과 공급에서 적어도 (또는 오직) 이윤의 극대화를 추구하며, 소비자는 적어도 (또는 오직) 만족의 극대화에 도달하기를 원한다는 견해를 갖는다면, 생산자와 소비자의 행위를 한계치를 이용하여 설명하는 것이 합리적이라 할 것이다.

상품생산에서 요소의 사용 그리고 "만족생산(소비)"을 위한 재화의 이용수준 또는/그리고 구조의 작은 변화를 통하여 주어진 제도적, 기술적 제약조건 아래 더 많은 이윤과 효용을 추구하는 문제가 제기되어야 한다. 이 문제에 대한 답변을, 이윤과 효용의 증대가능성이 신속하게 인지되고 그에 상응하는 정보들이 신속하게 제공된다는 가설과 연결시킬 경우, 공식적으로 안정적인 균형상태로 수렴하는 경향을 나타낼 수 있는 제도적 그리고/또는 기술적 변화와 반응에 대한 예측이 가능하다.

오늘날에는 이러한 사실이 쉽게 이해되며 또한 경제학의 문외한도 즉시 파악할 수 있다. 그러나 19세기 말까지만 하더라도 이것은 한계효용학파의 세 중심지에서 유래된 새롭고도 혁명적인 견해였다. 케임브리지(마셜), 로잔(발라) 그리고 빈(멩거). 이 세 중심지에는 한계효용 이론의 상이한 측면과 응용영역이 집중되어 있다(Uhr 1960, 18쪽 이하).[5] 그러므로 (평생동안 일하는) 한 사람에 대하여 일반균형 이론, 자본과 이자에 관한 오스트리아 학파의 이론 그리고 자원배분의 한계생산력 이론을 (물론 현재까지도 완벽하지는 않지만) 종합적으로 적용할 수 있는 시기가 되었던 것이다(Blaug 1986, 272쪽).

빅셀은 이러한 통합을 실행하고 여기에서 주어진 초기 설비와 지적 수준을 갖는 경쟁적 경제 아래 어떻게 요소의 최적이용(파레토-최적)에 도달할 수 있는가를 밝혀냈다(Wicksell 1913). 그러나 그는 이러한 상황에서 기능적, 인적 소득분배는 시장에 의해 결정되며 인적 소득분배를 주어진 것으로 보지 않았으며, 실현된 파레토-최적도 최적 중의 최적으로 보아서는 안 된다고 강조했다. 후자의 경우는 더 나아가서 (상속세에 의해 실현가능한) 정당한 초기 설비와 (소득세에 의해 도달할 수 있는) 정당한 소득분배까지 요구한다.

동시에 그는 이후에 중요하다고 인식된 일련의 사항들을 다음과 같이 제시했다.

- 소매상의 고정비용 산정, 이 영역의 불완전 경쟁, 이와 관련하여 소비자 단체("소비자 연맹")가 할 수 있는 잠재적인 역할 등의 문제를 분석하기 위한 단초의 제공(같은 책, 140쪽 이하).

- 무차별곡선의 분석에서 가격 및 소득효과 구분의 선행연구(Blaug 1985, 547쪽 이하).

- 오일러-윅스티드(Euler-Wicksteed)의 정리(한계생산력에 따른 생산요소의 보상은 잔여소득의 취득이 없을 경우 국민소득의 완전한 분배를 가져다준다는 설명)의 선행과 코브-더글러스(Cobb-Douglas) 생산함수 유형의 최초 사용.[6]

- 부(負)의 소득세에 관한 본질적인 기본사고를 가장 먼저 제시. 노동자들의 한계생산력이 최저생존 수준 이하일지라도 그들은 한계생산력에 따라서 보상받아야 한다. 나머지 필요한 부분은 조세에 의해 충당되는 복지기금에서 지원되는 최저임금제가 도입되어야 하며, 이로 인해 실업과 자원배분의 최적상태가 교란되는 것은 감수해야 한다(Wicksell 1913, 203쪽 이하). 이러한 자원배분과 소득분배 결정의 분리는 현대 경제학자들에게는 일반상식으로 되어 있다(Gröbner 1970, 104쪽 이하). 이로 인해 "분배될 수 있는 몫"이 커진다는 사실에도 불구하고 정치인들은 항상 이러한 요구를 거부해왔다.

전반적으로 볼 때 빅셀이 하에크와 함께 한계효용 학파의 사고 가운데 최상의 것을 접목시켰다는 사실은 인정되어야 하며(Hayek 1965, 355쪽), 스티글러가 그를 이 학파의 창시자 가운데 한 사람으로 본 것은 타당하다(Stigler 1941, 294쪽).

## 자본이론과 이자이론에 대한 공헌: 빅셀-효과

이미 설명한 바와 같이 빅셀은 뵘바베르크의 자본이론에 매료되어 이 이론을 연구하는 학자로서 평생을 보냈다. 첫 번째 저작인 『가치, 자본 그리고 지대』에서 그는 불필요한 설명을 없애고 내용을 확충하는 등 뵘 바베르크의 이론을 다듬었다. 그리고 마지막에 발표된 그의 저작인 『이자이론에 대하여』(*Zur Zinstheorie*, 1928)에서 뵘바베르크의 이자가 존재하는 "세 번째 근거"도 파악했다. 따라서 스티글러가 빅셀을 뵘바베르크의 가장 유능한 후학이라고 한 것은 타당하다(Stigler 1941, 195쪽).

한 국민경제에서 여러 가지 이유로 저축이 이루어지고, 이로 인하여 상품생산에서 직접적으로 소진되지 않는 잠재력이 생겨난다는 사실에 입각하여 "자본"을 다음과 같이 정의할 수 있다. "자본(또는 "자산")"은 국민경제의 생산과 소비의 과정에서 생산을 증대시키기 위해 직접 사용되지는 않지만 투입되는 모든 재화의 총합을 의미한다.[7]

이러한 정의에 입각하여 이자는 파악가능성에 따라 다음과 같이 다양하게 이해될 수 있다.

– 자발적인 저축으로 인한 경제적 생산능력의 여유분을 한계생산력에 맞게 다양한 자본재의 생산가능성에 완전히 분배하는 데 요구되는 가격, 즉 저축과 투자의 규모를 상호균등하게 하고 동시에 어떠한 투자를 실현하느냐를 결정하는 데 요구되는 가격수준.

– 자본의 증대에 의해 이루어지는 생산 또는 소비과정에서의 양적 확대를 측정하는 기준(자본의 한계효율).

– (미래의 산출량에 의해 결정되는) 자본이용 가격과 (생산비에 의해 결정되는) 자본잔고 가격을 일치시키는 할인율(Schumann 1980, 326쪽 이하).

(오늘날의 견지에 부합되는) 이러한 개념정의들을 빅셀의 정의와 대

비시킬 경우, 우선 이해하는 데 어려움이 발생한다. 그는 자본을 다음과 같이 정의했다.

- "자본은 저축된 노동력과 저축된 토지생산력이다. 자본이자는 저축된(축적된) 노동력, 토지생산력의 한계생산력과 사용되는 (현재의) 노동력, 토지생산력의 한계생산력과의 차이와 같다(Wicksell 1913, 218쪽)."

- "자본개념의 본질적인 핵심은 시점이다(같은 책, 238쪽)"라는 지적에 따라 "자본이자는 (모든 단위에서 발생하는) '기다림'의 한계생산력이다(같은 책, 244쪽)."

시간적 자본이론의 역사를 신뢰하지 않는 사람들에게는 이러한 정의가 다소 혼란스럽게 여겨질 수도 있다. 빅셀 시대의 국민경제학자들은 "자본"의 개념을 다음과 같이 다양하게 이해했다.

- 시간이 경과할수록 한계수익이 감소하면서 가치가 증대되는 새로 조성된 산림 또는 당해 연도의 포도주(따라서 "기다림의 한계생산성").

- 과일을 모으기 위한 노동을 한 다음, 이를 보관하기 위해 그물망을 마련함으로써 미래에 노동의 한계생산력을 높일 수 있는 로빈슨 크루소(따라서 존속하는 재산 그리고 노동과 토지의 축적된 양으로서의 자본), 또는

- 자립할 의지가 있으며 영업 중에 가족을 부양하고 종업원들에게 임금을 지급하기 위해 저축을 하는 수공업자(따라서 임금기금으로서의 자본).

마찬가지로 자본은 태생적으로도 이해될 수 있는데, 생산수단의 투입 또는 숙련을 통해 한계생산력이 증대될 수 있는 토지와 노동이라는 두 가지 "원초적" 생산요소를 생각할 수 있다. 이와 같은 자본재를 이용하여 궁극적으로 직접 소비될 수 있는 재화를 생산할 수 있으므로 앞에서 설명된 내용은 "우회생산"을 연상시킨다.

원초적 토지와 노동의 투입으로 소비가능한 생선을 얻기 위해 로빈슨 크루소는 "우회"라는 경로를 밟았는데, 우선 그물을 만듦으로써 "생산

기간을 연장했다." 즉 원래 투입된 기본요소가 그물을 만드는 작업을 통하여 소비가능한 생선이 되는 기간이 연장되었다. 이와 같은 지연은 "현명한 우회생산"의 경우 경험적으로 보아 요소투입의 생산성을 전체적으로 높이는 결과를 가져다준다. 여기에서는 (설명되지는 않았지만) 오늘날 거시경제학적 경제성장 이론에서 기술진보의 경우와 같은 의미 있는 우회생산의 존재가 전제된다.

이것이 바로 빅셀에 의해 설명된 뵘바베르크의 사물을 보는 견해이다. 이는 자본재와 소비재가 동시에 생산되는 경제에서 "현명한 우회생산"과 "기다림의 한계생산력 이론"에 관해 언급하는 것이 의미를 가질 수 있는 근거를 설명해주고 있다. 이 이론의 과제는, 특정한 기술진보와 가용 자본스톡의 증가 그리고 이자율의 하락이 국민소득에서 자본재가 차지하는 비율을 상대적으로 증대시키며("생산기간의 지연"), 이로 인해 분업이 더욱 촉진된다는("생산의 단계") 사실을 보여주는 것이다.

사유재산과 연계된 시장경제의 본질과 국민경제에서 전형적이라고 인식된 생산함수의 종류에 관한 근본적으로 상이한 이해들은 1960년대와 70년대에 자본이론의 신고전학파 대표와 신(新)케인스주의자 대표(또는 신(新)리카도주의자) 간의 논쟁을 유발시켰다. 이 논쟁은 원래 영국과 미국의 케임브리지 대학교의 대표적 학자들에 의해 진행되었기 때문에 "케임브리지-논쟁"(Cambridge-Kontroverse)이라고도 한다. 이 논쟁에서는 이른바 "빅셀-효과"가 중요한 역할을 한다 (Männer 1978, 352쪽 이하).

우어에 따르면(Uhr 1951, 850쪽 이하), 이 효과는 일정한 상황에서 임금인상에 의해 유발될 수 있는 자본집약화 과정이 개별 경제적 측면과 전체 경제적 측면에서 자본의 한계생산성의 불일치를 가져다준다는 사실에서 시작된다. 자본집약화는 노동과 토지투입의 생산성을 높이는 작용을 한다. 이것은 생산요소의 이용가격을 높이고, 이러한 요소가격의 상승은 형성된 화폐자본(저축)의 일부가 실물자본의 형성에 사용되지 않도록 하며, 오히려 임금을 우선적으로 변제하는 데 사용되도록 한다.

이것은 이자율이 실물 자본스톡의 증대를 위해 어떻게 이용되는가를 결정할 뿐만 아니라, 임금기금의 확대도 고려한다는 것을 의미한다. 그러므로 개별 기업들의 견지에서는 이자율과 (유동자산을 포함한 개별 경제적) 자본의 한계생산력이 서로 일치한다고 하더라도, 이자율은 실물자본의 경제 전체의 한계생산성보다 높다고 할 수 있다.

이러한 관계에 대한 빅셀의 견해는 문제를 매우 단순화시키고 있다. 케임브리지-논쟁은 개별 경제와 경제 전체의 한계생산성이 상이하다는 점보다 오히려 더 근본적인 문제를 다루고 있다. 한편으로는 한 국민경제의 생산과정을 이미 언급한 코브-더글러스 함수와 같은 (신고전학파의) 생산함수로 표시하는 것(이는 무엇보다도 기업가들이 모든 임금인상에 대하여 자본집약도를 변화시킴으로써 대응할 수 있다는 것을 의미한다)과, 다른 한편으로는 생산요소인 자본의 평가이다.

빅셀도 이미 직면한 바 있는 이 문제의 해결은 상이한 종류의 자본량이 경제 전체의 가치규모로 합산될 수 있다는 것을 전제로 한다. 그러나 이를 위해서는 기준치로서 균형이자율의 사용이 요구되는데, 이 이자율은 한계생산력 이론의 도움과 경제 전체의 생산함수와 총량개념으로서의 "자본"에 의해 결정되어야 한다.[8] 이 논쟁은 여전히 최종적인 결론을 이끌어내지 못했다. 그러나 빅셀의 견해는 일반적인 모형의 특수한 경우로 이해될 수 있으며(Samuelson 1982), 유익한 식견을 제공하고 신고전학파의 이론을 상대화시킨 논쟁을 촉발시켰다고 평가할 수 있다.

자본이론과 이자이론에서 빅셀의 중요성은 어떻게 평가될까? 이에 대한 답은 가격 및 가치학설과 유사하다. 빅셀은 완전히 새로운 이론을 창조하지는 않았으며, 오히려 뵘바베르크의 이론을 가장 "명확하게" 표현함으로써 연구를 매우 고무시켰다. 오늘날에 그는 이자를 대부분 실물적으로 결정되는 현상으로 이해하는 이자이론가들과의 사상적 연계

속에서 "생산적 매개자"로 나타난다.

이러한 연계는 스미스에서 밀, 발라 그리고 뵘바베르크를 거쳐 빅셀에 이르는 시기 그리고 여기서부터는 아케르만(Åkerman)과 오이켄을 거쳐(이 두 사람은 우회생산의 결과에 대하여 빅셀과 견해를 같이 한다) 하예크와 피셔, 힉스 그리고 끝으로 미국의 케임브리지 학파로까지 전개된다. 이들의 반대편에는 이자를 실물적인 것이 아니라 주로 화폐적 현상으로 이해하는 케인스적 견해에 입각한 이론가들이 존재한다(Lutz 1954, X 이하; Männer 1978, 357쪽 참조).

이와 동시에 두 번째의 연결선도 명확해진다. 빅셀은 이자를 기술진보와 연계시켰으므로(이자는 우회생산의 연장을 의미하기 때문에) 신고전학파의 성장이론을 전개했다고 볼 수도 있다. 여기에서의 표제어 또는 접합점은 이른바 "해러드-중립적 기술진보"이다. 이것은 자본투입이 노동투입보다 빠르게 성장할 경우 고정된 자본계수 아래서도 성장과 자본축적의 균형이 가능하다는 것을 의미하는 기술진보의 형태이다(이에 관한 상세한 사항은 Helmstädter 1986, 236쪽 이하와 253쪽 이하 참조). 하지만 여기에서는 이것을 입증할 수 없어 단지 윤곽만을 기술했다.

### 화폐이론과 경기이론에의 공헌: 빅셀의 과정

만약 경제학도들에게 "빅셀"이라는 이름을 생각하면 가장 먼저 연상되는 것이 무엇인가라는 내용으로 설문조사를 하면 아마도 "빅셀의 과정"(Wicksellsche Prozeß)이 응답의 빈도수에서 수위를 차지할 것이다. 그러나 빅셀의 과정에 대한 설명은 그의 저작에서 쉽게 찾을 수 있으며, 『강의 2』와 『이자와 물가』에도 여타의 문제들과는 분명하게 구분되어 수록되어 있다고 생각한다면 곧 실망하게 된다.

빅셀은, 우어의 지적처럼 이것을 매우 입체적으로 서술했는데, "자신의 새로운 아이디어의 표현은 …… 통화제도에 대한 많은 부분, 예전의 화폐이론, 화폐의 역사, 가격수준 변동의 역사 및 기타 등등 사이에 '끼워져' 있다(Uhr 1960, 198쪽 이하)." 여기에 관한 설명은 『이자와 물가』와 『강의 2』에 분산되어 있으므로 특별한 흥미를 갖는 독자들에게는 부가적 설명과 유용한 비평을 담고 있는 우어의 저술(같은 책, 같은 곳)을 추천한다. 그리고 하예크의 화폐의 과잉투자 이론을 누적적인 과정의 확대로 볼 수 있다는 사실을 구명한 마이어의 저술(Meyer 1981, 21쪽 이하)도 권장할 만하다.

빅셀은 화폐의 기능을 오늘날에도 보편적으로 통용되는 형태인 거래수단 기능, 가치저장 기능, 계산단위 기능으로 분류했다(Wicksell 1922, 1쪽 이하). 그러나 그는 "화폐"를 국민경제에서 이러한 기능을 수행한다는 의미로서 기능적으로 정의하지 않고, 오히려 최초의 간략한 정의에서 "현금"과 동일하게 취급했다.[9] 이후 그는 더욱 구체적으로 "화폐는 경제적으로 보아 두 가지 차원에서의 양을 의미하는데, 그 하나는 가치의 양이며 다른 하나는 판매 또는 유통속도"라고 설명했다(같은 책, 20쪽).

(자신의 향후 연구를 위해서도 매우 중요한 의미를 갖는) 유통속도는 주로 한 국가의 신용도에 달려 있다. 한 국가의 통화질서는 두 가지의 극단적인 체계로 묶어 생각할 수 있다. 순수한 현금제도(여기에서 유통속도는 경제구조와 지불관행에 의해 결정된다)와 순수한(현금이 부재하는) 신용제도가 바로 그것이다.[10] 실제의 통화질서가 두 번째의 제도에 근접하면 할수록 유통속도는 더욱더 빨라지게 된다. 순수한 현금경제에서는 수량설이 유효하지만 현실적으로는 다양하면서 추세에 따라 상승하는 유통속도의 중요성이 고려되어야 한다. 따라서 "빅셀은 수량이론을 화폐의 소득유통 이론으로 변환시켰다"는 우어의 지적(Uhr 1960, 224쪽)은 타당하다.

이로써 우리는 화폐의 본질에 대한 문제에서 화폐가치의 이론으로 넘어가게 된다. 빅셀은 이 이론의 과제를 다음과 같이 보았다. "모든 화폐가치 이론이 의미를 갖기 위해서는…… 어떻게 그리고 무슨 근거로 재화에 대한 화폐적 수요가 주어진 여건에서 재화의 공급을 능가하거나 또는 그와 반대로 부족한가를 증명해야 한다(Wicksell 1922, 181쪽)."
환언하면, 화폐가치 이론은 세의 법칙이 성립되지 않는 이유, 즉 총수
요와 총공급이 서로 불일치하는 이유를 설명해야 한다.

빅셀은 고전적 수량이론이 "본질적으로는 유용하며" 자신의 이론도
이의 "변형 또는 변종"에 불과하다고 보았지만(같은 책, V), 이 이론은
많은 양의 화폐가 경제의 순환과정에 유입되어 가격상승을 유발시키는
것을 설명하지는 못했다고 비판했다. 흄의 경우처럼, 인간들은 모든 세
계가 두 배나 증가한 화폐량으로 갑자기 성장한다는 환상을 버려야 한
다(같은 책, 182쪽).

그러나 이 이론도 최소한 단기적으로는 실제경험과 부합되지 않는다.
금의 보유가 우선은 은행의 여신가능성을 증대시키고, 이로 인해 이자
율이 하락하며 이에 따라 증대된 수요가 가격상승을 유발시킬 것이라
는 예상은 맞지 않다. 경험적으로 보아 가격상승은 높은 이자율과 상호
연관성을 갖는다(같은 책, 186쪽 이하).

빅셀 자신의 고유이론 — 잘 알려진 축적과정 — 은 이러한 미비점을
개선하는 과제를 갖는다. 『이자와 물가』에 수록된 이 과정의 "함축적"
연속모델(Wicksell 1898, 124쪽 이하)은 이미 언급한 바와 같이 우어
의 저술에 잘 설명되어 있다(Uhr 1960, 특히 235쪽 이하 참조). 간략
히 설명하면, 이 모델은 다음과 같이 작용한다. 순수한 신용제도를 갖
는 완전고용과 완전경쟁 상태의 폐쇄된 국민경제는 전체적으로 균형상
태로 정지되어 있다. 기업은 노동자와 토지소유자에게 소득을 지불하
기 위해 $K_1$만큼의 신용을 얻는데, 이것은 소비목적으로 사용된다. 상인
의 역할도 동시에 하는 자본가는 이것을 받게 되고 은행에 예치한다(그
림 참조).

기업은 5퍼센트의 내부 수익률을 실현하게 되므로, 이와 동시에 얻은
신용의 대가로 연말에 $0.05K_1$만큼의 화폐이자를 은행에 지불해야 한
다. 은행도 (우선 업무비용은 고려하지 않는 것으로 보면) 연말에 예치
인(상인=자본가)에게 이 수준의 이자를 지불해야 하며, 이것은 결국

**그림: 빅셀의 순환과정**

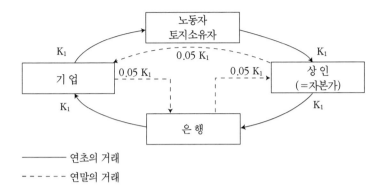

——— 연초의 거래
- - - - - 연말의 거래

0.05K₁만큼의 소비재로서 다음 연도의 수요를 충족시켜야 하기 때문이다. 따라서 1차 연도의 말에는 모든 계정이 균형상태에 이르게 된다.

앞에서와 같은 상황에서는 (물가수준에 중립적인) "자연"이자는 기업의 내부 수익률과 같으며, 이 과정도 끊임없이 반복될 수 있다.[11] 그러나 2차 연도에는 외부적인 변화가 나타난다. 기술진보에 의해 자연이자가 6퍼센트로 상승하는 반면 화폐이자는 5퍼센트에 고정되어 있다. 이러한 이자의 차이(이 때문에 "빅셀의 이자격차 이론"이라고도 한다)에 대해서는 설명이 필요하다.

빅셀(Wicksell 1898, 109쪽 이하; 1922, 231쪽)은 우선 은행의 전형적인 위험부담 회피행위로 인한 적응의 지연을 지적했다. 그러나 기술진보(그리고 이로 인한 내부 이자의 상승)는 단지 소수의 첨단기업에만 해당되므로 은행도 기회비용으로서 오직 화폐이자만 갖게 되며 (일반적으로 대다수의 기업에게 적용되는 내부 이자와 일치하는) 화폐이자를 즉각 인상시킬 경우에도 은행의 신용잠재력은 소진되지 않는다.

첨단기업의 특별수익은 투자를 유발하게 되고, 이로 인하여 완전고용과 유동성 함정이 존재하지 않는다(순수한 신용제도)는 가정 아래 누적적 인플레이션 과정으로서의 팽창과정이 나타나게 된다. 그는 자연이자는 상승하지만, 화폐이자가 자연이자의 수준까지 인상될 경우에만 상승이 멈춘다는 것을 지적했다. 이상의 부가적인 설명은, 기술진보가 확산될 경우 은행의 기회비용은 상승할 것이라는 점을 시사한다.

아직 순수한 신용제도가 존재하지 않는 현실에서는 화폐이자의 상승으로 인한 유동성 장애가 염려된다. 은행이 화폐이자를 자연이자 수준이상으로 상승시키거나 그리고/또는 자연이자의 하락을 위한 시간이 경과한 후 투자의 용량효과(capacity-increasing effect of investments)를 기대할 경우, 디플레이션 과정이 발생하게 된다.

연속모델은 은행제도가 조정자로서 자연이자와 화폐이자를 신속하게 균형에 이르게 해야 하는 중대한 경제적 역할을 제시하고 있다. 그러나 성장하는 경제에서는 다음과 같은 문제가 발생한다. 물가가 안정적으로 유지되기 위해서는 화폐공급은 성장하는 경제의 전형적 현상인 생산성 향상과 함께 증가되어야 한다. 그러나 여기에 요구되는 화폐이자는 저축과 투자가 균형을 이루는 이자수준보다 낮다. 왜냐하면 그렇지 않을 경우 필요한 만큼의 화폐량 증대를 가져오기 어렵기 때문이다. 따라서 빅셀의 권고가 현실에서는 그대로 적용되지 않는다(Blaug 1985, 642쪽).

그리고 그의 모델은 "순수한 신용제도"라는 가정과 암묵적으로 가정된 화폐환상 그리고 충분히 전문화되지 못한 기대구조와 반응구조로 인하여 만족스럽지 못하다. 하지만 빅셀 자신도 그의 모델을 하나의 매우 단순화된 개괄적 설명으로 간주했으며, 다방면으로 확장시킬 수 있음을 시사했다. 따라서 우리는 여기에서 가격변동의 형태에 대한 설명방법이 최초로 제시되었다는 점은 인정해야 한다. 자연이자가 역사적으로 비교적 "높다"고 할 수 있는 화폐이자보다 더 높을 경우 물가상승이 초래되며, 이와 반대로 자연이자가 화폐이자보다 낮을 경우에는 역사적으로 낮은 화폐이자 수준에서도 투자의 감소로 인한 물가하락이 초래된다.

물가변동은 화폐이자의 역사적 수준이 아니라, 자연이자와 화폐이자의 관계로 설명되어야 한다(Wicksell 1898, 99쪽). 이자 및 임금의 경직성 그리고 과잉반응까지도 고려할 경우, 이는 물가수준의 변동을 설명하는 방법뿐만 아니라 오늘날의 의미에서 경기변동의 역학, 즉 생산능력의 가동률 변동까지도 함께 설명할 수 있는 가능성을 제시한다.

이러한 점으로 볼 때 전문가들로부터 빅셀의 축적과정이 호평을 받고 있다는 사실이 이해되며, 블로크가 빅셀을 현대 거시경제학의 창시자로 간주한 사실(Blaug 1986, 274쪽) 그리고 케인스가 화폐관련 논문에서 그를 자신의 스승으로 간주한(Keynes 1930, 186쪽) 이유를 이해할 수 있다. 이후에 빅셀의 토대 위에 창설된 "스톡홀름 학파", 특히 린달(Erik Robert Lindahl), 뮈르달(Gunnar Myrdal) 그리고 올린(Bertil Ohlin)이 케인스의 "일반이론"의 선구자로 이해될 수 있느냐의 논란은 파틴킨에 의해 정리되었다고 보아야 한다(Patinkin 1978).

이 학파는 "일반이론"과 몇 가지 사고들을 공유하며, 어떤 면에서는 "일반이론"을 보완시키기도 했다. 그러나 이 학파는 케인스와는 달리 사고의 중심을 고용조정자로서 소득 메커니즘의 역할에 둔 것이 아니라, 가격 메커니즘과 가격수준의 결정에 두고 있었다(이와 부분적으로 다른 견해는 Ohlin 1978 참조). 또한 빅셀은 어떤 면에서는 케인스와 근본적으로 구분된다. 그의 사고는 19세기 후반의 낙관주의(진보에 대한 희망)와 일치하며, 케인스의 사고는 20세기 전반의 비관주의(불황에 대한 공포)와 부합된다.

### 재정학에의 기여: 빅셀의 만장일치 법칙과 한계비용 가격법칙

빅셀의 "축적과정"은 두말할 나위 없이 그의 경제학적 공헌 가운데 가장 유명하다. 따라서 재정학에 대한 기여는 아마도 만장일치 법칙에 대한 피상적인 기억을 배제한다면 대다수의 전문가들에게는 완전히 잊혀진 것이나 다름없다. 그러나 예외적인 경우도 다음의 문헌에 우선적으로 나타나 있다(Buchanan 1967, 1968, 1987; Buchanan/Tullock

1962; Gröbner 1970). 여기에서는 빅셀의 조세귀착 이론과 만장일치 법칙 그리고 한계비용 가격법칙에 대하여 설명하고자 한다.

조세전가 또는 좀더 일반적으로 조세부담의 분배(귀착)이론에 대한 빅셀의 기여는 『재정이론 연구』의 간행으로 기초를 제공했다는 것이며, 이는 뒤이은 한계법칙의 사용으로 더욱 새로워졌다. 이것은 오늘날에도 많은 부분이 시대에 뒤떨어지지 않은 것으로 인정받고 있다. 빅셀은 다음과 같이 매우 현대적 의미에서의 독점과세를 다루고 있다(여기서 그는 불완전 경쟁이론의 중요성을 지적한다).

그는 이윤세($T_G$)를 동일한 조세수입을 가져다주는 판매가치($T_W$) 및 판매량($T_M$)에 대한 과세와 비교하여 $T_G$와는 대조적으로 $T_W$와 $T_M$은 가격과 수량의 왜곡을 가져다주기 때문에 $T_G$, $T_W$, $T_M$의 순서로 선호되어야 한다고 설명했다. 독점과세의 경우 그리고 오늘날의 보편적인 추세와는 달리 빅셀은 경쟁에 대한 분석에서 부분분석법이 아니라 종합분석법을 택했다.

그 방법론의 결과에 대해서는 여기서 설명할 수 없지만, 어쨌든 이에 대해서는 이후 오랫동안 연구되지 않았다. 1950년대에 와서야 이 방법론이 하베르거(Harberger 1962)에 의해 다시 연구되었으며, 1970년대부터 이른바 "AGE-모델"과 관련하여 일반균형 모델을 적용하여(응용된 종합모델) 더욱 발전했다.[12] 이와 같이 빅셀의 사고는 특히 미래지향적이었다고 할 수 있다.

조세귀착에 대한 논의에서도 부수적인 결과들이 나타났다. 빅셀은 (명칭이 아니라) 사물에 따라 조세의 예산수준 효과와 차별효과를 구분했다. 예산수준 효과는 조세수입으로 인하여 추가적인 정부지출이 이루어졌을 경우 발생하는 조세효과이다. 이와 반면 차별효과는 미리 주어진 고정적인 정부지출이 특정 조세 A에 의해서가 아니라, 수입이 같은 조세 B에 의해 재원이 충당되었을 경우에 발생한다(Wicksell 1896, 6쪽 이하). 이러한 구분은 오늘날에는 더욱 근원적으로 연구되고 있지만 빅셀 이후에, 특히 조세전가의 "증거"에서 오랫동안 잊혀졌다.

그 밖에 그는 이전에 이미 듀피에 의해 설명된 바 있는(Dupuit 1952, 90쪽) 조세의 추가부담의 존재에 관해서도 언급했다. 일정한 액수의 조세부담이 일반적인 조세가 아니라 특별세로 부과될 경우, "경제주체들에게는 효용의 손실을 가져다주는데, 이는 국가와 여타의 어떤 사람들에게도 이익이 되지 못한다(Wicksell 1896, 61쪽)."

예를 들어 국가가 순수한 재정적인 이유로 맥주소비에 대하여 세금을 부과했을 경우(일반적인 소득세를 부과하는 대신), 개인으로부터 국가로의 소득이전이 발생할 뿐만 아니라(과세의 이전부담) 상대가격도 왜곡시켜, 맥주소비가 재화의 자연적 희소성과 부합하지 않는(추가부담) 수준에서 맥주소비의 위축이 초래된다. 매우 높은 세금이 부과되면, 극단적인 경우 맥주의 소비가 완전히 사라져 국가는 조세수입을 전혀 올리지 못한다. 개인의 효용손실이 국가의 이익은 아닌 것이다(추가부담과 같은 수준의 전체 부담).

이제 만장일치 법칙을 살펴보자. 이것은 한계비용 법칙과 함께 현실에 대한 규범적, 제도적 제안인데, 빅셀은 오늘날 정치의 경제적 이론 또는 시장실패 이론에 속할 수 있다는 가정에서 출발했다. 그는 능력원칙(같은 책, 77쪽 이하)과 재정학의 절대주의적 기본이해(같은 책, 101쪽 이하)에 대한 비판으로부터 만장일치 원칙과 자발성의 원칙을 도출했다. 그의 견해에 따르면, 이는 "국민을 위해서는 모든 것을, 국민에 의해서는 아무것도 되지 않는 것"을 의미한다(같은 책, 102쪽).

여기에 따라 지출과 수입이 별도로 결정되고, 재정부담이 능력에 따라 분배된다면, 모든 사람들은 세금을 줄이고 가급적이면 국가로부터 많은 것을 "얻으려고 할" 뿐이며 가능한 한 강력한 정치적 권력을 추구할 것이다(같은 책, 100쪽 이하). 그러나 정치적 권력은 위험한 것이다. 정부나 의회는 사심이 없는 전체를 위한 위탁자나 순수하게 일반국민의 복지를 추구하는 존재로만 이루어지는 것이 아니기 때문이다(같은 책, 109쪽).

그러나 빅셀은 이로부터 우선 인간들이 변화하고 그 다음에 권력은 박애주의적 정부에 집중되어야 한다는 단순한 결론을 도출하지는 않았다. 그 대신 제도의 변화를 위한 훌륭한 근본적 사고를 개발했다. 시장경제적 부분과 마찬가지로 국민경제의 국가경제적 부분도 개인과 계급의 이기주의에서 집단적인 복리를 가져다주는 방향으로 조직되어야 한다(같은 책, 92쪽과 159쪽).

전체 경제를 지향하는 기구의 창설은 뵘바베르크와 오이켄 식의 정통 자유주의적 질서정책의 기본적 사고이다. 그러나 이들은 국민경제 가운데 시장경제와 함께하는 부분을 중요시하는 반면, 빅셀은(현재 그와 같은 입장에 서는 학자는 뷰캐넌이다) 국가경제적으로 조정되는 국민경제의 부분을 중요시한다. 그는 정부의 호의와 광범위한 국민계층은 조직화되어야 한다는 확고한 신념을 갖고 있었다. 이러한 질서정책적 사고, 이론적으로 정착된 전체 경제를 지향하는 제도주의는 빅셀의 작스에 대한 다음의 비판에서 더욱 명확하게 나타난다. "나는 그가 다양한 욕구에 대한 경제적 평가를 위해 실제의 국가영역에서도 **필요한 조직과 기구들이 있다는** 사실을 명확하게 설명하지 않은 것이 그의 중대한 과오라고 생각한다(같은 책, 89쪽)."

앞에서 설명된 폐해를 극복하는 데 도움이 되는 헌법에 의거하여 정착된 제도가 만장일치 원칙과 자발성의 원칙이다(같은 책, 113쪽 이하). 정부는 지출에 대한 제안을 하고, 이것의 장단점을 전문적으로 설명한다. 그러나 이 제안은 이의 실행을 위한 재원조달의 모형이 만장일치(예를 들어 90퍼센트 이상의 다수)로 수용되었을 경우에만 집행된다. (의회에서 그들의 대표를 통해 의사를 표시하는) 모든 사람들이 타인들과 함께 자발적으로 공동의 효용을 위해 공공재를 구입하는 구매인의 역할을 하는 경우가 이에 해당된다. 왜냐하면 그들은 이를 통해 개별적 후생의 증대를 보장받기 때문이다.

이와 같은 지출과 재원조달 제안, 높은 수준의 다수요구가 결합됨으로써 민주주의의 전형적인 "무임승차"(free rider)와 "지대추구"(rent seeking)에 대한 경향, 즉 "가능한 한 큰 빵을 굽는 것"보다 "주어진

빵"을 최대한 차지하려는 노력이 배제된다. 이와 같은 사회적으로 중요한 결과는 "결합원칙과 만장일치 원칙"이라는 개념으로 더욱 명확히 이해될 것이다.

빅셀은 여러 가지 이유(같은 책, 117쪽 이하와 157쪽 이하)로 그의 제안이 실현가능성이 있으며 제 기능을 할 것으로 확신했다. 그러나 그동안 우리가 겪은, 전략적 목적으로 만장일치 원칙을 악용한 경험들, 유럽 연합 내에서의 "강탈현상" 그리고 높은 수준의 다수결을 요구하는 대학의 기구들로 비추어볼 때, 더욱 회의가 든다. 그는 개인적 행복의 추구를 제도적으로 연결시키는 것을 국민경제학의 "전체의 복지"에 대한 의무를 갖는 질서정책적 측면에서 하나의 "혁명적 프로그램"으로 보았다(Wicksell 1913, 4쪽).[13] 또한 만장일치 원칙은 다음과 같이 정신적 판단력의 검증으로서 여전히 중요하다. 공적 수단 x는 결합원칙과 만장일치 원칙에 의해 결정되고, 강탈행위가 배제될 수 있었다면 실행될 수 있을 것인가?

이제 한계비용 가격법칙을 살펴보자. 빅셀은 이것을 국도, 교량 또는 우체국의 예를 들거나(Wicksell 1896, 130쪽 이하), (여기에서는 평균비용 수수료를 의미하는) "수수료" 징수에 대한 반대를 강조하면서 설명했다. 그는 평균비용 수수료는 후생의 감소를 가져다준다는 사실을 계산의 예시를 통하여 보여주었는데(같은 책, 131쪽 이하) 한계비용이 존재하지 않을 경우에는 순수한 갹출에 의한 재원을 요구했고, 이와는 반대로 한계비용이 양의 값일 경우에는 한계비용 수수료와 보통조세의 형태로 부과되어 공공기업의 재원충당에 사용될 기본갹출을 요구했다(같은 책, 133쪽 이하).

이러한 주제를 다룬다는 것은, 그 당시의 폐쇄적인 분위기로 보아 완전히 새로운 것이다. 이는 오늘날에도 여전히 현대적 성격을 갖는데, 분할된 가격은 하나의 조직구조를 전제로 하며(그렇게 해야만 실제로 사용하는 것과 무관한 갹출금을 징수할 수 있다), 여기에서 공공과 단체의 집합재 생산이 대부분의 현대적 교과서의 수준을 넘어서 정당화된다는 점을 설명해준다(같은 책, 130쪽).

(물론 이러한 명칭은 아니었지만) 빅셀의 한계비용 가격법칙은 학문의 역사 속에서 잊혀졌으며, 보통 호텔링(Hotelling 1938, 242쪽 이하)을 이것의 창시자로 본다.[14] 빅셀은 (신뢰감을 주는) 만장일치 법칙이 합헌적으로 정착되고, 분할가격의 이점이 인정될 경우에만 국가의 활동영역은 확대될 것이라고 생각했다(Wicksell 1896, 137쪽). 그러나 여기서 다른 의견이 제시될 수도 있다. 시장경제적 지원원칙을 옹호하는 사람들은, 예를 들어 지방정부의 역할이 조합으로 이전되어 다시 사유화될 가능성이 있다는 점을 강조했다. 분할된 가격은 단지 어떤 조직구조에만 요구될 뿐이며 공공-법적 단체에는 해당되지 않는다(Grossekettler 1984, 57쪽 이하).

빅셀을 평가할 경우 재정학에 대한 기여가 가장 두드러진다는 사실을 염두에 두어야 한다. 그는 일반균형 분석적 조세효과 이론(AGE-모델)의 선구자이며, 무엇보다 생산적인 매개자로서 뷰캐넌[15]을 거쳐서 정책의 경제적 이론(공공선택), 클럽재 이론, 지방재정 이론의 중요한 기본적 사고와 "조직경제학"(Constitutional Economics)의 선구자로 평가되기도 한다. 이미 설명된 지식 이외에도 빅셀의 『재정이론 연구』에는 부수적인 결과들도 수록되었다.

우리는 212쪽에서 이익을 가져다주는 투기는 항상 안정적이므로 경제적으로 의미를 갖는다는 "프리드먼-법칙"의 전신이라고 할 수 있는 내용의 문장을 발견할 수 있다(여기에 관해서는 Hochgesand 1977 참조). 그리고 248쪽에서 국가채무는 인적 소득분배뿐만 아니라, 기능적 소득분배에 영향을 미친다는 내용도 발견된다. 한 세대가 내부적(국민경제의 내부에서 발생한) 국가채무를 "스스로" 상환할 경우 자본소유자는 이자율의 상승을 통하여 추가적인 이득을 얻을 수 있다(여기에 관해서는 Gandenberger 1981, 38쪽 이하 참조).

## 이론, 동료들 그리고 정책의 발전에 미친 영향

린달은 빅셀의 생애에 관한 저술에서 그가 세기말의 위대한 국민경제학자 가운데 한 사람이지만 그 영향력은 오랫동안 그다지 크지 않았다고 평가했다(Lindahl 1965, 418쪽). 이는 오늘날에도 타당할지도 모르는데 여기에는 다음과 같은 세 가지 이유가 있다. 첫째, 빅셀은 독일어로 저술했기 때문에 대부분의 앵글로색슨계 사람들 그리고 미국인들에게는 영어로 번역된 1934년까지 인지되지 못했다.[16] 그리고 독일에서는 슈몰러의 신역사학파가 지배하고 있어서 (해묵은) 방법론 논쟁이 발생했고, 따라서 이론가인 빅셀의 학문적 기반은 매우 취약했다. 셋째로 영어권은 마셜과 케인스의 저작에 고취되어 있었다.

빅셀은 단지 스웨덴에서만 생전에 성공을 거두었다고 볼 수 있다. 여기에서 그는 경제학 이론과 관련된 문제에서는 독보적이었으며 헤크셰르, 린달, 뮈르달 그리고 올린과 같은 학자들에게 깊은 인상을 남겼으며(Gårdlund 1968, 543쪽), 중앙은행의 정책에도 중요한 영향을 미쳤다(같은 책, 548쪽).

당시의 국제적 전문가들은 그를 인지하고 있었지만, 그와 함께 심도있는 논쟁을 한 경우는 드물었다. 마셜은 『이자와 물가』에 심취하여 세심하게 독파했지만 이것을 인용하지는 않았다(Jacobsson 1952, 467쪽). 케인스와 하예크도 그를 칭송했다. 그리고 그에게 매료된 슘페터는 그를 "스웨덴의 마셜"이자 "북유럽 국민경제학의 위대한 인물"로 지칭했다(Schumpeter 1927, 238쪽). 그리고 빅셀을 학자의 이상형으로 보았다(Recktenwald 1965, 22쪽). 카셀은 그의 경쟁자이자 학문적 반대자의 입장에 서 있었다.[17] 그는 룬드 대학교의 동료들 가운데 1899년 『경제학술지』를 창간한 데이비드슨(D. Davidson)과 가장 가까운 사이였다(Lindahl 1965, 425쪽).

이와는 대조적으로 빅셀은 동시대 사람들의 저술에 큰 관심을 나타내었다. 그는 파레토의 『경제학 강의』와 『경제학 제요』, 뵘바베르크의 자본이론 그리고 멩거의 『국민경제학 원리』를 평론했으며 멩거의 죽음에 대한 추도문도 작성했다(이 모든 것들은 빅셀의 저작 1958년판에 재수록되었다). 그리고 미제스의 『화폐와 유통수단의 이론』(*Theorie des Geldes und der Umlaufsmittel*)도 비평했으며(Wicksell 1914a), 렉시스와 뵘바베르크의 추도문도 발간했다(Wicksell 1914b).

교수와 학자로서 빅셀은 친화적인 성품을 가졌으나 그다지 관대한 편은 아니었다(Lindahl 1965, 425쪽). 그는 학생들에게 "작은 키의 매우 뚱뚱한 사람으로" 비쳐졌는데(같은 책, 628쪽), 식료품과 전문서적들이 뒤섞여 있는 장바구니를 교탁 위에 세워두는 괴팍스러운 행동을 종종 하기도 했다. 특히 그의 부인과 함께 공식적인 논쟁을 격렬하게 벌일 경우, 과연 두 사람이 동일한 견해를 갖고 있는지 확신할 수 없었다(같은 책, 같은 곳).

정치적으로 빅셀은 사회민주주의자에 가깝다. 그의 자유주의적이며 질서정책적으로 공고화된 기본입장은 아마도 우리 시대의 실러(Karl Schiller)와 1959년 독일 사민당(SPD)의 고데스베르거 강령(Godes-berger Programm)에 비견될 수 있을 것이다. 그러나 그는 어떤 경우에서는 매우 급진적이기도 했다. 그의 직업이 위협을 당할 수 있음에도 상투적인 미사여구로 왕에게 예의를 갖추기를 거부했으며, 룬드 대학교가 오스카르 2세의 무덤에 화환을 보내자는 제안을 거부하기도 했다(같은 책, 434쪽). 그는 사회민주당 내부에서 영향력을 갖고 있었으며 평판도 좋았다. 이러한 사실은 그의 의도와는 상반되게 그의 장례식이 고위정치인의 그것과 동격으로 치러졌으며 사회민주주의자와 노동조합 깃발 일색이었다는 점으로 입증되었다(Gårdlund 1968, 543쪽).

이론의 발전에 대한 빅셀의 영향력은 그의 저작들을 설명할 때 이미 인정을 받았다. 요약하면, 빅셀은 스웨덴 신고전학파의 아버지이며, 질서정책 사상의 선구자이자 탁월한 이론가로 평가될 수 있다. 그는 한계효용 학파 이론의 여러 부분들을 종합했고, 자본이론에 대한 구체적인 설명을 통하여 우리의 지적 수준을 고양시켰다. 그 밖에 그는 화폐이론 (거시경제)과 재정학 분야에서도 초석을 놓았지만, 이 분야에서는 뷰캐 넌과 그뢰브너(Gröbner)를 제외하고는 별로 인정받지 못했다.

| 하인츠 그로세케틀러 · 김용원 옮김 |

"실제적인 경제적 문제들이 고유의 경제학에만 국한된 경우는 매우 드물며, 사실은 법률, 정치 그리고 도덕의 많은 영역과도 연관이 있다."

• Fisher 1918, 3514쪽

## 생애

### 전기

피셔는 1867년 2월 27일 뉴욕의 소거티스에서 화이트필드(George Whitefield)와 엘라 피셔(Ella Fisher) 사이의 네 자녀 가운데 셋째로 태어났다. 아버지 조지 피셔는 조합교회의 목사였다. 어머니 엘라는 이미 미국에서 8세대나 살아 온 웨스코트 가문출신이었다. 어빙이 태어난 직후 가족은 로드 아일랜드의 피스 데일(Peace Dale)로 이사했는데, 그곳에서 아버지는 12년 동안 주임목사로 재직했다. 어빙의 손위 누이 두 명은 이미 어릴 때 죽었고, 어빙보다 7살 아래인 동생 허버트(Herbert)는 얼마 후에 유명해진 그의 형이 몇 권의 책을 출판하는 데 도움을 주었다.

1881년 가족은 다시 뉴헤이븐으로 거주지를 옮겼는데, 어빙은 그곳의 힐하우스 고등학교를 다니면서 대학을 준비했다. 이후 피셔 가족은 다시 세인트루이스로 이사했고, 그곳에서 어빙은 스미스 아카데미를 다녔다. 예전의 아버지가 그랬던 것처럼 어빙도 예일 대학교를 다닐 것이라는 점은 의심의 여지가 없었다. 아버지가 폐결핵으로 일찍 사망한 것이 결정을 서두르게 했다. 가족은 다시 뉴헤이븐으로 돌아왔고, 어빙은 계획보다 일찍 예일 대학교에 등록했다. 가족의 경제적 형편은 매우 좋지 않았다. 어빙은 아버지의 유산으로 500달러를 받았지만, 첫 학기부터 대학의 조교로 일하면서 가족의 생계를 꾸려야 했다. 그는 수학으로 포상을 받음으로써 이미 첫 학기부터 학생으로서의 탁월한 이력을 나타내기 시작했는데, 이 분야에 천부적인 재능을 갖고 있었다. 침착함, 목표지향성 그리고 성실성이 이 젊은 학생이 가진 두드러진 인격적 특성이었다.

피셔는 학술적 학문적 영역에서만 성공을 거둔 것이 아니었다. 대학교 3학년 때 클리블랜드 조정경기의 싱글부문에서 우승했고, 『예일 문예지』(*Yale Literary Magazine*)에 시를 발표하기도 했는데, 곧 이어 이 잡지의 편집을 맡았다. 그리고 공식적인 웅변대회에서 2등을 차지하기도 했다. 대학에서의 활동으로 피셔는 동료들에게 사회적 인정을 받았을 뿐만 아니라, 그에게 절실했던 경제적 이득도 얻었다. 세기말인 당시의 사회적, 정치적 환경과 미국 대학교의 일반적인 문화적 분위기는 예일 대학교의 후배이자 총명한 문예비평가인 캔비(Henry Seidel Canby)에 의해 잘 표현되었다(Canby 1936).

1888년에 학년대표로 졸업식 연설을 한 것은 피셔에게 특별한 명예였다. 동시에 그는 대학원 공부를 위한 500달러의 장학금을 수령하기도 했다. 그는 수학, 자연과학, 사회과학 그리고 철학을 공부함으로써 자신의 학문에 대한 폭넓은 관심을 보여주었다. 특히 경제학 분야에서는 개설된 모든 강좌를 수강했다. 그는 저명한 수학자이자 물리학자인 깁스(J. William Gibbs)의 총애를 받는 학생이었다. 사회학과 경제학 분야에서 피셔의 후원자는 자유주의 학자인 섬너(William Graham Sumner)였는데, 그의 업적은 현재까지도 특히 사회학도들에게 잘 알려져 있다.

피셔는 박사논문을 준비하면서 섬너에게 조언을 구했다. 한편으로는 학업의 절반을 학문적 재능을 가장 뚜렷하게 보여준 수학에 투여했으나 다른 한편으로 순수수학의 비밀스런 세계를 다루는 것에는 별 다른 관심을 보이지 않았다. 섬너는 피셔에게 "수리경제학"을 전공해보라고 권했는데, 장래가 촉망되는 이 젊은 학자는 단지 몇 개의 문헌만 섭렵하고도 이 분야에 입문할 수 있었다.

박사논문을 위해 노력한 결과, 1891년에 명저인 『가치와 가격이론에 대한 수학적 연구』(*Mathematical Investigations in the Theory of Value and Prices*, 1892)를 내놓았는데, 이것은 예일 대학교에서 출판된 최초의 순수한 경제이론 관련 학위논문이었다. 박사과정을 마치기 전부터 피셔는 종종 수학과 천문학의 강좌를 맡기도 했다. 1895년 그가 정치경제학 전공분야의 자리를 제의받자 두 명의 관련학장들 사이에 갈등이 생겼는데, 수학자들도 역시 이 젊은 학자에게 지대한 관심을 갖고 있었기 때문이다. 1898년에 이미 그는 당시로는 상당한 액수인 3,000달러의 연봉을 받는 경제학 분야의 정교수가 되었다.

1893년 그는 피스 데일의 유복한 가문의 딸인 해저드(Margaret Hazard)와 결혼했다. 부부는 세 자녀를 두었는데, 이 가운데 두 명이 부모보다 더 오래 살았다. 1898년 피셔는 폐결핵이 심하여 예일 대학교를 휴직했다. 그는 3년을 요양시설에서 보내면서 거의 초인간적인 자기수양을 통하여 건강을 회복시키기 위해 노력했다. 가족에게 찾아온 폐결핵이라는 질환은, 스스로 모든 기호품을 완전히 거부한 확고한 채식주의자인 피셔가 식품학과 건강학에도 관심을 갖게 된 결정적인 자극제가 되었다.

## 대학 밖에서의 활동

강력한 사회적, 정치적 의무감, 높은 수준의 도덕적 요구에서 나온 결코 꺾이지 않는 부단한 개혁에 대한 열정 그리고 상업적 활동의 성공은 이후 그의 순수한 학문적 업적과 연계되었는데, 여기에는 좀더 통속학적인 수많은 저작들의 내용도 포함되었다. 따라서 어떤 특정한 부분에 제시된 그의 학문적 업적을 따로 분리해낸다는 것은 당연히 자의적이 될 수밖에 없다.

피셔는 1904년 미국경제연합회의 회의에 다녀오는 길에 그곳의 생물학적 생활방식 체계를 배우기 위해 배틀 크릭 요양소의 켈로그(J. Kellogg) 박사를 방문했다. 이미 그 스스로도 비육류 음식과 지구력 사이의 상관관계에 관한 몇 가지 실험을 하여 그 결과를 1907년 『지구력에 대한 다이어트의 효과』(The Effect of Diet on Endurance)라는 제목의 소책자에 수록하기도 했다. 제1차 세계대전 참전 미군들이 이 소책자의 1918년도 신판을 군장 속에 지니고 다녔다는 사실은 매우 흥미롭다.

순수건강학에 대한 그의 노력은 거의 종교적인 열망에 의해 유지되고 있었다. 건강한 식생활과 엄격한 생활태도는 그에게 하나의 기본적인 생활법칙이었지만, 귀중한 시간을 낭비하지 않기 위해 이를 경제적으로 실행했다. 그는 수많은 저명한 동료들과는 달리 골프를 시간낭비라고 거부하고 그 대신 육체적 건강을 유지하기 위해 자전거를 선호했다. 그러나 그는 이미 1920년대에 운전기사가 딸린 고급차를 가지고 있었기 때문에 자전거는 그에게 부수적인 이동수단에 불과했다.

그는 의학적인 진보를 시간적인 지체 없이 곧바로 치료에 활용가능하도록 할 목적으로 1913년 레이(Ley)와 함께 생명연장연구소를 설립했는데, 태프트(R. Taft) 전 대통령이 행정위원회의 의장을 맡았다. 피셔는 연구소의 소장인 피스크(Fisk) 박사와 함께 『어떻게 살 것인가』(How to Live, 1915)를 저술하여 호평을 받았다. 이 책은 질병보다 건강을 더 많이 다루고 있었는데, 1946년에는 이미 제21판에 도달하여

어빙 피셔(1867~1947)

50만권 이상 팔려나갔다. 이 책의 수익금은 모두 연구소의 이익으로 돌아갔다.

그는 개혁에 대한 열정으로 국가차원의 보건부 설립을 목적으로 하는 위원회를 설립했다. "인간수명 연장의 경제적 측면"(Economic Aspect of Lengthening Human Life)은 당시 그가 행한 전형적인 발표주제의 하나였다. 루스벨트 국가보전위원회의 위원이 된 그는 1909년에 유명한 『국민체력에 관한 보고서』(*Report on National Vitality*)를 출간했다.

피셔는 일반기호품과 알코올의 위험성에 대하여 끊임없이 주의를 환기시켰다. 그리고 논란이 된 예방법의 부재라는 문제의 해결을 다음과 같은 여러 저작들을 통하여 시도했다. 『최악의 상태에서의 금주법』(*Prohibition at Its Worst*, 1926), 『지속되는 최악의 상태에서의 금주법』(*Prohibition Still at Its Worst*, 1928), 『노벨 실험』(*The Nobel Experiment*, 1930).

자신의 다른 업적과 마찬가지로 그는 여기에서도 자신의 주장을 경험적으로 입증하려고 노력했는데, 이에 대하여 비평가들은 고의는 아니더라도 자신의 주장에 부합되는 자료들만 선택했다고 그를 비난했다. 그는 많은 노력을 통해 얻은 통계적 지식을 바탕으로 하여 모든 질병의 예방이 실현된다면 노동생산성은 10~20퍼센트 상승할 것이라는 결론을 내렸다.

피셔의 왕성한 창작력으로 우선 자신의 사저에 근무할 2명 내지 3명의 속기사가 필요했으며, 마침내 20명의 동료들을 10개의 작업실에 배치할 정도에 이르렀다. 그는 이보다 더 규모가 큰 사무실도 뉴욕과 워싱턴에서 운영했다. 대학의 내부와 외부에서의 많은 활동 이외에도 그는 많은 양의 발명품도 내놓았는데, 피아노의 기능향상을 위한 초기의 제안에서 병원 체류 당시에 개발한 공기저장실 그리고 매우 정교한 해시계에 이르기까지 매우 다양했다.

그리고 1918년에는 상업적으로 성공을 거두어 현재까지도 널리 이용되고 있는 가시적 카드색인(Visible-Card-Index) 시스템도 개발했다. 이 시스템은 또 다른 하나의 회사와 함께 레밍턴 랜드 사(社)에 인수되었다. 피셔는 죽을 때까지 이 회사 이외에도 다른 여섯 개의 대기업에서 사장직을 맡았다.

1914년에는 국제품종개량회의에서 "평화를 위한 동맹"(A League for Peace)이라는 주제의 유명한 강연을 했는데, 이 주제는 1890년 예일 정치학 클럽에서의 강연 당시에 이미 다루었던 것이다. 이것은 후에 2만 5,000달러의 상금이 걸린, 항구적인 세계평화를 보장하기 위한 제도적 장치를 제안하는 대회에 제출된 많은 응모안 가운데 하나였다. 자신의 해결방안이 인정받지 못하자 그는 1923년『동맹 또는 전쟁?』(League or War?)이라는 책을 출간했는데 이 책은 1년 후『세계평화에 대한 미국의 관심』(America's Interest in World Peace)이라는 제목으로 다시 출판되었다.

하지만 피셔의 개혁적 활동의 핵심은 화폐가치의 변동이라는 범세계적인 문제였는데, 그는 이 문제를 안정화 달러계획이라는 단순하지만 탁월한 제안을 통하여 해결하고자 했다. 그는 당시 지배적이었던 금본위 제도를 인정했지만, 이것이 통화안정을 보장하지 못한다고 비판했다. 금은 하나의 훌륭한 거래수단이기는 하지만 훌륭한 가치의 척도는 아니라고 보았다. 그의 안정화 제안의 경험적인 근거는 지수의 크기에 대한 선도적 연구라고 할 수 있다. 1923년에는 지수연구소(Index Number Institute)를 설립하여 화폐의 구매력을 파악하기 위해 매주 도매물가 지수를 산출했는데, 이것은 최초의 공개된 지수로 평가된다.

그는 상업적 성공과 학문적 성공을 동시에 이루어내었다. 새로 설립된 레밍턴 랜드사 주식의 시장가치만 10배 이상 상승했다. 하지만 이런 일들은, 그의 대학 밖에서의 활동들은 전공수업의 몇 개 강좌만 유지할 정도로 자신의 학문적 활동을 대폭축소시킴으로써 가능했다. 결국 그는 소수의 선발된 학생들만을 대상으로 한 학기에 한 강좌만 맡았는데, 주제도 진행 중인 연구와 연관된 것이었다.

피셔는 1920년대의 새로운 경제시대에 대하여 변함없는 신뢰를 갖고 있었다. 그는 경제체계가 1929년의 세계경제 대공황으로 인하여 공중 누각처럼 붕괴되리라고는 미처 생각하지 못했다. 학자로서의 명성은 의심을 받게 되었고, 사업의 성공도 비양심적인 투기에 불과한 것으로 폄하되었다. 하지만 전문가들 가운데 그 당시의 비극적인 상황을 예측할 수 있었던 사람은 아무도 없었다고 평가하는 것이 공평할 것이다.

이 대공황은 현대의 경제학자들에게도 여전히 근본적으로 해결되지 못한 경제적 현상으로 남아 있다. 그의 아들이 전하는 바에 따르면, 피셔는 불황의 절정기에 약 800만 내지 1,000만 달러의 손실을 입었다고 한다. 이로 인하여 피셔는 이후 오직 보통주에 대한 재정투자만이 건전한 투자방법으로 권장할 만하다는 인식을 갖게 되었다. 경제학자 피셔는 1930년 『증권시장의 붕괴와 이후』(*The Stock Market Crash and After*)라는 책의 출판으로 불황에 대응했다. 이때부터 그의 경기변동, 특히 불황이 그의 경제학 연구의 중심과제가 되었다.

1935년 은퇴 후에도 그의 창의력은 여전히 건재했다. 『100퍼센트 화폐』(*100% Money*, 1935)라는 제목의 새로운 저서는 또 하나의 새로운 국면을 유도했다. 통화의 안정이라는 문제와 "화폐적 경험에서의 교훈"은 결과적으로 그의 70회 생일을 기념하는 논문집의 주제가 되었는데, 그 논문집은 세계 각국의 경제학자들에게 찬사를 받았다(Gayer〔Hg.〕 1937). 1942년에는 74세의 고령에도 불구하고 『건설적인 소득세제』(*Constructive Income Taxation*)라는 저서를 출간하면서 조세제도의 급진적인 개혁에도 관여했다.

이와 같이 그의 학문적 관심영역의 다양성과 포괄성은 여전했다. 2년 후인 1944년에는 세상에 적극적으로 알리고 싶어 하던 흥미로운 개혁안들을 수록한 『세계지도와 지구』(*World Maps and Globes*)라는 책을 발간하기도 했다. 피셔는 80세를 맞은 생일이 지난 2달 후인 1947년 4월 29일 뉴욕 시에서 숨을 거두었다.

# 저서

## 학문적 업적

다수의 언어로 번역되기도 했던 피셔가 남긴 일생의 저작은 30여권의 저서, 수백 편의 논문과 이론적 연구물 그리고 수많은 통속학적 저술을 포괄하고 있는데, 그 내용은 경제적, 사회적 과제를 넘어 정치적 문제와 의학, 영양학 그리고 보건경제학의 분야까지 망라하고 있다.

그가 남긴 경제학 분야의 핵심적 업적은 모두 전공서로서 교육적 명작이라고 할 수 있는 여덟 권의 중요한 저서로 나와 있는데, 그 중에서도 현대 경제학자의 견지에서 볼 때 특히 다음의 여섯 권이 탁월하다. 『가치와 가격이론에 대한 수학적 연구』(1892, 이하 『연구』), 『가격상승과 이자』(*Appreciation and Interest*, 1896), 『자본과 소득의 본질』 (*The Nature of Capital and Income*, 1906), 『이자율』(*The Rate of Interest*, 1907), 『화폐의 구매력』(*The Purchasing Power of Money*, 1911), 『호황과 불황』(*Booms and Depressions*, 1932). 그리고 『달러화의 안정화』(*Stabilizing the Dollar*, 1920)와 『건설적인 소득세제』는 보완적으로 읽을 가치가 있는 책이다. 이전에 전문학술지에 발표된 수많은 논문들의 내용은 저서와 같은 더 큰 연구업적에 포함되었기 때문에 별도로 다루지 않기로 한다.

피셔는 제번스, 멩거, 발라, 에지워스, 뵘바베르크, 빅셀, 파레토, 클라크 등과 같이 신고전학파 이론의 창시자이자 중요한 전달자였다. 이 이론의 내용은 한계효용, 주관적 가치이론, 한계생산성 그리고 균형을 구성요소로 하여 극대화 계산에 입각한 한계분석의 방법을 이용하는 것이다.

미국의 현대 자연과학을 배경으로 하고 있는 피셔의 경제학적 업적은 경제이론과 경제정책에 관한 현대적 학술논문으로 구성되어 있다. 중요한 세부적인 사항들을 무시해버리거나 복잡한 인과관계를 시시하게 여겨버릴 수 있는 위험은 있지만, 이러한 종합화는 다음과 같이 시도되어야 할 것이다.

## 가격과 가치: 시점이론

피셔는 『연구』에서 이후 파레토, 존슨(H. Johnson), 슬러츠키, 앨런과 힉스, 새뮤얼슨 그리고 애로(Kenneth Arrow)/드브뢰 등의 학자들에 의해 더욱 발전하게 된 이론의 단초를 제시했다. 피셔가 이 논문을 작성했을 당시 그는 제번스의 『정치경제학 이론』(1871)과 빈 출신의 훌륭한 은행가였던 아우슈피츠(R. Auspitz)와 리벤(R. Lieben)의 『가격이론에 관한 연구』(*Untersuchungen über die Theorie des Preises*, 1889)의 내용을 이미 섭렵하고 있었다.

두 개의 재화와 두 명의 경제주체 사이의 교환균형 조건을 임의의 수의 경제주체와 재화들 사이의 교환균형 조건으로 일반화시키는 것은 형식적으로는 발라의 경우와 대등하지만, 그의 저서인 『순수경제학 요론』(1874~77)은 당시 피셔에게는 알려져 있지 않았다. 하지만 피셔는 교육적으로 더욱더 실용적이며 명료하게 표현했다.

제4장 10절에 제시된 방정식 체계는 형식적으로는 발라의 경우와 동일하다. 그러나 피셔가 재화의 양에 의존하는 한계효용의 개념에서 출발한 반면, 발라는 재화의 양을 재화가격의 함수로 보았다. 논문을 완성시킨 직후에야 피셔는 『수리심리학』(*Mathematical Psychics*, 1881)라는 에지워스의 저서를 접했다. 그는 『연구』에서 개별 경제주체들이 주어진 화폐소득을 어떻게 각각의 사용처에 배분하는가라는 문제에 우선적으로 주목했다. 기본적인 생산관계는 일반균형 모델로 출발할 때의 여건을 보완한다.

모든 신고전학파 학자들과 마찬가지로 피셔도 주관적인 선호(욕망)와 객관적인 제약요인(설비와 시장의 교환관계)의 분리라는 당시 경제학자들에게 통용되던 패러다임에 근거를 두고 논증했다. 선호와 제약요건이 함께 작용하는 것을 경제학에서는 효용극대화라고 하는데, 이것은 관찰할 수 있는 행위에 의해 결정된다.

논문의 제1부에서 피셔는 편의상 특정한 재화묶음에서 발생하는 효용은 개별 재화가 갖는 효용의 합계로 보았다. 즉 한 재화의 일정한 양에 의해 한 경제주체에게 증대되는 효용은 다른 재화의 양과는 무관하다는 것이다. 그는 한 경제주체의 효용은 온도처럼 기수적으로 측정가능하다고 가정했고, 모든 재화의 마지막 (추가적) 한 단위에 의해 발생하는 효용의 증대를 한계효용이라고 했다. 한계효용은 정(正)의 값을 갖지만 재화의 양이 증가할수록 감소하는데, 이를 고센의 제1법칙이라고 한다.

여기에서 피셔는 묵시적 또는 명시적으로 제번스, 발라, 멩거라는 세 명의 효용이론(주관적 가치이론) 창시자들과 같은 견해를 보이고 있다. 한계효용이 체감한다는 가정은 경제적 분석에서 매우 중요한 (모든 다른 여건이 일정할 경우 한 재화의 가격과 시간당 재화의 수요량 사이의 수학적 관계로 표현되는) 수요곡선이 분명하게 마이너스의 기울기를 갖는다는 것을 의미한다.

『연구』의 제2부에서 피셔는 에지워스와 마찬가지로 한 재화의 한계효용은 모든 다른 재화의 양에 의존한다는 상호의존 관계의 효용함수를 출발점으로 하고 있다. 이와 같은 일반화는 재화를 보완관계와 대체관계로 구분하는 것을 가능케 한다. 피셔의 연구가 보여주는 중요한 진보는 이전의 에지워스처럼 효용은 단지 재화의 객관적인 특성에만 의존한다는 주장을 통하여 효용의 심리학적 의미를 극복했다는 점이다. "모든 개인은 자신의 욕망에 따라 행동한다(Fisher 1892, 11쪽)"는 피셔의 가정은 문제가 많은 벤담의 "쾌락과 고통의 계산법(Bentham 1823, Chap. I)"을 넘어서는 새로운 현대적 관점을 제시했다. 그는 오직 일관된 순서 또는 순위를 주장하는 서수적 효용측정 가능성으로의 전환을 통한 현대적 선택행위 이론으로의 단계까지 가지는 못했다. 그러나 그 자신도 모든 문제에 대하여 기수성과 논리적으로는 독립적이지만 때때로 상호연관된 주관적인 비교가능성을 가정하는 것은 무리라는 사실을 인지하고 있었다.

이런 면에서 피셔를 현대적 선택이론의 창시자라고 볼 수도 있다. 기수적 측정가능성에 대한 그의 관심은 유명한 기수적 효용치의 파악과 관련된 연구(Fisher 1927)에 나타나 있는 경험적, 사회정책적 고려에서 비롯되었다. 조세부담이 해당 당사자에게 "공정한 효용감소"를 가져다줄 수 있는 소득세제가 마련되어야 한다는 그 당시에 널리 퍼져 있던 사고로부터 피셔도 자극을 받은 것은 분명하다.

마지막 화폐 한 단위의 (화폐의 한계효용으로 잘못 표현되기도 하는) 효용이 모든 소비의 경우에서 동일할 경우, 좀더 일반적으로 재화의 한계효용 비율이 가격비와 같을 경우에 경제주체는 상호의존적인 분산된 체계 속에서 균형을 찾을 수 있다는 사실은 현대의 경제학도들에게는 진부하게 느껴질 것이다. 그러나 이것을 다수의 생산자와 소비자가 존재하는 수많은 재화의 경우에도 보편타당하다는 점을 입증하는 것은 아직도 현대의 수리(數理) 경제학도들이 다루고 있는 중요한 과제이다. 피셔는 경제적 관계를 세련된 유체역학적 모델로 설명하는 데 성공했는데, 이는 당시 그의 동료들에게는 경탄할 만한 일이었을 뿐만 아니라 일반균형 체계에 관한 더 이상의 연구를 위한 선도적 업적으로 평가된다. 알려진 바와 같이 피셔는 단순한 설명만으로 만족하지 않고 균형적인 가격의 움직임을 보여주기 위해 고도로 복잡한 유체정역학적 장치들을 고안했다.

### 가격과 가치: 시점 간 이론

피셔의 생존시에는 『화폐의 구매력』(1911)이 최고의 걸작으로 평가되었으나 현재는 『이자율』의 수정본이며 그의 논문의 최종증보판인 『이자이론』(The Theory of Interest, 1930)이 그 자리를 넘겨받았다. 모범으로 삼을 만한 지적인 성실한 태도로 피셔는 자신의 이론수립의 중요한 기반들을 선취한 레이와 뵘바베르크를 언급하고 있다.

피셔는 그의 일반균형 이론을 시점을 고려한 선택행위, 예산 및 생산관계 등으로 확장시켰다. 많은 재화들의 시점 사이의 관계를 설명한 발라와 달리 피셔는 자신의 사고가 갖는 보편타당성이 제약되지 않고서도 각 시점에서 소비, 생산될 수 있는 모든 것을 포괄하는 단 하나의 재화를 선택했다. 뵘바베르크의 저서 『자본의 실증적 이론』(*Positive Theorie des Kapitals*, 1888)에서 기대할 수 있었던 사실들을 피셔가 명료하게, 세련되게 그리고 알기 쉽게 설명했다고 주장하는 것은 지극히 타당하다. 이자문제의 분석을 이자의 특성에 대한 거의 형이상학적이며 질적인 문제로까지 연결시킬 필요는 없다. 단지 미리 상품을 처분하는 대가를 의미하는 이자율의 크기와 시간경과와 관련된 양적인 문제일 따름이다. 따라서 이자이론은 일반적인 가치 및 분배이론의 필수적인 부분이다.

정상적인 조건에서는 현재 처분가능한 상품은 이후에 처분할 수 있는 상품보다 상대적으로 더 높은 가격("프리미엄"〔Agio〕)을 갖는다. 피셔의 분석에는 뵘바베르크의 정(正)의 이자율에 관한 유명한 근거들이 다음과 같이 동시에 통합되어 있다. 1. 체계적인 "주관적 시간선호"란 일정한 양의 "내일"의 상품단위 그리고 더 많은 양의 "오늘"의 상품단위를 갖는 하나의 상품다발은 같은 양이 역순으로 제공되는 상황보다 항상 더 선호된다는 것을 의미한다. 2. "오늘" 상품을 공급하는 것은 "내일" 상품을 공급하는 것에 비해 일반적으로 불리하다. 3. 현재 처분가능한 상품은 이것이 생산적으로 이용될 수 있으므로 미래에 처분가능한 상품보다 "기술적 우월성"이라는 특징을 갖는다.

피셔는 이러한 양(兩)기간의 관계를 그래프로 설명했는데, 이는 현대경제학의 표준도식이 되었다. 일반적인 고찰의 출발점이 되는 한 명의 전형적인 생산자이자 소비자를 관찰해보자. 오늘 상품을 포기함으로써 "자연과의 교환"을 통하여 내일은 더 많은 상품을 제공할 수 있다. 오늘 마지막으로 포기된 하나의 상품단위의 대가로 동일한 단위는 물론이고 "좀더 많은" 것을 돌려받을 수 있는 것이다.

이러한 추가분—피셔는 이를 비용을 초과하는 한계수익률이라고 했다—은 더 많은 상품이 포기될수록 감소한다. 이후에 처분될 수 있는 상품은 시장이자율로 할인되어 오늘의 처분능력으로 표시될 수 있는데, 이는 자산을 현재와 미래의 상품제공의 시장가치로 보여주는 방법이다. 앞서 언급된 한계비율이 시장이자율과 같을 경우 현재의 자산가치는 분명히 극대화된다.

소비자로서의 개별 경제주체들에게는 그들의 최대화된 상품내역(그들의 자산)을 효용이 극대화되도록 두 시기에 배분할 수 있는 재량권이 있다. 이자율이 주관적인 시간선호 비율과 같을 경우가 이에 해당된다. 여기에서 경제주체들은 그들의 재화처분 능력을 신용차입과 신용대부가 허용되는 (완전경쟁의) 신용시장에서 교환한다. 이것이 그가 복잡한 경제의 "이자율"을 설명하는 요점이다. 경쟁조건 아래서 기업의 목표인 이른바 "자산극대화"와 소비자의 목표인 "효용극대화" 사이에 행위론적 모순은 없어야 한다는 점을 분명히 해야 한다. 이것이 바로 피셔-분리(Fisher-Separation)로서 현대적 기업이론의 서막을 열었다.

피셔의 초기 저서인 『가격상승과 이자』(1896/1961)를 살펴보면 우리는 중요한 자본시장 이론의 문제를 해결하기 위한 폐쇄적이지만 개념적이고 분석적인 틀을 얻을 수 있다. 피셔는 지속적이며 분리된 이자형성을 다루었다. 그는 명목이자와 실질이자를 구분했는데, 이들의 차이는 기대 인플레이션율이며 피셔-방정식으로 경제학사에 기록되었다. 피셔는 각기 다른 상품단위에서 측정된 이자율, 기간구조의 문제, 예상했거나 예상하지 못한 가격변동과 이의 이자율에 대한 영향, 상승하는 가격과 높은 수준의 가격이 갖는 의미 등에 관해서도 연구했다.

이 모든 것은 그에게 익숙한 분석상의 정교함으로 완성되었고, 부분적으로는 당시로서는 매우 이례적인 스스로 개발한 통계학적, 계량경제학적 방법으로 경험적 분석도 실행되었다. 부차적으로 확인할 수 있는 것은, 피셔의 소비자 행위에 대한 시간 간 분석은 현대적 소비이론의 이정표로서 모딜리아니(Franco Modigliani : 이탈리아 태생 미국의 경제학자, 재정학 교육자)에게 노벨상을 안겨다준 라이프사이클 모델의 근거도 되었다는 사실이다.

### 화폐적 거시경제학과 경기변동 이론

　시장에서 개별 경제주체들의 행위와 경제 전체의 (총체적) 현상의 취급에 관한 분석들을 개념적으로 연결하는 것이 국민경제 계정이다. 이 영역에서도 피셔는 선도적 연구를 진행했다. 당시로서는 획기적이었으며 현재까지도 읽을 가치가 있는 저서인 『자본과 소득의 본질』은 종종 모순을 드러내는 회계실무와 과세의 개념과 행위를 이론적으로 해명하고 경제 전체의 분석에 활용하고자 하는 의도에서 출판되었다. 중요한 양적 개념인 "자본(잔고량)"과 "소득(유량)"이 처음으로 경제학사에 확고하게 정의되었는데, 이 두 가지는 이자율을 통하여 개념적으로 연결되었다.

　피셔가 "소득"을 모든 생산적인 자원으로부터의 수입이 아니라 가장 넓은 의미의 소비로 정의한 것은 실무자들을 다소 혼란스럽게 했다. 관습적으로 파악된 소득의 소비되지 않은 부분으로서의 저축은 소비를 이후의 시기로 연기한 것에 불과하다. 대부분의 국가에서 이자수입을 과세대상의 "소득"에 포함시키는 것은 비효율적인 이중과세로서 저축만 일방적으로 차별하여 자원배분의 측면에서 문제가 된다는 내용의 중요한 조세정책적 교훈을 도출했다. 경제학 관련 마지막 저서인 『건설적인 소득세제』에서 피셔는 이 문제의 해결에 전념했다. 하지만 자신의 거시경제학을 위한 이론적 기초(미시적 토대)의 윤곽만 드러내는 데 그쳤다. 이 문제의 해결은 1950년대 후반과 60년대의 이른바 신고전학파 종합(Synthese)에게 넘겨주었다.

　피셔의 (화폐적) 거시경제 이론은 그의 저서 『화폐의 구매력』에 정교하게 제시된 수량이론이다. 이와 관련하여 그에게 고무된 후원자는 위대한 수학자인 뉴컴(Simon Newcomb)이다. 피셔가 가졌던 사고의 진수는 유명한 교환방정식에 나타나 있는 분석적 표현에서 찾을 수 있다.

　$MV + M'V' = \sum pQ$ 또는 PT

　여기에서 M은 평균통화량(주화와 지폐), V는 통화량 M이 (새로 생산된 것과 이미 존재하고 있었던) 시간당 재화와 용역을 구입하는 데 시간단위 당 얼마나 자주 사용되는가를 나타내는 화폐의 평균 유통속도, M'는 수표(요구불 예금)로 소유하고 있는 총통화량의 일부이며 V'는 이의 유통속도이다. 화폐를 통하여 이루어진 모든 개별적 거래의 합계인 ∑pQ는 화폐의 움직임에 대한 재화의 거래측면을 의미한다. 지수의 크기에 관한 피셔의 연구는 화폐의 거래를 가격지수 P와 수량지수 T의 두 가지로 나누는 것을 가능하게 했다. 교환방정식을 수량이론적으로 해석할 경우 이것은 비로소 다음과 같은 경험적 내용을 갖게 된다.

유통속도와 실제거래량이 (그리고 이로 인해 현재의 국민생산과 고용도) 일정할 경우 통화량의 변화는 그에 비례하는 가격변화를 가져온다. 피셔 이외에도 동시대 인물인 빅셀만이 수량이론적 관계의 가격이론적 근거를 명확히 설명한 학자이다. 통화량의 증대는 화폐보유와 (폭넓게 이해된) 계획된 지출 사이의 최적의 관계를 교란시킨다. 이러한 교란은 개별 가격에 대하여 다시 압박을 가하게 되는 지출의 증대를 유발시킨다. 모든 가격들(또는 가격)이 비례적으로 변화하는 체계는 균형을 찾게 된다(Fisher 1911, 153쪽 이하).

피셔는 다양한 저술들을 통하여 이러한 메커니즘을 설명했기 때문에 여기에 대표적으로 소개된 케인스의 비판도(같은 책, 393쪽 이하) 별로 중요하지 않다. 케인스는 영향 자체는 분명히 이해를 하지만 동력전달에 대한 설명이 없는 것이 아쉽다고 서술했다. 적어도 꽤 오랜 기간 피셔의 수량이론은 물가상승의 과정을 이해하는 열쇠가 되었다. 예금과 출금의 비(非)동시성을 설명하는 두 가지 유통속도에 대한 기술적, 제도적 결정요인들에 대한 피셔의 요론은 이제 한계에 이르렀다. 피셔 자신도 V와 V'에 대하여 정련된 통계적 방법을 통한 경험적 측정을 시도했다.

특히 두드러진 것은 덜 알려진 비균형적인 과도기에 대한 피셔의 분석인데, 이 기간 중에는 실질거래 규모와 이로 인한 소득과 고용뿐만 아니라 유통속도도 변화한다. 경우에 따라서 매우 오래 지속될 수도 있는 적응과정에서 가격변동률은 오직 불완전하게 시장이자율을 예견한다. 따라서 투자액을 결정하는 예상 실질이자율은 호황기에는 너무 낮으며 대공황의 시기에 특히 뚜렷하게 나타났던 것처럼 불황기에는 너무 높다. 피셔는 가격은 서로 다르게 유동적이며 특히 명목임금은 적응이 늦다는 점을 지적했다.

1950년대 후반부터 케인스 논쟁을 지배하면서 수없이 논의되었던 실업과 인플레이션 사이의 상충관계를 피셔는 이미 1925년에는 간접적으로 1926년에는 직접적으로 통계적 방법으로 보여주었다. 그러나 그는 이러한 상충관계의 원인을 통화의 움직임에서 보았다는 데 근본적인 차이가 있다. 대공황의 경험은 항상 위협적이며 스스로 심화되는 경기침체를 설명함에서 특별한 변화를 가져다주었는데, 그는 이 내용을 『대공황의 채무-디플레이션 이론』(*The Debt-Deflation Theory of Great Depressions*, 1933a)에서 다루었다.

미래의 사건에 대한 불완전한 예측과 제도적인 가격 및 임금의 경직성이 화폐적 충격을 발생시키는 한, 국민경제와 국민경제들 사이의 화폐적 부채의 분산과 분배는 경기의 극심한 주기적 진폭을 가져다주는 구조적 증폭제와 원인이 된다. 이 문제에 대한 더욱 포괄적인 논의는 특히 전형적인 경기변동 유발요인들을 상세하게 다루고 있는 그의 저서 『호황과 불황』에서 이루어지고 있다.

### 경제적 안정

피셔는 이후의 통화주의자들과 마찬가지로 전체 경제활동의 변동, 특히 통화가치 변동의 원인을 궁극적으로 통화량의 변동에서 찾았다. 경기변동을 "달러의 춤"(Dance of Dollars)이라고 했는데, 이것은 핵심 논문 가운데 한 편의 표제이기도 하다(Fisher 1923a).

피셔는 대부분 금본위의 배경에 대하여 논했지만, 별다른 어려움 없이 지폐에 관해서도 관심을 두었다. 달러화는 금본위 제도 아래 금에 대한 하나의 고정된 무게로 정의되었지만, 구매력이 항상 일정하게 유지되는 것은 아니었다. 그가 주장한 불안정성을 해소하기 위한 "보완적

달러화"의 실현은 달러화의 금 함유량(금의 무게)이 가격변동과 비례적으로 또는 최소한 동일한 방향으로 적응하면 된다고 했다. 그의 제안이 효력을 발휘하기 위해 필요한 전제조건은 금이 비(非)금전적인 동기에 의해서도 보유되고, 중앙당국이 약정된 가격으로 제한 없이 금을 사거나 파는 것이다. 예를 들어 어떤 이유에 의해 물가수준이 오를 경우 중앙당국은 무게를 늘인다. 즉 금으로 표시된 달러의 가격을 올리거나 달러로 표시된 금의 가격을 내리는 것이다.

감소된 금의 생산 또는 수입의 증대로 인한 금유출의 효과를 무시한다면 비(非)은행부문은 강력하게 금을 구입할 것이다. 유효한 화폐량은 감소하고 원래의 가격상승은 저지될 것이다. 이런 계획의 이해를 위한 유용한 개별 정보는 그의 저서 『달러화의 안정화』(1920) 또는 『안정된 통화, 운동의 역사』(Stabilised Money, A History of the Movement, 1935)에서 얻을 수 있다.

이로써 피셔는 프리드먼보다 훨씬 이전에 이미 통화정책의 자유재량적 여지를 축소하는 효과적인 통화정책적 규칙을 마련했다. 당시에 그는 현실적으로 통제될 수 없었던 지폐통화의 적합한 대안으로 이해되었던 금본위 제도의 옹호자는 아니었다.

대공황의 은행위기와 증대하는 화폐축적은 피셔가 통화정책적 개혁방안을 확충하는 계기가 되었다. 그는 『스탬프 임시화폐』(Stamp Scrip, 1933)에서 극심한 디플레이션 시기에 화폐보유의 증대경향을 저지하기 위한 수단으로 소멸화폐 또는 스탬프 머니(stamp money)의 도입을 주장했다. 여기에 관한 최초의 구상은 게젤(G. Gesell)에서 비롯되었는데, 중요한 경제적 인과관계를 전혀 몰랐던 그는 이자율을 없앰으로써 그가 볼 때 오로지 "부당한" 이자수입을 사라지게 하는 데 관심을 두었다.

피셔는 시카고 대학교의 경제학자들로부터 은행의 통화창조를 100퍼센트-지불준비 규정을 통하여 없애야 한다는, 이전에 발라와 미제스에 의해서도 제기된 바 있는 제안을 받아들였다. '은행의 100퍼센트 유동성을 지속적으로 점검하기 위하여. 인플레이션과 디플레이션의 예방을 위하여. 특히 경기침체의 치료와 예방 그리고 국가채무의 대폭적인 일소를 위하여'라는 부제를 가진 『100퍼센트 화폐』라는 1935년 저서는 그의 통화정책적 목표들을 제시하고 있다.

### 분석기법 – 수학과 통계학

피셔는 계량경제학의 기초를 개발했으며 수리경제학의 아버지 가운데 한 사람으로 평가된다(세부적 내용은 Sasuly 1947 참조). 『지수 작성법』(*The Making of Index Numbers*, 1922)라는 저서에 체계적으로 설명된 지수관련 문제에 대한 그의 업적은 이미 언급되었다. 시간반전 검증, 요소반전 검증 그리고 파셰(Paasche) 지수와 라스파이레스(Laspeyres) 지수의 기하학적 평균치로서의 "이상적" 지수는 피셔 자신이 고안한 것이며 현대 통계학의 구성요소가 되었다. 물론 현대적 연구방법은 이보다 덜 귀납적인 다른 방향을 취하고 있는데, 여기에서는 현대 집합이론의 경우처럼 시장에 대한 경험적 제약조건 또는 함수의 수학적 특성을 고려한다.

피셔는 자신이 개발한 분포시차(distributed lags) 이론을 시장이자율 결정에 관한 경험적 연구에 이용하여 명목이자율은 기대 인플레이션율과 실질이자율의 합과 같다고 했다. 인플레이션 기대는 시차를 두고 이전에 실현된 인플레이션 비율에 의해 결정된다. 분포시차 이론은 현재 계량경제학의 독자적인 특수영역으로 발전했다.

피셔는 1896년에 이미 그의 동료들과 기하학에 관한 책인 『기하학의 구성요소』(*Elements of Geometry*)를 집필했으며, 이듬해 경제학도들을 겨냥하여 『무한소 미적분에 대한 간략한 소개』(*Brief Introduction to the Infinitesimal Calculus*)라는 저서를 출간했다. 정선된 수학적 통계학적 입문지식을 담고 있는 이 저서는 경제학도들에게 하나의 완성된 현대적 필독서가 되었는데, 이는 분명히 경제학사에서 매우 드문 현상이다.

## 동료들과의 관계

"우리는 최소한 순수경제 이론의 기초를 심화시킨 피셔 박사의 업적이 갖는 불멸성을 예견할 수 있다." 비범한 학문적 재능에 대한 이와 같은 거의 열광적인 인정은 당시 선도적인 경제학자 중의 한 사람이었던 에지워스가 피셔의 논문을 평가하면서 언급한 것이다(Edgeworth 1893, 112쪽). 피셔가 옥스퍼드 대학교를 방문하고 에지워스도 여타의 수많은 유명한 경제학자들처럼 뉴헤이븐에 있는 피셔의 영빈관 방문객이 됨으로써 이 두 사람은 평생동안 친분을 유지했다. 피셔는 1894년 1년간 유럽에 머무르면서 베를린과 파리에서 연구했다. 하지만 그곳에서 그는 경제학보다는 수학과 자연과학에 전념했다.

피셔는 베를린에서는 헬름홀츠(H. Helmholz), 프로베니우스(G.F. Frobenius) 그리고 파리에서는 푸앵카레(H. Poincaré)에게 매료되었다. 다소 모호하고 장황하며 권위적인 해석방법을 가졌던 독일의 역사학파는 수학적으로 교육된 젊은 경제학자에게 그다지 열광하지 않았다. 그러나 당시 27세의 피셔는 옥스퍼드의 에지워스, 로마의 판탈레오니, 피렌체의 바로네, 빈의 멩거와 뵘바베르크 그리고 로잔의 파레토와 같은 선도적 경제학자들에게 이미 인정을 받았는데, 이들과는 서로 교류하면서 개인적인 접촉도 가졌다.

피셔는 분명히 예일 대학교에 새로운 자극을 가져다주었지만 그곳에서 활동하던 경제학자들은 피셔의 비범한 재능을 경제학의 새로운 방향설정에 활용하지 못했다. 그러나 예일 대학교가 피셔와 함께 미국에서 현대의 분석적 계량경제학을 선도하는 중심지가 될 기회를 놓쳤다고 주장하는 것은 지나치게 단순한 생각이다. 제도에 대한 역사적 설명, 분류적 정치해석 그리고 그다지 수학적, 통계적으로 경도되지 않은 경제이론이 당시 연구의 중심을 차지하고 있었다.

대학교 내부에서 피셔의 영향력은 갈수록 줄어들었는데, 이는 그가 대학교 밖에서 보였던 수많은 정치적, 사회적 그리고 상업적 활동의 결과이기도 하다. 대부분의 경우 짧은 기간이었지만 그는 동시대의 지도

층 인사들과 긴밀한 관계를 맺은 반면 자신의 동료학자들과는 별다른 접촉이 없었다. 피셔의 아들은 자신의 아버지가 30년대에 로드 아일랜드의 여름별장에서 상대성 이론에 관하여 토론을 하기 위해 아인슈타인과 만난 사실도 있다고 전하고 있다(I.N. Fisher 1956, 38쪽).

피셔는 1912년에 이미 경제학 분야에서의 수학적, 통계학적 방법을 지원하는 것을 목적으로 하는 단체를 조직하려고 했다. 그러나 이 시도는 관심의 결여로 처음에는 좌절되었다가 1920년대 말 최초의 노벨 경제학상 수상자인 프리슈(R. Frisch)와 루스(D. Roos)에 의해 다시 추진되었다. 1930년 12월 29일 클리블랜드에서는 계량경제학 연구회가 창립되었다. 피셔는 이 기구의 초대 회장이 되었으며 간행물인 『이코노메트리카』(*Econometrica*)는 『미국 경제비평』(*American Economic Review*)과 더불어 경제학 분야에서 가장 저명한 학술지 가운데 하나가 되었다.

피셔는 자신의 연구업적을 통하여 이 조직의 강령에 부합되는 요구들을 크게 충족시키려고 노력한 소수의 학자 가운데 한 사람이었다. 1932년에는 그의 동료인 출판업자 카울스(Alfred Cowles)와 유명한 '카울스 경제학위원회'를 설립하고 재정적인 지원도 했다. 이 위원회의 구성원들은 이후 계량경제학이라는 독자적인 학문 및 연구영역을 개발했다.

현재 전 세계적으로 1만 8,500명의 회원을 두고 있는 미국경제연합이 1895년도에 창립될 당시 그는 예전의 후원자였던 섬너와 마찬가지로 회원신분은 유지했지만, 이 기구와는 상당한 거리를 두었다. 피셔는 이 기구의 일리(R. Ely)를 비롯한 여타의 학자들에게 영향을 준, 역사학파에 경도된 경제학적 견해에 동의할 수 없었다. 그런데도 그는 1918년 이 기구의 회장이 되었는데, 그가 행한 취임연설은 관례를 깨뜨리는 파격적인 것이었다.

그는 오만함보다 도덕적 분노로 인하여 이전의 수많은 선도적 미국 경제학자들의 견해에 대항하지 않았다. 그러나 피셔는 이들을 "독일에서 방금 귀향한 젊은 몽상가들은 벼락출세한 되바라진 사람으로서 그리고 선동가로서 진정한 경제학의 위계질서 속에 위치할 자격이 없다"
는 표현으로 비난했다. 그리고 그는 "독일의 경제학은 우리에게 새롭
고 이타주의적인 자극을 주었다." "우리는 독일로부터 경제학은 '국
가'를 위해 헌신해야 한다는 사고를 취득했다"고 계속했다. 그러나 다
음과 같이 탄식했다. "그 '국가'는 호엔촐레른 왕조였다(Fisher 1918,
6쪽 이하)."

　　다양한 상업적 관심과 정치와 건강문제에 대하여 종종 극단적으로 나
타난 개혁에 대한 열망, 동시대인들의 이해를 훨씬 넘어서는 엄정한 학
문적 업적 등은 그가 맡았던 많은 학계의 보직과 예우에도 불구하고 그
를 매우 이상한 사람 또는 외톨이로 낙인 찍었다. 하지만 그는 유럽에
서는 높이 평가되어 1937년에는 아테네와 로잔에서 그리고 1946년에
는 오슬로에서 명예박사로 추대되었다.


## 영향

### 사상사적, 이론사적 영향

　　"그의 이름이 이 나라의 역사상 가장 위대한 경제학자의 한 사람으로
자리 잡을 것이라고 나는 자신 있게 예언한다(Schumpeter 1948, 219
쪽)"는 슘페터의 평가는 피셔의 일생의 업적을 포괄하고 있으며 예전에
에지워스가 예견한 것을(Edgeworth 1893) 인상적으로 확인하고 있
다. 피셔는 이런 경외심으로 가득한 예찬을 당시 그의 동료들에게서는
받지 못했다. 이와 관련해서는 피셔를 완전히 무시해버린 호만(P.
Homan)의 저서 『현대 경제사상』(*Contemporary Economic Thought*,
1928)이 전형적인 사례일 것이다.

　　오늘날 피셔는 학술지의 중요한 인용사례의 수에서 자신의 동시대 학
자들을 훨씬 능가하고 있다. 동시대 학자들이 그를 도외시한 이유는 무
엇일까? 그 답변은 분명히 억측에서 자유로울 수 없다. 회장취임 연설
에서 인용된 내용도 전형적인 것은 아니다. 왜냐하면 소외당한 원인이

그의 성격에 있지 않기 때문이다. 친근함, 관대함 그리고 자기비판은 피셔의 긍정적인 성격에 해당된다.

피셔와 그가 지적으로 함께하고 있다고 느낀 경제학자들은 당시 지배적이던 학풍의 외곽에 위치하고 있었다. 고전학파와 신고전학파 경제학자들은 미국의 경제학을 개념적, 이론적인 막다른 골목에서 벗어나게 할 정도의 작은 진보만을 이루었을 따름이었다. 게다가 피셔 자신의 이론적, 경험적 분석은 그 시대보다 수십 년을 앞서 있었다. 이 점이 그가 대가의 사상을 다듬어 표현하고 더욱 발전시키고 해석하고 전파시킬 학파를 형성시키지 못한 분명한 이유이다.

강한 정치적, 사회적 참여의식 그리고 살아가는 동안 그를 점점 더 강력하게 대학교 밖의 세계에서 성장하게 한 점점 더 강력해진 개혁열망도 고립의 또 다른 원인으로 볼 수 있다. 전형적인 학자의 역할과는 거리가 먼 성공적인 사업가에 대한 선망 같은 것도 분명히 어느 정도 역할을 했다고 할 수 있다. 그의 활동 가운데 많은 것들이 오해를 받았는데, 이로 인하여 결국 학문적 명성이 손상을 입었던 것이다.

슘페터는 피셔의 저작을 "결코 완성되지 못할 사원의 기둥과 둥근 천장"이라고 했지만, 동시에 피셔는 한 번도 경제학의 포괄적인 종합적 체계(Synthese)를 서술하지 못했다고 탄식했다(Schumpeter 1948, 237쪽). 이러한 비난은 이해하기 어렵다. 피셔의 연구 프로그램은 그 규모가 엄청났음에도 불완전하거나 일관성이 결여된 단초들의 축적물은 아니다. 피셔는 자신의 모든 연구업적에서 포괄적이며 응용지향적인 경제학에 대한 좌우명을 갖고 있었다. 그는 암묵적으로 스미스의 『천문학 역사에 대한 소론』(*Essay on the History of Astronomy*)에서 볼 수 있는 방법론적 원칙, 즉 "결합원칙"을 전용했다.

당시까지 지배적이었던 사조인 콩트와 스펜서의 실증주의는 전체 학문세계에 대한 하나의 완성된 최종적인 설명을 추구했는데, 피셔는 이와 거리를 두었다. 그리고 비록 그가 전통적인 리카도의 가치이론에 대하여 "가치법칙 내에는 더 이상 설명해야 할 것이 아무것도 남지 않았다(Fisher 1909, 436쪽)"고 확언했지만, 밀의 경우에서 명확하게 볼 수 있는 바와 같이 많은 학자들이 그들의 사상사적 유산에 대하여 열성적으로 동조하는 것과는 성격을 달리했다. 제번스도 이와 같은 반박의 여지가 없는 주장을 단순히 무시할 수 없었다. 제번스, 발라 또는 피셔와 같은 신고전학파 학자들은 자신들의 연구에서 이전부터 이어져온 견해에서 벗어났으며, 연구전략적인 목적으로서 궁극성과 완결성을 포기했다.

지난 100년 동안 어느 경제학자가 포괄적인 종합적 체계를 남겼는가를 조사하는 것은 매우 흥미로운 일이다. 당시 거의 모든 비평가들이 피셔보다 더 많이 호감을 가졌지만 케인스는 확실히 아니다. 비범하며 현재에도 읽을 가치가 있는 피셔의 연구업적을 체계적으로 통합시킨 교과서 『경제학의 기본원칙』(*Elementary Principles of Economics*, 1911)이 종합적 체계수립의 요구에 가장 근접하고 있다.

노벨상 수상자인 프리슈(Frisch 1947)와 새뮤얼슨(Samuelson 1967)은 피셔의 『연구』의 위상을 분명히 높게 평가했다. 프리슈는 이 저작이 기념비적 의미를 갖는다고 했고, 새뮤얼슨은 최고의 경제학 논문이라고 칭찬했다. 그러나 시간을 초월하여 중요성을 갖는 것은 이론의 여지없이 피셔의 자본 및 이자이론 관련업적이다. 여기서 그는 선구자이며 그의 이름은 모든 이론적 전문화를 대표하고 있다.

이 분야에서 동시대 선도적 이론가인 허쉬라이퍼(J. Hirshleifer)는 그의 저서 『투자, 이자 그리고 자본』(*Investment, Interest, and Capital*, 1970)에서 피셔의 견해를 특성, 내용 그리고 형식의 측면에서 다시 관심을 갖고 계속 발전시켰다(현대화시켰다). 피셔를 보완하고자 기업이라는 개념이 명시적으로 도입되었다. 피셔의 분리정리는 최종적으로 더 정확하게 표현되고 시간에 따른 축적과정은 보완적으로 분석되어 특히 현대의 불확실성 이론의 성과에 포함되었다. 이것은 피셔의 분석틀이 얼마나 현대적인가를 보여주는 명확한 간접증거이다.

이미 언급한 바와 같이 피셔의 약점은 저서 『화폐의 구매력』의 거시경제적 이론을 미시적 기초에 두고 있다는 점이다. 그는 여기에서도 이후의 신고전학파적 종합적 체계를 예견했다. 통화주의 혁명도 피셔에 의해 분석적이고 정치적으로 앞당겨졌는데, 이와 관련하여 매우 포괄적으로 서술된 슘페터의 『경제분석의 역사』(*History of Economic Analysis*, 1954)에서도 단 한 차례도 거명되지 않을 정도로 거의 완벽하게 무시당한 미국의 경제학자 델 마(Alexander Del Mar, 1836~1926)를 언급할 수 있다. 피셔는 이후 1985년 타블라스(G. Tavlas)와 애쉬하임(J. Aschheim)에 의해 발표된 델 마와 피셔의 화폐이론적 견해를 비교한 논문을 통해 비로소 인정을 받았다.

그러나 수량이론은 프리드먼에 의해 "새로" 편성되었는데(그는 수량이론을 화폐수요 이론으로서 좁게 해석했다), 이것은 피셔와 빅셀의 견해와 전혀 일치하지 않았다. 여기서 수량이론은 장기적 가격균형뿐만 아니라, 가격과 생산물의 주기적 변동까지도 파악하고자 하는 거시경제의 총체적 과정에 대한 설명으로 이해되었다. 만약 현실의 경제정책적 문제를 해결하는 단초를 피셔보다 케인스에서 더 많이 찾기를 희망한다면, 이것은 많은 동시대 케인스 학파 경제학자들의 수량이론에 대한 선입견에 불과하다.

### 정치적, 사회적 환경과 후세

피셔는 사회적, 정치적 과제의 해결에서 현대 경제학이 갖는 중요성과 능력에 대하여 확신하고 있었다. 그러나 동시대의 지도자들은 그와 견해를 같이 하지 않았다. 피셔는 거의 혼자서 경제정책적으로 활용될 수 있는 경험적이며 자연과학적 성향의 경제학을 위한 길을 열어 놓았다. 이러한 연구관점은 그의 모든 비(非)경제학적이고 통속학적인 업적에서도 발견된다.

피셔의 정치적, 사회적 환경과의 상호작용은 다음과 같은 몇 가지 전형적인 활동을 통해 설명될 수 있다. 이후 다양한 보건정책적 활동으로 이끈 반(反)결핵협회의 설립이 그 시작이다. 현재까지도 읽을 가치가 있는 저술인『국민체력에 관한 보고서』는 획기적이며 당시의 사고를 크게 앞서가는 것이었다. 그는 특히 예방적 검진에 전심전력을 다한 생명연장연구소도 설립했다. 제1차 세계대전이 발발하자 그가 작성한 한 논문을 계기로 평화실천을 위한 동맹이 결성되었는데, 이를 통하여 윌슨 대통령도 국제연맹에 관심을 갖게 되었다. 전쟁이 끝난 후 윌슨이 국민들에게 미국의 회원국 가입에 대한 유용성을 설득하자 피셔는 두 권의 저서를 발간했을 뿐만 아니라 전국적인 캠페인을 위해 6개월의 소중한 시간을 바치기도 했다.

그 당시 통화의 불안정은 심각한 문제였다. 자신의 정보에 의하면 그는 당시로서는 엄청난 액수인 10만 달러의 개인재산을 자신의 생각을 전파시키기 위해 사용했다고 한다.『안정된 통화, 운동의 역사』에 수록된 짧은 자서전적 부록에서 그는 1912년부터 1934년까지 자신의 노력은 "99번의 연설, 언론사에 대한 37통의 서신과 161편의 특별기고문, 그 밖에도 아홉 차례의 정부 전문위원회 청문회에서의 전문가 입장표명과 전문영역에 대하여 13권의 저서를 포함한 개인적으로 간행한 12개의 회람" 등을 망라하고 있다고 서술하고 있다(Fisher 1935, 377쪽).

통속학적 업적 역시 그의 독특한 표현법을 특징으로 하고 있다. 그는 간단한 단어로 짧은 문장을 사용했으며, 간략한 비교와 사례에서 출발했고, 바쁜 독자들과 관심의 범위가 넓은 독자들의 관리를 위해서는 요약본을 활용했다. 부록은 세부사항과 통계에 대한 추가적인 정보를 제공했다. 수학적 논증은 대부분 부록에 수록되었다. 그는 엄정한 학문적 분석에서 경제정책적 활용과 정치적 홍보까지의 교량을 가설하는 데 유일하게 성공한 사람이었다.

| 한스 모니센 · 김용원 옮김 |

# 12 | 피구
Arthur Cecil Pigou, 1877~1959

## 성장과정

피구는 1877년 아일오브와이트(Isle of Wight)의 리드(Ryde)에서 태어났다. 전통 깊은 "해로 학교"의 수석학생으로서 그는 케임브리지의 킹스 칼리지 장학금을 받게 되었다. 그는 처음에 역사학을, 1899년부터는 도덕학을 공부했는데 (1903년까지는) 도덕학에 국민경제학이 포함되어 있었다. 그의 선생은 시지윅과 영국 경제학계의 절대적 권위자인 마셜이었다. 일 년 후 그는 킹스 칼리지의 연구원이 되었다. 마셜이 1908년 교수직에서 은퇴했을 때 피구는 당시 겨우 30세의 나이로 그의 후계자가 되었다.

피구는 평생 열렬한 마셜의 숭배자였다. 그는 마셜의 전통을 지속했고 그 대가가 사망한 후에는 영국의 신고전파와 마셜이 구축한 케임브리지 경제학파의 지도자가 되었다. 이 학파는 1920년대 말 이후부터 나타난 최초의 "마셜 이후"세대(스라파, 칸(Richard Kahn), 로빈슨, 힉스)가 등장하기 전까지는, 그리고 무엇보다도 케인스의 『일반이론』(*General Theory*, 1936)이 출판되기 전까지는 정통적 학설에 밀착되어 있었다. "그것은 모두 마셜 저술 안에 들어 있다"고 한 피구의 말은 케임브리지 학생들에게 오랜 세대동안 유행어가 되었다.

피구가 그 유명한 교수직을 물려받았을 당시 케인스는 막 킹스 칼리지에서 박사학위를 취득했다. 마셜이 그랬던 것처럼 피구는 그를 강사로 채용했다. 1909년 케인스는 교수진의 일원이 되었다. 피구가 학생들에게 정확한 이론적 사고를 가르치고 있을 때, 경제정책 문제에 관해 그들의 관심을 일깨운 사람은 누구보다도 바로 케인스였다. 케인스와는 반대로 피구는 강의시간 외에는 오히려 수줍은 편이었다. 그는 학생 및 동료들과 거의 접촉하지 않았다.

이때 그는 그의 동창들에게 아직도 학생시절 "연합토론회"의 지도적 인물로 알려져 있었다. 존슨(Harry G. Johnson)은 피구가 친절하고, 유쾌하고, 사귀기 쉬운 강사에서 극단적인 고립주의자로 변한 것은 그가 도덕적인 신념 때문에 군인으로서가 아닌 방학 중 자원 위생봉사자로 참여했던 제1차 세계대전에서 받은 인상 때문이라고 확신하고 있다 (1960, 153쪽).

또한 케인스와 반대로 피구에게는 경제발전을 현실적 차원에서 인식하는 감각이 결여되어 있었다. 경제정책 자문관으로서 그는 결코 성공적인 솜씨를 갖지 못했다. 그는 컨리프위원회와 체임벌린위원회 (1918~19, 1924~25)의 위원이었는데, 이 두 위원회는 "맹목적인 전통주의(Johnson 1960, 152쪽)" 때문에 전쟁 이전의 태환비율에 기초하여 금본위제를 재도입하도록 길을 마련해주었고 그리하여 영국에 현저한 피해를 입혔다. 케인스는 『처칠의 경제적 귀결』(*Economic Consequences of Mr. Churchill*, 1925)에서 그들의 정책권고들을 날카롭게 비판했다.

또한 놀라운 것은 피구가 세계경제 대공황에서 국가의 고용창출 정책에 찬성하지 않는데, 그는 이미 일찍이 자신의 저술들을 통해서 그러한 종류의 경기정책 수단들을 선전했던 것이다(『경기변동』, 1927, 314쪽 이하). 그는 심각한 경기불황의 단계에 맥밀란위원회로부터 질문을 받았는데, "왜 실업인구가 그렇게 많은가에 대해서 그 유명한 케임브리지의 정치경제학 교수는 자신의 국민들에게 다른 유익한 도움을 제공하지 못하고 다만 다음과 같은 진단만을 제공했을 뿐이다. '다양한 직업분야에서의 노동력 수요의 비율이 변했다. 그러나 이 변화에 따라가는 노동력의 재편이 일어나지 않았다.'" 그는 노동력의 유동성이 더 증대하고 임금이 더 낮아진다면 실업은 금방 극복될 것이라고 했다 (Lekachman 1970, 72쪽).

케인스가 세계경제 대공황에서 받은 인상 아래 단행한, 그리고 그를 유명하게 만들었던 신고전파와의 결별은 피구에게도 연구활동의 전환점이 되었다. 피구는 그의 장기간의 창작활동 가운데 초기의 수십 년 동안 고전파의 자유경쟁 이론을 효율과 분배의 관점에서 상세하게 비판했고, 또한 국가의 개입을 통해서 사회적 후생을 증가시킬 수 있는 가능성을 보여주었는데, 후에는 케인스와의 논쟁에 열중했다.

케인스는 『일반이론』에서 피구와 마셜을 날카롭게 공격했다. 피구의 『실업이론』(*Theory of Unemployment*, 1933)은 고전파의 고용이론 가운데 유일하게 상세한 것이기 때문에 케인스의 공격의 표적이 되었다. 피구는 케인스 혁명을 통해서 분명하게 극복되어야 할 "고전파 경제학"의 지도적 인물이었다.

케인스가 대가(마셜—옮긴이)와 결별하고 또 그를 비판함으로써 피구의 감정은 크게 상했다. 그래서 그는 『일반이론』에 대해 잡지 『이코노미카』(*Economica*, 1936)에 기고한 초기의 서평에서 "그 틀린 서술의 쓰레기더미"에 대해서 강하게 반격을 가했고 그 책은 특별히 기여한 것이 하나도 없다고 했다("우리는 달을 향해서 화살을 쏜 한 사람의 연예인을 구경했다").

그는 케인스의 공격적이고 불손한 방식을 단죄했다. "아인슈타인은 케인스 씨가 스스로 경제학에서 수행했다고 믿고 있는 것과 같은 일을 물리학에서 실제로 수행했다. 그는 광범위한 유효성을 갖는 일반화를 개발했는데, 여기에서 뉴턴의 결론은 하나의 특수한 경우로 포함될 수

316

있다. 그러나 아인슈타인은 자신의 발견을 공표할 때, 공들여 만든 풍자를 사용하여 뉴턴과 그 추종자들이 무능한 엉터리들의 집단인 것처럼 암시하지는 않았다(1936, 115쪽. 인용문의 번역자는 필자)."

후에 피구는 자신의 평가를 수정했다. 그는 『일반이론』의 의미를 잘못 이해했다는 점을 인정했다. 그는 다음과 같이 확언했다. "그 구상은 …… 비교할 수 없을 정도로 생산적인 생각이며, 발전가능한 생각이다. ……내가 아는 한, 케인스 이전에 그 누구도 실물요소뿐만 아니라 화폐적 요소까지도 모든 관련요소들을 하나의 단일한 정식의 틀 속에 결합시켜 그것들의 상호작용을 완결되게 연구할 수 있게 만들지 못했다. 그의 행위는 나의 견해로는 결코 혁명이라고 볼 수 없다. 그런 표현을 쓰는 것은, 종전의 학자들은 화폐의 역할을 무시했고, 그들이 분명히 고용의 변동에 관해 토론했음에도, 암묵적으로 고용의 변동이 존재하지 않는다고 가정했다는 신화를 인정하는 경우에만 가능할 것이다(1950/52, 65쪽)."

시간이 상처를 아물게 했다. 케인스와 피구가 서로에게 갖고 있었던 깊은 존경심이 둘 사이의 분열을 극복하는 데 도움을 주었다. 로빈슨(Austin Robinson)은 다음과 같이 말할 수 있었다. "그들은 서로를 각별하게 존경했다. 그리고 자신의 이론이 인정받는 일에 노심초사 마음을 쓰던 케인스는 피구의 명예가 손상되지 않는 일에도 거의 같은 정도로 초조하게 마음을 쓰고 있었다. 그는 자신이 피구를 공격하면 동시에 자신이 몇 년 전에 지지했던 이념들을 공격하게 된다는 사실을 스스로 잘 알고 있었다(1968, 96쪽)."

피구 저술의 규모와 영역은 매우 인상적이다. 그는 약 30권의 저서와 100편이 넘는 논문을 저술했다. 그의 박사학위 논문인 「종교선생으로서의 로버트 브라우닝」(Robert Browning as a Religious Teacher, 1901) 이후 영국의 농업발전, 세기(世紀) 전환기의 보호관세 논쟁——피구는 계몽적 자유무역주의자였다——과 산업평화 그리고 실업 등에 관한 그의 최초의 경제학 논문들이 발표되었다.

아서 세실 피구(1877~1959)

그의 주요 저서의 중요한 주제들은 후생경제학, 조세이론과 고용이론이다. 피구는 경제이론가이며 재정학자였다. 그의 가장 유명한 저서는 방대한 단행본인 『부와 후생』(*Wealth and Welfare*, 1912)인데, 이것은 1921년 『후생경제학』(*The Economics of Welfare*)이라는 제목으로 출판되어 1960년까지 여러 번 개정판이 나왔고 여러 번 인쇄되었다.

『후생경제학』은 지도적인 영국 신고전파 학자로서의 명성을 구축해 주었다. 이 저서는 경제학의 발전에 장기적으로 아주 각별한 영향을 미쳤던, 국가경제 정책에 관한 최초의 이론적 기초작업이었다. 그의 교과서 『공공재정 연구』(*A Study in Public Finance*, 1928, 제3판, 1947, 마지막 개정쇄 1956)에서 피구는 후생경제학 분석을 공공재정에까지 확장했다. 『공공재정 연구』는 앵글로색슨 재정학계에서 1950년대까지도 커다란 영향력을 행사했다. 그 후계자로 등장한 것은 머스그레이브의 교과서 『공공재정 이론』(*The Theory of Public Finance*, 1959)이었다. 머스그레이브는 본질적으로 피구의 영향을 받았다.

특히 잊지 말아야 할 사항이 있는데, 재정정책을 자원배분, 소득분배, 경제안정의 세 분야로 구분한 그의 유명한 방법은 피구로부터 나온 것이다(『부와 후생』, 1912; 『후생경제학』, 1920; 『공공재정 연구』, 1928). 고용이론 분야에서의 가장 중요한 피구의 연구업적으로서, 당시까지도 정통이론에 충실했던, 미시이론적 지향을 가졌던 『실업이론』, 현대적이며 형식-모델 이론적 지향을 가졌던 단행본 『고용과 균형』(*Employment and Equilibrium*, 1941, 1949, 개정쇄 1952) 등을 강조할 수 있다.

피구는 항상 케임브리지에 머물러 있었다. 1943년에 교수직에서 은퇴하면서 그는 그후 많은 학생세대를 거치는 동안 살아 있는 전설이 되었다(Johnson 1960, 150쪽).

# 저서

## 후생이론의 기본구상

그의 『후생경제학』에서 피구는 종전의 단편적인 후생경제학적 이념들을 독창적이고 유익한 국가개입 이론으로 종합하고 정교화시켰다. 근대적인 한계이론의 분석수단이 발견된 후 이론연구의 주류는 고전학파의 조화설을 이론적으로 뒷받침하는 과제와, 자유시장 경제는 자동적으로 균형에 도달하며 최선의 재화조달을 보장한다는 것을 증명하려는 과제에 몰두하고 있었다. 이 분야에서 가장 유명한 이론가들은 발라와 그의 교수직 후계자였던 파레토였다. 피구는 자유방임 체제의 한계에 관해서 비판적으로 분석했으며 국가정책 수단을 통해서 사회적 후생을 증가시킬 수 있는 가능성에 관해서 체계적으로 탐구했다.

마셜과 마찬가지로 피구도 경제이론의 과제는 인간, 특히 사회적 약자의 삶의 조건을 개선하는 데 있다고 보았다. 그리하여 그는 『후생경제학』을 통해서도 하나의 "본질적으로 실천적인" 목적을 추구했다. 그는 사회적 후생을 증진시키는 시책을 위한 이론적 토대를 정치가들에게 제공하기를 희망했다.

당시 사회적 조화설을 명시적으로 대변하던 영국 고전학파 학자는 한 사람도 없었지만, 그 교리는 당시의 공공여론을 지배했다. 사회적 후생의 극대화를 위해서는 국가의 개입이 필요하다는 밀의 인식은 경제학의 자원배분과 소득분배 영역에서 이 조화설과의 결별을 의미했다. 이것은 케인스가 고용이론 분야에서 단행한 결별과 비슷했다. 『후생경제학』은 구(舊)후생경제학의 표준적 작품이었는데, 그것으로부터 영미(英美)의 "신(新)후생경제학"이 발전했다.

그의 후생경제학의 요점은 새로운 후생의 개념, 소득분배 역할의 강조, 개인에게 좋은 것이 필연적으로 사회에게도 좋다는 정통적 견해와의 결별 등이었다. 이러한 착상은 벤담, 시지윅, 마셜 등에 그 기원을 돌릴 수 있다. 후생개념이 의존하는 것은 "최대다수의 최대행복"이라는 벤담의 원리였다. 시지윅은 이미 정확히 다음의 용어를 사용하여 사적 효용과 비용, 사회적 효용과 비용 사이의 괴리에 관하여 언급했는데, 그렇기 때문에 완전한 자유방임은 정치적인 이상(理想)상태인 것으로 보이지 않는다고 했다(1883).

마셜은 "외부경제"와 "외부불경제"——어떤 경제부문의 장기적 성장에서 나타나는 기업의 이익과 불이익——를 갖는 부문에서 보조금과 과세를 사용해야 한다는 그의 (논란이 많은) 착상을 가지고, 최초로 재정학적 시책으로 외부효과를 내부화하는 전략을 암시했다. 이 세 학자 모두 재화생산의 극대화에 덧붙여 분배문제에도 중요한 의미를 부여했다. 마지막으로 화폐 한계효용의 체감이라는 생각은 벤담에 그 기원을 돌릴 수 있는데, 그 생각은 피구의 분배정책적 주장의 이론적 기둥이 되고 있다.

벤담에게 사회적 후생은 개인의 쾌락 내지 행복감의 합계와 같다. 그 합계가 극대화된다면 그것은 곧 추구할 만한 가치가 있는, 후생의 최대 가능치가 달성되는 것이다. 이것이 바로 "최대다수의 최대행복"의 원리이다. 그 밖에 벤담은 개인의 재화획득이 증가할수록 "행복"의 증가분은 체감할 것이며, 따라서 후생은 소득이 평등하게 분배되어야 비로소 극대화될 것이라고 보았다. 물론 예상되는 바와 같이 국민생산을 위한 유인(誘因)이 상실되지 않는 조건에서 그렇다는 것이다(Bentham, in: Stark 1952, 79쪽 이하; Bohnen 1964).

피구는 이러한 착상을 근대적 효용이론의 도움으로 새롭게 서술했다. 경제학자로서 그는 자신의 관찰을 경제적 후생, 즉 전체 후생 가운데 직간접적으로 화폐로 측정할 수 있는 부분으로 국한시켰다. 효용측정의 방법으로서 그는 마셜의 소비자 잉여론에 장착된 한계지불 용의라는 개념의 도움을 받았다. 척도가 되는 것은 경제주체가 어떤 재화에 대해서 지불할 용의가 있는 가격이었으며, 그가 실제로 지불하는 가격이 아니었다. 경제적 후생의 물질적 토대는 국민생산이었다.

피구에게서는 국민생산이 핵심역할을 하기 때문에 그가 정확한 이론적, 통계적 국민생산의 조사라는 문제를 대단히 상세하게 파고든 것은 놀랄 일이 못 된다(1960, Kap. III~VII). 그는 효용이론적 국민생산의 개념을 고안해냈다. 그는 일정한 소득분배 아래 생산량의 변화가 있더라도 그것이 지불용의 합계의 증가와 결합되는 경우에만 "국민소득"이 증가한다고 말했다. 그 밖에 그는 국민소득의 측정에서 이중계산을 피하는 일, 여타의 오류의 원천, 신뢰도 등에 관하여 상세하게 연구했다. 국민소득 개념을 명확히 하는 데 그는 결정적인 기여를 했다.

피구에 의하면 경제적 후생은 국민생산의 크기, 분배와 안정성의 함수이다. 일정한 분배 아래 국민생산의 극대화를 위해서는 두 가지가 필요하다. 생산요소의 한계수확이 모든 사용용도에 관계없이 균등하여야 하며, 개인의 한계수확이 사회적 한계수확과 일치해야 한다.

첫 번째 기준과 관련하여 재화와 노동시장에서의 시장체제의 결함이 『후생경제학』에서 상세하게 탐구되고 있다. 과점과 복점, 가격차별, 독점규제에서의 올바른 가격결정——장기적으로 하락하거나, 상승하거나, 고정적인 한계비용 아래서——등에 관한 피구의 서술은 1930년대에 비로소 꽃피기 시작한 불완전 경쟁이론이 구축되는 데 도움을 주었다. 노동시장에서의 불완전성은 주로 정보의 제한에 그 원인을 돌렸다. 피구는 노동이동성(Arbeitsmobilität)의 증진을 지지했다(같은 책, 512쪽 이하).

후생과 소득분배의 관계에 관해 과학적 진술을 하려는 그의 시도는 후에 신랄한 방법론적 비판에 직면했다. 이 경우 그는 매우 조심스러운 입장을 대변했다. 즉 부자로부터 빈자로의 소득재분배는 국민생산이 일정하게 유지되는 조건에서만 사회적 후생을 증진시킨다는 것이다. 그에 반해서 생산증가는 분배의 희생 위에서만 가능하고, 보다 더 균등한 분배는 생산의 희생 위에서만 가능한 그러한 상황에 대해서는 과학적 진술을 할 수 없다는 것이다(같은 책, 89쪽). 그러므로 효율이 분배보다 더 우선되어야 한다. 벤담과는 대조적으로 그는 효율과 분배의 관계를 명확히 구분했다. 그는 개인의 효용은 측정할 수 없고, 직접 비교될 수 없으며 합산할 수도 없다는 것을 인정했다.

그러나 그는 마셜과 더불어 동일한 환경(동일한 국가나 문화계)에 있는 개인들 사이에, 유추와 관찰 및 의견교환 등에 의해서 비교가 가능할 것으로 여겼다. 그의 견해에 의하면 인간은 동일하며 따라서 대체로 동일한 욕구를 갖는다. 이론은 단순하게 한 가지 소득-효용함수를 가정해도 좋은데, 물론 분명하게 차이가 나는 소득수준의 경우에만 효용의 차이를 말할 수 있다는 것이다.

빈자를 위한 소득재분배의 경우 빈자의 한계효용이 부자의 그것보다 크기 때문에, 재분배 수령자는 피해자들에게 보상을 할 수 있으며 그러고도 이익이 된다는 것이다. 마찬가지로 어떤 수준의 국민생산도 그것이 다른 수준의 국민생산에 대하여 "대가를 지불"할 수 있을 경우에만 더 크다고 할 수 있는 것이다. 여기에서 후에 "신(新)후생경제학"의 본질적 구성요소가 되는 보상테스트라는 사상이 출현했다.

그가 규정한 효율과 분배관계의 맥락에 부합하여 피구는 최저임금의 설정은 비효율적이라고 거부했다. 최저임금은 가장 열등한 노동력을 해고시키고 따라서 국민생산을 감소시키는 효과밖에 갖지 못한다는 것이다. 그 대신 그는 국가에 의한 이전소득 지불을 옹호했다. 물론 그 이전은 조세에 의해 조달되어야 하지만 그 "반유인"(反誘因, disincentives)은 적절한 과세의 선택으로 최소화되어야 한다고 보았다. 또한 빈자들은 생활수준이 올라가면 자신과 자식들의 교육을 위해 더 많이 힘써서 유휴상태인 국민경제 자원을 활성화시켜야 한다. 피구에게서 장기적으로는 효율과 분배 사이의 갈등은 그 의미가 많이 감소하는 것이었다. 빈자를 위한 시책의 생산적 효과를 피구는 강하게 강조했다(1960, 613쪽 이하와 705쪽 이하; 1956, 63쪽 이하).

피구의 착상이 개인 사이의 효용비교를 암묵적으로 내포하여 로빈스(Lionel Robbins 1932)에 의해 비(非)과학적이라고 폄하되어 버렸고, 후생경제학은 학문으로서 파산된 것처럼 보였지만, 이의 반작용으로서 무엇보다도 구(舊)이론의 복권을 목표로 1930년대 후반 "신(新)후생경제학"이 성립된 사실은 적어도 부분적으로 피구가 옳았음을 입증한 것이었다. 이 신(新)후생경제학은 전의 공식들을 재구성하고 새로 구성했는데, 물론 파레토-기준을 수용하여 소득분배 문제를 자신의 사상체계 밖으로 추방했다. 파레토는 이미 분배의 변화에 관한 효용진술을 배제했다. 동시에 다른 개인의 효용을 감소시키지 않으면서 적어도 어떤 한 개인이 더 나은 상태가 되는 경우에만 분명하게 사회적 후생이 증가한다고 추론할 수 있다는 것이다(파레토-기준).

이러한 입장이 의심의 여지없이 합리적이기는 하나 여전히 불만이 남는다. 왜냐하면 생각할 수 있는 소득분배의 경우만큼이나 많은 파레토-최적이 존재할 수 있기 때문에 이 이론의 진술은 아무런 구속력을 갖지 못하며, 이론가로서 정치가의 분배이념에 맹목적으로 따르는 것도 현명한 결론이 될 수 없기 때문이다. 또 하나 중요한 것은, 사회적 후생함수를 구성하려는 시도와 더불어, 또는 최상의 최적을 결정하면서 다시 분배의 변화에 대한 과학적 진술이 가능하다는 생각이 퍼지고 있다는 점이다. 동일한 소득-효용함수라는 피구의 중심가정이 비과학적 판단인지 아니면 그럴듯한 경험적 가설인지 오늘날까지 판명되지 못하고 있다.

피구의 착상이 결코 낡지 않았다는 것은 다른 이론영역, 특히 재정학에서의 연구수행에서 알 수 있다. 불확실성 아래에서의 조세효과(리스크 효용 패러다임)에 관한 연구에서 그는 대표적 투자자를 상정함으로써 동일한 소득-효용함수를 가정하고 있다. 그러나 무엇보다도 현재 주류가 되고 있는, 물론 논란의 여지가 없지 않은 소득과세에 관한 희생론적 정당화는 바로 그의 착상에 기초를 두고 있는 것이다.

### 최적 조세이론과 예산이론

피구에게 공공예산과 과세는 사회적 후생극대화에 절대적으로 봉사하는 것이다. 그보다 앞선 독일과 이탈리아 문헌의 셰플레(1880), 작스(1887), 마촐라(Ugo Mazzola 1890)와 비슷하게 피구는 최적예산을 위한 두 가지 준칙을 설정했다. 공공서비스의 공급은 마지막으로 투입된 생산요소의 단위가 사적 부문의 생산에서와 동일한 한계효용을 제공할 때까지 확대되어야 한다.

이 준칙에 의해서 최적의 조세부담률과 재정지출 비율이 결정된다. 또한 재정지출의 최적의 구조를 위한 준칙이 추가되는데, 다양한 재정지출 영역에 투입된 생산요소의 한계수확이 균등해야 한다. 현대적 이론에서 이들 조건은 한계대체율과 한계전환율이라는 개념을 이용하여 새롭게 정식화되었다(새뮤얼슨과 머스그레이브). 이 착상은 변형된 형태로서, 신(新)정치경제학에서도 최다득표의 예산이라는 구상으로 수용되었다. 실용적인 목적을 위해서 추상적인 이 예산준칙에서 입법부나 행정부는 비용-효용분석을 기초로 하여 예산을 계획하라는 요구가 도출되었다. 가격이 존재하지 않는 공공재의 효용을 측정하는 방법으로 피구는 지불용의라는 패러다임을 제시했는데, 현대적 이론도 역시 이 패러다임을 선전하고 있다.

『공공재정 연구』의 핵심은 조세이론에 관한 것이다. 조세는 후생감소가 최소화되도록 선택되어야 한다. "정치학 이론에서는 일반적으로 전체 후생의 극대화가 정부의 올바른 목표로 인정되고 있다. ……과세의 영역에서 이 일반적 원리는 최소희생의 원리와 동일하다(1956, 43쪽)."

정태적인 형태로 카버(Thomas Carver)와 에지워스에 그 기원을 두는 이 전체 희생 최소화의 원리는 모든 납세자의 소득의 한계효용이 균등해지도록 소득을 고르게 만든다는 내용을 함축하고 있다. 그러나 이렇게 하면 상위의 소득계층의 성과유인이 상실되어 국민생산이 크게 감소될 수 있기 때문에, 이 패러다임의 옹호자들은 일정한 소득수준에서의 소득압류 대신에 중위와 하위의 소득계층도 부담하는 누진과세를 제안했다.

피구의 독창적인 공헌은, 다양한 조세의 상반되는 두 측면, 즉 소득분배적 효과와 효율효과를 체계적으로 연구하고, 목표상충을 해결하는 문제를 최적화 문제로 추출해낸 점에 있다. 분배의 공준(公準)은 균등한 한계희생을 요구하며, 자원배분의 중립성의 목표는 균등조세의 징수를 요구한다. 이 두 목표는 양립이 불가능하다. 몰수적인 과세는 효율을 해치며, 또한 균등조세로서는 실제로 빈자나 부자나 동일한 금액의 인두세(人頭稅)만이 고려될 것이다. 조세정책은 올바른 중도(中道)를 발견하도록 노력해야 한다.

역진적이거나 정비례적인 소득세와 대비시키면서 피구는 분배의 이유 때문에, 비록 저축과 투자의지에 부정적인 효과를 미치는 한이 있더라도 (온건한) 누진세를 실시할 것을 찬성했다. 그는 노동공급이 실질임금의 변화에 대한 탄력성이 작다는 사실에서 노동공급에 대한 부정적 효과는 그리 심각하지 않다고 보았다. 소득세의 중심적인 원리상의 단점으로서 그는 저축이 소비에 비해 차별대우를 받는 점을 강조했다. 그러한 차별대우 때문에 여러 시기를 놓고 보면 효용감소가 발생하고 그것은 그의 견해에 의하면 희생최소화의 목표도 해치게 된다(1956, 118쪽 이하).

소비지출에 대한 직접적인 누진세—이것은 오늘날에도 반복하여 논의되고 또 제안되고 있다—는 이러한 단점을 피할 수는 있다. 하지만 그것은 실행하기가 곤란하다. 그 밖에 피구는 특별소비세에 의한 효용상실에 관해서 상세하게 연구했다. 그러나 그는 효율손실(초과부담)의 최소화를 위해서 필요한 조치—수요 및 공급탄력성이 작은 재화에 과세를 많이 하고 그 탄력성이 큰 재화에 대해서는 상대적으로 과세를 적게 하는—는 역진적인 소득분배의 효과가 있으므로 받아들일 수 없다고 보았다.

피구의 조세이론 연구는 무엇보다도 다음과 같은 점에서 이정표 역할을 했다. 즉 그 연구는 과세문제를 언제나 소득분배 목표와 자원배분 목표의 대립적 장(場)에서 고찰했으며, 요소배분에 대한 효과—노동공급, 저축 및 투자유인, 소비구조에 대한 효과—에 중대한 의미를 부여했다.

그는 효용지향적 조세이론의 기초를 세우는 일에 아무도 필적할 수 없는 기여를 했다. 한계효용 체감의 경우, 다양한 희생론적 구상에서 누진적 세율을 도출할 수 있는 조건들을 해명한 것은 그 기여의 일부에 불과할 뿐이다. 그의 연구는 조세이론에서 오늘날에도 귀중한 자극을 제공하고 있다.

피구는 자원배분 중립적이고, 투자 및 성장친화적인 과세의 핵심적 기본사상을 일찍이 제시했는데, 이로써 그의 『공공재정 연구』는 그가 뛰어난 근대적 공급경제학 이론가임을 입증해준다. 그렇지만 그는 경기조절적 재정정책도 정당화했다. 그의 저서의 제3판(1947)에서는 이 주제에 관한 장 하나가 새로 추가되었다. 또 하나 중요하게 언급할 것이 있다. 거시경제 분석을 위해 기초가 되고 있는, 실질적 재정지출(재화와 용역에 대한 지불)과 이전지출의 구분은 바로 피구가 시작한 것이다.

### 외부효과의 내부화

정통이론에서 가장 중요한 이탈을 나타낸 것은 사적 비용과 수익, 사회적 비용과 수익을 구분하는 것이었다. 시지윅 그리고 마셜과 마찬가지로 피구는 사회적 수익과 사적 수익의 괴리가 최적의 시장성과가 나타나지 않는 중요한 원인이라고 보았다. 이 문제가 후생경제학에 적실성(適實性)이 있다는 것을 최초로 완전하게 인식하고 또한 체계적으로 연구한 것이 그의 업적이다. 그의 선배들이 제시한 단편적 관점으로부터 피구는 하나의 완결된 이론을 개발했다. 사회적 후생을 증진시키는 재정학적 시책을 통해서 외부효과를 내부화하려는 정밀한 정책구상을 최초로 서술한 사람은 피구였다. 그에게 외부효과는 광고──광고는 부분적으로만 보상이 이루어지기 때문에 국민경제적으로는 비생산적이라고 보았는데──와 더불어 사적 한계생산과 사회적 한계생산의 괴리의 가장 중요한 이유였다.

그의 외부효과의 정의는 고전적이다. "사정의 본질은 다음과 같다. A라는 사람이 B라는 사람에게 대가를 받고 서비스를 제공하는 과정에서 제3자에게 이익이나 불이익(services or disservices)을 초래하고도, 이익을 얻은 자에게 대가를 요구하지 않고 또한 불이익을 당한 자가 손해배상을 관철시키지 못한다(1960, 183쪽)."

그러므로 어떤 재화의 공급자는 자신의 성과를 완전하게 보상받지 못하거나 또는 비용 전체를 부담하지 않는 것이다. 공급이 너무 작거나 또는 너무 큰 것이다. 이익을 받는 제3자를 시장기구를 통해서 배제할 수가 없으며 마찬가지로 피해자는 "불이익"의 원인제공자에게 대가를 요구할 수가 없다. 배제가 실패하는 것은 기술적 어려움 때문이다(같은 책, 183쪽 이하).

국가는 원칙적으로 외부이익에 대해서는 보조금으로 보상하고 외부 한계 비용에 대해서는 부담금을 부과하도록 신경을 써야 한다. 그래야만 행위주체들이 사회적, 사적 한계수익이 균등화되는 지점까지 공급을 늘이거나 제한하도록 자극을 줄 수 있는 것이다. 이러한 교정은 질서법률의 규정을 통해서, 또는 "가장 명백한 형태"인 "부담금과 장려금"을 통해서 이루어질 수 있다(같은 책, 192쪽).

피구는 개인에게 지불하는 보조금뿐만 아니라 특정한 공공재에 대한 전적인 재정지원도 "장려금"으로 이해했다. 그는 부담금과 보조금을 통해 외부효과를 최적으로 내부화시키는 전략을 다음과 같이 서술했다.

"완전경쟁이라는 조건에서 사회적 순 한계생산물이 사적 순 한계생산물보다 큰 모든 산업에 대한 특정한 보조금 비율이 있어야 한다. 국가에 의해서 그러한 비율이 보장되면, 재화의 공급량은 그 산업에서의 사회적 순 한계생산물 가치와 일반적 자원의 순 한계생산물 가치가 더욱 균등하게 조정되도록 변화할 것이다. 이러한 변화를 통해서, 보조금을 위한 자금이 간접적인 생산위축을 일으키지 않는 단순 소득이전에 의해서 공급된다는 전제 아래 국민소득과 전체 경제적 후생은 증가될 것이다. 그리고 이러한 최적의 효과를 보장하는 보조금 비율은 오로지 하나뿐이다. 마찬가지로 사회적 순 한계생산물이 사적 순 한계생산물보다 작은 모든 산업에 대해서도, 국민소득과 사회후생을 더 크게 증대시킬 수 있는 특정 조세율이 존재한다. 그리고 최적의 효과를 보장하는 조세율은 오로지 하나뿐이다(같은 책, 224쪽)."

피구는 자신이 열거한 사례들에서 아직 공공재, 가치재, 비(非)가치 재* 등을 구분하지 않았으며, 화폐적 외부효과와 기술적 외부효과도 구 분하지 않았다. 그러나 이것은 놀랄 일이 못 된다. 당시 외부효과의 이 론은 아직 전적으로 출발점에 머물러 있던 상태였기 때문이다. 화폐적 외부효과—여기서는 단지 국민경제적인 재분배 과정이 문제이다— 와 기술적 자원배분 정책과 관련되는 외부효과의 구분은 바이너(Jakob Viner 1932)로부터 시작된다. 피구에게 외부수익의 가장 중요한 사례 들은 다음과 같다. 연구결과를 특허내거나 감출 수 없는 기초과학 연 구, 도시계획(공공재), 도로건설과 공공교통 시설을 통한 토지가치의 증대(이상 화폐적 외부효과), 공기와 기후를 개선시켜주는 도시의 조림 사업과 사설공원(이상 기술적 외부효과).

외부비용의 사례는 기차가 내뿜는 불똥에 의해 야생공원의 토끼들이 입는 피해, 공장건설에 의해 주택지구의 안락함이 훼손되는 것(기술적 외부비용)에서 화물차에 의한 도로의 마모(공공재로서의 도로)를 거쳐 마약의 판매(비가치재)와 임신을 전후한 부인의 노동에 이르기까지 다 양하게 퍼져 있다(1912/60, 183쪽 이하). 피구는 가능한 내부화의 방 책으로서 실무로부터의 사례를 열거하고 있다. 그는 주류(酒類)에 대한 과세, 자동차에 대한 과세, 건축규정과 도시계획, 경찰제도, 무료 고용 중개, 공업의 진흥을 위한 기술혁신 중개소 등을 언급하고 있다.

피구는 더 자세한 이론적 연구를 수행하지 않고 사례의 열거에 머무 르고 말았다. 유일한 예외는 그가 마셜의 장기적 "외부경제"와 "외부불 경제"를 상세하게 취급한 것이다. 그런데 그것들은 화폐적 외부효과이 기에 결코 국가에 의한 교정수단을 필요로 하지 않았다. 그러나 피구는 이 점을 인정하려고 하지 않았다(Johnson 1960, 153쪽).

부담금과 보조금을 통해서 외부효과를 내부화하려는 피구의 구상은 환경문제 때문에 현재적 의미가 커졌다. 그의 이름은 환경경제학에 대한 거의 모든 발표문 속에 들어 있다. 오염자 부담원칙, 특히 유해물질세(피구세)의 징수는 피구에 그 기원을 돌릴 수 있다. 물론 이 경우 사람들은 환경문제에 대한 그의 구체적인 서술보다는 개념적인 패러다임에 더 의존하는 것이다. 피구는 공장연기에 의한 대기오염이라는 고전적인 사례를 언급하기는 했다. 그렇지만 그가 공장굴뚝으로부터 연기를 예방하는 것에 대해 언급하면서 이것을 외부적 저축으로 분류하고 있기 때문에 이는 그 현상을 반대시각에서 고찰하는 것이었다. 그의 내부화 준칙을 따른다면 오염방지 수단을 취하도록 오염자를 보조금으로 장려해야 할 것이다.

피구의 말을 그대로 믿는다면, 그는 공동부담 원칙의 아버지이다. 코즈(Ronald Coase 1960/78) 말고는 이러한 모순을 지적한 경제학 문헌이 없다. 코즈가 강조하듯이(같은 책, 192쪽) 아마도 피구를 따르는 학설은 주로 구전(口傳)에 의해서 형성된 듯하다. 피구는 외부효과를 계산하여 오염자에게 전가시키려고 했지만, 그 오염자가 유해물질 배출자를 말하는지, 배출방지 시설설치자를 말하는지 더 이상 따지지 않았다.

피구가 외부 환경비용을 배출자에게 내부화시키는 쉬운 가능성을 왜 설명하지 않았는지는 이해하기 어려운 일이다. 그가 외부비용을 야기하는 행위로 열거한, 주택지대에 공장을 입지시키는 것과 같은 비슷한 사정의 사례는 그 가능성을 이해시켜 주었을 것이다. 피구가 든 사례에서 이미 환경정책적 교정에는 언제나 두 가지 원리적 가능성이 존재하는 것이 명백해진다는 사실은 피구 이후의 학문적 논의를 위해서 흥미 있는 일이다. 피해자가 환경오염자에게 예방비용을 대신 지불하거나 또는 오염자가 피해자 내지는 공동체에 환경사용의 가격을 지불할 수 있다.

피구를 목표로 하는 논쟁에서 코즈는 후에 외부성의 이러한 상호적 성격을 강조했다. 코즈는 피구의 해결관점의 일차원적 성격을 강력하게 비판했다. "피구가 개발한 학설처럼 오류가 많은 학설이 그렇게 큰 영향력을 발휘했다는 것은 기이한 일이다(1960/78, 192쪽)." 그는 대안적인 사회적 협정의 전체적 효과를 파악하고 최적의 결과를 결정해주는 체제론적 패러다임을 개발하려고 시도했다.

코즈에 의하면 법률적인 기본틀이 어떻든 상관없이, 양 당사자에게 거래비용이 존재하지 않는다면, 언제나 보상지불을 통해서 외부효과를 최적으로 감소시키려는 유인이 존재한다는 것이다. 오염자가 오염배출을 줄이는 대가로 피해자가 그에게 가격을 지불하거나, 또는 피해자가 환경오염을 허용해준 대가로 오염자가 그에게 배상을 할 수 있다. 코즈-정리에 의하면 두 경우에 모두 협상의 결과 동일한 자원배분이 이루어진다. 소득분배에 미치는 효과만 차이가 있다. 그러므로 최적의 사회협정의 결정에서 분배의 측면이 결정적 역할을 갖게 된다. 환경문제의 해결은 피구의 개입주의가 허락하는 것보다 훨씬 더 많이 자유로운 경쟁에 방임해도 된다는 것이다.

피구 패러다임을 이처럼 일반화시킨 것은 이론적 관점에서는 대단히 흥미로운 일이지만 그렇다고 실용적 정책에 관해서 새로운 통찰이 얻어진 것은 거의 없었다. 환경정책의 핵심적 책임은 국가에 귀속되어야 한다. 오염자 부담원리는 기본적인 시장경제적 기본조건으로서 다른 것으로 대체가 불가능하다. 외부성에 대한 사적 협상의 실제사례는 드물다. 때때로 개별 문제의 해결을 위해 제안되는 "수익자 부담의 원리"는 코즈와 연관시킬 수 있다. 이 원리에 의하면 오염자는 예방조치에 대한 대가로 공공적 조세부담을 통해서 수익자가 부담하는 자금으로 보조금을 받게 된다.

피구에 의존하면서 오늘날 대부분의 환경경제학자는 부담금과 더불어 조세를 환경보호에 활용할 것을 호소하고 있다. 물론 이 경우 "피구세"—엄밀한 의미에서 파레토-최적을 확보해주는 조세—는 고려의 대상이 아니다. 피구 자신도 이미 그 조세징수의 어려움, "차선"적 해결의 필요성 등을 지적한 바 있다. 마찬가지로 그는 조세는 잘못 부과하면 이익이 되기보다는 손해를 초래할 수 있다는 것을 강조했다(1928/

56, 99쪽 이하).

만일 피구를 단지 최적조세와 연관시키기만 한다면 그를 너무 협소하게 해석하는 것이다. 그에게 외부효과의 내부화가 단순히 자원배분의 문제에 그친 것이 아니었고, 소득분배의 효과도 강조했다는 점을 주목해야 한다. "부자와 빈자는 다양한 재화를 각기 다른 비율로 구매하므로, 분배를 변화시키지 않고 현실 속에서 작동하는 조세-보조금-도식은 하나도 없다. 어떤 특정한 도식에 대한 최종적 평가를 내리기 전에 반드시 이러한 고려가 참작되어야 한다(1956, 100쪽)."

미래에 대한 인간의 태도에서 시장경제의 원리적 문제 하나가 발생한다고 피구는 말했다. 인간은 근시안적으로 행동하며 미래의 욕구를 과소평가한다. 이러한 과소평가는 합리성과는 관계가 없으며, 오히려 "인간의 멀리 보는 능력이 불완전하다는 사실과, 따라서 인간은 미래의 안락함을…… 축소된 척도로 바라본다는 사실을 함축하는 것이다. 이것이 올바른 설명이라는 사실은 우리가 과거를 회상할 때, 즐겁지 않은 사건을 잊어버리려는 인간의 성향을 제외하더라도, 앞의 경우와 똑같은 축소화가 나타난다는 사실에 의해서 입증된다(1960, 25쪽)."

시장체계는 하나의 근본적인 결함을 나타낸다는 것이다. 즉 미래의 수익은 저축자나 투자자에 의해서 과도하게 평가절하되고 있다는 것이다. 저축과 투자는 지나치게 과소하게 이루어지고, 환경보호를 위한 일도 과소하게 이루어진다. 지하자원은 미래 세대에 대한 배려가 없이 지나치게 빨리 채굴되고 있다.

환경분야에서 국가가 담당해야 할 과제를 피구는 다음과 같이 서술하고 있다. "태어나지 않은 세대와 현재의 시민의 대리인인 정부의 분명한 의무는 고갈될 수 있는 일국의 자연자원을 감시하고, 마구잡이식이고 무자비한 채굴에서, 필요한 경우에는 법률을 통해서 그것을 보호하는 일이다(같은 책, 29쪽 이하)." 이 문제도 역시 자원의 희소화와 환경문제의 장기성(長期性)으로 인하여 현재 대단히 시의적절한 의미를 갖게 되었다. 현대의 환경이론과 자원이론도, 시장은 자연자원의 지나치게 급속한 채굴을 촉진하므로 국가가 그에 대항하는 대책을 수행해야 한다는 견해에 동의하고 있다.

## 경기순환적 실업과 장기적 완전고용 균형

고용이론에 관한 피구의 방대한 논문들의 출발점도 고전파 경제학과의 논쟁이었다. 그는 노동시장의 작동에서 임금신축성의 중심적 의미에 주의를 환기시켰다. 노동력의 이동 불가능성, 임금정책에서의 독점적 요소 등은 단기적으로 임금의 신축성을 감소시켜서, 경기변동은 단기적 실업을 초래한다. 피구는 단기적인 고용불균형의 가능성을 포함시키지 않고 있는 고전파의 관점을 넘어섰다. 이미 그는 자신의 기본견해를 일찍이 『부와 후생』과 소책자인 『실업』(Unemployment, 1913)에서 기술했다. 『후생경제학』에서 그는 경제적 후생은 국민소득의 안정성의 함수이기도 하다는 점과 임금은 신축적으로 반응해야 한다는 점을 강조했다. 경직적인 임금 아래 고용과 국민생산은 호황이나 불황이나 관계없이 신축적인 임금 아래서보다 언제나 낮은 수준에 머무른다.

경기순환 분야를 피구는 그의 『경기변동』(Industrial Fluctuations, 1927)에서 심화시켰다. 그는 이 저서에서 1857~1908년 동안을 연구하여 약간의 단기적 변동은 있지만 장기적으로는 높은 수준의 고용을 확보할 수 있도록 임금이 충분히 신축적이었다는 사실을 증명하려고 시도했다. 특히 경기순환적 실업과 관련하여 그는 임금신축성의 증진을 지지했다. 그러나 동시에 그는 팽창적인 정책수단(정부조달과 개인투자자에 대한 지원금)도 지지했다. 의심할 여지없이 고용수준에 대한 총수요의 영향은 피구의 중심주제가 아니었다.

그런데도 그는 이 주제에 대하여, 특히 『실업이론』 가운데 이 문제만 다루고 있는 작은 장에서 대단히 분명한 견해를 밝히고 있다. 그는 마셜을 따라 단기(短期)와 장기(長期)를 구분했다. 마셜은 다음과 같은 구분을 했다. "단기에서는 생산수단의 총량이 사실상 고정되어 있다. 그러나 단기적 고용량은 수요에 따라서 변한다. ……장기에서는 생산수단에 투입되는 양이 그 생산물에 대한 수요에 맞추어 조절된다(1905, 375쪽 이하)."

피구에 의하면 단기적으로도 실질임금이 총수요와 관계없이 독립적일 수 있다. 총수요의 감소는 노동력의 해고로 이어질 것이다. 경제정책은 총수요의 증대를 통하여 불황기에 고용수준을 끌어올릴 수 있다. 단지 경기후퇴의 경우만 생각하면 되는 것이 아니다. 여기서는 단기적인 현상이라는 사실이 중요하다. 세계경제 대공황에 대한 피구의 판단이 근본적으로 변한 것은 아니다.

그렇지만 그는 이제 팽창적 수요정책이 대공황에 대한 적절한 수단이었을 수도 있다는 점을 강조하고 있다. "제1차 세계대전 후의 호황기를 거친 다음의 20~30년간 우리나라를 휩쓸었던 대량실업은 협의의 순환적 불황과 연관된 것은 아니었다. 그런데도 그저 어려운 몇 년 간만의 치료를 필요로 하는 단기적인 병이 있다는 것을 믿을 만한 이유는 있었다(1933, 250쪽)."

이에 반해서 장기적으로 실질임금은 총수요의 변화에 관계없이 독립적이고, 국가에 의한 총수요의 지속적 증대는 효과가 없다는 것이다. 왜냐하면 그러면 실질임금이 상승하고 노동력에 대한 수요는 감소할 것이고, 따라서 고용수준은 다시 정상적인 수준으로 내려갈 것이고 국민경제가 안정적이라면 실업은 부문 간 및 지역 간 수요의 변동과 연결된 마찰적 원인이나 이동성의 제한이 있는 경우에만 나타나기 때문이라는 것이다.

따라서 임금에 의한 "구축효과"가 나타나는 것이다. "이상의 사실로부터 의도적으로나 우발적으로 노동에 대한 수요를 지속적으로 증가시키거나 감소시키는 장기적 정책수단은 실업의 원인도 아니며 또한 실업에 대한 치료수단도 아니라는 결과가 도출된다(같은 책, 249쪽)." 또한 "만일 국가가 고용을 위해서 지속적으로 매년 1억 파운드를 더 지출하기로 결정한다면, 그 정책을 시행한 후 얼마 동안은 고용이 그에 상응하여 증가될 것이다. 그러나 임금수준이 새로운 수요상황에 적응될 것이며, 그렇게 되자마자 고용에 관한 유리한 이점은 다 사라지는 상황이 예상될 수 있다(같은 책, 249쪽 이하)." 이것은 다름이 아니라 후에 프리드먼이 크게 동조하면서 대변했던 자연적 저고용 균형이라는 테제이다.

피구는 시장기구가 장기적으로 완전고용의 균형으로 향하려는 경향을 갖고 있음을 보이려고 했다. 『고용과 균형』(1941/52)에서 그는 제1차 세계대전 이후 노동시장의 분절, 노동조합의 임금전략, 새로운 법정 실업보험 등으로 인하여 임금경직성과 평균적 실업은 증가했음을 지적하고 있다. 따라서 그는 노동시장에서의 많은 불완전성을 알고 있었다. 그런데도 그는 시장기구는 장기적으로 잘 작동한다는 견해를 대변했다. 이러한 입장은 고용문제에 관한 그의 마지막 저서의 제목인 『완전고용으로부터의 일탈』(Lapses from Full Employment, 1945)이 명백하게 보여주고 있다(Solow 1980, 6쪽).

그렇다면 경기순환적 실업에 관한 판단에서 피구와 케인스는 그렇게 서로 떨어져 있는 것이 아니다. 그렇지만 피구는 완벽하게 완성된 이론을 갖지 못했다. 또한 그는 단기적 실업의 규모에 대해서도 케인스보다 더 작게 평가했다.

그 밖에 그에게서는 불균형 상태가 문제였는데, 케인스는 저고용 수준에서의 균형이 가능하며 고실업이 장기간 지속될 수 있다는 이론을 설계했다. 케인스는 고전학파로부터 노동수요는 실질임금을 기준으로 삼는다는 가정을 받아들였다. 그러나 그는 노동공급은 화폐임금에 좌우되며 화폐임금은 하방(下方)경직적이라고 가정했다.

화폐임금은 장기적으로 고실업이 지속되어도 하락하지 않을 것이라고 그가 생각한 것은 명백하다. 그러나 자신의 이론의 적합성이 단순히 경험적인 사실관계에 의존하지 않도록 하기 위해서, 그는 비록 임금이 신축적인 경우라 할지라도 임금의 하락이 고용수준을 상승시키지 않는다(이른바 케인스-효과)는 진술을 개발했다. 즉 임금의 하락은 화폐수요의 거래잔고를 감소시키지만, 화폐수요는 비교적 이자율에 대해 탄력적이고 투자재에 대한 수요는 이자율에 대해서 비교적 비탄력적이므로, 임금의 하락은 총수요의 증대를 초래하지는 않는다는 것이다. 임금하락 정책은 팽창적 통화정책과 마찬가지로 아무런 힘을 발휘하지 못한다(Keynes 1936/55, 225쪽). 임금하락은 물가하락과 비례적으로 일어나고 실질임금과 생산은 일정하게 유지된다는 것이다.

임금신축성의 효과에 대한 이러한 비판은 원래 피구의 사상체계에 대한 비판을 나타냈다. 그리하여 피구의 후의 저술들은 이 점에 관해서 케인스를 반박하는 것을 목표로 했다. 케인스의 결론에 대해서는 많은 이의가 제기될 수 있다. 하지만 임금변동의 효과에 관한 그의 새로운 거시경제적 분석은 획기적인 것이었다. 피구는 그 새로운 패러다임을 수용했다.

칼도어와의 한 논쟁에서 그는, 임금인하의 효과는 본질적으로 화폐적 조건에 좌우된다는 사실을 인정했다(Pigou, *Real and Money Wage Rates*, 1937b와 *Money Wages*, 1938; Kaldor 1937). 그러나 그는 케인스의 탄력성 비관론에 동조하지는 않았으며, 화폐임금의 감소는 반드시 이자율 하락을 통해서 고용을 증가시킨다는 견해를 대변했다. 피구는 화폐수요와 투자가 모두 이자에 대해 탄력적이라고 생각하여 통화론의 선구자가 되었다.

케인스의 유동성 선호함수는 피구에게 새로운 것이 아니었다. 그것은 피구에게는 자신도 동참하여 구축한 마셜 전통의 화폐수요 함수와 동일한 것이었다. 물론 그는 종전과 같이 화폐의 유통속도를 사용하기를 더 좋아했다. 마셜은 경제주체는 단기적으로 자신의 소득의 일정 부분을 잔고로 유지하기를 원한다는 이론을 대변했다(화폐수량설의 이른바 잔고 패러다임).

피구는 이러한 사실관계를 최초로 하나의 공식으로 정리했는데(1917~18/52), 그것은 케임브리지 방정식으로 널리 알려졌다. p=kY/M(p=물가수준, Y=명목 사회생산물, k=국민소득 가운데 잔고로 유지하기를 원하는 비율, M=통화량). 이 공식은 k가 상수라면, 오로지 국민소득에만 종속되는 잔고유지 아래서의 화폐적 균형을 묘사하는 것이다.

그러나 신(新)화폐수량설 이론가인 마셜, 피구, 피셔 같은 이들은 잔고계수인 k 또는 화폐유통 속도는 또한 이자율에도 종속된다고 보았다. 케인스에게 새로운 것은 거래목적과 부의 증식을 위한 투자목적이라는 두 가지 목적을 갖는 잔고유지라는 분명히 장점이 많은 구분이었다.

화폐적 조건을 다르게 판단하고 있기 때문에 피구가 재정정책의 효과에 대해 케인스보다 더 소극적으로 평가하는 것은 놀랄 일이 아니다. 경기후퇴에 대처하기 위해 재정지출을 늘리는 일은 피구가 이미 젊은 시절에 지지한 바가 있다. 그래서 그는 자신의『공공재정 연구』에서 케인스의 경기조절 정책구상의 독창성에 대해서 어느 정도 평가절하를 했다(1928/56, 231쪽 이하). 객관적 맥락에서 그는 일정한 통화량 하에서 재정지출을 증가시키면 반드시 이자율이 상승하고 따라서 민간투자를 일정하게 구축(驅逐)하게 된다고 이의를 제기했다. 그렇기 때문에 그 정책의 효력은 약화된다는 것이며, 효과적인 재정지출 정책은 반드시 화폐량의 증가와 동시에 이루어져야 한다는 것이다. 그에게 화폐량은 중요한 수동적 역할을 하고 있지만, 한 번도 "주동적 인자(因子)"였던 적은 없다.

『고용과 균형』에서 피구는 2부문 거시모형을 개발했는데, 이 모형은 네 개의 미지수를 갖는 세 개의 방정식으로 요약될 수 있다. 그는 "부족한 방정식(모형의 비[非]결정성)"의 문제를 지적하고 있다. 이 모형은 고용수준이나 임금수준 가운데 하나를 여건으로 도입하면 완결될 수 있다. 케인스처럼 피구도 단기적 분석을 위해서 고정적 임금수준을 가정한다. 그러나 케인스와는 달리 물가수준은 일정한 것으로 가정되고 있지 않다.

피구의 모형이 보다 더 일반적이다. 그의 모형은 소비재와 투자재 산업의 물가, 일반적 물가수준, 국민생산과 고용수준을 해명하고 있다.

그 밖에 이 모형은 다양한 통화정책 전략을 취급하고 있다(소비재 물가의 안정, 이자율의 안정유지, 금리상승 시 화폐량을 증대시키는 "정상적" 은행정책). 여러 개의 변형된 모형을 가지고(완전경쟁, 독점과 다양한 통화정책 전략) 피구는 비교정학적 방법으로 일련의 소득승수와 고용승수를 조사하고 있는데, 이 경우 케인스가 가정한 상황은 하나의 특수사례를 나타낸다. 새뮤얼슨은 한 서평(Samuelson 1941, 178쪽)에서 피구의 이 저서를 지난 몇 년 사이에 가장 중요한 저서의 하나라고 표현했다. 승수분석은 이미 마땅히 시작되었어야 한다는 것이다. 콜래드(Collard)는 이러한 맥락에서 다음과 같이 서술했다. "어떤 의미로는 피구가 최초의 포스트케인스주의자였다(1981, 131쪽)."

『고용과 균형』에서의 두 번째의 혁신은 장기적으로 자유경쟁은 완전고용 아래의 균형에 도달한다는 기본테제의 근거를 마련하는 데 기여했다. 그것은 케인스-효과의 장기적 버전(version)에 대항하는 것이었다. 단기적 고찰이 정상상태의 경제를 위한 장기 균형분석으로 확장되었다. 저축과 투자도 실물 자본스톡의 (감소)함수라는 가설은 새로운 것이었다.

이제 "부족한 방정식"의 문제를 피구는 완전고용을 주어진 것으로 가정함으로써 해결하고 있다. 그러나 이 모형은 그 단계에서는 아직 합리적으로 결정된 것은 아니다. 왜냐하면 그 모형은 마이너스 이자와 마이너스 자본스톡을 갖는 해답을 배제하지 않기 때문이다. 피구는 저축(소비)의 추가적 결정인자로서 이자율, 국민소득, 자본스톡에 추가하여 실질잔고 수준을 도입함으로써 이 문제를 제거한다. 이로써 그의 이름에 따라서 명명된 "피구-효과"가 그 역할을 한다.

그것의 모형이론적 관계는 다음과 같다. 양(陽)의 이자율 상황에서 저축이 투자보다 클 수가 있다. 그러면 디플레적인 불균형이 존재하고 공급이 수요를 초과한다. 물가가 신축적이라면 화폐잔고 수준의 실질가치는 상승한다. 이를 통해서 소비수요가 자극되고 경기수축의 힘이 저지된다.

저축은 음(陰)의 이자율이 아닌 경우라면 정상상태에서 0이 되는 투자에 적응될 수 있다. 피구는 주어진 완전고용으로부터 출발하기 때문에, "피구-효과"는 장기적으로 재화시장에서 균형이 이루어지는 기능을 보여주려는 것이다. 이 단계에서 고용수준과의 연관을 노출할 수는 없다. 피구는 임금기구가 장기적으로 완전고용을 보장한다고 생각하기 때문에 그러한 가정을 하는 것이다.

더 인기가 있는 것은 단기적 피구-효과이다. 임금과 가격이 하락하여 실질임금이 일정하게 유지되는 경우조차 개인자산의 실질가치는 상승하고 소비수요는 증가한다. 이론적으로 디플레이션은 완전고용이 자리를 잡을 때까지 계속될 수 있다. 물론 피구는 자신에 대한 비판자들과 마찬가지로 그 효과의 중요성에 대해서 회의적이었다. 그러나 최초로 자산효과를 거시경제 분석에 장착시킨 것은 그의 공헌이다. 국민소득에 대한 부의 변동의 효과는 오늘날 거시경제 모형에서 확고한 구성요소이다.

그리하여 파틴킨(Don Patinkin 1948)은 이 관점을 확장하여 모든 금융자산(국가와 외국에 대한 민간부문의 순채권)을 자산변수로서 분석에 도입했다. 새로이 화폐수요에 대한 자산효과가 추가되었다. 메츨러(Lloyd Metzler 1951)는 최초로 이자율에 의한 자산변동을 통화이론적으로 연구했다. 프리드먼, 토빈/브레이너드(James Tobin/William Brainard 1963), 브루너(Karl Brunner 1970) 등은 통화량에 의한 자산효과를 강조했다. 마지막으로 공공부채의 자산효과도 상세하게 고려되었다. 이러한 맥락에서 재정정책의 효과를 분석하는 블라인더(Alan Blinder)와 솔로(Robert Solow)의 주목받는 모형(1973)이 피구의 장기(長期)모형과 밀접한 유사점을 보여주고 있다는 것은 흥미로운 일이다.

## 영향

피구는 20세기 전반기 경제학계의 가장 위대한 인물 가운데 한 사람이다. 그는 고전학파 그리고 케인스의『일반이론』을 비판하고 발전시킴으로써 현대적 이론의 형성에 결정적으로 동참했다. 그는 대단히 광범위한 분야에서 결정적인 개척의 첫발을 내디뎠다. 그의 생각들은 오늘날 여러모로 일반적인 상식을 나타낸다. 시장경제에서 장기적으로 완전고용의 균형이 이루어진다는 그의 생각도 대부분의 경제학자에게는 이론의 여지가 없다. 그것은 정체가설에 대한 거부에 불과하다.

어떠한 형태의 소득재분배가 시장경제적 자원배분과 양립할 수 있는가 하는 그의 문제제기는, 시장에서의 자유로운 자기계발이 사회적 조화와 연결되어야 한다(뮐러 아르마크[Müller-Armack])는 사회적 시장경제의 구상을 가리키고 있다. 피구는 후생경제학, 조세이론, 고용이론과 거시경제적 모델분석의 발전의 기초를 마련하는 공헌을 했다. 환경경제학에서 그의 외부효과 개념은 위력적인 분석도구라는 것이 입증되었다. 부담금 징수가 환경보호에서 중요한 기능을 수행할 수 있다는 사실은 오늘날 일반적으로 인정받고 있다.

| 디터 칸지어 · 황신준 옮김 |

# 13 | 슘페터
Joseph Alois Schumpeter, 1883~1950

## 인생의 주요 계기와 초기의 지적 영향

1883년은 20세기 사회과학의 영역들과 실무적 경제정책에 매우 다른 방식이긴 했지만 결정적인 영감을 부여했고 또한 그것을 형성했던 두 사람, 슘페터와 케인스가 탄생한 해이다. 그들의 인생행로는 일정한 평행선을 보여주고 있다. 두 사람 모두 학문적인 기능과 공직을 수행했고, 나아가 자신들의 과학적 인식의 핵심을 광범위한 계층의 독자에게 전달하기 위해 저술활동의 의무를 수행했다.[1]

### 교육

슘페터는 1883년 2월 8일 트리슈(Triesch, 오스트리아-헝가리 왕국의 왕실직할지였던 체코의 모라비아 지방 소재)에서 직물 생산업자인 알로이스 슘페터(Alois Schumpeter)와 그의 부인 요한나(Johanna)의 외아들로 태어났다. 조지프 알로이스 슘페터의 어머니는 1887년 그녀의 남편이 사망하자 빈으로 이주하여 1893년 9월 칼크스부르크(Kalksburg)에서 독일-헝가리 가문에 속하는 야전 군사령관 켈러

(Sigimund von Kéler)와 결혼했다.

이 사람은 1906년 "요시스"(Joschis: 슘페터의 애칭—옮긴이)의 어머니와 이혼하기 전까지는 의붓아들의 교육에 결정적인 영향력을 행사했다. 오래된 오스트리아 귀족의 전통에 따라서 슘페터는 1893년, 18세기에 설립된 테레지아눔의 생도가 되었다. 이 기관은 일반적으로 국가기관에서 경력을 시작하기 위한 예비단계에 해당했다. 고집도 대단히 셌지만 재능이 있는 이 생도는 1901년 졸업시험에서 우등상을 받았다(Haberler 1951, 25쪽).

같은 해 슘페터는 빈 대학교의 법학부에 등록을 했으며, 이곳에서 1906년 두 법학 분야의 박사학위를 취득했다. 오스트리아에서 경제학 과정은 1974년의 대학 개혁 이전까지는 오로지 법학부에서만 이수할 수가 있었는데, 이 경우 법학 전공에서의 꼼꼼한 교육에 각별한 신경을 쓰고 있었다.[2]

슘페터는 처음부터 국민경제학을 학습과정의 주 전공으로 삼았다. 그리하여 매우 일찍이 오스트리아 학파 경제학의 유명한 대표자들과 접촉하게 되었는데, 이들은 비저, 필리포비치, 뵘바베르크 등이었다. 물론 뵘바베르크는 4년간 재무장관으로 일했던 정부에서 물러난 후 1904년에야 비로소 빈 대학교의 정교수가 되었다. 1905/06년에 뵘바베르크는 한 세미나를 지도했는데, 여기에는 슘페터 외에도 일련의 촉망받는 젊은 경제학자들이 참여했다. 그 가운데는 미제스, 소마리(Felix Somary), 바우어, 힐퍼딩(Rudolf Hilferding), 레더러 등이 있었다. 마르크스주의와 사회주의 운동의 문제에 관해 일생동안 지속되었던 슘페터의 관심은 바우어, 힐퍼딩, 레더러와 같이 이 문제에 관한 심오한 전문가들과의 젊은 시절의 만남에서 그 뿌리를 찾을 수 있을 것이다(Haberler 1951, 26쪽).

### 역사적 배경과 동시대의 학문적 논쟁

긴장으로 가득 찬 당시의 문화적 · 사회적 · 경제적 특징은 슘페터의 저작에 그 족적을 남겼다. 이른바 "창업의 시대"는 1873년의 증권시장 붕괴로 그 불명예스러운 종언을 고했다. 열화와 같던 경제호황의 시대는 특히 오스트리아에서는 장기간 지속되는 무기력한 불황의 시대로 대체되었는데, 이 시대는 1880년대 초까지 계속되었다. 도시주민들에게는 대량실업과 생존의 고통의 운명을 부여했던 그 시기에, 자본주의적 경제체제와 그의 정신적 정치적 반영인 자유주의는 심각한 불신을 받게 되었다.

새로운 사회세력의 형성이 시작되도록 만들었던 이 장기불황은 1880년대 초, 분명하게 감지되는 경제호황에 자리를 물려주었다. 1884년의 짧지만 심각했던 경기후퇴 이후 호경기 시절이 시작되었다. 수차례의 짧은 후퇴에 의해 중단되면서, 이 호황은 제1차 세계대전 직전까지 지속되었다. 1885~1914년의 30년 동안 오스트리아 경제는 그 역사에서 가장 길고 가장 역동적인 번영기를 경험했다. 이 경제적 호시절의 규모, 속도, 리듬에 관해서는 많은 연구가 이루어졌고, 많은 글이 씌어졌으며, 또한 많은 논쟁이 이루어졌다.[3]

왕국의 마지막 수십 년 간의 산업화 과정을 특징지었던 산업과 은행의 결합을 설명하기 위해 힐퍼딩은 유명한 "금융자본(1910)" 개념을 만들었다. 이 두 경제부문이 밀접히 연결된 데에는 특별히 두 가지 원인이 있었다. 한편으로 국가를 상대로 하는 금융사업의 수익성은 계속 감소하고 있었다. 왜냐하면 국가는 1880년대에 공공부채의 정리단계에 접어들었기 때문이다. 다른 한편 이른바 산업 경영자금 대출사업을 둘러싼 은행들 사이의 경쟁이 격화되면서, 은행이 대기업에 점점 더 커다란 규모로 참여하도록 만들었다(März 1968, 279쪽).

산업부문에 대한 상업은행의 자본참여는 곧바로 산업과 금융계의 긴밀한 관계로 이어졌으며, 따라서 "유대인 은행가"는 광범위한 국민계층의 의식 속에 자본주의 체제의 전형적 인물로 자리 잡게 되었다. 바로 여기에 뤼거(Karl Lueger)와 같은 선동가의 성공의 원천이 있었는데, 그는 반(反)유대주의와 반(反)자본주의를 결합하여 그것을 파괴적인

조지프 알로이스 슘페터(1883~1950)

대중주의적 선동수단으로 만드는 방법을 이해하고 있었다.

짧은 후퇴에 의해 중단되었을 뿐인 이 수십 년 동안의 급속한 경제상 승기에 하나의 시민집단이 형성되었는데, 이 집단은 몇 가지 독특한 "오스트리아적" 특징을 지녔다. 즉 그 집단은 명백하게 세계주의적 (kosmopolitisch) 특성을 지니고 있었다. 왜냐하면 그 집단의 아주 큰 일부는 독일적, 유대적 그리고 슬라브적 요소를 갖고 있었기 때문이다. 아직도 반(半)봉건적인 세계에서 성장한 이른바 "토착적인" 오스트리 아인에게는 재정적으로 더 안정된 보장을 받는 국가공무원, 군인, 성직 자, 귀족의 장원의 관리인 등과 같은 경력이 제공되고 있었다.

"이주민"은 일반적으로 이러한 전통적 직업에서 배척되었으므로 그 들은 필연적으로 위험이 많은, 그러나 또한 화려하게 성공할 수도 있는 상업적, 산업적 경력을 시도했다. 이 새로운 부르주아지는 이른바 이등 계급에 속했는데, 이등계급은 기성의 귀족적 일등계급과는 거의 아무 런 접촉을 갖지 못했다. 그러나 그들은 매우 빨리 자신들의 독자적인 정신생활을 전개하기 시작했다.

이러한 생활이 세기말의 풍요로운 문화적 결실의 토양을 구성했다. 문학가인 카프카, 슈니츨러(Arthur Schnitzler), 무질(Robert Musil), 크라우스(Karl Kraus), 호프만슈탈(Hugo von Hofmannsthal), 츠바 이크(Stefan Zweig) 등은 그들의 작품 속에서 이러한 몰락의 분위기, 군주지배의 마지막 세월을 묘사하고 있다(Streissler 1981, 61쪽).

호시절의 경제역동성을 위한 연료는 "은행의 돈"이 공급했다(März 1981, 63쪽 이하). 상업은행은 유동성의 대부분을 제공했고, 그럼으로써 오스트리아의 제2의 창업시대라고 표현할 수 있는 발전단계에서 국민경 제의 경이로운 확장을 위해 압도적으로 대부분의 금융자금을 공급했다. 자본은 "구매력 자금(1926, 170쪽)"으로, 신용은 산업발전의 엔진으로 보아야 한다는 슘페터의 유명한 신용이론은 당시 성장단계의 연료를 그가 날카로운 시각으로 해석한 결과이다. 실제로 오스트리아 기업가 들이 생산수단을 종전의 용도에서 끌어내어 국민경제를 새로운 길로 가도록 해주었던 "구매력 자금"은 그 시기에 주로 대규모 은행들에 의해서 산업에 대한 금융의 형태로 제공되었다.

슘페터는 빈(Wien) 식의 다양한 문화적 세기말 사조를 즐길 줄 아는 전문가였다. 그는 프로이트 심리분석에 대해서 완벽하지는 않지만 훌륭한 전문지식을 갖고 있었다. 그가 몰락한 도나우 왕국의 세계에 관해 몇 시간 동안 발언하게 되었을 때, 그는 죽어가는 문명의 그 마지막 찬란한 번영기의 문학적, 예술적 사조에 관하여 놀라운 전문지식을 보여주었다.

그러나 그의 학습 및 실험연대에 그를 사로잡았던 것은 무엇보다도 오스트리아 학파의 경제학이었다. 슘페터의 학습연대에는 더 이상 강의를 하지 않았던 멩거와의 개인적 접촉은 단지 드물게만 이루어졌던 것 같다. 그러나 뵘바베르크와 비저는 그에게 대단한 매력을 주었고, 그것은 그의 저작에 깊은 흔적을 남겼다. 특히 비저와 그 사이에는 그가 스스로 명시적으로 증언하듯이 긴밀한 지적 유대가 존재했다 (Streissler 1981, 66쪽). 비저의 중요한 이론적 구상에 대해서 슘페터는 이미 그의 학습연대에 철저하게 익숙해졌다.

이로써 우리는 슘페터의 이론적 평생작업에 미친 결정적 원동력의 하나를 만나게 된다. 그의 찬란한 논문 「프리드리히 폰 비저, 경제학자로서의 가수(歌手)」(Arma virumque cano, Friedrich von Wieser, der Sänger als Ökonom)에서 슈트라이슬러는 1914년, 즉 슘페터의 『경제발전 이론』(Theorie der wirtschaftlichen Entwicklung, 1911)이 나온 뒤 3년 후에 출판된 비저의 교과서의 한 대목을 향하여 우리의 주의를 환기시켰다(1986, 60쪽).

"자본주의적 대기업이 성장에 성공한 것은 그의 대자본의 덕택이 아니다. 즉 결코 그것이 제1의 공로자가 아니다. 왜냐하면 그 대기업은 처음부터 대자본으로 시작한 것이 아니었고, 그 자본을 주로 스스로의 이윤에서 형성했기 때문이다. 오히려 최초에 자본주의적 기업이 유리한 시장지위라는 특수한 성격을 갖게 된 것은 대단히 힘든 경영자의 과제

덕택이었던 것이다. 선구자로서 새로운 길을 개척한 사람들은 기술적 능력을 시장경험과 조직의 능력과 결합시킬 줄 알고, 거기에다가 혁신자의 용기를 지닌 남보다 탁월한 재능이 있는 사람임에 틀림없다. 물론 그 용기는 자주 무자비한 투쟁적 냉혹함으로 변질되기도 한다(Wieser 1914, 252쪽)." "혁신자의 용기"라는 구절은 우리가 슘페터의 저작에서 반복하여 만나게 된다.

레틀리히(Fritz Redlich)는 19세기 후반기에 "젊은 독일 지식인 세대"를 밀과 콩트의 영향력에 대항하도록 "면역시켰다"는 "영웅 역사철학"을 지적한 바 있다(1955a, 290쪽). 레틀리히는 다음과 같이 보충했다. 딜타이의 역사철학에는 "위대한 개인이 곧바로 역사과정의 초석이 되었다(같은 책, 291쪽)." 슘페터를 개인적으로 알고 있었던 사람은 누구나 그가 19세기 말의 엘리트 이론(니체, 모스카[Mosca], 미셸, 르봉 [Gustave Le Bon], 파레토와 타르드[Gabriel Tarde])에 관해 철저하게 알고 있었다고 증언할 수 있다. 특히 파레토는 그에게 중대한 영향을 미쳤다. 슘페터의 사회계급 이론은 오해할 여지없이 파레토와의 유사점을 보여주고 있다(März 1983, 44쪽).

또 한 명의 유명한 동시대인인 좀바르트도 의심할 여지없이 이러한 엘리트주의적 시대사조의 영향으로 이미 1909년에 발표된 논문에서 비저-슘페터 기업가 개념과 상당히 비슷한 내용을 앞서서 제시했다. 그는 이 논문에서 기업가를 "생산, 수송, 판매의 새로운 형태의 발명자, 새로운 판매시장의 발견자, 정복자, 조직가"로 표현했다.[4]

슘페터의 전체 이론적 구상에서 비저의 영향은 의심할 바 없이 높은 위상을 차지한다. 그러나 그의 평생작업에 아마도 더 깊은 흔적을 남긴 사람은 뵘바베르크와 마르크스 두 사람일 것이다. 슘페터는 뵘바베르크의 사망 직후 체계적으로 구성되고 우수하게 서술된 논문에서 그의 이론적 성과를 자세하게 칭송했다(1914a).

그는 이 연구에서 뵘바베르크와 마르크스의 유사성에 반복하여 천착하고 있다. 그가 존경하는 스승의 업적을 그는 신격화하듯이 찬양하고 있다. 그러나 곧바로 그는 이 맥락에서 뵘바베르크를 마르크스와 비교하는 데 열중한다. 그는 다음과 같이 덧붙인다. 즉 이러한 행위는 기이하게 보일지 모르지만, 그가 그렇게 하는 것은 마르크스라는 이름이 정치적 열정의 후광에 둘러싸여 있어서 마르크스의 학문적 의미를 흐리게 만들고 있기 때문이라는 것이다.

슘페터의 견해에 의할 때, 이 두 위대한 이론가를 연결시키는 계기는 무엇인가? 뵘바베르크와 마르크스는 그들 선구자, 즉 전자의 경우는 멩거, 후자의 경우는 리카도의 토대 위에서, 분업적인 국민경제에 관해서 자기완결적이고, 논리적으로 타당하며 예측력의 가치가 있는 이론의 건물을 수립하려고 노력했다.

그러한 경제시스템의 가장 중요한 초석은 슘페터가 서술하듯이 타당한 가치이론이다. 왜냐하면 가치는 경제적 우주의 추진요소일 뿐만 아니라 중요한 현상을 비교하고 측정할 수 있게 해주는 형태도 되기 때문이다. 그리하여 가치형태는 각각의 경제질서를 이론적으로 이해하는데 열쇠가 된다. 그리고 그는 이러한 맥락에서 두 번째의 기본적 과제는 자본이자와 이윤에 관한 이론을 만들어내는 일이라고 덧붙였다(1914a와 1951).

슘페터는 논문 「뵘바베르크의 학문적 평생작업」(Wissenschaftlichen Lebenswerk Eugen von Böhn-Bawerks)에서 그가 뵘바베르크의 정신적 유산의 충성스런 추종자이자 그 집행자라는 인상을 주고 있다. 그러나 이 추도논문보다 2년 전에 그의 이론적 주저인 『경제발전 이론』이 출판되었는데, 이 작품은 오스트리아 학파 국민경제학과는 대단히 먼 지적 관계에 있을 뿐이었고, 길면서도 동시에 논쟁적으로 진행되는 뵘바베르크와의 논의를 전개하고 있다. 하벌러(Haberler)는 그 논쟁을 "우리 학문에서 가장 큰 논쟁 가운데 하나"라고 불렀다(1951, 30쪽).

스승의 정학적(靜學的) 이론을 동학화(動學化)하려는 슘페터의 시도는 완전히 독립적이고 독창적인 이론체제를 세상에 내놓는 데 도움이 되었다. 이 이론체제는 물론 부분적으로는 정당성이 없지 않기도 하지만 이전 세대의 모순을 드러내게 했다. 하벌러가 슘페터는 그 누구의 제자도 결코 아니었다고 한 것은 정당한 일이다. 그리고 이러한 맥락에서 그는 니체가 쇼펜하우어에 대하여 진술한 유명한 말을 인용했다(1951, 30쪽). "그를 정확히 보아라. 그는 그 누구의 신하도 아니다."

마르크스에 대한 슘페터의 관계는 뵘에 대한 관계보다 아마도 더 복잡하고 모순적일 것이다. 그는 학교교실에서나 그의 논문에서나 마르크스에 대한 자신의 존경, 아니 그의 숭배를 표현할 기회를 놓친 적이 한 번도 없었다. 마르크스 학설의 많은 측면(특히 노동가치 이론, 착취이론, 궁핍화 이론, 자본주의 체제의 작동불능 증대이론 등)과 명백한 선을 분명히 긋고 있지만, 그는 동학적 전체 구상의 천재성을 항상 강조했다. 그는 어떤 강의에서 다음과 같이 주장한 적이 있다. "스스로 증기의 힘으로 움직이는 체제는 케인스의 비교정학 체제보다 언제나 더 많은 주목을 받을 것이다."[5]

또한 역사적 유물론에 대해서 그가 깊숙이 고개를 숙였다는 것도 유명한 일이다. 그는 그 이론을 "오늘날까지 사회학에서 가장 위대한 개인적 성과의 하나(1942, 10쪽)"라고 했다. 그가 마르크스의 많은 요소들(축적, 집중, 경제발전에서의 순환적 변동 등)을 자신의 이론체계에 장착시켰다는 사실은 그 존경심을 아마도 더욱 강력하게 나타내고 있는 것일 것이다. 그러나 마르크스의 체계에 대한 그의 체계의 유사성은 그 자신이 처음에 상상했을 정도보다 더 컸다.

자본주의는 내재적으로 혁신의 성향을 가지며, 혁신자는 자신의 성과 덕택으로 일시적인 독점적 지위를 쟁취하고 그 지위는 모방자에 의해 사라질 위험이 있는 이윤의 원천이 된다는 그의 기본사상조차도 마르크스에 의해서 반복하여 주장되었다. 이 경우 마르크스도 그 이전의 저자들에게 의존하고 있다(Marx 1867/1955, 334쪽). 그러므로 우리는 마르크스에 대한 슘페터의 관계는 『경제발전 이론』을 비판적으로 평가할 때 다시 한 번 상세히 다루고자 한다.

이러한 것들이 세기말의 빈의 젊은 슘페터에게 미쳤던, 결코 유일한 것은 아니지만 가장 강력한 영향들이었다.[6] 그는 마르크스를 "모든 사람 가운데 가장 독서량이 많은 사람"이라고 불렀다. 그러나 이러한 성격규정은 그 자신에게도 많이 들어맞는 것이었다. 초기 저작인 『이론경제학의 본질과 핵심내용』(*Wesen und Hauptinhalt der theoretischen Nationalökonomie*)은 이미 이론적인 중심사조들에 대한 심오한 이해와 자신의 학문분야의 세세한 문제에 천착하려는 그의 유희적 성향을 보여주고 있다. 그의 기념비적인 유작인 『경제분석의 역사』는 그의 학문영역의 확장과 발전에 대한 그의 끊임없는 관심과 (많은 경우에는 의미 없는) 상세한 문제에 대한 그의 사랑이 죽는 날까지 지속되었다는 사실을 기록하고 있다.

### 초기 저술활동기의 주요 계기

슘페터는 인생의 30대를 "신성한 생산의 시기"라고 반복하여 표현했다. 이 말이 모든 위대한 창조적 인물들에게 해당되는지는 단정할 수 없을 것이다. 그러나 그 인생시기의 슘페터의 학문적 "산출"은 정말로 놀랄 만하다. 게다가 그는 이미 이른 시점에 자본주의의 기능에 관한 (그가 즐겨 사용한 용어인) "비전"(Vision)의 윤곽을 설계했고 30대를 마감하기 전에 그 비전을 시장경제의 전체 과정에 대한 방대하고 다각적인 분석으로 확장시켰다.

곧 뒤이어 그는 장편논문 「학설 및 방법 역사의 제(諸)시대」(Epochen der Dogmen- und Methodengeschichte, 1914)를 발표했는데, 이 논문은 앞에서 언급한 그의 저작 『경제분석의 역사』를 위한 또 하나의 중요한 발전단계로 규정되어야 한다. 경제학에서 수학적 방법의 사용에 대한 그의 관심이 일찍 생겨났다는 사실도 간과되어서는 안 된다. 실제로 그러한 관심은 그의 저작에도 반영되었다. 이미 1906년에 하벌러가 표현한 것처럼 그의 최초의 대작인 『이론경제학의 수학적 방법에 관하여』(*Über die mathematische Methode der theoretischen*

*Ökonomie*)가 출판되었다.[7]

방대한 슘페터의 전기는 지금까지 존재하지 않는다.[8] 여기서 그의 초기 저술활동기의 중요한 계기들을 언급하겠다. 슘페터는 1906년에 "두 개 법학 분야의 박사"를 취득한다. 그런 연후에 옥스퍼드와 케임브리지를 방문했다. 그곳에서 그는 첫 번째 부인인 두 살 연하의 영국 여자와 결혼을 했다. 1907년과 1908년에 그는 변호사로서 카이로에 있는 국제재판소에서 근무했다. 이 시기에 그는 이미 앞서 언급한 연구물 『이론경제학의 본질과 핵심내용』(1908)을 완성하며, 이것을 빈 대학교의 법학/국가학 학부에 교수자격 논문으로 제출했다.

1909년 "민간인 강사"(Privatdozent)* 직위를 취득한 후 그는 같은 해에 그의 스승과 친구인 뵘바베르크의 노력으로 "정치경제학" 교수로서 도나우 왕국의 동부에 있는 체르노비츠 대학교로부터 초빙을 받았다. 그는 그곳에서 특정의 극단적인 행동으로 많은 동료들을 놀라게 했다고 한다. 1911년 그는 학부의 저항에도 불구하고 "폐하의 결정에 따라서" 그라츠 대학교의 초빙을 받았다. 그는 중간의 공백기가 있었지만 1921년까지 이 대학에 소속되었다.

젊은 슘페터는 제1차 세계대전 전에 하나의 긴 논문에서 그의 동료들에게 경고했다. 즉 "실무적인 일상문제에 전적으로 또는 주로 매달리게 되면 오로지 학문적인 관점에 관한 연구관심이 억제되고 따라서 학문의 발전을 위태롭게 하기 때문에(1910)" 일상적 문제에 깊게 천착하면 안 된다는 것이었다. 그러나 끝나려 하지 않는, 부분적으로는 유혈사태를 동반한 당시의 정치적 투쟁이 아마도 그의 생각을 급격하게 바꾸었던 것 같다.

서신과 회고록으로부터 그가 왕정이 존속될까 걱정했고 나우만(Friedrich Naumann)의 유명한 저서 『중부 유럽』(*Mitteleuropa*, 1915)에서 선전되었던 바와 같은 중부 유럽에서의 독일의 지배를 열정적으로 거부했다는 사실을 알 수 있다. 특히 1916년 오스트리아 황제의 평화정책을 지지하는 슘페터의 노력으로 그는 여러 명의 뛰어난 사회적 거물들과 연결된다. 즉 오스트리아 제국의 마지막 수상인 람마슈(Heinrich Lammasch), 대(大)상공업자인 마이늘(Julius Meinl), 저명한 육군소장인 바르돌프 박사(Dr. Carl Bardolff), 법학 교수이자 정치가인 레틀리히 등이었다(Verosta 1976).

제1차 세계대전으로 거대하게 커진 재정정책적 문제는 슘페터의 역량을 시험하는 도전이었다. 1918년 출판된 그의 소규모 연구서 『조세국가의 위기』(Die Krise des Steuerstaats, 1918)는 일차적으로 골트샤이트(Goldscheid)의 획기적인 재정사회학 저서 『국가사회주의냐 국가자본주의냐』(Staatssozialismus oder Staatskapitalismus)에 대한 비판과 평가로 간주되었다.

골트샤이트와 반대로 그는 오스트리아 정부의 고삐 풀린 재정지출 정책으로 인하여 거의 치유될 수 없는 무질서에 빠져버린 공공재정을 정상화시키려면 일회적으로 대규모 재산세를 징수하는 것이 최우선적 방법이라고 보았다. 그렇지만 슘페터의 『조세국가의 위기』는 일상적 관심사를 훨씬 뛰어넘는 고찰들, 그후 수십 년 간 진행된 위험한 재정정책의 길을 다름 아닌 예언적 방식으로 미리 예견한 고찰들을 포함하고 있다.

뵘바베르크는 사망하기 얼마 전인 1914년에 3개의 신문 기고문을 작성했는데, 이 글에서 그는 민주적 공동체에서 조세부담이 증가하는 사회적 메커니즘을 매우 생생하게 묘사했다(1914). 오스트리아 재정정책의 현장을 전문가적으로 관찰했던 슘페터는 스승인 뵘바베르크가 묘사한 그 발전을 증대되는 회의심을 품고 추적했다. 그의 주된 걱정을 가장 간단한 형태로 요약하자면, 한편에서의 시민적 조세국가의 전통적 세입원천과 다른 한편에서의 그 개별 구성원들의 넘쳐나는 욕구, 기대, 요구 사이에 존재하는 간격이 증대되고 있다는 점이었다. 최근에야 비로소 정립된 "기대상승의 혁명"이라는 개념은 이 천재적 연구서에서 이미 상당한 정도로 모형화되었다.

슘페터는 방금 언급한 연구서에서 다음과 같이 서술하고 있다. "조세국가의 재정적 부담능력은 그 한계가 있다. 단지 이것은 당연한 것이며 사회주의 공동체에도 적용될 것이라는 의미에서가 아니라, 훨씬 더 엄밀한 의미에서, 조세국가로서는 치명적인 의미에서 그렇다. 만일 지금 국민들의 의지가 공동체 경제적 지출을 점점 더 증대시키는 방향으로 향한다면, 개인의 능력으로는 자금마련이 불가능한 목적에 사용되는 공동체 자금이 점점 더 커진다면, 그리고 그 의지의 배후에 서 있는 권력이 점점 더 강해진다면, 그리하여 마지막으로 사유재산과 생활방식에 대한 사상의 전환이 모든 계층의 국민을 사로잡는다면, 그렇다면 조세국가는 해체되고 사회는 개인적 이기주의가 아닌 다른 경제동력에 의존하게 된다. 이러한 경계지점, 따라서 조세국가가 헤쳐나갈 수 없는 위기는 분명히 도달될 수 있다. 조세국가가 붕괴할 수 있다는 것은 결코 의심의 여지가 없다(1918/76, 351쪽).”

이 대목은 두 가지 점에서 주목할 만하다. 첫째, 슘페터는 조세국가가 역사적 장벽에 부딪힐 수도 있다는 점을 이 대목에서 처음으로 암시했다. 그는 이 역사적 장벽은 새로운 사회구조의 건설을 요구할 수도 있을 것이라 했는데, 이 새로운 사회구조는 “개인적 이기주의”의 극복을 전제로 한다고 했다. 슘페터는 이후 수십 년 동안 이 주제에 매달렸다. 아마 그가 죽는 순간까지 그랬다고 말해도 될 정도이다(Schumpeter 1950). 둘째, 슘페터는 최근의 재정정책 관련문헌에 중요한 자리를 잡고 있는 “구조적 위기”라는 개념이 가리키는 한 현상을 이 대목에서 묘사했다.

자이들(Christian Seidl)은 다음과 같이 주장한다. 국가예산의 지출 측면의 폭발적 증대에 대한 슘페터의 설명은 사회학적 성격을 갖는다. 반면 조세수입의 지체원인은 납세자의 경제적 부담능력의 상한선이 존재한다는 역사적으로 규정되는 사실에서 찾아야 한다. 자이들은 스위프트(Jonathan Swift), 스미스 그리고 최근에 크게 논란이 있었던 래퍼(Laffer)-곡선 개념 등에 의존하면서, 그러한 상한선 이상으로 조세수입을 증대시키려는 어떠한 시도도 결국 조세징수의 감소로 귀착될 수밖에 없다고 확언하고 있다(1984, 91쪽).

## 정치활동과 기업활동

슘페터는 종전 직후 베를린에 있는 독일 정부의 사회화위원회의 자문에 초빙되었다. 그는 거기에서 두 명의 옛 오스트리아의 지인(知人)인 힐퍼딩과 레더러를 만났다. 베를린에서 나누었던 대화들에 대해서 그는 결코 별다른 의미를 부여하지 않았다(Haberler 1951, 31쪽). 빈으로 돌아온 직후, 짐작컨대 그를 잠재적인 좌파 부르주아적 동맹자로 생각하던 바우어의 주선으로 그는 재무부 장관, 당시의 용어로는 재정담당 국가비서에 임명되었다. 그는 1919년 3월 19일 장관직에 취임했다. 그리고 이미 첫 공개성명서에서 "일회적 대규모 재산세"를 시행한다고 선언했다(März 1981, 324쪽).

그러나 어렵고 불확실한 새 오스트리아의 정세—생 제르맹 평화조약은 1919년 9월에 비로소 연합국에 의하여 서명되었다—때문에 국가재정의 장기적 건전화를 목표로 하는 어떠한 지출축소적인 재정정책적 정리수단도 그 집행이 거의 불가능했다. 결국 슘페터는 그해 10월에 광범위한 재정정리 프로그램을 국민에게 제시했다. 그러나 그때 그의 정치적 운명은 이미 결정되었다.[9] 장관직에 취임하자마자 그는 자신의 원래의 후견인이었던 바우어와 심각한 의견대립에 빠졌다.

바우어는 외무부 장관직을 수행하면서 이웃 독일과의 합병정책을 추진했다. 이때 바우어는 윌슨에 의해 선전되었던 "제 민족의 자결권" 그리고 "오스트리아는 그 나머지로 이루어진다(오스트리아-헝가리 제국에서 헝가리를 제외한 나머지—옮긴이)"는, 많이 인용되고 있는 클레망소(Clemenceau)의 말에서 나온 "나머지 오스트리아"만으로는 생존이 불가능하다는 것을 근거로 들었다. 슘페터는 호전적인 병합 반대론자인 것이 금방 드러났고, 그래서 그는 그 막강한 사회민주주의자 내각동료의 격분을 사게 된다(같은 책, 333쪽).

이보다 더 심각한 것으로 나타난 일은 1919년 초반에 사회민주주의자들이 추진하던 기간산업의 사회화를 둘러싼 갈등이었다. 슘페터는 결코 사회화 사상의 원칙적 반대자가 아니었다. 그러나 그는 1919년 초반에 오스트리아가 처해 있는 위태로운 정세에서 조심스럽고 온건한 노선을 걷도록 권고했다.

슘페터가 이 시기 대학관계 청중에게 행한 정책강령 연설의 한 구절이 이러한 사실을 분명하게 보여준다. "우리의 앞에는 재건이라는 과제가 놓여 있습니다. 엄청난 마찰과 저항을 무릅쓰고라도 국민경제 전체를 사회화하는 일도 가능할 것입니다. 나는 그러한 조치에 대해서 전문가로서 충분한 이해를 갖고 있다는 것을 개인적으로 고백하지 않을 수 없습니다. 이와 다른 대안은 급진적이고 정열적인, 그러나 제한적인 사회화 조치로 많은 산업부문이나 기업을 사회전체의 소속으로 만들고, 그 나머지 분야에서는 종전에 그랬던 바와 같이 사유재산이 계속 작동하도록 만드는 방법입니다. 우리의 정세에서 이 후자의 방법을 사용해야 하는 특별한 이유들이 있는데, 이 이유들을 우리는 논리상 매우 그럴듯한 것으로 인정하지 않으면 안 됩니다. 특히 외국자본의 유입의 필요성인데, 사회화된 경제는 외국자본을 획득할 수 없거나, 충분한 정도로 획득할 수 없을 것입니다(같은 책, 326쪽)."

드디어 재무부 장관이 위임한 증권업자가 오스트리아의 큰 제철회사인 알피네 광업사를 한 이탈리아 금융그룹에 판매한 것으로 알려지자 슘페터와 그의 사회민주주의자 동료들 사이의 갈등은 공개적으로 폭발되었다. 슘페터는 주식을 단계적으로 매각할 것이라는 보고를 받았지만, 이러한 일시적 거래에 대해서 반대투표를 하지 않았다.

우리는 사회민주주의 진영에서 주장하는 것처럼 그가 이 거래를 주도했다고 그를 비난할 수 없다. 그런데도 그가 그 거대한 산업시설을 외국자본으로 넘겨주는 것을 용인했다는 사실은 부정할 수 없다. 이 경우 그러한 행위에 의해서 사회주의자들의 사회화 프로그램이 결정적으로 좌절된다는 사실을 그는 틀림없이 분명하게 알고 있었다(같은 책, 339쪽 이하).

사람들은 정말로 짧았던 슘페터의 공직활동을 대체로 부정적으로 평가했다. 지속적으로 가속되는 인플레이션 시기에 만들어냈다고 보이는—물론 그것에 대한 직접적 문헌증거를 나는 찾을 수가 없었다—

"왕관은 왕관이다"**라는 표현으로 인하여 그는 광범위한 국민계층으로부터 인기를 잃었다. 그러나 전문가적 경제학자로서 그는 수많은 전쟁 국채 채권자들이 그 거대한 국가채무의 가치를 올려주기를 바라는 것은 희망사항일 뿐이라고 분명하고 단호하게 규정하지 않을 수 없었다.

이미 언급한 바와 같이 그가 사임하기 직전에 국민에게 제시했던 재정정책 정리 프로그램은 일련의 개혁제안을 담고 있었다. 즉 재산세, 매출세의 도입, 대규모의 외채도입, 마지막이지만 똑같이 중요한 사항으로서 불환(不換)지폐 증발에 의한 고삐 풀린 재정지출의 중지 등이었다. 이러한 개혁조치는 폭넓은 시각을 가진 그 어떤 사민주의자의 입장에서도 수용할 수는 없더라도 논의할 만한 가치는 있는 것들이었다. 그러나 슘페터의 목을 강력하게 요구한 사람은 다름 아닌 바우어 자신이었다는 것은 전혀 비밀이 아니다(같은 책, 343쪽).

정부에서 물러난 후 슘페터는 다시 지방도시인 그라츠로 돌아가지 않았다. 1921년 그는 비더만방크의 행장에 취임했다. 이 은행은 같은 해 오래된 개인 은행회사인 비더만 앤드 컴퍼니사가 주식회사로 전환된 것이었다. 3년 후 이 은행은 해체되어야만 했다. 이것은 제1, 2차 세계 대전 사이에 오스트리아 경제생활을 심각하게 뒤흔들었던 일련의 은행 도산의 첫 사건이었다.

한 의회 조사위원회는 1925년 이 은행의 부행장인 쿤발트(Kunwald)와 보수적 정치가들인 자이펠(Seipel)과 마타야(Mataja)의 밀접한 관계를 이용하여 비더만방크가 재무부의 공적 자금의 투자에 의해서 커다란 부당특혜를 받은 것을 확인했다. 또한 이 은행도 당시의 외무부 장관이었던 마타야에게 자본증식의 과정에서 엄청난 경제적 특혜를 보장해주었다. 이때 슘페터가 어떤 역할을 했는지는 오늘날까지 밝혀지지 않고 있다.

### 본과 하버드에서의 강의활동

1925년 슘페터는 빈을 떠나서 본 대학교의 재정학 교수직에 취임했다. 바로 그후 그보다 훨씬 젊었던 두 번째 부인이 사망했다. 이 사건으로 그는 심각한 창작의 위기에 빠져들 수도 있었다. 그리고 그도 이 시기에 심각한 돈 걱정에 시달렸다. 그런데도 본에서의 시기도 또한 끊임없는 연구, 저술 및 강의활동의 시기였다.[10] 그는 다시는 오스트리아로 돌아가지 않았다. 마찬가지로 그는 1932년 매사추세츠 주에 있는 케임브리지로 이주한 이후에는, 1932~35년의 여름철을 유럽에서 지내면서도 한 번도 독일을 방문하지 않았다.

1932~50년에 그는 하버드 또는 코네티컷 주에 있는 그의 별장인 태코닉(Taconic)에서 강도 높은 지적 활동을 하면서 보냈다. 1935년 이후 그는 미국을 단 두 번만 떠났는데 멕시코나 몬트리올에서 강연을 하기 위해서였다. 1937년에 그는 부디(Elizabeth Boody)와 결혼했다. 그녀는 그의 사후에 아직도 완성되지 않은 『경제분석의 역사』를 슘페터의 옛 조수였던 스위지(Paul Sweezy)의 도움을 받아서 조심스럽게 편집하여 세상에 출판했다.

제2차 세계대전 동안에 슘페터는 일정하게 개인적으로 고립되었다. 왜냐하면 그는 독일과 일본에 대해서 이중적인, 많은 경우에는 변호적인 태도를 취하며 만족스러워했기 때문이다. "자신의 제2의 고향의 정책에 대해 동감하지 않고, 그의 많은 친구들과 연락을 하지 않고, 슘페터는 자신의 학문적 연구에 침잠했다. 한편 그는 서구사회에서 가치가 있는 것으로 자신이 생각한 많은 것들이 몰락하는 것을 우울하게 바라보았다(Haberler 1951, 37쪽)." 1937~41년에 그는 "계량경제학회"의 회장이었으며 1948년에는 "미국경제학회"의 회장이었다. 그는 1950년 1월 7일에서 8일 밤 사이에 그의 태코닉 별장에서 사망했다.

## 학술저서

뵘바베르크를 "순수" 경제학자로 표현할 수 있는 반면, 비저와 비슷한 유형의 "엘리트 이론"의 창시자들, 그러나 누구보다도 마르크스 등은 오로지 사회의 발전과정에 대한 이론적 구상을 위해서 노력한 사람들이었다. 이 이론 가운데 어떤 것에도 완전하게 만족할 수 없었던 젊은 슘페터에게도 경제적, 역사적, 정치적 요소들의 결합이 어른거렸으며, 이 경우 그는 마르크스의 전례를 따라서 "자존심의 자리"를 경제학에 부여했다. 그의 문제제기는 다음과 같았다. 어떻게 하나의 정상적 균형상태가 주기적인 동요에 이를 수 있는가? 이 시기에 그는 우선적으로 오스트리아 학파로부터 "균형"의 개념을 수용했다. 다른 한편 그는 발라에 관해서는 몇 개 안 되는 부수적인 진술만을 행했다. 이 로잔 학파의 창시자에 대한 그의 숭배는 그의 인생 후반부에서 비로소 나타났다.

### 『경제발전 이론』

그렇지만 그의 『경제발전 이론』(1911/26, 이하 『이론』)에서 그는 하나의 결정적인 점에서 스승인 뵘바베르크와 구별되는 정상상태 경제의 모형으로부터 출발하고 있다. 슘페터의 균형조건에서는 때때로 기생적인 형태의 소비적 이자가 발생할 수 있다. 그리고 우발적 성격을 갖는 이윤과 손실이 발생하는 것도 가능하다. 그러나 뵘바베르크가 "순생산"(produit net)의 핵심원천으로 보았던 것, 즉 더욱 효율적인 긴 우회생산의 상태는 가정되지 않았다. 왜냐하면 슘페터가 구상한 정상상태 경제에서는 선택이란 도대체 일어나지 않기 때문이다.

그는 다음과 같이 서술하고 있다. "경제는 정해진 길을 간다. 경제가 특정한 생산을 위해 한번 준비되면, 진행 중인 생산과정은 어떤 경우든 끝까지 완료되어야 한다. ……현재와 미래 사이의 선택을 경제주체들은 결코 갖고 있지 못하다(1911/26, 54쪽)." 그가 묘사하고 있는 정태적 모형에서는 기업가(Entrepreneur)와 자본가(Kapitalist)는 본질적으로 이질적인 인물들이다.

이것은 뵘바베르크가 앞에서 언급한, 『이론』의 서평에서 확인하고 있는 것처럼 명백하다. "정태적 생산자는 기본적으로 언제나, 그의 정태적 생산과정의 지속을 위해서 필요한 생산수단을 이미 보유하고 있거나 또는 그 생산수단을 구입할 수 있는 구매력을 이미 보유하고 있으며, 그것을 이제야 마련해야 하는 상태가 아니다. 왜냐하면 지나간 경제시기의 생산물의 판매수입에서 그것들이 이미 제공되었기 때문이다(1913, 8쪽)." 뵘바베르크는 이 부분에 이어서 다음과 같은 견해를 표명했다. "이 모든 서술의 결론은 정태적 경제에서는 자본이자란 결코 존재할 수 없다는 것이다(1913, 9쪽)."

여기서는 슘페터의 정태적 모형은 현실과 괴리된 것이라며 자격박탈을 시도하고 있는 뵘바베르크의 다양한 주장을 상세하게 취급할 계제가 아니다. 가장 심각한 반론은 아마도, 이자율 0이라는 가정에서는 실제로 무한한 내구력을 갖는 토지나 다른 재화는 "무한한" 가치를 요구하게 되리라는 지적일 것이다(1913, 50쪽). 슘페터는 뵘바베르크의 비판에 대한 답변에서 오직 한 번, 정태적 경제에서는 오로지 예외적인 경우에만 토지거래가 이루어질 것이라고 주장하는 것으로써 자신의 모형구축의 오류를 제거하려는, 설득력이 없는 시도를 했을 뿐이다.

이것이 뵘바베르크로 하여금 자신의 제자에 대해 아마도 가장 신랄한 훈계를 하도록 도발했다. "나는 그것이 해결책이라고 생각하지 않는다. 대신 그것을 단순한 폭력적 주장으로 간주한다. 그것은 사실로 향하는 이론의 원동력을 없애기 위해, 불편한 사실 자체를 줄을 그어 지워버리려고 시도하는 셈이다(1913, 50쪽)."

슘페터는 그후에도 『이론』에서 처음으로 서술했던 정태적 모형을 수정하려는 시도를 하지 않았다. 그는 평생동안 이윤과 이자는 오로지 동학적인 현상으로 이해해야 하며, 미래 재화에 대한 현재 재화의 상대적 고평가—즉 뵘바베르크가 자신의 이자이론의 기본축으로 삼았던 가치의 프리미엄—는 동학적으로 생성된 자본이자의 존재에서 도출된다는, 일찍이 구상했던 테제를 견지했다. 이윤과 이자를 정태적 및 동학적 방법으로 설명하려고 시도하는 마르크스의 모형과 같은 모형에 대해서 그는 한 번도 자신의 존경을 부정하지 않았지만 동시에 또한 자신

의 비판적 거리감도 표현했다.[11]

그리하여 그의 이자이론의 가장 명쾌하고 가장 단호한 정식화——앞뒤가 맞는 일이라고 말하고 싶다——는 이미 그의 천재적인 초기 저작에 나타난다. "위대한 사회적 현상으로서의 이자는 경제발전의 산물이라는 것, 이자는 기업의 이윤에서 나온다는 것, 이자는 구체적 재화에 귀속되는 것이 아니라는 것, 이 세 가지 법칙은 우리의 이자이론의 기초이다(1911/26, 261쪽)."

슘페터의 눈으로 파악한, 이자현상의 산발적 등장을 야기하는 경제발전은 무엇인가? 그는 이 메커니즘의 요체는 경제순환에 미치는 창조적 기업가의 영향에서 찾을 수 있다고 믿었다. "창조적 기업가"라는 개념은 엄밀히 말하면 중복된 표현이다. 왜냐하면 슘페터는 기업가 활동의 기준은 기업가의 창조적 자극이라고 했기 때문이다. 다소 장기간의 상대적 평온상태——가격과 비용의 상대적 불변성——후에 나타나곤 하는 균형의 교란은 새로운 생산조합의 도입으로부터 시작된다.

그는 『이론』에서 다섯 종류의 조합을 구분하고 있다. 첫째 새로운 재화(또는 새로운 품질의 재화)의 생산, 둘째 새로운(또는 실제로는 지금까지 알려지지 않았던) 생산방법과 판매방법의 도입, 셋째 새로운 시장의 개척, 넷째 원료와 반(半)제품의 새로운 조달원천의 발견, 다섯째 독점적 지위의 창출과 같은 새로운 조직의 완성(같은 책, 100쪽 이하). 기업가가 필연적으로 새로운 제품, 생산과정 등의 발명자일 필요는 없다. 슘페터에게 중요한 것은 전래적인 것을 파괴하고 새로운 것으로 대체하는 혁신적 행위였다. 그리하여 "창조적 파괴"는 성공적인 기업가 성과의 중심에 놓인다.

그는 물론 균형상태가 외부의 쇼크(예를 들어 전쟁을 통해서)에 의해서도 뒤흔들릴 수 있다는 것을 부정하지 않았다. 그러나 그의 이론은 우선적으로 혁신적 행위의 내생적 성격에 기초를 두고 있다. 그가 혁신이론을 개발시키는 데 성공하지 못했다는 비판이 반복되어 왔다(Tichy 1984, 91쪽). 그러나 그는 자신의 기념비적인 저서 『경기순환론』(*Business*

Cycles, 1936/62)에서 엄밀한 방법으로 이러한 현상의 결정론적이고 통계적인 성격을 증명했다. 그 밖에 그의 비판자 중에서 지금까지 그럴 듯한 혁신이론을 단지 암시하는 정도만의 성공이라도 거둔 사람은 한 명도 없었다.

성공한 혁신행위는 일반적으로 모방을 자극한다. 이처럼 균형상태는 한 번의 유일한 충격에 의해서 흔들리는 것이 아니라 일련의 유사한 충격들에 의해서 그렇게 되는데, 이 충격들은 가격과 비용의 상대적 비율의 전반적 변화로 귀결된다. 그러므로 슘페터는 이미 그의 『이론』에서 경기호황 국면의 출발점이 되는 기업가들(또는 기업가적 성과)의 "대량" 등장을 강조했다(1911/26, 320쪽).

최초의 높은 기업가 이윤은 점진적인 잠식과정에 종속되기 마련이라서 경제적 호경기 국면은 점점 더 그 원동력을 상실해간다. 가장 중요한 두 가지 경기후퇴적 경향만을 말하자면, 한편으로는 모방자의 경쟁에 의해서, 다른 한편으로는 비용요소가 비싸지기 때문이다. 결국 상위의 전환점에 도달되어 경기는 진정되고 그와 연계되어 사업거래는 위축된다.

우리는 경기후퇴의 국면으로 접어드는데, 슘페터의 논리를 따른다면 그 국면이 필연적으로 불황국면으로 넘어가는 것은 아니다(1939/62, 158~159쪽). 상승국면은 인플레이션 과정을 동반하는데, 이 과정은 인적, 물적 자원에 대한 수요증가에 의해서 추진된다. 그리고 경기후퇴 시에는 그 반대로 물가가 움직이게 된다.[12]

즉 슘페터 모델에서는 순환적 변동이 혁신과정과 밀접하게 관련되어 있다. 『경기순환론』의 서문에는 다음과 같이 씌어 있다. "경기순환을 분석하는 것은 더도 아니고 덜도 아니고 자본주의 시대의 경제과정을 분석하는 것을 의미한다." 따라서 『경기순환론』의 부제는 다음과 같이 되어 있다. '자본주의 동향에 관한 이론적, 역사적, 통계적 분석.' 이론적 장비, 역사적, 서술적 자료, 통계학적 방법에 엄청난 노력을 들이면서 슘페터는 『이론』에서 자신이 건설한 사상의 건물을 탄탄한 기초로 떠받치려고 시도했다. 이 경우 맨 마지막 요소는 많은 비판자들이 확인한 바와 같이(Kuznets 1940) 남의 자식처럼 비교적 소홀히 취급되어 있다. 그러나 『이론』에서 서술된 자본주의 발전과정에는 또 하나의 중요한 부분이 결여되어 있다. 나는 이제 슘페터의 금융이론, 자본이론으로 넘어가겠다.

### 선도자본과 금융자본

대부분의 다른 경기모델에서는 하위 전환점에서 노동수단과 노동력이 저고용된다는 사실에서 출발하는 반면, 슘페터가 설명하는 균형상태에서는 산업용량과 노동력이 광범위하게 완전가동된다. 그러므로 새로운 또는 기존의 회사를 소유할 수 있는 기업가는 은행의 화폐창출의 잠재력을 확보하도록 강요받는다.

앞에서 이미 확인한 바와 같이 슘페터는 물적, 인적 자원을 종전의 사용목적에서 끌어내도록 상업은행이 신규 투자계획에 유동성으로 제공하는 "구매력 자금"을 "자본"으로 본다. 그는 다음과 같이 말한다. "자본은 기업가가, 필요로 하는 구체적 재화를 지배할 수 있는 위치에 가도록 해주는 지렛대와 다름없다. 또한 재화를 새로운 목적으로 사용할 수 있게 해주는 수단과 다름없다. 또는 생산을 새로운 방향으로 지시하는 수단과 다름없다(1911/26, 165쪽)."

이러한 테제도 하늘에서 갑자기 떨어진 것이 아니라 내가 이미 앞에서 언급한 바와 같이 오스트리아, 나아가서는 중부 유럽의 현실에 대한 정확한 관찰에서 나온 것이었다. 이미 그보다 거의 2년 전에 힐퍼딩은 그의 유명한 저서 『금융자본』(*Das Finanzkapital*, 1910)에서 상업은행이 경제에 대한 명령권을 장악한 자본주의 사회의 새로운 발전단계를 금융자본의 시대로 명명했다. 그는 금융자본을, 산업에 사용되고 있으면서 은행의 지배에 있는 자본이라고 정의했다(1910, 283쪽). 힐퍼딩은 인상적인 사실관계 자료를 가지고, 상업은행이 인적 회사를 새로운 자본을 추가하여 주식회사로 개조하는 과정을 보여주고 있다. 그리고 그 은행들이 새로운 회사의 지도부의 지위들을 차지함으로써 산업과 은행자본의 내적인 결합의 시대가 열리는 과정을 보여주고 있다. 마지막으로 그 은행들이 카르텔과 신디케이트를 결성하여 경쟁 대신에 개별 기업 사이의 "평화적" 협력을 마련하는 과정을 보여주고 있다.[13]

슘페터는 힐퍼딩의 견해에 명백히 의도적으로 동조하면서 은행가들이 자본가에게 내리는 "금치산 선고"라고 말한다. 슘페터가 상세히 서술하는 바와 같이 이 은행가는 "새로운 생산조합을 관철시키려는 자와 생산수단의 소유자 사이의 중간적 존재이다. 그는 본질적으로 경제발전의 결과로 나타난 존재이다. 물론 사회의 경제과정이 강제명령에 의해 지도되지 않는 경제에서만 나타난다. 그는 새로운 생산조합의 관철을 가능하게 해준다. 동시에 국민경제의 이름으로 그것을 완수할 수 있는 전권(全權)을 발행해준다. 그는 교환경제의 감독관이다(1911/26, 110쪽)."

이 부분에서 슘페터의 기업가 개념에 관하여 몇 마디 더 추가할 필요가 있다. 슘페터는 기업가 개념이 이미 세, 발라 및 몇몇 다른 저자들에 의해 모형화되어 있다는 것을 발견했다. 그러나 그는 당시에 유행하던 엘리트 이론을 이용하여 이 개념에 특별히 슘페터적인 의미를 부가했다. 즉 그는 기업가를 "경제의 혁명가", "사회적, 정치적 혁명의 선도자"라고 불렀다(같은 책, 130쪽).

선도자의 업적은 곧바로 모방자들을 불러모으게 마련이다. 슘페터는 기업가 업적의 위계질서에서 이 모방자들의 위상을 훨씬 더 낮게 규정했다. 이미 뵘바베르크는 앞서 인용한 서평에서 선도자와 모방자를 그렇게 엄밀하게 개념적으로 구분하는 것에 대해 부정적인 비판을 가했다.

후에 레틀리히는 무엇보다도 경제발전 과정에서 "모방자"에게도 존재하는 중요한 역할을 지적했다. "슘페터적 의미의 독창적 혁신을 다른 지역이나 다른 산업에 이식시키는 일도 …… 모든 경우는 아니라 하더라도 많은 경우에는 최초의 업적과 동일한 크기의 역량을 필요로 한다

(Redlich 1955, 62쪽)."

만일 지도자와 모방자 사이에 슘페터가 설정한 경직적인 경계를 상대화한다면, "기업가의 선도자적 업적"이라는 개념은 상당히 문제가 될 것이다. (참고삼아 말한다면 마르크스는 "선도자적 업적"에 대해 어떠한 영웅적 성격도 인정하지 않는다. 그는 그 업적을 자본주의적 경쟁투쟁과 그로부터 야기되는 객관적 필연의 맥락에 놓는다.[14]) 은행가가 기업가에게 "금치산 선고"를 내림으로써 전자는 경제적 순환의 중심에 서게 된다. 왜냐하면 그에게 제시되는 많은 새로운 생산조합 가운데 어떤 것을 실현할 것인지를 최후에 결정하는 것은 바로 그이기 때문이다.

슘페터가 표현한 바와 같이 "교환경제의 감독관"으로서 은행가는 결정적인 국면에서 기업가의 기업보육 행위에 참여한다. 그러므로 "의사결정, 명령, 관철, 추진"의 능력 덕분에 사회적 지도자 역할이 부여되는 슘페터적 기업가는 슘페터의 모델에서도 더 상위의 감독심급(審級)에 예속되는 것이다. 이 감독심급은 기업가적 총업적의 일부로 평가해야 한다.

### 경기변동

슘페터의 저작『경기순환론』은『이론』에서 서술된 정태적 구상(이것은 뵘바베르크나 발라의 구상과 완전히 같은 것으로 여길 수가 없다)을 동태화하려는 새로운 시도이다. 경기변동은 자본주의 발전과정의 유기적 구성부분이기 때문에 그 메커니즘, 빈도, 주기 등에 대해 방대한 분석을 해야 한다. 슘페터는『경기순환론』에서 다른 유명한 경기현상 이론가들에 의존하여 세 가지 다양한 주기를 갖는 순환을 구분하고 있다. 즉 60년 주기의 콘드라티예프 순환, 10년 주기의 쥐글라르 순환, 마지막으로 짧은 주기로서 약 40개월 주기의 키친(Kitchin) 순환이 그것이다. 그러므로 우리는 하나의 콘드라티예프 순환 내에서 약 18번의 다소 긴 균형교란과 관계를 갖는 것이다.

슘페터는 모든 균형상태의 교란의 원인을 새로운 생산조합의 도입으로 보기 때문에, 우리는 가장 짧은 경기파동인 키친 파동도 동일한 인과관계가 그 밑에 깔려 있다고 가정해야 한다. 그러므로 처음 보기에는 이것은 단일원인에 의한 설명 패러다임이다. 슘페터의 이론은 장기적인 콘드라티예프 순환과 역시 10년 주기의 쥐글라르 순환에는 옳을 수가 있다. 왜냐하면 마차에서 철도로 이행하는 것과 같은 식의 생산함수의 급격한 변동은 필연적으로 가격 및 비용구조의 대대적 개편으로 귀결될 것이기 때문이다.

그러나 슘페터도 스스로 인정했듯이 그러한 설명방식은 단기적인 키친 순환에 관계된 것은 아니다. 이 경우는 오히려 "2차적 파동"의 결과인 적응의 진행일 것이다(1939/62, 545쪽). 또한 전쟁, 흉작, 금광발견 등과 같은 외부적 충격효과도 그에 의해서 위기를 발생시키는 계기로 확인되었다. 이 계기는 경제과정에서 오래 지속되는 파동으로 귀결된다(같은 책, 185쪽). 그러므로 슘페터가 순수하게 단일원인적 고찰방법을 사용했다는 비난을 하는 것은 온당하지 못하다. 그는 또한 콘드라티예프 순환과 쥐글라르 순환의 주기도 경험적 현상으로 평가했다. 그는 쥐글라르 순환의 반복이 최근 수십 년 동안 아마도 혁신이 고조되는 결과로 더욱 짧아지는 것과 같은, 오늘날 자주 목격되는 현상에 대해서도 틀림없이 대항하지 않았을 것이다.

마지막으로 그는 자신이 통계와 동학을 결함 없이 결합시키는 일에 성공하지 못했다는 비난에 대해서도 방어하려고 하지 않았을 것이다. 그는 단지 현실은 그 어떤 고차원적인 모델보다도 더 복잡하다는 사실을 너무나 잘 알고 있었을 뿐이었다. 그리하여 그는 『경기순환론』에서 그리고 그의 강의에서도 그렇게 가르쳤으며, "현실의 만성적 불균형"에 관하여 서술했다.

슘페터는 자신의 저서 『경기순환론』을 자신의 일생의 작업 가운데 최고로 여겼다. 그러나 이러한 "역작"이 나오기 바로 몇 년 전에 케인스의 『고용의 일반이론』(*General Theory of Employment*)이 출판되었으며 경제학자들은 케인스 "혁명"이라는 주제 외에는 거의 다른 어떤 주제에 대해서도 발언하지 않았다. 만일에 슘페터가 자신의 대작(大作)이 겪은 무관심의 벽에 대해 실망과 좌절이라는 반응을 보이지 않았다면, 인간의 경지에서 벗어난 사람이리라. 그렇지만 만일 우리가 케인스 이론에 대한 그의 비판을 단지 상처 입은 허영심과 경쟁적인 질투심의 발로로 생각한다면 그를 부당하게 대우하는 것이다.

그는 "비교정학"의 전 체계에 대해 회의적인 입장을 취했다. 그에게 하나의 균형상태에서 다른 균형상태로 가는, 또는 가야 하는 기제, 그리고 케인스와 케인스 학파가 그럴듯한 우아함을 갖는 몇 개의 교묘한 공식으로 설명하고 있는 기제는 바로 그 자체가 경기순환 과정과 성장 과정에서 원래 풀리지 않는 고민인 것이었다. 진실로 "동학적으로" 구성된 이론만이 이 과정을 상당히 적합하게 설명할 수 있다는 것이다.

### 후기 저서

이러한 분위기 속에서 슘페터는 새로운 저서를 쓰기 시작했다. 이 저서는 그의 처음의 두 대작, 『이론』과 『경기순환론』의 기초 위에서 저술되었지만, 그의 종전의 저서들보다 사회학적, 정치학적 요소가 더 강하게 강조되었다.

『자본주의, 사회주의, 민주주의』(*Capitalism, Socialism, and Democracy*, 1942)는 슘페터로서는 가장 성공한 저서였는데, 마르크스의 『자본론』이 나온 지 거의 100년 후에, 위대한 근대 경제학자가 자본주의 체제의 미래 발전을 예측하려는 최초의 (그리고 지금까지는 최후의) 시도였다. 이 저서는 잘 알려진 바와 같이 마르크스의 그 이론서에 대한 헌사로 시작된다. 특히 마르크스의 사회과학 방법론인 "역사적 유물론"을 그는 사회학 영역에서 가장 위대한 성과의 하나라고 찬양했다.

한편 마르크스의 사상세계에 대해 무비판적이지 않은 비평을 한 후에 그는 미국의 독점적 경제를 분석했는데, 그 분석은 마르크스주의적 좌파 케인스주의자 부류의 속류적 정체이론에 대한 호전적인 거부로 이해되어야 한다. 대규모의 독점적 콘체른으로 특징지어진 새로운 생존형태를 갖는 자본주의에 대해 저자는 마치 대포의 포격소리가 문을 쾅 닫는 소리보다 월등하듯이, 자유경쟁 자본주의의 역동성보다 극적으로 뛰어난 역동성을 인정했다. 그가 『이론』에서 소규모의 자립적인, 억누를 수 없는 성공의지의 동기를 갖는 기업가를 자본주의 경제체제의 "최고주체"로 간주했다면, 이제 그는 거대 콘체른 속에서 기술적 물질적 진보의 원천을 보았다.

자본주의 황금시기에 대한 예언 뒤에는 슘페터의 사고방식에 걸맞은 변증법적 사상의 도약이 나온다. 즉 그의 견해에 의하면 자본주의는 붕괴되고 사회주의 체제가 그 뒤를 잇는다는 것이다. 그것은 마르크스가 믿는 것처럼 자본주의의 결함이나 범죄 때문이 아니라 오히려 그와는 정반대로 자본주의의 엄청난 역사적 성과의 덕택에 그렇다는 것이다.

그는 이러한 해체과정의 몇몇 상세한 부분을 서술하고 있다. 즉 자본주의 체제가 사회주의 체제로 교체되는 결정적 원인은 궁극적으로 기업가 기능의 사멸에서 찾을 수 있다는 것인데, 그 기능은 갤브레이스 (J.K. Galbraith)적 의미의 기술관료 구조인 하나의 경영팀이 넘겨받는다는 것이다. 구(舊)자본주의 기업가의 소멸과 더불어, 창조적 개인과 자유주의적 아이디어의 세계의 특징을 가졌던 인류의 역사시기도 사망한다는 것이다.

마르크스와 마찬가지로 슘페터도 자본주의 체제의 변신능력과 적응능력을 과소평가했다. 대(大)콘체른의 경영팀이 이끌어가고 있는 최근의 독점적 자본주의 단계는 지금까지는 아직 그 어떤 근본적인 체제변동을 예고하지 않고 있다. 종전의 자본주의 발전단계의 상징이었던, 자립적이며 동시에 영웅적인 기업가라는 인물은 사실 이제는 과거의 이야기일 수 있다. 그러나 사유재산, 시장경제, 이윤추구 기업이라는 제도는 우리가 생각할 수 있는 미래까지 자본주의 생산양식을 틀림없이 존속시켜 줄 수 있는 충분한 능력이 있음을 입증했다.

## 영향

이미 그의 초기 저작에서 예고한 자본주의 체제의 이행이라는 슘페터의 비전은 실현되지 않았지만, 그의 연구나 마르크스의 연구는 편협하고, 형식적이고 (보통은) 비현실적인 가정으로 작업을 하는 최근의 경제학파의 분석보다 더 높은 인식능력이 있는 것으로 인정되어야 한다.

또한 이 학파의 유명한 대표자들도 언젠가는 마치 1930년대에 케인스(1936, 28쪽)에게 다음과 같은 말로 꾸지람을 들었던 경제학자들과 같은 운명의 길을 걸을 것이다. "그러나 이 학설(포스트-리카도 학설을 말함—저자)이 얼마 전까지는 비록 정통파 경제학자들에게 아무런 공격을 받지 않고 있었다 하더라도, 과학적 예측의 목적에서 바로 그 학설이 실패했기 때문에 시간이 가면서 그 학설의 대가들의 명예는 매우 감소될 것이다. 왜냐하면 맬서스 이후 직업적 경제학자들은 명백히 그들 이론의 결론과 경험적 사실의 불일치에 대해서 아무런 반성도 하지 않았다. 이러한 모순을 보통사람들은 그냥 지나치지 않았다. 그 결과 그들은 점차 경제학자들에 대한 존경을 거부하고 있다. 대신 그들은 이론적 결론을 현실에 적용할 때, 그것이 관찰에 의해서 옳은 것으로 입증되고 있는 다른 학자들에 대해서 그 존경을 바치고 있다."

슘페터는 제2차 세계대전 후 처음 30년간 케인스 이론과 경제정책이 진정한 승리를 축하하는 것처럼 보였을 동안은 거의 잊혀진 것이나 마찬가지였다. 최근에야 비로소 슘페터 르네상스가 시작되었다. 특히 슘페터 탄생 100주년이 되었던 1980년대에 개최된 일련의 심포지엄에서는 무엇보다도 슘페터의 방식으로 사회학적, 정치학적 요소를 더욱 강하게 경제이론에 연결시켜야 할 필요가 있다고 많은 참석자들이 강조했다. 그리하여 사회과학과 경험적 사실이 서로 보다 더 가까워져야 한다는 것이다.

그러므로 슈타르바티는 논리적으로 다음과 같은 견해를 표명했다. "주어진 제도적 장치 속에서의 뛰어난 개별적 인물의 행동에 주목하고,

그것에서 도출되는 결과가 체제, 사회, 경제발전에 대해서 미치는 효과를 평가하는 슘페터의 방법적 패러다임은" 민주주의에 대한 분석에서도 각별하게 유익한 것으로 입증되었다(1985, 95쪽).

"공급측면 경제학"의 시대였던 지난 10년 동안 경제정책에 대한 슘페터의 영향도 점점 더 증가했다. 특히 경쟁압력과 혁신에의 강요가 점점 더 명백히 드러나고 있는 서구 산업국가에서 경제정책은 기업가 활동에 도움과 자극, 편의를 제공해야 하는 과제를 안고 있다.

나는 앞에서 슘페터가 상업은행에 대해 혁신 및 투자과정에서의 특별한 위상을 부여했다는 점을 지적했다. 그렇지만 투자수요 자금의 일부를 자신의 이윤에서 조달하는 대(大)콘체른 시대에서는 은행이 더 이상 경제활동의 "감독관" 지위를 차지하지 않는다. 그들의 기능을 점점 더 새로운 자금조달 주체들이 인수하고 있다. 그 주체들을 국가가 유리한 조건의 모험자본으로 도와주고 있다. 슈트라이슬러는 기업가의 위험을 공동으로 부담할 각오가 되어 있는, 은행과 비슷한 이 기관들은 비교적 접근하기가 쉽다는 점을 강조한다(1981, 80쪽 이하). 또한 "규제완화"를 위한 허용가능한, 즉 일반적으로 기대가능한 조치들에 관한 현재의 논쟁은 혁신적 행위를 강력하게 활성화시키려는 강도 높은 노력의 결과이다. 물론 시기적절한 조세개혁에 관한 세계적 논쟁도 우선적으로 이와 동일한 성격을 갖는다.

그러므로 "슘페터주의 경제학"에 관한 많은 토론들이, 과거에는 거의 잊혀질 수밖에 없었던 저자인 슘페터가 앞으로 수십 년간 지도적인 경제학자가 될 것이 거의 틀림없을 것이라는 확인으로 결론을 맺는다는 것은 결코 우연이 아니다.

| 에두아르트 메르츠 · 황신준 옮김 |

# 14 | 케인스

John Maynard Keynes, 1883~1946

## 생애

케인스의 저작들 전부가 아직도 완전히 출판되지 않았으며 케인스와 같은 시대에 살았던 동료들 중에서 많은 사람들이 여전히 생존해 있지만 그는 1946년에 세상을 떠났다. 40년이라는 시간은 영향사적으로 본다면 비교적 짧은 시간이지만 다음의 한 가지는 분명하다. 위대한 경제학자 중에서 마르크스를 제외하고는 어느 누구도 케인스나 케인스의 이론들의 결과에 대해서 보다 더 많이 씌어진 사람은 없다. 영국에서 그는 거의 전설적인 인물이다.

한 사람의 유명한 학자에 대해 친구들이나 분석가들이 동시에 다음과 같이 상이한 견해를 갖는다는 것을 이해하기란 쉽지 않다. 즉 "아주 추악한(스트레이치[Lytton Strachey])", "돼지의 얼굴"-"염소의 영혼 (울프[Leonard Woolf])", "아주 매력적인(벨[Clive Bell])", "냉정한 (홀로이드[M. Holroyd])", "선량함과 학생 같은 이기심의 혼합물(포스터[M. Forster])", "특별히 사랑스러운(슘페터)", "딱정벌레", "이미 이루어진 것을 행하는(로렌스[D. H. Lawrence])", "지금까지 만난 사람 중에서 가장 지적인 사람(러셀)" 등등.

경제학자로서 그의 영향에 대한 계속된 편향성 속에서 독단적으로 보이는 평가로는 "마비시키는 도그마로부터의 해방자", "독점자본의 변호사", "세계를 위한 그의 충고는 결국 항상 영국의 이익을 대변한다", "자신의 조국에 가장 나쁜 피해를 입힌 한 사람" 등을 들 수 있다. 세상을 떠난 지 40년이 흘렀음에도 케인스는 여전히 의견들이 갈라지는 역사의 한 인물로 남아 있다.

케인스는 학생으로 이튼에서 자신의 가족사를 연구했는데, 1066년에 윌리엄 1세(별칭은 정복왕 윌리엄[William the Conqueror]—옮긴이)와 함께 영국으로 건너왔던 그의 선조는 노르만 해적인 카그네(William de Cahagnes)까지 거슬러 올라간다.[1] 몇몇의 선조들이 17, 18세기에 가족이 "존경할 평민계층"으로 바뀌기 전까지는 문학적으로 주목을 받았다.

케인스의 할아버지는 화초재배를 하기 전에 솔 만드는 가게를 운영했다. 아버지인 존 네빌 케인스(John Neville Keynes)는 계층상승을 한 사람으로서 장학금을 받고 케임브리지 대학교에서 수학했고 펨브룩 대학교의 펠로로 있었으며 그 이후에는 케임브리지 대학교의 지도적인 행정관료인 학적담당자로 장기간 근무했다. 존 네빌 케인스는 졸업시험에서 대단한 성과를 올렸으나 이를 보상받지 못했다. 그는 『형식논리학에서의 연구와 실습』(*Studies and Exercises in Formal Logic*, 1884), 『정치경제학의 범위와 방법』(*Scope and Method of Political Economy*, 1891)이라는 두 권의 교과서를 저술했지만 그의 학문적인 경력은 1892년에 사실상 마감됐다.

존 네빌 케인스의 경력에 대한 욕심은 자식들에게도 전수된 것 같다. 또한 그는 영국 실력계층의 확고한 규범뿐만 아니라 졸업시험, 영국의 지적 상류사회에서 가정적으로 보장된 기회, 성과에 대한 의무, 그리고 업적이 갖는 중요성에 대한 자신의 높은 관심도 그들에게 전해주었다. 그와 그의 인품을 둘러싸고 있는 케임브리지에서의 생명감이 갖는 특징은 1888년에 그가 낸 옥스퍼드에서 대학교수 초빙원서가 논란이 되었을 때 폭스웰이 그에게 쓴 편지에 잘 나타나 있다. "떠나지 않기를 바란다. 공부는 하나의 특별한 장소에서 집중적으로 해야 하는 것이 훨씬 더 좋다. 그곳에서는 한 산업의 지역화와 유사한 기회들이 많이 주어질 것이다. 너의 이주가 자식들에게 미칠 영향에 대해 생각해봐라. 그들은 아버지의 고매한 경우를 열심히 흉내 내는 대신에 명확하고 맑은 두뇌를 가진 케임브리지 사람이 될 것이다. 가치 있고 겸손한 봉사의 삶을 자식들에게 줄 것이고, 현자들에게 존경받으며 대중들에게는 진실한 가치와 가장 큰 가치로서 알려지지 않고 친구들의 사랑을 받으며 죽을 것이다."

케인스의 어머니 에이다(Florence Ada)는 청교도 목사인 브라운 박사(Dr. John Brown)의 딸이었다. 브라운 박사는 버니언(John Bunyan)에 대해서 하나의 교과서적인 저서를 썼고 그의 딸인 에이다를 최초의 여대생으로 케임브리지 대학교(뉴냄[Newnham])에 보냈다. 에이다는 자식들과 관련해서는 아버지보다도 더욱더 명예욕이 강했으며 아들인 메이너드의 생애를 지속적으로 주의 깊게 관찰했다. 그녀는 유명한 아들의 생애와 저작에 대해 신문기사와 함께 34개의 두꺼운 앨범을 남겼다.

그녀 역시 훗날 케임브리지 시의 시장이 되었고 이러한 그녀의 강한 사회적인 신념을 자식들에게 물려주었다. 메이너드가 자신의 『평화의 경제적 귀결』(Economic Consequences of the Peace, 1919)에서 영국 사회에서 평균을 넘는 사람들만이 누구나 중간계층이나 상류층에 오를 수 있다고 언급한 것은, 그 뿌리가 부모의 교육에서 비롯되었음을 의심할 여지가 없다.

케인스의 남동생 제프리(Geoffrey)는 유명한 외과의사이며 장서수집가로서 1955년에 기사의 귀족칭호를 받았다. 메이너드의 여동생 마거릿(Margret)은 후에 노벨 의학상을 수상한 힐(A.V. Hill)과 결혼했다. 케인스는 동생이 장학금 시험에 통과했다는 소식을 듣고 1910년 아버지에게 다음과 같은 내용의 편지를 썼다. "주변을 둘러보면 시험에서 우리는 실제로 대단한 가족입니다. 제가 생각하기에는 아마도 영국에서 가장 훌륭한 가족일 것입니다. 시험제도가 200~300년 동안만 지속된다면 우리는 결국 로열 패밀리가 될 것입니다." 메이너드의 경력은 특별한 방법으로 아버지의 소원을 이루었다. 그 소원은 대륙적인 관계에서도 상상할 수 없었고 영국 실력계층에서도 특별한 것이었다.

케인스는 1883년 6월 5일에 출생했으며, 1897년부터 1902년까지 이튼 칼리지의 학생이었다. 1902년에서 1905년까지는 케임브리지의 킹스 칼리지에서 수학을 공부했다. 학사시험을 마치고는 경제학이 많은 영역 중의 하나를 차지하는 민간서비스-시험(Civil Service-Examen)을 준비했다. 이를 위해 그는 마셜과 피구에게서 경제학을 (실제로는 개인수업) 공부했고, 1906년 합격 후에 런던으로 가서 인도성(印度省)에서 (하급 사무원으로) 일하게 된다.

메이너드는 1908년 케임브리지 대학교에서 경제학 분야의 강의를 맡게 되는데, 그는 그 당시까지 경제학 논문을 한 편도 발표하지 않았고, 물론 경제학 졸업시험에도 합격하지 않았다. 1919년 그는 확률에 관한 논문으로 킹스 칼리지의 연구원으로 선임되었고, 이 논문은 더욱 보완되어 1921년 마침내 『확률이론』(*Treatise on Probability*)으로 출간되었다. 이미 1911년에 케인스는 오늘날뿐만 아니라 당시에도 세계적으로 주도적인 국민경제학의 전문학술지 가운데 하나인 『이코노믹 저널』(*Economic Journal*)의 편집자로 위촉되었다.

케인스는 1913년에 "인도의 재정과 통화에 관한" 왕립위원회의 회원으로 선임되었고, 동시에 그의 첫 저서인 『인도의 통화와 재정』(*Indian Currency and Finance*)가 출판되었다. 1915년 케인스는 재무상의 "자문가들" 가운데 한 명이었던 페이시(G. Paish)의 보좌관으로 영국 재무성에 들어가게 되었다. 2년 후에 그는 "외부 재정"과 관련된 모든 문제, 실제로는 외환관리와 외부의 전쟁재원 조달을 담당하는 부서의

존 메이너드 케인스(1883~1946)

책임자가 되었는데, 이 시기에 런던은 여전히 세계금융 시장의 중심지였다!

1919년 그는 베르사유에서 재무상의 대리인으로서 평화회의에 참석하여 증언하기도 했다.[2] 케인스는 자신의 생각을 관철시키는 것과 평화조약이 하나의 "공정하고 실효성 있는 문서"가 되도록 기여하는 데에는 실패했다. 그는 낙심하여 파리를 떠났으며 재무성도 그만두고, 몇 주 후에는 그를 곧바로 세계적으로 유명하게 만든 『평화의 경제적 귀결』이란 책을 집필했다.

평화조약은 불공정하며 이 조약이 휴전협정을 침해했고 심각한 경제적 빈곤을 패전 동맹국뿐만 아니라 전체 유럽에도 초래한다는 사실을 알리고자 한 그 책의 내용은 평화회의에서 수뇌부에 있었던 한 사람이 주목을 받게 된 충분한 논거가 되었다. 경제적 판단력이라고 표현될 수 있는 권위, 그리고 평화회의와 이를 주도하는 참가자라는 사실로 알 수 있는 작가적인 탁월함은 케인스의 전쟁 이후 경력의 근거가 되었다. 그는 케임브리지와 런던 사이에 살았으며, 그 도시의 상징이었으며, 큰 보험회사 "이사회"의 일원으로 투자기금를 관리했고, 정치가와 금융분야에서 많은 사람들이 찾는 자문가이며, (이후 15년 동안에 최소한 1주일에 하나의 논고를 언론에 싣는!) 매우 존경받는 시사평론가였다. 하지만 그는 학자로 남아 있었다.

많은 활동들이 항상 그에게 과도한 부담을 주고 있었지만 그는 "또한" 『이코노믹 저널』의 편집자이며 킹스 칼리지의 회계담당자였으며 정열적으로 연구에도 전념했는데, 그 중에는 마셜과 맬서스에 대한 평론이 매우 잘 보여주고 있는 사례에서 알 수 있듯이 아주 평범한 전기물들을 쓰기도 했다.

문고판 책들은 『조약의 개정』(*The Revision of the Treaty*, 1922), 『화폐개혁론』(*A Tract on Monetary Reform*, 1923), 『처칠의 경제적 귀결』(*The Economic Consequences of Mr. Churchill*, 1925), 『러시아에 대한 단상』(*A Short View on Russia*, 1925), 『자유방임의 종말』

(*The End of Laissez-Faire*, 1926), 『로이드 조지는 그것을 할 수 있을까?』(*Can Lloyd George do it?*, 1929), 『신앙 평론집』(*Essays in Persuasion*, 1932), 『전기 평론집』(*Essays in Biography*, 1933), 『번영의 수단』(*The Means to Prosperity*, 1933)이다. 그는 기념비적인 『화폐론』(*Treatise on Money*, 1930)과 『고용, 이자와 화폐에 관한 일반이론』(*General Theory of Employment, Interest and Money*, 1936)에서 절정에 도달했다. 케인스는 그 시대에 위대한 경제학자였으며 역시 경제학적 사고의 혁명가로서 스스로 이전의 경제학자들을 "고전학파"라고 일컬었다.

1920년과 1937년 사이 그의 수많은 활동, 교수직에의 초빙, 천거 등을 보면 케인스가 다양한 삶을 살았을 것이라는 인상을 갖게 될 것이다. 이 모든 수많은 다양한 과제들과 소년시절부터의 자기의무감과 관심은 건강을 해쳤다. 1937년에 그는 심장혈전증을 극복하지만 생애를 마칠 때까지 위험한 상태에 있게 된다. 전쟁이 시작되면서 그는 치명적이었던 건강을 돌볼 수 있는 여유를 갖지 못했다.

『어떻게 전비(戰費)를 조달한 것인가』(*How to Pay for the War*)란 글과 함께 그는 이미 1940년에 다시 정부의 업무에 관여했고 재무부 장관과 영국은행 총재의 자문가가 되었다. 그는 자신의 조국을 위해서 조언을 했으며 매우 어려운 전비조달과 전후재원 조달의 조정을 위한 기획자와 협상주도자의 역할을 맡았다.

미국과의 임대차 조약과 브레턴우즈(Bretton Woods) 회의*에서의 세심한 협상 이후에 결국 국제통화 기금과 세계은행 그리고 새로운 세계통화 제도로 이끈 "케인스-플랜"(Keynes-Plan)을 그 예로 들 수 있으며, 엄청난 규모의 전후공채에 대한 협상은 결국 그의 혹사당한 삶을 완전히 소진시켰다.

1946년 4월 21일 웨스트민스터 대성당에서는 영국의 거물들이 참석한 가운데 케인스 경의 죽음을 애도하는 추모식이 거행되었다. 1942년에 케인스는 이미 귀족의 칭호를 받았다. 국내는 물론 국제적 반응은

20세기의 가장 훌륭한 경제학자가 세상을 떠났다고 평가한 점에서 일치했다.

공개된 그의 많은 사진을 관찰해보면 동시대의 사람들에게 남겼던 케인스의 인격에 대한 상이한 인상이 나타난다. 짙은 눈썹을 가진 두 눈은 항상 압도적이며 때로는 영민하게 번득이고 때로는 쏘아보거나 공격적으로 보인다. 동시에 그의 청소년기의 사진에서 그의 두 눈은 사람들을 조용하고 친근하게, 그리고 확신에 찬 모습으로 따뜻하며 자신감 있게 응시하고 있다. 짙은 콧수염으로 가려진 두터운 입술을 가진 관능적이며 감각적인 입을 볼 수 있으며 조금 안으로 들어간 턱도 간과할 수 없다. 그리고 그의 긴 다리는 캐리커처를 그리는 사람들에게 항상 일거리를 제공했다. 메이너드는 스스로 못생겼다고 생각했지만 자신의 매력에 대해서도 알고 있었으며 가족과 친구들을 "겸손한 마음으로" 사랑했다(Milo Keynes 1975).

특히 케임브리지의 사도(Apostle)클럽과 아방가르드적인 예술모임 서클인 "블룸즈버리"(Bloomsbury)의 친구들, 그 중에서도 특히 스트레이치, 버지니아 스티븐(Virginia Stephen)**, 버네사 스티븐(Vanessa Stephen)***, 그랜트(Duncan Grant), 맨스필드(Katherine Mansfield), 가넷(David Garnett), 울프, 러셀 그리고 비트겐슈타인(Ludwig Wittgenstein)은 그에게 매우 중요했다.

이러한 우정의 심도는 분명히 부분적으로는 사도클럽의 동성애적인 분위기 때문이기도 했지만, 어쨌든 친숙한 관계는 그의 전 생애에 걸쳐 유지되었다. 케인스가 공적인 인물이 되고 성공적인 투자와 출판에서 얻은 많은 수입으로 부자가 된 다음에 친구들은 그의 배려 속에서 안정을 찾을 수 있었다.

케인스와 그의 친구들을 특징짓는 빅토리아 시대의 도덕으로부터의 탈피와 개인의 합리성에 대한 신뢰를 강조한『윤리학 원리』(Principia Ethica)를 쓴 철학자인 무어(Georg Edward Moore)의 영향이 분명히 드러났다. 선함은 정의될 수 없다는 주장에서 출발한 무어는 위대한 예술작품의 지각, 인간적인 만남 그리고 사랑할 가치가 있는 사람들 사이의 사랑에서 "최고의 선"(Summum bonum)을 발견했다.

그의 『나의 초기 신앙』(*My early Beliefs*, Keynes 1949b)이라는 책에서 볼 수 있듯이, 케인스가 그의 마음을 결코 사회적, 경제적 성공에만 빼앗기지 않았다는 사실은 바로 이러한 시각에 기인한다. 그는 대단한 장서수집가였다. 그가 수집한 희귀한 장서들은 킹스 칼리지에서도 경탄할 만한 것이다.

그 밖에도 그는 주목할 만한 그림들을 모았으며 발레도 좋아했다. 그는 당시의 유명한 디아길레프 발레단의 수석 발레리나인 로포코바(Lydia Lopokowa)와 1925년에 결혼했다. 케인스는 케임브리지에 공연장을 짓고 재정적 지원을 했으며 제2차 세계대전 당시 (이후의 예술영사인) "음악과 예술 장려위원회의 의장"과 "국립미술관의 이사"로서 예술가와 예술을 위해 영향력을 행사했다.

그러나 흥겨운 눈빛을 가진 선한 마음의 케인스 이외에도 주저 없이 그의 비상한 지식을 투입하고 혹독한 풍자로 그의 반대자들을 파괴해 버리는 참을성 없고 악의적인 또 다른 케인스도 존재했다. 케인스가 공적인 토론에서도, 글에서도 용서하지 않았던 반대자들은 특히 정치가, 은행가 그리고 공공장소에서 거만한 자세로 나타나는 사람들이었다. 주변 사람들에게 보낸 사적인 편지에서조차 거의 잔인하다고 할 정도의 언어들로 구사된 다른 사람들에 대한 경멸적인 평가를 어렵지 않게 발견할 수 있다. 그는 남에게 상처를 주더라도 언어구사 능력이 뛰어난 많은 지식인들처럼 재담을 자제할 수 없었다.

장서와 그림을 수집하는 케인스의 기쁨은 이미 일찍부터 시작되었다. 이튼의 학생과 킹스 칼리지의 대학생 시절부터 아름답고 오래된 서적들에 대한 그의 관심은 시작되었다. 그는 저명한 출판사들인 배스커빌 프레스(Baskerville-Press), 엘저비어(Elzevier)와 알딘(Aldine)의 책들을 수집했고 제한된 경제력에도 불구하고 엄청난 양을 사들였다.

훗날 그는 사상사에 관한 책들을 집중적으로 수집했다. 이는 유럽 철학자들, 특히 영국 철학자인 로크, 흄, 버클리, 뉴턴, 베이컨의 초판이나 초기에 발행된 것들을 모으는 인상적인 수집으로 이어졌다. 그리고 그가 모은 라이프니츠, 칸트 그리고 헤겔의 초판들은 이 작품들이 갖는 현재의 희소성과 시장의 협소함으로 비추어볼 때 독일의 수집가들도 감동하게 만들었다.

케인스는 그가 수집했던 철학의 고전들이 그들의 객관적인 희소성에 비하여 저평가되었다는 사실을 이미 알고 있었다. 따라서 비록 그가 수집에 대한 열정을 가졌다고 하더라도 그의 구매는 "투기적"이기도 했다. 그는 자신의 세대가 충분하게 "완전한" 수집을 할 수 있는 마지막 세대라는 사실을 알아야 한다고 했으며, 이에 관한 증거도 제시했다. 생애의 마지막 10년 동안 그는 더 많이 사들였고 "아름다운" 원본을 찾았다. 케인스의 도서관에는 한 손에 책을 들고 있는 그의 인상적인 사진이 한 장 있는데, 이 사진에는 그의 오래된 책과의 교감에서 나타나는 미학적 즐거움이 퍼져 있다.

인간 케인스의 이러한 면은 1936년 6월 1일 '독서에 관하여'라는 라디오 방송에서 한 자신의 말에서 가장 직접적으로 잘 나타난다. "독자는 책과의 폭넓은 일반적인 교제를 그 자체로서 획득할 수 있어야 한다. 모든 감각기관을 통해 책과 가까워져야 한다. 책들의 냄새를 알아야 하고 책들이 어떻게 느끼는지를 알아내야 한다. 손에 책을 들고 책장을 넘기면서 몇 초 안에 책의 내용에 대한 직관적인 첫 느낌을 경험할 수 있는 법을 배워야 한다. 독자는 그가 읽은 것보다 더 많은 장서들과 살면서 일반적인 특성이나 내용은 알고 있지만 읽지 못한 책들의 신비로운 효험에 둘러싸여 있어야 한다."

이러한 생각이 킹스 칼리지에 있는 그의 '희귀한 책 모음' 코너에서 여전히 살아 숨 쉬고 있다. 그곳에는 예쁘게 제본된 강연원고들과 유명인사의 자필원고들, 4절판 형식의 영국 초기 드라마들 그리고 배스커빌과 엘저비어의 서적들이 전시되어 있다. 매우 바쁜 위대한 인물이 브레턴우즈에서의 심각한 협상 중에서도 쿼리치(Quaritch)의 새로운 고서 목록 연구했으며 그것을 (전쟁 중에!) 외교문서에 몰래 끼워 들어오게 했다는 사실을 알게 될 때 모든 고서수집가들은 기뻐한다!

케인스는 자신의 그림에 대한 관심을 친구들에게서 얻었다. 특히 버지니아 울프의 언니인 버네사 스티븐, 그리고 매우 은밀한 관계를 가지며 정열적인 사랑으로 결합하기도 했던 그랜트에 의해서 미술에 대한 안목이 생겼다. 케인스는 친구들의 그림을 샀고 전시회를 후원했으며 그림구입을 주선하기도 했다. 가장 좋아하는 그림인 세잔의 스틸화인 "감자"(Pommes)를 가졌을 때, 역사는 동시에 영국의 지도층과 케인스의 교류를 알렸다.

그가 드가(Edger Degas)의 유작이 파리에서 1918년에 경매된다는 사실을 그랜트에게서 알게 되었을 때 그는 국립미술관에게 하나 기회라고 생각했다. 케인스는 이 좋은 기회를 활용하고자 미술관장과 함께 파리에 가도록 재무장관인 로(Bonar Law)를 설득했다. "프랑스 인은 전쟁부채를 어차피 갚지 못할 것인데, 그것의 작은 부분인 그림을 사지 않을 이유가 어디 있는가?" 로는 이에 고무되었고 케인스는 파리로 가서 포격 도중에 베르타(Dicke Berta)를 통해서 첫 번째의 값진 작품인 앵그르(Ingres)의 그림 한 점, 들라크루아(Delacroix)의 작품 두 점, 그리고 세잔의 "감자"를 구입했던 것이다!

케인스는 친구들과 다른 젊은 영국 미술가들의 수많은 그림과 더불어 이후에는 오늘날에는 상상할 수도 없는 낮은 가격으로 가치 있는 유명한 작품들을 구입했다. 그의 수집목록에는 오늘날 가치 있는, 브라크(Braque, 2점), 세잔(4점), 들라크루아(3점), 드랭(Derain, 2점), 피카소(2점), 르누아르, 쿠르베(Courbet), 쇠라(Seurat), 마티스, 시냐크(Signac), 모딜리아니의 그림들을 비롯하여 수많은 작품들이 포함되어 있다. 1983년 케임브리지의 피츠윌리엄(Fitzwilliam) 박물관에서 개최된 추모전시회에서[3] 이 작품들 가운데 많은 것들이 찬사를 받았다. 케인스는 그의 생애동안 작품들을 런던, 케임브리지 그리고 틸턴(그의

"거주지". 그는 "틸턴 남작"이었다)에 있는 자신의 집들에 분산시켜 보관하고 있었다.

## 학술저서

만약 케인스의 학문적인 업적을 이해하고 평가하고자 한다면 특수한 정치적인 특성에 항상 유념해야 한다. 케인스의 경제적인 사고는 실제적인 문제해결을 지향하고 있었지만 하나의 학문체계라는 의미에서는 "이론적"이지 못했다. 많은 수학자들이 경제학을 공부했으나 그들 중 소수만이 케인스와 같은 경제학자가 되었다.

수학적 경제학의 섬세함은 그를 매혹시키지 못했다. 그는 경제학의 계속되는 형식화의 위험을 뚜렷하게 인식하고 있었다. "경제학은 모델 내에서 사고하는 학문이며 예술과 결합하여 현실세계에서 중요한 모델을 선택해야 한다. 그렇게 되어야 하는 이유는 보통의 자연과학과는 달리 경제학에 적용되는 자료들은 많은 측면과 시간의 흐름에서 동질적이 아니기 때문이다. 한 모델의 목적은 반영구적이거나 상대적으로 고정적인 요소를 일시적이거나 변화하는 요소들에서 분리하는 데 있는데, 이를 통하여 논리적인 형태로 사고할 수 있고 이 요소들이 특정한 경우에 작용하는 시간적 순서를 이해하기 위해서이다. 비록 여기에 고도로 전문화된 지적인 테크닉은 요구되지 않는다고 하더라도 세심한 관찰을 통해 좋은 모델을 세울 수 있는 능력을 갖기는 매우 어렵기 때문에 훌륭한 경제학자는 드물다."[4]

이미 『인도의 통화와 재정』에서 통화정책은 적절한 조정을 통해서 주민들의 복지를 향상시킬 수도 있지만, 통화정책적 결정에 의해 불필요한 고통도 발생시킬 수 있다는 그의 인식이 분명해졌다. 베르사유 협상과 그 결과인 평화조약의 경험은 이러한 인식을 더욱 확고하게 했고 이와 동시에 정확한 해답을 찾고, 널리 알리고 실천하는 케인스의 활동을 크게 확대시켰다. 『조약의 개정』은 베르사유 조약으로 다급하게 된 문제들을 해결하기 위한 첫 번째 시도였다.

『화폐개혁론』은 케인스 사고의 또 다른 특색을 가지고 있다. 그는 가급적이면 기존의 "이론"에서 출발하지만 통화정책을 위한 대안과 관련해서는 분명히 질문한다. 평가절하 또는 디플레이션? 국내 가격안정 또는 환율의 안정? 금본위 또는 통화관리? 그리고 그는 이러한 질문들에 대해 통화정책적 수단을 위해 경험적인 가정에서 결론까지 이용해서 대답한다.

여기서 실질적이고 경험적인 가정은 화폐수량설의 유효성인데, 이것은 매우 직접적으로 분석된 가격수준 변화(인플레이션과 디플레이션)의 결과와 함께 국내 가격수준의 안정을 선호하고, 이에 상응하여 환율변동을 감수하며 신용대부(요구불 예금)를 국내 가격수준이 안정되도록 조정해야 한다는 결론을 유도했다. 국가(영국은행)는 이러한 안정화 정책으로 기업의 위험을 줄이도록 요청받았는데, 케인스는 이것이 불필요하게 높을 경우 고용과 복지를 위협할 수 있다고 보았다.

『처칠의 경제적 귀결』은 『화폐개혁론』에서 언급된 영국의 위험을 구체화시켰는데, 잘못되었거나 상황에 적합하지 않은 이론들은 매우 부정적인 경제정책의 원인이 된다는 것이다. 『자유방임의 종말』이라는 탁월한 정치적 경제적 비평서에서도 역시 국가개입의 필요성과 함께 "야경국가"(夜警國家) 사고의 종식을 공언했다.

국가의 경제적 과제를 해결하기 위해서는 현실적 접합점, 일상의 요구 그리고 기회뿐만 아니라 경제이론도 필요하다. 케인스는 이러한 것들을 자신의 걸작인 『화폐론』에서 전개시키고자 했다. 일곱 부분(화폐의 본질, 화폐의 가치, 기본방정식, 가격수준의 동학, 화폐적 요소와 그것의 변동, 투자와 그것의 변동, 화폐관리)으로 나누어져 두 권의 책으로 구성된 이것은 5년에 걸친 노력의 산물이었으며 화폐이론의 기본서로서 새로운 인식의 계기가 되었다. 이것의 내용은 발간 당시인 1930년보다 오늘날 더 잘 이해될 수 있는데, 『화폐론』이 혼란을 야기시켰기 때문이다. 그래서 알려진 "확실한" 인식은 흐려지고 케인스의 새로운 메시지는 이해되지 못했다.

케인스 자신도 책이 완성될 때 자신의 생각이 더 앞서갔다는 사실을 이미 알았던 것 같다. 그는 책에 대해서 어머니에게 다음과 같이 썼다. "작품성으로 보면 그것은 실패작입니다. 진정한 일관성을 유지해야 함에도 저는 책 전체를 통해서 저의 생각을 너무 많이 바꿨습니다. 그렇지만 이 책은 풍부한 사고와 자료를 담고 있다고 생각합니다." 이러한 사고, 판단, 그리고 사실들의 풍부함이 『화폐론』을, 이것이 경제학설사와 케인스 사상의 발전사에서 차지하는 어마어마한 가치와는 별개로, 50여 년이 지난 후에도 여전히 화폐이론의 기본서로 만들었다.

이 책에서 케인스는 자신의 유명한 기본방정식에다 그가 논리적으로 변형시킨 화폐수량설을 여전히 추종하고 있었다. 이 방정식은 표준재화의 단위당 생산비용과 시장가격의 관계를 분석한다. 케인스는 생산비용과 시장가격의 차이를 생산을 확대시키고 축소시키는 원인으로 단정했다. 이것은 통화정책과 이자율의 하락, 즉 투자를 용이하게 함으로써 극복될 수 있는 실업에 영향을 미친다. 투자가 저축의 크기에 도달했을 때 비로소 다시 균형에 이르고 ("정상이윤"을 포함하는) 생산비용은 가격과 동일하게 된다.

케인스는 자신이 기본방정식에서 유도한 것들이 가격변동의 발생경로에 대한 "실마리", 즉 "가격변동이 하나의 안정된 균형을 기준으로 한 진동을 통해 발생하는지 아니면 그것이 한 균형으로부터 다른 균형으로의 이동에 의해 발생하는지를 보여준다고 생각했다(1971~82, V, 137쪽)." 그래서 그는 그의 이론을 적용가능하다고 간주했고 역사와 현실에서 결정적인 변수들의 크기를 평가했으며, 설정된 통화관리의 과제를 위한 제도적 장치와 그것의 적합성과 조정도 분석했다.

1931년 독일어판 서문을 보면 그 자신과 사건들은 다음과 같이 계속 전개된다. 그가 지지하지 않았던 금본위제는 실질적으로는 붕괴되었으며, 케인스는 공동의 통화단위와 이 통화단위에 대하여 회원국들의 자국통화가 고정된 변동폭(±5퍼센트)을 갖는 통화연합(영국, 남미, 중유럽, 스칸디나비아 제국)을 구상했다! 케인스는 책의 첫 번째 개정 이후에 "신용대부량과 저축, 투자가치의 차이 사이에는 은행통계와 통화통계에 대한 완전한 파악으로부터 유도될 수 있는 직접적이고 필연적이며 불변인 관계는 없다는 점을 확실히 밝혔다." 케인스는 아마도 기본방정식에서 그 설득력이 가장 최고조에 달했을 화폐수량설을 이 한 권의 책에서 추월했다.

『기록모음집』(Collected Writings)의 제13권, 제14권 그리고 제29권은 『일반이론』과 그것의 실행에 이르기까지 케인스가 겪었던 힘든 과정을 기록하고 있다. 공공의 주문자로서 국가에게 『화폐론』의 이자율 정책이 세계경제 대공황과 그것의 결과를 극복하기에 충분하지 않다는 의문이 제기된다는 사실은 그 시절 수많은 동료에게도 분명해졌다. 그러나 폭넓게 수용되었던 이에 대한 원인들은 케인스를 설득시키지 못했다. 1933년 『슈피트호프-기념논문집』(Spiethoff-Festschrift)에서 그는 "내 생각에는 위기의 문제가 해결되지 못하는 주된 원인, 또는 적어도 왜 이 이론이 그렇게 불만족스러운지는 생산의 통화이론이 갖고 있는 불충분함에 있다."

따라서 하나의 새로운 이론이 필요했고 그에 따라 고통스러웠지만 격정적이며 활기찬 사고에서 도출된 『고용, 이자와 화폐에 관한 일반이론』(이하 『일반이론』)을 "동료 경제학자들"에게 제시했다. 그는 "나는 고도의 추상적인 논거나 수많은 논쟁에 의하지 않고는 자신들의 몇 가지 기본적 가정에 대하여 비판적으로 재검토하도록 경제학자들을 설득하려는 나의 목적을 달성할 수 없었다(영어판 서문)"는 사실을 알리고자 했다. 그러나 그는 또한 "과장될 수 없는 쟁점사항이 중요하다"는 사실도 알고 있었다.

무엇이 케인스로 하여금 그가 경제이론을 위하여 하나의 매우 중요한 걸음을 내디뎠다는 사실을 확신하게 하는가? 케인스는 1936년에 해러드에게 다음과 같이 썼다. "4반세기 동안 논쟁을 지배했던 총생산의 수요이론과 공급이론, 즉 고용이론의 완전한 축출은 매우 특별한 의미를 갖는다. 나의『화폐론』이 출간된 이후 갑자기 깨닫게 된 이러한 사실은 나에게는 가장 중요한 변화 가운데 하나였다. 이것은 나 스스로 소득과 소비의 격차가 증대한다는 심리학적 법칙——내 사고를 위해서는 매우 중요한 의미를 갖는 결론이지만 다른 사람들의 사고를 위해서는 분명히 그렇지 않은——을 공식화한 이후에야 비로소 생긴 일이다. 이후 이자율은 유동성선호의 척도라는 생각도 분명히 들었다. 오랫동안의 혼란과 수많은 구상들이 있은 후에야 마침내 '자본의 한계효율'이란 적절한 개념을 통하여 이 두 요소들을 연결할 수 있었다."

케인스의『일반이론』은 그 자체로는 하나의 불균형 이론이며 비교정학적 방법을 사용했다. 이러한 목표설정과 내용의 부조화라는 한 측면과 응용된 방법론이란 다른 측면은 케인스의 생각을 이해하고 실행하고 또한 거부감도 갖게 한다. 그리고 고용, 이자와 화폐에 관한 일반이론은 놀랍게도 단순하다. 주어진 물가와 명목임금에서 고용의 크기는 생산규모를 결정하는 총 유효수요의 직접적인 함수이다. 평균소비 성향과 한계소비 성향은 1보다 작으므로 소비수요는 전체 생산을 감축시키기에 부족하다. 생산과 고용의 발전을 위해서는 투자가 중요하다($Y=C+I$). 투자는 현재와 미래를 연결한다. 기대수익, 즉 "자본의 한계효율"이 투자의 크기를 결정한다.

저축과 투자는 이자율을 통해서는 균형점에 도달하지 못하고 오히려 화폐시장의 이자율은 자산소유자들의 유동성선호에 의해서 결정된다. 그러나 오늘 결정되는 투자의 기대수익은 불확실성이라는 부담을 안고 있으며, 어떠한 술책도 좀더 확실한 계산을 가져다 줄 수 없다. 미래에 대한 지식은 미래의 지식과 마찬가지로 불확실하다! 미래에 대한 기대는 그래서 "형식적"이고 불규칙적이며 예측할 수 없는 분위기에 예속되고, 마찬가지로 투자의 규모와 함께 총 유효수요, 즉 고용의 크기 또한 위협받는다. 매우 부족한 총유효수요의 상태에서 실업자가 된 고용인들에게 그들의 고용을 안정시키기 위해 "실질임금의 하락"이라는 방법을 사용할 수 없다. 그들은 잠재적인 고용주가 일반적인 임금하락을 기다린다고 하더라도 "실질가치"가 정해지지 않은 화폐경제에서는 명목임금을 협상한다. 이에 따라 높아진 일반적인 불확실성에 따른 명목임금의 포기는 실업을 증대시킬 것이다.

실업이 결국은 높은 임금 또는 임금의 하방경직성에 근거한다는 전통적인 이론에서는 이러한 시각은 받아들이기 어려웠다. 전통이론에서 화폐는 단지 상품거래를 원활하게 해주는 기능만을 할 뿐이며, 그 밖에 "화폐환상"의 배후를 살펴야 하고 생산과 자원배분의 "실제"세계는 선호와 희소성의 결과로 이해해야 한다.

이와는 대조적으로『일반이론』은 "옥수수경제"와 화폐경제를 진지하게 구별하여 화폐경제를 "일반적인" 것으로 받아들이고, 신고전학파의 균형이론은 지적으로는 매력적이지만 현실세계에서는 별로 의미가 없는 특수한 경우로 간주했다. "옥수수경제"에서는 한 실업자가 그의 실질적인 옥수수생산에 못 미치는 "옥수수임금"을 요구할 경우 그는 일자리를 기대할 수 있을 것이다. 화폐경제에서 실업자는 장래의 사용자가 추가적인 수요라는 형태의 시장의 신호를 받아들이지 않는데도 명목임금을 요구한다.

추가적으로 고용되는 노동자의 추가적인 화폐수입으로 발생된 추가적인 수요는 단지 "관념적"이며 유효한 것은 아니다. 다른 한편으로 개별 가계의 저축은 불분명한 미래 상황에서 하나의 불분명한 수요이다. 마찬가지로 확정되어야 하는 시기에 생산설비에 대한 확정되어야 할 투자가 갖는 피할 수 없는 위험도 크다. 그래서 케인스는 특히 심각한 실업의 상태에서 (그가 가능하다고 생각했던) "완전고용 균형"을 이루기 위한 투자를 자극시키기에는 "자본의 한계효율"이 너무 작을 수 있다는 위험성을 알았다.

케인스에 의해 조심스럽게 얻어진 경제정책적 결론은, 낮은 이자율을 추구하고 위협적인(지속적인 실업보다는 더 적절한 표현인) "불완전고용의 균형"에서는 "승수효과의 과정"을 통해 완전고용 수준으로 인도하는 총 유효수요를 유발시키는 데 적합하다고 보이는 국가에 의한 독자적인 수요증대(적자재정)를 요구하는 통화정책이다. 이러한 결론은 세계경제 대공황 당시에 논란은 적었으나 "이론적인" 근거가 없었다. 케인스는 이론적인 근거가 제공되어야 한다고 생각했다. 그는 이를 실천하기 위해 케인스의 거시경제학을 전적으로 하나의 균형의 틀 속으로 복귀시킨 "힉스의 해석(Hicks 1937)"이 케인스의 이론으로서 교과서에 수록되는 것을 허용했다.

이러한 해석은 케인스의 거시경제학으로부터 그것의 특징적이며 기본적인 불확실성을 앗아갔다. 자본의 한계효율과 유동성선호는 조작할 수 있는 함수가 되었고, 이로 인해 신고전학파 종합은 미리 예정되어 있었다. 케인스의 이론을 익숙한 신고전학파 이론으로 가능한 한 근접시키고, 단지 세의 법칙의 유효성만 인정하지 않고 "임금은 노동의 한계생산력과 같다"는 가정을 인정하는 시장과정에 대한 이해와 연결시킨 것은 『일반이론』의 비교정학적 분석도구뿐만 아니라 그의 조심스러운 희망이기도 했다.

그의 불확실성 분석의 맥락에서는 이와 같은 첫 번째 "고전학파의 명제"는 결국 해명될 수 없는 것이다. 생산증대와 이에 상응하는 고용증대가 실질임금을 인하하지 않고도 가능하다는 사실을 던롭(Dunlop 1938, 413쪽)과 타시스(Tarshis 1939, 150~154쪽)의 실증분석이 보여주자 비로소 케인스는 자신이 곤경에 처해졌다는 사실을 알게 되었다. "내가 예전에 전제했던 것처럼 실질적인 시간당 임금이나 상품단위당 이윤에 심각한 영향을 주지 않고 완전고용에 가까워질 수 있다면, 확대정책에 대한 반대자들의 경고를 덜 염려해도 된다(Keynes 1939, 41쪽)."

그러나 케인스는 『일반이론』에서 더욱 낮은 실질임금이 더 많은 고용을 가져다주는 것이 아니라, 더 많은 유효수요가 더 많은 고용 그리고 이윤법칙의 엄격한 적용으로 인해 더 낮은 실질임금을 유발한다고 가정했다는 사실을 기억해야 한다. 매우 많은 케인스의 해석에서 이러한 사실은 충분하게 주목받지 못했다. 하나의 결과는 케인스가 "불완전 고용균형"을 설명하기 위해서는 경직적인 실질임금을 전제하거나 전제해야 했다는 생각이었는데, 이러한 잘못된 케인스의 해석으로 케인스 이론은 다시 주도적인 학설로 환원되었다! 그러한 해석과 연관된 생각들은 케인스가 그의 이론에서 명목임금이 "지나치게 높다"고 가정했지만 노동자와 그의 대표자들은 화폐환상에 빠져 있기 때문에 (인플레이션에) 잠복된 실질임금의 하락이 속임수를 쓰게 되고 더 높은 고용도 가능하게 한다고 본다.

이러한 해석은 케인스가 매우 낮은 투자의 이자탄력성을 가정했거나 저축이 이자에 대하여 비탄력적이라고 가정했다고 주장하는 것과 마찬가지로 『일반이론』에서 발견하기 어렵다. 그에 반해 케인스는 "실질잔고 효과"의 가능성은 인식했지만, 이것이 심한 불황으로부터 충분하고도 신속하게 회복될 수 있다는 희망의 근거가 되기에는 그 영향이 너무 미미하다고 생각했다. 그 밖에도 케인스에 의해 인지되었던 수요와 공급의 불균형 상태에 대한 실질적 적응과정은 수량이 가격보다 더 빨리 반응한다고 설명한다.

경제발전의 동학(動學)과 『일반이론』에서 투자와 고용의 전개에 대한 형식적으로 만족스럽지 못한 설명에도 불구하고 케인스는 폐쇄경제에서의 그의 이론이 갖는 경제정책적 결론을 조심스럽게 피력했다. 투자의 사회화는 높은 고용을 위해서 필요하다. 이는 국가의 적절한 정책적 수단(정부투자, 이자율 정책)을 통해 유효수요를 창출한다는 의미로 이해된다. 유효한 "완전고용 수요"에서 시장을 통해 자원배분의 효율성이 보장됨을 믿었으나 그는 무엇보다도 분권적인 시장배분을 통한 정치적 자유와 이와 연관된 사회적 삶의 변이성의 보장에 대해서는 신뢰하지 않았다.

케인스의 가장 학술적인 저서인 1921년에 발간된 『확률이론』에 대해서는 그의 삶에서와 마찬가지로 여기에서도 단지 부차적으로만 언급될 것이다. 그가 이 책의 초판을 이미 특별연구원 수상논문으로 발표했을 때(1908), 이 책이 그 저자와 어울리지 않는다고 평가된 것 같다. 그는 1906년부터 1911년까지 거의 모든 학문적 활동을 그 책에 집중했다. 하나의 박사 후 과정의 논문처럼 이것은 근본적인 연구를 통해서 학문 세계에서 명예로운 자리를 차지하기 위한 능력 있는 젊은 학자의 야심에 찬 시도였다. 전쟁의 발발과 새로운 업무들로 인해 작업이 "멈춘" 이후에 (예를 들어 러셀에 의한) 긍정적인 평가에도 불구하고 케인스가 기대했던 반응이 1921년에는 나타나지 않았다.

케인스의 확률저서는 70년 후에도 진지한 진행이 요구되는 하나의 공개적인 연구계획과 같은 효과만 발휘했다. 미제스의 빈도해석과 콜모고로프(Andrej N. Kolmogoroff)에 의한 확률계산의 공리화는, 케인스의 제자, 비평가 그리고 친구 램지(Ramsey)와 피네티(Finetti)에 의해서 출발한 "기대계수"(betting coefficient)를 이용한 주관적인 확률개념과 마찬가지로 케인스의 저서가 갖는 영향력을 오히려 축소시켰다. 케인스의 『확률이론』은 확률개념을 수학에서 철학으로 가져오고자 했는데, 여기에서 그는 라이프니츠의 사고에 연결하여 확률을 명제들 사이의 논리적인 관계로 해석했다.

그에게 확률은 무지는 아니지만 그렇다고 완전한 지식도 아닌 부분적인 지식의 정도를 확고히 하는 것이다. 즉 그에게 확률은 엄격한 논리적 의존성보다 더 약한 하나의 논리적 관계이며, 그것의 본질상 상대적 빈도에 대해서 어떤 진술도 할 수 없는 것이다. 케인스는 또한 "아마도"라는 개념의 구어적(口語的)인 의미를 자신의 이론에 받아들임과 동시에 귀납법의 논리적 기초를 제시하고자 했다. 그의 시도는 많은 곳에서 기술적 오류가 있거나 큰 문제점을 나타냈지만, 『확률이론』은 (또한 정리된 저술 전체에서) 여전히 확률개념과 "부분적 지식"에 대한 사고와 논쟁의 보고(寶庫)이다.

케인스가 오랫동안 확률이론에 전념한 사실은 학문으로서 경제학과 계량경제학에 대한 자신의 견해뿐만 아니라, 그의 공리주의적 윤리에 대한 이론적 자세에도 일반적으로 예상한 것보다 더 큰 중요성을 갖는 다. 그가 경제학 이론에 대해서 언급할 때 그는 그것이 불완전한 지식에 관한 것이라는 사실을 알았으며, 그 자신의 모델(그리고 경험적인 가정과 진술)에 대해서도 이에 상응하는 신중함을 "그의 두뇌의 뒤편에" 가지고 있었다.

비록 케인스의 『전기 평론집』이 위대한 국민경제학자로서 그의 가치를 첨언하는 것보다 오히려 작가로서의 그의 지위를 정당화하고 있지만, 그의 전기적 저술들을 고찰하는 것도 케인스 작품의 평론에 속한다. 물론 맬서스나 제번스 그리고 마셜에 관한 위대한 전기적 평론들은, 특히 이것들이 경제이론가로서 케인스의 자기적응을 조명하는 한 사상사적인 관심거리이기도 하지만, 무엇보다도 예술이 요구하는 것처럼 "의미있고 또한 마음을 끄는" 예술장르의 걸작품들이다.

케인스 자신 또는 정신적으로 비슷한 사람들의 애정이 담기고 재기발랄한 인물평을 읽고 또 읽으면 이러한 전기적인 노력은 케인스가 본래 가지고 있었던 공명심을 드러낸다는 생각을 갖게 한다. 정치가에 대하여 예리하게 지적된 인물 스케치도 마찬가지이다. 블룸즈버리의 친구들은 모방하고, 창조적이고 예술적인 영역에서 스트레이치와 버지니아 울프 그리고 다른 예술가 친구들과 경쟁하고, "나쁘고", 도덕적으로 열등한 정치적, 경제적 경쟁에서 성공한 사람으로서 그들에게 항상 겸손하고 부끄럽게 다가갈 뿐만 아니라, 똑같은 이유에서 그들의 일원이 되려는 행동들이 바로 그러한 예이다.

그들의 가까운 친구관계에도 불구하고 블룸즈버리 그룹의 "회원"들에게 나타난 서로에 대해 갖는 공명심도 간과할 수 없다. 이것은 특히 전기(傳記)작가인 스트레이치와 울프에게서 나타난 항상 질투에 가득 찬 자기과시 욕구에서 볼 수 있다. 그가 베르사유 회의의 위대한 세 사람에 대한 인물평과 그의 『회고록(나의 초기 신앙; 멜키오르 박사, 패배한 적)』(*Memoirs*[*My early beliefs; Dr. Melchior, a defeated enemy*])을 친구들에게 낭독한 것은 우연이 아니다. 그들은 문학적인 영향력을 추구했던 것이다.

사람들에게서 "보이는" 많은 상세한 내용들을 전달하는 그의 스케치가 갖는 "시각적" 자질과 함께 환경과 신비로운 기운을 연결시키는 관찰의 분위기도 역시 놀랍다. 이에 대한 하나의 사례는 1918년에 합의한 휴전조건을 1919년 초에 실행하기 위한 협상기간 동안 포슈(Foch) 사령관이 탑승한 특등 객실에 대한 상황묘사이다.

"모피외투를 입은 뚱뚱하고 혐오스럽게 생긴 사람이 승강장을 걸어 내려와 사령관의 객실로 들어섰다. 그와 함께 한 명의 장군과 목에 철십자를 두르고 이상한 나라의 앨리스에 나오는 돼지와 얼굴과 풍채가 매우 닮은 한 함장이 걸어갔다. 집단으로서 그들은 잘 알려진 흉노족의 인상과 놀랍게도 일치했다. 이 종족이 인간의 모습을 한 것은 그들과는 어울리지 않는 것이었다. 누가 바로 그것이 전쟁의 진정한 원인이 아니었다는 것을 알겠는가! ……처음 며칠 동안 그들은 증권거래소에서 부서진 사람들처럼 일그러지고 풀 죽은 얼굴과 피곤하게 노려보는 두 눈을 가진 하나의 슬픈 무리였다(Keynes 1949, 19쪽 이하)."[5]

그리고 클레망소, 윌슨(Wilson) 그리고 로이드 조지(Lloyd George)와 그들의 품성에 갖다댄 베르사유 협상의 운명적인 분위기에 대한 케인스의 묘사도 잊을 수 없다. 클레망소는 그 안에서 "세계의 남자"이자 감각과 경험이 풍부한 사람으로 묘사된다. 또한 그는 윌슨 미국 대통령, 즉 "프로테스탄트적 성직자의 도덕과 성향으로" 무장되고 세상과 생활에 대하여 경험이 없는 신세계로부터의 멍청이에 대하여 냉소적으로 그의 의지를 관철시킨 사람으로 나타난다.

케인스의 묘사에서 이러한 과감한 표현이 가능한 것은 조지 경이 매우 위험한 타협안을 제시할 수 있다는 것을 알게 한 그의 위선적인 도덕적 천박성 때문이다. "특징과 원칙이 없는" 이러한 웨일즈 마녀의 매력에, 그리고 이지적이고 유순한 "요부"에게 경험이 없는 윌슨은 굴복해야만 했다.

## 케인스의 영향

케인스의 유일무이한 영향력을 이해하고자 한다면 그의 경제학적 사고가 가진 정치적인 성격을 항상 알고 있어야 한다. 『인도의 통화와 재정』과 『평화의 경제적 귀결』에서 케인스의 질문은 항상 경제정책이 당사자들의 복지에 어떻게 영향을 미치며 또 미칠 수 있는가라는 점이다. 그러므로 케인스 출간물의 정치적 사회적인 표현은 놀랄 만한 것이 아니다. 그는 자신의 "이론적인" 작업에 대한 지지를 얻어내기 위하여 폭넓은 언론활동으로부터 『타임스』의 수많은 독자편지와 개인적인 접촉을 통한 정치가와 경제의 지도층에 직접적인 영향력을 행사하는 방법까지 사용했다.[6]

그의 정치적인 의미는 더욱더 확산되었다. 그는 어떻게 영국 정부가 베르사유 조약을 개정할 수 있는지에 대해 독일 수상에게 그의 친구 멜키오르("한 패배한 적")를 통해 행동지침을 알려주었으며 런던에서 그러한 활동을 위한 언론적인 기반도 마련했다! "급진적인 계획"인 『어떻게 전비를 조달할 것인가』는 재무장관에 대한 케인스의 영향력을 보여주는 적절한 예이다. 그는 권유했고, 설득했으며 언론에 의한 공적인 인쇄물을 통해서 인플레이션이 없는 전쟁의 재원조달을 강요했다. 동시에 『어떻게 전비를 조달할 것인가』는 케인스의 소득분석에서 인플레이션 이론의 출발점과 토대가 되었으며, 인플레이션 이론은 이후 25년을 지배했다.

"케인스 혁명"도 마찬가지였으며 『일반이론』은 그의 "동료 경제학자들"에게 하나의 복음이었다. 케인스는 그가 시종일관 체계적으로 이론사에 그 근원을 연관시킨 『일반이론』을 신뢰했다. 동시에 사회에서 그의 복음이 들려지고 내면화되는 것을 통해서만 도달할 수 있는 경제적 관계의 변화도 의도했다.

그는 1935년 쇼에게 다음과 같은 편지를 썼다. "나는 지금보다는 앞으로 10년 후에 세계가 경제적 문제를 사고하는 방법에 대하여 일대변혁을 가져올 경제이론에 관한 책을 쓸 것이라고 스스로 확신하고 있다네. 나의 새로운 이론이 당연히 정치, 감정, 그리고 열정을 흡수하고 또 혼합하고 있다면, 나는 행동과 사건에 대한 이 이론의 영향력이라는 측면에서 최종적 결과를 예측할 수 없지. 그러나 커다란 변화는 생길 것이라네."

이론은 아마도 전쟁 덕분일지도 모르지만 놀라울 정도로 신속하고 폭넓게 수용되었다. 영국 정부만이 『일반이론』에 제시된 방식에 따른 "완전고용 정책"에 대한 의무를 가진 것이 아니라(1944), 미국 또한 1946년 완전고용법을 제정했으며 국제연합의 헌장도 회원국들에게 완전고용 정책의 책임을 지게 했다. 서독에서는 1967년의 안정법과 성장법이 케인스 이론의 실천으로 이해되었다. 이것은 학문적 분야에서 커다란 성공을 이루었고 거의 새로운 정통학설의 하나로 평가되었다.

이를 가능하게 했고 또 문서로 표현되었던 수많은 교과서 중에서도 영어권에서는 새뮤얼슨의 『경제학』(*Economics*)과 독일어권에서는 슈나이더의 『경제이론의 입문』(*Einführung in die Wirtschaftstheorie*)을 우선적으로 들 수 있다. 그러나 케인스의 복음이 갖는 강력한 공적 영향력은 아마도 그 종말의 싹도 그 속에 가지고 있었던 것 같다. 스키델스키(Skidelsky)는 1977년 『케인스 시대의 종식』(*The End of the Keynesian Era*)이라는 책을 발행했는데, 이 소논문집의 제목과 내용들은 시대정신에 부합했던 것 같다.

케인스 혁명의 이러한 종말은 이제야 이 이론의 한계와 그에 기초한 경제정책이 갖는 영향력의 전제조건이 명확해지는 등 경제이론에 대한 케인스의 공헌을 올바르게 이해하도록 했다는 결과를 가져왔다. 케인스 모델의 편협하고 고도의 통합적인 특성은 한 경제에서 "완전고용"에 도달하기 이미 오래전부터 통화정책, 특히 "적자재정"을 통해서는 해소될 수 없는 공급부족이 존재한다는 사실을 보지 못하게 했다.

그러한 부족현상은 실물자원과 특별한 자질을 갖는 노동력을 이용해서 공급되는 경우뿐만 아니라, 특히 영국이 이른바 "규제정책"(stop and go-policies)에서 아픈 경험을 한 것처럼 외환보유고에서도 나타난다. 그 밖에 케인스의 처방은 정책적으로도 완벽하게 실행되지 못했다. 불완전 고용상태에서는 추가적인 수요와 정부의 적자를 낳는 재정정책을 시행하게 된다. 그러나 불완전 고용은 케인스의 처방이 예견한 것처럼 호경기에도 해소되지 않으며 국가채무는 급격하게 증가한다.

임금협상 당사자들, 특히 노동조합은 국가의 고용정책을 점점 신뢰하기 때문에 임금협약에서 고용위험에 대해서는 점점 관심을 덜 가진다. 그 결과 인플레이션이 전개되는데, 오직 통화정책만이 이것을 극복하는 것을 맡게 되어 결과적으로 경기침체를 거쳐 대규모의 고용손실을 가져다주었다. 케인스는 그의 사고와 저작에서 임금-가격-문제에는 관심을 매우 적게 두었으며, 마찬가지로 불완전한 경쟁의 결과와 상승하는 규모의 경제도 충분하게 고려하지 않았다.

"완전고용"이란 개념 스스로가 한 경제를 위해 잘 정의된 완전고용과 부합되는 통화수요의 수준이 결정될 수 있다는 잘못된 판단으로 유도했다는 사실도 역시 충분한 근거가 있다. 사실 노동력의 공급은 상대적으로 탄력적이며 지역 내부와 외국의 원천으로부터 제공된다. 이에 상응하여 이른바 "완전고용 정책"의 융통성도 컸다. 다른 측면에서, 예를 들어 임금협상 당사자들이 그들의 결정에서 국가의 행위를 사전에 예측할 경우가 종종 발생한다면, 케인스 이론의 수용은 그것의 경제정책적 성공기회를 변화시킬 것이다.

결론적으로 케인스의 처방은 자신의 생각대로 정치가들을 진정한 "공복"(公僕)으로서 순수한 실력계층에 의한 지배의 정신에 따라 오직 국민의 장기적 복리를 추구하는 존재로서 전제했음이 확실하다. 이러한 환상은 모든 곳에서 크게 깨졌다. 정치가들은 시종일관 자신의 경제적 이익과 권력목적을 지향하는 배타적인 사회계층으로서 재정정책이라는 새로운 정치적 수단을 비양심적으로 단기적인 권력유지를 위해 이용하고 "공공의 복리"를 자의적으로 조작하는 것으로 드러났다.

케인스 자신도 원래 정치가의 지성과 도덕에 대한 환상을 가지고 있지 않았으며, 그들을 다방면으로 알았고 그들에 대하여 매우 개방적으로 평가했다. 하지만 그는 기술적으로 훈련된 책임있는 경제학자를 염두에 두었고 자기의 이론을 필요로 하는 정치가에 대하여 자신이 주도적인 영향을 미칠 것으로 믿었다. "경제학자들의 시대"에 대한 환상은 1980년대 중반에 도처에서 크게 깨졌다. 이러한 의미에서 사람들은 케인스의 이론을 시대에 뒤떨어지고 진부하며 또는 완전히 잘못되었다고 표명하지 않고도 진정으로 케인스 시대의 종언을 얘기할 수 있었다.

마르크스가 마르크스주의자가 아니었던 것처럼 케인스도 케인스주의자가 아니었다. 그러므로 "케인스 시대"의 종언은 케인스의 이론적 공헌에 대한 새로운 관심을 불러일으켰다. 케인스가 『우리의 자손들을 위한 경제적 가능성』(*Economic Possibilities for our Grandchildren*, 1930)에서 인류를 위해 경제적 문제가 해결되는 미래에 대한 꿈을 가졌던 1930년 이후의 경제와 인구의 발전은, 오늘날 케인스를 냉정하게 경제이론의 역사에서 이론가로서 인지될 수 있게 했다. 또한 그의 경제정책적 복음과 비전은 그 시절 영국의 사회적 현실로 간주될 수 있도록 했다.

|하랄트 셰르프 · 김용원/이방식 옮김|

# 15 | 오이켄
Walter Eucken, 1891~1950

## 생애, 교수활동, 주위 배경

발터 오이켄은 1891년 1월 17일 예나에서 철학자이자 노벨상 수상자인 루돌프 오이켄의 아들로 태어났다. 그는 예나에서 김나지움을 다닌 뒤 킬, 본, 예나의 대학교에서 경제학을 공부했다. 그런데 그는 이미 가정에서 그의 전공을 훨씬 벗어나는 범위의 일반교양을 습득했다. 그는 1913년 신(新)역사학파에 속하는 경제학자인 슈마허(Hermann Schumacher) 밑에서 「해운업에서의 사업자 단체의 형성」(Die Verbandsbildung in der Seeschiffahrt)이라는 논문으로 박사학위를 취득했다.

1914~18년까지 그는 전선(前線)장교로 제1차 세계대전에 참전했으며, 1920년 에르트지크(Edith Erdsik)와 결혼했다. 1년 후 그는 베를린 대학교에서 「세계 질소공급. 국민경제학적 연구」(Die Stickstoffversorgung der Welt. Eine volkswirtschaftliche Untersuchung)라는 논문으로 교수자격을 취득했다.

교수자격 취득 후 1925년까지 오이켄은 베를린 대학교에서 강사생활을 했으며, 독일 제국 공업협회의 섬유산업부 부총무를 지냈다. 그는 1925년 튀빙겐 대학교 경제학 교수로 있었으며, 바로 2년 후에는 프라이부르크 대학교 교수로 있었다. 그는 그곳에서 사망할 때까지 가르치고 연구했다. 그는 초청강연을 위해 방문했던 런던에서 1950년 3월 20일 사망했다.

오이켄은 단순히 뛰어난 경제학자가 아니었다. 그는 동시에 용기와 책임감으로 가득 찬, 감동을 주는 인물이었다. 이러한 그의 특성은 1933년 이후의 그의 행동에도 잘 나타났다. 오이켄의 경제정책적 구상의 반대자였던 잘린이 후에 기술하기를, 오이켄이라는 이름은 "광범위한 지식층의, 그리고 그것도 바로 대학에서의 지식층의 도덕적 파산을 경험했던 시대 속에서 환하게(1950, 2쪽)" 빛을 발하고 있다고 했다. 오이켄은 대단한 그의 성공에도 불구하고 겸손했다. 그에게 공명심이란 낯선 것이었다.

그가 만났던 사람들, 특히 그의 제자들에게 미쳤던 영향력의 현저한 부분은 그의 높은 학문적 수준과 그의 고상한 인간적 품성의 결합에 바탕을 두고 있었다. 그는 대학에서의 주업(主業)을 시작한 처음 몇 년간 그의 노동력의 대부분을 제자들에게 쏟아부었다. 오이켄은 제자들을 장래의 직업활동에 적합하도록 최대한으로 훈련시키는 것을 자신의 과제로 삼았다. 그렇게 하면 경제적, 정치적 사태가 좋아질 것이라고 그가 굳게 믿었던 것도 중요한 원인이었다. 그는 뛰어난 연사가 아니었음에도 그의 강의는 감명을 주는 것이었다. 그것은 그가 자신의 사상의 형성작업에 수강생들이 동참하도록 했기 때문이다.

오이켄은 제자들에게 일상적인 전공교육을 시키는 것에 머무르지 않았다. 그는 경제현실에 대한 인식이 말할 수 없을 정도로 중요하다고 생각하여 제자들을 기업으로 안내했다. 때로는 다른 전공분야의 전문가들과 함께 그렇게 했다. 그는 제자들을 자신의 집으로 초대하여 몇 시간이고 같이 토론을 했고, 그 가운데 약간은, 협의의 전공문제에 대해서도 토론했다. 이를 통해 방문자들은 그와 그의 부인의 폭넓은 교양을 접하게 되었다. 법학자와 경영학자들, 특히 법학자인 뵘(Franz Böhm)과 그로스만 되르트(Hans Grossmann-Doerth)와의, 학문적 관심을 자극하는 공동세미나가 비좁은 전공경계를 벗어나 인식의 지평선을 넓히는 데 도움을 주었다.

이외르(Walter Adolf Jöhr)는 오이켄에 대한 추도문(1950)에서, 나폴레옹에 대항하는 해방전쟁을 그린 '예나 대학생들의 진군'이라는 호들러(Ferdinand Hodler)의 그림에 대해 언급했다. "말들 사이로 중심인물인 한 가냘픈 젊은이가 서 있는데, 그는 유연한 동작으로 군인외투를 입고 있는 중이다. 그러나 동시에 그는 사색하듯이 바닥을 주시하고 있다(1950, 257쪽)." 이 젊은이가 다름 아닌 바로 17살의 오이켄이다. 호들러는 오이켄에게 모델이 되어줄 수 있겠느냐고 물었던 것이었다. 이외르는 그림에 묘사된 진군의 상황은 동시에, 경제학자로서 그리고 인간으로서의 오이켄의 태도를 특징짓는다고 말했다.

삼중(三重)으로 오이켄은 진군을 시작했다. 역사주의의 극복을 위하여, 독일에서 이론경제학적 작업을 새로 구축하기 위하여, 그리고 경제질서를 형성하기 위하여. 세 번째 측면과 관련하여 이외르는 그 그림에 대한 해석을 하나 더 덧붙인다. 오이켄의 "경제학에서의 업무는 점점 더 자유를 위한 투쟁이 되어간다(같은 책, 259쪽)." 그 투쟁의 특징을 나타내기 위해서 이외르는 오이켄이 그의 저서 『경제정책의 원리』(Grundsätzen der Wirtschaftspolitik)에서 제기한 문제를 인용한다. "산업화된 경제에서 인격의 자유를 구해내는 것"이 도대체 어떻게 하면 가능할 것인가.

오이켄은 그때그때의 주위환경에 최대한 적응하는, 상대하기 편안한 사람이 결코 아니었다. 그는 다수에 대해서도 그들의 길이 틀렸다고 생각되면 그들에게 대항했다. 옳다고 인식한 것에 대한 그의 지지활동으로 그의 적이 생겼는데, 적지 않은 경우에 그들은 그의 구상을 잘못 이해하고 있었다. 1918년 전쟁에서 돌아온 후, 그는 무엇보다도 공업협회에서의 활동을 통해서 바이마르 공화국의 경제문제와 정치문제에 접하게 되었다.

그는 나라가 잘못된 길을 가고 있다는 것을 금방 알아보았다. 그리고 그는 역사학파에 지배되고 있는 독일의 경제학은 장비를 갖춘 상태가 열악하여, 분석과 경제정책적 권고를 통해 당시의 문제해결에 도움을 줄 수가 없다는 것을 인식했다. 그렇지만 그는 동시에 독일의 경제학이 자신의 가능성을 사용하게 된다면 도움을 줄 수 있다고 확신하고 있었다. 그를 위한 전제조건은 이론적 작업의 새 출발이었고, 역사주의와의 결별 그리고 발전의 필연성에 대한 신념과의 결별이었다.

## 오이켄의 학문적 성과

### 1934년 이전의 연구결과 발간

앞에서 이미 언급했던 오이켄의 최초의 두 개의 발간물인 박사학위 논문과 교수자격 취득논문은 여전히 역사학파적 특색을 지니고 있었다. 이론으로의 방향전환은 그의 주목할 만한 그리고 오늘날에도 여전히 읽을 만한 가치가 있는 논문인「독일 화폐문제에 관한 비판적 고찰」 (Kritischen Betrachtungen zum deutschen Geldproblem, 1923)과 함께 이루어졌다. 이 세상 어디에서도 독일처럼 역사학파의 영향 때문에 이론적 연구가 무시된 곳은 없었다. 그리하여 결국 대부분의 독일 경제학자는 제1차 세계대전 후에 나타난 인플레이션의 원인을 파악하지 못하게 되었다.

그들은 그것을 국제수지 적자로 설명했다. 오이켄은 그것에 만족할 수가 없었다. 그렇지만 역사학파 경제학에 의해 교육을 받은 그에게 현실은 일단 "아무것도 설명해주지 못하고 있었다. 아무리 노력을 하고 아무리 많은 사실을 열심히 수집해보아도, 오이켄이 가득 품고 있는 문제들에 대한 해답을 현실에서 얻도록 해주지는 못했다(Miksch 1950, 283쪽 이하)." 인플레이션의 원인에 대한 문제도 마찬가지였다. 그리하여 그는 이론으로 방향을 바꾸었다. 그에게 이론은 "경제적 실재에 대

발터 오이켄(1891~1950)

한 이해 및 재구성의 수단"이었다. 이론에 의해서 제기된 문제들은 "그를 정말로 괴롭혔으며, 그는 그 문제들과 씨름했다. 그 문제를 푸는 것은 그에게 중요한 사안이어서 그는 그것에 혼신의 힘을 기울였다(같은 책, 283쪽)."

그의 논문에서 오이켄은 이른바 국제수지 인플레이션론을 먼저 단순한 유형, 보다 세련된 유형의 순서로 소개했다. 이 이론에 의하면 제국은행(바이마르 공화국의 중앙은행―옮긴이)의 화폐발행은 인플레이션의 원인이 아니라 마르크 화폐의 가치하락에 의해 야기된 화폐수요 증가의 결과라는 것이다. 이 이론의 대변자들은 그 가치하락의 원인은 지폐유출이라고 주장했고, 다시 그것의 원인은 독일의 과도한 대외 배상지불 의무와 그로 인한 국제수지 적자문제라고 보았다. 외국인들은 그들이 수령한 지폐를 매각했으며 그로 인하여 마르크 환율이 하락하고 다시 이것이 먼저 수입물가를, 그리고 결국은 모든 물가를 인상시키게 된다는 것이었다.

우선 오이켄은 국제수지의 중요한 부분인 무역수지의 적자를 올바로 산출했는지부터 의심했다. 그에 의하면 중요한 환율평가 문제들이 제대로 해결되지 않았기 때문이다. 또한 1922년에 지폐유출은 특별히 큰 규모가 아니었으며, 외국화폐의 독일로의 유입이 현저하게 더 컸다는 것이다. 결국 오이켄은 사실에 대한 검토에서 출발하고 있다. 이것은 그의 특징이기도 하다. 그러고 나서야 일반적인 이론적 성찰이 뒤따랐다.

그 성찰의 결과는 다음과 같다. "국제수지론은 그 뿌리에서 하나의 오류에 시달리고 있다. 그 이론은 재화물가와 환율의 변동을 결국, 재화물가와 환율에 좌우되는 현상, 즉 국제수지를 가지고 설명하고 있다(1923, 19쪽)." 그는 이전에 유출된 지폐의 공급과 그것의 환율압박은 독일의 배상지불 의무에 의해서는 충분히 설명될 수 없다고 했는데, 그것은 지불능력이 없는 수요는 수입에 아무런 영향을 미치지 못하기 때문에도 그렇다는 것이다. 국제수지 적자는 소비가 생산을 초과하고 있는 징후라는 국제수지론자의 주장에도 비슷한 이야기를 할 수 있다고 보았다(같은 책, 22쪽 이하).

국제수지론의 통화정책적 제안을 비판한 뒤에 오이켄은 인플레이션 이론에 의한 분석을 했다. 인플레이션의 원인은 국가재정의 적자와 인위적인 이자율 억제에 있다. 부당하게도 국제수지론자들은 재정적자를 단순히 결과로 보고 있다는 것이다. 통화량은 재정적자뿐만 아니라 은행의 신용창출에 의해서도 증가되는데, 후자는 지나치게 낮은 이자율에 의해 자극을 받는다.

이 통화량 증가는 외환시장뿐만 아니라 재화시장에서도 물가상승 작용을 하게 된다. 물가상승은 국가재정의 적자와 신용수요를 확대시키고, 이로써 인플레이션을 더욱 촉진시킨다. 이러한 추론에서 국제수지론과는 전혀 다른 통화정책적 결론이 도출된다. 재정적자는 사라져야 한다. "화폐량을 결정하는 권력자체를 국가로부터 박탈"해야 한다(같은 책, 80쪽). 이자율은 신용수요를 완화하기 위해 상승해야 한다.

오이켄은 기본적으로 비슷한 방식으로 그의 논문「전환문제. 국제무역 이론에 관한 연구」(Das Übertragungsproblem. Ein Beitrag zur Theorie des internationalen Handels, 1925)에서, 같은 해 발간된 국제통화 문제에 관한 글에서, 화폐이론에 관한 또 하나의 논문(1926)에서 그리고 배상문제에 관한 두 논문(1926, 1928)에서 그 이론을 사용했다. 오이켄은 세계경제 대공황의 바로 직전과 공황동안에 경기변동 이론과 정책의 영역에서 세 편의 논문을 발표했으며 그의 부인이 편집을 담당했던 철학 잡지『행동의 세계』(Die Tatwelt)에 몇 편의 글을 발표했다.

1932년 질서이론 및 정책과 밀접히 관련된 최초의 논문이 발표되었는데, 오늘날 너무나 주목을 받지 못하고 있는「국가의 구조변동과 자본주의의 위기」(Staatliche Strukturwandlungen und die Krisis des Kapitalismus)라는 논문이 그것이다. 이 논문은 오이켄이 이론으로 방향전환을 했다고 해서 역사에 대한 그의 관심과 이해가 손상된 것은 아니라는 사실을 보여주고 있다. 그는 계획경제 이념에 대한 비판을 다음과 같은 말로 맺었다. "역사적 사실에 대한 감각이 결여되어 있다. 엄밀한 경제적 사고가 결여되어 있다. 그러한 결함들의 연결에서 생성된 경제정책 이념들로부터 무엇을 기대할 수 있는가(1932, 321쪽)?"

이 앞부분에서 그는 제한된 목표설정을 갖는 강한 자유주의 국가, "국가의 영역과 경제의 영역을 분명하게 서로 분리시켰던 국가(같은 책, 302쪽)"로부터, 지속적으로 증대하는 과제를 담당하는 국가, 국가의 영역을 확대하지만 그로 인해 이해당사자들의 영향력으로 약해져버린 국가로 이행하는 것이 시장경제의 작동에 미치는 불리한 결과를 분석하고 있다. 처음으로 그는 질서들의 상호의존성(여기서는 국가질서와 경제질서)을 도출한 것이었다.

이미 당시에 그는 잘 작동하는 가격기구, 경쟁 그리고 유용하고 안정적인 대외경제 관계질서가 시장경제에서 개별 경제주체의 계획들을 합목적적으로 조정하는 데 얼마나 중요한 것인가를 강조했다. 과중한 과제의 부담을 지고 있는 국가의 개입은 이 조정을 위험스럽게 손상시킨다. 그것은 한 정치적 이념을 실현시키는 데 체계적으로 봉사하지는 못한다. 그것은 오히려 개별적인 경제부문과 개별 기업, 특히 대기업의 요구에 봉사하며, 비(非)체계성이라는 특징을 갖는다.

### 자본이론적 연구

오이켄의 두 번째 대작인 『자본이론 연구』(*Kapitaltheoretischen Untersuchungen*, 1934/54)에는 세 개의 논문이 추가되었다. 「자본이론의 기본문제에 관하여」(Vom Hauptproblem der Kapitaltheorie, 1937), 「시간적 진행으로서의 경제과정」(Der Wirtschaftsprozeß als zeitlicher Hergang, 1940), 「경제과정의 시간적 조종과 경제질서의 건설」(Die zeitliche Lenkung des Wirtschaftsprozesses und der Aufbau der Wirtschaftsordnungen, 1944) 등이 그것이다.

특히 마지막 세 번째 논문은 질서이론과 강력한 연관을 갖는 것이었다. 이 책은 '국민경제학 이론은 무슨 기여를 하는가'라는 주제의 장문의 서문으로 시작된다. 이 서문은 오이켄이 후에 『무엇을 위한 국민경제학인가?』(*Nationalökonomie wozu?*, 1938)에서 더욱 발전시켰던 사상들을 담고 있다. 이 두 저작은 그의 이론적 주저(主著)인 『국민경제학의 기초』(*Die Grundlagen der Nationalökonomie*)의 예비작업으로 간주될 수 있다.

제일 먼저 언급한 저서(1934/54)의 핵심부분은 세 개의 연구로 구성되어 있다. 가장 분량이 많은 첫 번째 연구인 "자본과 자본이자"는 뵘바베르크의 동명(同名) 저서에서 완전하게 해결되지 못했던 두 번째 문제제기에 기초하여 이루어졌다. 이 두 번째 문제제기에서는 첫 번째 문제제기와는 달리 생산요소의 투입시점과 소비가능한 제품의 완성 사이의 시간(이른바 완성시간)이 여건으로서 다루어지는 것이 아니라 그 자체가 분석대상으로 파악되고 있다.

오이켄은 그렇게 해야만 이자의 원천과 크기가 설명될 수 있다고 본다. 이 연구의 결론은 임금과 이자와 완성시간 사이에는 함수관계가 존재한다는 것이다. 완성시간이 늘어남에 따라 노동자 1인당 일일 생산량은 증가한다. 하지만 일정한 극대점을 지나면 생산량은 체감한다. 완성시간을 연장하기 위해서 기업가는 추가적인 자본을 필요로 한다. 다른 조건이 일정하다면 그렇게 발생하는 자본수요에 의해서 이자는 증가한다.

그렇지만 최후로 추가투입된 자본량에 의해서 가능한 생산증가량의 가치가 그 추가투입을 위해 지불하는 이자수준으로 떨어진다면 자본수요는 더 이상 증가하지 않는다. 임금수준은 노동자의 한계생산물 가치에 의해서 결정된다. 그러나 한계생산물은 선택된 완성시간, 따라서 또한 이자에 의해서 결정된다. 이 연구는 "자본이란 무엇인가?"라는 물음에 대한 대답으로 끝을 맺고 있다.

첫 번째 연구에서와 마찬가지로 두 번째 연구인 "저축이론"에서도 오이켄은 단순경제에서 시작하여 사회경제로 넘어간다. 사회경제에 대해서 그는 저축에 의하여 야기되는 변화를 분석한다. 저축에 대한 절대적 옹호자와 절대적 반대자 모두 옳지 않다. 후자는 일방적으로 부정적인 효과(무엇보다도 저축으로 인한 투자의 결핍, 추가적 생산용량으로 야기되는 판매의 교란)의 가능성만을 보며, 전자는 그것을 간과한다.

오이켄은 세 번째 연구인 "기계문제"를, 고전과 국민경제학의 문제해결 방법을 설명하는 것으로 시작하고 있다. 보상이론에 의하면 공급하는 사람은 동시에 수요행위를 하는 것이다. 그러므로 "새로운 생산방식의 발명과 도입은 처음에는 노동자를 축출하지만, 이 노동계층의 손상" 이상의 보상을 가져오는 "효과"를 초래한다는 것이다(1934/54, 168쪽).

이에 반하여 그 이론의 반대자들은 대개 새로운 기계도입의 결과로 전반적 과잉생산을 예상한다. 리카도는 과잉생산이 아니라 생산의 감축을 걱정했다. 왜냐하면 생산에 필요한 자금조달에 사용될 자본이 이제는 새로 도입된 기계에 묶여 있기 때문이다.

현재까지 데리고 있는 노동자들의 임금지불을 가능하게 해주는 자본을 대신 마련할 수 있는 것인지, 있다면 어떻게 마련해야 하는지 하는 리카도의 물음은 정당한 것이다. 그러나 이 문제에 대한 그의 절대적으로 부정적인 답변은 사실과 부합하지 않는다. 즉 그는 긍정적 답변의 중대한 가능성을 간과하고 있다. 첫째로 추가적 자본이 자발적 저축에 의해서 마련될 수 있다. 둘째로 그 자본은 임금인하가 이윤을 증가시키는 경우에도 생성될 수 있다. 다른 한편 임금의 감축은 새로운 기계도입의 매력을 감소시키고, 다시 더 노동집약적으로 생산하도록 자극할 것이다.

새로운 기계에 의해 촉발된 변혁과정은 "처음부터 끝까지 추적되어야 한다. 그런 경우에만 결론이 일방적이지 않을 수 있는 것이다(같은 책, 188쪽, 강조는 원문)." 리카도는 일부의 가능성들만을 추적했고 보상이론가들은 조정이 끝난 후의 상태에만 관심을 가졌으며 그 상태로 가는 길 자체에 대해서는 관심이 없었다. 오이켄은 자본이론에 관한 그의 최초의 논문(1937)에서 다음과 같이 서술하고 있다. "오늘, 내일, 모레, 2~3달 후, 몇 년 후에 일상적으로 생겨나는 욕구들은 서로 경쟁을 한다. 정확히 말하면 현재 존재하고 있는 생산역량을 얻기 위해 경쟁을 한다. 이 경쟁도 결판이 나야 한다. 어떻게? 그것이 자본이론의 핵심문제이다."[1] 이 저서와 논문들에서 오이켄은 정식화를 입체적으로 하는 명쾌한 분석가임이 또다시 입증된다.

### 「국민경제학의 기초」

제2차 세계대전이 발발한 직후 오이켄은 그의 저서 『국민경제학의 기초』(이하 『기초』)로 커다란 주목을 받았다. 동시대의 가장 중요한 이론가의 하나였던 슈타켈베르크(Heinrich von Stackelberg)는 한 서평에서 그 저서의 훌륭한 문체, 사상전개의 명쾌함 그리고 내용의 중요성 등에 관하여 칭찬했다(1940, 245쪽). 오이켄이 사망한 지 몇 개월 지나서 제6판(1950)이 출간되었는데, 그 판의 서문에서 프라이저는 무엇보다도 다음과 같이 서술했다. "역사주의에 대해서뿐만 아니라 개념현실주의*에 대한 오이켄의 단호한 거부는 학문을 해방시켰고, 질서사상의 강조는 학문을 유용하게 만들었다. 또한 역사현실의 인식뿐만 아니라 사회적 삶의 조형에 기여하는 이론의 성과를 이 고전적 저작보다 더 잘 설명한 것은 없다."

이로써 이미 이 저작의 중요한 성과가 언급된 셈이다. 오이켄이 그러한 성과에 도달할 수 있었던 것은 그 자신이 말했듯이 본질적 문제에 관해 완전히 새롭게 접근했기 때문이었다(1950, 67쪽). 그러면서도 그는 당시까지 이루어진 다른 사람들의 성과를 간과하지는 않았다.

그는 일상적 경험에서 논의를 출발했으며 그로부터 발생되는, 국민경제학의 중요한 물음들과 첫 번째 핵심문제를 이미 그 저서의 시작부분에서 제기하고 있다. "모든 인간의 재화조달 문제, 곧 그의 생존이 달려 있는 이 엄청난 분업적 관계 전체의 조종이 어떻게 이루어지는가(1950, 2쪽)?" 그는 이 문제에 관한 종전까지의 해결시도에 대해 비판적 입장을 취했다. 고전파 국민경제학의 공헌은 "경제적 사건들의 총체적 관계를 발견하고, 경제이론적 사고의 방법을 광범위하게 발전시켰다"는 점이다(같은 책, 24쪽).

또한 흔히 비판되는 것처럼 고전파 경제학에 결코 역사적 인식이 결여되어 있지도 않다. 그러나 그 경제학은 문제해결에 실패했다. 왜냐하면 "역사적 다양성 속에서 …… 단 하나의 자연질서를" 찾으려 했으며(같은 책, 25쪽), 동시에 일반적 완전경쟁이라는 하나의 경우로 분석을 제한시켰기 때문이다. 그 자연질서를 찾는 데 몰두하는 바람에, 고전파 경제학은 이러한 제한에서 발생하는 "이론과 역사적 현실과의 괴리", 즉 다음에 논의할 "대(大)모순"을 "그다지 강하게는" 느끼지 못했다(같은 책, 26쪽).

"개념경제학"은 "개념분석에 의해서 경제의 본질에 파고들려고 시도했고, 그 본질을 정의에 집어넣으려 했으며, 개념으로 이루어진 체계를 …… 창출하려 했으며, 그로부터 연역에 의해 개별 결론에 도달하고자 했다(같은 책, 27쪽)." "정의로부터의 연역에 의해서 얻을 수 있는 인식이란 이미 그 정의 속에 집어넣어진 인식에 불과하다는 사실을 모르고 있다(같은 책, 28쪽)." 즉 사실을 조사하지 않으며, 이론적 도구를 사실의 분석에 사용하고 있지 않다. 이러한 과정은 실패할 수밖에 없다.

만일 분업이 이루어진다면, 즉 이론가는 일반적인 것을 담당하고, 역사를 다루는 국민경제학자에게 역사적이고 개별적인 것을 맡긴다면, 문제해결에 성공할 것인가? 이 물음에 대한 답변에서 오이켄은 근대적 이론가의 일부와도 논쟁을 벌이고 있다. 그들은 "구체적 문제들의 따가운 가시와 역사적 사실들의 중량을 더 이상 느끼지 못하고 있다(같은 책, 34쪽)."

그의 이러한 주장이 국민경제학자 사이의 분업 그 자체에 대해 반대를 하려는 것은 아니다. 그러나 이론가는 구체적 문제의 해결에 자신의 작업을 집중해야 한다는 것이다. 그렇지만 그는 현재와 과거의 사실을 충분하게 관찰해야만 그 문제를 해결할 수 있다. 오이켄의 제자인 루츠

(Friedrich A. Lutz)는 다음과 같이 말한다. "오이켄에게 학문이란 인생을 형성하는 힘이었는데, 지적으로는 대단히 매력적이지만 현실과는 거의 아무런 접촉이 없는 분석에 대해서 갖고 있던 그의 혐오감은 나이가 들어갈수록 더욱 강해졌다(1961, 355쪽)." 다른 한편 역사적 문제를 다루는 경제학자는 이론을 능숙하게 다룰 수 있을 때에만 이론가에 의해서 개발된 도구를 사용할 수 있다.

오이켄은 (특히 독일의) 역사학파 경제학에 대한 비판에서 두 가지 연구방향을 구별했다. 그는 슈몰러의 경험주의는 비교적 짧게 다루었으며 경제발전 단계론과 경제양식론은 대단히 상세하게 취급했다. 오이켄은 슈몰러의 기획(Programm)은 실패했다고 보았다. 문제설정(Fragestellung) 없는 자료집적은 쓸모있는 결론에 도달하지 못한다는 것이다. 문제에 답변을 하려면 반드시 이론이 필요하다. 따라서 이론이란 단순히 자료집적의 결과일 수가 없다.

경제발전 단계와 경제양식은 두 가지 다른 목표설정을 갖고 도출되었다. 한 그룹의 학자들은 발전단계를 구성함으로써 동시에 실증적인 하나의 발전방향을 증명하고자 했다. 예를 들어 힐데브란트는 자연경제에서 시작하여 화폐경제를 거쳐 신용경제로 진행되는 발전방향을 증명하려고 했다. 이러한 목표에 도달할 수 없다는 사실은 하나의 방향으로 진행되지 않았던 현실의 발전에서 이미 분명해진다. 예를 들어 신용경제는 이미 프톨레마이오스 왕조의 이집트와 로마 제국에도 존재했지만, 이 제국이 붕괴된 후 자연경제로 한참 퇴보했다.

두 번째 그룹은 단일한 발전방향을 증명하려고 하지 않았고, 대신 "역사적 경제생활의 횡단면들(슈피트호프)"에 연구를 국한하려고 했다. "이 횡단면들이 이론적 분석의 토대를 이루어야 한다(1950, 39쪽)." 특정 시대에만 적용되는 이론이 개발되어야 한다는 것이다.

오이켄은 그것이 가능할 것인가를 물을 뿐만 아니라, 그러한 단계와 양식의 도움으로 역사적 현실을 "묘사"할 수 있는지 묻고 있다. 그는 이 두 가지가 모두 불가능하다고 답했다. 첫 번째 물음에 대한 답변과정에서 오이켄은 그에게 결정적으로 중요한 사항인 경제질서 개념을 최초로 도입했다. "만일 우리가 질서라는 것을 모르고 있다면", 분업경제에서의 경제주체들의 상호작용에 대해서 "우리는 아무런 의미도 알 수 없다(같은 책, 50쪽)."

역사적으로 소수의 경우에만, 특히 서유럽에서 18세기로부터 19세기로 전환되는 시점에, 합리적으로 고안된 질서원리를 이용하여 하나의 질서가 의식적으로 창출되었다. 그러나 대부분의 경우 질서는 그러한 원리 없이 자생적으로 성장했다. 첫 번째 경우에 오이켄은 경제헌법을 언급했다. 시장경제적 질서의 원리들은 의식적으로 창출된 경우에도 특히 19세기 말 이래로 자주 위반되었다.

경제질서란 그에 해당하는 법질서와 동일한 것이 아니다. 경제질서란 법규범을 가리키는 것이 아니라, "사실로서의 경제적 질서", "일상적인 경제과정이 진행되는 기본틀의 형태"를 가리키는 것이다(같은 책, 54쪽. 167쪽도 참조). 경제질서의 복잡성 때문에 "과학 이전의 단순한 경험으로는" 경제질서를 인식할 수가 없다(같은 책, 56쪽; 이탤릭체로 된 부분).

그러므로 우리의 학문이 해답을 주어야 한다. 그런데 많은 경우에 여러 질서형태들이 혼재되어 관찰되므로 이 일은 쉽지가 않다. "우리의 학문은 구체적인 경제질서들의 골격을 인식해야 한다. 이것이 국민경제학의 또 하나의 핵심문제이다(같은 책, 58쪽; 이탤릭체로 된 부분)." 이 두 번째 핵심문제가 앞에서 언급한 첫 번째 핵심문제에 추가되는 것이다.

경제발전 단계와 경제양식의 대표자들 가운데 단일방향의 역사발전을 입증하려고 시도하지 않는 사람들은 질서를 탐구하지 않고, "경제현실의 '본질' 또는 '정상적인 것'"을 탐구한다(같은 책, 58쪽). 그러나 그러한 것들은 너무나 불특정적이다. "모든 이론은 각기 특정한 여건의 상황 아래서의 필연적인 관계를 서술하는 것이기 때문에, 명확한 여건의 상황이 토대로 제공되지 않는다면 그 이론의 수립이란 불가능하다

(같은 책, 66쪽)."

또한 발전단계와 양식은 각각에 해당되는 다양한 질서의 골격에 대하여 아무런 설명도 할 수 없기 때문에, 특정 시대에만 적용되는, 발전단계와 양식의 이론이란 존재할 수 없다. 발전단계나 양식이 현실을 묘사할 수 있는가 하는 두 번째의 물음에 대해서도 오이켄은 부정적으로 답하고 있다. 왜냐하면 특정한 시대는 그 다양성 때문에 단순하게 특징지을 수 없기 때문이다.

역사학파의 착상들을 비판한 후에 오이켄은 『기초』에서 그가 선택한 길로 방향을 전환한다. 발전단계와 양식의 묘사에 반대하는 오이켄은, 현실에서 떨어져 현실을 오로지 조감하는 위치에서만 바라보려고 하지는 않았다. 오히려 현실 한가운데로 파고들려 했고, 그 경우 현실을 성찰하면서 천착하려고 했다(같은 책, 69쪽). 또한 그는 현재와 과거의 풍부한 사례의 도움으로, 질서형태의 구체적 조립은 매우 다양하지만 그 기본요소, 즉 "순수한 질서형태"의 수는 몇 개에 불과하다는 사실을 확인했다(같은 책, 72쪽). 경제학은 "핵심중점적 추상"을 통해서, "현재와 과거에 구체적인 경제질서를 조립한 요소가 되는" 이 모든 형태들을 발견해내야 한다는 것이다(같은 책, 72쪽). 그리고 그렇게 해서 이념형(理念型)을 얻을 수 있다는 것이다.

오이켄은 그러한 질서형태를 더 자세히 다루기에 앞서서, 그 저서의 삼분의 일이 넘는 분량으로 경제체제를 논하고 있다. 모든 경제주체는 각각 경제적 계획을 가지고 행동하기 때문에, 오이켄은 경제체제를 그러한 계획을 수립하는 방식에 따라서 분류하고 있다. 그리하여 그는 두 개의 이념형적인 경제체제, 즉 "중앙에 의해 지도되는 경제(오직 한 개의 계획)"와 "교환경제", "시장경제(수많은 계획)"를 도출한다.

중앙지도 경제의 한 개의 계획과는 반대로 수많은 기업과 가계에 의해서 수립된 시장경제 체제의 계획들은 불완전하다. 이 계획들은 서로 조정되지 않으면 안 된다. 이처럼 새로운 문제 하나가 발생하는데, 이 문제는 시장에서 가격형성 과정에 의해 해결된다. 이 해결이 어떻게 진행되는지는 화폐제도, 개별 경제주체들의 권력지위 등에 의해 좌우된다. 이러한 지위를 오이켄은 시장형태를 가지고 파악하려고 했다. 그는 개방적 시장과 폐쇄적 시장을 구분했다.

전자의 경우에는 "어떤 개인이든지 스스로 옳다고 판단하는 한, 얼마든지 공급하고 수요행위를 할 수 있으나(같은 책, 91쪽)", 후자의 경우에는 그렇지 않다. 오이켄은 개방적 형태의 경제는 시장참가자의 행동방식에 의해서 결정된다고 생각했다. 그에게, 그리고 후에 진행되었던 논의에서 가장 중요한, 그러면서도 자주 오해를 받고 있는 형태는 그가 "완전한 경쟁"(vollständige Konkurrenz)이라고 일컬었던 형태였다(이 책의 다음 절 참조).

오이켄은 네 개의 시장형태를 더 열거한다. 이 형태는 공급측과 수요측에서 보았을 때 다를 수 있으므로 모두 25가지의 조합이 만들어진다. 오이켄은 시장의 불완전성을 고려하지 않았다. 이 점을 슈타켈베르크가 비판한 것은 옳은 일이었다. 화폐제도에서는 화폐가 일반적 교환수단이면서 동시에 계산단위인가 아닌가, 화폐가 어떻게 창출되고 소멸되는가 하는 점이 구분의 기준이었다. 예를 들어 오늘날 상업은행의 지로화폐는 신용공여에 의해서 창출되며 신용회수에 의해서 소멸된다. 이러한 관점에서 오이켄은 세 개의 화폐제도를 구분한다.

여기까지의 분석이 획득한 결과물은 수많은 형태(오이켄은 각인[刻印])이라고 칭했다)를 갖는 경제체제라는 형태론적 분석도구였다. 오이켄에게 그것은 이념형이었다. 이것들은 "구체적 현실에서 추출되었으며, 이것들은 구체적 현실을 인식하는 데 유용할 것이다(같은 책, 123쪽, 이탤릭체 부분)." 특히 앞에서 정식화한 국민경제학의 2대 핵심 문제를 해결하는 데 유용할 것이다. 그것들은 과거나 현재의 구체적 경제질서를 구성하는 구성요소를 모두 포함하고 있기 때문에, 그것들은 "역사적 개별적 현실의 관찰과, 상호관계를 인식하기 위한 …… 일반적 이론적 분석을 연결하는 견고한 고리이다(같은 책, 124쪽)."

이에 대해서 슈타켈베르크는 "지금까지 해결이 불가능해 보였던 과제 하나"를 오이켄이 해결했다고 쓰고 있다(1940, 246쪽). 오이켄의 형태론이 이론과 역사를 연결하는 고리가 되었다는 것이다. 그의 형태론은 "체계적인 구성에서나 인식과 이해를 도와주는 측면에서나 모두 지금까지의 형태론적인 시도들보다 우월"하다.[2]

이념형을 추출하는 데에는 핵심중점적 추상방법이 사용된 반면, 현실적 경제질서를 분류하는 데에는 총괄적 추상방법이 사용되었다(같은 책, 168쪽). 이로써 현실형(現實型)이 도출된다. 이 분류에서는 경제질서가 각 시대와 지역의 "총체적인 정신적, 정치적 사회적 생활의 한 부분조각"에 불과하다는 사실을 잊어서는 안 된다(같은 책, 170쪽). 두 가지 유형의 종합이 필요하다. 우선은 "경제질서의 통합을 위해서는 많은 순수한 형태요소를 결합시켜야 하며, 둘째로 이 경제질서를 각각의 자연적 정신적 정치적 사회적 주변 세계 속에 편입시켜야 하는 것이다(같은 책, 169쪽)."

이를 위해서는 경제사학자의 작업이 필요하다. 그러나 그가 오이켄이 제시한 형태론적 분석도구를 다룰 줄 모른다면 그는 무력해진다(같은 책, 170쪽, 건축책임자의 묘사 참조). 오이켄은 그가 추천한 방법을 작곡가의 방법에 비유했다(같은 책, 166쪽). 작곡가도 단지 제한된 수의 구성요소, 즉 음(音)들을 사용할 뿐이다. 그런데도 그의 음악작품 안에 들어 있는 이 요소들의 조합의 수는 무한하다. 몇 페이지 뒤에서(같은 책, 169쪽) 오이켄은 비슷한 의미로 알파벳에 관해서 이야기하고 있다. 어떤 경우에 많은 철자들은 "현재적 의미가 있지" 않다. 그리고 오이켄은 경제사에서 명쾌한 사례들을 반복하여 열거하고 있다.

경제의 진행을 설명하는 "이론을 구축해내는 데 필요한 유일한 토대가 되는 조망가능한 여건의 상황"을, 앞에서 설명한 절차에 의해 발견된 경제질서가 제공해주지는 않는다(같은 책, 171쪽 이하). 그것을 위해서는 다시, 경제질서를 도출하는 데 사용되었던, 알파벳 철자에 비유된 순수형태를 이용해야 한다. 전체로서의 경제이론은 오이켄에게 "사고의 도구들로 가득 찬 상자"이다(같은 책, 173쪽).

동학적 이론으로 경제의 발전을 분석할 수는 없다. 이미 "정상적 경기순환"이란 존재하지 않는다는 사실로부터, 일반적 타당성을 주장하려는 경기변동 이론에 대해서도 같은 결론이 나온다(같은 책, 182쪽). 오히려 모든 경기순환은 각기 개별적인 현상이다. 중장기적인 발전, 즉 추세에 대해서도 비슷하게 말할 수 있다. 우리는 그때그때의 개별적인 현상 속으로 깊숙이 들어가서 그것을 이론적으로 연구해야 한다. "변이 분석방법" 다시 말해서 "여건변화의 효과에 대한 가설적 판단(같은 책, 188쪽)"과 비교정학적 연구가 여기에서 특별히 중요하다. 그러나 이것들만으로는 부족하다. 그 각각의 변화의 과정이 대단히 중요하기 때문이다.

오이켄은 자신이 제안한 방법을 통해서 대(大)모순을 성공적으로 해결할 수 있다는 사실을 확인한다. 이 모순의 특징은 경제활동이 "다양한 시기에 다양한 장소에서 다양한 형태로 진행되며(같은 책, 178쪽)," 그것이 역사적 사건 전체의 일부일 뿐이며 또한 변화한다는 데에 있다. 각각의 경제활동의 특수성을 이해하려면 관찰이 필요하다. 그렇지만 경제의 내적 상호관계는 관찰에 의해서가 아니라 오로지 이론적 분석에 의해서만 발견될 수 있다(같은 책, 178쪽).

저서의 시작부분에서 이러한 이유 때문에 제기된 물음, 즉 역사적 개별사항에 대한 "생생한 관찰과 이론적 사고, 이 양자가 실제로 공동으로 진행되게 하려면 어떻게 해야 하는가?" 하는 물음에 대한 해답이 이제 발견된 것이다(같은 책, 23쪽). 양자 가운데 하나만으로는 충분하지 않은 것이다.

그 저서의 종결 직전에 오이켄은, 아마 의도했던 것은 아닌 듯한데, 그 스스로 완성하지는 못했던 경제정책에 관한 저작으로 넘어가고 있다. 그는 잘 작동되고 인간을 존중하는 질서가 실현되어야 한다고 말하고 있다. 즉 여기에서 질서는 사실 분석의 결과가 아니라 경제정책의 목표이다. 오이켄은 그 바람직한 질서가 "역사발전으로부터 자생적으로" 형성될 것인가 하는 물음에 대하여 아니라고 답했다(같은 책,

241쪽). 오늘날 많은 자유주의자가 긍정적으로 답하는 물음, 즉 오이켄이 추구하던 질서를 위해서라면 자유주의적 원리에 기초하여 법적인 틀을 한 번만 설정하는 것으로 충분할 것인가 하는 물음에 대하여 오이켄은 그곳에서 답하고 있지 않다. 그렇지만 경제정책에 관한 그의 저작에 종사하면서, 그가 그 물음에 대해서도 아니라고 답하는 것으로 드러났다.

### 『경제정책의 원리』

오이켄은 경제정책에 관한 체계적인 이론적 작업으로의 전환을 『기초』가 출판된 직후에 단행했다. 이 전환은 그 책에서의 이론적 성찰로부터 야기되었다. 물론 그는 이미 그 전에도 경제정책 문제에 종사했다. 그 사실은 제자들이 그의 강의를 통해서 알고 있으며, 또한 그의 저술발표를 통해서도 드러난다. 1942년 슈묄더스(Günter Schmölders)가 편집한 『국민경제의 성과향상의 수단과 성과에 의한 선별수단으로서의 경쟁』(*Der Wettbewerb als Mittel volkswirtschaftlicher Leistungssteigerung und Leistungsauslese*)이라는 저서에서 「경제헌법의 기본원리로서의 경쟁」(Wettbewerb als Grundprinzip der Wirtschaftsverfassung)이라는 오이켄의 논문이 발표되었다.

당시로서 그것은 논문집필자들 그리고 또한 편집자의 용기를 나타낸 것이었다. 그는 1945년 이후 여러 편의 경제정책 논설을 신문과 잡지에 연달아 발표했다. 『경제정책의 원리』에 관한 그의 연구결과의 일부를 오이켄은 미리 연감 『오르도』(*Ordo*) 제1, 2, 3권에 발표했다.

이 연감은 출판업자 퀴퍼(Helmut Küpper)에 의해 제안되었고, 누구보다도 특히 오이켄에 의해서 준비되어 1948년 최초로 출판된 이후 한 해만 빼고는 매년 출판되고 있다. 또한 『경제정책의 원리』에 관한 연구의 성과로서는 그의 사망(1951) 후에 출판된 런던의 강의원고 「실패한 우리의 시대」(Unser Zeitalter der Mißerfolge)도 꼽을 수 있다 (Lenel 1951, 423~425쪽 참조).

그의 사후에 비로소 부인과 자신의 제자인 헨젤(K. Paul Hensel)에 의해서 출판된 『경제정책의 원리』에서 오이켄은 방금 암시한 바와 같이 『기초』의 마지막 문제제기 가운데 하나로부터 시작하고 있는데,[3] 그 결론은 부분적으로 『경제정책의 원리』에 수용되었다. 물론 주제가 다르기에 그에 따라 문제제기는 약간 수정되었다. 어떻게 하면 "산업화된 근대 경제에 잘 작동되고 인간을 존중하는 질서를 부여할 수 있는가(1952, 14쪽)?"

거의 마지막 부분에 가서 그는 『기초』에서 그랬던 것과 비슷하게 이 물음에 대한 대답에서 학문의 역할 쪽으로 방향을 전환하고 있다. "질서를 의식적으로 형성하는 일 때문에 학문적 사고는 새로운 책임을 부여받는다(같은 책, 341쪽)." 학자는 그러한 질서를 찾아내는 일을 도와야 한다. 그가 이러한 과제로부터 도피한다면, 이 과제는 "정치적, 경제적 권력집단, 그 집단의 간부와 이데올로기"에 맡겨진다(같은 책, 342쪽). 이리하여 『경제정책의 원리』의 기획이 이루어진다.

오이켄은 『기초』에서와 비슷하게 자신의 구상으로 향하기 이전에 먼저 다른 학파의 구상을 비판하고 있다. 그는 "자유방임의 경제정책"으로부터 시작하는데, 이 정책은 자유가 유지되고 법의 원리가 보장된다면 "합목적적인 경제질서는 …… 아래로부터 사회의 자생적 세력들에 의해 저절로 발전될 것"이라고 하는 "확신에 기초하고 있다." "단지 몇몇 부분에서만 …… 경제질서의 일부를 조형하려고 시도했을 뿐이었다. 그러나 전체적으로 보자면 국가는 경제활동이 진행되는 형태를 민간부문에 위임했다(같은 책, 27쪽)." 19세기 말 시작되었던 개입주의는 결코 그 정책으로부터의 "원리적 전향(같은 책, 28쪽)"이 아니었다.[4]

오이켄은 이 개입주의에 대한 체계적인 비판을 포기함으로써 그의 저서에 하나의 공백을 남겼다. 이 공백은 만일 그가 자신의 저서를 완성할 기회를 가질 수 있었다면 다른 공백과 마찬가지로 메워졌을 것이다. 그러나 이러한 포기가 오이켄이 개입주의와 그 기초를 이루고 있는 경제정책 사상을 비교적 해롭지 않게 여겼다는 것을 말해주는 것은 결코 아니다. 그것은 그 이후의 진술이 보여준다.

그는 개입주의자에게 전형적으로 나타나는 단편주의적 사고는 "경제정책적 질서문제를 흐리게 하는 아마도 …… 가장 강한 힘(같은 책, 195쪽)"이라며, 그곳에서 출발하는 경제정책은 "현재의 경제정책이 곤경에 처하게 된 하나의 주요 원인"이라고 표현했다(같은 책, 251쪽).

자유방임의 경제정책은 자신의 결함에도 불구하고 성공적이었다. 그것의 첫 번째 결함으로 오이켄은 "독점결성의 성향"을 들었는데, 그 성향은 카르텔의 결성에서도 나타나고 있다. 후에 시작되었던 개입주의적 정책은 이러한 성향을 강화한 것이지 창출한 것은 아니다(같은 책, 31쪽).

이것과 관련된, 이미 『기초』에서 서술된 바 있는 경제권력의 문제에 대해서 오이켄은 뒤에 다시 상세하게 다루며(같은 책, 169쪽 이하), 그것의 정치적 결과도 묘사하고 있다. "경제적 권력집단은 …… 일국 내에서 커다란 정치적 영향력을 획득하며, 무성하게 증식되기 시작한다. 그렇게 되면 국가는 독점규제를 효과적으로 수행할 힘을 스스로 잃게 된다(같은 책, 172쪽)." 이렇기 때문에 또한 우리는 단지 경제권력의 남용에 대해서만이 아니라 그 권력의 생성 자체에 대해서 반대입장을 취해야 한다는 것이다.

또 다른 결함으로 오이켄은 노동시장에서의 잘못된 발전을 논의한다. "마르크스는 그 자체로서는 필요했던 비판의 중점을 잘못된 부분에 두었다(같은 책, 45쪽)." 문제는 과거나 현재에서 기계가 노동자의 소유가 아니라는 사실에 있는 것이 아니라, 오히려 노동에 대한 수요가 과거에 독점적이었고 또한 현재에도 때때로 독점적이라는 사실에 있다. 따라서 생산수단에 대한 집단적 소유가 이 문제를 해결할 수는 없다. 이에 반해서 노동조합, 고용중개, 교통개량 등은 노동수요자의 권력을 약화시키거나 아예 소멸시켰기 때문에 그 문제해결에 도움을 주었다.

자유방임 정책을 다룬 후에 오이켄은 "실험적 경제정책"을 묘사한다. 이 정책은 개별 국가마다 다양했지만 한 가지 공통점이 있었다. 즉 그

정책은 일상적 문제의 압력으로부터 성립되었으며 대개의 경우 "사전에 세부적으로 심사숙고되지 않았으므로 사후에 일관성 있게 집행되지 못했다(같은 책, 56쪽)." "경제과정을 중앙에서 지도하는 정책"은 "그 정책에서 경제질서와 경제과정 양자가 계획되는 한, 자유방임(양자 가운데 하나도 계획되지 않는 것)과 정반대이다(같은 책, 58쪽)."

오이켄은 투자가 최대화되어야 하는 중앙지도 경제에서의 계획수립의 절차를 묘사한다. 그리고 필연적으로 총계적일 수밖에 없는 가치평가 방법과 제도적 및 기타 약점들을 비판한다. 그러므로 경제적 최적상태에 도달할 수는 없고, 오히려 중앙당국의 경제조종 권한과 소비자 주권의 상실 등으로 투자의 극대화에 도달하게 될 것이다(같은 책, 87쪽). 투자계획들이 합목적적으로 상호조정되는 것은 기대할 수 없다. 오이켄은 석탄수송을 위한 탄차를 갖지 못한 새로운 석탄탄광을 하나의 예로 들고 있다. 비록 고용문제가 해결될 수는 있지만, 의미 있는 고용은 이루어질 수가 없다. "모든 인력이 고용된다. 그러나 주민들에 대한 재화조달은 형편없다(같은 책, 109쪽)."

시장경제에서와는 달리 국민생산의 생성과 분배는 별개의 과정이다. 그러나 분배도 또한 오로지 총계적 절차로만 이루어질 수 있다. 정의로운 분배가 반드시 추구되어야 할 필요는 없으며 또한 대개는 실제로도 그것이 추구되지 않았다(같은 책, 124쪽 참조). 중앙지도 경제에서는 법치국가의 원리가 실현될 수 없다(같은 책, 128쪽 이하). 『기초』에서와 비슷하게 여기서 저서의 다른 많은 곳에서와 마찬가지로 명쾌한 사례가, 특히 1940년대 독일의 사례가 반복적으로 제시되고 있다.

"실험적 경제정책"의 여타의 유형들을 오이켄은 "중도적 경제정책"으로서 요약하고 있다. 그는 완전고용 정책으로부터 시작하고 있는데, 이 정책은 부분적으로 중앙지도 정책과 같은 폐해로 시달린다. 이 정책이 고용을 창출하기는 한다. 그러나 의미 있는 생산의 결과는 없으며 나아가서 인플레이션이라는 비용을 치르는데, 이것은 경제계산을 왜곡시킨다. "실업이라는 악이 생계부족이라는 악으로 대체되었다(같은 책, 142쪽)." 완전고용 정책가의 총계적인 사고 때문에 "경제적 수량 사이의 올바른 비율", 특히 투자 사이의 그것이 발견되지 않는다(같은 책, 142쪽).

실험은 경기변동을 완화하는 대신 오히려 그것을 증폭시킨다. "조종 기구의 오류(같은 책, 310쪽)"를 제거하려고 노력하지 않고, 증상만을 치료하려고 한다. 오이켄은 앞으로 논의할 그의 원칙을 지킨다면 추가적인 경기정책적 방책이 필요하지 않을 것이라고 생각하고 있다(같은 책, 311쪽).

그 다음에 "부분적으로 중앙에서 지도하는 경제정책"이 논의되고 있다. 이 경우는 원료는 중앙계획에 의해서 생산되고 가공업은 그렇지 않게 한다는 정책이다. 이 경우 조정의 문제가 간과되고 있다. 그것은 "마치 두 명의 지휘자가 두 개의 악단을 데리고 한 방에서 연주를 하다가 결국 어느 한쪽이 다른 한쪽에 예속되어 버리는 것과 같은 꼴"이다(같은 책, 144쪽). 마지막으로 오이켄은 여러 변종의 "직능단체적 질서정책"을 다룬다(같은 책, 145쪽 이하). 이들 모두 질서정책적 과제에서 실패한다.

이로써 다른 경제정책적 구상에 대한 비판은 끝난다. 시장경제에서 가장 중요한 질서정책 문제, 즉 분업경제에서 독립적인 경제주체들의 상호조정에 관해서 오이켄은 스스로의 구상을 소개하는 부분의 첫머리에서 "조종의 문제"라는 제목으로 논의하고 있다. 『기초』에서 그는 이 문제를 이미 이론적으로 논의한 바 있다. 이제 그는 경제정책가들이 그 문제를 무시하고 있다고 비판한다. 그는 가격이 왜 조종기능을 수행할 수 없었는지를 설명하고 있다. 조종체계가 작동되지 않으면 경제진행의 교란이 야기된다. 이러한 문맥에서 오이켄은 또한 경제 외적인 분야의 질서와 통화질서도 다룬다.

자유 그리고 그것이 위태로워지는 것 등은 오이켄에게 중심사항이다. 만일 질서문제를 성공적으로 해결할 수 있다면, "산업화된 세계에서 개인의 자유를 구해내는 일"이 도대체 가능한가 하는 물음에 대해서 그렇

418

다고 대답할 수 있다.[5] 이 경우 질서들은 상호의존적이라는 사실을 고려해야 한다. 특히 이것은 경제질서와 사회질서에 대해서도 타당하다. "전체 질서는 인간에게 윤리적 원칙에 기초한 생활을 가능하게 해줄 수 있는 것이어야 한다(같은 책, 199쪽, 이탤릭체 부분)." 경제과정이 사회 전체와 관계를 갖는 것이기 때문에 "질서정책적 전체 결정은 …… 개별적 경제정책 행동에 앞서서 이루어져야 한다(같은 책, 250쪽)." 사법과 행정도 이러한 전체적 결정을 존중해야 한다.

사회문제에 관한 한 절에서 오이켄은 그 문제의 변화를 설명한다. 그에게 사회문제의 "핵심은 오늘날 인간자유에 관한 문제이다(같은 책, 193쪽)." 나도 사회문제는 역시 그 문제라고 생각한다. 저서의 훨씬 뒷부분에 헨젤이 오이켄의 메모에 기초하여 서술한, 사회정책에 관한 보다 상세한 절이 나온다.

그곳에는 무엇보다도 다음과 같은 진술이 있다. "사회적 이해관계를 대변하려는 자는 …… 전체 질서를 형성하는 일에 눈을 돌려야 한다(같은 책, 313쪽)." 또한 사회정의를 실현하는 데에서도 이 질서형성은 "아무리 강조해도 지나치지 않는다(같은 책, 315쪽)." 그러나 그렇다고 해서 사회적 부조(扶助)수단이 덜 필요한 것은 아니다. "왜냐하면 이 분야에서 완벽한 해결이란 존재하지 않기 때문이다."[6]

왜 그때까지 질서정책 문제의 해결에 성공하지 못했는가? 오이켄은 사고가 쇠퇴했기 때문이라고 답한다. 고전파 경제학은 비록 만족스럽게 해결하지는 못했지만, 조종문제를 명확하게 인식했다. 그 경제학은 질서의 자생적 실현을 과신했다. 그 다음에는 특히 마르크스 이래로 필연적 발전에 대한 믿음이 확산되었다. 그것을 오이켄은 자세하게 비판하고 있다. 왜냐하면 만약에 그 믿음이 정당하다면 하나의 질서를 조형하려고 하는 것은 부질없는 일이기 때문이다. 경제정책은 필연성에 의해 구속받지도 않으며[7] 그렇다고 자기가 원하는 것을 하거나 발생하게 할 수 있을 정도로 무조건 자유로운 것도 아니다.

모든 경제정책 수단은 특정한 방향으로 나아가는 추세를 유발시킬 수 있다. 그러므로 그 경제정책이 미치는 "경제질서와 경제과정에 대한 직접적 효과", 그 정책에 의해서 "경제질서가 변화되는 추세" 그리고 그 정책이 미치는 "다른 질서에 대한 영향"을 제때 인식해야 한다(같은 책, 221쪽). 그렇지 않으면 우리 스스로 부자유스럽게 된다. 단편적 사고는 질서정책의 문제를 인식하지도 못하고 해결하지도 못하게 만드는 데 크게 기여했다. 그러면 불안정한 질서가 성립되는 것이다.

오이켄은 완전경쟁은 "가격조종 체계의 독특한 작용(같은 책, 198쪽)" 때문에 안정화 효과를 갖고 있다고 믿었으며, 그래서 이러한 완전경쟁의 시장형태가 지배적인 경제질서를 지지했다. 또한 "개별 이익에서 발생하는 역량을 조종하여 전체 이익이 증진되도록 하고, 그럼으로써 개별 이익을 합리적으로 조정하도록" 하기 위해서도 경쟁은 실현되어야 한다(같은 책, 360쪽). 우리는 그러한 조정이 스미스의 "보이지 않는 손"에 의해서 자생적으로 일어날 것이라고 믿을 수 없다. 완전경쟁이 "가능하지 않은 곳에서는 특별한 경제정책적 방책이 필요하다(같은 책, 246쪽)." 완전경쟁에 대해서 오이켄은 이미 『기초』에서 그랬던 것처럼 시장참가자들이 가격을 시장의 여건으로 받아들이며 성과경쟁을 추구한다는 점을 적극적 특징으로 보았고, 시장전략과 방해경쟁이 없다는 점을 소극적 특징으로 보았다. 이러한 의미의 완전경쟁이 오늘날 실현가능할까?

기술의 발전이 그것을 허용하지 않을 것이라는 테제에 대해서 오이켄은 반박하고 있다. 기술의 발전은 교통의 개량, 대체재, 적응능력의 증대 등을 통해서 경쟁을 격화시킨다는 것이다. 경쟁을 약화시키는 집중화 과정의 가장 중요한 특징은 마르크스가 주장하듯이 사업장의 성장이 아니라 많은 사업장의 결합을 통한 기업의 성장이다. 그렇지만 그러한 발전은 저지할 수 있다는 것이다.

추세에 의하면 오이켄이 경쟁의 가능성에 유리하게 진술한 것은 옳다. 그러나 그렇기 때문에 다수의 시장에서 오이켄이 생각하는 완전경쟁이 실현될 수 있을 것이라는 희망은 오늘날의 시각에서 본다면 지지

받을 수 없다. 앞에서 언급한 시장가격의 수용이라는 특징에 관해서는 특히 그렇다. 우리는 오늘날 경쟁이란 것을 새로운 제품과 새로운 공정에 의한 도전 그리고 그것들에 대한 모방의 과정으로 간주하고 있다. 이 과정의 진행 속에서 시장형태는 변할 수밖에 없다.

합목적적인 과정을 확보해주는 것이 중요하다(Lenel 1975, 71~75쪽). 이것은 오이켄이 생각하던 특정한 시장형태를 추구하는 것과 양립불가능하다. 그러나 이것이 오이켄의 경제정책적 구상의 핵심을 실현하는 것을 방해하지는 않는다.

그가 추구하던 질서를 실현시키면서도 동시에 각각의 역사적 상황을 충분히 고려하기 위해서는, 이러한 상황과 관계없이 준수해야 할 구성적, 규제적 원칙 그리고 각각의 역사적 계기들, 이 둘을 구분할 것을 오이켄은 권고하고 있다. 전자의 원칙들을 적용할 때에 후자의 특성은 반드시 고려되어야 한다. 구성적 원칙에 의해서는 경쟁질서가 창출되어야 하고, 규제적 원칙에 의해서는 완전경쟁이 존재하지 않는 시장이 규제되어야 하며, 그 시장의 "폐해와 불완전성(같은 책, 253쪽)"이 해소되어야 한다는 것인데, 그러한 문제는 완전경쟁의 경우에도 일어날 수 있는 것으로 생각해야 한다는 것이다.

구성적 원칙에 속하는 것에는, "잘 작동되는 완전경쟁의 가격체계를 창출한다"는 기본원칙, 통화정책의 최우선(화폐가치의 안정), 새로운 시장참가자를 위한 시장개방성의 유지, 사유재산, 계약의 자유, 완전한 책임, "경제정책의 확고한 일관성" 등이다(같은 책, 288쪽). 이들 원칙 모두가 실현되어야 한다.

규제적 원칙은 가장 먼저 우리가 오늘날 경쟁정책이라고 부르는 정책을 포함한다. 물론 오이켄은 분명한 경향을 보였다. 즉 그는 되도록 시장이 마치 완전경쟁의 경우처럼 작동하도록 만들어야 한다고 생각했다. 그를 위해 국유화는 적절한 방법이 아니었다. "국가의 독점은 …… 사적 독점과 마찬가지로 정기적으로 독점적 정책을 추진한다(같은 책, 293쪽)." 오히려 국가의 독점감독청은 가능한 한, 독점을 해체해야 하

며, 필요한 경우에는 "마치 완전경쟁이 존재하는 듯이" 행동하도록 강요해야 한다.[8]

오이켄은 이러한 독점감독이 독점기업뿐만 아니라 독점적 지위를 쟁취하려는 과점자들의 투쟁에 대해서도 예방적 효과를 가질 것으로 희망했다. 또 다른 규제적 원칙으로 오이켄은 환경정책과 재분배 정책을 추진하려 했다. 그가 환경문제에 관해서 서술한 것(같은 책, 302쪽 이하)은 특히 그러한 사상이 1960년대와 1970년대에 최초로 개발되었다고 주장하는 이들이 꼭 읽어보아야 할 것이다.

그러나 도대체 국가가 그러한 질서를 창출하는 능력이 있는가? 국가는 현재 그러한 능력이 없지만, "그러나 국가는 그렇게 될 수 있을 것이다(같은 책, 338쪽)." 오늘날 그 과제를 위해서 "견고하게 조직된 국가는 전혀 존재하지 않는다(같은 책, 331쪽)." 국가행위의 규모가 증대하는 것과 동시에 국가의 권위는 감소했다. 그러나 다른 한편 오늘날 "명확하게 규정된 행동영역"을 위해서 국가는 불가결한 것이 되었다. 그러므로 경제질서의 변화는 반드시 국가질서의 변화를 수반할 것이다. 그러한 변화를 준비하는 것은 학계의 과제이다.

오이켄은 자신의 경제정책적 사상에서 혼자가 아니었다. 그와 함께 박해를 받았던 뢰프케(Wilhelm Röpke)와 뤼스토브(Alexander Rüstow) 그리고 제2차 세계대전 이후에는 뮐러 아르마크와 완전히 동일하지는 않았더라도 비슷한 목표를 동시에 추구했다. 오이켄은 두 명의 법학자, 즉 뵘(Franz Böhm), 그로스만 되르트와 상호고무적인 학문적 교류를 했다.

## 오이켄의 영향

오이켄은 독일에서 이론적 연구가 다시 활성화되는 데 현저한 공헌을 했다. 그의 제자들은 스승이 연구했던 분야들 가운데 거의 모든 분야에서 활동했다. 그들 가운데 많은 이들은 오이켄의 권유에 따라서 국제경제 이론 분야를 다루었는데, 이 분야는 그에 의해 간단하게 취급되었을 뿐이었다. 그렇지만 『기초』를 통해서 개척된 길을 내가 아는 한 지금까지 아무도 체계적으로 더 발전시키지 못했다. 중앙관리 경제이론에 관한 헨젤과 그의 제자들의 연구작업만이 예외적이다.

경제정책론에 미친 오이켄의 영향력은 훨씬 더 컸다. 그는 (나치시대에―옮긴이) 망명하지 않았던 독일인으로서는 유일하게 1947년 제네바 호숫가의 몽펠르랭(Mont Pelerin)에서 열린 회합에 참가했다. 이 회합은 몽펠르랭 협회(유명한 국제적 자유주의 협회―옮긴이)의 창설로 이어졌다. 미국 참가자의 한 사람이었던 데이번포트는 몇 년 전 이 협회의 기관지에 기고한 글에서 당시 오이켄의 경제정책적 사상이 다른 참가자들에게, 특히 그들 가운데 존경받는 많은 학자들에게 심어주었던 깊은 인상에 관해서 보고했다.

또한 오이켄의 질서정책 구상은 후에 대단히 생산적인 것으로 입증되었다. 질서정책적, 질서이론적으로 진행되었던 그의 경제체제 비교에 대해서도 이와 비슷한 말을 할 수 있다. 물론 이론의 재활성화의 경우와 마찬가지로 이 분야에서 오이켄이 미친 영향도 명쾌하게 평가될 수 있는 것은 아니다. 이 분야에서의 후의 연구들은 오이켄의 사망 후 앵글로색슨계 학자들의 연구발표로부터 많은 것을 수용했다. 특히 재산권과 제도선택 등에 관해서 그렇다. 이들 학자 가운데 대부분은 추측컨대 오이켄의 저작에 관해 잘 몰랐을 것이다. 어쨌든 오이켄에 대해 언급하는 경우는 대단히 드물었다.

독일의 현실 경제정책에 대해서 오이켄은 1948년부터 대단히 광범위하게 영향을 미쳤다. 『경제의 질서』(*Ordnung der Wirtschaft*)라는 저서 시리즈의 제1권 서문에서 공동편집자인 뵘, 오이켄, 그로스만 되르트는 다음과 같이 썼다. "어떤 인물이 사태의 진행에 대해서 스스로 고개를 숙인다면, 그가 어떻게 사태의 진행을 조형할 수 있을까?"[9]

오이켄은 사태진행이 어떻게 조형될 수 있는지를 보여주었다. 그는 정치가들에게 직접적으로 또한 점령군 경제관리청과 후에 독일 연방경제부의 학술자문위원회를 통해서 영향을 미쳤다. 다른 위원들의 판단에 따른다면 이 자문위원회에서 그는 대단히 중요한 역할을 수행했다. 이외르가 그의 추도문 끝부분에서 서술한 바와 같이 오이켄은 1942년부터 경제질서를 완전하게 개조하려는 "투사들의 최전선에(1950, 278쪽)" 서 있었으며, "그의 이상을 실현하는 데에서 …… 지혜와 행동으로" 참여할 수가 있었다. "아마 이와 비슷한 **직접적인 경제정책적 성공을** 누린 경제학자는 대단히 소수에 불과했을 것이다(같은 책, 277쪽)."

뢰프케는 1950년 일간지인 『노이에 취르허 차이퉁』(*Neue Züricher Zeitung*, 제748호, 1950년 4월 5일자)에 다음과 같이 썼다. "오늘날 서독은 그렇게 단호하게 분명한 목표의식을 갖고, 또한 동시에 그렇게 성공적으로 집단주의적 혼돈으로부터의 탈출구를 발견했는데, 오이켄의 몫으로 돌릴 수 있는 그 업적은 아무리 높게 평가해도 지나치지 않다." 추측컨대 오이켄이 그렇게 일찍 신의 부름을 받아 떠나지 않았다면, 그 업적은 더 커졌을 것이다.

틀림없이 오이켄은 1948년 6월 시작된 길이 실제로 진행되었던 것보다 더 일관되게 뻗어가도록 노력을 기울였을 것이다. 그 달에 있었던 화폐개혁과 가격동결 조치의 해제는 오이켄의 구상에 부응하는 것이었다. 유감스럽게도 그 이후의 시책들은 오이켄의 구상에 부분적으로만 합치되는, 타협의 결과였던 적이 적지 않았다.

농업정책, 교통정책, 사회정책 등에는 오이켄의 이상이 전혀 영향을 미치지 못했다. 후에 뮐러 아르마크의 지지를 받는 에르하르트(Ludwig Erhard)의 확고한 태도가 아니었다면, 1948년 여름부터의 독일의 경제정책은 오이켄의 구상에서 훨씬 더 멀어졌을 것이다. 즉 이익대변자, 많은 경우에 스스로를 대단히 우월하다고 생각하고 있는 이른바 실용주의자 등이 자신들의 주장을 훨씬 더 많이 관철시켰을 것이다.

| 한스 오토 레넬 · 황신준 옮김 |

## 2 러스킨, 존

＊말라야산 적철과 식물의 수액을 건조시킨 고무질 물질로서 골프공 등의 재료 이다.

## 4 제번스, 윌리엄 스탠리

＊영국 교육체제에서 학위수여의 권한 없이 독자적으로 고등교육을 수행하는 기 구. 학생들은 유니버시티 칼리지에 입학하면 정식인정 대학, 주로 런던 대학교 에서 학위를 받는다.

1) 상세한 부분까지 기술한 것은 W. Mays와 D.P. Henry 1953, 484~505쪽을 비 교하라.

2) 거래조직체 개념구상과 문제에 대한 그 이외의 토론에 대해서는 "Theory of Political Economy", *Pelican Classics Edition* 저자의 서문을 비교하라(1970, 21쪽 이하와 주 267).

3) C. Garcia-Mata und F.I. Shaffner, "Solar and Economic Relationships: A Preliminary Report", *Quarterly Journal of Economics* 49(1934~35, 1~51 쪽) 참조. 그의 사망직전 쓴, 출판되지 못한 논문에서 가르시아 마타는 다음과 같이 확정했다. "1875~79년까지 한 제번스의 연구조사는 학문영역에서 '시대 전(前) 실험'을 위한 전형적인 예이다." 그리고 "제번스는 언제나 올바른 직관 력을 가졌다." 이 논문을 읽고 인용할 수 있도록 해준 가르시아 마타 부인에게 감사드린다. 현재 통용되고 있는 비평적 입장에는 S.M. Stigler, "Jevons as Statistician", *The Manchester School 50*(1982, 363쪽 이하)을 비교하라.

4) 이 소책자로 우리는 이 주제에 관한 토론에 유익한 요약을 얻을 수 있다.

5) 민영화 사업의 국가적인 조정이냐 아니면 국영 자체가 더 적당한지 여부에 대 해 제번스가 심사숙고한 사례들을 요약한 것은 R.D. Collison Black(1981), "W.S. Jevons, 1835~82, 제1장", in: *Pioneers of Modern Economics in Britain* 참조.

## 6 멩거, 카를

1) 독일 경제학의 흐름과 멩거에 대한 독일 경제학의 의미를 자세히 설명한 논문은 슈트라이슬러가 쓴 다음의 논문을 참조할 것. "Carl Menger, der deutsche Nationalökonom." 이 논문은 지금 인쇄 중에 있다.

2) 이미 전통이 되어버린 독일적인 주관주의적 재화이론을 제외한다면 멩거는 1876년 황태자에게 거의 전적으로 스미스에 관해서만, 특히 『국부론』의 첫 세 장인 분업, 교환 그리고 화폐에 관해서 설명했다. 어떠한 한계주의적 사고도 도입하지 않았다! 다음에서 설명할 멩거의 오류 패러다임은 스미스를 발전시키는 것인데, 이 패러다임이야 말로 매우 중요하다.

1876년 황태자가 강의를 받아 쓴 노트는 이론사적인 보배다. 이 노트는 원래 손으로 쓴 것인데, 오스트리아 국가문서 보관서에 보존되어 있다. 이 노트에 대해서는 하만(Brigitte Hamann)박사가 나에게 알려주었다. 나는 하만 박사가 고맙게도 나에게 준 원고를 이용하고자 한다.

3) 비(非)대체성론에 관해서는 P.A. Samuelson, "Abstract of a Theorem Concernig Substitutability in Open Leonlief Models(원래는 1951)", "A New Theorem on Nonsubstitution(원래는 1961)", in: *The Collected Scientific Papers of Paul A. Samuelson*, J.E. Stieglitz(Hrsg.), Vol. I, Cambridge, Mass./London 1966, 515쪽 이하와 520쪽 이하; 그 밖에도 Arrow/Starrett 1973, 137쪽 이하를 보라.

4) 이 표현을 처음으로 사용한 것에 관해서는 Wieser 1884, 128쪽을 보라. 그가 처음으로 이 표현을 사용했다고 주장하는 곳은 Wieser 1889, 12쪽 참조.

5) 멩거(1888, 47쪽)는 뵘바베르크에 대하여 "자산수익의 보편적 이론대신에 단순한 자본이자 이론을 제안하고, ……(이와 함께) 자산수익을 그리고 자산의 다양한 범주의 수익을 설명하기 위한 훨씬 포괄적인 문제를 해결하리라고 믿는 우리의 과학의 일련의 학자들"이라고 신랄하게 말하고 있다. 뵘바베르크에 대한 회고에서(Menger 1970, Bd. III., 193쪽 이하) 멩거는 그를 "이론적 구조가 눈에 띄게 자의적"이라고 비판하면서(같은 책, 301쪽) 다음과 같이 평가하고 있다. "뵘바베르크는 가치론을 기술할 때 과거의 이론의 수많은 요소들을 채용하고 있다(같은 책, 303쪽)!" 따라서 그는 효과에 관한 예측가능성을 전제로 하는 화폐정책을 부인하고 있다.

6) 비저와 그가 영어로 번역한 것으로부터 슘페터가 하버드 대학교수가 되었을 때 혁신개념을 도출한 것에 관해서는 E. Streissler 1981, 66쪽 이하 참조.

7) 보르히는 오늘날에도 아직 불확실성을 시간과 연결시키는 것은 전형적으로 오스트리아적이라는 것을 강조하고 있다(Borch 1973, 61쪽 이하).

8) 로셔는 그의 저서의 여러 판의 세 개의 절에서 통상위기 문제에 몰두했다. 여기에서 그는 예를 들면 세의 법칙을 부인하고 있다. 이에 관해서는 로셔의 긴 논

문(1861)을 참조. 통상위기에 관하여 각별히 상세하게 설명한 것에 관해서는 빈 대학교에서 재직한 멩거 이전의 경제학자 셰플레와 슈타인을 참조.

9) 스미스의 이런 논의에 대해서는 Streissler 1973, 1400쪽 이하 참조.

10) 루돌프 황태자의 1876년 노트에 관해서는 주 2)를 보라

11) 이에 관한 설명은 Roscher 1861을 보라.


## 7 마셜, 앨프리드

소중한 사전작업을 해 준 얀센(Hauke Janssen) 씨에게, 그리고 원고의 교열작업을 맡아 준 코블리츠(Horst Georg Koblitz) 씨와 슈타르바티(Joachim Starbatty) 씨에게 진심으로 감사드린다.

1) 우드(Wood 1982)에 의해 파악된 123개의 영문판 『비평서』(*Critical Assessments*) 가운데 110개(!)는 1928년과 1978년 사이에 나온 것인데, 이 중 4분의 3은 1955년 이후, 다시 그 가운데 41개는 1968년 이후에 출간된 것이다. 최근 수십 년간 이러한 저작의 수는 오히려 증가했다. 이러한 저작들의 범람과 다양성에서 대표성 있는 견해를 얻기 위해서는 근년에 발간된 정기간행물들(*History of Political Economy, History of Economics Society Bulletin, History of Economic Thought Newsletter*)만을 중점적으로 섭렵하는 것이 필요하다.

2) 보드킨과 웨스트(Bodkin/West 1983, 156쪽)에 의하면 마셜에 앞서 1885년에는 발라가, 1890년에는 슈몰러가 그 상을 받았어야 했으며, 1902년에는 "그의 차례였을" 이 상이 새뮤얼슨에게로 돌아갔다(같은 책, 164쪽).

3) 여기에 관해서는 특히 Bonar 1925; Coase 1984; Guillebaud 1961a, 1971; Keynes 1924a, 1944; M.P. Marshall 1947, McWilliams 1969, A. Robinson 1972, 1980; Taussig 1924; Whitaker 1972, 1975a 등 참조.

4) 가격이론 부분은 『경제학 원리』(1890)의 핵심부분이 되었고, 국제경제 이론 부분은 이후 그의 저서인 『통화신용과 상업』에 부록 J의 330~360쪽에 수록되었다. 초고가 나온 지 50년이 지나서야 비로소 완전한 개인인쇄본이 발간되어 일반에게 보급되었다. 최근에는 위태커가 평론과 함께 이 책을 다시 발간했다 (Whitaker 1975 I, 제1부, 제4장; 1975, 제2, 3부, 제5/6장). 『국내가치의 순수이론』의 첫 번째 장은 가장 최근에 와서야 독일어로 번역되었다(Marshall 1876/1986).

5) 블로크의 "경제학 원리의 독자를 위한 정보"를 통하여 이 책을 한눈에 개관할 수 있다(Blaug 1968/75, 181쪽 이하; 1985, 396쪽 이하). Wood 1982, Vol. II도 보라.

6) 1942년 중반까지 총 7만여 권 정도가 출간되었으며, 그 중 6만 5,381권이 팔

렸다(Macmillan 1942, 292쪽 이하). 유감스럽게도 1970년까지 약 30년 동안의 수치는 나와 있지 않다. 다행스럽게도 맥밀런 출판사는 그후의 수치는 갖고 있는데, 1971년부터 1986년까지 『경제학 원리』는 총 2만 4,785권이 전 세계에 판매되었다. 그리고 이 저서의 판매수량을 평가할 때 1892년부터 요약본이 교재용으로 『산업경제학의 제반요소』라는 제목 아래 여러 판 인쇄되어 총 8만 1,000권이 판매되었다는 사실도 감안해야 할 것이다(Keynes 1924b, 504쪽).

7) 특히 『경제학 원리』의 집주본(集註本)에 관한 토론을 보라(Marshall/ Guillebaud 1961; Wood 1982, Vol. I, XXIV와 Vol. II).

8) 다음의 저서들 참조. 예를 들면 Backhouse 1985, Chap. 10; Blaug 1985, Chap. 9와 10; Ekelund/Hébert 1983, Chap. 15; Hutchison 1953, Chap. 4; Mitchell 1969, Chap. X; O'Brien 1981; Pribram 1983, Chap. 19; Routh 1975, Chap. 4; Spiegel 1983, 563쪽 이하.

9) 이와 관련된 중요한 연구결과에 대한 평가자료는 다음과 같다. Blaug 1968/ 75, 131~133쪽, 219~223쪽. 1985, 368~370쪽, 421~424쪽; Ekelund/ Hébert 1983, 365~367쪽; Spiegel 1983, 804~806쪽; Wood 1982, Vol. I, XIV~XXXIII.

10) Marshall 1920/49, 469쪽. Tu 1969, 705쪽 이하; Kiker 1966, 1968와 Blandy 1967 사이의 토론내용도 보라.

11) 특히 "Marshalls Briefe an Flux and Bowley", in: Pigou 1925, 406쪽 이하와 419쪽 이하; Whitaker, 1975 II, 265쪽 이하; Brems 1975를 보라.

12) 위태커의 1972년 이후 저서; Youngson 1956; Stiegler 1969를 보라.


# 8 파레토, 빌프레도

* 원서에는 이 약자의 의미가 언급되어 있지 않다. 하지만 『경제 저널』(*Giornale degli Economisti*)의 약자인 듯하다.

1) 그는 1911년 명령에 의해 나폴레옹 시대의 전형적인 명예직인 프랑스 후작을 수여받는다. 이것은 매우 드문 일이며 의문투성인데, 이 직위는 오늘날 프랑스의 왕위계승자인 파리 백작(Graf von Paris)을 수여받는 것과 근본적으로 동일하다. 후에 사람들은 심지어 이를 "대공작"(Pair de France)이라고 말하기도 했다. 이 속에서 파레토 할아버지의 공로를 프랑스가 어떻게 평가했는지를 알 수 있다.

2) 그 여자가 러시아의 유명한 혁명가이며 무정부자와 동일한 이름을 가진 사람의 딸이거나 최소한 친척이라는 소문은 잘못된 것이다.

3) 파레토는 세월이 흘러감에 따라 이념적인 신비주의에 더욱 예민하게 반응했고 더욱더 "논리적 경험적" 객관성의 학문적인 자세를 취하려고 했다. 발라는 파

레토와는 반대로 그의 서민적이면서 급진적인 사회철학을 바꾸려는 시도를 멈추지 않았다. 여기에 파국의 보다 깊은 이유가 있다. 그렇지만 파레토는 원한과 음모심에도 불구하고 발라에게 감사함과 충성심을 자연스레 바쳤다. 그와 발라를 학문적으로 같은 입장으로 취급하려고 애쓰지만 않는다면, 그들간에는 깊고도 건널 수 없는 차이가 있음이 확연히 드러날 것이다.

4) 그것은 그의 경제이론 글들의 이해를 위해서도 반드시 필요한 것이었다. 그의 기본적인 경제관련 글들의 유일한 독일어 번역을 여기에서 언급한다면 『국민경제의 수리적 접근』(1905, 1094~1120쪽)을 들 수 있다. 여기에는 쿠르노와의 중요한 논쟁도 담겨 있다. 이 글들은 후에 그와 가까운 제자이며 동료인 센시니에 의해 이탈리아어로 번역되었으며 프랑스어 본은 1908/09년에 출판되었다.

5) 마르크스의 사위에 의해 출판된 『자본론』 선집(1893)의 서문을 그에게 갑자기 부탁했을 때, 그는 이것을 이미 준비하고 있었다. 더 결정적인 것은 다음과 같은 내용이다. "학문이란 사물 간의 그리고 현상 간의 관계를 대비하고 이 관계 속에 있는 균일화를 찾아내는 것이다. 원인이라고 일컫는 것의 연구에서 사실을 다른 사실과의 관계 속에서 이해할 때에만, 그 연구는 학문과 앞에서 말한 균일화의 범주에 속하게 된다. 근원(causae primariae)이라 일컫는 것과 경험의 한계를 넘어서는 모든 실체는 학문영역의 저편에 존재한다(I, 2쪽)."

6) 이 고전적인 저서를 20년보다 더 후에 그 당시 독일에서 많은 관심을 불러일으킨 좀바르트의 저서(1925)와 비교해보면, 그 가치를 알 수 있다.

7) 주지하는 바와 같이 법칙의 개념과 범주는 이른바 인문학 분야에서, 다음과 같은 성서적인 분야에서 나온다. "모든 세상이 보호를 받는 것은 황제 아우구스투스에서 나온 명령(원문에는 법칙, 『경제 저널』) 때문이다." 이로써 우리는 동시에 인구조사와 통계의 원천에 놓이게 되었다. 이로부터 그것은 자연과학으로 넘어갔고 비전문가의 편견이 항상 생각하는 것처럼 다시 돌아오지 못했다.

8) 이 학파의 학문적 입장은 여기에 속하는 사람들의 공통적인 것과 다른 것들과 관련하여 너무나 자주 논하여졌기 때문에, 여기에서 다시 이에 대해 자세히 설명하는 것은 누구의 관심사도 아닐 것이다. 그러나 파레토가 학문적인 법칙에 관해 마셜의 견해와는 다르게 느끼고 있었다는 것은 언급할 만하다. 마셜은 학문적인 법칙을 "경향에 관한 진술"이라고 했으며 그는 이를 즉시 중력법칙과 관련지었다(1930, 31쪽; "사실해석의 어려움"과 관련하여 774쪽 참조). 그러나 그는 개인적으로는 발라와 마찬가지로 마셜에 대해 유화적이지 못한 반대를 표명했다. 특히 마셜의 가장 빛나는 이론적 업적이라 할 수 있는 부분균형분석이 그 반대의 계기가 되었다.

9) 에지워스는 그의 『수리심리학』에서 "기수적" 효용의 원리를 완전히 받아들였다. 또한 미국의 피셔는 그의 『가치와 가격이론에 대한 수학적 연구』에서 효용의 측정가능성에 대해 어떤 반대도 하지 않았다. 그러면서 아주 중요한 관점은

부수적인 것으로 다루어지거나 마치 마술에 의해 사라진 것처럼 취급되었다. 이들은 자신의 관점을 고수하기 위하여 완전히 빼앗는 것은 아닐지라도 파레토의 업적을 낮게 평가하려는 시도를 했지만 헛된 일이었다. 헛된 시도의 의미를 객관적으로 파악하기는 쉽지 않다. 그것은 아마도 심리학의 복잡한 길 위에서 찾아야만 할 것이다. 수많은 경제학자들로 하여금 베버의 이상형(Idealtypus), 마셜의 "경향에 관한 진술" 그리고 케인스의 "도구상자"(box of tools) 앞에서 그들의 고개를 숙이게 하는 그런 기능이 아마도 중요할 것이다. 그러면 그들은 마르크스의 "모사설"(模寫說, Abbildtheorie)——그들은 그것의 원조(元祖)를 알지 못하지만——의 마력 속에서 견고한 수학으로 무장된 그들의 이론적 공격의 수위를 낮추게 될 것이다.

10) 그의 『개론』 제12장과 제13장에서 그가 전개해나간 "사회체계"는 의심의 여지 없이 보다 광범위한 내용을 담고 있으며 이를 통해 "경제체계"가 부각된다. 이 때문에 경제체계와 사회체계의 관계가 최근에 다시 통찰력 있고 논쟁적인 연구의 대상이 되었다.

11) 여기에 참고문헌을 가득히 소개할 필요는 없다. 그러나 현대 후생경제학 안에서 또 다른 한 "방향"은 피구의 저서를 통해서 전개되고 있음을 밝혀둔다(1924). 그렇지만 "20세기 초에 연구활동을 한 파레토가 당연히 더 선구적이었음"은 확고하다(Bator, 57쪽).

12) 그러나 체임벌린(Edward H. Chamberlin)은 파레토의 구분이 잘못된 귀결로 이끌며 "사실의 근원"에는 이르지 못한다는 생각을 가졌다(1956, 16쪽, 주).

13) 잘 알려져 있듯이, 트리핀(Triffin)은 이 점에서 큰 예외이다. 같은 책, 특히 52~57쪽, 61쪽, 70~73쪽 참조. 오늘날의 현대 이론가들은 일반적으로 그들이 알고 있는 원리들에 대해 케인스와 비견되는 위대한 저자들을 너무도 알지 못한다.

14) 이와 관련된 이런저런 출판물들은 Vilfredo Pareto 1965a에 요약되어 소개되고 있다. 그러나 파레토는 이 이론을 이미 그의 『강의』(Cours II, §§950~989)에서 발표했다.

15) 첫 번째 비판자들 중의 한 사람이 에지워스인데, 파레토는 그가 이에 관해 정확한 학문적 논쟁을 전혀 할 수 없음이 고통스럽게도 밝혀졌다는 논박을 받는다.

16) 파레토가 스포츠 시대에 살았다면, 그는 전체 스포츠의 종류들을 분류하여 보여주는, 특히 테니스와 장기에서 아주 멋진 예를 참조하게 할 수 있었을 것이다. 또한 그는 예전에 정확하게 표현하지 못한 "사회적 피라미드"를 소득곡선과 관련하여 이미 수정했으며 이에 대한 정확한 형상을 기술했고 수학적으로 표현했다(1896/97, II, §961 참조).

17) 장기파와 관련된 파레토의 업적은 오늘날 콘드라티예프와 또 다른 러시아 사람인 파르부스(Parvus 1901)의 그것과 일반적으로 동일하게 인정받는다(예

를 들어 Bruckmann 1983 참조). 슘페터는 장기파와 관련하여 파레토를 언급하지 않고 있으며, 콘드라티예프 파동을 논하면서도(1961, Bd. I, 179쪽) 콘드라티예프라는 이름을 단지 네 번만 강조할 뿐이다(1961, Bd. I, 174쪽, 178쪽; Bd. II, 482쪽 주, 489쪽 주 참조).

18) 예를 들어 이탈리아어를 유창하게 읽을 수 있는 슘페터——사람들은 최근 그의 현형(顯型)과 어울린다는 이유로 그의 이름을 "쟌피에트로"(Gianpietro)로 비틀어서 인식하고자 했다——는 파레토에게 그의 유명한 첫 저서인 『이론경제학의 본질과 핵심내용』을 보냈다. 파레토는 이 책에 관해 그의 친구인 판탈레오니의 견해를 구했다. 판탈레오니는 "115쪽에 걸친 소개 후에야!" 비로소 본론에 들어갔다고 할 정도로 그 책을 조금은 지루하게 느꼈다.

그리고 그는 그것을 "새로운 국민경제학에 관해 전혀 알지 못하는 대부분의 독일인에게는 매우 유용하지만, 당신(원문대로 임)을 읽은 사람에게는 전혀 새로운 것이 없으며, 초보적이며 종종 부정확하기(또는 너무 초보적인 것이라 허점투성이기)조차 하다"고 생각했다. 결국 판탈레오니는 아량을 갖고 다음과 같이 생각한다. "슘페터는 당신의 『제요』를 알지 못함이 분명하다. 그는 이탈리아어를 이해해야 한다. 왜냐하면 그는 『경제 저널』을 물론 모든 전체는 아니지만 인용하기 때문이다. 그러면서 슘페터는 그가 문제라고 느끼는 일로부터 벗어나려는 곳에서 자신의 장점인, 사실에 관한 어떤 것을 이해하는 자는 그 자신과 다른 사람들을 구분하는 것을 아는 것이라고 말하는 태도를 취한다. 약간은 바로네처럼, 그러나 바로네의 재능 없이도(Pareto 1960, 117쪽 이하, 358~360쪽)."

슘페터는 후에 『제요』의 프랑스어 판을 비평하면서 다음과 같이 분명히 했다. "경제이론에서 아주 중요한 의미를 이 책에 부여해야 한다. 다시 말해 이 책은 가장 완전하고 가장 현대적이며 학문적으로 가장 만족스러운 수학적 접근방법을 보여주고 있다. 이와 같은 것은 발라뿐만 아니라 에지워스와 마셜을 넘어서는 상당한 진전을 의미하며 거의 완전히 저자의 독창적인 연구에 기반을 두고 있다. ……그 책은 비(非)수학자를 위해 쓰여졌다."

그 외에도 슘페터의 마지막 저서인 『자본주의, 사회주의, 민주주의』에서, 사람들이 "사회주의"란 표현을 단지 "조직"으로 바꾸기만 하면, 그의 독창적인 생각을 발견하기 어렵다. 그의 생각은 이미 파레토에 의해 표명되었을지 모른다.

19) 여기에서 우리는 수많은 후생경제학 대변자들을 만나게 된다. 그 중에서도 파레토-최적의 문제를 다룬 두 편의 글들이 이제야 다시 출판됨을 언급하고자 한다(Dierker, Lenninghaus 1986과 Mas-Colell 1986).

## 9 뵘바베르크, 오이겐 폰

\* 1890년대 중엽 독일에 등장해 1910년까지 지속된 예술양식. 이 이름은 아르 누보 디자인을 특징으로 하는 뮌헨의 잡지 『유겐트』(*Die Jugend*)에서 따온 것이다.

1) 그의 정확한 이름은 오이겐 뵘 리터 폰 바베르크(Eugen Böhm Ritter von Bawerk)이다. 학문적 맥락에서 그는 스스로를 "오이겐 폰 뵘바베르크"로, 일상에서는 "뵘"(Böhm)이라고 부른다.
2) 그의 생애를 Menger 1915, Schumpeter 1914, 1925, 문서보관소 그리고 발간되지 않은 뵘바베르크에 관한 나의 문헌에 기초하여 이 절에서 기술하고자 한다.
3) 제4판은 비저가 편집하여 1921년 세 권으로 출판되었는데 이 글의 인용은 제4판을 기초로 한 것이다.
4) 이 논문과 기타 다른 논문은 Böhm-Bawerk 1924와 1926에 수록되어 있다.
5) 1880년대까지 라살은 사회주의의 중요한 경제이론가로 인정되었다. 그가 정치적으로 영향력을 갖고 있었다는 이유뿐만 아니라, 몇 가지 소논문을 제외하면 맑스의 『자본론』 제1권만이 발간되었기 때문이다. 제2권은 1885년, 제3권은 1895년에 발간되었다.
6) 자본이론의 발전에 관해서는 Hennings 1985, 1987를 보라.
7) 뵘바베르크의 이론을 기술하고 비판한 광범위한 문헌에 관한 개관은 Kuenne 1971, Reets 1971 그리고 주 3)에서 언급된 문헌 참조.

## 10 빅셀, 욘 구스타브 크누트

1) 별도의 언급이 없는 한 다음에 전개되는 빅셀의 전기는 Lindahl 1965와 Schneider 1965를 중심으로 한다. 후자는 빅셀에 관한 주요 문헌이기도 하다. 여기에 보충자료로서 이와 관련된 아르네-라이드-심포지움(Arne-Ryde-Symposion)의 모음집을 추천한다(Strøm-Thalberg 1979 참조). 린달은 공식적은 아니지만 빅셀을 개인적으로 알고 있었는데, 스스로 그의 제자라고 생각했다(Lindahl 1965, 628쪽).

빅셀의 연구업적은 스웨덴어로 출판되었다. 여기에 인용된 독일어판은 1965년 렉텐발트에 의해 편찬된 경제학의 거장들의 생애에 관한 책에 수록되어 있는데, 다소 축약되어 있어 Gårdlund 1968에 언급된 전기부분으로 보완되었다. 논문의 영어판은 린달이 편찬하고 서문을 작성한 논문모음집에서 찾을 수 있다(Wicksell 1958, 9쪽 이하).

최신판 문헌은 슈미트에 의해 저술되었다(Schmidt 1989). 이 책이 인쇄되는 동안 "국민경제의 거장들" 시리즈에서 1896년에 간행된 빅셀의 『재정이론 연구』 신판과 새뮤얼슨, 머스그레이브, 산델린(E. Sandelin) 등의 관련기고문이 수록된 비평서(Düsseldorf 1988)가 출간되었다. 그러나 여기에서는 이들 문헌을 참고할 수 없었다.

2) "안나 부게와 결혼"이라는 표현은 제한적으로만 타당하다. 빅셀은 종교적 집안출신이었지만, 청년시절에 신앙의 위기를 겪었는데, 이후 학교의 축제행사 또는 결혼식과 장례식 같은 서민들의 풍습을 원천적으로 거부했다. 당시에는 호적사무소의 혼인절차가 없었기 때문에 이들 부부는 자신들의 고유한 의식으로 결혼식을 대신했다(Lindahl 1965, 424쪽, 434쪽, 627쪽 이하).

3) 빅셀은 이 "스캔들 강연"을 『왕위, 제단, 검(劍) 그리고 돈지갑』(*Der Thron, der Altar, das Schwert und der Geldbeutel*, 1909)이라는 책으로 간행했다. 수형 중에도 Wicksell 1910이 출간되었다. 이러한 사실은 Uhr 1960, 341쪽에 근거하고 있다.

4) 경제적 문제 이외에 사회정책적 문제도 다루었고, 대학생 시절에는 시와 희곡도 썼는데, 이 가운데 몇 개는 출간되기도 했다(Lindahl 1965, 433쪽). 그러나 여기에서는 별도로 다루지 않기로 한다.

5) 한계효용 학파의 창시자들로 (일부에서는 불행했던 고센을 선구자로 잘못 평가하기도 하지만) 제번스, 멩거 그리고 발라를 들 수 있다(Blaug 1985, 299쪽 이하). 그러나 이 "새로운 경제학"을 앵글로색슨계에 유포하고 고전학파와의 유화시키는 데에는 자신의 저서가 냉랭하게 받아들여진 제번스보다는 마셜이 더 크게 기여했다(Blaug 1986, 101쪽과 150쪽 이하).

6) 이 두 가지 모두 Wicksell 1893, 121쪽 이하에서 처음으로 발견된다. 오일러-윅스티드 정리에 대한 빅셀의 기여에 관련해서는 Stigler 1941, 373쪽 이하와 Blaug 1985, 453쪽 이하를 참조하라. 코브-더글러스 생산함수(Blaug 1985, 449쪽), 즉 이미 튀넨이 사용했던 것과 동일한 함수는 한 국가의 생산요소 존재량과 국민생산의 전개 사이의 관계를 설명하는 데 매우 유용한 함수이다. 이 함수는 코브와 더글러스(Cobb/Douglas 1928, 139쪽 이하)에 의해 미국 국민소득의 규모를 설명하기 위해 처음으로 사용되었다. 이 함수의 현대적 의미와 이용에 관해서는 Linde 1981, 287쪽 이하를 참조하라. 린데는 빅셀이 이 함수를 1900년에 출간된 저서의 98쪽에서 처음으로 언급했다고 잘못 지적했다.

7) 이 같은 정의도 역시 가계자본(소비재)과 인적 자본(지식)을 포함하고 있기 때문에 그것은 "자본은 생산된 생산수단의 총합과 같다"는 정의보다 더 포괄적이다. 『이자』(*Geldzins*, 1898, 118쪽 이하)에서 알 수 있듯이, 빅셀은 이와 같은 포괄적인 자본개념을 거부하고 "지대를 발생시키는 재화"와 "숙련노동" 또는 "유일무이한 재화"를 자본이라고 했을 것이다.

8) 빅셀은 아케르만의 저서를 평가하다가 매우 상세하고 긴 설명으로 해명될 수

있는 가치평가 문제에 직면하게 되었기 때문에 이를 "아케르만의 문제"라고 했다. 이에 관해서는 Pasinetti 1978, 182쪽 이하 참조. 앞에서 언급한 빅셀의 서평은 『경제학술지』(1923, 145~180쪽)에 게재되었으며 영문 번역본은 Wicksell 1934, 258쪽 이하에 수록되었다. 빅셀-효과에 관한 더 많은 문헌은 Blaug 1985, 560쪽 이하와 568쪽 이하를 참조하라.

9) 빅셀은 "금속화폐"라는 개념을 사용했다(1922, 2쪽). 그러나 스웨덴은 『강의 2』를 저술할 당시인 1906년까지 금화폐를 보유했기 때문에(1922, 194쪽 참조), 오늘날에는 더 일반적으로 "현금"이라고 부르는 것이 타당하다.

10) 빅셀에 의해 극단적인 사고모델로 간주된 "은행업무의 이상적인 완성품(1922, 98쪽)" 그리고 『강의 2』의 한 단원의 표제에 근거하여 각종 문헌에서 "빅셀의 이상적 은행"으로 표현되기도 했던 순수한 신용제도는 현재는 보편적인 것이 되었다(이에 관해서는 Godschalk 1982 참조). 이는 현실적인 전개는 이상에 항상 점점 더 근접할 것이라는 빅셀의 예측을 증명하고 있다(1922, 98쪽).

11) 빅셀은 "자연이자"를 한편으로는 자연교환 경제에서 생겨 가격수준을 일정하게 유지하는 이자로(Wicksell 1898, 93쪽), 다른 한편으로는 계획된 투자와 저축의 균형을 이루고 이자를 자본의 한계생산력과 일치시키는 이자로 정의했다(Wicksell 1922, 220쪽). 논리적으로 (경우에 따라 실제로) 이것은 네 개의 상이한 이자이다. 여기에 관해서는 Blaug 1985, 639쪽 이하 참조.

12) 하베르거-모델의 발전에 관한 중요한 문헌목록은 Break 1974, 129쪽 이하에서 찾을 수 있다. 여기에는 빅셀에 대한 언급이 없는데, 아마도 그가 오늘날에는 매우 드문 시간 간 자본이론을 이용했기 때문일 것이다. AGE-모델은 Borges 1986에 설명되어 있다.

13) 이미 언급했듯이 특히 경쟁정책적 측면에서는 빅셀과 연관시키지 않고 질서정책과 전체 경제를 지향하는 제도가 필요하다는 사고는 이후에 뵘바베르크와 오이켄에 의해 계속 다루어졌는데, 재정정책적 측면에서는 그렇지 않다(Starbatty 1984와 Borchert/Grossekettler 1985, 132쪽 이하). 앵글로색슨 언어권에서는 특히 국가경제와 관련하여 뷰캐넌이 이러한 사고를 계승했다(Buchanan 1967, 292쪽 이하와 1968, 1987 참조). 빅셀의 투표모형의 전통에 입각하여 파레토-최적으로 유도하게 될 투표기구 구축의 기술적 측면은 Mueller 1979, 21쪽 이하와 72쪽 이하에 설명되어 있다.

14) 교량통행료와 이와 같은 집합재의 이용 사이의 관계는 듀피에 의해 1844년에 처음으로 발표된 문헌에서 이미 설명되었다(J. Dupuit 1952). 그는 여기에서 가격차별의 가능성과(같은 책, 90쪽), 몇몇 경제학도들에 의해 래퍼의 것이라고 잘못 제시된, 두 개의 세율 아래에서 모든 조세는 수입의 극대치를 제외하고는 동일한 수입을 가져다준다는 명제도 환기시켰다(같은 책, 104쪽). 후자의 경우는 듀피 이전에도 유명한 "즉석 조세구구단"의 경우처럼 이미 알려져

있었다. 빅셀은 이러한 듀피의 문헌을 알지 못했는데, 오늘날에도 원본을 구하기가 매우 어렵다. 하지만 빅셀은 듀피를 넘어서는 성과를 보였는데, 이용의 측면뿐만 아니라 한계비용 법칙을 개발했고 그것을 기반시설 프로젝트를 위한 재원조달의 원칙에 적용했기 때문이다. 이 원칙의 발전에 관해서는 Bös 1980, 12쪽 이하와 Grossekettler 1985를 참조하라.

15) 뷰캐넌은 빅셀의 1962년도 독일어판 저서를 영어로 번역했고 그의 사고를 계속 발전시켰다. 그는 자신의 빅셀과의 강력한 연계성을 반복해서 표현했는데, 최근에는 특히 노벨상 수상연설에서 명확하게 나타냈다(Buchanan 1987).

16) 『강의』는 1934년에 영어로, 1947년에 에스파냐어로 그리고 1950년에 이탈리아어로 번역되었다(Lindahl 1965, 628쪽).

17) 카셀은 빅셀이 1900년 저서를 통하여 방어했던 한계효용 학파를 거부했다.


## 12 피구, 아서 세실

* 공공재는 이른바 소비의 비(非)경합성과 비(非)배제성으로 인하여 시장에서 사적으로 공급될 수 없는 재화이다. 가치재(merit goods, meritorische Güter)는 시장에서 수요와 공급은 이루어지지만 이른바 외부적 효용(사회적 효용)이 사적 효용보다 커서 시장에서의 균형수급량보다 더 많이 수요 되도록 정부가 개입하는 것이 바람직한 재화(예를 들면 교육)이다. 비(非)가치재(demerit goods, demeritorische Güter)는 가치재와 반대로 시장에서의 균형공급량보다 더 적은 공급이 이루어지도록 정부가 개입하는 것이 바람직한 재화(마약, 술 등)를 가리킨다.


## 13 슘페터, 조지프 알로이스

* 독일어권에서는 거의 모든 대학이 국립이고 전임교수는 모두 공무원이다. 그래서 공무원 신분을 취득하지 못한 시간강사를 "민간인 강사"라 한다.

** 중의법으로 사용된 것이다. 왕관(Krone)은 유럽의 화폐에 그림으로 자주 등장하고 북유럽이나 체코 등에서 화폐단위로도 쓰인다. 여기서는 인플레가 심해도 화폐단위로 계약한 국가채권은 액면가대로 처리되어야 한다는 것을 뜻한다.

1) 케인스와 슘페터 저작의 유사점과 차이점을 밝혀내기 위해 몇 년 전 한 심포지엄이 열렸다. 뵈스(Bös)와 슈톨퍼(Stolper)가 편집한 『슘페터냐 케인스냐?』(*Schumpeter oder Keynes?*, 1984)에서 특히 슈톨퍼와 크렐레의 논문들이 위에서 언급한 주제에 대하여 상세히 연구하고 있다.

2) 물론 1920년에 국가학 전공이 도입되었는데, 이 분야에서 공부를 마치면 "Doctor rerum politicarum"의 학위를 취득할 수 있었다. 그렇지만 소수의 학생들만이 이 전공을 택했다.

3) 나는 약 20년 동안 지속된 이 논쟁을 한 비판적 논문에서 요약하려고 시도했다(1985).

4) 순수하게 학설사적으로 보자면 좀바르트의 기업가 개념은 세, 발라, 브렌타노의 예전 착상들에 의존하고 있다. 사실은 시대사적으로 규정된 두 개의 조건이 그보다 훨씬 더 커다란 영향력을 경제학에 행사했을 것이다. 하나는 지도적 기업가를 "영웅화"해야 하는 대부르주아지의 필요성이 증대했다는 것이고, 다른 하나는 마르크스 사회이론에 대한 반박이 그때부터 점점 더 빈번하게 시도되었다는 것이다(März 1964, 381쪽 참조).

5) 이 인용은 내가 하버드 대학교에 재학했을 때 기록한 강의노트에 근거한다(1983, 17쪽 참조).

6) 슘페터는 이미 비교적 일찍이 미국인 클라크의 저작 안에서 "동학" (Dynamik)의 개념을 발견했고, 이 동학의 상태를 1910년에 발표한 두 논문에서 강조했다(Schumpeter 1910와 1910a).

7) 하벌러는 본 장에서 반복하여 인용하고 있는 그의 논문(1951, 27쪽)에서 슘페터의 일생의 과업에 대하여, 이미 1906년에 발표된 『이론경제학의 수학적 방법에 관하여』를 지적한 바 있다. 국민경제학을 위한 수학적 도구의 이용가능성에 대해 슘페터가 그렇게 일찍이 이해했음에도, 이상하게도 그의 후기 저작에는 그 흔적이 거의 발견되지 않고 있다.

8) 아직까지도 그러한 종류의 상세한 전기(傳記)가 없다. 아직도 하벌러의 논문(1950/51)이 가장 좋은 짧은 전기로 남아 있다. 흥미 있는 세부사항들, 특히 그라츠 대학교에서의 슘페터의 활동에 관해서는 Seidl 1984a에서 볼 수 있다. 재무장관으로서의 슘페터의 업적에 대한 상세한 평가는 März 1983에 들어 있다.

9) 독자들은 슘페터의 재정정리 프로그램인 「현재와 향후 3년을 위한 재정정책의 기본방침」(Grundlinien der Finanzpolitik für jetzt und die nächsten drei Jahre, Wien 1919)의 정확한 복사본을 März 1981, 552~569쪽의 부록에서 볼 수 있다.

10) 그의 본 대학교에서의 강의활동과 연구활동 시의 문제, 걱정, 희망을 엿보게 해주는 것은 그의 수많은 편지인데, 그것은 März 1983, 169~184쪽에 들어 있다.

11) 노동가치론에 대한 슘페터의 최초의 철저한 비판적 분석은 Schumpeter 1914/24에 들어 있다. 슘페터는 그의 후기 저작에서도 언제나 이 주제로 돌아오곤 했다. 특히 그의 두 저작 『자본주의, 사회주의, 민주주의』와 『경제분석의 역사』 참조.

12) 슘페터 경기순환에서의 인플레의 효과에 관해서는 특히 Streissler 1981, 60~83쪽이 상세히 다루고 있다.

13) 한편 힐퍼딩의 은행자본의 지배테제는, 그것이 빌헬름 황제의 독일을 다루는 한, 반박되지 않은 것이 아니었다. 예를 들어 Riesser 1912는 은행의 영향력이 미미함을, 특히 화학산업에서 그러함을 지적했다.

14) 경쟁투쟁 그리고 그로부터 필연적으로 개척자와 모방자는 항상 다시 역량을 집중하지 않을 수 없었는데, 이것을 마르크스는 반복하여 서술했다. 나는 여기서 그의 저서 『임금노동과 자본』(1849/1953, 86~88쪽)의 한 부분을 인용하고 싶다. "우리가 서술하는 자본가의 특권조차 오래 지속되지 않는다. 열심히 경쟁하는 다른 자본가들도 동일한 기계를 도입하고, 동일한 분업을 도입하고, 더구나 그것을 동일한 또는 더 높은 수준으로 도입한다. 그리고 이러한 도입은 전반적으로 확산되어서 아마포의 가격이 예전 가격 아래로 하락할 뿐만 아니라, 그것의 새로운 생산비 아래로 하락한다. ……우리는 생산양식이 그것을 통해 어떻게 생산수단을 끊임없이 변혁시키고 혁명적으로 바꾸는지를 보며, 분업이 어떻게 더 심화된 분업을, 기계의 사용이 어떻게 더 많은 기계의 사용을, 높은 수준의 노동이 어떻게 더 높은 수준의 노동을 필연적으로 초래하는지를 본다. ……이것은 부르주아적 생산을 언제나 반복하여 기존의 선로에서 축출해버리는 법칙이며, 자본이 노동생산력에 의해 팽팽하게 조여졌기 때문에 자본이 노동생산력을 팽팽하게 조이도록 강요하는 법칙이다. 이 법칙은 자본에게 결코 휴식을 용납하지 않으며 끊임없이 속삭인다. 전진하라! 전진하라!"

## 14 케인스, 존 메이너드

* 1944년 1월 1~22일에 독일과 일본의 패배가 확실해진 뒤 전후(戰後)세계의 금융질서를 세우기 위해 제2차 세계대전 중 뉴햄프셔 브레턴우즈에서 열린 회의를 말한다.

** 레너드 울프와 결혼한 영국의 유명한 여류작가인 버지니아 울프의 결혼 전 성과 이름이다.

*** 버지니아 울프의 언니로 영국의 미술평론가인 벨과 결혼했다. 버네사 스티븐은 결혼 전 성과 이름이다.

1) 케인스의 어머니인 에이다는 1950년도에 출판된 『바느질 실 모으기』(*Gathering up the Threads*)라는 소책자에서, 또 그녀의 아들인 제프리 케인스(Geoffery Keynes)도 『기억의 문』(*The Gates of Memory*, London 1981)이라는 책에서 가족사를 서술했다. 나는 앞으로 이 저서들을 비롯해서 대규모의 자서전인 Harrod, *The Life of John Maynard Keynes*, London 1951; R. Skidelsky, *John Maynard Keynes. Hopes Betrayed 1883~1920*, London,

1983, 그리고 케인스에 대한 수많은 논문들에서 발견되는 케인스의 생애에 대한 다른 많은 정보들을 자유롭게 활용할 것이다.

결국 자서전은 가장 중요한 공헌에 대한 주의를 환기시킨다. 사건들, 보고사항들 그리고 평가들의 스펙트럼이 너무나 큰데, 그 이유는 그의 수많은 친구들, 반대자들 그리고 그의 다양한 삶의 상이한 차원에서 그를 만난 동시대의 사람들이 스스로 기억들을 출판했고, 사람들은 어려움 없이, 케인스와 다소 가까운 접촉을 하면서 살았던 동시대 사람들의 케인스의 형상을 알려주는 수십 권에 달하는 자서전을 일일이 열거할 수 있기 때문이다.

2) 케인즈의 정확한 임무는 다음과 같다. 최고 경제위원회에서 재무장관의 대리인, 평화회의의 재무위원회에서 영국제국의 대리인, 독일과의 휴전협상에서 동맹국 재정대표단의 위원장 그리고 파리에서는 재무성의 주요 대표.

3) 이 전시회의 멋진 카탈로그가 있다(Scrase 1983).

4) 케인스가 해러드에게 보낸 1938년 7월 4일자 편지, *Collected writings* XIV, 296쪽(저자에 의해 번역됨).『일반이론』에서 그는 계속하여 경제학의 수학적 경향에 대하여 경고한다. "경제적 분석체계를 공식화하는 상징적인 가(假)수학적인 방법론의 큰 결함은, 그것이 관련요소들 사이의 엄격한 독립성을 가정하며 이 가정이 배제되면 이 변수들이 힘을 잃어버린다는 사실이다. 반면에 일상적인 방법에서는 만일 우리가 맹목적으로 조작하지 않고 우리가 무엇을 하는지 그 용어가 의미하는 바가 무엇인지를 항상 알고 있다면, 우리는 필요한 유보와 제약, 그리고 나중에 하게 되는 적응을 머리 속에 간직할 수 있다. 이것은 여러 쪽의 수학이 뒤섞인 부분미분을 모든 것이 사라진다고 가정할 때 갖게 되는 그런 의미와는 다른 종류이다. 최신의 '수학적' 경제이론의 대부분은 단순히 만들어진 것이며, 경제이론이 근거하고 있는 최초의 가정처럼 매우 부정확하다. 그리고 이 가정은 저자로 하여금 교만하고 무용한 기호의 쓰레기 속에서 현실세계의 연관성과 상호종속성을 보지 못하게 한다(1936, 297쪽 이하. 여기에서는 독일어 번역에서 인용. Berlin 1936, 251쪽)."

5) 케인스의 산문에 대한 느낌을 살리기 위해 영문으로 인용했다. "Erzberger, fat and disgusting in a fur coat, walked down the platform to the Marshal's saloon. With him were a General and a Sea-Captain with an iron cross round his neck and an extraordinary resemblance of face and figure to the pig in Alice in Wonderland. They satisfied wonderfully, as a group, the popular conception of Huns. The personal appearance of that race is really extraordinary against them. Who knows but that it was the real cause of the war! ……A sad lot they were in those early days, with drawn, dejected faces and tired staring eyes, like men who had been hammered on the stock exchange."

6) 그는 또한 그것을 풍자했다. 『나의 초기 신앙』에서 그는 다음과 같이 서술했

다. "나는 아직도 비현실적 합리성을 다른 사람들의 감정이나 행동(그리고 나 자신의 것에도 물론 마찬가지이다)의 탓으로 돌리는 것으로 인해 구제불능의 고통을 받고 있다. 무엇이 '정상적'인지에 대한 이런 우스꽝스러운 생각의 작지만 매우 어리석은 표현이 하나 존재한다. 즉 무엇이 '정상적'인가와 같은 나의 가정이 충족되지 않을 때 항의하고, 『타임스』에 편지를 쓰고, 길드홀(Guildhall)에서 회의를 소집하고, 어떤 기금에 기부하고 싶은 충동이 그것이다. 만약 내가 큰 소리로 외친다면 나는 성공적으로 호감을 가질 수 있는 어떤 권위나 표준이 실제로 존재하는 것처럼 행동할 것이다. 아마도 그것은 기도의 효험 속에 있는 어떤 신앙의 흔적일 것이다(『두 개의 기억』〔Two Memoirs, 1949b, 100쪽〕)."

## 15 오이켄, 발터

오스발트(Irene Oswalt, 결혼 전 성은 Eucken)의 비평과 격려에 대해, 그리고 문헌입수를 도와준 발터 오이켄 연구소에 감사를 표한다.

* 실제적인 현실문제에 대한 분석을 방기한 채, 오로지 개념의 나열에만 만족하고 있는 학문을 풍자한 용어.

1) 『자본이론 연구』 제2판(1954)에 의거한 인용임.

2) 슈타켈베르크는 이 저서의 비평에서 세부사항들에 관해서는 비판도 가했다. 이에 반해서 이 저서에 대해 아마도 가장 상세한 비평인 Weippert 1941/42에서는 비판이 중심을 이루었다. 이 비판의 상당한 부분은 오해에 기인한 것이다. 예를 들어 바이퍼트가 부정하는 대모순은 "인식의 주체 그리고 역사로서의 세계, 이 양자 사이의 괴리(283쪽)"에서 발생하는 것이 아니라 경제현실의 복잡성과 변화에서 발생하는 것이다.

3) 앞 절의 마지막 참조.

4) 물론 그 개입주의는 자유방임 정책에 부합되는 것은 아니었다.

5) "이 매우 강력한 자유숭배는 최우선적으로 오로지 경제적 목적에 봉사한다(강조는 필자)"는 Nawroths 1962, 125쪽의 견해는, 주의 깊게 읽었다면 피할 수 있었을 오해에 기인한다.

6) 같은 책, 313쪽. 그러한 조치의 사례로 재능 있는 사람의 교육을 보장하는 일과 노동자 보호 등이 열거되었다.

7) 오이켄은 그것을 주의 깊게 증명하고(같은 책, 206~209쪽), 무엇보다도 필연성의 증거로 사용되는 실체화(Hypostasierung)의 방법, 즉 인류, 자본주의 따위의 개념을 행동의 주체로 변화시키는 방법을 비판한다.

8) 같은 책, 295쪽. 바로 앞에 인용된 것을 획득할 수 있는 가능성에 관해서 우리는 그 사이 회의적으로 보게 되었다.

9) 『우리의 과제』(*Unsere Aufgabe*)라는 편집자들의 서론 XIII면에서 강조되었
다. 이 서론은 Franz Böhm 1937과 함께 발행되었다.

# 문헌목록

## 1 마르크스, 카를

### 마르크스의 저술

● Marx, Karl u. Engels, Friedrich (1927~35), *Gesamtausgabe* (*MEGA*), 7 Bände (nicht vollständig erschienen), Moskau.

● Marx, Karl u. Engels, Friedrich (1956~58), (*MEW*), *39 Bände und Ergänzungsband in 2 Teilen*, Berlin-Ost.

● Marx, Karl (1849/1964), *Ökonomische Schriften*, 3. Bd., hg. v. H.-J. Lieber u. B. Kautsky, Stuttgart, erschienen im Rahmen der Karl-Marx-Ausgabe, Werke—Schriften—Briefe, in sieben Bänden (acht Teilbände), hg. v. H.-J. Lieber, Bd. VI.

### 마르크스에 관한 저술

● Adler, Max (1908), *Marx als Denker*, Berlin.

● Adler, Max (1920), *Engels als Denker*, Berlin ²1925.

● Böhm-Bawerk, Eugen v. (1896), "Zum Abschluß des Marxschen Systems", in: *Staatswissenschaftliche Arbeiten*, Festgabe f. Karl Knies, hg. von O.v. Boenigk, Berlin.

● Bortkiewicz, Ladislaus v. (1906/07), "Wertrechnung und Preisrechnung im Marxschen System", in: *Archiv für Sozialwissenschaften und Sozialpolitik*, Bd. 23, 1~50쪽, Bd. 25, 445~488쪽.

● Bortkiewicz, Ladislaus v. (1907), "Zur Berichtigung der grundlegenden theoretischen Konstruktion von Marx im 3. Band des Kapitals", in: *Jahrbücher für Nationalökonomie und Statistik*, Bd. 34=89, 319~335쪽.

● Boudin, Louis B. (1909), *Das theoretische System von Karl Marx* (Übersetzung aus dem Französischen 1907) Stuttgart.

● Burchardt, Fritz (1931f.), "Die Schemata des stationären Kreislaufs bei Böhm-Bawerk und Marx", *Weltwirtschaftliches Archiv*, Bd. 34, 525~564쪽, Bd. 35, 116~176쪽.

● Fritsch, Bruno (1968), *Die Geld- und Kredittheorie von Karl Marx, Eine Darstellung und kritische Würdigung*, Wien.

● Güsten, Rolf (1965), "Bemerkungen zur Marxschen Theorie des technischen Fortschritts", in: *Jahrbücher für Nationalökonomie und Statistik*, Bd. 178, 109~121쪽.

● Hax, Karl (1958), "Karl Marx und Friedrich Engels über den 'Kapazitätserweiterungs-Effekt'", in: *Zeitschrift für Handelswissenschaftliche Forschung, Neue Folge, 10. Jahrgang*, Köln, 222~227쪽.

● Kautsky, Karl (1887), *Karl Marx' ökonomische Lehren*, Stuttgart, Berlin [25]1930.

● Klatt, Sigurd (1960), "Wachstumstheoretische Beziehungen in der Akkumulationstheorie von K. Marx", in: *Jahrbücher für Nationalökonomie und Statistik*, Bd. 172, 240~248쪽.

● Lange, Oskar (1934f.), "Marxian Economics and Modern Economic Theory", *Rev. of Economic Studies 2*, 189~201쪽.

● Morishima, Michio (1973), *Marx's Economics*, Cambridge.

● Ott, Alfred E. (1961), "Marx und die moderne Verteilungstheorie", in: *Annales Universitatis Saraviensis IX*, 179~190쪽.

● Ott, Alfred E. (1967), "Marx und die moderne Wachstumstheorie", in: *Der Volkswirt, Nr. 16 vom 21. 4. 1967*, 637~638쪽, engl. Übers. in: *The German Economic Review*, Vol. 5, 185~195쪽.

● Ott, Alfred E. (1971), "Zur Verallgemeinerung der Marxschen Wachstumstheorie", in: H.J. Niedereichholz (Hg.), *Festschrift für Walter Georg Waffenschmidt zur Vollendung des 85. Lebensjahre*, Meisenheim am Glan, 143~164쪽.

● Ott, Alred E. (1984), "Marx' Beitrag zur Wirtschaftstheorie", in: *WISU Heft 10*, 465~469쪽, Heft 11, 517~525쪽.

● Preiser, Erich (1924/70), "Das Wesen der Marxschen Krisentheorie", in: *Wirtschaft und Gesellschaft, Beiträge zur Ökonomik und Soziologie der Gegenwart. Festschrift für Franz Oppenheimer zu seinem 60. Geburtstag*, Frankfurt am Main, 249~274쪽. Neu erschienen in: Erich Preiser, *Politische Ökonomie im 20. Jahrhundert, Probleme und Gestalten*, München, 47~76쪽.

● Robinson, Joan (1966), *An Essay on Marxsian Economics*, London 1942, Second Ed.

● Rosdolsky, Roman (1968), *Zur Entstehungsgeschichte des Marxschen 'Kapital'*, 2 Bde., Frankfurt a. M.

● Samuelson, Paul A. (1974), "Zum Verständnis des Marxschen Begriffs 'Ausbeutung': Ein Überblick über die sogenannte Transformation von Werten in Produktionspreise"(Übers. aus dem Amerikanischen), in: Hans G. Nutzinger, Elmar Wolfstetter (Hg.), *Die Marxsche Theorie und ihre Kritik*

*I*, Frankfurt, New York, 237~295쪽.

●Wood, John Cunningham (Hg.) (1982), *Karl Marx's Economics. Critical Assessments*, 4 Bde., Beckenham.

● "Artikel Marx(1961)", (Friedrich Engels, Iring Fetscher, Hans Peter), in: *Handwörterbuch der Sozialwissenschften (HdSW)*, Bd. 7, Göttingen, *Marx (I)* F. Engels, *Biographie*, 185~188쪽, *Marx (II)* I. Fetscher, *Historischer Materialismus*, 188~197쪽, *Marx (III)*, H. Peter, *Ökonomisch-soziologisches System*, 197~206쪽; dort weitere Literaturangaben.

● "Artikel Marxismus(1980)", (Nikolaus Wenturis) in: *Handwörterbuch der Wirtschaftswissenschaft (HdWW)*, Bd. 5, Stuttgart, New York, Tübingen, Göttingen, Zürich, 166~189쪽; dort weitere Literaturangaben.

## 기타 저술

●Aristoteles (1955), *Politik. Übersetzt und herausgegeben von Olof Gigon*, Zürich, München [5]1984.

●Benz, Ernst (1974), *Das Recht auf Faulheit oder Die friedliche Beendigung des Klassenkampfes*, Stuttgart.

●Bernstein, Eduard (1901), *Wie ist wissenschaftlicher Sozialismus möglich?*, Berlin.

●Bródï, Andrús (1970), *Proportions, Prices and Planning*, New York.

●Dobb, Maurice (1973), *Theories of Value and Distribution since Adam Smith*, Cambridge.

●Fetscher, Iring (1962~65), *Der Marxismus. Seine Geschichte in Dokumenten*, 3 Bde., München. München-Zürich [3]1976~77.

●Hegel, Georg Wilhelm Friedrich (1958), *Sämtliche Werke*, 26 Bde., Stuttgart.

●Hilferding, Rudolf (1910/68), *Das Finanzkapital*, Wien; Frankfurt-Wien (Neudruck).

●Keynes, John. M. (1926), *Das Ende des Laissez-Faire*, München.

●Krelle, Wilhelm (1959), *Volkswirtschftliche Gesamtrechnung einschließlich Input-Output-Analyse mit Zahlen für die Bundesrepublik Deutschland*, Berlin [2]1967.

●Lenin, Wladimir J. (1959~65), *Werke (LW)*, 40 Bde., Berlin-Ost.

●Löwith, Karl (1941), *Von Hegel zu Nietzsche. Der revolutionäre Bruch im Denken des 19. Jahrhunderts*, Zürich, Hamburg [7]1978.

●Lohmann, Martin (1949), *Einführung in die Betriebswirtschaftslehre*, Tübingen [2]1955.

● Luxemburg, Rosa (1913/23), *Die Akkumulation des Kapitals*, Berlin. Neudruck in den Gesammelten Werken VI.

● Man, Hendrik de (1929), *Au delà du marxisme*, Paris.

● Ott, Alfred E. ($^2$1970), *Einführung in die dynamische Wirtschaftstheorie*, Göttingen.

● Ott, Alfred E. (1972), "Zur Geschichte der Input-Output-Analyse", in: *Operations Research-Verfahren XIV*, 140~145쪽.

● Ruchti, Hans (1953), *Die Abschreibung*, Stuttgart.

● Schumpeter, Joseph A. (1950), *Kapitalismus, Sozialismus und Demokratie*, 2. erw. Aufl., Bern.

● Seiffert, Helmut (1971), *Marxismus und bürgerliche Wissenschaft*, München.

● Sraffa, Piero (1976), *Warenproduktion mittels Waren. Einleitung zu einer Kritik der ökonomischen Theorie* (Übers. aus dem Englischen 1960), Frankfurt a. M.

● Sweezy, Paul (1959), *Theorie der kapitalistischen Entwicklung* (Übers. aus dem Amerikanischen 1942), Köln.

● Stalin, Joseph V. (1950~55), *Werke* (*StW*), 13 Bde., Berlin-Ost.

● Tugan-Baranowsky, Michael J.v. (1905), *Theoretische Grundlagen des Marxismus* (Übers. aus dem Russischen 1905), Leipzig.

● Turban, Manfred (1980), *Marxsche Reproduktionsschemata und Wirtschaftstheorie*, Berlin.

● Wolff, Robert P. (1984), *Understanding Marx. A Reconstruction and Critique of Capital*, Princeton.

# 2 러스킨, 존

### 참고문헌

● Ruskin, John (1903~12) *The Works* (s. u.), 38 Bd. (1911년까지의 저술들).

● Dearden, James S. (1970), *Facets of Ruskin*, London, Edinburgh, 149~157쪽(1911~70).

● *The Ruskin Newsletter* (1970ff.).

### 러스킨의 저술

● (1903~12) *The Works* (The library Edition), hg. v. E.T. Cook u. A. Wedderburn, 38 Bde, London.

- (1970) *Unto this Last*, hg. v. P.M. Yarker, London, Glasgow.
- (1902) *Diesem Letzten. Vier Abhandlungen über die ersten Grundsätze der Volkswirtschaft*, übers. v. A.v. Przychowski, Leipzig.

### 러스킨에 관한 저술

- Fain, J.T. (1956), *Ruskin and the Economists*, Nashville(Tenn.).
- Hobson, John A. (1898), *John Ruskin, Social Reformer*, London.
- Kemp, Wolfgang (1983), *John Ruskin, Leben und Werk*, München.
- Shaw Bernard (1921), *Ruskin's Politics*, London.
- Sherburne, James Clark (1972), *John Ruskin or the Ambiguities of Abundance*, Cambridge (Mass.).
- Spence, Margaret E. (1957), "The Guild of St. George: Ruskin's Attempt to Translate His Ideas Into Practice", in: *Bulletin of the John Rylands Library*, Vol. 40, 147~201쪽.

### 기타 저술

- Cairnes, John Elliot (1857), *The Character and Logical method of Political Economy*, London.
- Carlyle, Thomas (1833/34), "Sartor Resartus, Boston 1835" (*Frasers Magazine*에 최초로 게재).
- Emerson, Ralph Waldo (1904), *English Traits*, London-New York.
- Herkner, Heinrich (1912), "Der Kampf um das sittliche Werturteil in der Nationalökonomie", in: *Jahrbuch für Gesetzgebung, Verwaltung und Volkswirtschaft*.
- Hobsbawm, Eric J. (1969) *Industry and Empire*, Harmondsworth.
- Marx, Karl (1969), *Das Kapital*, Frankfurt, Berlin.
- Mill, John Stuart (1844), *Essays on some Unsettled Questions of Political Economy*, London.
- Ricardo, David (1951), *The Works and Coorrespondence*, hg. v. P. Sraffa u. M.H. Dobb, Cambridge, Bd. 1.

# 3 발라, 레옹

### 참고문헌

- Dorow, F. (1963), "Art. Walras", in: *Staatslexikon, Recht-Wirtschaft-Gesellschaft*, hg. von der *Görres-Gesellschaft*, 6., 완전히 새로운 판으로 확장,

8. Bd., Freiburg i. B.

● Jaffé, W. (1968), "Art. Walras, Léon", in: *International Encyclopedia of the Social Sciences*, Bd. 16.

● Waffenschmidt, W.G. (1961), "Art. Walras, Léon", in: *Handwörterbuch der Sozialwissenschaften*, 11. Bd., Stuttgart, Tübingen, Göttingen.

## 발라의 저술

● (1874/1926) *Eléments d'économie politique pure*, 1re Edition. 여기에서는 4iéme Edition에서 인용, *Edition définitive*, Paris und Lausanne, Neudruck 1952. 영어판: *Elements of Pure Economics*, London 1954.

● (1883) *Théorie mathématique de la richesse sociale*, Lausanne 1883.

● (1896/1936) *Etudes d'économie sociale. Théorie de la répartition de la richesse sociale*, Paris, Neudruck.

● (1898/1936) *Etudes d'économie politique appliquée. Théorie de la production de la richesse sociale*, Paris, Neudruck.

● Jaffé, W. (Hg.) (1965), *Correspondence of Léon Walras and Related Papers*, Amsterdam.

● Pantaleoni, M. (Hg.) (1908), "Leone Walas—autobiografia", in: *Giornale degli economisti*.

## 발라에 관한 저술

● Friedman, M. (1955), "Walras and His Economic System", *American Economic Review*.

● Harrod, R.F. (1956), "Walras: A Re-Appraisal", *Economic Journal*.

● Hicks, J.R. (1934), "Léon Walras", in: *Econometrica*, Bd. 2.

● Jaffé, W. (1935), "Unpublished Papers and Letters of Léon Walras", in: *Journal of Political Economy*, Bd. 43.

● Jaffé, W. (1967), "Walras' Theory of Tâtonnement: A Critique of Recent Interpretations", in: *Journal of Political Economy*.

● Kuenne, R.E. (1954), "Walras, Leontief, and the Interdependence of Economic Activities", in: *Quarterly Journal of Economics*.

● Kuenne, R.E. (1956), "The Architectonics of Léon Walras", in: *Kyklos*, Bd. 9.

● Morishima, M. (1977), *Walras' Economics—A Pure Theory of Capital and Money*, Cambridge.

**기타 문헌**

- Antonelli, Etienne (1939), *L'Economie pure du capitalisme*, Paris.
- Benassy, J.-P. (1982), *The Theory of Market Disequilibrium*, New York.
- Blaug, M. (1973), *Economic Theory in Retrospect*, 2nd Edition, London.
- Debreu, G. (1959), *Theory of Value*, New York.
- Hicks, J.R. (1939), *Value and Capital*, Oxford.
- Kaldor, N. (1934), "The Determinateness of Static Equilibrium", *Review of Economic Studies*.
- Morgenstern, O. (1941), "Professor Hicks on 'Value and Capital'", in: *Journal of Political Economy*.
- Patinkin, D. (1956), *Money, Interest, and Prices*, New York.
- Samuelson, P.A. (1947), *Foundations of Economic Analysis*, Cambridge.
- Schumpeter, J. (1954), *History of Economic Analysis*, New York.
- Stigler, G. (1949), *Theory of Price*, New York.
- Wald, A. (1936), "Über einige Gleichungssysteme der mathematischen Ökonomie", *Zeitschrift für Nationalökonomie*, Vol. 7.
- Weintraub, E.R. (1983), "On the Existence of a Competitive Equilibrium: 1930~54", *Journal of Economic Literature*, Vol. 21.

# 4 제번스, 윌리엄 스탠리

## 참고문헌

- Inoue, Takutoshi (1986), *Bibliographical List of W. Stanley Jevons' Writings*, etc., 그의 작품들에 대한 논평과 해석, 그의 사망 관련기사 등을 포함, Nishinomiya, Kwansei Gakuin University.

## 제번스의 저술

- (1972~81) *Papers and Correspondence*, ed. R.D. Collison Black and R. Könekamp, 7 Vols, 1972~81.
- (1865) *The Coal Question*, London.
- (1870) *Elementary Lessons in Logic, Deductive and Inductive*, London.
- (1874/1958) *The Principles of Science*, 2 Vols, London: Dover Publications edition, New York.
- (1875) *Money and the Mechanism of Exchange*, London.
- (1876/1905) "The Future of Political Economy", in: *Fortnightly Review*, Vol 20, New Series, Nov. 1876; reprinted in: *The Principles of Economics*,

London.

- (1876a) *Primer of Logic*, London.
- (1878) *Primer of Political Economy*, London.
- (1879/1970) "Theory of Political Economy", 1st edition 1871; edition of 1879 in: *Pelican Classics edition*, ed. R.D. Collison Black, Harmondsworth.
- (1880/83) "Experimental Legislation and the Drink Traffic", in: *Contemporary Review*, 37, reprinted in: W.S. Jevons, *Method of Social Reform*, London.
- (1882) *The State in Relation to Labour*, London.
- (1884a~d) *Investigations is Currency and Finance*, London 1884(1884a). *The Solar Period and the Price of Corn*, 1875(1884b); *An Ideally Perfect System of Currency*, 1875, first published in: *Investigations……*, (1884c); *On the Study of Periodic Commercial Fluctuations*, 1862, reprinted in: *Investigations……*, (1884d).
- (1890) *Pure Logic, and other Minor Works*, London.

## 제번스에 관한 저술

- Barucci, Piero (1967), "I Primordi del Pensiero Economico di Jevons", in: *Giornale degli Ecconomisti*, 26.
- Black, R.D. Collison (1972), "Jevons, Bentham and De Morgan", in: *Economica*, 39.
- Black, R.D. Collison (1973), "W.S. Jevons and the Foundation of Modern Economics", in: Black, Coats and Goodwin (eds.), *The Marginal Revolution in Economics*, Durham, North Carolina.
- Black, R.D. Collison (1981), "W.S. Jevons, 1835~82, Chapter I", in: *Pioneers of Modern Economics in Britain*, O'Brien and Presley (eds.), London.
- Bostaph, S., and Yeung-Nan Shieh (1986), "W.S. Jevons and Lardner's Railway Economy", in: *History of Political Economy*, 18.
- Eckard, E.W. (1940), *The Economics of W. S. Jevons*, Washington, D. C.
- Hennings, Klaus Hinrich (1979), "George Darwin, Jevons and the Rate of Interest", in: *History of Political Economy*, 11.
- Higgs, H. (1905), *Editor's Preface to Jevons's Principles of Economics*.
- Hutchison, T.W. (1982), "The Politics and Philosophy in Jevons's Political Economy", in: *The Manchester School*, 50.
- Hutchison, T.W. (1978), "The Jevonian Revolution and Economic Policy", in: Ders., *On Revolutions and Progress in Economic Knowledge*,

Cambridge.

●Keynes, John Maynard (1936/72), "William Stanley Jevons 1835~1882, A Centenary Allocution on his Life and Work as Economist and Statistician", in: *Journal of the Royal Statistical Society*, Vol 99, Part III; reprinted in: "Essays in Biography", in: *The Collected Writings*, Vol X, London.

●Konvitz, Milton R. (1948), "An Empirical Theory of the Labor Movement: W. Stanley Jevons", in: *Philosophical Review*, 57.

●Laidler, D.E.W. (1982), "Jevons on Money", in: *The Manchester School*, 50.

●La Nauze, John A. (1949), "Jevons in Sydney, Chapter II", in: *Political Economy in Australia: Historical Studies*, Melbourne.

●La Nauze, John A. (1953), "The Conception of Jevons's Utility Theory", in: *Economica*, 20.

●MacLennan, Barbara (1972), "Jevons's Philosophy of Science", in: *The Manchester School*, 40.

●de·Marchi, N.B. (1973), "The Noxious influence of Authority: a Correction of Jevons's Charge", in: *Journal of Law and Economics*, 16.

●Mays, W., and Henry, D.P. (1953), "Jevons and Logic", in: *Mind*, Vol 62.

●Mays, Wolfe (1962), "Jevons's Conception of Scientific Method", in: *The Manchester School*, 30.

●Reid, Gavin C. (1972), "Jevons's Treatment of Dimensionality", in: *The Theory of Political economy*, in: *The Manchester School*, 40.

●Robbins, Lionel (1936), "The Place of Jevons in the History of Economic Thought", in: *The Manchester School*, 7, 1936; reprinted ibid., 50, 1982, and in: Ders., *The Evolution of Modern Economic Theory*, London 1970.

●Robertson, Ross M. (1951), "Jevons and his Precursors", in: *Econometrica*, 19.

●Schabas, M. (1985), "Some Reactions to Jevons's Mathematical Program. The case of Cairnes and Mill", in: *Historical of Political economy*, 17.

●Steedman, Ian (1972), "Jevons's Theory of Capital and Interest", in: *The Manchester School*, 40.

●Stigler, S.M. (1982), "Jevons as Statistician", in: *The Manchester School*, 50.

●White, Michael (1982), "Jevons in Australia: a Reassessment", in: *The Economic Record*, 58.

●Wicksteed, P.H. (1892), "Jevons, William Stanley", in: *Palgrave's Dictionary of Political economy*, II.

## 기타 저술

● Backhouse, Roger (1985), *A History of Modern Economic Analysis*, Oxford.

● Bentham, Jeremy (1789), *An Introduction to the Principles of Morals and Legislation*, London. Neudruck Oxford 1948.

● Cairnes, J.E. (1873), "Essays towards a Solution of the Gold Question, 1858~60"; reprinted in: *Essays in Political Economy, Theoretical and Applied*, London.

● Foxwell, H.S. (1884), *Introduction to Investigations in Currency and Finance*.

● Freeden, M. (1978), *The New Liberalism*, Oxford.

● Garcia-Mata, C., and Shaffner, F.I. (1934/35), "Solar and Economic Relationships: A Preliminary Report", in: *Quarterly Journal of Economics*, 49.

● Hutchison, T.W. (1981), *The Politics and Philosophy of Economics*, Oxford.

● Petrella, F. (1977), "Benthamism and the Demise of Classical Economic Ordnungspolitik", in: *History of Political Economy*, 9.

● Pigou, Arther Cecil (Hg.) (1925), *Memorials of Alfred Marshall*, London.

● Taylor, A.J. (1972), *Laissez-faire and State Intervention in Nineteenth Century Britain*, London.

## 5 슈몰러, 구스타프 폰

### 참고문헌

● v. Beckerath, Erwin (1961), "Schmoller", in: *Staatslexikon; Recht, Wirtschaft, Gesellschft*, 6. Aufl., 6. Bd., 1146~1150쪽.

● Brinkmann, Carl (1956), "Schmoller, Gustav", in: *Handwörterbuch der Sozialwissenschaften*, Bd. 9, 135쪽 이하.

● o.V. (1911), "Schmoller, Gustav", in: *Handwörterbuch der Staatswissenschaften*, Bd. 7, 311쪽 이하.

### 슈몰러의 저술

● (1860) "Zur Geschichte der nationalökonomischen Ansichten in Deutschland während der Reformationsperiode", in: *Zeitschrift f. die ges. Staatswiss.*, Bd. 16, 461쪽 이하.

● (1862) *Der französische Handelsvertrag und seine Gegner*, Frankfurt.

● (1863) "Die Lehre vom Einkommen in ihrem Zusammenhang mit den

Grundprinzipien der Steuerlehre", in: *Zeitschrift für die gesamte Staatswissenschaft*, Bd. 19.

- (1863) "Systematische Darstellung des Ergebnisses der zu Zollvereinszwecken im Jahre 1861 in Württemberg stattgehaltenen Gewerbeaufnahme", in: *Württemberg—Statistik und Topographie, Heft 2*, Jg. 1862, Stuttgart.

- (1864/65) "Die Arbeiterfrage", Art. I~III, in: *Preußische Jahrbücher*, Bd. 14, 393쪽 이하, 523쪽 이하; Bd. 15, 32쪽 이하.

- (1870) *Zur Geschichte der deutschen Kleingewerbe im 19. Jh., Statistiche und nationalökonomische Untersuchungen*, Halle.

- (1874) "Die soziale Frage und der Preußische Staat", in: *Preußische Jahrbücher*, Bd. 33, 323쪽 이하.

- (1874/75) "Über einige Grundfragen des Rechts und der Volkswirtschaft. Ein offenes Sendschreiben an Herrn Professor Dr. Heinrich v. Treitschke", in: *Jahrb. f. Nationalökonomie u. Statistik*, Bd. 23, 225쪽 이하, Bd. 24, 81쪽 이하; 2. Aufl., Jena.

- (1879) *Die Straßburger Tucher- und Weberzunft. Urkunden und Darstellungen nebst Regesten und Glossar. Ein Beitrag zur Geschichte der deutschen Weberei und des deutschen Gewerberechts vom 13. bis 17. Jh.*, Straßburg.

- (1888) *Zur Litteraturgeschichte der Staats- und Sozialwissenschaften*, Leipzig.

- (1897) *Wechselnde Theorien und feststehende Wahrheiten, Rektoratsrede von 1897*, Berlin.

- (1898) *Umrisse und Untersuchungen zur Verfassungs-, Verwaltungs- und Wirtschaftsgeschichte besonders des preußischen Staates im 17. und 18. Jh.*, Leipzig.

- (1900/04) *Grundriß der allgemeinen Volkswirtschaftslehre*, I. u. II. Teil, Leipzig.

- (1918) "Meine Heilbronner Jugendjahre", in: *Von schwäbischer Scholle*, 53쪽 이하.

### 슈몰러에 관한 저술

- Brinkmann, Carl (1937), *Gustav Schmoller und die Volkswirtschaftslehre*, Stuttgart.

- Hintze, Otto (1928), "Gustav von Schmoller", in: *Deutsches Biographisches Jahrbuch*, hg. vom Verband der deutschen Akademien, Überleitungsband

II: 1917~20, Berlin, Leipzig, 124쪽 이하.

● Lindenlaub, Dieter (1967), *Richtungskämpfe im Verein für Socialpolitik,* Teil I und II(Beiheft 52 und 53 der Vierteljahrschrift für Sozial- und Wirtschaftsgeschichte), Wiesbaden.

● Menger, Carl (1884/1966), *Die Irrthümer des Historismus in der Deutschen Nationalökonomie,* Wien, Neudruck Aalen.

● Oppenheim, H.B. (1871), "Manchesterschule und Katheder-Sozialisten", in: *Nationalzeitung* v. 17. 12. 1871.

● (1908) *Reden und Ansprachen gehalten am 24. Juni 1908 bei der Feier von Gustav Schmollers 70. Geburtstag,* Altenburg.

● Salin, Edgar (1924), "Zur Stellung Gustav Schmollers in der Geschichte der Nationalökonomie", in: *Schmollers Jahrbuch,* 307쪽 이하.

● Salin, Edgar (1967), *Politische Ökonomie. Geschichte der wirschafts-politischen Ideen von Platon bis zur Gegenwart,* 5. Aufl., Tübingen und Zürich.

● Schüller, Richard (1895), *Die klassische Nationalökonomie und ihre Gegner,* Berlin.

● Stamper, Georg (1901), "Gustav Schmoller", in: *Nord und Süd,* Bd. 97, 307쪽 이하.

● Schumpeter, Joseph (1926), "Gustav Schmoller und die Probleme von heute", in: *Schmollers Jahrbuch,* 373쪽 이하.

● Treitschke, Heinrich von (1874/75), "Der Sozialimus und seine Gönner, nebst einem Sendschreiben an Gustav Schmoller", in: *Preußische Jahrbücher,* Bd. 34, 248쪽 이하; ferner Berlin.

● Wilbrandt, Robert (1926 II), "Das Ende der historich-ethischen Schule", in: *Weltwirtschaftliches Archiv,* 24. Bd., 243쪽 이하.

● Winkel Harald (1977), *Die deutsche Nationalökonomie im 19. Jahrhundert,* Darmstadt.

● Winkel Harald (1986), "Nationalökonomie und Gelehrtenpolitik im ausgehenden 19. Jahrhundert", in: Schmidt, G. u. Rüsen, Jörn (Hg.), *Gelehrtenpolitik und politische Kultur in Deutschland 1830~1930,* Bochum, 107쪽 이하.

● Zimmermann, Waldemar (1938), "Gustav von Schmoller und der nationalökonomische Nachwuchs", in: *Schmollers Jahrbuch,* 733쪽 이하.

# 6 멩거, 카를

## 참고문헌

● Wieser, Friedrich (1923), "Artikel 'Karl Menger'", in: *Neue Österreichische Biographie*, Bd. 1, Wien.

## 멩거의 저술

● (1871) *Grundsätze der Volkswirthschaftslehre*, Wien.

● (1883) *Untersuchungen über die Methode der Sozialwissenschaften und der politischen Ökonomie insbesondere*, Leipzig.

● (1884) *Die Irrthümer des Historismus in der Deutschen Nationalökonomie*, Wien.

● (1888) "Zur Theorie des Kapitals", in: *Jahrbücher für Nationalökonomie und Statistik*, Bd. 17.

● (1891/1970) "Die Social-Theorien der Classischen National-Oekonomie und die moderne Wirtschaftspolitik", *Neue Freie Presse*, 6. und 7. Januar 1891, Nr. 9470 und 9472, 하예크로부터 인용. F.A.v. (Hg.), *Carl Menger— Gesammelte Werke*, Bd. 3, 2. Aufl., Tübingen, 219쪽 이하.

● (1829a/³1909) "Artikel 'Geld'", in: *Handwörterbuch der Staatswissenschaften*, Bd. 3.

● (1892b/1970) "Von unserer Valuta", in: *Allgemeine Juristen-Zeitung*, XV. Band, No. 12 und 13, 20. Januar und 1. Februar 1892, 하예크로부터 인용. F.A.v. (Hg.), *Carl Menger—Gesammelte Werke*, 4, 2. Aufl., Tübingen, 287쪽 이하.

● Hayek, Friedrich August v. (1970), (Hg), *Carl Menger—Gesammelte Werke*, 4 Bde., 2. Aufl., Tübingen.

## 멩거에 관한 저술

● Arrow, Kenneth und David A. Starrett (1973), "Cost- and Demand-Theoretical Approaches to the Theory of Price Determination", in: Hicks J.R., Weber, W. (Hg.), *Menger and The Austrian School of Economics*, Oxford, 129~149쪽.

● Boos, Margarete (1986), *Die Wissenschaftstheorie Carl Mengers*, Wien.

● Borch Karl (1973), "The Theory of Uncertainty in the Theories of the Austrian School", in: J.R. Hicks. W. Weber (Hg.), *Menger and the Austrian School of Economics*, Oxford, 61~75쪽.

● Hayek, Friedrich August v. (1961), "Artikel 'Wiener Schule'", in:

*Handwörterbuch der Sozialwissenschaften*, 12. Bd., Stuttgart, Tübingen, Göttingen, 68~71쪽.

- Hicks, John und W. Weber (Hg.) (1973), *Carl Menger and the Austrian School of Economics*, Oxford.

## 기타 저술

- Blaug, Mark (1962/⁴1985), *Economic Theory in Retrospect*, Cambridge.
- Cantillon, Richard (1755), *Essai sur la nature du commerce en générale*, Londres.
- Condillac, Abbé de (1776), *Le commerce et le gouvernement, considérés relativement l'un à l'autre*, Amsterdam, Paris.
- Frisch, Helmut (ed.) (1981), *Schumpeterian Economics*, New York.
- Gossen, H.H. (1854), *Entwicklung der Gesetze des menschlichen Verkehrs und der daraus fließenden Regeln für menschliches Handeln*, Braunschweig.
- Hermann, Wilhelm v. (1832/²1870), *Staatswirthschaftliche Untersuchungen*, München.
- Hildebrand, Bruno (1848), *Die Nationalökonomie der Gegenwart und Zukunft*, Frankfurt.
- Jevons, William St. (1871), *The Theory of Political Economy*, London.
- Knies, Karl (1873/79), "Geld und Kredit", Bd. 1, *Das Geld*, Bd. 2, *Der Kredit*, Berlin.
- Kuhn, T.S. (1962/²1970), *The Structure of Scientific Revolutions*, Chicago.
- Mangoldt, Hans Carl Emil v. (1855), *Die Lehre vom Unternehmergewinn*, Leipzig.
- Mangoldt, Hans Carl Emil v. (1863), *Grundriß der Volkswirthschaftslehre*, Stuttgart.
- Marshall, Alfred (1930), *Principles of Economics*, London.
- Marx, Karl (1867/1969), *Das Kapital*, Bd.1, Berlin.
- Mill, John Stuart (1848), *Principle of Political Economy*, 2 Bde., London.
- Morgenstern, Oskar (1934), "Das Zeitmoment in der Wertlehre", in: *Zeitschrift für Nationalökonomie*, Bd. 5.
- Neumann, John v. und Oskar Morgenstern (1944), *Theory of Games and Economic Behavior*, Princeton.
- O'Driscoll, jr., Gerald und Mario J. Rizzo (1985), *The Economics of Time and Ignorance*, Oxford, New York.
- Phillippovich, Eugen v. (1893), *Grundriß der politischen Ökonomie*, 2 Bde., Freiburg.

● Rau, Karl Heinrich (1826), *Grundsätze der Volkswirthschaftslehre*, Heidelberg, ⁴1841, ⁶1855.

● Ricardo, David (1817), *The Principles of Political Economy and Taxation*, London.

● Roscher, Wilhelm (1854), *System der Volkswirthschaft*, Bd. I: *Grundlagen der Nationalökonomie*, Stuttgart, ⁵1864, ¹²1875, ²⁶1922.

● Roscher, Wilhelm (1861), "Zur Lehre von den Absatzkrisen", in: ders., *Ansichten der Volkswirthschaft aus dem geschichtlichen Standpunkte*, Leipzig, Heidelberg, Abschn. VI, 279~398쪽.

● Roscher, Wilhelm (1874), *Geschichte der National-Oekonomik in Deutschland*, München.

● Schäffle, Friedrich (1867), *Das gesellschaftliche System der menschlichen Wirthschaft*, 2. Aufl., Tübingen.

● Stein, Lorenz v. (1878), *Die Volkswirthschaftslehre*, Wien.

● Steuart, James (1805), *An Inquiry into the Principles of Political Economy*, London, Erstausgabe 1767.

● Streissler, Erich (1969), "Structural Economic Thought—On the Significance of the Austrian School Today", in: *Zeitschr. f. Nationalökonomie* X X IX, 237쪽 이하.

● Streissler, Erich (1973), "Macht und Freiheit in der Sicht des Liberalismus", in: *Macht und ökonomisches Gesetz*, Schriften d. Ver. f. *Socialpolitik*, NF 74/II, 1391쪽 이하.

● Streissler, Erich (1981), "Schumpeter's Vienna and the Role of Credit in Innovation", in: Frisch, Helmut (Hg.), *Schumpeterian Economics*, New York.

● Walras, Léon (1874~77), *Eléments d'économie politique pure*, Lausanne, Paris, Basel.

● Wieser, Friedrich v. (1884), *Über den Ursprung und die Hauptgesetze des wirtschaftlichen Werthes*, Wien.

● Wieser, Friedrich v. (1889), *Der natürliche Werth*, Wien.

## 7 마셜, 알프레드

### 참고문헌

● Keynes, J.M. (1924b), "Bibliographical List of the Writings of Alfred Marshall", in: *The Economic Journal*, Vol. 34, 627~637쪽; repr. in: Pigou 1925, 500~508쪽.

● Macmillan, Daniel (1942), "The 'Principles of Economics' — A Bibliographical Note", in: *The Economic Journal*, Vol. 34, 290~293쪽; repr. in: Wood 1982, Vol. II, 127~131쪽.

## 마셜의 저술

● (1873/1925) "The Future of the Working Classes", repr. in: Pigou 1925, 101~118쪽.

● (1875/1975) "Some Features of American Industry", repr. in: Whitaker II, 352~377쪽.

● Marshall Alfred, and Mary Paley Marshall (1879/81), *The Economics of Industry*, 2. ed., London.

● (1879/1986) "Die reine Theorie der inländischen Werte", in: Schefold, Bertram (Hg.), *Ökonomische Klassik im Umbruch*, Frankfurt am Main, 35~61쪽.

● (1885a/1925) "The Present Position of Economics", repr. in: Pigou 1925, 152~174쪽.

● (1885b/1925) "The Graphic Method of Statistics", repr. in: Pigou 1925, 175~187쪽.

● (1887/1926) "Memoranda and Evidence before the Gold and Silver Commission", repr. in: Keynes 1926, 17~196쪽.

● (1890) *Principles of Economics*, Vol. I, London.

● (1892) "[The Perversion of Economic History:] A Reply", in: *The Economic Journal*, Vol. 2, 507~519쪽.

● (1892/1913) *Elements of Economics of Industry*, 4. ed., London.

● (1897/1925) "The Old Generation of Economists and the New", repr. in: Pigou 1925, 295~311쪽.

● (1898/1925) "Mechanical and Biological Analogies in Economics", in: Pigou 1925, 312~318쪽, auszugsweiser Nachdruck von: "Distribution and Exchange", in: *The Economic Journal*, Vol. 8, 1898, 38~59쪽.

● (1902/61) "A Plea for the Creation of a Curriculum in Economics and Associated Branches in Political Science", repr. in: Marshall und Guillebaud, Vol. II, 161~177쪽.

● (1905) *Handbuch der Volkswirtschaftslehre*, 1. Bd., nach der 4. engl. Aufl. übersetzt, Stuttgart, Berlin.

● (1907/25) "Social Possibilities of Economic Chivalry", repr. in: Pigou 1925, 323~346쪽.

● (1908/09) "Brief an L.C. Colson", repr. in: *Alfred Marshall the*

*Mathematician as Seen by Himself*, in: *Econometrica*, Vol. 1, 1933, 221~222쪽.

● (1920) *Industry and Trade, A study of industrial technique and business organization, and of their influences on the conditions of various classes and nations* (1919), 3. ed., London.

● (1920/49) *Principles of Economics, An introductory volume*, 8. ed. (1920), reset and reprinted, London.

● (1923) *Money Credit and Commerce*, London.

● Marshall, Alfred, and Guillebaud, C.W. (1961), *Principles of Economics*, 9. (Variorum) Ed., with Annotations by C.W. Guillebaud, Vol. I: Text; Vol. II: Notes, London.

● Keynes, J.M. (Ed.) (1926), *Official Papers by Alfred Marshall*, London.

● Pigou, A.C. (Ed.) (1925), *Memorials of Alfred Marshall*, London.

● Whitaker, J.K. (Ed.) (1975 I bzw. II), *The Early Economic Writings of Alfred Marshall*, 1867~90, Vol. 1 and Vol. 2, London, Basingstoke.

## 마셜에 관한 저술과 기타 문헌

● Backhouse, Roser (1985), *A History of Modern Economic Analysis*, Oxford.

● Behrens, Fritz (1981), *Grundriß der Geschichte der Politischen Ökonomie*, Bd. 4, Berlin (Ost).

● Bharadwaj, Krishna (1978), "The Subversion of Classical Analysis: Alfred Marshall's Early Writing on Value", in: *Cambridge Journal of Economics*, Vol. 2, 253~271쪽; repr. in: Wood 1982, Vol. III, 600~625쪽.

● Birch, Thomas D. (1985), "Marshall and Keynes Revisited", in: *Journal of Economic Issues*, Vol. 19, 194~200쪽.

● Blandy, Richard (1967), "Marshall on Human Capital: A Note", in: *The Journal of Political Economy*, Vol. 75, 874~875쪽; repr. in: Wood 1982, Vol. III, 433~435쪽.

● Blaug, Mark (1968/75), *Systematische Theoriegeschichte der Ökonomie*, Bd. 3, aus dem Englischen übersetzt, München.

● Blaug, Mark (1985), *Economic Theory in Retrospect*, 4. ed., Cambridge et al.

● Bodkin, Ronald G., and West, Edwin G. (1983), "Conjectural Nobel Prizes in Economics: 1770 to 1890", in: *Eastern Economic Journal*, Vol. 9, 151~165쪽.

● Bonar, J. (1925), "Alfred Marshall", in: *The Journal of the Royal Statistical Society*, Vol. 88, 152~156쪽; repr. in: Wood 1982, Vol. I, 80~84쪽.

●Brems, Hans (1975), "Marshall on Mathematics", in: *The Journal of Law and Economics*, Vol. 18, 583~588쪽; repr. in: Wood 1982, Vol. I, 417~420쪽.

●Cannan, Edwin (1929/64), *A Review of Economic Theory*, With a new introduction by B.A. Corry, London.

●Chasse, John Dennis (1984), "Marshall, the Human Agent and Economic Growth: Wants and Activities Revisited", in: *History of Political Economy*, Vol. 16, 381~404쪽.

●Coase, Ronald H. (1972), "The Appointment of Pigou as Marshall's Successor: Comment", in: *The Journal of Law and Economics*, Vol. 15, 473~485쪽; repr. in: Wood 1982, Vol. IV, 222~234쪽.

●Coase, Ronald H. (1984), "Alfred Marshall's Mother and Father", in: *History of Political Economy*, Vol. 16, 519~527쪽.

●Coats, A.W. (1972), "The Appointment of Pigou as Marshall's Successor: Comment", in: *The Journal of Law and Economics*, Vol. 15, 487~495쪽; repr. in: Wood 1982, Vol. IV, 235~244쪽.

●Condliffe, J.B. (1951), *The Commerce of Nations*, London.

●Corry, Bernard (1968), "Marshall, Alfred", in: *International Encyclopedia of the Social Sciences*, Vol. 10, 25~33쪽.

●Craver, Earlene (1986), "The Emigration of the Austrian Economists", in: *History of Political Economy*, Vol. 18, 1~32쪽.

●Cunningham, W. (1892), "The Perversion of Economic History", in: *The Economic Journal*, Vol. 2, 491~506쪽.

●Davenport, H.J. (1935), *The Economics of Alfred Marshall*, repr. New York 1965.

●Edgeworth, F.Y. (1925), "Reminiscences", in: Pigou 1925, 66~73쪽.

●Ekelund, Jr., Robert B., and Hébert, Robert F. (1983), *A History of Economic Theory and Method*, 2. ed., Auckland et al.

●Foa, Bruno (1982), "Marshall Revisited in the Age of DNA", in: *Journal of Post Keynesian Economics*, Vol. 4, 3~16쪽.

●Frisch, Ragnar (1950), "Alfred Marshall's Theory of Value", in: *The Quarterly Journal of Economics*, Vol. 64, 495~524쪽; repr. in: Wood 1982, Vol. III, 223~250쪽.

●Fry, G.K. (1976), "The Marshallian School and the Role of the State", in: *The Bulletin of Economic Research*, Vol. 28, 23~35쪽; repr. in: Wood 1982, Vol. IV, 287~301쪽.

●Glassburner, Bruce (1955), "Alfred Marshall on Economic History and Historical Development", in: *The Quarterly Journal of Economics*, Vol. 69,

577~595쪽; repr. in: Wood 1982, Vol. I, 256~274쪽.

●Gordon, H. Scott (1973), "Alfred Marshall and the Development of Economics as a Science", in: Giere, R.N., and Westfall, R.S. (Eds.), *Foundations of Scientific Method: The Nineteenth Century*, London, 234~258쪽: repr. in: Wood 1982, Vol. IV, 253~272쪽.

●Gowdy, John M. (1983), "Biological Analogies in Economics: a Comment", in: *Journal of Post Keynesian Economics*, Vol. 5, 676~678쪽.

●Grether, E.T. (1934), "Alfred Marshall's Role in Price Maintenance in Great Britain", in: *The Quarterly Journal of Economics*, Vol. 48, 348~352쪽; repr. in: Wood 1982, Vol. II, 58~61쪽.

●Gruchy, Allan G. (1972), *Contemporary Economic Thought, The Contribution of Neo-Institutional economics*, Clifton.

●Guillebaud, Claude W. (1961a), "Editorial Introduction", in: *Marshall and Guillebaud*, Vol. II, 3~30쪽.

●Guillebaud, Claude W. (1961b), "Marshall, Alfred", in: *Handwörterbuch der Sozialwissenschaften*, Bd. 7, 182~184쪽.

●Guillebaud, Claude W. (1965), "The Marshall-Macmillan Correspondence over the Net Book System", in: *The Economic Journal*, Vol. 75, 518~538쪽; repr. in: Wood 1982, Vol. II, 252~277쪽.

●Guillebaud, Claude W. (1971), "Some Personal Reminiscences of Alfred Marshall", in: *History of Political Economy*, Vol. 3, 1~8쪽; repr. in: Wood 1982, Vol. I, 91~97쪽.

●Haney, Lewis H. (1949), *History of Economic Thought*, 4. ed., New York.

●Hegel, G.W.F. (1833/1981), *Grundlinien der Philosophie des Rechts oder Naturrecht und Staatswissenschaft im Grundrisse*, Berlin (Ost).

●Henderson, Hubert D. (1935), *Angebot und Nachfrage*, 2. Aufl., nach der 6. engl. Aufl., Wien.

●Hirsch, Hans (1965), *Alfred Marshalls Beitrag zur modernen Theorie der Unternehmung*, Berlin.

●Hornung, Erik (1971), *Der Eine und die Vielen. Ägyptische Gottesvorstellungen*, Darmstadt.

●Howey, R.S. (1960), *The Rise of Marginal Utility School 1870~1889*, Lawrence.

●Hutchison, T.W. (1953), *A Review of Economic Doctrines 1870~1929*, Oxford.

●Hutchison, T.W. (1978), *On Revolutions and Progress in Economic Knowledge*, Cambridge et al.

●Jenner, R.A. (1964/65), "The Dynamic Factor in Marshall's Economic System", in: *The Western Economic Journal*, Vol. 3, 21~38쪽; repr. in: Wood 1982, Vol. I, 300~320쪽.

●Jha, Narmadeshwar (1973), *The Age of Marshall, Aspects of Britisch Economic Thought 1890~1915*, 2. ed., London.

●Jones, T.W. (1978), "The Appointment of Pigou as Marshall's Successor: The Other Side of the Coin", in: *The Journal of Law and Economics*, Vol. 21, 235~243쪽; repr. in: Wood 1982, Vol. IV, 302~311쪽.

●Kadisch, Alon (1986), *Apostle Arnold, The Life and Death of Arnold Toynbee 1852~1883*, o. O.

● Katzenstein, L. (1893), "Ein neues englisches Lehrbuch der Nationalökonomie", in: *Jahrbuch für Gesetzgebung, Verwaltung und Volkswirtschaft*, N. F., Bd. 17, 253~264쪽.

●Keynes, John Maynard (1924a), "Alfred Marshall, 1842~1924", in: *The Economic Journal*, Vol. 34, 311~372쪽; u. a. repr. in: Wood 1982, Vol. I, 7~65쪽.

●Keynes, John Maynard (1944), "Mary Paley Marshall [1850~1944]", in: *The Economic Journal*, Vol. 54, 268~284쪽; repr. in: *The Collected Writings of J.M. Keynes*, Vol. X: *Essays in Biography* (1933), London and Basingstoke 1972, 232~250쪽.

●Kiker, B.F. (1966), "The Historical Roots of the Concept of Human Capital", in: *The Journal of Political Economy*, Vol. 74, 481~499쪽.

●Kiker, B.F. (1968), "Marshall on Human Capital: Comment", in: *The Journal of Political Economy*, Vol. 76, 1088~1090쪽; repr. in: Wood 1982, Vol. III, 441~443쪽.

●Kirzner, Israel M. (1960), *The Economic Point of View, An Essay in the History of Economic Thought*, Princeton, N. J.

●Levine, A.L. (1983), "Marshall and the Classical Tradition", in: *Journal of Post Keynesian Economics*, Vol. 5, 565~573쪽.

●Maloney, John (1985), *Marshall, Orthodoxy and the Professionalisation of Economics*, Cambridge et al.

●Marshall, Mary Paley (1947), *What I Remember*, Cambridge.

●McWilliams, Rita (1969), "The Papers of Alfred Marshall Deposited in The Marshall Library, Sidgwick Avenue, Cambridge", in: *History of Economic Thought Newsletter*, No. 3, 7~13쪽; repr. in: Wood 1982, Vol. IV, 193~203쪽.

●McWilliams-Tullberg, Rita (1975), "Marshall's 'Tendency to Socialism'", in: *History of Political Economy*, Vol. 7, 75~111쪽; repr. in: Wood 1982,

Vol. I, 374~408쪽.

- Meißner, Herbert (Hg.) (1976), *Bürgerliche Ökonomie ohne Perspektive*, Berlin (Ost).

- Mitchell, Wesley C. (1969), *Types of Economic Theory, From Mercantilism, to Institutionalism*, ed. by Joseph Dorfman, Vol. II, New York.

- Münch, Richard (1986), *Die Kultur der Moderne*, Bd. 1: "Ihre Grundlagen und ihre Entwicklung in England und Amerika"; Bd. 2: "Ihre Entwicklung in Frankreich und Deutschland", Frankfurt am Main.

- O'Brien, D.P. (1981), "A. Marshall, 1842~1924", in: O'Brien, D. P., and Presley, John R. (Eds.), *Pioneers of Modern Economics in Britain*, London, Basingstoke, 36~71쪽.

- Pantaleoni, Maffeo (1889), *Principii di Economia Pura*, Fienze.

- Parsons, Talcott (1931/32a), "Wants and Activities in Marshall", in: *The Quarterly Journal of Economics*, Vol. 46, 101~140쪽; repr. in: Wood 1982, Vol. I, 179~208쪽.

- Parsons, Talcott (1931/32b), "Economics and Sociology: Marshall in Relation to the Thought of his Time", in: *The Quarterly Journal of Economics*, Vol. 46, 317~347쪽; repr. in: Wood 1982, Vol. I, 209~231쪽.

- Petridis, Anastasios (1973), "Alfred Marshall's Attitudes to and Economic Analysis of Trade Unions: A Case of Anomalies in a Competitive System", in: *History of Political Economy*, Vol. 5, 165~198쪽; repr. in: Wood 1982, Vol. III, 480~507쪽.

- Pigou, A.C. (1953), *Alfred Marshall and Current Thought*, London.

- Pribram, Karl (1983), *A History of Economic Reasoning*, Baltimore and London.

- Pujol, Michèle (1984), "Gender and Class in Marshall's 'Principles of Economics'", in: *Cambridge Journal of Economics*, Vol. 8, 217~234쪽.

- Reisman, David (1986), The Economics of Alfred Marshall, London et al.

- Robinson, Austin (1972), "Alfred Marshall", in: *History of Economic Thought Newsletter*, No. 8, 10~13쪽.

- Robinson, Austin (1980), "Alfred Marshall: An Autobiographical Note", in: *History of Economic Thought Newsletter*, No. 25, 7~8쪽.

- Robinson, Joan (1960), *Collected Economic Papers*, Vol. II, Oxford.

- Routh, Guy (1975), *The Origin of Economic Ideas*, London, Basingstoke.

- Samuelson, Paul A., and Nordhaus, William D. (1985), *Economics*, 12. ed., New York et al.

- Schefold, Bertram (1981), "Nachfrage und Zufuhr in der klassischen

Ökonomie", in: Neumark, Fritz (Hg.), *Studien zur Entwicklung der ökonomischen Theorie* 1, Berlin, 53~91쪽.

● Schmoller, Gustav (1897), *Wechselnde Theorien und feststehende Wahrheiten im Gebiete der Staats- und Sozialwissenschaften und die heutige deutsche Volkswirthschaftslehre, Rede bei Antritt des Rectorats*, Berlin.

● Schumpeter, Joseph A. (1941/54), "Alfred Marshall's 'Principles': A Semi-Centennial Appraisal", in: *The American Economic Review*, Vol. 31, 226~248쪽; repr. in: Wood 1982, Vol. II, 100~113쪽; deutsche Übersetzung: "Alfred Marshalls 'Principles': eine Würdigung nach einem halben Jahrhundert", in: Schumpeter, J.A., *Dogmengeschichtliche und biographische Aufsätze*, Tübingen, 285~303쪽.

● Seligman, Ben B. (1962/67), "Alfred Marshall: Die gestaltgewordene Tradition", in: Montaner, Antonio (Hg.), *Geschichte der Volkswirtschaftslehre*, Köln, Berlin, 191~216쪽.

● Sering, Paul [alias Richard Löwenthal] (1937), "Zu Marshalls neuklassischer Ökonomie", in: *Zeischrift für Sozialforschung*, 6. Jg., 522~541쪽.

● Shove, G.F. (1942), "The Place of Marshall's 'Principles' in the Development of Economic Theory", in: *The Economic Journal*, Vol. 52, 294~329쪽; repr. in: Wood 1982, Vol. II, 132~165쪽.

● Spiegel, Henry William (1983), *The Growth of Economic Thought*, 2. ed., Durham.

● Stigler, George J. (1950), "The Development of Utility Theory", in: *The Journal of Political Economy*, Vol. 58, repr. in: Ders., *Essays in the History of Economics*, Chicago, London 1965, 66~155쪽.

● Stigler, George J., and Friedland, Claire (1979), "The Pattern of Citation Practices in Economics", in: *History of Political Economy*, Vol. 11, 1~20쪽.

● Surányi-Unger, Theo (1927), *Die Entwicklung der theoretischen Volkswirtschaftslehre im ersten Viertel des 20. Jahrhunderts*, Jena.

● Taussig, Fritz W. (1924), "Alfred Marshall", in: *The Quarterly Journal of Economics*, Vol. 39, 1~14쪽; repr. in: Wood 1982, Vol. I, 71~79쪽.

● Tu, Pierre N.V. (1969), "The Classical Economists and Education", in: *Kyklos*, Vol. 22, 691~718쪽.

● Veblen, Thorstein (1900), "The Preconceptions of Economic Science, III", in: *The Quarterly Journal of Economics*, Vol. 14, 240~269쪽.

● Viner, Jacob (1932/65), "Cost Curves and Supply Curves", in: *Zeitschrift für Nationalökonomie*, Bd. 3, 23~46쪽; deutsche Übersetzung: "Kosten-

und Angebotskurven", in: Eugen Alfred Ott (Hg.), *Preistheorie*, Köln, Berlin, 195~221쪽.

● Vito, Francesco (1934), *La Concezione Biologica dell' Economia, Considerazioni sul Sistema del Marshall*, Milano.

● Waffenschmidt, Walter G. (1915), "Graphische Methode in der theoretischen Oekonomie, dargestellt in Anlehnung an das Tauschproblem", in: *Archiv für Sozialwissenschaft und Sozialpolitik*, 39. Bd., 438~481쪽과 795~818쪽.

● Walker, Donald A. (1974), "Marshall on the Long-Run Supply of Labor", in: *Zeitschrift für die gesamte Staatswissenschaft*, 130. Bd., 691~705쪽; repr. in: Wood 1982, Vol. III, 527~542쪽.

● Walker, Donald A. (1974/75), "Marshall on the Short-Run Supply of Labor", in: *The Southern Economic Journal*, Vol. 41, 429~441쪽; repr. in: Wood 1982, Vol. III, 543~561쪽.

● Whitaker, John K. (1972), "Alfred Marshall: The Years 1877 to 1885", in: *History of Political Economy*, Vol. 4, 1~61쪽; repr. in: Wood 1982, Vol. I, 98~147쪽.

● Whitaker, John K. (1974), "The Marshallian System in 1881: Distribution and Growth", in: *The Economic Journal*, Vol. 84, 1~17쪽; repr. in: Wood 1982, Vol. III, 508~526쪽.

● Whitaker, John K. (1975a), "The Evolution of Alfred Marshall's Economic Thought and Writings over the Years 1867~1890", in: Whitaker 1975 I, 1~113쪽.

● Whitaker, John K. (1977), "Some Neglected Aspects of Alfred Marshall's Economic and Social Thought", in: *History of Political Economy*, Vol. 9, 161~197쪽; repr. in: Wood 1982, Vol. I, 453~486쪽.

● Wood, John Cunningham (1980), "Alfred Marshall an Tariff-Reform Campaign of 1903", in: *The Journal of Law and Economics*, Vol. 23, 481~495쪽; repr. in: Wood 1982, Vol. IV, 312~326쪽.

● Wood, John Cunningham (Ed.) (1982), *Alfred Marshall, Critical Assessments*, Vol. I, II, III, IV, London et al.

● Wright, Jacqueline (1986), "Bericht über: Alon Kadisch 'Schools of Economics at Cambridge, c. 1885'", in: *History of Economic Thought Newsletter*, No. 36, 32~33쪽.

● Youngson, A.J. (1956), "Marshall on Economic Growth", in: *Scottish Journal of Political Economy*, Vol. 3. 1~18쪽; repr. in: Wood 1982, Vol. IV, 95~111쪽.

# 8 파레토, 빌프레도

## 파레토의 저술

- (1896) *La courbe des revenues*, Lausanne.
- (1896/97) *Cours d'économie politique*.
- (1900) "Sunto di alcuni capitoli di un nuovo trattato di economia pura", in: *Giornale degli Economisti*.
- (1901/02) *Les systèmes socialistes*, 2 vols.
- (1902) *Anwendungen der Mathematik auf Nationalökonomie*, frz.: *Economie mathématique*, 1911.
- (1903) "Proemio", in: *Biblioteca di Storia economica*, vol. I, parte I, Arnaldo Forni, Milano.
- (1920) "Fatti e teorie", dt.: "Anwendungen der Mathematik auf Nationalökonomie", in: *Enzyklopädie der mathematischen Wissenschaften mit Einschluß ihrer Anwendungen*, Bd. I, Leipzig 1905, 1094~1120쪽, frz.: *Economie mathématique, Encyclopédie des Sciences mathématiques*, vol. IV, tôme I, Paris 1908/09.
- (1906) *Manuale di economia politica*, 프랑스어: *Manuel d'économie politique*, Milano 1909.
- (1916) *Trattato di sociologia generale*, 3. ed., Milano 1964.
- (1952) *Scritti teorici*, hg. v. Giovanni Demaria, Milano.
- (1960) *Lettere a Maffeo Pantaleoni*, vol. III, Roma.
- (1965ff.) *Œuvres complètes*, 27 vols., Lausanne.
- (1965a) *Ecrits sur la courbe de la répartition de la richesse*, ed. G. Busino, Genève.
- (1952a) "Demaria, Giovanni, L'opera economica di Vilfredo Pareto", in: *Vilfredo Pareto, Scritti teorici*, Milano.

## 파레토에 관한 저술

- Allais, Maurice (1975), "The General Theory of Surplus and Pareto's Fundamental Contribution", in: *Atti dei Convegni Lincei dell'Accademia dei Lincei*, Roma.
- Amoroso, Luigi (1938), "Vilfredo Pareto", in: *Econometrica*, vol. 6.
- Chipman, John S. (1976), "The Paretian Heritage", in: *Revue Européenne des Sciences Sociales*, Lausanne, vol. XIV.
- Demaria, Giovanni (1975), "La stabilità nel sistema di Pareto", in: *Atti dei Convegni Lincei dell'Accademia dei Lincei*, Roma.

464

- Dierker, E., J. Lenninghaus (1986), "Surplus Maximization and Pareto Optimality", in: *Contributions to Mathematical Economics in Honor of Gérard Debreu*, ed. by W. Hildenbrand and A. Mas-Colell, North Holland, Amsterdam.
- Eisermann, Gottfried (1961), *Vilfredo Pareto als Nationalökonom und Soziologe*, Tübingen.
- Eisermann, Gottfried (1987), *Vilfredo Pareto*, Tübingen.
- Eisermann, Gottfried (1989), *Max Weber und Vilfredo Pareto*, Tübingen.
- Fossati, Eraldo (1949), "Vilfredo Pareto dans son et notre temps", in: *Revue d'économie politique*, 59. année.
- Hagstroem, H.G. (1925), "La loi de Pareto et la réassurance", in: *Skandinavisk Aktuarietidskrift*, vol. 8.
- Hicks, John R. (1961), "Pareto Revealed", in: *Economica*, vol. 28.
- Hicks, John R. (1975), "Pareto and Economic Optimum", in: *Atti dei Convegni Lincei dell'Accademia dei Lincei*, Roma.
- Mas-Colell, A.C. (1986), "Valuation Equilibrium and Pareto Optimum Revisited", in: *Contributions to Mathematical Economics in Honor of Gérard Debreu*, ed. by W. Hildenbrand and A. Mas-Colell, North Holland, Amsterdam.
- Nogaro, Bertrand (1949), "Vilfredo Pareto", in: *Revue d'économie politique*, vol. 59.
- Pirou, Gatean (1946), *Les théories de l'équilibre économique, Walras et Pareto*, 3. éd., Paris.
- Schneider, Erich (1962), "Neue Pareto-Literatur", in: *Weltwirtschaftliches Archiv*, Bd. 88.
- Schumpeter, Joseph A. (1950), "Vilfredo Pareto", in: *Ten Great Economists*, London.
- Tommissen, Piet (1975), *De economische epistemol gie van Vilfredo Pareto*, Brussel.
- Weinberger, Otto (1948), "Vilfredo Pareto und seine Bedeutung für die Gegenwart", in: *Schweiz. Zs. für Volkswirtschaft und Statistik*, 84. Jg.

### 기타 저술

- Barone, Enrico (1908), "Il ministero della produzione nello Stato collettivista", in: *Giornale degli Economisti*.
- Bator, Francis M. (1957), "The Simple Analysis of Welfare Maximization", in: *The American Economic Review*, vol. 47.

● Bergson, Abram (1948), "Socialist Economics", in: H.S. Ellis (ed.), *A Survey of Contemporary Economics*, Philadelphia and Toronto.

● Bruckmann, Gerhart (1983), "Die Wiederentdeckung der Langen Wellen", in: *NZZ*, 10. 12. 1983, Fernausg. Nr. 288, 19쪽.

● Chamberlin, Edward H. (1956), *Theory of Monopolistic Competition*, 7. Aufl., Cambridge/Mass.

● Debreu, Gérard (1976), *Werttheorie*, Berlin, Heidelberg, New York.

● Demaria, Giovanni (1952), "Marcel Boson: Léon Walras, fondateur de la politique économique scientifique(Rez.)", in: *Giornale degli Economisti*.

● Demaria, Giovanni (1962), *Trattato di logica economica*, 3 vol., Padova 1962, 1966, 1974.

● Edgeworth, Francis Y. (1881), *Mathematical Psychics*.

● Eisermann, Gottfried (1983), "Die Einheit der Sozialwissenschaften", in: *Jb. der Ruhr-Universität Bochum*.

● Fisher, Irving (1892), *Investigations into the Theory of Value and Prices*.

● Fossati, Eraldo (1957), *The Theory of General Static Equilibrium (Elementi di economia razionale)*, Oxford.

● Hicks, John R. (1950), *Value and Capital*, 3. ed., London.

● Kondratieff, N.D.C. (1928), *Die Wiederentdeckung der Langen Wellen*.

● Kühne, Otto (1928), *Die mathematische Schule in der Nationalökonomie*, 1. Teil, Berlin, Leipzig.

● Marshall, Alfred (1879), *The Economics of Industry*.

● Marshall, Alfred (1930), *Principles of Economics*, 1890, 8. Aufl., London.

● Oulès, Firmin (1950), *L'école de Lausanne*, Paris.

● Palomba, Giuseppe (1956), "I fatti salienti della macro-economica e gli sviluppi di sistema paretiano", in: *Giornale degli Economisti*, Anno 15.

● Pigou, Arthur (1924), *The Economics of Welfare*, 1920, 2. Aufl., London.

● Schneider, Erich (1956), *Einführung in die Wirtschaftstheorie*, II. Teil, 4. A., Tübingen.

● Schneider, Erich (1961), "The Economist in the Light of his Letters to Maffeo Pantaleoni", in: *Banca Nazionale del Lavoro, Quaterly Review*, Nr. 58.

● Schumpeter, Joseph A. (1908), *Das Wesen und der Hauptinhalt der theoretischen Nationalökonomie*, Leipzig.

● Schumpeter, Joseph A. (1946), *Kapitalismus, Sozialismus und Demokratie*.

● Schumpeter, Joseph A. (1954), *History of Economic Analysis*, New York.

● Schumpeter, Joseph A. (1961), *Konjunkturzyklen*, 2 Bde., Göttingen.

●Sombart, Werner (1925), *Der proletarische Sozialismus*, 2 Bde., Jena.

●Triffin, Robert (1956), *Monopolistic Competition and General Equilibrium Theory*, Cambridge/Mass.

● Wald, Abraham (1936), "Über einige Gleichungssysteme der mathematischen Nationalökonomie", in: *Zeitschrift für Nationalökonomie*.

●Walras, Léon (1874/77), *Eléments d'économie politique pure*, 2 Bde., Paris, Lausanne.

●Weinberger, Otto (1949), *Grudriß der Volkswirtschaftslehre*, Wien.

●Wicksell, Knut (1913), *Vorlesungen über Nationalökonomie*, I. Bd., Jena.

●Wieser, Friedrich von (1889), *Der natürliche Werth*, Wien.

# 9 뵘바베르크, 오이겐 폰

## 뵘바베르크의 저술

● (1881) *Rechte und Verhältnisse vom Standpunkte der volkswirthschaftlichen Güterlehre*, Innsbruck.

● (1884) *Kapital und Kapitalzins. Erste Abteilung: Geschichte und Kritik der Kapitalzins-Theorien*, Innsbruck.

● (1886) "Grundzüge der Theorie des wirthschaftlichen Güterwerthes", in: *Jahrbücher für Nationalökonomie und Statistik*, Bd. 13, 1~82쪽과 477~541쪽.

● (1889) *Kapital und Kapitalzins*. Zweite Abteilung: *Positive Theorie des Kapitales*, Innsbruck.

● (1896) "Zum Abschluß des Maxschen Systems", in: Otto von Boenigk (Hg.), *Staatswissenschaftliche Arbeiten*, Berlin, 58~205쪽.

● (1914) "Macht oder ökonomisches Gesetz?", in: *Zeitschrift für Volkswirtschaft, Socialpolitik und Verwaltung*, Bd. 23, 205~271쪽.

● (1921) *Kapital und Kapitalzins*, 4. Aufl., hg. von F. von Wieser, 3 Bde., Jena.

● (1924) *Gesammelte Schriften*, hg. v. F.X. Weiss, Wien, Leipzig.

● (1926) "Kleinere Abhandlungen über Kapital und Zins", hg. v. F.X Weiss, Wien, Leipzig.

## 뵘바베르크에 관한 저술

●Hennings, Klaus Hinrich (1987a), "Eugen von Böhm-Bawerk", in: John Eatwell, Murray Milgate, Peter Newman (eds.), *The New Palgrave: A Dictionary of Economic Theory and Doctrine*, London.

● Hennings, Klaus Hinrich (1987b), "Capital as a Factor of Production", in: John Eatwell, Murray Milgate, Peter Newman (eds.), *The New Palgrave: A Dictionary of Economic Theory and Doctrine*, London.

● Hennings, Klaus Hinrich (1987c), "John Rae", in: *The New Palgrave: A Dictionary of Economic Theory and Doctrine*, London.

● Hennings, Klaus Hinrich (1987d), "Roundabout Methods of Production", in: *The New Palgrave: A Dictionary of Economic Theory and Doctrine*, London.

● Kuenne, Robert Eugene (1971), *Eugen von Böhm-Bawerk*, New York.

● Menger, Carl (1915), "Eugen von Böhm-Bawerk", in: *Almanach der Kaiserlichen Akademie der Wissenschaften in Wien*, 3~17쪽.

● Reets, Norbert (1971), *Produktionsfunktion und Produktionsperiode*, Göttingen.

● Schumpeter, Joseph Alois (1914), "Das Wissenschaftliche Lebenswerk Eugen von Böhm-Bawerk", in: *Zeitschrift für Volkswirtschaft, Socialpolitik und Verwaltung*, Bd. 23, 454~528쪽.

● Schumpeter, Joseph Alois (1925), "Eugen von Böhm-Bawerk", in: *Neue österreichische Biographie 1815~1918*, Bd. 2, 63~80쪽.

● Strigl, Richard von (1934), *Kapital und Produktion*, Wien.

● Wicksell, Knut (1893), *Über Wert und Kapital und Rente nach den neueren nationalökomischen Theorien*, Jena.

## 기타 저술

● Clark, John Bates (1899), *The Distribution of Wealth*, New York.

● Eucken, Walter (1934), *Kapitaltheoretische Untersuchungen*, Tübingen.

● Faber, Malte (1979), *Introduction to Modern Austrian Capital Theory*, Berlin.

● Fisher Irving (1907), *The Rate of Interest*, New York.

● Fisher, Irving (1930), *The Theory of Interest*, New York.

● Garegnani, Pierangelo (1960), *Il capitale nelle teorie della distributione*, Milano.

● Harcourt, Geoffrey Colin (1972), *Some Cambridge Controversies in the Theory of Capital*, Cambridge.

● Hayek, Friedrich August von (1931), *Preise und Produktion*, Wien.

● Hayek, Friedrich August von (1936), "*The Mythology of Capital*", in: *Quauterly Journal of Economics*, 50, 199~228쪽.

● Hayek, Friedrich August von (1941), *The Pure Theory of Capital*, London.

468

• Hennings, Klaus Hinrich (1985), "The Exchange Paradigm and the Theory of Production and Distribution", in: Mauro Baranzini and Roberto Scazzieri (eds.), *Foundations of Economics*, Oxford, 221~243쪽.

• Hicks, John Richard (1939), *Value and Capital*, Oxford.

• Hicks, John Richard (1973), *Capital and Time*, Oxford.

• Jevons, William Stanley (1871), *The Theory of Political Economy*, London.

• Kaldor, Nicholas (1937) "Annual Survey of Economic Theory: The Recent Controversies on the Theory of Capital", in: *Economertrica*, vol. 5, 201~233쪽.

• Knies, Karl (1873~79), *Geld und Kredit*, 3 Bde., Berlin.

• Longfield, Mountifort (1834), *Lectures on Political Economy*, Dublin.

• v. Mangoldt, Hans Karl Emil (1855), *Die Lehre vom Unternehmergewinn*, Leipzig.

• Menger, Carl (1871), *Grundsätze der Volkswirthschaftslehre*, Wien.

• Philippovich, Eugen von (1893~99), *Grundriß der Politischen Ökonomie*, 3 Bde., Tübingen.

• Rae, John (1834), *Statement of Some New Principles on the Subject of Political Economy*, Boston.

• Sax, Emil (1916), *Der Kapitalizins*, Berlin.

• Schäffle, Albert Eberhard Friedrich (1870), *Kapitalismus und Sozialismus*, Tübingen.

• Schumpeter, Joseph Alois (1954), *History of Economic Analysis*, New York.

• Senior, William Nassau (1836), *Outlines of the Science of Political Economy*, London.

• Thünen, Johann Heinrich von (1850), *Der isolierte Staat*. Zweiter Teil. "Der naturgemäße Arbeitslohn und dessen Verhältnis zum Zinsfuß und zur Landrente", Rostock.

• Weizsäcker, Carl Christian von (1971), *Steady State Capital Theory*, Berlin.

• Wicksell, Knut (1913), *Volesungen über Nationalökonomie auf Grundlage des Marginalprinzips*, Bd. I, Theoretischer Teil, Jena.

## 10 빅셀, 욘 구스타브 크누트

### 참고문헌

• Amundsen, Arne (1954), "Bibliography of Knut Wicksell's published works", in: Wicksell (1954), 169~175쪽.

● Knudtzon, E.J., T. Hedlund-Nyström (1976), *Knut Wicksells trychta skrifter 1868~1950* (*Die Veröffentlichungen Knut Wicksells 1868~1950*), Lund.

● Uhr, Carl G. (1960), *Economic Doctrines of Knut Wicksell*, Berkeley, Los Angeles, 538쪽 이하.

### 빅셀의 저술

● (1890) "Überproduktion oder Überbevölkerung?", in: *Zeitschrift für die gesamte Staatswissenschaft*, Bd. 46, 1~12쪽.

● (1892) "Kapitalzins und Arbeitslohn", in: *Jahrbücher für Nationalökonomie und Statistik*, Bd. 59, 852~874쪽.

● (1893) *Über Wert, Kapital und Rente. Nach den neueren nationalökonomischen Theorien*, Neudruck der Ausg. Jena, Aalen 1969.

● (1895) *Zur Lehre von der Steuerinzidenz* (Diss.), Uppsala.

● (1896) *Finanztheoretische Untersuchungen nebst Darstellung und Kritik des Steuerwesens Schwedens*, Neudruck der Ausg. Jena, Aalen 1969.

● (1898) *Geldzins und Güterpreise. Eine Studie über die den Tauschwert des Geldes bestimmenden Ursachen*, berichtigter Neudruck der Ausg. Jena, Aalen 1968.

● (1900) *Zur Verteidigung der Grenznutzenlehre*, in: *Zeitschrift für die gesamte Staatswissenschaft*, Bd. 56, 577~591쪽.

● (1909) *Tronen, altaret, svärdet, och penningpösën* (*Der Thron, der Altar, das Schwert und der Geldbeutel*), Stockholm.

● (1910) *Läran om befolkningen, dess sammansättning och förändringar* (*Theorie der Bevölkerung, ihrer Zusammensetzung und ihrer Veränderungen*), Stockholm. *Eine englische Übersetzung dieser Schrift findet man im Sammelband von Strøm und Thalberg* (1979, 123~151쪽).

● (1913) *Vorlesungen über Nationalökonomie auf Grundlage des Marginalprinzipes*. Theoretischer Teil, 1. Bd., Jena, Neudruck Aalen 1969 (schwedische Erstveröffentlichung Lund 1901).

● (1914a) "Theorie des Geldes und der Umlaufsmittel (Rezension)", in: *Zeitschrift für Volkswirtschaft, Socialpolitik und Verwaltung*, Bd. 23, 144~149쪽.

● (1914b) "'Lexis och Böhm-Bawerk' (Lexis und Böhm-Bawerk)", in: *Ekonomisk Tidskrift*, Bd. 16, 294~300쪽과 322~334쪽.

● (1922) *Vorlesungen über Nationalökonomie auf Grundlage des*

*Marginalprinzipes*, 2. Bd.: *Geld und Kredit*, Jena, Neudruck Aalen 1969 (schwedische Erstveröffentlichung Stockholm 1906).

● (1927) "Mathematische Nationalökonomie", in: *Archiv für Sozialwissenschaft und Sozialpolitik*, 58. Bd., 252~281쪽.

● (1928) "Zur Zinstheorie(Böhm-Bawerks Dritter Grund)", in: Mayer, Hans (Hg.), *Wirtschaftstheorie der Gegenwart*, Bd. 3, Wien, 199~209쪽.

● (1934) "Lectures on Political Economy", Vol. I: *General Theory*, London.

● (1935) "Lectures on Political Economy", Vol. II: *Money*, London.

● (1954) *Value, Capital and Rent*, London.

● (1958) *Selected Papers on Economic Theory*, Edited with an Introduction by Erik Lindahl, London.

● (1962) "A New Principle of Just Taxation", Übersetzung eines Auszugs aus Wicksell (1896) von J.M. Buchanan, in: Musgrave, Richard A., and Alan T. Peacock (Hg.), *Classics in the Theory of Public Finance*, London, New York, 72~118쪽.

## 빅셀에 관한 저술

● Blaug, Mark (1986), *Great Economists before Keynes. An Introduction to the Lives & Works of One Hundred Great Economists of the Past*, Brighton, 272~275쪽.

● Gårdlund, Torsten (1968), "Artikel 'Wicksell, Knut'", in: Sills, D.L. (Hg.), *International Encyclopedia of the Social Sciences*, Bd. 16, New York, 538~544쪽.

● Gröbner, Gerhard J. (1970), *Verteilung von Einkommen und Ressourcen. Knut Wicksells finanztheoretische Leistung in neuerer Sicht*, Göttingen.

● Jacobsson, Per (1952), "Theory and Practice, Knut Wicksell und Sweden's Monetary Policy 1946~48", in: *Schweizerische Zeitschrift für Volkswirtschaft und Statistik*, 88. Jg., 467~485쪽.

● Lindahl, Erik (1965), "nebst Torsten Gårdlund, Johan Gustav Knut Wicksell (1851~1926)", in: Recktenwald, Horst Claus (Hg.), *Lebensbilder großer Nationalökonomen*, Köln, Berlin, 418~435쪽과 626~630쪽.

● Recktenwald, Horst Claus (1965), "Über die Würdigung bedeutender Gelehrter in der Geschichte der ökonomischen Wissenschaft", in: ders. (Hg.), *Lebensbilder großer Nationalökonomen*, Köln, Berlin, 17~27쪽.

● Schmidt, Karl-Heinz (1989), "Artikel 'Wicksell'", in: Görres-Gesellschaft (Hg.), *Staatslexikon*, Bd. 5, 7. Aufl., Freiburg, Basel, Wien.

● Schneider, Erich (1965), "Artikel 'Wicksell, Knut'", in: Beckerath, Erwin v., et al. (Hg.), *Handwörterbuch der Sozialwissenschaften*, Bd. 12, Stuttgart u. a. O., 62~66쪽.

- Schumpeter, Joseph (1927), "Zur Einführung der folgenden Arbeit Knut Wicksells [d. I. Wicksell (1927), H. G.]", in: *Archiv für Sozialwissenschaft und Sozialpolitik*, 58. Bd., 238~251쪽.
- Sommarin, Emil (1931), "Das Lebenswerk von Knut Wicksell", in: *Zeitschrift für Nationalökonomie*, Bd. II, 221~267쪽.
- Strøm, Steinar, und Björn Thalberg (Hg.) (1978/79), *The Theoretical Contributions of Knut Wicksell*, London. 이 편찬서는 "Arne-Ryde-Symposion on the Theoretical Contributions of Knut Wicksell"의 발표내용들과 빅셀의 1910년도 저작의 영문 번역본을 수록하고 있다(Frostavallen/Schweden 1977). 이 논문들은 1978년에 이미 *Scandinavian Journal of Economics*의 특별호로 출판되어 쉽게 입수할 수 있기 때문에 여기에서는 이 저널의 내용이 인용되었다.
- Uhr, Carl G. (1951), "Knut Wicksell—A Centennial Evaluation", in: *The American Economic Review*, Vol. XLI, 829~860쪽.
- Uhr, Carl G. (1960), *Economic Doctrines of Knut Wicksell*, Berkeley, Los Angeles.

### 기타 저술

- Andersson, Ingvar (1950), *Schwedische Geschichte. Von den Anfängen bis zur Gegenwart*, München.
- Blaug, Mark (1985), *Economic Theory in Retrospect*, 4. ed., Cambridge/ Mass. u. a. O.
- Böhm-Bawerk, Eugen von (1884), *Kapital und Kapitalzins*, Bd. 1: "Geschichte und Kritik der Kapitalzins-Theorien", Innsbruck.
- Böhm-Bawerk, Eugen von (1889), *Kapital und Kapitalzins*, Bd. 2: "Positive Theorie des Kapitals", Innsbruck.
- Bös, Dieter (1980), "Öffentliche Unternehmungen", in: Neumark, Fritz (Hg.), *Handbuch der Finanzwissenschaft*, 3., gänzlich neu bearb. Aufl., Bd. II, Tübingen, 3~113쪽.
- Borchert, Manfred, u. Grossekettler, Heinz (1985), *Preis- und Wettbewerbstheorie. Marktprozesse als analytisches Problem und ordnungspolitische Gestaltungsaufgabe*, Stuttgart u. a. O.
- Borges, Antonio M. (1986), "Applied General Equilibrium Models: An Assessment of their Usefullness for Policy Analysis", in: *OECD Economic Studies*, Nr. 7, 7~43쪽.
- Break, George, F. (1974), "The Incidence and Economic Effects of

Taxation", in: Blinder, Alan S., et al. (eds.), *The Economics of Public Finance*, Washington D. C., 119~237쪽.

● Buchanan, James M. (1967), *Public Finance in Democratic Process. Fiscal Institutions and Individual Choice*, Chapel Hill.

● Buchanan, James M. (1968), *The Demand and Supply of Public Goods*, Chicago.

● Buchanan, James M. (1987), "The Constitution of Economic Policy", in: *The American Economic Review*, Vol. 77, 243~250쪽.

● Buchanan, James M. and Tullock, Gordon (1962), *The Calculus of Consent*, Ann Arbor.

● Cobb, Charles W. u. Douglas, Paul H. (1928), "A Theory of Production", in: *The American Economic Review (Papers and Proceedings)*, Vol. 18, 139~165쪽.

● Dupuit, Jules (1952), "On the Measurement of the Utility of Public Works", in: Alan T. Peacock, Lutz, Friedrich A., Turvey, Ralph, Henderson, Elisabeth (Hg.), *International Economic Papers*, No. 2: *Translations Prepared for the International Economic Association*, London, New York, 83~110쪽. (원문인 프랑스어 판은 'De la Mésure de l'Utilité des Travaux Publics'라는 제목으로 *Annales des Ponts et Chaussées*, 2ᵉ Série, Tôme 8에 수록되어 1844년 파리에서 출판되었다. 그러나 이 원본을 구하기가 매우 어려워 결국 입수하지 못했다.)

● Eucken, Walter (1954), *Kapitaltheoretische Untersuchungen*, 2. Aufl., Tübingen, Zürich.

● Gandenberger, Otto (1981), "Theorie der öffentlichen Verschuldung", in: Neumark, Fritz (Hg.), *Handbuch der Finanzwissenschaft*, 3., gänzlich neu bearb. Aufl., Bd. III, Tübingen, 6~49쪽.

● Godschalk, Hugo T.C. (1982), *Computergeld. Entwicklung und ordnungspolitische Probleme des elektronischen Zahlungsverkehrs (Diss.)*, Münster.

● Grossekettler, Heinz (1984), "Ordnungspolitisch legitimierte Genossenschaftsaufgaben", in: Jäger, Wilhelm, Pauli, Hans (Hg.), *Genossenschaften und Genossenschaftswissenschaft. Systematische, strukturelle und ordnungspolitische Aspekte des Genossenschaftswesens, Freundesgabe für Erik Boettcher zum 65. Geburtstag*, Wiesbaden, 57~94쪽.

● Grossekettler, Heinz (1985), "Options- und Grenzkostenpreise für Kollektivgüter unterschiedlicher Art und Ordnung. Ein Beitrag zu den Bereitstellungs- und Finanzierungsregeln für öffentliche Leistungen", in:

*Finanzarchiv*, N.F., Bd. 43, 211~252쪽.

●Harberger, Arnold C. (1962), "The Incidence of the Corporation Income Tax", in: *The Journal of Political Economy*, Vol. 70, 215~240쪽.

●Hayek, Friedrich August von (1965), Carl Menger (1840~1921), in: Recktenwald, Horst Claus (Hg.), *Lebensbilder großer Nationalökonomen*, Köln, Berlin, 348~364쪽.

●Heckscher, Eli F. (1954), *An Economic History of Sweden*, translated by Göran Ohlin with a Supplement by Gunnar Heckscher and a Preface by Alexander Gerschenkron, Cambridge/Mass.

●Helmstädter, Ernst (1986), *Wirtschaftstheorie*, Bd. II: "Makroökonomische Theorie", 3., überarb. Aufl. München.

●Hochgesand, Helmut (1977), "Artikel 'Spekulation'", in: Albers, Willi et al., *Handwörterbuch der Wirtschaftswissenschaft*, 7. Bd., Stuttgart u. a. O., 170~177쪽.

●Hotelling, H. (1938), "The General Welfare in Relation to Problems of Taxation and of Railway und Utility Rates", in: *Etra*, Vol. VI, 242~269쪽.

●Keynes, John Maynard (1930), *A Treatise on Money*, Vol. 1: "The Pure Theory of Money", London.

●Linde, R. (1981), "Artikel 'Produktion, II: Produktionsfunktionen'", in: Albers, Willi et al. (Hg.), *Handwörterbuch der Wirtschaftswissenschaft*, 6. Bd., Stuttgart u. a. O., 276~295쪽.

●Lutz, Friedrich A. (1954), "Die Entwicklung der Zinstheorie seit Böhm-Bawerk", in: Eucken (1954), IX쪽 이하.

●Männer, Leonhard (1978), "Artikel 'Kapital I: Theorie, volkswirtschaftliche'", in: Albers, Willi et al. (Hg.), *Handwörterbuch der Wirtschaftswissenschaft*, 4. Bd., Stuttgart u. a. O., 347~359쪽.

●Meyer, Bernd (1981), *Relativ Preise, Produktionsstruktur und Konjunktur*, Tübingen.

●Mueller, Dennis C. (1979), *Public Choice*, Cambridge/Mass. u. a. O.

●Ohlin, Bertil (1978), "Keynesian Economics and the Stockholm School. A Comment on Don Patinkins Paper", in: *Scandinavian Journal of Economics*, Vol. 80, 144~147쪽 (Arne-Ryde-Symposion).

●Pasinetti, Luigi L. (1978), "Wicksell Effects and Reswitchings of Technique in Capital Theory", in: *Journal of Scandinavian Economics*, Vol. 80, 135~143쪽 (Arne-Ryde-Symposion).

●Patinkin, Don (1978), "On the Relation between Keynesian Economics and the 'Stockholm School'", in: *Scandinavian Journal of Economics*, Vol.

80, 135~143쪽 (Arne-Ryde-Symposion).

●Samuelson, Larry (1982), "The Wicksell Effect in a Growing Economy", in: *History of Political Economy*, Vol. 14, 447~460쪽.

●Schumann, Jochen (1980), *Grundzüge der mikroökonomischen Theorie*, 3., neu bearb. u. erw. Aufl., Berlin, Heidelberg, New York.

●Starbatty, Joachim (1984), "Ordoliberalismus", in: Issing, Otmar (Hg.), *Geschichte der Nationalökonomie*, München, 187~203쪽.

●Stigler, George J. (1941), *Production and Distribution Theories. The Formative Period*, New York.

●Stigler, George J. (1965), *Essays in the History of Economics*, Chicago, London.

## 11 피셔, 어빙

### 참고문헌

●Fisher, Irving Norton (1956), *My Father—Irving Fisher*, New York.

●Fisher, Irving Norton (1961), *A Bibliography of the Writings of Irving Fisher*, New Haven.

### 피셔의 저술

● (1892/1961) "Mathematical Investigations in the Theory of Value and Prices. Ph. D. Thesis", in: *Transactions of the Connecticut Academy of Arts and Sciences*. Vol. 9, 1~124쪽, wiederabgedruckt New York.

● (1896/1961) "Appreciation and Interest", in: *Publications of the American Economic Association*, Vol. 11, 331~424쪽, wiederabgedruckt New York.

● (1896a) *Elements of Geometry* (with Prof. Andrew W. Phillips), New York.

● (1897) *A Brief Introduction to the Infinitesimal Calculus*, New York.

● (1906) *The Nature of Capital and Income*, New York.

● (1907) "The Effect of Diet on Endurance", in: *Transactions of the Connecticut Academy of Arts and Sciences*, Vol. 13, 11~46쪽.

● (1907a) *The Rate of Interest; its Nature, Determination and Relation to Economic Phenomena*, New York.

● (1909/14) "Economic Aspect of Lengthening Human Life", New York, wiederabgedruckt in: Lester W. Zartman (Ed.), *Yale Readings in Insurance*, New Haven.

● (1909a) *Report on National Vitality, its Wastes and Conservation*, Washington

D. C.

● (1911) *Elementary Principles of Economics*, New York.

● (1911a) *The Purchasing Power of Money: its Determination and Relation to Credit, Interest and Crises* (assisted by Harry G. Brown), New York.

● (1914a) "A League for Peace, paper first read to the Yale Political Science Club, May 17, 1890, revised after start of World War: After the War, What?", in: *The New York Times*, Aug. 16th.

● (1915/46) *How to Live* (with Eugene Lyman Fisk), New York, (21st edition with Haven Emerson).

● (1918) *The Effect of Diet on Endurance*, New Haven (revision of May, 1907, booklet).

● (1919) "Economists in Public Service", in: *American Economic Review*, Vol. 9, 5~21쪽.

● (1920) *Stabilizing the Dollar*, New York.

● (1922) *The Making of Index Numbers*, Cambridge, Mass.

● (1923) *League or War?*, New York.

● (1923a) "The Business Cycle Largely a 'Dance of Dollar'", in: *Journal of the American Statistical Association*, Vol. 18, 1024~1028쪽.

● (1924) *America's Interest in World Peace* (revision and condensation of *League or War?*), New York.

● (1925) "Our Unstable Dollar and the So-Called Business Cycle", in: *Journal of the American Statistical Association*, Vol. 20, 179~202쪽.

● (1926) "A Statistical Relation between Unemployment and Price Changes", in: *International Labour Review*, Vol. 13, 785~792쪽.

● (1926a) *Prohibition at its Worst*, New York.

● (1927) "A Statistical Method for Measuring 'Marginal Utility' and Testing the Justice of a Progressive Income Tax", in: Jacob H. Hollander (Ed.), *Economic Essays in Honor of John Bates Clark*, New York, 157~193쪽.

● (1928) *Prohibition still at its Worst* (assisted by H. Bruce Brougham), New York.

● (1930) *The Stock Market Crash—and After*, New York.

● (1930a) *The Nobel Experiment* (assisted by H. Bruce Brougham), (revision of *Prohibition still at its Worst*), New York.

● (1930b) *The Theory of Interest* (extensive revision of *The Rate of Interest*), New York.

● (1932) *Booms and Depressions*, New York.

● (1933) *Stamp Scrip*, assisted by Hans R.L. Cohrssen and Herbert W.

Fisher, New York.

● (1933a) "The Debt-Deflation Theory of Great Depressions", in: *Econometrica*, Vol. 1, 1933, 337~357쪽.

● (1935) *Stabilised Money, A History of the Movement*, London.(British edition of: *Stable Money, a History of the Movement* (assisted by Hans R.L. Cohrssen), New York.

● (1935a) *100% Money*, New York.

● (1942) *Constructive Income Taxation* (with Herbert W. Fisher), New York.

● (1944) *World Maps and Globes* (with O.M. Miller), New York.

## 피셔에 관한 저술

●Edgeworth, Francis Y. (1893), "Review of Irving Fisher's Mathematical Investigations in the Theory of Value and Prices", in: *Economic Journal*, Vol. 3, 108~112쪽.

●Frisch, Ragnar (1947), "Irving Fisher at Eighty", abgedruckt in: *Econometrica*, Vol. 15.

●Keynes, John M. (1911), "'Review': The Purchasing Power of Money", in: *Economic Journal*, Vol. 21, 333~398쪽.

●Miller, John Perry (1967), "Irving Fisher at Yale", in: William Fellner (Ed.), *Ten Economic Studies in the Tradition of Irving Fisher*, New York, 1~16쪽.

●Samuelson, Paul A. (1967), "Irving Fisher and the Theory of Capital", in: William Fellner (Ed.), *Ten Economic Studies in the Tradition of Irving Fisher*, New York, 17~38쪽.

●Sasuly, Max (1947), "Irving Fisher and Social Science", in: *Econometrica*, Vol. 15, 255~279쪽.

●Schumpeter, Joseph A. (1948/52), "Irving Fisher's Econometrics", in: *Econometrica*, Vol. 6, 219~231쪽, wiederabgedruckt in: Joseph A. Schumpeter, *Ten Great Economists, From Marx to Keynes*, London, 222~238쪽.

●Tavlas, George S., u. Aschheim, Joseph (1985), "Alexander Del Mar, Irving Fisher, and Monetary Economics", in: *Canadian Journal of Economics*, Vol. 18, 294~313쪽.

●Tobin, James (1985), "Neoclassical Theory in America: J.B. Clark and Fisher", in: *American Economic Review*, Vol. 75, Number 6, 28~38쪽.

## 기타 저술

- Auspitz, Rudolf, u. Lieben, Richard (1889), *Untersuchungen über die Theorie des Preises*, Leipzig.
- Bentham, Jeremy (1823), *An Introduction to the Principles of Morals and Legislation*, London.
- Böhm-Bawerk, Eugen v. (1888/1961), *Positive Theorie des Kapitals*, 4. Aufl. Erster Band, Meisenheim/Glan, 1. Aufl. Jena.
- Canby, Henry S. (1936), *Alma Mater: The Gothic Age of the American College*, New York.
- Edgeworth, Francis Y. (1881), *Mathematical Psychics — An Essay on the Application of Mathematics to the Moral Sciences*, London.
- Gayer, Arthur D. (Ed.) (1937), *The Lessons of Monetary Experience: Essays in Honor of Irving Fisher*, New York.
- Hirshleifer, Jack (1970), *Investment, Interest, and Capital*, Englewood Cliffs.
- Homan, Paul T. (1928), *Contemporary Economic Thought*, New York.
- Jevons, William Stanley (1871), *The Theory of Political Economy*, London.
- Mill, John Stuart (1909), *Principles of Political Economy with some of Their Applications to Social Philosophy* (1848), ed. with introduction by Sir W.J. Ashley, London.
- Schumpeter, Joseph A. (1954), *History of Economic Analysis*, New York.
- Smith, Adam (1963), "Essays on the History of Astronomy", in: *The Works of Adam Smith*, Vol. 5, Aalen, 53~190쪽. (Reprint of the edition 1811~12.)
- Walras, Léon (1874~77), *Eléments d'économie politique pure ou théorie de la richesse sociale*, Lausanne.

## 12 피구, 아서 세실

### 피구의 저술

- (1912/60) *Wealth and Welfare*, London 1912.
- (1913) *Unemployment*, London.
- (1917~18/52) "The Value of Money", in: *Quarterly Journal of Economics*, Bd. 32, 1917~18, abgedruckt in: *Readings in Monetary Theory*, F.A. Lutz & L.W. Mints (Hg.), London.
- (1921/41) *The Political Economy of War*, London, Neuaufl. New York.

● (1926) "A Contribution to the Theory of Credit", in: *Economic Journal*, Bd. 36.

● (1927/29) *Industrial Fluctuations*, London, Neuaufl. 1929.

● (1928) "Volkswirtschaftlicher und privatwirtschaftlicher Reinertrag und die Lehre von der Maximalbefriedigung", in: Mayer, H., F.A. Fetter, R. Reisch (Hg.), *Die Wirtschaftstheorie der Gegenwart*, 3. Bd., Wien.

● (1928a) "An Analysis of Supply", in: *Economic Journal*, Bd. 38.

● (1929) "The Monetary Theory of the Trade Cycle", in: *Economic Journal*, Bd. 39.

● (1930) "Statistical Derivation of Demand Curves", in: *Economic Journal*, Bd. 40.

● (1933) *The Theory of Unemployment*, London.

● (1935) *The Economics of Stationary States*, London.

● (1936) "Mr. J.M. Keynes' General Theory of Employment, Interest and Money", in: *Economica*, Bd. 3.

● (1937/58) *Socialism versus Capitalism*, London and New York, Neudr.

● (1937a) *Praktische Fragen der Volkswirtschaft*, Jena.

● (1937b) "Real and Money Wage Rates in Relation to Unemployment", in: *Economic Journal*, Bd. 47.

● (1938) "Money Wages in Relation to Unemployment", in: *Economic Journal*, Bd. 48.

● (1941/52) *Employment and Equilibrium*, London, 1941, Neuaufl. 1949, Neudr. 1952.

● (1941) "Types of War Inflation", in: *Economic Journal*, Bd. 51.

● (1943) "The Classical Stationary State", in: *Economic Journal*, Bd. 53.

● (1943a) *The Transition from War to Peace*, London.

● (1945/57) *Lapses from Full Employment*, London, Neudr. 1945, 1949, 1952, New York 1957.

● (1946/57) *Income. An Introduction to Economics*, London, Neudr.

● (1947) "Economic Progress in a Stable Environment", in: *Economica*, Bd. 14.

● (1949/56a) *The Veil of Money*, London and New York, Neudr.

● (1950/52) *Keynes' 'General Theory'. A Retrospective View*, London 1950, Neudr. 1951, 1952.

● (1951) "Some Aspects of Welfare Economics", in: *American Economic Review*, Bd. XLI.

● (1952) *Essays in Economics*, London.

● (1953/55) *Alfred Marshall and Current Thought*, London, Neudr.

● (1955) *Income: Revisited Being a Sequel to Income: An Introduction to Economics*, London & New York.

● (1956) *A Study in Public Finance*, London, New York 1928, Neuaufl. 1929, 1947, Neudr. 1949, 1951, 1952, 1956.

● (1960) *The Economics of Welfare*, London 1960 (Neudruck). Neuaufl. von: *Wealth and Welfare* (1912).

## 피구에 관한 저술

● Brahmanand, P.R. (1958/59), "A.C. Pigou(1877~1959)", in: *Indian Economic Journal*, Bd. VI.

● Champernowne, D.G. (1959), "Arthur Cecil Pigou 1877~1959", in: *Journal of the Royal Statistical Society*, Series A, Bd. 122, Teil 1.

● Collard, D. (1981), "A.C. Pigou, 1877~1959", in: O'Brien, D.P. & Presley, J.R. (Hg.), *Pioneers of Modern Economics in Britain*, London, Basingstoke.

● Johnson, H.G. (1960), "Arthur Cecil Pigou 1877~1959", in: *Canadian Journal of Economics and Political Science*, Bd. 26.

● Noll, W. (1964), "Pigou, Arthur Cecil", in: *Handwörterbuch der Sozialwissenschaften*, 8. Bd., Tübingen, Göttingen.

● Robinson, A. (1968), "Pigou, Arthur Cecil", in: *International Encyclopedia of the Social Sciences*, Sills, D.L. (Hg.), Bd. 12.

## 기타 저술

● Blinder, A.S. & Solow, R.M. (1973), "Does Fiscal Policy Matter?", in: *Journal of Public Economics*, Bd. 2.

● Bohnen, A. (1964), *Die utilitaristische Ethik als Grundlage der modernen Wohlfahrtsökonomik*, Göttingen.

● Coase, R.H. (1960/78), "The Problem of Social Cost", in: *Journal of Law and Economics*, Bd. 3, 독일어 in: Assman, H.-D., Kirchner, Ch. und Schanze, E. (Hg.), *Ökonomische Analyse des Rechts*, Kronberg.

● Jochimsen, R. (1961), *Ansatzpunkte der Wohlstandsökonomik*, Basel, Tübingen.

● Kaldor, N. (1937), "Prof. Pigou on Money Wages in Relation to Unemployment", in: *Economic Journal*, Bd. 47.

● Keller, P. (1955), *Dogmengeschichte des wohlstandspolitischen Interventionismus*, Winterthur.

● Keynes, J.M. (1936/55), *The General Theory of Employment, Interest and Money*, London und New York 1936. 독일어: *Allgemeine Theorie der*

*Beschäftigung, des Zinses und des Geldes*, Berlin 1936, 2. Aufl. 1955.

- Klein, L.R. (1968), *The Keynesian Revolution*, London.
- Lekachman, R. (1970), *John Maynard Keynes: Revolutionär des Kapitalismus*, München u. a.
- Marshall, A. (1905), *Handbuch der Volkswirtschaftslehre*, 1. Bd., Stuttgart, Berlin.
- Mazzola, U. (1890), *I dati scientifizi della financa publica*, Rom.
- Moggridge, D.E. (1977), *John Maynard Keynes*, München.
- Musgrave, R.A. (1959), *The Theory of Public Finance*, New York, Toronto, London. 독일어: *Finanztheorie*, Tübingen 1966, 2. Aufl. 1969.
- Ossenbühl, K.H. (1972), *Die gerechte Steuerlast*, Heidelberg, Löwen.
- Pohmer, D. (1985), "Redistribution und Effizienz. Zum optimalen Steuer- und Transfersystem", in: Cansier, D. u. Kath, D. (Hg.), *Öffentliche Finanzen, Kredit und Kapital, Festschrift für Werner Ehrlicher*, Berlin.
- Robbins, L.C. (1932), *An Essay on the Nature and Significance of Economic Science*, London.
- Samuelson, P.A. (1941), "Concerning Say's Law", in: *Econometrica*, Vol. 9.
- Sax, E. (1887), *Grundlegung der theoretischen Staatswirtschaft*, Wien.
- Schäffle, A.E. (1880), *Die Grundsätze der Steuerpolitik und die schwebenden Finanzfragen Deutschlands und Österreichs*, Tübingen.
- Schmidt, K. (1960), *Die Steuerprogression*, Basel und Tübingen.
- Sidgwick, H. (1883), *The Principles of Political Economy*, London, Neuaufl. 1887 und 1901.
- Solow, R.M. (1980), "On Theories of Unemployment", in: *American Economic Review*, Bd. 70.
- Stark, W. (Hg.) (1952), *Jeremy Bentham's Economic Writings*, Bd. 1, London (Teil: "The Philosophy of Economic Science", 79~119쪽)
- Viner, J. (1932), "Cost Curves and Supply Curves", in: *Zeitschrift für Nationalökonomie*, Bd. 3, 23쪽 이하.

# 13 슘페터, 조지프 알로이스

## 슘페터의 저술

- (1906) "Über die mathematische Methode der theoretischen Ökonomie", in: *Zeitschrift für Volkswirtschaft, Socialpolitik und Verwaltung*, Bd. 15, 30~49쪽.

● (1908) *Das Wesen und der Hauptinhalt der theoretischen Nationalökonomie,* München, Leipzig.

● (1910/15) "Wie studiert man Sozialwissenschaft?", in: *Schriften des sozialwissenschaftlichen akademischen Vereins in Czernowitz,* Bd. 2, 2. Ausg. 1915, 5~44쪽.

● (1910a) "Die neue Wirtschaftstheorie in den Vereinigten Staaten", in: *Schmollers Jahrbuch,* 961쪽 이하.

● (1910b) "Professor Clarks Verteilungstheorie", in: *Zeitschrift für Volkswirtschaft, Socialpolitik und Verwaltung,* 325쪽 이하.

● (1911/26) *Theorie der wirtschaftlichen Entwicklung; eine Untersuchung über Unternehmergewinn, Kapital, Kredit, Zins und den Konjunkturzyklus,* München, Leipzig, 1926년도 수정판인 제2판 인용.

● (1913) "Eine 'dynamische' Theorie des Kapitalzinses; Eine Entgegnung", in: *Zeitschrift für Volkswirtschaft, Socialpolitik und Verwaltung,* Bd. 22, 599~639쪽.

● (1914/24) "Epochen der Dogmen- und Methodengeschichte", in: *Grundriß der Sozialökonomik,* 1. Teil, Tübingen; 2. Ausg. 1924, 19~124쪽.

● (1914a) "Das wissenschaftliche Lebenswerk Eugen von Böhm-Bawerks", in: *Zeitschrift für Volkswirtschaft, Socialpolitik und Verwaltung,* Bd. 23, 454~528쪽.

● (1918/76) *Die Krise des Steuerstaats,* Graz, Leipzig; abgedruckt in: R. Hickel (Hg.), *Rodolf Goldscheid, Joseph Schumpeter. Die Finanzkrise des Steuerstaats,* Frankfurt, 329~379쪽(이 판을 인용).

● (1939/62) *Business Cycles: A Theoretical, Historical, and Statistical Analysis of the Capitalist Process,* New York, London, 1939. 독일어판: Göttingen 1962 (이 판을 인용).

● (1942) *Capitalism, Socialism and Democracy,* New York, London.

● (1950) "The March into Socialism", in: *The American Economic Review,* Bd. 40, 446~456쪽.

● (1951) *Ten Great Economists, from Marx to Keynes,* New York.

● (1954) *History of Economic Analysis,* New York.

## 슘페터에 관한 저술

● Bös, Dieter u. Stolper, Hans-Dieter (Hg.) (1984), *Schumpeter oder Keynes? zur Wirtschaftspolitik der 90er Jahre,* Berlin, Heidelberg, New York, Tokyo.

● Frisch, Helmut (Hg.) (1981), *Schumpeterian Economics,* East Sussex.

New York.

● Haberler, Gottfried (1951), "Joseph Alois Schumpeter 1883~1950", in: *Quarterly Journal of Economics*, Cambridge/Mass., 1950, aufgenommen in: *Schumpeter, Social Scientist*, edited by Seymour E. Harris, Cambridg, Mass., 24~47쪽.

● März, Eduard (1964), "Zur Genesis der Schumpeterschen Theorie der wirtschaftlichen Entwicklung", in: *Essays in Honour of Oskar Lange*, Warschau.

● März, Eduard (1983), *Joseph Alois Schumpeter—Forscher, Lehrer und Politiker*, Wien.

● Krelle, Wilhelm (1984), "Keynes und Schumpeter: Unterschiedliche Ansätze", in: Bös und Stolper (Hg.), *Schumpeter oder Keynes?*, Berlin, Heidelberg, New York, Tokyo.

● Kuznets, Simon (1940), "Schumpeter's Business Cycles", in: *The American Economic Review*, Bd. 30, 257~271쪽.

● Seidl, Christian (1984), "The Tax State in Crisis: Can Schumpeterian Public Finance Claim Modern Relevance?", in: Christian Seidl (Hg.), *Lectures on Schumpeterian Economics*, Berlin, Heidelberg, New York, Tokyo.

● Seidl, Christian (1984a), "Joseph Alois Schumpeter: Character, Life and Particulars of his Graz Period", in: *Lectures on Schumpeterian Economics*, Berlin.

● Starbatty, Joachim (1985), "Die Staatskonzeption bei Keynes und Schumpeter", in: *Schriften des Vereins für Socialpolitik*, Neue Folge, Bd. 115/IV, Berlin.

● Stolper, Wolfgang F. (1984), "Schumpeter: Der politische Ökonom für die 90er Jahre? Schumpeter versus Keynes oder Schumpeter und Keynes?", in: Dieter Bös und H.-D. Stolper (Hg.), *Schumpter oder Keynes?*, Berlin, Heidelberg, New York, Tokyo.

● Streissler, Erich (1981), "Schumpeter's Vienna and the Role of Credit in Innovation", in: Helmut Frisch (Hg.), *Schumpeterian Economics*, East Sussex, New York.

● Tichy, Gunther (1984), "Schumpeter's Business Cycle Theory: its Importance for our Time", in: Christian Seidl (Hg.), *Lectures on Schumpeterian Economics*, Berlin, Heidelberg, New York, Tokyo.

● Verosta, Stephan (1976), "Joseph Schumpeter gegen das Zollbündnis der Donaumonarchie mit Deutschland und gegen die Anschlußpolitik", in:

*Festschrift für Christian Broda*, Wien.

## 기타 저술

● Ausch Karl (1968), *Als die Banken fielen*, Wien.

● Böhm-Bawerk, Eugen v. (1913), "Eine 'dynamische' Theorie des Kapitalzinses", in: *Zeitschrift für Volkswirtschaft, Socialpolitik und Verwaltung*, Bd. 22, 1~62쪽.

● Böhm-Bawerk, Eugen v. (1914), "Unsere passive Handelsbilanz", in: *Neue Freie Presse*, 6., 8. und 9. Januar 1914.

● Good, David F. (1986), *The Economic Rise of the Habsburg Empire 1750~1914*, Berkeley, Los Angeles, London 1984. 독일어판: *Der wirtschaftliche Aufstieg des Habsburgerreiches 1750~1914*, Wien, Köln, Graz.

● Hilferding, Rudolf (1910), *Das Finanzkapital*, Wien.

● Keynes, John Maynard (1936), *The General Theory of Employment, Interest and Money*, New York. 독일어판: *Allgemeine Theorie der Beschäftigung, des Zinses und des Geldes*, Berlin 1952.

● März, Eduard (1968), *Österreichische Industrie- und Bankpolitik in der Zeit Franz Joseph I.*, Wien, Frankfurt, Zürich.

● März, Eduard (1981), *Österreichische Bankpolitik in der Zeit der großen Wende 1913~23; am Beispiel der Creditanstalt für Handel und Gewerbe*, Wien.

● März, Eduard (1985), "Die wirtschaftliche Entwicklung der Donaumonarchie im 19. Jahrhundert; Gedanken zu einem neuen Buch von David F. Good", in: *Wirtschaft und Gesellschaft*, 11. Jahrgang, Heft 3, Wien 367~392쪽.

● Marx, Karl (1849/1953), "Lohnarbeit und Kapital", in: *Ausgewählte Schriften*, Bd. 1, Berlin, 86~88쪽.

● Marx, Karl (1867/1955), *Das Kapital*, Bd. 1, Berlin(Ost).

● Redlich, Fritz (1955), "Entrepreneurship in the Initial Stages of Industrialization", in: *Weltwirtchaftliches Archiv*, Bd. 75.

● Redlich, Fritz (1955a), "Unternehmerforschung und Weltanschauung", in: *Kyklos*, Bd. 8.

● Riesser, Jakob (1912), *Die deutschen Großbanken und ihre Konzentration*, Jena.

● Sombart, Werner (1909), "Der kapitalistische Unternehmer", in: *Archiv für Sozialwissenschaften und Sozialpolitik*, 689쪽 이하.

● Streissler, Erich (1986), "Arma virumque cano; Friedrich von Wieser, der

Sänger als Ökonom", in: Norbert Leser (Hg.), *Die Wiener Schule der Nationalökonomie*, Graz, Wien.

●Wieser, Friedrich von (1914), "Theorie der gesellschaftlichen Wirtschaft", in: *Grundriß der Sozialökonomik*, Teil 1, Tübingen.

## 14 케인스, 존 메이너드

### 전기

●Harrod, R.F. (1968), "Keynes, John Maynard, Contributions to Economics", in: *International Encyclopedia of the Social Science*, Vol. 8, New York.

●Harrod, R.F. (1956), "Keynes, John Maynard", in: *Handwörterbuch der Sozialwissenschaften*, Bd. 5, Stuttgart, Tübingen, Göttingen.

●Lindley, D.V. (1968), "Keynes, John Maynard, Contributions to Statistics", in: *International Encyclopedia of the Social Sciences*, Vol. 8, New York.

### 케인스의 저술

● (1913) *Indian Currency and Finance*, London.

● (1919) *The Economic Consequences of the Peace*, London.

● (1921) *Treatise on Probability*, London.

● (1922) *A Revision of the Treaty*, London.

● (1923) *A Tract of Monetary Reform*, London.

● (1925) *The Economic Consequences of Mr. Churchill*, London.

● (1925a) *A Short View on Russia*, London.

● (1926) *The End of Laissez-Faire*, London.

● (1929) *Can Lloyd George do it?*, London.

● (1930) *A Treatise on Money*, 2 Vols., London.

● (1930) "Economic Possibilities for our Grandchildren", in: *Nation & Athenaeum*, II. u. 18. Oktober 1930.

● (1931) *Essays in Persuasion*, London.

● (1933) *The Means to Prosperity*, London.

● (1933a) *Essays in Biography*, London.

● (1936) *The General Theory of Employment, Interest and Money*, London.

● (1939) "Relative Movements of Real Wages and Output", in: *Economic Journal*, 49, 41.

● (1940) *How to Pay for the War*, London.

● (1949a) *Two Memoirs*, hg. v. D. Garnett, London.

● (1949b) "My Early Beliefs", in: *Two Memoirs*, hg. v. D. Garnett, London.

● (1949c) "My Early Beliefs: Dr. Melchior, a Defeated Enemy", in: *Two Memoirs*, hg. v. D. Garnett, London.

● (1971~82) *The Collected Writings of John Maynard Keynes*, Vol. I~XXX., hg. v. A. Robinson u. D.E. Moggridge, London.

## 케인스에 관한 저술

● Hansen, A. (1953), *A Guide to Keynes*, New York.

● Harrod, R.F. (1951), *The Life of John Maynard Keynes*, London.

● Hicks, J.R. (1937), "Mr. Keynes and the Classics", in: *Econometrica*, Vol. 5.

● Johnson, E.S. u. H.G. (1978), *The Shadow of Keynes*, Oxford.

● Keynes, G. (1981), *The Gates of Memory*, London.

● Keynes, F.A. (1950), *Gathering up the Threads*, Cambridge.

● Keynes, M. (Hg.) (1975), *Essays on John Maynard Keynes*, London.

● Keynes-Seminare an der University of Kent at Canterbury 1972~83, Publikationen:

(1973) *Keynes: Aspects of the Man and his Work*, hg. von D.E. Moggridge, London.

(1976) *Keynes and International Monetary Relations*, hg. von A.P. Thirlwall, London.

(1978) *Keynes and Laissez-Faire*, hg. von A.P. Thirlwall, London.

(1980) *Keynes and the Bloomsbury Group*, hg. von D. Crabtree u.A.P. Thirlwall, London.

(1982) *Keynes as a Policy Adviser*, hg. von A.P. Thirlwall, London.

(1985) *Keynes and his Contemporaries*, hg. von G.C. Harcourt, London.

● Leijonhufud, A. (1966), *On Keynesian Economics and the Economics of Keynes*, London.

● Lekachmann, R. (Hg.) (1964), *Keynes' General Theory. Reports of Three Decades*, New York, London.

● Minsky, H. (1975), *John Maynard Keynes*, New York.

● Moggridge, D.E. (1976), *Keynes*, London.

● Scherf, H. (1986), *Marx and Keynes*, Frankfurt am Main.

● Scrase, D. u. Croft, P. (Hg.) (1983), *Maynard Keynes, Collector of Pictures, Books and Manuscripts*, published by Provost and Scholars of King's College, Cambridge.

● Skidelsky, R. (Hg.) (1977), *The End of the Keynesian Era*, London.

● Skidelsky, R. (1983), *John Maynard Keynes, Hopes Betrayed 1883~1920*, London.

● Weintraub, S. (1978), *Keynes, Keynesians and Monetarists*, University of Pennsylvania.

● Worswick, D. u. Trevithick, J. (Hg.) (1983), *Keynes and the Modern World*, Cambridge.

## 기타 저술

● Dunlop, J.G. (1938), "The Movement of Real and Money Wage Rates", in: *Economic Journal*, 48쪽, 413쪽.

● Harris, S. (Hg.) (1947), *The New Economics*, New York.

● Tarshis (1939), "Changes in Real and Money Wages", in: *Economic Journal*, 49쪽, 150~154쪽.

## 15 오이켄, 발터

본 논문에서 상세히 언급되고, 인용된 저작들만 열거한다. 오이켄에 관한 저작의 경우도 마찬가지이다. 이보다 훨씬 더 완벽한 문헌목록은 아래 열거된 루츠의 논문에서 얻을 수 있다.

## 오이켄의 저술

● (1923) *Kritische Betrachtungen zum deutschen Geldproblem*, Jena.

● (1932) "Staatliche Strukturwandlungen und die Krise des Kapitalismus", in: *Weltwirtschaftliches Archiv*, 36. Bd., 297~321쪽.

● (1934/54) *Kapitaltheoretische Untersuchungen*, Jena, 2. Aufl., Tübingen, Zürich 1954.

● (1937) "Unsere Aufgabe", in: Franz Böhm, *Die Ordnung der Wirtschaft als geschichtliche Aufgabe und rechtsschöpferische Leistung*, Stuttgart, Berlin, VII~XXI쪽(zusammen mit Franz Böhm und Hans Grossman-Doerth).

● (1937/54) "Vom Hauptproblem der Kapitaltheorie", in: *Jahrbücher für Nationalökonomie und Statistik*, Bd. 145, 523쪽 이하. 본 논문에서 언급한 오이켄의 다른 두 논문도 *Kapitaltheoretische Untersuchungen*, 2. Aufl., Tübingen, Zürich 1954에 재수록되어 있다.

● (1950) *Die Grundlagen der Nationalökonomie*, 6. Aufl., Berlin, Göttingen, Heidelberg.

- (1952) *Grundsätze der Wirtschaftspolitik*, Bern, Tübingen.

## 오이켄에 관한 저술

- Jöhr, Walter Adolf (1950), "Walter Euckens Lebenswerk", in: *Kyklos*, Vol. IV, 257~278쪽.
- Lenel, Hans Otto (1951), "Wirtschaftspolitik der Experimente", in: *Ordo*, Bd. IV, 423~425쪽.
- Lenel, Hans Otto (1975), "Walter Euckens ordnungspolitische Konzeption, die wirtschaftspolitische Lehre in der Bundesrepublik und die Wettbewerbstheorie von heute", in: *Ordo*, Bd. 26, 22~78쪽.
- Lutz, Friedrich A. (1961), "Artikel: Eucken, Walter", in: *Handwörterbuch der Sozialwissenschaften*, Bd. 3, 353~356쪽.
- Miksch, Leonhard (1950), "Walter Eucken in Memoriam", in: *Kyklos*, Vol. IV, 279~289쪽.
- Nawroth, Edgar (1962), *Die Sozial- und Wirtschaftsphilosophie des Neoliberalismus*, 2. Aufl., Heidelberg.
- Salin, Edgar (1950), "Walter Eucken in Memoriam", in: *Kyklos*, Vol. IV, 1~4쪽.
- Stackelberg, Heinrich von (1940), "Die Grundlagen der Nationalökonomie", in: *Weltwirtschaftliches Archiv*, Bd. 51, 245~281쪽.
- Weippert, Georg (1941/42), "Walter Euckens Grundlagen der Nationalökonomie", in: *Zeitschrift für die gesamte Staatswissenschaft*, Bd. 102, 1~58쪽, 271~337쪽.

## 저자소개

**그로세케틀러, 하인츠(Grossekettler, Heinz)**

1939년 출생. 해군장교로 복무 후 마인츠 대학교에서 경제학을 공부하고 1968년 동 대학교에서 경제학 디플롬. 1972년 박사학위 취득 후 1975년 박사 후 과정을 밟았다. 1975년부터 뮌스터 대학교 경제학부 정교수로 있으며, 1979년부터 동 대학교 재정학 연구소 소장과 1989년 연방재정부 경제자문관을 지냈다. 저서: *Preis- und Wettbewerbstheorie*, 1985(zusammen mit Borchert). 그 외 재정학, 경쟁이론, 경제학사, 방법론적 문제 등과 관련된 전문학술지와 논문집에 다수의 논문을 발표했다.

**레넬, 한스 오토(Lenel, Hans Otto)**

1917년 출생. 프라이부르크, 쾰른, 베를린 등에서 경제학과 경영학 공부, 1940년에 경영학 석사, 1942년에는 경제학 박사, 1949년 공인회계사, 1960년 국가경제학 분야에서 교수자격을 취득했다. 1964년부터 마인츠 대학교에서 경제학 정교수로 있다가 1982년에 정년퇴임했다. 저서: *Ursachen der Konzentration*, 1962, ²1968. *Unternehmensverflechtungen in der EWG*, 1972. 기타 경제정책과 이론의 주제에 관해 논집과 학술지에 다수의 논문을 발표했다.

**리터, 하인츠(Rieter, Heinz)**

1937년 출생. 1962년 베를린 자유대학교에서 경제학 디플롬 취득, 1969년 보쿰 소재 루르-대학교에서 박사학위 취득, 1962~84년 연구조교와 비정규직 교수로 특히 미시경제학, 거시경제학, 화폐이론, 경제사상사 분야에서 강의와 연구활동을 했다. 1984년부터 함부르크 대학교 교수로 있다. 저서: *Die gegenwärtige Inflationstheorie und ihre Ansätze im Werk von Thomas Tooke*, 1971. *Geldwertstabilität aus der Sicht privater Haushalte*, 1975. *Wirtschaftliches Gleichgewicht*, 1979(zusammen mit H.G. Koblit). 그 외 Quesney 1983/89와 1984년 케인스/슘페터에 관한 이론사적 논문들이 있다.

**메르츠, 에두아르트(März, Eduard)**

1908년 출생(1987년 사망). 빈과 매사추세츠주 케임브리지에서 경제학을 공부하고 1947년 하버드 대학교에서 박사학위를 받았다. 1947~53년 여러 미국 대학에서 강의했으며 1956년 빈의 노동자협회에 들어가 경제연구부를 설립하고 1973년까지 책임자로 근무했다. 1968년 린츠 대학교, 그후에 잘츠부르크와 빈 대학교에서 명예교수로 있었다. 저서: *Die Marx'sche Wirtschaftslehre im Widerstreit der Meinungen*, 1958. *Österreichische Industrie- und Bankpolitik in der Zeit Franz Joseph I.*, 1968. *Einführung in die Marx'sche Theorie der wirtschaftlichen Entwicklung*, 1976. *Österreichs Bankpolitik in der Zeit der großen Wende 1913~23*, 1981. *Joseph Alois Schumpeter—Forscher, Lehrer und Politiker*, 1983.

### 모니센, 한스(Monissen, Hans G.)

1937년 출생. 쾰른, 함부르크, 미국 노터데임 등지에서 경제학을 공부했다. 1962년 쾰른 대학교에서 경제학 디플롬을, 1965년 미국 노터데임 대학교에서 석사학위를, 1968년 함부르크 대학교에서 박사학위를 취득했다. 1973년에는 콘스탄츠 대학교에서 박사 후 과정을 밟았다. 1975~76년 뮌스터 대학교 경제학부 교수 겸 학술위원, 1976~84년 기센 대학교 경제학부 정교수로 있다가 1984년부터 뷔르츠부르크 대학교 경제학부 정교수로 있다. 저서: *Konsum und Vermögen*, 1963. *Sozialprodukt, Preisniveau und Zinssatz*, 1982. *Geldmenge, Beschäftigung und Inflation*, 1982. 그 외 화폐이론, 통화 거시경제, 가격이론, 공공선택 이론, 방법론 등과 관련된 다수의 논문을 학술지와 논문집에 발표했다.

### 블랙, 콜리슨(Black, R.D. Collison)

1922년 출생. 더블린의 트리니티 칼리지에서 국민경제학과 정치학을 전공했다. 1941년 학사학위와 1943년 박사학위를 받았다. 1943~45년까지 더블린의 트리니티 칼리지에서 정치경제학과 교수대리인, 1945~62년 벨파스트의 퀸즈 대학교에서 국민경제학 대학강사, 1962~85 벨파스트의 퀸즈 대학교에서 국민경제학과 교수와 학과장으로 있었다. 교수직에서 정년퇴직하고 1972년 영국 아카데미회원과 아일랜드 왕실아카데미 회원, 1982년 더블린의 트리니티 칼리지 명예펠로, 1987년 미국 경제학사학회 펠로로 있다. 저서: *Economic Thought and the Irish Question*, 1960. *The Economic Writings of Mountifort Longfield*, 1971(Hrsg.). *Papers and Correspondence of William Stanley Jevons* (7 Bd.), 1972~81(Hrsg.).

### 빙켈, 하랄트(Winkel, Harald)

1931년 출생. 마인츠 대학교에서 경제학 연구, 동 대학교에서 1960년 박사학위, 1967년 교수자격을 취득했다. 1969년 아헨 대학교 정교수였다. 1977년 이후에는 슈투트가르트-호엔하임 대학교 교수로 있다. 저서: *Die Ablösungskapitalien aus der Bauernbefreiung in West- und Süddeutschland*, 1968. *Die deutsche Wirtschaft seit Kriegsende*, 1971. *Die Wirtschaft im geteilten*

Deutschland 1945~70, 1974. *Die Volkswirtschaftslehre der neueren Zeit*, 1973, ³1985. *Die deutsche Nationalökonomie im 19. Jahrhundert*, 1977. *Einführung in die Wirtschaftwissenschaften*, 1980. *Geschichte der württembergischen Indurstrie- und Handelskammern*, 1981. *150 Jahre mittelrheinische Wirtschaft*, 1983. 그 외에 총서에 실린 다수의 논문이 있다. *Zeitschrift für Agrargeschichte und Agrarsoziologie, Scripta Mercaturae* 편집인.

## 셰르프, 하랄트(Scherf, Harald)

1933년 출생. 튀빙겐, 뮌헨, 엑세터, 마르부르크, 킬 대학교에서 수학, 물리학과 철학을 공부했고 1961년에 수학 박사가 되었다. 경제학을 공부한 뒤 1967년에 경제학에서 교수통과 논문이 합격했다. 1967년부터 함부르크 대학교에서 수학과 경제학 담당교수로 있다. 저서: *Untersuchungen zur Theorie der Inflation*, 1967. *Marx und Keynes*, 1986. *Enttäuschte Hoffnungen — vergebene Chancen. Die Wirtschaftspolitik der Sozial-Liberalen Koalition 1969~82*, 1986. *Handwörterbuchs der Wirtschaftswissenschaften*(H.d.W. W) 편집위원. 사회복지 정책을 위한 모임의 출판물인 *Studien zur Entwicklung der Ökonomischen theorie*, Bd. 115, III~VIII의 발간인이다. "Beschäftigungsprobleme hochentwickelter Volkswirtschaften", 1988. 이 외에도 수많은 논문들이 있으나 특히 인플레이션 이론, 경기변동론과 그 정책, 그리고 사상사에 주된 관심을 보이고 있다.

## 슈트라이슬러, 에리히(Streissler, Erich W.)

1933년 출생. 1955년 빈 대학교에서 법학 박사 취득. 1959년 독일 프라이부르크 대학교 경제학부 강사 및 동 대학교 정교수, 1965년 빈 대학교 정교수, 1973~74년 동 대학교 사회과학 학부학장으로 있었다. 화폐이론, 성장이론, 분배이론, 체계분석 등에 관한 논문과 경제이론사, 특히 오스트리아 학파에 관한 논문이 다수 있다.

## 아이저만, 고트프리트(Eisermann, Gottfried)

1918년 출생. 베를린, 페루지아, 로마에서 경제학, 법학, 사회학, 독문학을 공부하고 1945년에 박사학위를 받았다. 1957년 교수자격 취득 및 강사, 1962년 본에서 정교수로 있다가 1984년 은퇴했다. 주요 저서: *Gegenwartsprobleme der Soziologie*, 1949. *Die Grundlagen des Historismus in der deutschen Nationalökonomie*, 1956. *Vilfredo Pareto als Nationalökonom und Soziologe*, 1961. *Vilfredo Paretos System der allgemeinen Soziologie*, 1962. *Wirtschaft und Gesellschaft*, 1964. *Soziologie der Entwicklungsländer*,

1968. *Vilfredo Pareto*, 1987. *Max Weber und Vilfredo Pareto*, 1989.

## 오트, 알프레트(Ott, Alfred E.)

1929년 출생. 하이델베르크 대학교에서 경제학과 역사학을 공부했다. 1952년 경제학 석사, 1954년 박사, 1958년 뮌헨 대학교에서 교수자격을 취득했다. 1960년 자를란트 대학교 정교수, 1963년부터 튀빙겐 대학교 정교수, 튀빙겐 대학교 응용경제연구소 소장으로 있다. 주요 저서: *Einführung in die dynamische Wirtschaftstheorie*, 1963(²1970). *Vertikale Preisbildung und Preisbindung*, 1966. *Grundzüge der Preistheorie*, 1967(³1979). *Geschichte der theoretischen Volkswirtschaftslehre*, 1985(zusammen mit H. Winkel). *Wirtschaftstheorie. Eine erste Einführung*, 1989.

## 칸지어, 디터(Cansier, Dieter)

1941년 출생. 함부르크 대학교에서 경제학을 공부하고 1970년 함부르크 대학교에서 박사학위, 1975년 프라이부르크 대학교에서 교수자격을 취득했다. 1977년부터 튀빙겐 대학교에서 재정학 담당 정교수로 있다. 저서: *Steuerpolitische Ansatzpunkte der Anbieterinflationsbekämpfung*, 1971. *Ökonomische Grundprobleme der Umweltpolitik*, 1975. *Öffentliche Finanzen, Kredit und Kapital*(공동편집), 1984. *Besteuerung von Rohstoffrenten*, 1987. 기타 재정학과 환경정책 문제에 관해 전문학술지와 논집에 다수의 논문을 발표했다.

## 켐프, 볼프강(Kemp, Wolfgang)

1946년 출생. 튀빙겐, 로마, 뮌스터, 본에서 예술사를 공부했고 튀빙겐에서 1970년에 박사학위를 받았다. 1978년에 마르부르크에서 교수통과 논문에 합격했고. 1970~74년에 본 대학교에서 시간강사를 했다. 1974~83년에 카셀 전문대학교에서 교수로 있었고, 1983년부터 마르부르크 대학교 강단에 섰다. 로스엔젤레스(UCLA)와 하버드 대학교에서 초빙교수였다. 주요 저서(1983년 이후): *John Ruskin. Leben und Werk*, 1983. *Der Anteil des Betrachters*, 1983. *Der Betrachter ist im Bild* (Hrsg.,), 1985. *Sermo corporeus. Die Erzählung der mittelalterlichen Glasfenster*, 1987.

## 펠더러, 베른하르트(Felderer, Bernhard)

1941년 출생. 1959~64년 빈에서 경제학과 법학을 공부하고 1964년 빈에서 박사학위를 받았다. 1964~66년 파리에서 경제학을 공부하고 1966~68년 미국 프린스턴과 채필힐에서 강의와 연구활동을 했다. 1968~74년 카를스루에 대학교에서 조교, 1973년 카를스루에에서 교수자격 취득, 1974년 이후 쾰른에서 경제학 교수, 무엇보다 경제이론 분야에서 강의와 활동을 했다. 주요 저서:

*Wirtschaftliches Wachstum und Allokation der Produktionsfaktoren*, 1975.
*Wirtschaftliche Entwicklung bei schrumpfender Bevölkerung*, 1983.
*Makroökonomik und Neue Makroökonomik*, ⁴1989.

### 헨닝스, 클라우스 힌리히(Hennings, Klaus Hinrich)

1937년 출생. 1986년 사망. 프랑크푸르트 대학교에서 세무학 연구, 1960~66년 괴팅겐, 튀빙겐, 본과 쾰른 대학교에서 경제학을 연구했다. 1966년 튀빙겐 대학교에서 경제학 석사 취득. 1966~71년 펨브룩과 옥스퍼드 대학교에서 경제학 공부, 1971년 옥스퍼드 대학교에서 박사학위를 취득했다. 1970~76년 리딩 대학교 강사, 1974~76년 옥스퍼드 대학교 강사. 1976~86년 하노버 대학교 정교수로 있었다. 저서: *The British and German Banking System—A Comparative Study*(zusammen mit G. Bannock, R. Harrington und E.V. Morgan), 1971. 그 밖에 경제성장률과 자본이론, 경제학사에 관한 논문이 있다.

## 김용원

연세대학교 경제학과를 졸업하고 독일 프랑크푸르트 대학교에서 1989년에 경제학-디플롬, 1993년에 박사(경제학 전공)학위를 취득했다. 지금은 대구대학교 경제학과 교수로 있으며, 경북지방노동위원회 공익위원으로 활동하고 있다. 저서로『노동경제학의 이해』『직장인 음주실태와 산업재해 유발사례』(공저) 등이 있고, 역서로『사회적 시장경제의 이해』(공역)가 있다. 논문으로「실직 노숙자 문제와 해결방안에 관한 연구」「노동시간 단축을 통한 고용유지 및 창출의 가능성에 관한 연구」등이 있다.

## 민경국

서울대학교 문리과 대학을 졸업하고 독일 프라이브르크 대학교 경제학부에서 석사, 박사학위를 취득했다. 지금은 강원대학교 경제무역학부 교수로 있다. 한국 하예크 학회초대회장을 역임했고, 전국경제인연합회 자유경제 출판문화상을 수상했다. 저서로『자유주의와 시장경제』『하예크의 진화론적 자유주의 사회철학』『시장경제의 법과 질서』가 있으며, 역서로『애덤 스미스의 도덕감정론』(공역)『멩거의 국민경제학의 기본원칙』(공역)『하예크의 감각적 질서』등이 있다.

## 배진영

부산대학교와 서강대학교 경제학과를 졸업하고 독일 프라이부르크 대학교에서 경제학 박사를 취득했다. 산업연구원 연구원, 대외경제정책연구원 연구위원으로 있었으며 지금은 인제대학교 국제경상학부 교수로 있다. 저서로『경제질서의 이론과 정책』『통일이 동서독의 산업입지와 산업구조에 미친 영향』『한국경제론』외 다수가 있다. 역서로『사회적 시장경제』, 최근 논문으로「내재적 접근에 의한 Anthony Giddens의 제3의 길의 실천 가능성」「지식경제학의 발견과 질서경제학의 과제」등이 있다.

## 이방식

성균관대학교에서 독어독문학을 전공하고, 독일 쾰른대학교 경제학과에서 경제학을 전공한 뒤, 같은 대학교 대학원에서 경제학 박사학위를 받았다. 1991년부터 전주대학교 경영학부 교수로, 오스트리아 인스부르크대학교 객원교수, 국가균형발전위원회 자문교수 등을 지냈고, 지금은 전주대학교 교수협의회 회장으로 있다. 주요 저서로『중앙은행제도론』『통일과 지방재정』등이 있으며, 주요 논문으로 「통독이후 재정조정 제도개혁과 한반도 통일」「지방재정 조정이론에 관한 연구」 등이 있다.

## 정여천

연세대학교 경제학과를 졸업하고, 튀빙겐 대학교 경제학과에서 석사학위를 받았으며, 뮌헨 대학교 경제학과에서 박사학위를 받았다. 지금은 대외경제정책 연구원의 선임 연구위원으로 있다. 저서로『전환기 러시아 경제의 조세제도 연구』『동구 경제체제전환의 평가와 북한경제에의 시사점』『현대 러시아 정치,경제의 이해』(공저) 등이 있으며, 논문으로 「기업의 생산자금 조달체계의 변화를 통해서 본 소련의 경제개혁 및 경제체제의 전환과정」 등이 있다.

## 정진상

건국대학교에서 독어독문학을, 독일 함부르크 대학교 경제학과 대학원에서 경제학을 전공했고 동 대학원에서 경제학 박사학위를 취득했다. 1995년부터 선문대학교 국제경제학과 교수로 있으며 지금은 동북아연구소 소장직을 겸하고 있다. 저서와 공저로『북한경제, 어디까지 왔나』『한국경제의 이해』『동북아경제론』 등이 있으며, 역서로『투자는 심리게임이다』가 있다. 주요 논문으로 「한국 지역경제발전의 요인 분석」「튀넨의 공간질서 이론에 관한 고찰」 등이 있다.

## 황신준

서울대학교 경제학과를 졸업하고, 독일 브레멘대학교에서 경제학 박사학위를 취득했다. 지금은 강원도 지방재정계획 심의위원, 한국질서경제학회 부회장, 차기 한독경상학회 회장(2007)이며 상지대학교 경제학과 정교수로 있다. 저서로『한국경제의 새로운 발전방향 모색』『한국경제의 새 패러다임 모색』『독일 사회적 시장경제의 경험과 교훈』 등이 있으며, 역서로『발터 오이켄: 경제정책의 원리』 등이 있다. 주요 논문으로 「사회적 시장경제에 대한 소고: 전후 독일의 경제발전 경험」「발터 오이켄의 경제질서정책: 자유주의 경제개혁시대의 사상적 모색」 등이 있다.

# 역자 후기

최근 들어 더욱 복잡 다양해진 사회의 경제현상을 제대로 설명하지 못하고 당면한 경제과제들을 해결하지 못함으로써 경제학은 많은 어려움을 겪고 있다. 위기에 처해 있는 경제학이 앞으로도 경제환경 변화를 제대로 반영하지 못한다면 더욱 무기력해질 수밖에 없을 것이다. 경제사회적 변화에 사회의 모든 분야가 변화의 진통을 겪고 있지만 경제학 분야는 특히 심한 것 같다. 그동안 경제학 논쟁의 핵심을 이루었던 공산주의가 지난 세기 말에 붕괴되면서 냉전시대의 종지부를 찍었지만 경제학은 학문의 비현실성과 유용성에서 도전을 받게 되었다.

이와 같이 사회환경의 변화는 새로운 경제이론의 등장을 요구하고 있다. 봉건사회에서 국가사회로 옮겨가는 시대적 요구에 맞추어 근대 경제학이 그 방안을 찾았듯이 국가사회에서 국제사회로 바뀐 현대에서 경제학은 효과적인 방안을 모색해야 할 것이다. 왜냐하면 국가라는 장벽은 오래전에 무너졌으며 과학의 발달과 세계화의 진전 등으로 국가 간 상호의존도는 더욱 커지고 있기 때문이다. 경제학도 지속적으로 자기혁신을 추구하여야만 그 생명력을 유지할 수 있다는 교훈을 여러 경제학자들의 이론들을 통해서 얻을 수 있다.

경제학은 사회가 개방되면서 학문으로 존재하기 시작했다. 전통이나 관습 그리고 명령에 기반을 둔 사회에서는 경제학이 필요하지 않았기 때문이다. 이러한 사회적 틀을 벗어나기 위해서는 혁명이 필요했다. 각자의 이익추구를 위해 각자가 자유롭게 행동함으로써 사회 전체로부터 생존을 보장받는 수단인 시장기구가 등장했다. 경제학은 근대 산업국가에 사상적 근거를 제공하면서 자리를 잡았다. 경제학의 발전과정에서 우리는 학자와 학문이 얼마나 위대한 힘을 가지고 있는가를 알 수 있다. 만일 인류가 경제학이라는 학문을 갖지 못했다면 오늘날과 같은 경제적 부를 누릴 수 없었을 것이고, 자원과 노동 및 조직의 힘을 효율적으로 동원할 수 없었을 것이다.

경제학은 혼란스러운 사회현상을 일관성 있는 원칙에 의해서 체계적으로 설명하고 질서를 부여했다. 경제학은 연구대상인 경제현상의 변천에 따라서 꾸준하게 변화하여 왔으며 새로운 학파를 등장시켰다. 새로운 학파가 제시하는 인식의 틀은 단절적이며 혁명적으로 발전했다. 왜냐하면 기존 학파가 제시하고 있는 인식의 틀은 현상을 일관성 있게 설명하지 못하면 위기에 봉착하게 되기 때문이다. 이러한 위기는 반복되어 나타났다. 모든 현상을 동일한 원리로 일관성 있게 설명할 수 있게 되면 새로운 질서는 정착하게 된다.

이러한 점에서 경제학의 시조로 인정받고 있는 스미스는 "자연적 자유의 체제"를 가지고 이전의 중상주의와 중농학파에 이의를 제기했다. 그는 인간은 이기주의적인 본능에 따라서 행동하는 것이 사회에 더 유익하다고 했으며 분업의 개념과 그 효과를 소개했다. 또한 그는 개인의 이윤추구가 사회의 공익을 가장 효율적으로 달성하는 지름길이라고 주장했다. 그의 체제는 오늘날까지 정치뿐만 아니라 사회의 여러 분야에서도 엄청난 결과를 가져왔다. 경제학은 당시 새로운 사회종교이자 윤리학으로 등장했으며 자본대여에 따른 이자수입과 경영자의 이윤에 대한 도덕적인 문제를 해결했다.

스미스 이후에 리카도, 마르크스, 제번스, 케인스 등에 의해서도 각기 새로운 학파가 만들어졌다. 새로운 경제이론은 보다 현실적이며 유용성을 갖고자 했으며, 이를 위해서는 가치관적인 요소와 인간적인 요소를 포용해야 했다. 시대가 변화고 사회환경이 바뀌어도 인간을 인간답게 살 수 있도록 하는 것을 경제학은 추구하고 있으며 학문의 궁극적 가치를 두고 있기 때문이다.

인류역사상 사회가 혼란스러울 때 강력한 지도자가 등장하여 난국을 수습했듯이 경제학의 거장들도 시대적 요구에 의해 만들어진 학문적 위기의 산물이라고 할 수 있다. 경제학은 수많은 독창적 발상들이 끊임없이 걸러지고 수용되어 만들어졌다. 이 책에서는 많은 경제학자들 중에서 우리 사회에 그리고 경제학 발전에 커다란 영향을 준 경제학자들을 다루고 있다. 한 분야의 거장들에 대한 글들을 전체적으로 집대성한다는 것은 매우 임의적일 수밖에 없다.

슈타르바티 교수는 경제학 거장들을 선정하면서 다음과 같은 원칙을 적용했다. 그들은 우리의 생각을 풍부하게 만드는 사람들로서, 그들이 없었더라면 세상과 그 모습에 대한 우리의 견해가 아주 달라졌을 것이다. 따라서 그들은 근본적인 질문들에 대해 시간을 초월하는 답변을 주면서 우리에게 원천적인 문제들에 대한 관심을 갖도록 했으며, 경제방법의 도구를 위한 근본적이고 분석적인 도구를 제공한 사람들이다.

이러한 경제학자들에 대한 정확한 이해는 경제학의 본질을 보다 바르게 이해하도록 도움을 줄 수 있을 것이다. 또한 경제학이 사회과학의 다른 인접학문들과 연계하여 사회현상을 인식하는 수많은 방법 중 하나임을 알 수 있도록 할 것이다. 더 나아가 경제학 거장들의 견해들을 살펴보는 것은 학문적 겸손과 지혜를 터득하는 데 도움을 줄 것이다.

『경제학의 거장들』이 한국어로 번역되어 나오기까지는 정말로 오랜 시간이 걸렸다. 우선 원문의 분량이 방대해서 많은 번역자가 필요했으며 다양한 학자들을 다루고 있어서 그에 맞는 전공자를 찾는 데 어려움을 겪었다. 또한 작업을 진행하면서 번역자뿐 아니라 출판사의 사정 때문에 번역자와 출판사 담당자도 여러 번 바뀌는 어려움을 겪었다. 한국어판 출간이 늦어지면서 독일 출판사의 독촉이 뒤따라 발간 자체의 어려움도 있었다.

이러한 어려운 여건 속에서도 책의 발간을 위해 함께 노력한 여러 번역자들과 어려운 환경에서도 출간을 허락해주신 한길사 김언호 사장님께 감사를 드린다. 아무쪼록 본 번역서가 경제관을 넓혀주고 올바른 방향감각을 갖기를 원하는 독자들에게 도움이 될 수 있기를 기대해본다.

2007년 7월
정진상